刘昌毅 主编

威海市社会科学优秀成果获奖作品文库

（第二十卷）

社会科学文献出版社
SOCIAL SCIENCES ACADEMIC PRESS (CHINA)

编 委 会

序

　　"物之所在，道则在焉"。哲学社会科学是人们认识世界、改造世界的重要工具，是推动历史发展和社会进步的重要力量。习近平总书记指出："人类社会每一次重大跃进，人类文明每一次重大发展，都离不开哲学社会科学的知识变革和思想先导"。在推动社会发展进步的过程中，哲学社会科学与自然科学宛如"车之两轮""鸟之双翼"，相互依存、相辅相成，缺一不可。

　　党的十八大以来，以习近平同志为核心的党中央多次强调要大力加强中国特色新型智库建设，发出了推动哲学社会科学大发展大繁荣的号召，提出了繁荣发展社会科学的战略任务。在哲学社会科学工作座谈会上，习近平总书记明确提出要坚持以马克思主义为指导，解决好真懂真信、为什么人、怎么用的问题，为繁荣发展哲学社会科学事业提供了思想指南和实践动力。同时，贯彻落实威海市第十五次党代会精神，深入实施"全域城市化、市域一体化""产业强市、工业带动、突破发展服务业"等重大战略，争当全省"走在前列"排头兵、实现现代化幸福威海建设新跨越，也需要丰硕的理论创新支撑。时代呼唤哲学社会科学的繁荣发展。站在新的历史起点上，立足威海发展实际，深入研究回答重大理论问题和实践问题，不断推进理论创新和实践创新，提供更多更好的智慧产品，是实现威海现代化宏伟发展蓝图的迫切需要，也是进一步增进共识、凝聚合力的现实要求。

　　长期以来，威海市委、市政府高度重视哲学社会科学事业的发展，不断完善机制、加大投入、优化环境，打造了一批有特色、有影响的社科品牌，造就了一批知名专家和学术带头人，推出了一批理论创新成果和学术精品。全市广大哲学社会科学工作者坚持以习近平总书记系列重要讲话精神为指导，深入研究和回答党和国家以及我市经济社会发展中面临的理论和实践问题，在理论普及、学术研究、决策咨询等方面，做了大量卓有成效的工作，为推进现代化幸福威海建设事业提供了有力的智力支持，做出了积极贡献。

经过 20 年的实践，威海市社会科学优秀成果奖评选工作，逐步走上科学化、规范化、制度化的轨道，其公信力、权威性和影响力不断增强，成为推介优秀成果、引导研究方向、展示我市社科水平的重要平台，成为促进研究成果应用、转化的有力杠杆，成为发现、培养优秀人才的学术摇篮，对激发广大社科理论工作者的积极性创造性、推动新型智库建设、繁荣发展我市哲学社会科学事业具有重要意义。

《威海市社会科学优秀成果获奖作品文库》（第十一卷～第二十卷）的出版，是对近十年来全市社会科学优秀研究成果的再次认可，也是对哲学社会科学研究的激励与推动。这是一个回顾，是近十年社会科学优秀成果的一个归集；但更是一个展望，是督促全市哲学社会科学进一步繁荣发展的一个新起点。希望全市社会理论工作者，在以习近平总书记为核心的党中央的英明领导下，坚持马克思主义理论学风，深入实际、求真务实、与时俱进、锐意进取，以更加昂扬的斗志，不断取得理论研究的新成果、新成就，为实现现代化幸福威海建设新跨越，做出新贡献。

中共威海市委常委、宣传部长　刘广华

2017 年 9 月

C目录
CONTENTS

威海全域旅游调研报告

王洪洲

当前，旅游业发展进入新阶段。面对现代旅游消费需求升级的大趋势，如何结合"全域城市化、市域一体化""产业强市、工业带动、突破发展服务业"战略和精准脱贫工作，创新旅游发展模式，推动旅游业提档升级，促进产业深度融合发展，打造建设现代化幸福威海的新动力、新引擎，是摆在威海市各级党委、政府面前的重要课题。

一 全域旅游：旅游业发展的大势所趋

近几年，一些地方相继提出"全域旅游"的概念，并积极展开探索实践。2010 年，威海市召开全市旅游产业发展大会，提出树立"大旅游、大文化、大市场、大服务、大环境、大合作"六大旅游发展理念；2013 年，全市就构筑全域旅游格局、实施全域景区化战略作出部署。2016 年，在全国旅游工作会议上，国家旅游局局长李金早作了《从景点旅游走向全域旅游，努力开创我国"十三五"旅游发展新局面》的报告，首次将"全域旅游"定为新时期我国旅游业的发展战略。

（一）全域旅游是物质文化生活水平发展到一定阶段的必然

经过改革开放三十多年的发展，人们生活水平大幅提高，生活方式发生重大改变，对旅游的需求日益旺盛，旅游消费潜力正源源不断地释放。一到黄金周、节假日，一些热门景区、景点就人满为患，去年国内游达 40 亿人次，人均出游接近 3 次，旅游已成为居民日常生活的必要组成部分和生活方式。同时，以移动互联网为主的信息技术，使人们交流和获取信息更便捷、更透明化；以私家车、高铁为主的交通工具迅猛发展，使人们的出行半径大大增加。这两方面的显著变化，改变或重塑了人们的旅游观念，人们对旅游目的地的选择视角、评价标准与以往已大不相同。比如，在出游方式上，选择自助游的超过85%，选择自驾游的超过60%，甚至还有一部分人选择了出境自驾游。并且人们也不愿意由旅行社指定和安排旅游事宜，而是自己决定游什么、去哪游、怎么住、怎么吃；不仅希望看景点，更希望与当地有更加深入的接触、交流和体验。传统的单一景点景区、宾馆、饭店的旅游发展格局，已远远不能满足人们多元化、多层次的需求，发展全域旅游已成为时代的必然。

国家旅游局指出，全域旅游是指将一个行政区域作为完整旅游目的地进行整体规划布局、综合统筹管理、一体化营销推广，促进旅游业全区域、全要素、全产业链发展，实现旅游业全域共建、全域共融、全域共享的发展模式。我们理解，全域旅游主要体现在四个"全"上。一是"全域"，就是把整个区域作为一个旅游目的地来打造，将有吸引力的资源、元素、产业通过一定途径转化为旅游新产品和吸引物，形成处处是景观、处处可以欣赏美的优美环境；二是"全时"，就是实现全天候旅游，春夏秋冬各有特色，淡季不淡，旺季更旺；三是"全业"，就是发挥"旅游＋"的综合带动功能，促进旅游业与各种产品、业态和产业的融合发展，全面拉长、加宽、增厚产业链条，形成全产业联动大格局；四是"全民"，就是充分发动各行业、全社会参与旅游发展，形成"人人都是旅客、人人都是旅游从业者、人人都是旅游环境"的良好氛围。按照这个理解，全域旅游就是要把旅游与城市建设、产业发展、社会事业紧密结合起来，从单一景点、景区建设向全域景区化建设转变，从门票经济向综合产业经济转变，从旅游企业单打独斗向社会共建共享转变，从部门行为向党政统筹推进转变。

（二）全域旅游与市委市政府的系列重大战略部署高度契合、互促共进

市委、市政府围绕"建设现代化幸福威海"的总目标，重点推进实施的"全域城市化、市域一体化""产业强市、工业带动、突破发展服务业"等战略，有效地推动了城市新格局的形成、产业结构的转型升级和人民生活质量的持续改善。特别是"全域城市化、市域一体化"战略，在规划布局、基础设施、产业发展等方面先行一步，为发展全域旅游奠定了基础，创造了条件。全域旅游作为一种新的旅游发展理念，标准要求高，引领作用明显，是提升"全域城市化、市域一体化"内涵的重要手段，是推动"产业强市、工业带动、突破发展服务业"的有力抓手，是打赢精准扶贫攻坚战、促进群众增收致富的有效途径，二者相辅相成、互相促进、共同提高。

一是用全域城市化的理念谋划全域旅游。全域城市化的核心是以人为本、城乡融合、产城互动。以人为本，体现在全域旅游上，就是要以游客和居民（潜在的游客）为中心，认真研究游客心理，及时提供各类旅游产品，满足游客观景、休闲、度假、体验等多元化需求；以农村居民增收为中心，特别是结合扶贫工作，大力推进乡村旅游扶贫，促进农民生活水平提高，同时加强文明宣传，提高文明素质，让每一位游客都争当文明游客，让每一位居民都争当好客主人。城乡融合，体现在全域旅游上，就是要坚持城乡旅游同步协调，在发展城市旅游的同时，积极发挥农村环境、农业产品的优势，大力发展乡村旅游；在推动重点景区建设的同时，充分挖掘全市山、海、林、泉等资源，着力打造环海旅游带、环山旅游带、环城市旅游带。产城互动，体现在全域旅游上，就是要改变"围景建区、设门收票"等过度依赖门票收入的门票经济，坚持产业与事业并重、经济效益与社会效益兼顾，以提高城市发展活力为目标，推动旅游与城市互动，进一步完善城市功能，充分调动吃、住、行、游、购、娱等多种旅游要素；与产业结合，催生新的经济业态、旅游业态，带动文化、金融、信息、商贸、物流等产业快速发展。

二是用市域一体化的思路来推动全域旅游。市域一体化主要是规划一体、基础设施建设一体、公共服务一体、品牌建设一体。推动全域旅游，就是要把全市作为一个旅游目的地来规划，把城与乡作为一个整体来打造，打破城市与乡村、区域与区域之间的分割；要把基础设施放在重要位置，加快区域与区域之间、市内与市外之间的互联互通、一体化发展，促进本地居民生产高效、生活方便，让游客快速到达目的地；要全域配套公共服务设施，在每一个区域、每一个板块，既解决好吃、住、行、游、购、娱等基本需求，又大力发展文、教、卫、体、游，满足不同游客不同层次的需求；要树立整体品牌意识，加大整体营销力度，着力打造"现代化幸福威海""蓝色休闲之都、世界宜居城市""走遍四海、还是威海"等品牌，让威海的知名度、美誉度越来越高，形成品牌与旅游的良性互动，吸引更多的人流、物流、资金流、信息流。

三是用全域旅游的实践丰富提升全域城市化、市域一体化的内涵层次。发展全域旅游，就是要把旅游元素融入全域城市化，让全域城市化的一切要素更加活跃。要像建设景区一样建设全域，像招待客人一样提供产品，既要宜居还要宜游，既能生活还能观景，既能休闲还能体验，无论是环境建设，还是服务水平，标准和要求更高，内涵更丰富。要通过发展全域旅游推动绿色发展，促进生态环境优势转化为旅游发展优势，将绿水青山变成金山银山，创造更多的绿色财富和生态福利；推动文明理念、文明行为由城市向广大乡村延伸，向广大游客和潜在的游客延伸，让君子之风遍布威海大地，让诚信经营受到鼓励；推动平安建设更细化、更深入，保证游客人身安全、心情舒畅，为全市经济社会发展创造良好环境；推动各级各部门严格规范执法，提高工作效能，改善服务质量，提升服务水平。

（三）全市发展全域旅游有基础、有条件、有优势

全市的优势主要体现在四个方面。

一是资源禀赋优越。拥有近千公里的海岸线，沿海分布着 100 多个大小岛屿和众多港湾，自然资源与人文资源兼备。2014 年，市旅游局与中科院联合进行的旅游资源普查结果显示，全市已登记的旅游资源单体总数为 1121个，拥有省级旅游度假区 5 处，A 级以上旅游景区 45 处，旅游景区（点）80多处，国家公布的 74 种旅游资源威海几乎都有。特别是生态环境良好，全市饮用水源、近海海域水质全部达到或优于相应功能区标准，空气质量始终保持全省领先水平，全市森林覆盖率达到 41%，建成国家级森林公园 13 处、国家级自然保护区 2 处，文登、荣成、乳山三个县级市（区）全部建成国家生态市。

二是区市发展均衡。全市是全国第一个优秀旅游城市群，城市化建设、生态市建设、农村环境综合整治等方面也走在了全国、全省前列。各区域齐头并进，无论土地面积、人口数量，还是经济总量、产业结构和群众生活水平等指标差别都不大。特别是实施"全域城市化、市域一体化"发展战略以来，着力推进规划全域覆盖、交通全域畅通、产业全域布局、社会公共服务全域均衡，为发展全域旅游创造了良好条件。中心市区与各区市、各区市之间通过高等级公路、城际铁路实现对接，全域均衡化、一体化发展步伐明显加快。

三是城乡一体推进。在抓好城市基础设施建设的同时，积极推动市政设施向镇、村延伸，全市 48 个建制镇全部建有污水处理设施，66.7% 的镇实现集中供暖，87.5% 的镇通达天然气。公共服务向农村倾斜的力度不断加大，农村环境综合整治深入推进，建成了一大批新型社区，越来越多的农村居民享受了与城里人一样的生活便利。在推进景点景区旅游的同时，城郊旅游、乡村旅游正在兴起。依托海洋资源，打造了 10 处国家级海洋休闲示范基地、3 处省级休闲海钓示范基地和 11 处省级休闲海钓场，分别占全省数量的 37%、75%

和73%，成功创建全国唯一的"中国休闲渔业之都"。依托农业农村资源，打造了一批特色旅游镇、特色旅游村和特色乡村旅游园。

四是工作基础扎实。早在2010年，全市就成立了由52个部门组成的旅游发展协调机构——威海市旅游发展工作委员会，通过这一平台，有效推进了全国旅游标准化示范城市创建、旅游市场综合监管、旅游业科学发展综合考核机制建立等一系列工作，同时在产品开发、景区建设、宣传推介、品牌打造等方面都取得了明显成效，为发展全域旅游奠定了坚实的工作基础。

综上所述，全市发展全域旅游大有作为、大有可为，只要我们因势利导、顺势而为，有效整合全域各类资源，优化全域环境，不断配套完善公共服务体系，加快产业融合发展，就完全能够形成山海呼应、城乡交融的全域旅游发展格局。

二 发展全域旅游，既要全面统筹，又要重点突破

发展全域旅游是一项复杂的系统工程，需要在全面统筹的基础上，抓住事关全局、影响长远的关键问题，全力攻坚，迅速突破。重点要抓好"五个统筹"。

（一）全域统筹谋划

坚持把全市作为一个整体进行谋划，打破条块分割，加强顶层设计，打造统领全域、联通全域的大规划、大平台、大中心。

一是大规划：推动旅游规划与其他规划多规融合。过去一个景点、一个局部可以不用或少用规划，但全域旅游必须要与各区域、各行业以及各类资源相协调、借力发展、互促发展。近几年来，全市从上到下都高度重视旅游发展规划与土地利用总体规划、城乡规划、环境保护规划，以及自然资源和文物等人文资源保护利用规划的衔接，但规划之间仍然存在衔接不足、融合度不高的问题，甚至产生矛盾冲突。同时，旅游规划多侧重于对区域内资源点、线路、产品和景区的规划，对区域内的产业发展和引领往往研究不够。

建议：（1）推进多规合一，进一步强化市域一体发展理念，从经济社会发展、城乡空间格局和功能、土地利用和生态环境等方面进行综合统筹，为旅游与各产业进行融合发展创造条件。（2）尽快修编全域旅游总体规划，规划既要体现全域城市化、市域一体化的要求，又要体现全域、全业、全时、全民的要求。（3）在编制交通、水利、文化、农业、城市化等专项规划时，

应把旅游业作为重要因素考虑，既要满足相应的功能要求，又要满足旅游业发展和游客的文化、心理需求。（4）强化规划的刚性约束，确保全域旅游规划能真正落地实施。

二是大平台：建设功能强大的线上旅游平台。在互联网时代，个体的弱势特别是农村、农民的弱势显露无遗，把一家一户组织起来、改变单打独斗的局面已变得越来越重要。目前，全市旅游共建有旅游政务网、公共服务网和旅游官方微博、微信等多个平台，并挂靠在省旅游局大平台上，这样既可以多平台发布信息，又能够与全省旅游公共服务网络平台实现信息共享。但也存在明显问题：旅游公共服务网络平台不支持个性升级开发，实现即时智能服务难度较大；大数据应用平台应用研究不够，功能开发不足，等等。

建议：在挂靠省旅游局大平台的基础上，整合全市各个旅游平台，深入开发本地化的旅游综合服务平台。这个综合平台应包括旅游信息发布、旅游服务与产品的在线预订、旅游大数据的分析（游客流量分析、客流分布分析、客源分析、热门景点分析、旅游行为分析）、旅游综合监测管理等功能，并能够实现与公安、交通运输、商务、环保、餐饮、航空、通信、气象等涉旅数据的共享。建设这个综合平台，要坚持在政府的引导下，市场化运作、公司化运营、一体化打造、标准化监管、人性化服务。效果是只要游客来到这个平台，威海吃、住、行、游、购、娱信息全了解，能够提供到哪儿去、住哪里、吃什么的全套解决方案。

三是大中心：完善通达全域的旅游集散中心。在散客、自驾游客为主的现代旅游新阶段，线上服务很重要，但线下的服务同样不可缺少。近年来，威海市先后建起了以威海市旅游公共服务中心为主体，以各城区分中心为支撑，以各车站、机场、客运码头、景区游客中心为基础的三级旅游服务网络。这个网络在为游客提供咨询、引导服务方面发挥了积极作用，但在集散、疏导以及线路、产品开发方面却明显不足。

建议：坚持线上与线下结合，政府引导与企业主体结合，强力推进集散中心建设，进一步完善相关功能。（1）依托市域旅游资源，积极开发短线旅游产品，实现旅游车辆班车化运营；逐步扩大集散中心的辐射半径，加强与周边旅游市场的合作，开通周边线路；把市区的观光巴士整合到集散中心管理运营。（2）把旅行社产品引入集散中心，发展旅行社为集散中心的代理商。（3）将宾馆酒店、景区门票、纪念品购销、交通票务代理等旅游要素引导整合到集散中心，开设营业柜台，打造名副其实的"旅游超市"，为游客提供一条龙服务。

（二）要素统筹整合

对吃、住、行、游、购、娱等旅游要素和资源，进行全面整合配置、优化提升，构建随处可见的温馨便捷服务体系，为全域旅游提供有力支撑。

一是推动全域景观化建设。坚持点、线、面结合，按照景区标准优化全域环境。

点，就是在抓好现有景点上档升级的基础上，把有旅游资源优势的村镇、社区、工厂、建筑都当作景点来精心设计、建设和打造，力争更多的点、区达到 A 级景区标准。

线，就是通过绿色走廊、道路、河流等形式，加强点与点之间的连接带建设。近年来威海市实施的路网"村村通"、河道综合整治、城市绿道等工程，已取得明显成效。下步应结合全域城市化、市域一体化的推进，对区市、重点区域、重点镇之间的连接带加大绿化、整治力度，同时大力推进城市慢行绿道工程建设。

面，就是在点线融合的基础上，实现全域景区化。在村镇，大力加强小城镇和新型社区建设，深入美丽乡村建设，努力建设当地居民的幸福家园、游客的休闲度假乐园；在城区，强化新建建筑物的美观管控，大力推进老旧生活区整治、英租老洋房保护等工程，努力使整个城区融现代美与古典美于一体。

二是推动服务设施全域配套。坚持以游客体验为中心，以提高游客满意度为目标，优化旅游服务全过程。

交通方面，进一步优化航班航线，扩大韩国济州航空、中国台湾华航特色旅游航班，探索开通至大连、秦皇岛的游轮快船线路；进一步丰富内部交通路径，完善旅游观光巴士线路，扶持汽车租赁公司发展，建设自驾车营地，实施交通干线与3A级以上景区"最后一公里"通达工程；进一步优化高速公路服务区和重点加油站点的旅游服务功能，将市际边界高速公路服务区打造成为旅游形象展示窗口和自驾游集散咨询中心；进一步优化自驾车、自助游服务体系，根据自驾车旅游需求，完善标志、标线、标识系统，在风景优美的地方规划建设观景台和休息服务设施。

住宿方面，虽然近年来住宿接待能力和水平不断提升，但住宿的结构性矛盾仍很突出，特别是旅游旺季一房难求而淡季客房入住率极低的问题没有得到有效解决。解决此问题的一条途径是大力发展乡村家庭旅馆，这样一方面可以将旺季的游客分流，另一方面又为乡村旅游延长逗留时间提供条件。

建议加大政策引导力度，鼓励乡村特别是城市周边的普通农家院改造环境设施，建设特色性、民俗性与环保性相结合的家庭旅馆，发展民宿经济。同时，结合住宿设施改造，大力推进农村厕所新改建工作，加快旅游厕所的免费开放进程。

食购方面，在继续扶持"威海菜"、威海名优产品的基础上，建议每个区市重点规划建设一两处集美食、购物、娱乐、观光于一体的大型活动中心。这个中心，既要与威海地域和产品特色相结合，又要与韩国商品集散相结合；既要符合大众旅游的特点，又要满足当地居民的需要。

三是推动旅游全天候活跃。全市旅游淡旺季明显，旅游"夏季热、冬季冷"，"白天热、晚上冷"的现象突出。从近几年接待游客情况看，每年5～10月接待游客的数量约占全年游客的85%，而11月到次年4月接待的游客不到全年的1/5。解决这一问题，关键是如何策划开发有吸引力、有卖点的冬季旅游产品和晚间娱乐休闲项目。近几年，因天鹅湖、温泉等旅游资源的进一步开发，淡季旅游问题开始破题。

建议：（1）出台淡季旅游补贴政策，引导旅游企业继续挖掘优势资源，推出"观天鹅、泡温泉、冰雪游"等旅游系列产品。（2）充分利用槎山、赤山、山泰滑雪场、威虎山滑雪场、恒山滑雪场等资源，推出登山、滑雪旅游产品；结合海草文化以及渔家民俗等，推出观海草房、体验渔家风情的民俗体验产品。（3）在做好"神游华夏""梦海演绎"等夜间演艺活动的基础上，学习杭州宋城经验，丰富夜间旅游产品。

（三）产业统筹培育

跳出一、二、三产业自我发展的传统模式，坚持把旅游元素作为催化剂，发挥"旅游＋"的综合带动功能，推动产业之间跨界整合、融合发展，进一步拉长产业链条，培育新的经济业态、旅游业态，促进产业转型升级。

一是"旅游＋乡村"。近年来，威海市乡村旅游蓬勃发展，打造了一批特色旅游镇、旅游村、旅游园区和旅游采摘带，但发展中也面临许多困难和问题。主要是乡村旅游用地多为基本农田、林地等，停车场、餐厅、厕所等配套设施所需建设用地指标非常紧张；集聚规模仍需提高，大多数乡村旅游点和经营业户一家一户经营，存在资源分散化、产品单一化、内容雷同化、服务简单化的问题；发展环境仍需优化，道路、公交、供暖、用水、用电等公共设施相对薄弱等。

建议：（1）将乡村旅游纳入市域一体化系列规划，将旅游城镇、特色村串连成线，着力打造山、海、乡村有机融合的环城市游憩带。（2）发挥政府主导作用，科学解决用地问题，进一步完善道路、通信、水电等公共服务基础设施，同时充分调动乡村旅游经营业主的积极性，重点进行客房、厨房、庭院、厕所的改造升级。（3）全面实施品牌战略，着重打造生态采摘、乡土记忆、康体休闲、创意体验、美食养生、乡村科普、乡村漫游等特色品牌，构建满足不同层次、不同等级消费需求的乡村旅游产品体系，实现乡村旅游提档升级。（4）鼓励更多的民间资本参与乡村旅游开发，积极引进专业型、品牌型旅游投资企业投资乡村度假设施；引导工商企业以投资、参股、收购等方式改造现有农庄、农家乐等，提高乡村旅游规模化、集聚化、专业化经营水平。（5）实施乡村旅游素质提升工程，建设乡村旅游培训基地，培养优秀乡村旅游管理人才、技术服务和实用人才。（6）把乡村旅游与扶贫工作结合起来，因地制宜，认真研究扶贫方式，搞好旅游项目策划，让贫困村、贫困户通过直接参与旅游经营、参与接待服务、出售自家农副土特产品、参加乡村旅游合作社和土地流转等方式脱贫致富。

二是"旅游＋海洋"。海洋资源是全市最宝贵的资源优势，完全可以将其打造成为不可替代的旅游特色。目前，全市海洋休闲旅游已有初步基础，但与威海市海洋大市、渔业大市的地位比，丰富的资源优势还远远没有被开发出来。（1）企业发展海洋休闲旅游的思想基础还不牢固，部分企业特别是传统养殖、捕捞企业发展休闲渔业的意识和紧迫感不强，没有将休闲渔业提到产业化发展的高度来认识和投入。（2）项目、产品层次较低，大部分集中在游钓和渔家乐，功能单一，内容和形式雷同，特色和优势不明显。（3）与旅游业融合程度不高，仅围绕渔业自身打转，产业拓展面窄，综合效益低。（4）从业人员素质较低。大部分人员都是从事传统渔业工作的员工，没有相关休闲渔业从业经历，缺乏必要的专业素质和技能，规范服务亟待加强。

建议：（1）以打造全国一流休闲、垂钓旅游目的地为目标，继续高标准建设休闲渔业旅游示范基地。鼓励沿海地区把内陆休闲、采摘、观光等旅游业态复制到海上，支持企业建设集餐饮、观光、垂钓等功能于一体的大型海上休闲平台，同时大力发展休闲帆船、沙滩文体、潜水探险等休闲产品，做优观光休闲航线，打造近海游新亮点。（2）把制造、旅游和传统渔业有机结合起来，延长休闲渔业产业链条，进一步开发特色纪念品、防护装备、休闲帐篷等休闲用品，提升钓具及游艇的研发制造能力，扩大省级休闲海钓船研发与制造基地创建规模，同时简化海域管理手续，开放近海海域，鼓励单位和个人购买游艇，设立游艇俱乐部。（3）与中国休闲垂钓协会等部门紧密合作，组织开展钓鱼比赛、休闲渔业文化节等形式多样、品位多元、各具特色的休闲渔业活动。注重将精品项目与"好客山东""渔夫垂钓"等旅游品牌相结合，真正将休闲渔业项目做成精品旅游景点。（4）规划建设海洋博物馆、海洋世界等工程，实现民俗文化、海洋文化的有机融合。（5）规范运营，特别是要规范休闲海钓船、海上平台的运营，强化休闲渔业各个环节的安全管理。同时，依托行业协会、龙头企业等组织开展培训，提高休闲渔业从业人员的素质。

三是"旅游+工业"。发展工业旅游，对企业来说，既有利于促进改造升级、延伸链条，又有利于展示形象、扩大市场份额，不是广告胜似广告；对消费者来说，参观工业企业，既增长了见识，又体验了生产制造过程中的乐趣。目前，工业旅游在国内外逐渐升温，消费者群体不断扩大。全市也有了良好开端，现有国家级工业旅游示范点7家、省级工业旅游示范点23家。好当家集团、清华紫光、安然纳米、颐阳酒业、环翠楼红参等多家工业企业已经成功进入旅游市场。主要问题：从各级各部门及广大企业，对工业旅游的认识普遍不高；工业旅游的产业化水平不高，许多企业将接待党政考察团或业务合作伙伴厂区参观等同于工业旅游，没有体现旅游市场的需求；旅游产品开发不足，企业对自身的优势和特色认识不清，对旅游市场的需求把握不准，工业特色旅游产品开发的力度和持续性明显不足；工业旅游服务机制尚不健全，企业自身在管理、服务方面缺乏经验，不少企业将工业旅游管理、服务置于企业行政系统中，偏离了工业旅游的内在要求。

建议：（1）围绕渔具、家纺、食品、保健品、机器人、3D打印等特色产业，由有关部门牵头，集中策划、培育一批全链条的工业旅游产品，从研发设计、生产加工到产品展示、用户体验等各个环节都要融入旅游元素。（2）通过"内训外学"，提升企业发展工业旅游的理念，鼓励支持企业自觉向"微笑曲线"两端延伸，推出不同层次的工业旅游产品。（3）加强工业旅游与其他旅游企业的合作，整合现有工业旅游点，推出"工业之旅"专项产品并将其纳入旅游线路，实现"集聚效应"。（4）鼓励引导工业旅游企业加入各类旅游节庆活动中，让广大市民特别是创业者和学生走进企业，了解全市工业发展成果，扩大企业知名度。（5）持续开发工业旅游产品，满足广大游客的购物需求。

四是"旅游+文化"。文化是旅游的灵魂，是旅游经济的核心竞争力。威海市文化资源丰富，发展文化旅游大有潜力可挖。目前，全市仍缺少带动性强的大型旅游文化示范区和发展载体；旅游文化差异化、主题化开发不够，参与性、娱乐性、体验性项目不多；用文化打造旅游品牌的手段、方式需要进一步创新，文化旅游市场尚未充分活跃。

建议：（1）加大文化资源的挖掘阐发力度。对各区域的特色文化，包括海洋文化、红色文化、道教文化、民俗文化、历史文化等，进行系统整理研究、包装策划，打造几条精品文化之旅线路，增强文化的厚重感和吸引力。（2）谋划一批文化旅游示范区。按照国家级文化旅游示范区的标准，加快推动好运角、南海、双岛湾、昆嵛山、九龙湾、北海等旅游度假区的规划建设，增加文化内涵，加大招商力度，尽快形成文化旅游高地。（3）建设一批文化旅游精品项目。重点推动环翠楼公园改造、文登呼雷汤影视文化温泉项目、乳山台依湖葡萄酒文化酒庄、文登东方欢乐谷、环翠区温泉风情小镇等项目的建设，形成新的旅游亮点。

五是"旅游＋体育"。威海市体育赛事活动和群众性体育运动有良好的基础，连续多年举办的全国帆船冠军赛、国际长距离铁人三项世界杯赛等赛事，在全国乃至世界范围内已有一定的知名度。但体育赛事仍然较少，且大部分为专业性赛事，没有综合性大型体育赛事；户外运动资源的挖掘还不够，全民健身设施、健身活动有待进一步丰富完善；体育赛事与旅游元素的融合还需要深化；等等。

建议：（1）加强与国家、省体育主管部门的沟通联系，策划更多的国际国内体育赛事活动，争取举办1~2个综合性体育赛事；进一步扩大国际铁人三项、全国帆船冠军赛、里口山中韩自行车邀请赛等品牌赛事的影响力，吸引更多的境内外运动员和体育观赏者参加。（2）在加快全民健身设施建设的同时，坚持差异化、特色化原则，积极开发自行车、徒步、登山、攀岩、蹦极、探险、漂流、滑雪、滑翔、射击、跳伞等户外运动项目。（3）推动体育赛事、群众性体育健身活动与采摘、垂钓、会展、文化、商务、休闲度假等结合起来，充分发挥综合效应。

六是"旅游＋健康"。目前全市已建成了汤泊温泉、天沐温泉等一批温泉疗养保健基地，打造了"中国温泉之乡""长寿之乡"等品牌，同时充分利用闲置房源，在乳山银滩旅游度假区、南海新区、石岛湾度假区以及海滨休闲疗养区等区域，开发了分时度假、网上订购、托管服务等新型度假养老产品。但全市健康养生旅游的开发尚处于初级阶段，"一流资源、二流开发、三流服务"的问题大量存在，产品较为低端，开发模式雷同，硬件设施简单，配套服务单一，尚未形成真正意义上的旅游产业。

建议：（1）实施养生旅游标准化管理，按A级景区、专业化的标准开发建设项目，确保每一个项目都建成精品，形成养生旅游的特色。（2）以"中国温泉之乡"品牌为总揽，突出海水温泉、海滨资源、生态优势的养生保健价值，打造威海养生旅游品牌，不断扩大养生旅游知名度。（3）扩大健康养生旅游企业和高端美容、疗养机构的合作，开展独具特色的中医温泉养生保健旅游，培育高端养生旅游产业群。

产业是旅游业发展特别是"旅游＋"的基础，发展全域旅游绝不是要冲淡相关产业的发展，相反要进一步做大做强产业，夯实发展基础。在工作指导上，一是必须毫不动摇地坚持"产业强市、工业带动、突破发展服务业"的战略，在培育壮大产业的同时，推动产业与旅游的对接。二是必须注重发挥旅游的催化剂作用，进一步激活各类要素和资源，促进各产业做足跨界、延伸的文章，培育新的业态，拉长、加宽、增厚产业链条。三是必须强化各区域、各产业的联动意识，促进各"旅游＋"融合发展，进一步充实旅游功能，提高全市旅游产业的丰腴度。

（四）市场统筹开发

树立全域旅游资源共享、区域优势互补的观念，整合包装威海整体品牌形象，统筹做好宣传推广，促进旅游市场持续繁荣。

一是加大整体宣传推介力度。全市历来重视旅游形象宣传打造，是第一个在中央电视台推出城市旅游形象广告的国内城市，城市的知名度、美誉度不断提高。但"酒香仍怕巷子深"，特别是由于国外市场推广费用高、推广手段与国内存在差异等，国外游客对威海的认知度不够高。同时各区市、各行业自己宣传自己，不仅无法形成城市整体形象，也存在重复投入问题。

建议：（1）建立统一宣传推介口径和机制，整体策划包装宣传威海城市品牌；在统一的前提下，各区市充分发挥主动性，推介各具特色的产品。（2）充分利用传统媒体和新媒体，创新宣传推介方式，针对不同国别、不同区域，推广威海风景、风情、风物、风尚、风气。（3）在全市组织的重大经贸、文化、体育等活动中，增加旅游元素，统一使用威海旅游形象标识。（4）创新举办文化旅游节庆活动，每个区市培育1~2个文化旅游品牌；积极引进国内外大型品牌会展，打造四季会展旅游城市。

二是加大产品策划力度。随着人们旅游消费观念的转变，旅游消费需求日趋个性化、多样化。旅游产品的设计与策划必须适应需求的变化，深入分析消费者心理，从供给侧发力，策划差异化的产品线路。

建议：（1）统筹策划一批特色线路。细分消费者群体，根据不同年龄、不同层次、不同消费时段的消费需求，整合全域资源，研究策划分众化旅游产品，包括夏令营、亲子游、孝老游、蜜月游、商务休闲游等。（2）完善定制旅游服务。依托全市旅游大平台丰富的旅游资源，免费为广大自助游旅客提供个性化、定制化服务。（3）集中打造韩国特色游。充分利用全市中韩自贸区地方经济合作示范区的品牌优势，集中打造具有浓郁韩国风情的仿生式韩国城，看韩国景、吃韩国餐、购韩国货、享受韩式娱乐及服务，让众多没有条件去韩国的游客"在威海游韩国"。

三是加大市场开发力度。经过多年的持续努力，全市的旅游市场开发开拓成效明显。今后要继续面向市场、研究市场，针对不同区域的市场需求，开发更多多元化、多功能、多主题的旅游产品，不断扩大消费范围、消费规模、提升消费品质，提高旅游的市场化、国际化水平。

（1）国际市场。重点面向韩国，围绕中韩自贸区地方经济合作示范区建设，加大与韩国在客源互享、旅游招商、人才培训等方面的合作力度，大力开展"中韩文化旅游季"等活动，继续打造"威韩连线""温泉＋登山"等旅游产品；面向俄罗斯，在相关城市加大宣传力度，在旅游旺季开通至俄罗斯远东城市的旅游包机，开发俄罗斯中小学生暑期夏令营、中医理疗、海滨度假等旅游产品。

（2）国内市场。重点加强与威海通航、通车城市的合作，大力实施"交通到哪里，旅游促销就跟到哪里"的战略，稳固以省内、东三省为主体，京津冀、长三角为两翼，华中、西南和华北为补充的客源市场格局；充分发挥山东半岛城市旅游区域合作联盟的作用，加大区域旅游合作力度，联合举办好客山东贺年会、好客山东休闲汇、大天鹅全国摄影大赛等活动，共同拓展国内外旅游市场。

同时，充分发挥旅行社的作用，鼓励市内旅行社在国内外重点客源市场设立分支机构和办事处，推动威海市旅行社与国内外知名旅行社开展战略合作，支持国内外大旅行社在威海市设立分支机构。

四是加大市场秩序维护力度。近几年，全国旅游市场曝光的服务态度差、安全保卫差，不诚信经营、不文明服务，"零负团费"、诱导消费等现象，在威海市也有个别存在。目前旅游市场监管机构已建立了联合执法机制，但基层执法力量比较薄弱，现有的监管手段仍较为单一，执法力度需进一步强化。还应特别注意的是，乡村旅游、工业旅游由于兴起时间不长，没有统一的规范标准，出了问题无法执法，极易引发市场混乱。

建议：（1）建立统一的规范标准。乡村旅游应认真研究农村环境整治、美丽乡村建设、平安建设、快捷酒店等标准，制定镇、村、经营户的规范。工业旅游应认真研究食监、药监标准，制定相关领域的标准。（2）借鉴国内外先进经验，在建立统一旅游投诉受理机制、完善首问负责制的基础上，改革创新旅游市场监管执法体制，设立综合执法机构和队伍。（3）发挥政府部门与企业及行业协会、本地居民与游客的共同治理作用，通过聘请旅游义务监督员、与消费者协会开展旅游线路产品体验式调查等形式，动员社会力量维护旅游秩序。

（五）力量统筹调动

坚持把发展全域旅游作为各级各部门的重点工作，充分调动方方面面的力量，形成齐抓共管的合力。

一是上下推动。目前威海市已成立以市长为主任，常务副市长和分管副市长为副主任，各区市、开发区政府和52个部门主要负责人为成员的威海市旅游发展工作委员会，在推动解决旅游业发展重大问题等方面发挥了积极作用。建议进一步深化这一体制机制，定期制定、落实阶段性目标措施，交流部门信息，同时完善综合考核机制，把各区市、开发区旅游消费总额、增幅纳入科学发展综合考核，定期调度、定期通报，通过强化考核"指挥棒"的作用，使旅游工作从局部工作变为全局工作。

二是部门联动。近几年，各有关部门结合各自职能，在发展和促进旅游业上做了大量卓有成效的工作。全域旅游是一个新课题，每个部门、单位都应从全域旅游的角度重新审视自身职能，坚持把全域旅游作为抓手、载体和平台，以更加广阔的视野谋划工作，以更加积极的作为推进旅游业发展。（1）作为发展部门，要以"旅游+"的思路，推进行业、产业与旅游融合发展，通过发展全域旅游提升行业、产业层次和水平，实现旅游业与经济社会相互促进、相互提升。（2）作为监管部门，要建立风险预防机制、投诉联动处理机制，努力实现旅游治理全域覆盖；以全国食品安全城市和农产品质量安全县创建为契机，落实食品农产品安全监管责任，坚持定期检查与不定期抽查相结合，努力为居民和游客提供安全放心的食品；建立违法企业"黑名单"制度，完善旅游企业和从业人员的诚信档案，对违规经营、发生游客投诉的，记入诚信黑名单予以惩戒。（3）作为服务部门，要大力推动全域基础设施建设，加快公共服务设施配套步伐，通过开放式的公共服务体系建设，为公众提供更加便捷实惠的服务，让游客与居民服务共享；要积极研究、向上争取各种优惠政策，推进旅游便利化。

三是全民发动。进一步增强居民和游客的参与度和共享度，形成共建共享的旅游发展格局。建议加大引导、宣传力度，努力使市民明白发展全域旅游既需要建设方、管理方的推动，更需要广大市民的参与、建设、管理与体验。结合文明城市创建工作，扎实开展"君子之风·美德威海"建设，引导全体市民从自身做起，从点滴小事做起，讲文明树新风，开展志愿服务。推动文明创建工作向广大乡村延伸，广泛发动城乡群众参与文明建设，纠正不文明行为，使文明威海的理念内化于心，外化于行。

四是资本驱动。目前全市大部分旅游企业规模较小，缺少大型旅游企业集团和大规模的旅游综合体，市场竞争力不强；许多景区引入了民营资本运营，但数额较小，难以形成大型旅游集团。建议：（1）积极推进旅游产业资本化运作，设立旅游产业发展基金和乡村旅游等不同类别的子基金，吸引更多国有企业和社会资本。（2）鼓励开展门票质押、景区经营权资产证券化产品试点；支持旅游企业通过发行股票、债券及私募股权等方式筹措资金。（3）引导符合条件的企业发起成立旅游担保公司、旅游资本管理公司。（4）推动旅游企业上市或到新三板、区域性股权交易市场挂牌。

三 发展全域旅游，应树立正确观念，避免走入误区

发展全域旅游是对传统旅游发展理念的根本性变革。正确理解全域旅游，推进全域旅游，必须树立正确的观念，避免念歪经、走错路。在工作推进中，应坚持以下观念或原则。

（一）因地制宜、创新发展

创新是旅游发展的灵魂。全域旅游本身就是旅游发展理念的创新、旅游发展模式的创新。全域旅游，是全域一体化、品牌一体化、服务一体化，但不是全域同质同步发展，要注重全域旅游中各地区、节点之间的差异化、特色化，形成各自的文化特色、功能特色、产品特色、业态特色、服务特色。要创新旅游业态，把开发适应市场需求、高品质、有特色的旅游产品作为主攻方向，大力发展适用于全域旅游的新产品新业态。创新投融资体制机制，鼓励私营企业、民间资本、国际资本参与重大旅游项目开发、参与公共基础设施建设。创新旅游体制，从旅游市场监管、旅游公共服务、旅游产业促进、扩大旅游开放、旅游管理体制等方面推进综合改革，激发旅游发展活力。

（二）协调统一、整体推进

全域旅游的核心，就是用发展旅游业来带动区域内相关产业、生态环境、公共服务、体制机制、文明素质等全方位优化提升，并以此带动区域经济社会协调发展。也就是说，全域旅游不仅仅是一个旅游发展概念，更是一个经济社会发展概念。发展全域旅游，仅靠一个部门、一个行业去做，做不好也做不大，需要各相关部门、相关行业的系统筹划。比如，在城镇建设上，相关责任部门不仅要研究如何满足居民居住生活功能，还要注重文化特色和对外来游客的服务；在水利建设上，不仅要研究如何满足防洪、灌溉的需要，还要为游客提供审美游憩价值和休闲度假功能；在交通建设和管理上，不仅要满足运输和安全，道路还要建成风景道，完善自驾游服务体系；在林业生态建设上，除了满足生态功能以外，还要有特色景观吸引和配套旅游服务功能；在农业发展上，除了要加快发展现代农业，还应满足采摘、休闲等消费需求；等等。

（三）注重保护、集约开发

全域旅游不是到处搞旅游开发，到处建设项目，到处建设景区景点，而是要通过全面优化旅游要素、旅游功能、基础设施和产业布局，更好地保护核心资源和生态环境。必须把全域旅游作为推动绿色发展的重要载体，加强山体、沙滩、海域、岸线、湿地、绿地的保护治理，在恢复区域自然生态功能的同时打造靓丽的风景线。积极推动集约高效开发，提高土地、空间、水等资源利用效率，用有限的资源实现发展成效的最大化。积极落实低碳、循环发展要求，大力发展绿色经济，推广绿色建筑、绿色交通，深入推进节能减排，建设节约型、环境友好型城市。

（四）开放合作、融合互动

旅游业是天生的开放行业。全域旅游这一发展模式，更加注重拓展开放发展空间，打破地域分割、行政分割，打破各种制约，走全方位开放之路。对外，要跳出自身区域限制，充分利用好国家、省的区域发展战略和对外开放合作战略，通过整合资源，优势互补，实现共赢发展。对内，既要结合"中心崛起、两轴支撑、环海发展、一体化布局"的城市发展格局，打破条块分割，打破各种制约发展的边界，在全市层面上搞好统筹规划；又要充分发挥"旅游+"功能，促进旅游与其他产业深度融合、互融共盛，形成新的生产力和竞争力。

（五）以人为本、共建共享

推进全域旅游，实际上是要通过打造开放式的旅游景观和公共服务体系，让外来旅客与本地居民共享旅游要素和优质服务，这是从以景区为本向以人为本发展模式的重大转变，顺应了消费升级、推进供给侧结构性改革的需要。在全域旅游模式下，整个区域的居民都是服务者，都是主人。全域旅游既要让建设方、管理方参与其中，更需要广大游客、居民共同参与。既要考虑让游客旅游得更顺心、更放心、更开心，也要让居民生活得更方便、更舒心、更美好。

（作者单位：中共威海市委研究室　课题组成员：张海峰　张志全　张　尧）

威海市中级人民法院企业破产审判工作报告（2010～2016年）

王树远　李慧东

受2008年世界金融危机影响，我国经济发展逐渐步入新常态，"转方式、调结构"改革重任对法院企业破产审判工作提出新要求。威海中院及辖区基层法院始终坚持"为大局服务，为人民司法"方针，树立破产审判新理念，依法受理、积极审理企业破产案件，优先适用重整程序，充分运用清算程序，妥善安置职工，保障债权有序受偿，拯救危困企业。2010年至今，共有8家企业通过重整程序摆脱困境获得新生，充分发挥了破产审判优化社会资源配置，规范市场主体退出机制，维护市场经济运行秩序，调节市场生态环境的职能作用。2015年12月中央经济工作会议提出的2016年五大经济任务中，第一项"去产能"明确要求要依法为实施市场化破产程序创造条件，加快破产清算案件审理，要尽可能多兼并重组、少破产清算，做好职工安置工作，对今后一个时期破产审判工作提出新的更高的要求和任务。为适应新形势，进一步加强破产审判工作，威海中院对2010年以来全市法院破产案件审理情况进行总结分析，找出困难和问题，提出对策和建议，为推动清理"僵尸企业"、加快市场出清，积极稳妥化解产能过剩提供有效途径和法律支持。

一　全市企业破产案件总体情况和主要特点

（一）全市法院受理、审结企业破产案件的情况

2010年1月至2016年2月，全市两级法院共受理破产案件109件，其中2010年28件，2011年14件，2012年16件，2013年10件，2014年8件，

2015 年 32 件，2016 年 1 件，受理案件数量在 2010 年至 2014 年期间呈下降趋势，2015 年大幅度上升，2016 年虽然只受理 1 件破产案件，但全市法院收到破产申请尚在审查阶段的案件超过 20 件，预计今年会有较大幅度上升；共审结破产案件 36 件，其中 2010 年 3 件，2011 年 3 件，2012 年 4 件，2013 年 6 件，2014 年 9 件，2015 年 11 件，结案数量逐年上升。另外，全市法院还受理公司清算案件 4 件，审结 1 件。

上述受理的 109 件企业破产案件中，破产清算案件 73 件，重整案件 36 件。破产企业资产总额 575959.08 万元，负债总额 1656805.92 万元。在受理案件数量下降的情况下，破产企业资产和负债总额仅在 2011 年下降，之后大幅上升，在 2015 年达到最高值，分别为 196746.72 万元和 555315.49 万元。

表 1 2010 年 1 月～2016 年 2 月全市法院受理及审结破产案件情况

时间	收案（件）	资产总额（万元）	负债总额（万元）	结案（件）
2010	28	37622	219204	3
2011	14	8845	49121	3
2012	16	96290	168142	4
2013	10	51560	124688	6
2014	8	184616	538615	9
2015	32	196747	555315	11
2016.1－2	1	280	860	0
总额	109	575959	1656806	36

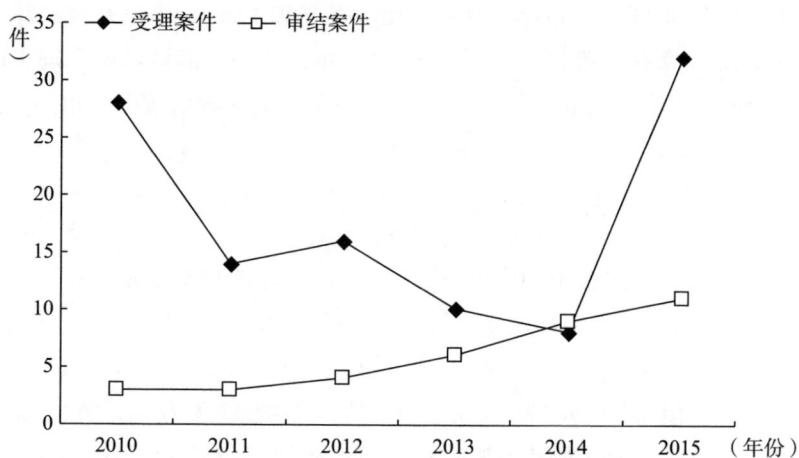

图 1 2010 年～2015 年全市法院受理和审结破产案件趋势

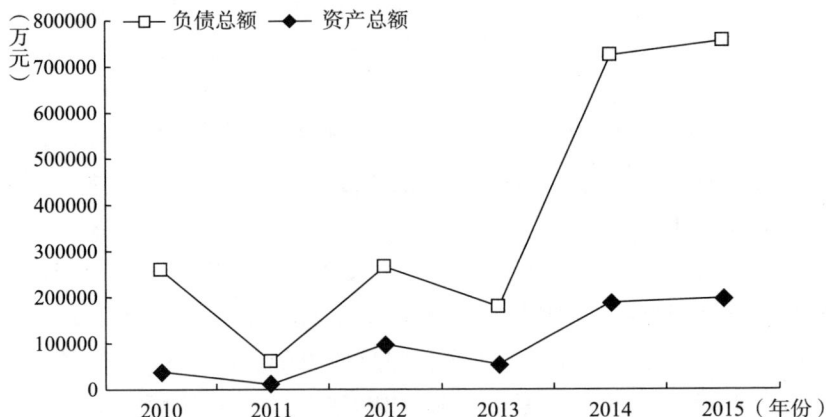

图2　2010年~2015年全市破产企业资产和负债趋势

上述统计结果表明，2014年以前进入破产程序的企业数量虽然下降，但资产、负债总额上升，较大规模破产企业数量增加。至2015年，破产企业的数量和规模都大幅增长，对威海市经济发展影响力增加，社会关注度提高。同时，审结破产案件的数量逐年上升，很多案件取得良好效果，全市法院破产审判工作规范、有序开展。

（二）全市企业破产案件区域分布情况

1. 受理、审结案件分布情况

2010年1月至2016年2月全市法院受理的109件破产案件和审结的36件破产案件区域分布如下：中院受理12件，审结6件；荣成法院受理30件，审结6件；文登法院受理23件，审结7件；乳山法院受理19件，审结6件；环翠法院受理10件，审结7件；经区法院受理11件，审结3件；高区法院受理4件，审结1件。荣成、文登、乳山、中院和经区法院受理案件数量较多，审判压力大。

2. 破产企业资产、负债分布情况

上述全市109家破产企业资产总额575959.08万元，负债总额1656805.92万元，在各法院分布如下：中院受理破产企业资产总额110402万元，负债总额482800万元；荣成资产总额116998万元，负债总额454016万元；文登资产总额10364万元，负债总额100169万元；乳山资产总额85059万元，负债总额182355万元；环翠资产总额22440万元，负债总额38520万元；经区资产总额206212万元，负债总额390040万元；高区资产总额3283万元，负债总额4973万元。中院、荣成、经区和乳山法院受理破产企业的资产和负债数额较高，涉及面广，社会影响大。

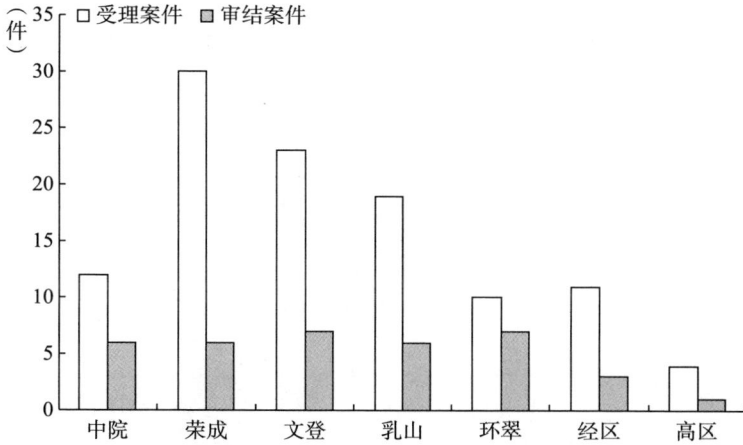

图 3　2010 年 1 月～2016 年 2 月全市各法院受理和审结破产案件对比

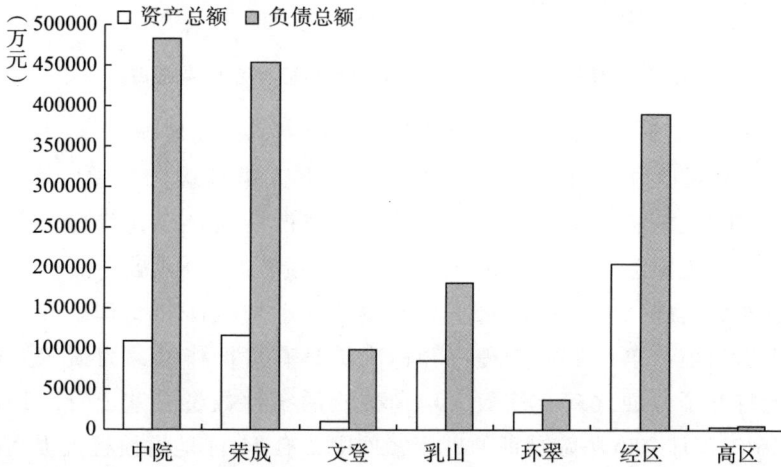

图 4　2010 年 1 月～2016 年 2 月全市各法院受理破产企业资产和负债总额对比

（三）案件的主要特点

1. 破产企业类型多样化，私营企业占比最高

我国企业破产在很长时期内与国家调控政策密切相关，国有企业作为破产主体长期占据主导地位。随着新修订的《企业破产法》于 2007 年 6 月 1 日实施，我国企业破产法律制度发生根本性的变化，逐步由政策性破产向市场化的破产程序转化，各类市场主体获得进入破产程序的权利和机会，破产企业类型由单一化向多样化发展。尤其是 2010 年以来，以自然人为股东的有限责任公司破产案件数量大幅上升，国有企业比重下降，还出现了外资企业、非企业法人民办学校破产等新类型主体。在 2010 年 1 月至 2016 年 2 月全市法院受理的 109 件破产案件中，国有企业 23 件，集体企业 15 件，以自然人为股东的有限责任公司 62 件，外资企业 5 件，改制企业 3 件，民办学校 1 件。

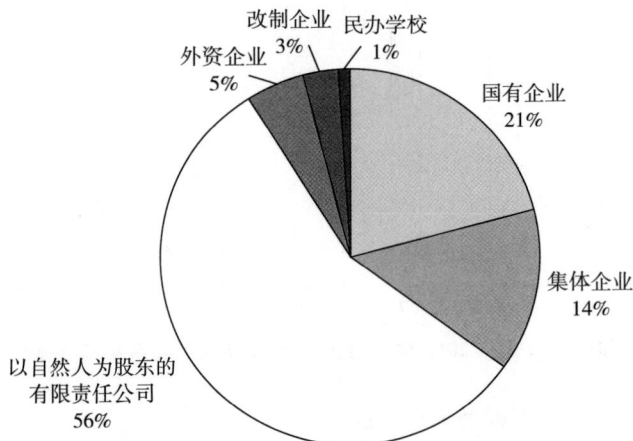

图5 2010 年 1 月～2016 年 2 月全市破产企业类型占比

2. 破产程序启动主体多元化，债权人申请破产数量增加

在政策性破产体制下，长期以来形成债务人申请破产的单一主体形式，同时由于债权人无法真实全面了解债务人的资产负债及经营状况，不愿意启动破产程序，更愿意通过个案诉讼的方式实现债权。《企业破产法》及其司法解释的颁布和实施，明确并细化了破产案件的申请主体和受理条件，尤其是对债权人提出破产申请的审查程序和标准更具有可操作性，为债权人申请债务人破产打开了方便之门，债权人申请破产的案件数量迅速上升。2010 年 1 月至 2016 年 2 月全市法院受理的破产案件中，有 41 件是由债权人提出破产申请，占 38%；有 3 件系企业自行清算过程中由清算组或清算委员会提出破产申请，占 3%；其余 65 件由债务人提出破产申请，占 59%。

3. 案件类型以清算为主，重整案件数量大幅上升

《企业破产法》实施后，作为全新破产法律制度的重整程序逐渐被了解和适用，与传统破产清算程序公平有序清结债权债务的作用相比，重整程序更可能发挥挽救危困企业增加市场活力的社会功能，尤其在经济下行、"转方式、调结构"改革攻坚阶段，重整程序成为企业走出困境的有效自救措施。自 2010 年 1 月威海中院受理第一起重整案件后，重整案件数量逐年增加，但是在出现破产原因的困难企业中，具有营运价值且生产技术先进、市场前景较好的企业毕竟是少数，大多数企业属于已经被市场淘汰的"僵尸企业"，应

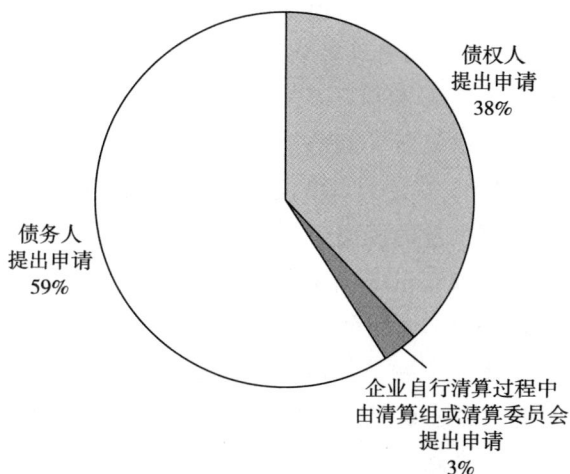

图6　2010年1月～2016年2月全市法院破产案件申请人类型占比

当及时合法退出市场，因此全市法院所受理的案件仍以破产清算为主，有73件，占收案总数的67%；重整案件36件，占收案总数的33%，其中，中院受理4件，审结3件；荣成法院受理20件，审结0件；乳山法院受理5件，审结3件；环翠区法院受理2件，审结0件；经区法院受理5件，审结2件。

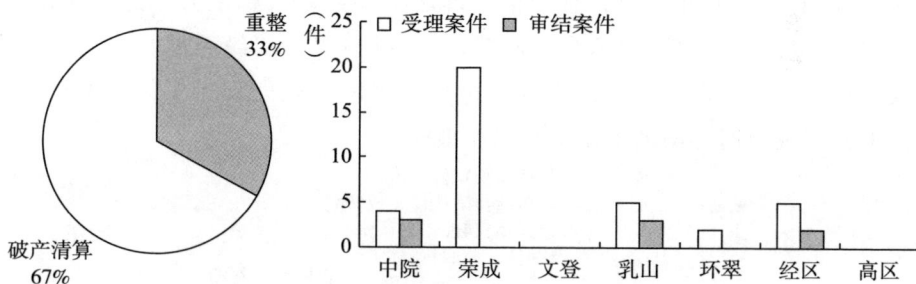

图7　2010年1月～2016年2月全市法院重整案件占比及区域分布

4. 重大疑难复杂案件大量出现

2010年以来，重大疑难复杂破产案件不断出现，主要包括房地产企业、大型造船企业、大型企业集团破产案件，有些企业还涉及关联公司合并破产的情形，主要有中院受理的山东大宇汽车零部件有限公重整案，经区法院受理的百圣源集团、东维数控、三源房地产、三进船业有限公司重整案，荣成法院受理的神飞船舶制造有限公司重整案，荣喜集团及18家子公司合并重整案，乳山法院受理的涉及乳山"台湾城"项目的两家房地产企业合并重整案等。这些企业负债数额巨大，涉及利益主体众多，普遍存在债权确认难、财产清查审计难、法律争议多、法律适用难等问题，审理难度大；还涉及大量职工安置、购房业主利益保护等社会性问题，维稳压力大。

5. 金融债权占比高，受偿率低

经初步统计，2010 年以来所受理的 109 件破产案件，企业负债总额（债权申报总额）为 1656805.92 万元，其中银行申报债权总额为 638145.86 万元，占比达到 39%，另外还有大量的民间借贷债务，部分破产企业（主要是房地产企业）的这两项负债相加超过总负债的 60%～80%。所审结的 36 件案件中，金融债权总额为 221525.03 万元，受偿总额为 71883.62 万元，清偿比例仅为 32%。因此，破产企业金融债权占比高，受偿率低，存在较高的金融风险，但从另一个角度讲，通过破产程序可以化解大量银行不良贷款风险隐患，对降低地区金融风险、维护金融市场秩序起到重要作用。

6. 破产衍生诉讼数量大幅增长

对当事人在破产程序中产生的实体权利义务纠纷，《企业破产法》改变了过去一裁终审的做法，要求全部通过诉讼方式解决。因此在破产案件审理过程中出现大量劳动争议、债权确认、撤销权、取回权、抵销权、解除或继续履行合同等衍生诉讼案件。2010 年之前，全市法院仅受理破产衍生诉讼 8 件，2010 年 1 月至 2016 年 2 月，破产衍生诉讼案件数量大幅上升，达到 382 件，主要包括债权确认、劳动争议、合同履行、撤销权等纠纷类型。这些衍生诉讼要经过一审、二审，有的甚至要经过再审程序才能处理完毕，极大延长了破产案件审理周期，增加工作量和审理难度。

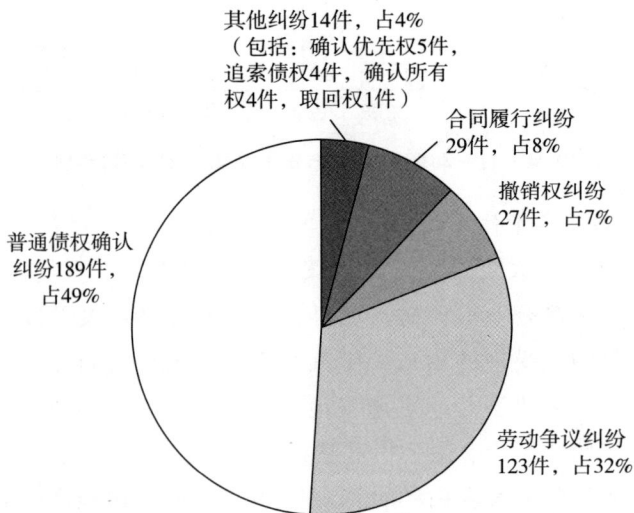

其他纠纷14件，占4%
（包括：确认优先权5件，追索债权4件，确认所有权4件，取回权1件）

合同履行纠纷
29件，占8%

撤销权纠纷
27件，占7%

普通债权确认
纠纷189件，
占49%

劳动争议纠纷
123件，占32%

图 8　2010 年 1 月～2016 年 2 月全市法院受理破产衍生诉讼类型占比

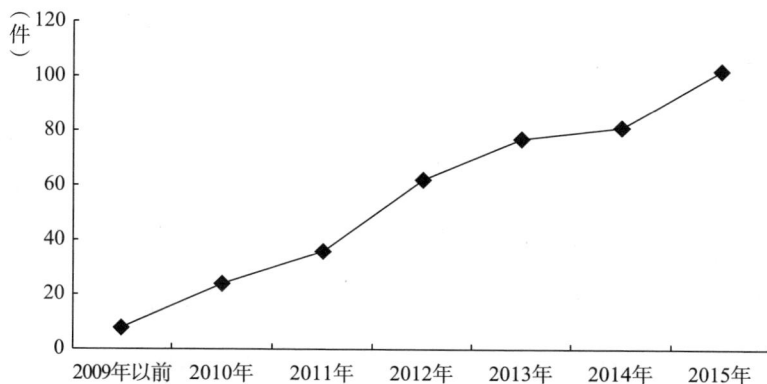

图9　2010年1月～2016年2月全市法院受理破产衍生诉讼趋势

二　推进破产审判工作的主要措施和做法

（一）　确立正确的指导思想和审判理念

威海中院高度重视企业破产审判工作，确立"依法受理，积极审理"指导思想，在立案阶段严格依法审查破产申请，依法将符合破产条件的企业纳入破产程序；立案后，严格按照法定程序积极推进各项审判工作。根据威海市企业规模小、抗风险能力弱，受国内外经济下行影响普遍出现经营困难的现状，树立"优先重整、及时清算、保障民生、和谐共赢"的审判理念，对技术先进、有较好市场前景的企业，力促其通过重整摆脱困境，获得新生；对产能落后已被市场淘汰的企业，及时宣告破产退出市场；同时高度关注职工、购房业主等弱势群体利益，保障民生，兼顾多方利益平衡，努力达到各方满意或接受，实现共赢。

（二）　加强宣传调研工作，引导社会观念转变

传统观念只看重破产程序的偿债功能，忽视破产程序对企业的保护和拯救功能，导致很多企业错过重整时机，最后破产倒闭。为此威海中院加强重整法律制度的宣传和调研工作，先后在威海日报、威海晚报发表《善用破产重整，企业赢得新生》《破产重整——企业重生的护法》等宣传稿件，在威海电视台"庭长访谈"栏目专题介绍重整法律制度，并附有典型案例分析，让企业和社会各界充分了解重整法律制度的功能作用；同时承担了2012年度全省法院重点调研课题《关于规范破产案件审理工作的调研》，完成的调研报告《有限责任公司

破产重整制度的完善——以中小企业为视角兼论关联企业合并重整的程序启动》得到省高院的高度评价，获得全省优秀调研成果评选三等奖，被评为第十六次威海市社会科学优秀成果一等奖；破产审判工作经验在全省法院破产审判工作中予以推广。通过调研，锻造重整保护和挽救困难企业的理念，引导社会观念转变，推动危困企业重整再生。截止到2016年2月，全市法院共受理36件重整案件，审结8件，威海三进船业有限公司等8家企业摆脱危机获得新生。

（三）紧紧依靠党委政府，扎实推进破产审判工作

企业破产涉及债权人、债务人、职工、出资人等多方利益，存在资产处置、职工安置等重大敏感事项，社会矛盾积聚，单纯依靠法院很多问题无法解决，极易出现不稳定因素。因此，我们紧紧依靠党委政府，勤汇报，多请示，争取支持，较好解决了破产企业土地收回、置换、改变用途等资产处置及烂尾楼复工、职工安置、税收减免、寻找重整投资人等诸多难题，扎实推进破产审判工作。截止到2016年2月，山东大宇汽车零部件有限公司、威海赛洛金药业有限公司、威海人生药业集团股份有限公司、威海三进船业有限公司、威海爱威制药有限公司、乳山光谷新力房地产开发公司、哈尔滨阳光房地产开发公司、乳山金长城置业有限公司等8家企业重整成功，盘活企业资产18.98亿元，3000余名职工免于下岗，4000余名购房业主的利益得到维护，取得良好的社会效果。

（四）规范破产案件审理程序，提高审判质量和效率

威海中院专门制定了《破产案件审判操作规程》，共11章124条，及《破产重整案件立案审查听证规则》，共26条，经审委会讨论通过，下发辖区法院参照执行；并通过集中疑难问题解答的方式，对破产审判中的疑难问题统一认识、统一裁判尺度和做法，全面规范破产案件审理程序。

1. 严格立案审查，依法受理破产案件

规定对破产申请进行形式审查和实质性审查，要求形式审查严格，实质性审查全面，据以分析破产原因，引导进入清算或重整、和解等不同破产程序。对有营运价值暂时经营困难的企业，优先适用重整或和解程序；对没有营运价值的企业则适用破产清算程序。在裁定重整前，采取专家论证程序和审查听证程序，邀请债务人行业代表和有关专家、政府主管部门及工商、税务等部门人员对重整可行性进行研究座谈，形成初步的专家意见，再召开重整审查听证会，要求申请人、主要债权人、债务人、债务人职工代表和股东

参加，听取各方对重整的意见和建议，为裁定重整提供合理依据。

2. 依法、及时推进各项程序，做到审判工作透明、高效

一是依法指定管理人，为企业选好"管家"。规定管理人选任要公开透明，以抽签结合轮候的方式产生，杜绝"暗箱"操作；同时根据案件的具体情况确定不同的管理人范围，选择律师事务所、清算事务所或会计师事务所担任管理人，对社会影响大、党委政府关注的案件，优先指定在案件受理前已经成立的由政府牵头、以中介机构为成员的清算组担任管理人。

二是公开审计评估机构的产生方式和工作流程。由管理人在入册中介机构中抽签选取2～3家，由其提交工作方案并报价，择优选取；审计评估过程及结果公开，管理人、债权人及股东等利害关系人可随时询问和查阅，审计评估报告要经债权人会议讨论并通过，审计评估机构要派人出席会议并接受质询，如果债权人异议较多，则另行召开听证会，由审计评估机构进行专门的分析、说明和解释。

三是及时解除或采取财产保全措施。对债务人财产已采取的保全措施，尽快协调相关法院解除；同时立即对债务人相关资产予以查封，避免再产生其他法院新的查封。尤其在重整案件中要重点对出资人的收益及相关人员的股权及时冻结，以保证将来重整计划草案对股权调整方案的执行。如山东大宇汽车零部件有限公司重整案，我们及时冻结了股东山汽集团的股权和收益，为股权调整赢得了主动，最后重整成功。

四是充分发挥债权人会议职能作用。对破产案件审理中所有敏感问题，无论是程序问题还是实体问题，如破产撤销权的行使、债务人财产的追回、注册资本的追补、管理人报酬、资产处置、破产财产变价与分配方案等事项，交由债权人会议讨论并形成决议，充分尊重当事人意思自治。法院对决议审查认为没有损害债务人、出资人等其他利害关系人利益的，批准并由管理人遵照执行。同时，对债权人人数众多的，可以采取现场投票与网上投票相结合的表决方式，提高会议效率。

五是严格适用重整计划强制批准程序。确定最少组别同意原则，要求至少有一个表决组通过重整计划才能行使强制批准权；采取强制批准前听证程序，要求所有利害关系人特别是对重整计划持反对意见的人参加，充分发表意见，最后由法院结合专家意见，做出是否批准的决定。

3. 监督执行，保障各方利益实现

加强对破产清算案件中破产财产分配方案及重整案件中已批准重整计划执行的监督工作，除强调管理人的监督职责外，要求承办法官全程跟踪监督，对

利害关系人反映的问题及时处理，按期制作执行报告，确保各方主体利益实现。

（五）创新审判机制，提升破产案件审判效果

1. 建立内外协调机制，为开展破产审判工作创造条件

一是加强法院内部协调工作，成立由分管院长牵头，庭长、承办法官、相关部门负责人为成员的破产工作小组，统一协调立案、保全、法警调配、车辆使用等事项，优先满足破产审判工作的各项需要。二是加强外部协调工作，成立由政府牵头，法院负责，政府相关部门及企业主管部门等参加的企业破产综合协调领导小组，共同研究和协调解决有关资产处置、职工安置、税费减免、引进重整投资人等难题，共同推进破产工作。目前威海市两级法院中，乳山、文登、荣成、经区法院推行此种做法。如经区法院在审理威海三进船业有限公司重整案和山东百圣源集团有限公司重整案中，在经区管委为主导的重整综合协调领导小组的协调下，有效解决了重整企业的土地、船舶等财产处置、职工工资发放和烂尾楼的恢复施工等难题，推动重整工作开展，最终由政府引进浙江舟基集团下属的小可控股公司作为投资方参与重整，三进船业有限公司最后重整成功。

2. 建立专家论证机制，提高重整成功率

重整作为全新的法律制度，缺少成熟的司法模式和审判经验，尤其是法院在市场经营、企业管理等领域缺少专业知识的支撑，给重整工作增加了决策上的困难。为此我们开展了企业重整专业论证工作，针对每一起重整案件，由政府主管机关、工商、税务等部门人员及行业代表和有关专家共同组成重整专家小组，集思广益、审慎论证，发挥集体智慧对重整做出正确决策。共分两个步骤：一是在裁定重整前，形成初步的专家意见书，为重整受理提供决策依据；二是在裁定批准重整计划草案前，形成最后的专家意见书，为重整计划草案的批准提供依据。依据专家意见，提高重整成功率，使多家破产企业走出困境，充分发挥重整拯救制度作用。如我院审理的威海赛洛金药业有限公司重整案，邀请药监局专家和制药行业代表对该企业的产品性能、生产技术和市场前景进行了研究分析，认为其主要产品"促进人体肝细胞生长素注射剂"临床效果良好，市场前景看好，只是在产品定价和销售管理上存在不足，以及对外担保形成大量担保债务才使企业陷入困境，最后形成重整专家意见书，进入重整程序后，该企业吸引了多家投资人，最后重整取得成功。

3. 建立债务人自营和管理人管理相结合的重整企业管理模式，防范经营风险

进入重整程序后，由债务人自行管理财产和营业事务，有利于企业经营

业务的存续和发展，但容易发生财务风险和道德风险，规定管理人与债务人共同管理，分工负责，可以相互监督，有效防范经营风险。

4. 建立政策宣传和矛盾疏导机制，预防和化解矛盾

企业进入破产程序后，各种矛盾积聚，极易引发社会不稳定事件。我们首先制作破产政策说明书和法规小手册，第一时间发放给职工和债权人，同时在企业现场设立咨询台，安排专人接受咨询并现场解答问题，不能现场答复的疑难复杂和敏感问题，集体研究统一意见后予以答复。其次根据企业实际情况成立由职工代表、企业负责人、律师组成的应急处置小组，专门接访、答疑、调解纠纷，有效预防和化解矛盾，消除不稳定因素。

5. 完善重大案件审理机制，保证不出纰漏

对资产负债数额巨大、债权人和职工人数众多、党委政府高度关注的重大破产案件，一是加强审判力量，选择经验丰富的法官承办，并成立由分管院长担任组长的破产工作领导小组，分管副院长、庭长全程参与审理；二是建立工作专报制度，定期将破产工作进展情况、遇到的困难和重大敏感事项报告破产领导小组研究解决方案，依法及时采取措施；三是与上级法院和专家学者建立长期联系，共同研究审理程序和法律适用方面的难题，保证程序采取和适用法律准确。

（六）加强监督指导，推动管理人有效开展工作

管理人担任破产企业的"管家"，其工作成效对整个破产审判工作至关重要。指定管理人后，要求管理人出具承诺书，强调其善管义务和忠实勤勉义务，对其违反义务应承担的民事、行政、刑事责任做出书面承诺，并建立常态化的工作机制：一是建立管理人定期报告和重大事项专门报告制度，要求管理人每周定期报告各项工作的进展情况，并制定下一步工作计划，对重大事项要书面报告法院，遇到疑难问题及时请示；二是实行定期排查制度，指导管理人每月定期排查矛盾纠纷，以维稳工作为重点，对职工诉求在规定时间内及时答复；三是建立协调会制度，定期召开由政府部门、法院、管理人共同参加的协调会，通报案件进展情况，讨论重大疑难问题，安排下一步工作。

（七）保障弱势群体合法权益，做好职工安置工作

重视对弱势群体利益的保护，一是在破产财产足以支付抵押权人、破产费用和共益债务的情况下，对职工债权提前清偿，或利用政府维稳基金和第

三方资金对职工债权提前清偿，降低职工在破产程序中受偿的成本；二是在房地产企业和造船企业破产案中，侧重保护农民工、小业主、供货商、小额债权人等弱势群体的利益，制定完善的业主保护预案，在不违反法律规定的情况下适当提高清偿率；三是做好职工安置工作，由职工自愿选择解除劳动合同领取补偿金后再就业，或企业自身接收，或由政府安排其他企业接收。另外在处置破产财产时，坚持财产处置与职工安置相结合，要求整体接收破产财产的企业，与原企业职工签订 3 到 5 年的劳动合同，有效解决大批破产企业职工再就业难题。2010 年至今，共妥善安置职工 7000 余人，解决职工再就业 2000 余人。

三　破产审判工作中面临的困难问题

（一）破产费用严重不足，审判工作难以推进

威海市尚未设破产专项资金，破产费用完全来源于破产企业自有资金或对其资产的处置，如果破产企业缺少自有资金，由于资产处置的滞后性将导致破产费用严重不足，案件审理中的公告、送达、财产调查、审计、评估、债权债务的调查确认等工作无法进行，审判工作难以开展，这也是很多法院不愿受理破产案件的重要原因。

（二）破产财产变现难，债权清收难度大

评估机构对破产财产采取计算折旧率的方法评估，忽视资产通用性、市场因素和变现难易程度等问题，造成评估值与变现值相差悬殊，拍卖时难以成交；很多企业享受政府土地优惠政策，没有办理正规的土地出让手续，或存在地上建筑物所有权与土地使用权分离或第三方权利的情况，导致破产财产无法处置；破产企业债权普遍存在超过诉讼时效，缺少证据，债务人地址、联系方式记载不详或根本没有记载等问题，债权清收难度很大。案件长期不能审结，可分配破产财产减少，清偿率降低，当事人难以满意。

（三）衍生诉讼大量出现，严重影响审判进程

解决当事人争议的衍生诉讼在一定程度上减轻了破产审判的压力，但由于其一般须经过一、二审或执行程序，实际严重延缓了审判进程。同时有些衍生诉讼没有期间限制，在破产程序中随时可能发生，有的在破产财产处分

或分配时、重整计划草案提交表决时或重整计划执行期间发生，导致审理工作停滞，审判周期延长。如在山东大宇汽车零部件有限公司重整案中，重整计划被批准后又产生一起股东侵权赔偿纠纷，案件经过一审、二审，导致部分债权人的受偿期限延长一年多，重整计划原先确定的执行期和监督期也随之延长。

（四）新类型破产案件增加，审理难度大

房地产企业、大型造船企业及其关联公司合并破产等新类型案件数量明显增加，这些案件一是债权人人数众多，法律关系复杂，存在大量私贷公用、互相担保、交叉担保和高利贷情形，审查确认难度大；二是资产及经营情况混乱，存在大量一房二卖或数卖、一房二押、抵押后又出卖、出卖后又抵债及低价处置资产的情形，财产清查及审计难度大；三是缺少法律依据和案例参考，在法律适用、程序操作、文书制作等方面都缺少明确的依据和参照样本，法律适用困难，容易产生争议较大的法律文书；四是对法律争议缺少统一认识和执法标准，如，已取得预售许可证的房产抵押给债权人后，开发商又大量出售给个人，形成抵押房产又处分的事实，造成债权人的抵押权与消费者房屋购买权之间的冲突，如何保护权利人的利益，是优先保护抵押权还是优先保护消费者的房屋购买权，争议很大，缺少统一认识，各地做法不一，给审理工作带来很大难度。

（五）债权人、职工诉求难以全部满足，极易产生不稳定因素

进入破产程序后，部分债权人和企业职工对法院期待过高，认为法院应当为其解决债权清偿问题和提供生活保障，一旦不能实现，极易引发上访和群体访，甚至出现了职工为过度实现自身诉求而以上访为手段向法院施加压力的情况。如文登法院受理的很多破产企业在进入破产程序之前已倒闭多年，时间跨度大，职工成分复杂，身份界定困难，职工债权难以确定。这些破产企业职工互联互通，相互攀比，一有不满即结团上访，据文登区政府自己统计，每年这些破产企业职工的上访占全区上访总数的80%以上。乳山市政府在2013年撤销了专门负责破产协调工作的企业重组办公室，将一些未处理的事务全部交给乳山法院，尤其是未处理完结的职工安置问题，职工不满，频频上访向法院施加压力。荣成法院和经区法院审理的两起大型造船企业重整案，涉及数千名职工的安置难问题。房地产企业还涉及大量购房业主和农民工的利益，以及民间借贷形成的数额巨大的高利贷债权，有的长期不能交付

已售房产，有的将抵押房产大量售出、有的一房两卖或数卖、有的长期拖欠建筑工程款致使大量农民工不能领取报酬，高利贷债权不能实现导致非法索债行为增加等，矛盾积聚，极易引发群体性事件，维稳压力大。

（六）金融债权数额高，受偿率低，易引发区域性金融风险

全市法院 2010 年以来受理的 109 件破产案件，银行申报的金融债权总额高达 638145.86 万元，在已审结的 36 件破产案件中，金融债权总额高达 221525.03 万元，但受偿总额仅为 71883.62 万元，清偿比例仅为 32%，已有近 15 亿元的金融债权不能清偿。虽然大部分金融债权都有财产抵押，但由于资产评估值虚高及市场因素影响，造成担保财产实际变现价值明显低于抵押时的评估值，再加上延期受偿的利息损失，金融债权在破产程序中损失巨大，形成大量不良贷款，易引发地区金融风险。所以大多数银行不愿推动企业进入破产程序，在重整程序中也大多持反对意见，同时为保障地区金融稳定，很多地方党委政府对破产程序的启动心存忌惮。

（七）企业重整"再生"难度大，破产清算比例高

重整程序为困难企业提供了再生机会，但为了防止当事人滥用重整逃避债务，《企业破产法》在重整程序的期间设置、重整计划草案提交时限、债权人会议表决以及法院裁定批准重整计划的条件等方面，都做出了比破产清算程序更为严格的规定。债务人或管理人必须在法院裁定重整之日起六个月最长不得超过九个月内，同时向法院和债权人会议提交重整计划草案，未能按期提交的，法院应当裁定终止重整程序，宣告债务人破产；债权人会议对重整计划草案的表决通过，不仅要求债权人人数过半，还要求所代表的债权额占债权总额的三分之二以上，如果第一次表决未获通过，债务人或管理人与债权人协商后只有一次再表决的机会；同时还规定了最少组别同意、最低清偿率限制等法院严格适用强制批准程序的原则。上述规定要求尽快确定重整方，制定重整计划草案并及时提交法院和债权人会议，但实践中很多企业由于缺乏行业优势或信息不通，进入重整程序后长期找不到合适的重整方，导致逾期不能提交重整计划草案，有的虽然有重整方，但制定的重整计划草案得不到债权人会议的表决通过，最后被宣告破产。如我院审理的威海海利达房地产开发有限公司破产案，由于该公司房地产项目位于威海市环翠区羊亭镇，没有行业优势，启动重整程序后一直没有找到重整投资人，在法定期限内不能提交重整计划草案，最后依法宣告破产。乳山法院审理的乳山欣业联

科技园开发有限公司、乳山欣业联建设开发有限公司重整案，由于重整计划草案未能获得债权人会议表决通过，提高清偿率后重整方感到无利可图，退出重整，整个重整工作停滞。目前，全市法院审理的重整案件，已有 4 件转入破产清算程序，而更多的企业则是直接进入破产清算程序。

（八） 对管理人考核管理不到位，管理人整体水平亟待提高

管理人向债权人会议负责，向人民法院报告工作，不仅承担清算组的全部职能，还行使原先属于法院的部分职权，包括整体接管破产企业、调查并制作企业财产状况报告、决定企业内部管理事务、管理和处分破产企业财产、代表企业参加诉讼、召开债权人会议等，管理人的素质、业务能力和工作态度，直接影响破产审判质效。目前威海市在册管理人工作能力和水平参差不齐，整体水平不高，应当加强对管理人的考核管理，切实提高管理人素质和执业能力。

（九） 审判机构不健全，审判力量严重不足

荣成、环翠、文登、乳山法院虽然设立了破产审判庭，但同时还要审理大量的普通民商事案件；中院、经区和高区法院设立了专门的破产合议庭，但这些合议庭平时的主要工作是审理普通民商事案件，破产案件事实上变成了一名法官审理，而这名法官同时还要审理大量普通商事案件，破产审判工作受到普通民商事审判的严重挤压，导致破产审判力量严重不足，审判压力很大。同时，还存在考核机制不科学，影响法官办理破产案件积极性，以及破产合议庭成员变动频繁，工作衔接不力等情形，严重影响审判质量与效率。

四 加强破产审判工作，促进"僵尸企业"
有序退出的意见和建议

（一） 提高认识，转变理念

全国中央经济工作会议明确提出"去产能"、清理"僵尸企业"的目标和任务，全市法院要认真学习会议精神，提高认识，认识到处置"僵尸企业"是供给侧结构性改革、提升市场主体竞争力、建立社会主义市场主体退出机制的客观需要，牢固树立服务意识，依法服务中央经济工作会议提出的"五大任务"，积极适应经济发展新常态；转变理念，将法院当作医治"生病企

业"的医院，积极收案诊治，改变过去少收案的观念；要多破产重整、少破产清算，根据市场要求对"僵尸企业"进行诊断，分类评估，分别处置，对能救治的企业进行重整、和解，对不能救治的企业及时进行破产清算，合法退出市场。

（二）建立并完善"僵尸企业"清理工作综合协调机制

据工商部门统计，2010 年至 2015 年，全市每年被吊销营业执照或被列入经营异常名录的企业均超过 2000 家，加上 2010 年之前被吊销营业执照但至今未办理注销登记手续的企业，数量累计达到 42563 家，但每年通过司法途径退出市场的只有不到 20 家，其余大部分名存实亡，成为名副其实的"僵尸企业"，数量很大。"僵尸企业"清理工作任务艰巨、时间紧迫，涉及发改委、工商、税务、社保、土地、房管、建设、金融办、法院等多部门事务，工作烦琐复杂；同时又存在大量社会问题，面临大批职工下岗再就业难题，维稳压力大。因此，政府应当主导建立并完善相应的综合协调机制，推动"僵尸企业"清理工作有序开展。

1. 提前介入，建立"困难企业整理"机制

面对大量"僵尸企业"，应当分门别类，分别采取兼并、重组、自行清算、破产重整、破产清算等方式进行清理。对有影响的较大规模企业，政府相关部门应提前介入，对企业的资产、负债及经营情况进行调查摸底，结合国家相关产业发展方向和目标，对市场发展前景进行调研，最后根据实际情况研究确定采取重整程序予以挽救或采取破产清算程序退出市场，法院可以参与调研，提供法律建议，做好程序衔接。通过上述整理程序，政府或相关部门可有针对性地采取措施，如降低企业财产处置税收负担，暂缓或减免土地增值税、营业税以及其他税费等；启动帮扶机制提前布局职工安置问题，避免进入破产程序产生巨大压力；与金融机构沟通寻求支持，为破产工作的推进创造条件等。

2. 建立常态化的企业破产工作联动机制

一是建立企业破产工作联席会议制度，明确具体负责人和协调人员，发改委、经信委、工商、税务、社保、土地、房管、建设、金融办等政府部门和法院参加，定期或根据工作需要临时召开，共同研究解决产业政策、资产处置、职工安置、税收优惠、财政补贴、金融服务等问题，统一认识，形成会议纪要，遵照执行；二是建立重大事件应急处置机制，由公、检、法、信访、安全生产等部门组成应急处置工作小组，对破产企业发生的安全生产、

职工或债权人上访、财产毁损、刑事犯罪等事件，负责协调相关部门及时处理，减少工作压力；三是建立重整工作推进机制，由政府主导，工商、税务、招商等相关部门和同行业大型企业参加，根据重整企业的特点，发挥各自资源优势，多方寻找重整合作伙伴，并提供各项政策支持，提高重整成功率；四是建立破产企业和"僵尸企业"信息共享机制，及时更新发布，对重整成功的企业，要积极协调有关部门重建企业信用记录。

（三）依法维护职工权益，做好职工安置工作

清理"僵尸企业"必然发生大批职工下岗，面临职工债权保护和再就业安置等问题，需要政府和社会各方面力量共同解决。法院应加强与社保、工商、组织人事等部门的沟通和协调，提出司法建议，推动建立和完善适合中国特色的社会保障体制。一是加强与党委政府、企业主管部门的沟通协调，由政府和企业上级主管部门承担职工安置的主要责任；二是加强政策法律宣传，提高职工对失业的风险意识和心理承受能力，做好思想安抚工作，消除职工对企业倒闭的恐惧心理；三是依法保障职工债权实现，对职工债权统一审核标准，指导管理人对符合法律法规规定的职工债权及时确认，及时清偿。

（四）设立破产审判专项资金，保障程序推进

设立破产专项资金，资金的来源主要有两种途径：一是中央、地方财政拨款，主要是从中央、省级财政部门拨付的专项资金和破产企业的土地出让金中政府收益部分拨付，需要政府协调建立相应机制；二是社会资助，主要是在其他破产案件的管理人所得报酬中按一定比例提取的资金，可以根据案件难易程度和收费高低来确定相应的提取比例。破产专项资金由财政部门专户专管，专款专用，用于补贴管理人办理无财产可支付破产费用和其他人垫付费用的案件所产生的破产费用。

（五）加强对管理人的考核管理，提高管理人工作水平

参照浙江、广东的做法，建立对管理人分级管理、严格考核、动态管理的制度。由破产合议庭为主导对管理人的工作进行量化评价，确定等级，并进行严格的年度考核，对业绩较差的管理人予以降级，降级后仍然业绩不佳的，则要清除出管理人名册；对业绩优异的管理人予以升级或加星，在有些重大破产案件选任管理人时优先选用。建立起有进有出、有升有降、各级管理人之间健康流动的动态管理体系，以调动管理人的工作积极性，提高整体

工作水平，充分发挥其职能作用。

（六）完善审判机制，提高审判质效

一是加强协调工作。法院内部分工明确，步调一致，稳妥推进各项审判工作；加强与党委政府的沟通协调，对重大案件和重要事项要继续坚持及时向党委政府汇报，争取支持，共同应对和妥善解决案件审理中出现的疑难问题。

二是加快审判进程，缩短办案周期。可尝试适用破产审判简易程序制度，合理简化公告事项、简化债权人会议程序，采取与债权人会议同步的网络表决或通过邮寄、发送电子邮件等便利方式进行表决等，提高效率。

三是做好执行转破产程序衔接工作。要及时发现、整合分散在不同法院的针对同一"僵尸企业"的多起执行案件信息，依照最高人民法院的相关规定做好执行程序转破产程序工作。

四是完善机构，增强力量，提升能力。设立专业的破产审判庭，配齐配强审判力量，最高人民法院在 2016 年 2 月 24 日至 25 日召开的依法处置"僵尸企业"调研及工作座谈会中，明确要求建立清算和破产案件审判庭，加强破产审判队伍专业化建设。要改变普通民商事审判挤压破产审判工作的现状，保证破产审判组织的专业性和人员的稳定，让这些法官能够专心审理破产案件；要加大对专业法官的培养，在培训政策和资源配置上予以必要的兼顾，使人才培养和案件审理形成良性循环，不断提升法官依法裁判、化解矛盾、处理应急事件等综合能力。

五是完善破产审判工作考核机制。根据最高院的要求制定单独的破产审判工作考核办法，完善内部考核机制，依据破产案件疑难程度和特殊审限需求对承办法官进行单独考核，突出案件质量和社会效果的价值导向，以合理区别于普通案件的工作量，更体现公平原则和破产案件的审判规律，提高法官承办此类案件的积极性。

（七）加强破产审判信息平台建设，推动司法公开

一是要在威海中院内部网络首页设置"企业破产审判动态"栏目，内容包括所有破产法律文书、破产审判实务、管理人动态管理、典型案例、司法统计信息及相关业界动态等，促进破产审判调研、监督指导和经验交流工作，推动破产审判公开，推进阳光司法。

二是要在威海中院外部网络建立"破产企业重整信息平台"，将企业重整

相关信息资料向社会公开，广泛征集重整投资人和重整方案，最大程度促进企业重整成功，在更广阔的范围内完成资源合理配置。

（八）认真学习先进地区的经验做法

浙江温州、绍兴和广东深圳地区的"僵尸企业"清理工作走在全国前列，尤其在企业破产工作中有很多成熟的经验做法，出台了一系列规范性文件，包括厘清政府在企业破产工作中履行属地责任和在维稳、公共服务方面的职能定位，实现兼并重组和司法重整的有效对接，明确政府在税收、融资、信用记录修复方面对司法重整工作的支持，以及破产专项资金的设立等，成效显著。建议认真学习这些地区的先进经验和做法，结合威海市的具体情况吸收借鉴。

（作者单位：威海市中级人民法院）

关于推动威海市城市停车场项目建设
和债券融资的思路建议

张 愈 王传军 孙瑞康

在国家高度重视城市停车场建设的背景下，国内许多城市都在抢抓政策机遇，加快建设城市停车场。目前，温州市走在全国前列，已经利用国家专项债券政策及"停车场+"概念（"停车场+"指洗车、修车、装潢、广告宣传、商业配套、便民设施、老旧改造等增值服务），争取国家发改委一次性批复了150亿的停车场专项债券信用额度。为学习借鉴先进地区的经验做法，12月21日至25日，市发改委组织财政局、规划局、住建局、公安局、国土局等部门赴温州、潍坊学习考察。现结合威海市实际，就推动城市停车场建设和发行专项债券提出以下思路建议。

一 建设城市停车场意义重大、机会难得

从需求角度看，威海市公共停车设施供给不足的矛盾日益凸显，停车难、乱停车现象非常严重，给交通安全带来隐患。加快停车场项目建设，将有效提高社会运行效率，节约土地资源；缓解动态交通压力，提升交通品质和居民生活水平；还路于民，还路于生命，保障消防和生命通道畅通；防止黄金地段、商业圈、商品房等因停车难造成贬值和衰退现象。特别是随着东部滨海新城等重点区域加快推进以及老旧城区加速改造，对建设城市停车场、优化城市功能提出了新的要求。

从政策环境看，国务院2015年9月23日的专题会议研究提出，通过专项债券、专项基金等方式支持停车场建设，尤其在专项债券方面，进一步降低门槛、放宽条件、取消部分限制，创造了比其他债券品种更加优越的发债环

境。目前，温州、泸州、盘锦等城市都抢先发行了此类债券，发行利率普遍低于其他融资品种，一般在4%左右；期限较长，一般在7～8年左右；资金使用灵活，停车场专项债券资金不仅可以用在停车场项目上，还可延伸用在其他基础设施建设领域。在这种背景下，威海市应充分利用停车场债券政策和"停车场+"概念，创新项目融资机制，全力推动债券发行，推动停车场及相关基础设施建设。

二 城市停车场建设的思路建议

（一）制定城市停车场发展规划

由规划部门尽快研究出台中心城区停车场专项规划，按照《山东省城市公共停车场（库）设置规定》及有关规划设计要求，加大对停车楼、地下停车场、机械式立体停车库等集约化公共停车设施的规划力度。

（二）明确投资运营主体

依托现有的国资公司或城投公司，将城市公共停车资源（公共停车场、国有土地）交由该公司管理，由该公司代表政府行使国有资产管理权。公司发起设立投资建设公司和运营管理公司，按照市场规律开展经营活动，分别负责项目的投资建设和运营管理。

（三）创新投资、运营模式

按照PPP、BT、BOT模式，本着"政府不花钱、少花钱"的思路，引导社会资本参与建设。目前，温州80%以上停车场采用PPP模式。通过发行停车场专项债券等方式，为新建停车场、购置大型立体停车设备提供资金支持。在项目建设上，秉承"不拆迁扩容、不新增规划用地"的理念，探索应用机械式立体停车设备，将现有公共平面停车场和部分城市绿化、公共设施空闲处改建为立体停车场，通过"上天入地"向空中和地下寻找建设空间。在居民小区闲置区域及现有车场建设立体车库，实施"统一规划、统一安装、统一交付"的"交钥匙"工程，通过"车库地产"方式，将建成车位销售或租赁给居民。发展洗车、修车、装潢、广告宣传、商业配套、便民设施、老旧改造等"停车+"增值服务，进一步提高停车场项目的综合服务水平和收益能力。

（四）加强组织领导

该项工作涉及面广，仅靠几个部门很难推动，为此温州成立了专门的议事协调机构。建议威海市成立由市政府主要领导牵头，市公安局、发改委、财政局、规划局、住建局、交通局、国土局、物价局、行政执法局等相关部门参与的停车场工作领导小组，负责停车场项目的综合协调和政策落实工作。

三　发行停车场专项债券的实施步骤

（一）全面动员，摸清家底

建议召开专题会议，对各区市辖区内在建及拟建停车场项目（棚改区配套停车场、商业综合体地下停车场、城市绿轴地上地下停车场、停车楼、房车露营地等）调度摸底，拉出清单，摸清底数，明确主体，争取用一个月的时间建成全市停车场项目储备库，为推动债券发行打好基础。

（二）包装项目，争取额度

国家发改委明确提出支持限购城市、私家车保有量较大城市一次申报债券额度、分期分批发行。尽管威海市不属此类城市，但仍应抢抓机遇，积极争取。发改和住建部门对各区市提报项目的可行性、产业政策、投资规模等进行综合核定，对符合条件的项目统一汇总、打包，编制全市项目可行性研究报告，以市政府名义上报国家发改委，争取一定的债券额度。初步设想，威海市可以争取50亿以上的信用额度。

（三）跟踪衔接，抓好申报

在国家发改委给予一定额度的基础上，本着"成熟一个、上报一个、跟踪一个"的原则，对城市停车场项目进行梯次培育、分类指导和重点推进，积极向上汇报衔接，发挥停车场专项债券在停车场及"停车场＋"项目建设中的融资作用，进一步缓解资金压力，辐射带动其他配套基础设施建设。

（作者单位：威海市发展与改革委员会）

《丁汝昌年谱》内容提要

戚俊杰

　　《丁汝昌年谱》，由山东大学出版社于 2016 年 9 月出版发行。《丁汝昌年谱》共 495 千字，全书分为《年谱》和《附录》两个部分。《年谱》部分自 1836 年丁汝昌出生起，记述至 1895 年 2 月 12 日丁汝昌宁死不降、自杀殉国止。

　　《年谱》部分的内容可谓是轻重结合，简详适宜。北洋海军提督丁汝昌 60 年（本书对丁汝昌年龄的标示，采用了中国传统的"虚岁"记龄的体例）的不长生涯中，自 1877 年被李鸿章揽下"留办海军"起直至殉国，是他一生经历的重头戏和"华彩乐章"。而这一时期也正是北洋海军从筹建到成长，从成军时雄冠亚洲第一，再到停拨经费、停止发展、不进则退，直至甲午惨败、全军覆没的过程。对这一时期里丁汝昌的经历进行细致入微和浓墨重彩的展现，实际上就是对北洋海军提督所倾注生命的那桩伟大事业的昭显。因此，写人实际上就是在写事，是对历史事件的极恰当的旁注和烘托。但"简"，并不意味着对丁汝昌的那段经历的缺失和轻慢。相反，对丁汝昌从 19 岁到 39 岁（1854 ~ 1874）的经历，（该书第 4 ~ 6 页）却勾勒出他"干局英伟、忠勇朴实、晓畅戎机"的前半生。在这 20 年中他转战"江、浙、皖、楚（鄂）、东（鲁）、豫、直隶、陕、甘"，由步兵及骑兵，由士兵转升军官，由东至西，由华东华北转战至西北陕甘，接仗无数，官阶累擢，完成了从普通士兵到国之良将的跨越，也完成了不同军种之间的跨越对接。因此，这一时期记述丁汝昌事迹的文字篇幅虽短却容量极大。同时也实事求是地回答了"为什么不用刘步蟾、邓世昌等一干'海校'毕业生充任北洋海军统帅"的质疑。实乃因"各船管驾由学堂出身者，……战阵实际概未阅历，必得久经大敌者相与探讨砥砺，……"也。至于"详"，《年谱》则极尽泼墨，叙事巨细。如《年谱》中多处显示出丁汝昌对舰队弹药、用煤、武器、器具的把握和操持周密细致，规范严谨，奏请合理，把关严格。这方面的记录，也是陈述清楚，数字详细，充盈于统领北洋海军以后的内容全过程。

《附录》部分包括丁汝昌殉难后相关情况之辑录，以及著者对丁汝昌爱国人生的论述。《附录》约占该书三分之一的篇幅，这是《丁汝昌年谱》的另一特色。因为《附录》不是主文的说明和"附丽"，而是该书的结晶和升华。是作者多年来对北洋海军、甲午战争和丁汝昌研究的总结。《附录》共收录了作者近些年来对丁汝昌研究的论文 5 篇，而且是以专题论述的方式，撷取丁汝昌的一个个片段，集中评议。如《论北洋海军提督丁汝昌》《甲午开战前丁汝昌并非"日以冶游博戏为事"——驳清流党弹劾丁汝昌之诸事》《丁汝昌"竭此衰躯"拼战的最后时刻》《甲午战争期间丁汝昌作为之述略》和《略述丁汝昌后裔抗日杀敌的爱国真情——写在抗日战争胜利 70 周年和刘公岛开放30 周年之际》等，使读者更集中、更清楚、更高效地了解那一时期的历史和丁汝昌的为人及所作所为，给读者以充实感和满足感。另外，编著者还把近30 年来专家学者评价丁汝昌的主要论著目录和参考书目等一一列出，供广大读者和研究爱好者参阅使用。

丁汝昌，字先达，号禹廷，1836 年 11 月 18 日（清道光十六年十月初十）出生在安徽省庐江县北乡丁家坎村一户贫苦的农民家庭。1895 年 2 月 12 日（清光绪二十一年正月十八日）服毒自杀于刘公岛北洋海军提督署二进院东厢房里。他出身贫贱，父母早逝，在饥寒交迫中，小小年纪的他，为了生计干了被当地人称为最"下贱"的引瞎子、渡摆子、打短工等活计，吃尽苦头，还不得温饱。后来，他靠自己的刻苦努力，奋力拼战，屡建战功，从底层士兵晋升为高级将领。他靠着虚心好学，与人为善，坦诚待人，秉公处事，赢得了服务于中国海防事业的外国顾问和专业技师心悦诚服的交口称赞。他凭着过人的细心和超人的协调能力，把不同国籍的外国专家和年轻气盛、学有专长的中国海军将领的思想和行动统一起来，从而保证了北洋海军在筹建的过程中，听从指挥，快速出航，果断行事。他不但及时平息了 1882 年和 1884年朝鲜发生的"壬午兵变"和"甲申事变"，而且还妥善处理了 1886 年北洋海军去日本长崎维修舰船时发生的"长崎事件"。北洋海军是清代海军中最大的一支现代化海军舰队，其装备新颖，训练精良，官兵素质整齐，曾一度被英国《泰晤士报》评为世界海军的第八位，执远东地区海军之牛耳，而丁汝昌即是统率这支舰队的提督（即司令）。在他的率领下，北洋海军活跃于西太平洋上，其航行训练的踪迹北达海参崴，南抵南洋群岛，并获西方海权国家的好评。

丁汝昌率领北洋海军十多年，在开展常规训练和海上巡阅的同时，还对英国、德国、俄国、日本、朝鲜、越南、新加坡、菲律宾、斯里兰卡等国家和港口进行了友好访问。在与相关国家展开军事交流的过程中，他广泛传播古老中国的传统文化，将中华民族自古以来奉行的与邻为善、以邻为伴的理念，传播到相关国家及地区。他的这些做法，不但开阔了北洋海军官兵的眼界，熟悉了各国海洋环境、港口分布和沙滩潮汐的详情，还及时展示了中国近代海军的风采与实力，为维护东亚地区的海上和平与安全做出了积极的贡献。在与各国进行友好交往的过程中，丁汝昌高大魁梧的军人风采，处理事务的机敏果断，不俗言行和端庄举止，皆受到被访问国家元首及军政要员的广泛好评。

尽管丁汝昌巡行万里，保卫海疆，尽忠职守，辛劳备尝，可是他在任职期间并非一帆风顺。首先，他并非海军出身，亦未曾接受过现代的海军教育与专业训练，因而常为人所诟病。其次，军中部分受过新式海军教育的闽籍年轻军官不服而心存轻视，以至造成有时提督的号令难以不打折扣地贯彻执行。

百余年来，不乏有人认为李鸿章任用汝昌是打个人小算盘，是存有私心，是处事不公。其实，李鸿章亦曾经过全面的考量而非感情用事。一是清朝制度有明确的规定，官员之升迁任用皆有一定的程序，须循阶而进，不可逾越。当时北洋海军的年轻军官多系新进人员，资历尚浅，贸然重用，有违体制。再者军中具优秀统率将才之资者并不多，如刘步蟾与林泰曾两位总兵，他们既无统兵参战之经历，又系年轻阅历短浅稍显粗糙；而邓世昌资质虽较优，但仅是副将军衔，且曾因军舰被刮擦，被问责记过，并不适大任；故而军中几无可用之提督人选。兼之丁汝昌曾为李鸿章淮军旧部，李鸿章知其忠勇善战，曾立有战功，以之统率北洋海军较可信赖。而丁汝昌奉命接任北洋提督之初，亦深知西洋船炮构造之精、运用之妙、战斗力之强，远非中国传统的长龙、舢板之所能及，故而赴英国接收军舰时，抓住难得机遇，对欧洲强国处处虚心学习，留意观察，随时接受新资讯，经历一段时日亦能渐窥新式海军之奥要。及至英籍北洋海军总查琅威理抵任，丁汝昌与其朝夕相处，相互配合训练达六年之久，被称为军中二提督。由于长期耳濡目染、亲身经历，他对于舰队管理、出海巡阅训练、行军布阵之法，均渐能心领神会，增加不少的见识。根据英国外交部档案记载，1881年赴英国接收军舰时，他在英籍教练葛雷森等三名顾问陪同下，曾参观之地达十四处之多。其中计有：海军供应基地、格林尼茨皇家海军学院及医院、卡山船坞、朴次茅斯造船坞、皇家朴次茅斯船厂、不列颠尼亚练船中心、皇家造船厂、乌理治亚伯军火工厂、恩菲尔轻型武器兵工厂、朴次茅斯要塞等。其后又在德国参访伏尔铿船厂，并观看正为中国建造中的铁甲战船，因而眼界大开。尤其是1891年率舰队赴日本进行友好访问时，他更是利用机会参访其先进的港口基地、船厂码头、枪炮制造、人员编制、常规训练、基地综合管理等有关海军设施和内容。《年谱》还忠实而又详细地记载了丁汝昌在经过中西对比后的深刻反思。他在率海军访问日本后的日记中写道："谨按：日本以蕞尔小国耳，明治初年始诸般制度悉模仿欧洲。置海军，购军舰，又定开港等。"

请注意丁汝昌所提的"制度"两字。这说明在当时，丁汝昌是清楚而又清醒地知道，中日两国在改革上的根本区别的。也正因如此，丁汝昌在下面的大段记述中，表示了他对这一问题的深入思考："叩其所以能至此者，皆是各国务大臣历游诸外国，熟达其事情，知彼知己，择其善者行之。而其君主亦遍游国中，体察山川风土人情，时或亲历海陆诸军，知将士之辛苦与当事者责任之重，以慰劳之，又调剂之，赏罚分明，人心固之愈奋。"

对照中国皇帝与政府高层，丁汝昌则毫不掩饰地直言中国官场用人制度的积弊："而我中国则否，事多隔关，官必久任，受任愈重，塞责愈难。勤惰与共，人不知之，诚伪亦不辨。若有老朽不堪任事愿退官者，不曰刚愎自用，则曰辜负厚恩，外示经絷之优，其实则未尽鼓舞之善。加之将来俊杰之士无路可进，经验未深，转不足恃，其弊害实不胜言。譬如各省制造所，其始刻苦励精，其久但求不渝，故日新月异者，究不能及外国。"

面对日新月异快速发展的日本海军，丁汝昌一针见血地指出中国的北洋海军在华丽外表后面的捉襟见肘："得知今就我军舰而论之，其数似为甚多，然尚不如泰西强国十分之一；其经费亦似甚多，然与各国皆不惜巨款购求者，可知大相径庭。"

他还十分担忧地指出了中国海陆军较日本海陆军的不足："今夫与日本海军力比较，当在伯仲之间，然日本年购大舰，月增强盛。其陆军亦如是，勉期训练，随地配置士兵，其法甚为严谨不可犯。然我各省要处所设防御，尚未完备，兵士之训练亦未精，到底不可与日本同论。今日观察日本之状况，事事皆可愧也。况其强盛，日本更甚；其研究，日本更精。而我若安于目前之海军，不讲进取之术，将来之事未易遽言。"

这是丁汝昌1891年访日后写的"东洋纪事"。通过这些文字让我们看到了一个"不一样"的丁汝昌，通过这篇类似"考察报告"的文字，还使读者看到了丁汝昌站到了时代的高度和洋务运动的潮头，对中日两国所进行的改革做了深入的分析对比，既从宏观视角看到了从"制度"到官场的积弊；又从官员任免、人才培养、资源的配置使用等诸方面，看出当时的清朝政府"究不能及外国"。而且给予了入木三分的深刻解剖和不留情面的"揭露"。他甚至提到了"君主"在工作作风方面的差异。这在当时的中国官场中，是需要很大的勇气的。

尤为让人叹服的是丁汝昌敏锐地看到了中国海军发展的停滞不前。"（舰）其数似多，然不如泰西强国十分之一，经费似多，然与各国皆不惜巨款购求者，可知大相径庭。""其强盛，日本更甚；其研究，日本更精。"他尤其提到了"日本年购大舰"的事实，对中日两国海军越来越大的差距表示了深深的不安。最后他不无忧患地指出："我若安于目前之海军，不讲进取之术，将来之事未易遽言。"不幸的是，丁汝昌当年"未易遽言"的事实，在四年后的甲午战争中都一一应验了。

1894 年，日本发动了蓄谋已久的武装侵略中国的甲午战争。日本政府按照原定的作战方案，倾其全国的海军力量，直指中国的北洋海军。甲午战争期间的丁汝昌，对国家、对民族是忠诚的，是尽心尽力履行了北洋海军提督职务的。在反对和抵抗外国侵略者的斗争中，他做到了旗帜鲜明、积极主动，任劳任怨，忍辱负重，身先士卒，带伤督战。特别是在甲午威海卫保卫战中，他能够正确对待御使言官不顾事实的弹劾和诛杀，化冤屈为动力，丢弃个人名利恩怨，坚决拒绝敌人的劝降和利诱，率北洋舰队广大将士，联络炮台守军，在敌我力量极为悬殊的情况下，积极防御，奋勇杀敌，勇敢打退敌人的多次进攻。在援军无望、兵心大变、无力挽救北洋海军命运和战局的最后时刻，他拒绝投降，自杀殉国，兑现了以身许国的承诺，体现了中国军人传统的气节观。

但是，清朝政府上至皇帝、下至文武官员都不懂海权，不明白建设新式海军的战略意义，也不明白如何发挥海军的巨大作用，居然采用停拨新购舰船经费三年的方式节省财政开支，因而使北洋海军刚刚正式成军就停止了发展。北洋海军就是在无知和毫不经意的短暂时间里，被雄心勃勃、奋起直追的日本海军赶超。当日本借机挑起侵略中国的甲午战争时，愚昧无知、贪图安逸的清政府先是被动迎战而受挫，继而丧失抵抗意志，妄图谈判求和，避战保船。当海战失利，舰船折损，弹尽援绝，将领自杀，海军覆没，丁汝昌及其统率的北洋海军就首当其冲成为清政府的替罪羊。这就是丁汝昌悲剧人生的大环境，也是他悲剧人生的根本原因所在。正如海军史研究专家杨志本先生所言："濒临海洋的国家，没有一支与其安全利益相适应的、足够强大的海军，就无力抵御侵略者的海上进攻，而被人奴役；有了足够强大的海军，而缺乏先进的政治制度，缺乏先进的社会思想和先进的军事思想，也将因失去正确的统帅和指挥，使海上战争或作战招致失败。"

旅居加拿大的台湾师范大学历史系教授、著名的北洋海军史研究学者王家俭先生指出，《丁汝昌年谱》的出版，"对于近代中国海军史之学术研究实为一大贡献，后之研究北洋海军及丁汝昌者，必以此书为取资焉"。

（作者单位：中国甲午战争博物馆）

《中国农村金融供给状况及制度创新》
内容提要

    在金融已成为现代经济的核心、金融对经济促进作用举足轻重的背景下，金融已成为现代经济运行的重要枢纽。当前我国农村金融面临的最突出问题是金融服务滞后和资金供给不足，农村信贷资源"错配"也在很大程度上抑制了农业和农村经济的发展。完善农村金融供给体系、解决农村金融服务供需矛盾、促进"三农"发展成为我国金融改革中的难点之一。国内外关于农村金融供给的研究成果很多，但多数成果是从农村金融供给的某一侧面进行研究，缺乏对农村金融供给制度体系、供给模式类型与效率、供给水平及成因等系统性的研究；随着近几年农村新型金融机构数量迅速膨胀，对新型农村金融机构快速膨胀暴露的问题仍缺乏深入研究，对农村金融抑制的成因更多的是从历史角度和经济角度分析（如经济落后、信用环境差、担保机制缺失），缺乏从政策与制度因素的深入探讨；对于农村金融体系的构建更多的是从金融机构的角度出发，缺乏从功能观念、全局观念和发展观念出发的综合研究成果；实证检验更多的是对农村金融规模与经济增长进行的分析，从农村金融结构、金融效率及农村金融体系角度进行的实证分析较为匮乏。另外，许多关于农村金融供给的调查研究报告的金融理论基础较为薄弱。农村金融供给具有很强的综合性，既涉及理论问题又涉及金融制度、金融体制的实践方面，加上现阶段我国农村金融问题很多，因此，系统研究我国农村金融供给问题是十分必要的。

    农村金融供给研究包括农村金融供给体系和模式类型、农村金融供给效率、农村金融供求状况及原因分析、农村金融供给模式创新等诸多内容，其核心内容是对农村金融供给机制的研究。农村金融的供给机制如何设置才能使农村金融供给和需求进入一种均衡状态，这是改善农村金融供给和农村金融改革的关键。只有了解农村信贷供给不足的内部深层次原因、把握农户和农村中小企业的金融需求特点和规律、深入研究我国农村金融供求缺口的内生性机制，才能更好地反映我国农村金融改革的最根本要求。从金融服务的可获得性看，农村金融本身外部性强、风险高、利润低带来的道德风险和逆向选择是导致农村金融普遍存在供给不足的根本原因；另一方面，从金融机构的可持续性来看，如何使农村金融机构在风险高、利润低的环境下增强其可持续发展问题是农村金融供给的另一个关键点。因此，在准确测度农村金融供求缺口的基础上探索完善农村金融体系、创新农村金融供给模式、提高农村金融供给效率、增加农村金融供给是十分必要的。

该书研究的主要内容

《中国农村金融供给状况及制度创新》一书的研究成果包括理论基础、实证研究和对策研究三大部分。第一，理论基础部分主要是运用信息经济学模型对农村金融活动及农村微观金融供求规律、信贷配给及农村信贷市场效率等，运用数理方法研究了农村保险及担保对农村信贷供给的影响机制，并运用微观经济学原理分析了政府介入农村金融供给的方式等。第二，实证研究部分主要包括：关于中国农村金融供给（包括农村金融供给水平、供给结构两方面）影响农村经济效果的实证分析；关于农村保险发展水平对农村信贷供给的实证研究等。另外，在调研基础上对不同农村金融供给主体及借款人的金融供给和需求状况进行了分析，以及对农村金融供求缺口进行的预测结合缺口成因的分析。第三，对策研究则是针对中国农村金融供给不足、供给结构不合理及金融效率低下等问题提出了相应的政策建议，其中重点是从制度创新角度分析了农村信用社和新型农村金融机构改革的趋势。

研究内容具体分为九章。第一章是导论部分，首先对课题的研究背景与选题依据、研究意义进行了简述，明确界定研究对象及重要范畴、重点阐述了研究的思路及结构框架，最后提出了课题的研究方法、创新与不足之处；第二章是关于农村金融特点及金融供给规律等理论的研究，着重分析了农村金融活动的特殊性（如资金需求的季节性、高风险性、信息不对称严重且交易成本高、生态环境较差等）、信息及农村经济环境对农村信贷市场效率和金融供给的影响等；第三章是关于政府干预和介入农村金融活动的理论分析。从农村金融的外部性、外部性与拓荒成本分析了农村金融市场效率及政府干预、农村金融制度缺失与政府干预（农村正规金融制度缺失及非正规金融制度不规范性、政策性金融对农村商业性金融供给的影响、农村信用担保与农村金融供给、农村保险对农村金融供给的影响)、农村微型金融供给及政府干预(微型金融产生与存在的理论基础、政府介入微型金融活动的依据)、农村金融供给中的政府定位(亚洲开发银行的三叉理论、俄亥俄学派关于政府支持农村金融的批判、关于农村金融中政府介入问题的基本评判)等理论问题;第四章,农村金融供给与农村经济增长关系和实证研究。在研究了我国农村金融供给在农村经济发展中的地位和农村金融供给影响经济增长机制的基础上,通过计量模型实证检验农村金融供给水平和金融供给结构影响农村经济增长的效果,得出农村金融对农村经济发展具有促进作用的结论。这一实证结果是对农村金融供给创新促进农村经济发展这一观点的有力支持;第五章是关于农村金融供给模式的分析。在分析农村金融供给模式类型及影响因素的基础上总结了农村金融供给模式的规律。具体包括农村金融供给模式类型及实践(农村金融供给模式类型、农村金融供给的金融形态类型、农村金融供给的具体模式)、中国农村金融供给体系模式现状及存在的问题(中国农村金融供给体系模式的演变、中国农村金融供给模式的现状、中国农村金融模式存在的问题);第六章,关于中国农村金融供给水平、结构和缺口分析。对中国农村金融供给缺口测度及其内生性研究、中国农村金融供给水平和结构、中国农村信贷配给与农村金融供给、农村金融垄断供给与市场分割对利率的扭曲状况等进行了研究。具体包括中国农村金融供给水平和结构(中国农村金融供给水平、供给的结构、农村信贷资金供给的区域性差异及影响因素)、农村金融供给缺口及内生性研究(农村金融缺口现状、农村金融缺口制度性原因)、农村信贷配给对农村金融供给水平与结构的影响(基于风险视角的农村信贷配给机制、农村信贷配给程度及特征)、农村金融垄断与市场分割对金融供给的影响的内容;第七章是关于中国农村金融供给主体的分析。主要研究了农村正规金融内部治理结构及效率与农村非正规金融机构与农村金融供给,具体包括:基于微观效率和委托代理模型对农村信用社的信贷供给效率分析以及农村非正规金融资金供给的必要性及农村非正规金融优势、缺陷和及定位,即非正规金融相对于正规金融的信息优势和资金供给有效性、农村非正规金融的缺陷及规范等;第八章,新型农村金融机构与农村金融供给。从以下三个方面进行了研究:一是农村小组联保贷款模式及动态激励方式(农村小组联保贷款模式、微型金融的动态激励方式),二是新型农村金融机构的定位及发展(新型农村金融机构产生的机遇、新型农村金融机构试点遇到的问题),三是制约新型农村金融机构发展瓶颈(制约村镇银行发展的主要瓶颈、制约农村资金互助社发展的主要瓶颈、制约农村小额贷款公司发展的瓶颈；第九章，中国农村金融供给体系的完善及供给模式创新。给出了构建与完善中国农村金融供给体系的原则及完善农村金融供给体系的具体措施：一是构建与完善农村金融供给体系的原则（综合农村金融服务的原则、农村金融政策区域差异化和普惠制相结合、多层次和动态原则、农村金融供给模式的区域多样化原则、防范控制农村金融风险的原则），二是农村金融供给体系的进一步完善（构建新型农村金融供给体系、构建农村担保和保险为主的金融风险分散防范体系、加快农村金融市场体系和制度体系的培育），三是农村现行金融制度的完善和制度创新（完善金融市场基础性功能的农村金融供给机制、探索新型农村金融机构可持续发展的新机制、激发农村合作金融内生化潜能、区域差异条件下农村金融供给模式的选择）。

该书重要观点和对策建议

第一，农村金融供给通过优化资源及风险配置、动员储蓄、促进创新等渠道对农村经济发展具有促进作用。农村金融供给包括供给规模和供给结构两方面，二者结合起来才能综合反映农村金融供给状况，农村金融供给结构更能反映金融供给体系和供给模式的效果。如果农村金融供给难以有效地满足农村经济发展需求或是农村金融供给模式效率低下，农村经济会受到资金短缺的制约，农民增收、农村经济发展就难以实现；第二，农村金融供给体系和模式选择受到经济水平、金融发展水平、社会文化习惯、法律法制环境等因素的制约。我国要在借鉴美、德等发达国家及印度、孟加拉国等国农村和民间金融成功的发展中国家农村金融供给体系建设经验的基础上，构建动态的、适合我国国情的农村金融供给体系；第三，信息不对称、农村金融活动风险高、政策性金融滞后及农村金融生态环境恶化直接提高了农村金融运行成本，也是我国农村金融供给不足的主要原因。作为农村金融供给主力军农村信用社存在股权结构不合理、内部人控制、双重代理等弊端，上述问题直接影响了农村金融供给规模和效率。缓解农村金融信息不对称、完善农村信贷资产抵押制度、健全以政策性担保为主的农村信用担保制度、完善农村信用社产权结构和治理结构等，有助于促进农村正规金融机构增加金融供给及引导城市金融资源向农村地区流动；第四，我国农村金融缺口的形成具有内生性，农村正规金融萎缩和非正规金融不规范是造成农村金融供求严重不足的重要原因。深化农村商业金融改革并加大对农村商业金融的支持力度、发展农村政策性金融、规范民间金融发展等是完善我国农村金融体系、增加农村金融供给的核心内容；第五，进一步强化农业保险在农村金融供给中地位和作用。农业保险是防范和化解农业生产中自然风险的重要手段，由于农业生产受自然条件、生态环境的影响较大，且具有生产周期长、季节性特征明显、风险较大的弱质性。农村金融机构往往因面临巨大的风险而会脱离农业生产领域，对农业生产产生不利的影响。因此，建立农业保险体系可以降低金融机构的农业贷款风险，从而可以强化农村金融机构向农业领域贷款的动机。从金融业务性质看，农业保险与农村信贷本身就有很强的互补性，农业保险能够为农村生产经营活动提供风险保障、有助于农村经济的资本形成；农村信贷能够为资本形成提供直接支持，会进一步促进农村保险市场的发展。农村保险有助于形成金融业良性互动发展格局、促进保障型保险产品的推广。有效化解农村信贷风险，有助于增加农村信贷供给和增强金融资本盈利能力、提高农村金融可持续发展能力；第六，农村民间金融亟须规范以发挥其农村金融供给的补充作用。尽管目前民间金融在农村地区还没有完全普及，但是伴随着农业经济的发展和农村民间金融从业门槛的降低，农村民间金融组织必然会逐步发展和繁荣起来。另外，农村民间金融组织处于欠发育及不发达状态与民间金融秩序较混乱有关。因此，要强化监管和立法才能完善农村民间金融组织体系以实现农村民间借贷行为的合法化和规范化。首先要充分肯定农村民间金融的作用、确立农村民间金融的合法地位，其中最亟待解决的是民间金融组织形式的创新。国家要在对农村民间金融的合法地位和功能给予明确肯定的基础上稳步地发展相应的农村民间金融组织，同时对农村民间金融要加强监管以保证其运行规范化，既要使农村民间金融发挥其弥补正规金融不足和利率市场化的优势又要杜绝高利贷等违法犯罪现象。国家要逐步建立关于民间金融监测系统，对农村民间借贷的资金来源、资金投向、利率变动情况等进行定期监测，特别是对利率水平、违约纠纷等问题重点关注，及时做出风险预警和提示。

　　研究成果的学术价值、应用价值以及社会影响和效益：表现在对农村金融活动及供给模式所适用条件和不同金融模式供给的效率、供求机制等进行了较为系统的研究，得出一些有价值的学术成果。一是项目组结合农村金融活动的风险性特点及信息不对称状况进行了研究，在此基础上分析了农村金融活动、农村金融供给发展的路径及有关规律，并进一步研究了农村金融活动的外部性及政府介入农村金融供给的必要性、介入程度、介入方式等；二是通过建立数理模型分析了农村金融市场存在逆向选择和道德风险的机理、运用信息经济学的博弈论方法分析了作为农村金融机构主力军的农村信用社的效率问题，即通过双重代理理论研究了农村信用社的公司治理问题、内部人控制问题；二是通过数理方法分析研究了担保对农村信贷资金供给的影响机制，并实证研究了保险与农村信贷供给的关系，等等。上述研究对于丰富农村金融供给、农村金融活动创新等理论具有一定的学术价值。

[作者单位：山东大学（威海）]

关于旗帜鲜明地提出建设廉洁威海的
调研报告

王金明

党的十八大鲜明地指出，要坚决反对腐败，建设廉洁政府，做到干部清正、政府清廉、政治清明。十八届六中全会明确提出"建设廉洁政治，坚决反对腐败，是加强和规范党内政治生活的重要任务"。威海市委、市政府明确提出，要认真贯彻全面从严治党精神，扎实推进党风廉政建设和反腐败工作，把威海的政治生态打造得像威海的天空一样蓝。当前，威海经济社会正驶入持续健康发展的快车道，走在争当全省排头兵的征程上，持续稳健率先发展，离不开全域威海的廉洁做保障。市纪委着眼推进全域威海廉洁建设、实现现代化幸福威海新跨越，在组织人员进行专题调研和综合论证的基础上认为，当前，旗帜鲜明地提出打造廉洁威海的战略目标，恰逢其时，必将对威海实现更高层次发展起到巨大的推动作用。现将我们的调研情况报告如下。

一 建设廉洁威海是顺应经济社会发展大势、全面提升城市品质实力的重大战略

廉洁不仅是现代城市的显著标志，也是城市软实力的重要部分，更是提升城市声誉、促进城市健康发展的重要保障。一座现代化幸福之城，既应是一座物质富裕、精神富有的宜居之城，还应是一座风清气正、公平正义的廉洁之城。建设廉洁之城，既是巩固提升党风廉政建设成果的现实需要，也是建设以人为本幸福之城的题中之义。

首先，这是经济社会高度发展到一定阶段的必然要求。经济基础决定上层建筑。一个城市的廉洁指数往往与这个城市的经济社会发展程度成正向关

系。敢于提出廉洁城市建设目标的城市，往往既是在反腐倡廉建设中走在前列的城市，又是经济社会高度发展的城市。从全球范围看，透明国际组织公布的 2015 年度清廉指数排行榜中，前 10 名里有 6 个国家，同样位居经济社会发展综合排名前 10 名；而经济社会发展相对落后的国家和地区，廉洁指数往往相对较低，163 个国家和地区，腐败比较严重的国家占了约 75%。从全国范围看，目前国内提出建设廉洁城市的广州、深圳、杭州、长沙、青岛等市，基本上都是在人均 GDP 达到 1 万美元以上的发展阶段提出来的。目前，威海人均 GDP 和人均可支配收入分别超过 1.6 万美元、3.6 万元，全省领先，完全具备提出建设廉洁威海的"硬条件"，而且威海一直有着廉洁优良传统的"软环境"。威海作为革命老区，向来以党风清明、政风清廉、民风淳朴而著称，威海党员、机关干部违纪率连续多年全省最低，仅占山东省西部地市的一半以下，特别是随着党风廉政建设和反腐败工作深入推进，全市更加呈现风清气正、人心思齐的良好局面。

其次，这是提升城市品位和综合竞争实力的关键举措。廉洁是城市的核心竞争力。廉洁就是投资环境，廉洁的地方投资最安全、成本小、回报高，资本大都愿意往廉洁的地区流动。随着经济全球化的快速推进，城市间的竞争日益激烈，廉洁则是提升城市竞争实力的重要保障，在一定程度上，廉洁对资本、资金、人才等的影响感召力甚至远远高于其他品牌影响力。如果一座城市不廉洁，市场规则失效，"潜规则"盛行，营商环境恶化，最终会让投资者望而却步，进而降低竞争能力。香港连续 22 年获评全球最自由经济体，始终保持着世界金融中心、航运中心、信息中心的地位，一个重要因素就是拥有廉洁高效的政府、稳定透明的司法、高度对外开放的市场等。威海建市 30 年来，获得了全国卫生城市、全国文明城市、全国双拥模范城、国家环保模范城市群、中国旅游城市群等一大批含金量非常高的品牌，迫切需要"廉洁城"的引领提升。廉洁彰显文明清风、体现公平正义，廉洁城与文明城、卫生城、双拥城相辅相成、相得益彰。如果顺势提出"廉洁城"建设，不仅会让威海更加清新靓丽，而且也会显著提升威海的综合竞争实力。因为，我们目前拥有的很多品牌，其他城市也同样拥有。据不完全统计，被评为全国文明城的已有 87 个，全国双拥模范城仅 2016 年命名表彰的就有 417 个，山东 17 个地市全部在列，中国优秀旅游城市截至 2013 年已有 339 个。威海要想在与其他城市竞争中脱颖而出，在更高层次上参与国际经济合作竞争，除了打好改革开放牌、自然环境牌等，亟须另辟蹊径，打出"廉洁威海"牌，助推全市跨越发展。毕竟敢于旗帜鲜明地打出"廉洁"牌的城市还为数不多，全国仅有十多个。

再次，这是提升居民幸福指数促进安居乐业的重要路径。廉洁意味着机会均等、公平正义，这是人们获得幸福感的重要条件，也是践行"共享发展"理念的题中之义。风清气正、高效廉洁的工作环境，可以增强广大市民的归属感，提升广大市民的生活质量。据 2015 年全球清廉度和世界幸福国度排行榜有关资料显示，全球最清廉国家的前 10 名，在幸福指数排名中也大多名列前茅，清廉度与幸福度基本上呈正比例关系。因此，大力开展廉洁威海建设，努力营造一个廉洁高效、公平竞争的氛围，让生活在这座城市的每个人都能最大限度地沐浴到廉洁的阳光，拥有健康的心态，可以大大提升百姓"幸福指数"，促进他们更加安居乐业，真正实现现代宜居幸福城市的发展目标。

二 建设廉洁威海是巩固党风廉政建设和反腐败阶段成果、全面提升反腐倡廉科学化水平的迫切需要

近年来，在山东省纪委和威海市委、市政府的正确领导下，市纪委、市监察局牢固树立"四个意识"，以"五大发展理念"为统领，始终坚持站在全面从严治党大局思考、谋划和推进工作，深入推进转职能、转方式、转作风，聚焦监督执纪问责，旗帜鲜明地开展党风廉政建设和反腐败工作，取得显著阶段性成果，为全市经济社会持续健康发展提供了坚强保证。

一是管党治党责任层层压实有了新推进。坚持把党风廉政建设考核纳入全市目标绩效管理考核，每年都对区市党政领导班子和正处级市直部门领导班子党风廉政建设情况以及县处级领导干部遵守纪律等规定情况进行考核，对区市落实党风廉政建设责任制情况进行重点检查，对履行党风廉政建设主体责任不力的部门党委（党组）、领导干部以及履行监督责任不力的领导干部进行严肃问责，倒逼"两个责任"落实，形成了有力震慑。

二是纪检体制改革有了新突破。深入开展议事机构清理工作，市、区市两级纪检监察机关共清理议事协调机构 368 个；对内设机构整合优化，专司监督执纪的室部和干部均占 75% 以上；建立健全下级纪委向上级纪委报告工作制度，研究制定了区市纪委书记、副书记等三个提名考察办法；深化派驻机构改革，将市直部门（单位）、正县级以上机构和事业单位、市属国有重点企业全部纳入覆盖范围，实现了派驻监督全覆盖；建立健全反腐败组织协调机制，在线索移交、案件协查、联合办案等方面强化了部门联动。

三是"四风"及侵害群众利益不正之风和腐败问题整治有了新成效。通

过开展常态化的"四风"纠治、车改纪律执行情况专项检查、办公用房集中排查、公款旅游自查自纠、会员卡清退专项活动、会所歪风和收受"红包"及购物卡问题专项整治、津补贴福利专项清理、厉行勤俭节约专项行动等工作，及时发现和整改"四风"问题；组织开展了重点督导镇街集中整治和查处侵害群众利益的不正之风和腐败问题工作。五年来，查处"四风"问题、侵害群众利益不正之风和腐败问题 317 起，给予党政纪律处分 306 人，通报曝光典型问题 132 起。连续多年办好"行风热线"，多渠道收集群众意见建议，每年督促有关部门解决群众反映突出问题 1000 多个，群众满意率达到 98% 以上。

四是执纪审查工作有了新转变。准确把握监督执纪"四种形态"，实现由盯违法向盯违纪、由管少数向管多数转变。畅通信访举报渠道，注重问题线索分析研判，完善问题线索管理办法，不断加大执纪审查力度。把严明政治纪律和政治规矩放在首位，坚决遏制腐败蔓延势头。五年来，全市纪检监察机关受理信访举报 8912 件，立案 1441 件，给予党政纪处分 1566 人。

五是巡视巡察利剑作用有了新发挥。认真做好 2013 年省委对威海巡视反馈问题和 2016 年中央对山东巡视"回头看"反馈意见整改落实工作，借鉴中央、省委巡视工作经验办法，在全市创新开展巡察工作，分四轮对 26 个单位党组织进行巡察，聚焦党的领导弱化、党的建设缺失、全面从严治党不力等重点问题，发现并督促整改问题 240 多个，建立健全制度规范 180 多项，诫勉谈话、约谈及批评教育 66 人，调整岗位 4 人，给予党政纪律处分 8 人。

六是惩防体系建设有了新提升。健全完善制度体系，研究制定了惩防体系建设五年规划，并狠抓各项任务督导落实；强化党规党纪教育，深入推进廉洁文化建设，深入开展专题警示教育，强化预防提醒，五年打造 52 个省、市级廉政教育基地和示范点，对十八大以来 50 多起违纪违法案例进行剖析、通报，对新提拔任职的市直部门主要负责人、考核评议发现问题的县处级干部以及党员群众有反映问题的干部，有针对性地开展任职谈话、提醒谈话和诫勉谈话，让咬耳扯袖、红脸出汗成为常态，五年来，全市开展任前廉政谈话 3153 人次，各级纪委负责人同下级党政主要负责人约谈 1435 人次，函询、诫勉谈话 800 余人次。制定下发市纪委委员发挥作用意见。组织 28 名市直部门主要负责人、34 名开发区领导班子成员向市纪委全会述责述廉，区市党政班子成员 168 人次向同级纪委全会述责述廉。深入开展各级反腐、廉政风险防控、防止利益冲突等工作，促进权力规范运行。

阶段成果来之不易，是各级各部门和社会各界共同努力的结果。深入推进全面从严治党没有终点，劲头不能松，士气不可泄，必须以"咬定青山不放松"的韧劲，善做善成，一以贯之地抓下去。通过廉洁威海建设这一重大创新举措，可以更加科学有效地将前期成果以制度等形式巩固下来，可以更好地推动惩治和预防腐败体系构建，并在更高层次上提升反腐倡廉建设的科学化水平。

三 建设廉洁威海是高标高质完成"十三五"规划任务、实现现代化幸福威海新跨越的保障

"十三五"时期，既是统筹推进"五位一体"总体布局、协调推进"四个全面"战略布局的关键时期，也是威海抢抓诸多重大战略机遇、实现现代化幸福威海建设新跨越、争当全省走在前列排头兵的关键时期。特别是威海"十三五"规划纲要提出的创建国家创新型城市、打造城市化发展新模式、打响宜居城市品牌、打造开放型经济新优势、全面建成小康社会的五大目标任务，每一项都离不开全域廉洁做保障。建设廉洁威海既是实现"十三五"规划任务的重要保障，也是争当全省走在前列排头兵的必然要求。通过廉洁威海的共同建设，可以在最大程度上激发调动全市上下凝心聚力干事创业的激情热情，在最广范围汇聚社会各界同心同向拼搏奉献的正能量。

当前，全市上下对威海整体廉洁的认可度比较高，调查结果显示，有76.7%的受访民众认为目前威海党风廉洁建设总体状况是好的，83.6%的受访民众对党的十八大以来威海党风廉政建设和反腐败斗争所取得的成效是满意的，97.9%的受访民众认为十八大以来威海党政机关和干部队伍中消极腐败现象得到有效遏制。调查还发现，在全面从严治党责任落实、经济社会发展环境打造、基层腐败问题查处、反腐工作合力推进等方面，还有不少问题，在一定程度上影响和制约着全市经济社会的持续健康发展，需要全市各级各个层面的共同推进。

一是全面从严治党责任需要进一步夯实。近年来通过省委巡视组巡视反馈、威海市自行组织政治纪律检查、市直部门巡察、镇街专项巡察所发现的问题，以及自查案件、信访受理情况分析来看，仍然存在个别党组织全面从严治党"两个责任"落实不到位的问题，有的在落实全面从严治党主体责任上存在偏宽偏松偏软等问题，导致系统部门腐败案件多发，凸显了党组织责任落实不到位问题；有的在落实全面从严治党监督责任上存在不愿、不敢、不想监督的问题，在基层镇街层面更为普遍，市纪委为此专门进行了督查，

并通报了两个"明转暗不转"的乡镇。调查显示，96.1% 的受访民众认为党的十八大以来威海市各级党委和政府对领导干部行使权力的监督非常有效或比较有效，83.2% 的受访民众认为今后一段时期，发生在领导干部中的腐败现象将会大幅减少或有所减少，70.2% 的受访民众对通过深入推进党风廉政建设和反腐败工作逐步遏制和克服腐败现象是有信心的，但还有 30% 左右的受访民众略显信心不足。这既说明从严治党责任落实得到老百姓高度认可，也同样表明老百姓对持续从严治党还有很高期望。

二是经济社会发展环境需要进一步优化。近年来，随着各级纪检监察机关监督执纪问责力度持续加大，以及连续多年"转作风、重规范、求创新、提效能"的机关作风建设年活动的持续深入开展，各级各部门进一步简政放权，经济社会发展环境不断优化，公平公正的市场环境逐步形成，市场经济主体活力不断释放。91% 的受访民众认为去党政机关办事非常方便或比较方便；86% 的受访民众认为对于自己关心的问题，政府机关公开得都比较清楚；在围绕"威海党风廉政建设好的表现有哪些"调查时，结果显示排在前 3 位的依次是：违法违纪的人和事得到严肃处理，干部精神振作、勇于开拓创新，经济社会建设和改革开放的步子较大。但也不可否认，"为官乱为"减少了，但"为官慢为"甚至"为官不为"仍不同程度存在。在围绕"当前哪些领域存在的不正之风和腐败问题比较突出"进行调查时，结果显示，工程建设、土地批租、扶贫救灾、国有企业、产权交易、项目申报等排在前列；在围绕"当前不正之风和腐败现象最突出的问题"调查时，结果显示排在前 3 位的是：领导干部利用职权为配偶、子女经商提供便利，党员干部侵犯群众利益与民争利、贪污贿赂等。在围绕"当前国有企业领导人员中存在的突出问题"调查时，结果显示排在前 3 位的是：利用职权为本人、配偶、子女或特定关系人谋取利益，侵吞国有资产、收受现金和有价证券，独断专行、不按民主程序决策。在围绕"是否会为子女上学、亲属就医、企业经营等问题与相关人员发生人情或经济往来"进行调查时，结果显示有 51.5% 的受访民众认为肯定会或者可能会。

三是基层腐败问题易发多发需要进一步加大查处力度。近年来，随着各级反腐力度不断加大、持续保持高压，从中央到地方"不敢"腐败的氛围正在初步形成。在围绕"党的十八大以来威海开展党风廉政建设和反腐败斗争最有成效的一项工作"调研时，排在前三位的依次是：整治和侵害群众利益的不正之风和腐败问题、党风廉政宣传教育、查处违纪违法案件。95.6% 的受访民众认为"十八大以来威海查处领导干部违纪违法案件很有力度或力度较大"。但也不能回避,当前基层侵害群众利益不正之风和腐败问题易发多发仍是不争的事实。从信访统计来看,2015 年,全市纪检监察机关受理信访举报 2366 件次,业务内信访举报 1866 件次。从反映问题类别看,贪污贿赂类、违反廉洁自律类、破坏社会主义经济秩序类、违反财经纪律类分别占 36%、10.7%、10.2%、7.5%;从被反映人职级看,农村党员干部占了 57.9%,乡科级干部、一般干部和企事业单位人员占了 37.4%。尽管上半年全市纪检监察机关接受信访量同比下降了 32.4%,但从收到的基层信访举报来看,反映群众身边不正之风和腐败问题仍占多数,主要涉及征地拆迁、违反议事规则、村务财务不公开、干部贪污侵占挪用公款等。但数据也表明,认为发生在村级干部中的腐败问题最多,其次是县处级和乡科级。认为当前农村存在的突出问题排在前 3 位的是:村务管理混乱、账目不公开,村干部作风简单粗暴,村干部侵占集体资产。

四是反腐倡廉的整体合力需要进一步提升。在反腐工作上,去年以来,我们着力建立健全了反腐败组织协调机制,以市委反腐败协调小组为平台,建立了由纪检监察、组织、司法、公安、审计等机关为成员的办案协调机构,提升了工作合力。但面对反腐败斗争的新形势新任务,随着反腐败斗争的不断深入,腐败本身也在不断发生演化,向经济、政治、文化、社会和党的建设等领域渗透。解决这些腐败问题,仅仅依靠某个机构、某个部门、某个行业的力量是远远不够的。在倡廉上,也往往存在着纪委卖力吆喝、部门配合不力、社会参与不够的问题。比如,在围绕"假如您了解掌握一些具体涉及腐败问题的线索将如何去做"调查时,结果显示,还有 51% 的受访民众表示,只有涉及自己利益才去举报、怕打击报复不敢举报等。迫切需要通过廉洁威海建设意见的出台,更好地明确各级各部门和社会各界在深入推动反腐倡廉工作中的职责任务,通过全域威海反腐倡廉强大合力的推动,实现党风、政风、民风、社风的全面提升,最大限度地凝聚党心民心,助推经济社会持续健康发展。

四 关于加快建设廉洁威海的思路建议

党风廉政建设和反腐败工作,是全面从严治党重要工作,但不是全部;全面从严治党是廉洁威海建设的重要工作,也不是全部。廉洁威海建设需要全域威海各层面各领域各行业的共同参与。既需要政治领域廉洁政府的打造,又需要经济领域规范诚信市场秩序的优化,既需要文化领域尊廉崇廉意识的凝聚，又需要社会领域廉洁公平社会的建设，既需要廉洁威海、廉洁区市、廉洁镇街、廉洁村居各个层面的共同参与，又需要廉洁机关、廉洁司法、廉洁企业、廉洁学校、廉洁医院、廉洁市民等各个行业的共同建设。廉洁威海建设，可考虑重点从七个层面推进。

（一）正本塑廉，锻造廉洁干部队伍

一是提高政治站位。引导各级党组织和全体党员，牢固树立"四个意识"，坚决贯彻中央和省委、市委决策部署，确保政令畅通。坚持党管干部原则和好干部标准，完善干部选拔任用工作机制，强化党组织领导和把关作用，落实"三严三实"要求，防止干部"带病提拔"，大力培养、大胆使用忠诚干净担当、谋改革促发展实绩突出的干部，树立风清气正的用人导向。建立健全科学有效的容错纠错、考核奖惩机制，为善于担当者担当，让积极作为者有为。二是强化责任落实。坚持全面从严治党，推动"两个责任"落实。健全完善地方党委决策程序规定，规范各级党政领导干部职责权限。健全完善从严管理干部队伍制度体系，加强干部管理监督。健全完善干部激励保障制度，调动广大干部的积极性和创造性。健全完善党代表任期制，充分发挥党内监督作用。健全完善考核制度体系，综合运用市委专项督查、市人大依法监督、市政府政务督查、市政协民主监督、纪检监察机关执纪监督、目标绩效管理考核结果，为干部能上能下提供重要依据。三是严肃党内生活。巩固深化党的群众路线教育实践活动、"三严三实"专题教育、"两学一做"学习教育成果，深入贯彻党内政治生活准则，加强和规范党内政治生活，扎实推进领导班子和领导干部思想政治建设和作风建设。严格落实民主集中制、双重组织生活制度，认真组织召开高质量的民主生活会和组织生活会，真正开展批评和自我批评，及时解决班子及成员思想上行动上存在的突出问题。深入开展"学习型"和"服务型"党组织创建活动。四是加强教育引导。注重思想建党，以市县两级党校为主阵地，深入开展理想信念教育、党的宗旨教育，引导广大党员领导干部认真研读马克思主义经典著作、党史国史、习近平总书记系列重要讲话，拧紧政治信仰"总开关"，增强"四个自信"。创新完善党性教育体系，改进教育模式，推动内容与形式创新。结合地方实际整合挖掘党性教育资源，加大胶东（威海）党性教育基地等平台载体的开发管理使用，在紧扣时代主题、突出威海特色、提高教育质量等方面抓好完善提升，积极推动红色教育资源与廉洁教育资源的融合转化共促，全面提升教育实效。广泛传播党纪政纪知识，加大正面宣传引导力度，注重反面警示。

（二）挺纪保廉，完善廉洁惩防体系

一是严明党的政治纪律。切实增强政治警觉性和政治鉴别力，勇于同违反党的纪律、危害政治安全行为作坚决斗争，坚决维护党的团结统一。加强对党章党规党纪执行情况的监督检查，重点解决党的领导弱化、党的建设缺失、全面从严治党不力，党的观念淡漠、组织涣散、纪律松弛，管党治党宽松软问题。严格落实中央八项规定精神，驰而不息纠正"四风"。二是深化纪检体制改革。把全面从严治党方针落实到"五位一体"建设全过程，督促各级党组织把主体责任落实作为一项刚性任务，层层传导压力。坚持有责必问、问责必严，加大问责力度，使问责形成制度、成为常态。强化上级纪委对下级纪委的领导，依纪依规开展线索处置和执纪审查工作，认真落实纪委书记、副书记三个提名考察办法。积极推动各级派驻监督全覆盖，充分发挥"派"的权威和"驻"的优势。深化市、区市巡察工作，以发现问题为导向，把常规巡察和专项巡察结合起来，推动党内监督向基层延伸。按照上级统一部署，做好监察委员会改革工作。三是强化日常监督管理。建立健全监督机制，抓好党内法规制度的贯彻执行，提高监督实效。坚持并完善廉政谈话、述责述廉等工作制度，加强对领导干部特别是主要领导干部的监督。切实转变监督执纪理念，坚持纪在法前、纪比法严、纪法分开，准确把握"四种形态"。注重抓早抓小、动辄则咎，通过谈话函询、组织处理、党纪轻处分等方式及时纠正党员干部苗头性、倾向性问题。四是保持反腐高压态势。把党的十八大后不收敛、不收手，问题线索反映集中、群众反映强烈，现在重要岗位且可能还要提拔使用三类情况同时具备的党员领导干部作为重中之重，形成持续威慑。做好纪法衔接工作，健全完善由纪检监察、组织、司法、公安、审计等机关为成员的办案协调机制，强化工作合力。积极开展国际追逃追赃工作。

（三）尊法守廉，营造廉洁法治环境

一是健全完善规章制度。借鉴国内外先进经验做法，加强防治腐败的制度建设，健全内容科学、程序严密、配套完备、有效管用的制度体系。拓展公民有序参与制度建设渠道，健全公众意见表达、采纳和反馈机制。坚持立改废释并举，对现有法规规章及时进行修改完善。二是全面推进公正司法。认真落实中央、省优化司法职权配置的各项规定，推动公安机关、检察机关、审判机关、司法行政机关各司其职，侦查权、检察权、审判权、执行权相互配合、相互制约。加强司法活动监督。健全司法人员惩戒制度，明确惩戒标

准和责任承担方式，对司法领域的腐败行为实行零容忍。建立防止司法干预的"防火墙""隔离带"，为司法机关依法独立公正行使职权提供制度保障。严格落实领导干部干预司法活动及插手具体案件处理的记录、通报和责任追究制度，发现问题严肃处理。三是加强权力监督制约。强化对"三重一大"制度执行情况的监督检查，抓好管人、管事、管钱、管物部门和环节的权力管控，完善领导干部重大事项报告、述责述廉、民主评议、谈话诚勉和质询、问责、经济责任审计、引咎辞职、罢免等制度。健全人大监督"一府两院"的制度体系，加强人大工作机制建设。加强人民政协及民主党派、工商联、无党派人士的监督和工会、共青团、妇联等人民团体的监督。完善群众举报投诉制度，畅通群众监督渠道。加强新闻舆论监督平台建设，依法管理和规范舆论监督。建立健全反映问题的处理机制，保障公民检举权、控告权、申诉权。

（四）阳光促廉，建设廉洁高效政府

一是深入推进简政放权。坚持"简"字当头，进一步削减行政审批事项，建立权力清单、责任清单和市场准入负面清单动态调整机制，及时修订完善并按程序确认公布。坚决砍掉各类无谓证明和烦琐手续，凡没有法律法规依据的证明和盖章环节，原则上予以取消。二是依法履行政府职能。完善政府重大行政决策程序规定，建立健全并严格落实重大决策终身责任追究制度及责任倒查机制。推进综合行政执法体制改革，整合、规范市县两级政府行政执法队伍，科学划分执法权限，合理配置执法力量。深入推进行政执法规范化建设，建立执法全程记录制度。建立健全重大执法决定事前法制审核和事后备案制度。健全行政裁量权基准制度，强化对制度落实情况的监督检查。全面落实行政执法责任制，加强监督检查和责任追究。三是大力推进政务公开。坚持以公开为常态、不公开为例外，推进行政行为和政务服务全过程公开，扩大政务开放参与。建立健全政务公开制度机制，完善决策公开、执行公开、管理公开、服务公开和结果公开体系，实现信息发布、解读、回应配套联动，进一步增强政务公开广度、深度、参与度，提升制度化、标准化、信息化水平，确保政府工作更加公开透明。各级行政机关要依托政府门户网站等媒体，加强公众参与平台建设，完善公众意见反馈机制。推行医疗卫生、资源开发、环境保护、社会保障等重大民生决策事项民意调查制度。四是提高便民服务水平。以"亲""清"为标准构建新型政商关系，建立健全党政干部正常联系企业工作机制。加强对12345政务服务热线平台、110应急联动热线平台、政府官方微博等平台的管理，畅通监督举报渠道，完善受理机制，优化工作流程。办好"行风热线",妥善处理群众反映问题。整合建立统一的公共资源交易平台。

(五) 强基固廉,夯实廉洁基层基础

一是深入开展廉洁基层创建活动。全面开展"廉洁区市""廉洁镇街""廉洁村居"等廉洁建设活动,广泛开展"廉洁机关""廉洁企业""廉洁学校""廉洁医院""廉洁家庭"等廉洁创建活动,厚植廉洁根基,充分释放基层党风廉政建设活力。建立健全科学合理的基层党风廉政建设考核评价体系,加大督导检查力度,组织评选基层党风廉政建设示范单位。完善各级党代表、人大代表联系基层制度,使党代表、人大代表成为基层党风廉政建设的监督员、评议员。二是切实加强农村党风廉政建设。深入开展以"廉政教育课""集中议廉课""述廉评议课"为主要内容的"三堂课"活动。通过举办廉洁讲堂、创作廉洁剧目巡演等形式,丰富廉洁教育内涵,提升廉洁教育实效。充分发挥镇村民主议事会作用,坚持"四议两公开"工作法,加强对农村重大事项和重要决策制订、执行的全过程监督。定期组织述廉评议,由村全体党员对"两委"干部履职、自律情况进行质询和测评。三是充分发挥纪检委员作用。研究制定《关于党组织纪检委员履行职责发挥监督作用的意见》。在市、区市、镇街三级党政机关、国有企事业单位党组织配备纪检委员,明确工作职责,尽快开展工作。配齐配强村级党组织纪检委员,强化对农村党员干部的监督。健全完善纪检委员履职保障机制,定期组织纪检委员学习培训,充分发挥纪检委员监督作用。对不认真履行监督职责、导致党组织内部发生严重违纪违法问题的,依纪依规追究纪检委员责任。四是严肃查处基层违纪违法问题。切实解决侵害群众利益的不正之风和腐败问题,坚决查处在扶贫中虚报冒领、截留私分、挥霍浪费问题,重点查处和纠正超标准超范围向群众筹资筹劳、摊派费用,违规收缴群众款物或处罚群众,克扣群众财物、拖欠群众钱款等突出问题;"三资"管理、土地征收和惠农等领域强占掠夺、贪污挪用等严重问题。严肃处理在办理涉及群众事务时吃拿卡要甚至欺压群众的违纪行为。

(六) 崇信助廉,建设廉洁诚信社会

一是推进重点领域诚信建设。积极发挥政务诚信的表率和导向作用,统筹推进政务、商务、社会、司法等领域诚信建设。建立公务员和事业单位工作人员诚信档案,将其廉政记录、相关违法违纪违约行为等信用信息纳入个

人档案。二是健全社会信用制度体系。研究制定信用分类监管制度，形成全市统一的失信行为分类和惩戒规范。加强对市场主体的信用约束，研究制定社会法人守信联合激励和失信联合惩戒管理办法。围绕法院执行、食品药品安全、知识产权、环境保护、安全生产、产品质量、税收征缴等社会关注的重点领域，建立完善各行业失信行为惩戒制度和"黑名单"发布制度。三是完善社会信用体系运行机制。积极开展行业信用评价工作，建立具有行业特点的信用评价机制，对于有失信行为的社会法人和自然人，根据违法违规性质和社会影响程度，区分失信程度分别采取不同措施，实施信用分类管理。加大对守信行为的表彰宣传和对守信主体的支持力度，营造守信光荣的社会舆论氛围。建立健全行政、司法、市场、社会"四位一体"约束和惩戒机制，加大对失信行为的惩戒力度。

（七）厚德养廉，培育廉洁城市文化

一是大力弘扬廉洁城市精神。以加强社会主义核心价值体系建设、培育和践行社会主义核心价值观为根本，将廉洁教育贯穿"君子之风·美德威海"建设全过程，贯穿教育教学、管理服务和社会治理各环节。广泛开展廉洁文化进机关、进企业、进学校、进医院、进社区、进村庄活动，以廉洁文化激浊扬清，引导党员干部筑牢廉洁从政的纪律底线和道德高线，引导全体市民树立反腐崇廉、明德尚善的价值理念。二是着力培育廉洁文明家风。广泛开展"党员家庭"挂牌、"党员示范户"创建活动，唤醒全体党员身份意识。深入开展廉洁家风家规家训挖掘、整理、总结、宣传活动，组织学习老一辈革命家家风事迹和省内外经典家训，结合近年来威海市查处的违纪违法典型案例，教育党员干部从自身和家庭做起，严守纪律规矩。积极开展"家庭助廉"活动，通过召开座谈会、上专题党课、签订助廉承诺书等方式，倡议领导干部家属争当"廉内助"。三是全力打造廉洁文化阵地。加强对廉洁文化建设的调查研究，丰富廉洁文化建设内涵，推进廉洁文化"软环境"建设，打响"廉洁威海"文化品牌。整合多方力量，加大对优秀廉洁文化项目和产品的扶持力度。深入挖掘本地廉洁文化资源，结合当前党风廉政建设和反腐败工作热点焦点问题，创作一批思想性艺术性强、群众喜闻乐见的文艺作品。加强各级廉政文化示范点、廉政教育基地的建设、管理和使用，打造富有生命力的文化教育阵地。建好用好图书馆、博物馆、道德讲堂、市民学校、文化服务中心、农家书屋、农村文化大院等载体，进一步扩大廉洁文化覆盖面。

建设廉洁威海是一项事关全市长远发展的重大战略工程，需要各级各部

门各行业各领域各群体的共同努力、齐心协力。既需要加强组织领导，成立由各级党政主要领导任组长的领导小组，加强对该项工作的领导、指导和统筹推进，又需要各级各部门立足本职，研究制定具体推进方案，分行业分领域的齐头并进；既需要采取多种形式、广泛宣传廉洁威海建设的重大意义、先进典型，营造人人参与、共建共享的浓厚氛围，又需要研究制定廉洁威海建设的考核评价指标体系，持续科学健康有序地稳步推进。力求用 3 至 5 年时间，把威海打造成为全球知名的廉洁城市。

（作者单位：中共威海市纪律检查委员会　课题组成员：李建良　徐祥钊　于　源）

"君子之风·美德威海":道德建设的创新探索

林一龙

引 言

"生在大海边,自有大海情,父母教我要厚道,待人要实诚,嘱咐不能忘,叮咛记心中,做人咱就做好人,有仁爱君子风……"伴着移动音箱中传出韵律优美的歌曲《君子之风》,遍布城乡广场上早起的威海人踏歌而起,翩翩跳动节奏欢快的"君子之风"广场舞,迎接崭新的一天。这是威海一个普通的生活场景。近年来,威海市结合地域文化和人文传统,积极探索弘扬传承君子文化与核心价值观建设融合共促的新路径,提出并大力推进"君子之风·美德威海"建设。工作开展后,瞬即引燃了群众的兴趣,形成了全社会自觉自发传习传统文化、践行核心价值观的良好局面。

那么,这项看似普通的活动有何魅力赢得了群众的热烈响应和积极参与?是怎么开展起来的?对弘扬传承中华优秀传统文化和培育践行社会主义核心价值观工作有哪些启示?

在大课题中探索新模式

党的十八大以来,新一届中央领导集体把推进核心价值观建设、传统文化建设提到了前所未有的重要位置。习近平总书记在多个场合多次提出了一系列新思想、新观点、新论断,比如"中华优秀传统文化已经成为中华民族的基因,植根在中国人内心,潜移默化影响着中国人的思想方式和行为方式","培育和弘扬社会主义核心价值观必须立足于中华优秀传统文化","要加强对中华优秀传统文化的挖掘和阐发，努力实现中华传统美德的创造性转化、创新性发展"，等等。这些重要讲话、重要论述内涵丰富、深刻精辟，是党和国家最高领导人治国理政新思维的充分展现，是实现中华民族伟大复兴的重要方略。贯彻落实习总书记系列重要讲话精神，完成好传统文化和核心价值观建设重大课题任务，各级各部门肩负重任、责无旁贷。

但如何推进传统文化与核心价值观建设融通结合，是一项全新的课题，没有成熟的经验可循。这些年来，尽管威海市一直坚持融合推进传统文化与核心价值观建设，并于2012年开展了以"爱、信、孝、善"为主要内容的"美德威海"建设，2013年突出诚信内容开展了"美德威海·诚信威海"建设，但是仍有声音反映"本地特点不突出""共鸣效果不强""群众认同程度低"。深究原因，在于传统文化与核心价值观嫁接后吸纳威海"养分"不足，结出的果实不适应威海本地人口味。

为找到传统文化、核心价值观在威海本土的结合点、生长点，从2014年开始，威海市组织开展了两项大规模活动：一项是"深入群众大走访"，挨家挨户摸清"群众想什么"，找准群众关于统一推进传统文化与核心价值观、建设美德威海的兴趣点和兴奋点；第二项是"单车徒步"活动，市领导带头以骑单车或徒步行的方式深入农村、社区、学校、社会组织开展专题调查、走访，咨询查证"威海有什么"，找到威海与众不同的突出特点。

在集思广益的过程中，一个点渐渐由模糊变得清晰，最终闪亮出现，这个点就是"君子"——这个中华优秀传统文化与社会主义核心价值观融通对接的契合点，这个威海人的符号、威海人的基因。

从历史发展脉络上看，几千年来君子及其所呈现的君子文化一直是中华优秀传统文化特别是儒家文化的重要组成部分和精华所在。君子所体现和代表的许多思想内容，如匹夫有责的家国情怀、仁义共济的社会思想、崇德弘毅的修身追求，等等，都与社会主义核心价值观国家、社会、个人三个层面的价值取向、价值准则一脉相承，完全能够对接、互通。可以说，君子与其所代表的文化、所蕴含的价值，是中华优秀传统文化和社会主义核心价值观共同拥有的重要内容。在人们为道德失范、社会失信、文化失衡、价值迷失感到担忧的情势下，高举君子这面旗帜，重温君子这一代代相传的祖训，倡导做人做君子，顺应要求与期待，能够激起共鸣和认同。

威海三面环海，因海而生，依海而兴，一代代威海人在生产生活实践中，搏击风浪讲合作，耕海牧渔讲信义，抗击倭寇、保家卫国讲忠勇，对待亲朋、对待社会讲仁爱、讲谦恭……积淀养成了朴素的为人处事道理和优秀的精神文化特质。这些为人处事之理和精神文化特质与君子文化息息相通、一脉相承，已融进威海人的血脉，成为威海人世代延传的基因。君子，威海人认可。

2014年7月份，这个具有威海特点、符合群众心理、融通中华优秀传统文化和社会主义核心价值观的新模式——"君子之风·美德威海"建设一经启动，便得到了社会各界的高度关注和积极响应。

在本土化中走出新路径

目标清晰，方向明确，"怎么做"是决定活动实效的关键。威海市坚持立足区域文化资源特点，重点做好生活化、体系化、具体化文章，走出了一条契合群众期盼、独具自身特色的新路子。

全面挖掘整理宣传，放大区域君子基因。从始皇东游到全真创立，从东鲁遗风到万家书声，从戚继光抗倭到将军县的功名……历史为威海留下了丰厚的文化资源，为让这些资源重现绽放异彩，让"收藏在禁宫里的文物、陈列在广阔大地上的遗产、书写在古籍里的文字都活起来"，为"君子之风·美德威海"建设提供强有力的文化支撑，2014年7~10月份，威海市组织开展了一系列调查研究及挖掘阐释活动。与山东师范大学齐鲁文化研究中心成立联合课题组，就威海文化资源开展为期4个月的专项课题研究，形成10余万字《威海文化资源调研报告》，对君子文化资源进行了系统梳理；与光明日报社联合主办"君子之风·美德威海与社会主义核心价值观建设研讨会"，邀请来自北京大学、北京师范大学、中国伦理协会、山东省社科院等20多个院所、协会、单位的100多名专家学者齐聚威海座谈研讨，助力提炼升华威海君子文化时代价值和精神内涵；鼓励引导山东大学（威海）、哈尔滨工业大学（威海）等高校开展威海君子文化学术研究。2014年10月至2015年2月，以"乡村记忆"工程为契机，组织发动威海历史文化研究会本土文化专家力量，全面搜集整理散布各地的君子故事、典型事迹，编撰出版《威海名事名人》系列图书，提供翔实的学习资料。

采取边研究边阐发边宣传推广的方法，除了在全市各级各类媒体重要版面、重要时段开设专题专栏传播君子文化、讲述君子故事，还实施"国学大师引进工程"，积极从清华大学、苏州大学、安徽省社科联等高校或组织聘请"外脑"，深入机关、镇村、社区、学校、企业各个领域开展君子文化讲坛讲座；建成西火塘寨、大庄许家等10个乡村记忆馆，举办渔民节、母爱文化节、仙姑庙会、李龙山会等节会活动，吸引人们在参与体验过程中增强君子记忆、延续文化根脉。特别是，强化社会公益宣传，将弘扬君子之风与核心价值观内容有机结合，通过 3.5 万块寓景于物的公益广告、每天 20 次以上的媒体刊播、几十万个私家车贴和购物袋以及系列主题公园、主题社区等方式，实现了公共场所、广场公园、街巷楼宇、建筑围挡、电子显示屏等 15 个方面 100% 全覆盖，让君子文化理念、主流价值观念像空气和水一样无处不在、无时不有，让广大市民时刻受到潜移默化的提升、一念之间的提醒。

坚持贯穿融入结合，推动君子文化深接地气。让君子文化内化于心、外成于行是一个逐步深入和升华的过程，重在春雨润物、融入生活。一是贯穿融入群众文体活动。根据"歌咏之城"群众爱唱以及城乡居民喜爱广场健身、崇尚国学的特点及需求，组织文体骨干力量原创推出一批与群众日常生活关联程度高的文艺形式、文化活动，有效推动了君子文化走进日常生产生活。编创的一首歌《君子之风》推出不久便唱响大街小巷，编排的一支"君子之风"广场舞一经推出就成为城乡群众的主要健身舞蹈，编辑出版的一本古代圣贤论述君子美德的书籍《君子之道格言》免费向市民发放，举办的一百余场"君子之道·幸福人生"文化公益讲座深受机关干部、企业职工及广大师生喜爱追捧。二是贯穿融入国民教育。把国学经典教育纳入中小学课堂教学，拿出专门课时，组织学生诵读《弟子规》《千字文》《千家诗》等文化经典；坚持月月大主题、周周小活动，围绕以孝为先、开展感恩教育，以雅为标、开展礼仪教育，以信为本、开展诚信教育，以俭养德、开展节俭教育，让广大学生在实践中提升人文素养、塑造良好品格。威海八中以《弟子规》等为主要内容，采取研发校本课程《学做弟子》、组建"行知学堂"等形式，创新国学经典教育，既促进了学校教学水平连年提升，又让学生在实践体验中快乐成长。三是贯穿融入社会教育。在各级图书馆和艺术馆建设"尼山书院"，定期开展公益文化培训、国学讲座等活动。积极实施"社区儒学"和"乡村儒学"推进计划，支持民间文化团体和民俗文化学者深入社区和农村普及推广优秀传统文化，全市涌现出了以儒莲、福道、雨花斋、"相约星期三"读书沙龙等为代表的一批优秀民间文化传播组织。威海儒莲文化传播公司积极传播传统文化经典，定期举办为期四天的"幸福人生"公益讲座，自 2012 年以来已举办 59 期，社会影响越来越大，学员既有高等院校的教授、博士和政府机关公务人员，还有企业高管、员工以及家庭主妇等。

立足可感可学可做，构建完善的先模榜样体系。先模榜样是有形的正能量，是群众身边鲜活的价值观。在"君子之风·美德威海"建设的实践中，威海市着眼增强典型榜样的层次性，积极探索构建包含文明市民、平凡好人、时代君子、道德模范四个方面的先模榜样体系，努力让不同岗位、不同领域、不同境界、不同追求的人们都能在"道德明星"与"平民英雄""凡人善举"中找到学习的目标、赶超的对象。这四个方面的先模榜样，各自有着不同的内涵、不同的标准和要求："文明市民"侧重讲礼仪、讲规范、讲秩序；"平凡好人"倡导每个人在日常言行的点滴中学做好人、在平凡岗位上做最好的自己；"道德模范"重在引导人们把道德模范当作效仿对象，努力争做道德模范的"同行者"；"时代君子"既弘扬传承中华民族传统美德，又善于与时俱进赋予自身时代精神特征，倡导人人争做爱心君子、诚信君子、有为君子、厚德君子、文明君子。随着"君子之风·美德威海"建设的不断推进，1.1万多名文明市民、平凡好人、时代君子、道德模范先后脱颖而出，成为人们学习的先模榜样，其中，有11人获评国家和省级道德模范，24人入选"中国好人榜"，114人入选"山东好人榜"。

为更好发挥先模榜样体系作用，威海市推行多项配套机制予以保障。建立先模榜样关爱帮扶机制，通过设置专项资金和提供养老保险、就业岗位、医疗补助、年度体检、学费补助等渠道，切实帮助他们解决工作生活中的困难，不仅把荣誉和掌声送给他们，更把温暖和关爱传递给他们。建立文艺精品创作引导机制，通过开展文学艺术评选、设立奖励资金、协助影视拍摄等多种方式，扶持激励文艺工作者积极创作以先模榜样为原型的文艺作品，先后推出了以道德模范李玉坤事迹为原型的吕剧《一个钱包的故事》、以中国好人刘长城事迹为原型的快板评书《礼赞长城》、以中国好人陈丽华事迹为原型的戏剧《孝女情》等20多个原创文艺作品，并在城乡巡回演出，用身边人演绎身边事、讲好身边故事的艺术形式感染群众、影响群众。此外，还出台专门意见，从组织领导、管理运行、检查考核等多个方面为先模榜样体系提供保障与支持。

狠抓落细落小落实，广泛渗透到社会发展实践。积极探索"君子之风·美德威海"建设与社会实践的结合点，搭建志愿服务、公益活动、文明创建、乡村文明行动等各种载体平台，组织开展形式多样、便于参与的道德实践活动，让人们在实践体验中把君子的种子植入心田。

——在城市，围绕进一步改善公共环境和公共秩序，以创建全国文明城市为契机，发动全社会力量全面整治升级城市公共环境，广泛开展"爱文明家园，做文明市民"主题实践活动，重点推进"礼让斑马线、排队上下车、不乱扔杂物"三项行动，引导人们在积极参与和亲身体验中增进认识，在言行举止和细节小事上改进提升，塑造整洁有序、彬彬有礼的文明修养。

——在乡村，抓住农村居家环境"脏乱差"、生活方式"亚健康"等深受诟病的问题，以乡村文明行动为抓手，围绕新城乡新布局、新村庄新生态、新农家新生活、新农民新风尚"八新"目标，持续深化农村环境综合整治，组织开展村训家训政训校训厂训店训等"六训"建设和"新农村、新生活"培训，引导人们在改进农村居家环境和生活方式中养成自强不息、勤劳质朴的良好品质。目前，80%以上的村达到了县级以上文明村标准。

——在机关和企业，围绕提升公共服务、公共产品供给水平的要求，在党政机关开展创文明机关、做诚信公仆等活动，在企事业单位开展厚道鲁商、诚敬做产品、做榜样企业等活动，在窗口行业开展优质服务竞赛、诚信之星、美德之行等活动，在法院、工商、税务等12个部门建立诚信"红黑"榜发布机制并定期发布"红黑"名单，推动至诚至信、厚德载物理念在各领域各行业深深扎根。

——在社会领域，依托社会公益孵化机构，培育发展2000多个志愿服务组织，开发建设"12349居家服务平台"和"威海市志愿服务综合管理平台"，并通过这一平台与手机APP移动终端、志愿者电子信息卡之间的互联互通，对志愿服务活动实现了从招募注册、信息发布，到资源调配、服务记录、回馈嘉许等全程跟踪管理，为志愿服务提供更好保障与服务，让乐善好施、成人之美成为社会新风尚。

在新突破中彰显新价值

2015年1月，在全省科学发展综合考核和群众满意度调查中，威海市连续七年名列第一；2015年2月，从中央文明委在北京召开的全国精神文明建设表彰大会上传来喜讯，威海市以第一名的成绩荣膺全国文明城市称号，市委书记孙述涛在全国精神文明建设工作表彰大会上做了交流发言；2015年7月，在山东省文明委组织的全省乡村文明行动城乡环卫一体化工作群众满意度调查中，威海成绩名列第一……这些成绩的取得，无不透射出强大的精神力量、文化力量、价值力量，显现着"君子之风·美德威海"建设的巨大成效。

社会主义核心价值观更加深入人心。"君子之风·美德威海"充分尊重群众的接受心理、接受习惯，顺势推进社会主义核心价值观建设，使群众更易懂、更愿接受，在威海市统计调查队2015年10月的专项调查显示，市民对核心价值观的知晓率达到98%以上。各界对核心价值观由认知到认同，由认同到行动，合奏出一曲曲浩荡华章：网络内外竞相"向国旗敬礼"，城乡基层同步纪念"我们的节日"，田间地头、街头巷尾响彻着退休干部"大喇叭"宣讲核心价值观的声音，以威高集团"忠心、良心、诚心""三心"文化为代表的企业文化与核心价值观深度对接……在"君子之风·美德威海"的带动下，社会主义核心价值观走出书本、走下屏幕，走入百姓生活，更走进干部教育培训课堂，进入企业文化、行业规章、管理制度、职业规范，融入市民公约、村规民约、学生守则，成为全社会共同遵守的价值准则。

中华优秀传统文化得以更好弘扬传承。"君子之风·美德威海"倡导君子文化，既适应了当前社会兴起的传统文化学习热潮，又直通到群众的心坎里，进一步激发了全社会弘扬传承中华优秀传统文化的热情和激情。文登的"市民大讲堂"、环翠的"环翠讲坛"、荣成的"月月大讲堂"、乳山的"乳山讲堂"等一大批基层传统文化宣讲阵地先后建成。2015 年 6～9 月份举办的"书香威海·全民阅读"活动，包含 220 个子项目，各个项目受到市民追捧，仅经典图书销售就超过 120 多万册。市及区市两级"尼山书院"开办的"周六经典诵读课堂""孝道故事会"以及雅乐、礼仪、剪纸、绘画、书法等文化培训班，成了节假日家长与孩子的休闲生活乐园。古文书法、丹青绘画、古琴古音……在户外场地、居家厅堂、单位走廊、学校课堂处处可见可闻、可观可赏。

市民道德素养和社会文明风尚显著提升。人的文明，是一个地区、一座城市文明程度的根本体现。威海人的文明与温暖像不息的泉水在日常生活中静静流淌：斑马线前车与人文明礼让，公交站点人人自觉排队，街头巷尾不见一片纸屑、一个烟头，雪中上坡艰难的车辆后面总不缺真情相助的陌生的手，2000 多个志愿服务组织、25 万名志愿者常年活跃在基层一线……一个个"盆景"竞相绽放，形成了一道道靓丽的"风景"；一种种"正能量"积沙成塔，拥起了威海这座"道德高地"的新高度，涌现出"厚德环翠""仁孝文登""诚信荣成""仁爱乳山"等具有鲜明地域特点的道德文化品牌。

转型跨越发展的共识力量进一步凝聚。随着"君子之风·美德威海"建设的深入推进，全市上下科学发展、转型跨越争当"走在前列排头兵"的信念更加坚定、步伐更加有力。特别是，抢抓威海作为中韩自贸区唯一地方经济合作示范区的机遇，接连促成三星重工、韩国乐天、中韩国际珠宝饰品城等一批大项目、好项目在威海落地生根，威海中韩跨境电商基地入选国家级电商示范基地；积极融入"一带一路"倡议，11 个合作平台、18 个境内外合作园区、94 个重大项目纳入省实施方案；实施"全域城市化、市域一体化"和"产业强市、工业带动"等重大战略，加快转方式调结构，发展文化产业，威海油画艺术原创基地成果显著，仅书画产业项目就新建 5 个、投资均在亿元以上。

启示与思考

"君子之风·美德威海"建设在全国地级市中首开君子文化与核心价值观融通共促之先河，不仅有效促进了优秀传统文化的传承弘扬、大大提升了核心价值观培育践行水平，而且提振了精气神，成为助推经济社会发展的强心剂，其经验做法值得深入思考。

1. 核心价值观建设落地，要紧扣大局，因势而谋。在大局下思考和行动，既是一种政治担当，也是一种工作导向和方法。"君子之风·美德威海"建设始终紧跟弘扬传承中华优秀传统文化和培育践行社会主义核心价值观两项全局性重大战略，积极回应、创新对接，做到在大局中谋划、大势下推进。正是顺应大局大势所需，威海的弘扬传承传统文化和培育践行核心价值观工作才取得了"1＋1＞2"的效果，"君子之风·美德威海"才得到了上级及各级媒体的广泛关注和支持，2015 年 9 月 29 日《光明日报》还以专版形式进行重点宣传推介。无论是推进优秀传统文化和核心价值观建设，还是干好其他工作，各级各部门都要认真按照习总书记所要求的那样，胸怀大局、把握大势、着眼大事，找准工作切入点和着力点，做到因势而谋、应势而动、顺势而为。

2. 核心价值观建设落地，要立足本土，准确定位。适合本土的，才是最好的。威海市在推进弘扬传承优秀传统文化和培育践行核心价值观工作之初，就决定"必须与威海实际结合起来"，并经广泛深入调查，找出了"群众需要什么""威海有什么"，将两者对接、统一后提出了开展"君子之风·美德威海"建设。从群众的热烈响应程度来看，最易引起本地群众共鸣的还是本土人文传统和精神特质。由此可见，弘扬传承优秀传统文化和培育践行核心价值观工作非常重要的一点，就是与本土资源深度结合，从本地资源中找到本地群众的兴趣点、工作的着力点，使工作接地气、招人气。

3. 核心价值观建设落地，要以人为本，顺需而为。射箭看靶，弹琴对人。"君子之风·美德威海"建设之所以有广泛的群众基础，最为重要的一点就是充分尊重了群众的接受习惯和特点，将君子文化与核心价值观融入现代生活方式，让群众接受通俗易懂、形象生动的教育熏陶。这启示我们，弘扬传承优秀传统文化和培育践行核心价值观工作既要想清楚"为谁服务"的问题，始终围绕群众想问题、办事情，又要搞明白"怎么服务"的问题，在顺应群众需求的情况下提供有效服务，无论是活动形式还是阵地布设、主题设置等各个环节都应与群众的喜好、群众的需求充分结合起来，让群众自觉自愿参与进来、享受服务。

4. 核心价值观建设落地，要小处着手，实处用力。弘扬传承优秀传统文化和培育践行核心价值观，都是长期任务，最忌贪多求快、华而不实、"一阵风"，而应该日积月累、久久为功，一步一个脚印地加以推进。"君子之风·美德威海"建设把工作重心放在解决人们习以为常的生活小事小节问题上，引导人们从让一个座位、伸一把援手、给一个微笑、捡一片纸屑等日常小事做起，讲礼仪、讲规范、讲规则、讲文明、讲秩序，从而将传统文化和核心价值观内化为精神追求、外化为自觉行动。可见，必须从与群众生产生活关系密切的小地方着手，不畏小、不笑小，从小做起、以小见大，才能保持传统文化弘扬和核心价值观建设的旺盛生命力。

（作者单位：中共威海市委宣传部）

威海市构建充满活力的创业生态系统
引领推动全民创业

威海市人力资源与社会保障局

近年来，威海市认真贯彻落实国家推进大众创业万众创新决策部署，坚持以营造良好创业生态环境为目标，以激发全民创业活力为主线，以构建多层次创业服务平台为载体，有效整合资源，完善服务模式，培育创业文化，加快打造创新创业的聚集地。在全国率先设立了"创业服务大厅"，为创业者提供"一站式"综合服务；在全省率先创建了"创业大学"，推广"一总部、多分校"的创业实训模式。今年1~8月份，全市共发放创业担保贷款3.37亿元，创业补贴430万元，直接扶持2635人实现自主创业，带动吸纳就业7700人。

（一）强化三个保障，增强全民创业内生动力

一是强化组织保障。成立了以市长为组长的创业工作领导小组，统筹指导推进全市创业工作。将创业工作纳入全市目标绩效管理考核，实行季度评估、半年督查、年终考核。二是强化政策保障。出台了《关于进一步加强创业就业工作推进全域城市化市域一体化发展的意见》《关于进一步促进大众创业的意见》等文件，形成了较为完整的创业政策支撑体系。三是强化资金保障。设立了每年8000万元的创业带动就业扶持资金，在省定标准基础上，将个体工商户、小微企业的一次性创业补贴标准分别提高到5000元、2万元，均为全省最高水平；将自主创办小微企业创业担保贷款额度提高至30万元，居全省第二位。

（二）搭建三级平台，拓宽全民创业孵化空间

一是加强公办创业孵化基地建设。高标准建成创业孵化基地18处，总面积40万平方米，现已入驻企业1900多家，其中有7处被认定为省级创业孵化

示范基地（园区）。二是鼓励民营孵化器建设。引导社会力量采取挂牌、共建方式，投资兴建不同行业类别的创业孵化基地，构建遍布全市、各具特色的创业孵化体系。目前已建成各类民营孵化器20处。三是开展创业型街道（镇）和社区创建工作。采取典型带动、基地建设和特色产业发展相结合的方式，积极推动32个省级、35个市级创业型街道（镇）和社区建设，打造"家门口"服务站。目前已涌现出10余个具备浓郁地方特色的基层创业平台。

（三）建立三项机制，提升全民创业技能水平

一是建立创业大学实训机制。与山东省人力资源和社会保障厅、北京华普亿方软件科技有限公司共同签署《威海创业大学三方共建协议》，在全省率先创建了"创业大学"，推广"一总部、多分校"的创业实训模式，设立15处分校为创业者提供"创业知识+模拟实践+实际操作+跟踪扶持"四级免费创业实训，并依托各类孵化基地（园区）开展创业苗圃孵化，推进创业实训向基层延伸，提高创业成功率。1~8月份，共完成创业实训2670人次，实训后创业成功率超过15%。二是建立农村劳动力培训机制。在全省创新开展就业创业培训下基层活动，设立10处区级培训基地和16个中心镇培训点，灵活开展适合农村居民需求的创业培训。如，结合发展全域旅游，开展胶东民俗面点制作、海鲜特色烹饪培训，打造"农家乐""渔家乐"旅游创业培训品牌。1~8月份，全市共组织开展农村劳动力就业培训1.97万人次。三是建立困难群体帮扶机制。采取"群众点餐、政府买单"的方式，有针对性地设置培训班次和科目，帮助其提升创业技能，并通过推荐创业项目、解决融资难题等途径，支持家庭创业、合伙创业和带动就业。1~8月份累计培训就业困难群体1.8万人次。

（四）提供三类服务，营造全民创业浓厚氛围

一是提供创业指导服务。成立了威海市创业指导专家委员会，积极为创业者提供项目评审、资金融通和风险评估等全方位创业指导服务。二是提供"一站式"综合服务。在全国率先设立"创业服务大厅"，着力搭建集工商注册、税务登记、担保贷款、资金对接和中介服务等于一体的"一站式"创业服务平台。目前累计受理创业担保贷款743笔、额度1.86亿元，服务创业者超过1万人次。三是提供创业展示服务。举办首届威海市创业大赛，激发大众创业热情，参与人数近400人。在电视台开办"创业秀场"栏目，帮助创业者免费推广创业企业和创业项目，解决创业过程中遇到的困难问题，营造政府支持引导、技术创新引领和项目资金对接的良好创业环境。

威海市农业品牌建设现状
与发展路径研究

刘本文

近年来，党中央、国务院和省、市党委、政府高度重视农产品品牌建设工作。习近平总书记在系列重要讲话中，多次对提高农产品质量安全、加强农产品品牌建设提出要求。省委、省政府明确提出"实施品牌引领战略"。市委孙述涛书记在调研现代农业和水利建设时突出强调要"打造农业品牌"。因此，对威海农业品牌建设进行深入研究，谋划好推进全市农产品品牌建设的具体实施路径，对于提升农产品产供销精细化、专业化水平，促进农业提质增效转型升级，推动建设农业品牌大市、提升城市形象具有重要意义。

一 农业品牌化是现代农业竞争的综合体现，是推进农业供给侧结构性改革的必然要求

（一）农业品牌化是提高农业比较效益的现实需要

从经济发展规律看，每个产业发展到一定层次后，都在不同程度上遇到产能过剩、同质化严重、竞争激烈、效益下降等诸多瓶颈问题。近年来，国内农业市场不时出现生产过剩、价格暴跌，"粮贱伤农""菜贱伤农""果贱伤农""猪贱伤农"等农产品滞销事件时有发生，严重挫伤了广大农业生产者的积极性，造成农民收入增速放缓，城乡收入差距逐年拉大。与此同时，一些地区通过走农业品牌化之路，对消费市场细分，实行差异化竞争，不但带动了农业增效和农民增收，而且大大提高了城市形象。譬如，青岛平度"马家沟"芹菜，春节时每市斤能卖到 70 元，而普通芹菜每斤却只能卖到 3 ~ 4

元钱；普通大白菜一棵六七元，而胶州"良河牌"大白菜每棵能卖到 30 元左右。在国内，提起乐陵、章丘、莱阳、肥城、沾化、金乡、烟台、寿光的名字，人们首先想到的不是这些地方的名胜古迹、工业制品，而是地方特产乐陵小枣、章丘大葱、莱阳梨、肥城桃、沾化冬枣、金乡大蒜、烟台苹果和寿光大棚蔬菜等，特别是在农产品质量受到举国关注的今天，农业品牌已经成为这些城市的"形象大使"。

（二）农业品牌化是提升威海市农产品市场竞争力的内在需求

推进农业品牌化建设可以有效地引导土地、资金、技术、劳动力等生产要素向优势产业、优势产区聚集，推动生产的集约化、规模化、标准化、品牌化，加快实现农业增长方式由数量型、粗放型向质量型、效益型转变。据统计，世界级的品牌数量仅占全球一般品牌总数的 3% 不到，而其产量却占到 40% 以上，销售额约占全球销售总额的 50%，个别行业甚至高达 90%。近年来，我国农产品市场的国际化进程明显加快，世界强势农产品牌已经充斥国内市场，美国大豆、泰国大米、东南亚水果等国外农产品凭借质量、品牌优势迅速抢占国内市场。日本大米在上海能卖到每公斤 99 元，红富士苹果每个卖到 50 元，仍存在相当大的消费群体。而在国内，由于农业生产组织化程度低，产品质量不稳定，很难进行有效的品牌包装，整体竞争力弱。最具有代表性的是中国茶叶，由于家庭生产质量难以控制，加上缺少品牌包装，在国际市场竞争中竟不敌斯里兰卡茶叶。推进农业品牌建设，选择优势农产品重点培育，打造一批知名名牌，有利于促进形成一批具有国内、国际竞争优势的品牌产品，有利于提升威海市农产品的市场竞争力和农产品价格。

（三）农业品牌化是实现农民收入可持续增长的必由之路

品牌是无形资产，是质量和信誉的象征，打造农产品品牌的过程就是实现农产品增值的过程。威海市耕地面积 292.7 万亩，农业人口 112.03 万人，农村人均占有耕地总面积 2.6 亩，靠提高产量来增加收入的路子已行不通。实施品牌化战略，合理规划威海优势农产品布局，通过推广良种良法、标准化种养、规模化生产，精深化加工，将跨行政区、分散的优势农产品资源通过品牌包装，形成规模优势、品牌优势，从而提高农业比较效益，提高农民的经营性收入，是威海农业发展的必然选择。

二 威海市农产品品牌发展现状及优势分析

近几年，全市各级政府和农业等部门顺应形势发展需要，把农产品品牌建设作为发展高效特色农业、提升农业竞争力和增加农民收入的重要措施来抓，农产品品牌工作呈现出良好的发展态势。

（一）形成了一批优势产业

花生、苹果、蔬菜和中药材四大传统优势产业基础稳固，无花果、大姜、茶叶、红薯、樱桃、蓝莓、葡萄等新型特色农业快速发展，已初具规模。常年花生种植面积 100 万亩，年产量 25 万吨。苹果栽植面积达到 71 万亩，年产量超过 109 万吨，居山东省第二位，其中现代苹果园面积达到 26 万亩，居全国地级市首位。西洋参种植面积达 5 万亩，年出圃面积 1.2 万亩，年产量 6000 吨。无花果、大樱桃、茶叶、大姜、草莓、蓝莓等特色农业种植面积达到 50 万亩。全市"一村一品"专业村发展到 246 个，专业镇 9 个，具有发展品牌农业得天独厚的优势。

（二）培育了一批知名品牌

全市农产品注册商标 658 件，"三品一标"有效用标产品达到 653 个，"威海大花生""威海苹果""威海无花果""文登西洋参""乳山大姜"等 40 个产品获得农业部地理标志产品保护登记。全市农业标准化生产面积达到 148 万亩，拥有国家级绿色食品原料标准化生产基地 4 个，省级农业标准化生产基地 63 个。"绿色"和"有机"农产品产量达到 70 多万吨，处于全省前列。荣成华峰果品有限公司等 10 家企业品牌被评为"山东省首批知名农产品企业产品品牌"。

（三）健全了农产品质量监管体系

全面建立了"预防为主，源头治理，全程监管"的农产品质量安全控制体系，标准化生产理念贯穿农业产前、产中、产后的全过程，质量安全监管覆盖农产品生产、流通、消费等各环节。2016 年 12 月，威海市被农业部命名为首批国家农产品质量安全市，列全国 4 个整建制创建市之首。

（四）培育了一批行业领先的加工企业

全市年销售收入 500 万元以上的龙头企业达到 350 家，其中亿元以上的

139 家，10 亿元以上的 10 家。国家级重点龙头企业 10 家，省级 44 家，市级 162 家。规模以上龙头企业年完成销售收入 700 多亿元，累计带动农户 90 多万户。已初步形成了海藻、水产、花生、苹果、罐头、肉食等多个产业集群，涌现出好当家、泰祥、宇王、华隆、嘉盛、鹏程、中鲁、清华紫光等众多行业知名企业。水产品、花生、果品等加工技术达到国内领先水平，部分企业技术水准达到了国际领先。好当家集团技术中心被科技部认定为国家级企业技术中心，人力资源和社会保障部在泰祥集团设立博士后科研工作站。

三 威海市农产品品牌建设面临的主要问题

从总体上看，威海市农业品牌建设起步较早、成效显著，但与兄弟地区快速发展的势头相比仍显缓慢，与发展现代农业的要求还存在较大差距，存在一些亟待解决的问题。概括起来主要有如下几个方面。

（一）农产品整体品牌形象尚未建立

由于对农产品品牌建设认识不到位、各区市各自为战、企业恶性竞争、部门多头发力等，导致农业生产高产量低效益、大产业小合力、有口碑无名牌等问题，出口农产品甚至多以贴牌为主，优质农产品在市场上难以形成鲜明的形象，相比省内其他地区落后不少。例如，2014 年临沂市就安排 1000 多万元财政资金用于农产品基地品牌宣传及"生态沂蒙山，优质农产品"的整体形象包装，2016 年该市又推出"产自临沂"农产品品牌；聊城市在北京举行聊城农产品区域公用品牌发布会，推出"聊·胜一筹"区域公用品牌等，而威海市在农产品品牌推介打造上却鲜有如此大的手笔。

（二）农产品品牌政策体系有待整合

目前，威海市在农产品品牌推介打造方面，农业、海洋渔业、畜牧、工商、质监、商务等多个部门各自开展农业品牌创建和管理，形成多套机构、多套品牌认定体系并存的局面。例如在"地理标志"认证上，有农业部的"农产品地理标志"、工商局的"地理标志"商标、质监局的"地理标志保护产品"等认证体系；在申请主体上，有行业协会、合作社和行政机关等。相关部门之间尚未形成合力，市场保护监管不到位，缺乏权威的农产品品牌信息发布渠道，从而导致品牌农产品在消费者中公信力不足等诸多问题。

（三）品牌农产品营销推广体系有待拓展

目前威海市品牌农产品的营销推广仍然以举办或组织参加国内外农产品交易会（博览会）等传统方式为主，亟须构建"线上与线下相结合、整体品牌形象塑造与渠道营销紧密结合"的营销推广体系。例如，陕西白水县连续与著名影视明星许晴签约白水苹果形象代言，在全国高端媒介做了全方位宣传推介，并且组织培训了 2 万人的营销队伍，活跃在全国各个大中城市，效果非常显著。

四 加快推进威海农业品牌建设的建议与对策

通过以上分析，借鉴国内外农业品牌建设的经验做法，提出以下方面的建议对策。

（一）加强农业品牌建设的组织领导

借鉴临沂、烟台等地的做法，成立全市农业品牌建设组织领导机构，协调、统筹全市农业品牌建设工作。通过政府统筹，部门协同，加强政策扶持，强化市场监管等手段，创造有利于培育和发展品牌的社会环境，构建起"政府引导、企业主体、社会参与"的农产品品牌建设机制。

（二）构建农产品品牌标准体系

根据国际标准、国家标准、行业标准和生产需要，修改、完善、提升现有各类农业生产技术规范和操作规程等。围绕威海市苹果、花生、西洋参、茶叶、无花果、大樱桃、蔬菜等名优特产业，以知名区域公用品牌农产品和知名企业品牌农产品为重点和突破口，有计划、有步骤地制（修）订一系列可操作性强的农产品质量标准，涵盖从生产环境（土壤、水质、大气等）、生产过程（肥料、农药、生长调节剂等的施用量、施用方法、施用时间、施用次数等技术规程）到产品品质（外观、营养、卫生质量等）、加工包装（保鲜、贮藏、分级、包装等）等环节，形成一整套农产品品牌质量从土壤到餐桌的全过程质量控制标准指标体系。同时，加大对已制定标准的宣传贯彻、推广实施和培训的力度，提高生产者重视标准、制定标准、使用标准的意识，大力推进农业标准化基地建设。

（三）构建威海农产品品牌体系

实施农产品整体品牌形象塑造工程，聘请专业品牌策划机构，规划设计和宣传推介威海农产品整体品牌形象标识，对整体品牌形象标识进行国内外集体商标、证明商标注册和版权登记，取得产权保护。充分利用互联网、电视台、电台、报刊等新闻媒体和国内外品牌专业展会、节庆活动等平台，开展立体化的系列宣传推介活动，塑造威海农产品整体品牌形象。依托资源禀赋、产业特色和人文历史，重点培育一批区域特色明显、市场知名度高、发展潜力大、带动能力强的农产品区域公用品牌，提升品牌整体价值度。引导农业龙头企业、农民合作社、家庭农场等新型农业经营主体，加强商标注册，培育产品品牌，提高农产品质量效益。培育农产品区域公共品牌和骨干企业产品品牌的"母子品牌"，充分发挥区域公共品牌的背书作用，推进形成威海农产品整体品牌形象、区域公共品牌、企业产品品牌相互提升、协同推进、共享发展的良性工作机制。

（四）构建农产品品牌评价体系

科学制定威海市农产品知名区域公用品牌和企业产品品牌评价管理办法，明确征集范围、推荐程序、评价标准和奖惩机制，提出农产品区域公用品牌规划、品牌培育、基地建设、质量安全、科技创新、带动能力等评价内容和量化指标，提出企业产品品牌培育、质量安全、科技创新、品牌规模、市场影响力等评价内容和量化指标。依据品牌评价标准，积极做好农产品品牌挖掘、遴选、培育工作。鼓励和支持争创全国、省知名农产品区域公用品牌和企业产品品牌以及中国驰名商标、山东著名商标、山东名牌等。建立知名农产品品牌目录制度，将知名农产品区域公用品牌和企业产品品牌以及中国驰名商标、山东著名商标、山东名牌，全部纳入知名农产品品牌目录，授权使用农产品整体公共品牌形象标识。品牌目录每年定期向社会发布，严格执行准入、退出机制，实施动态管理，提高农产品品牌的公信力。探索开展农产品品牌价值评估，委托第三方权威品牌评估机构，每年定期对知名农产品品牌进行价值评估，发布农产品品牌价值排行榜，鼓励农产品品牌参与全国品牌价值评估，引领企业争创农产品品牌，提高品牌影响力和竞争力。

（五）构建品牌农产品营销体系

大力实施威海品牌农产品营销推广行动计划，坚持线上线下并重原则，着力提升营销推广能力，扩大国际国内市场覆盖面。开设品牌农产品威海特色馆，建立威海品牌农产品网，坚持精品、绿色、专业的原则，打造最权威的威海品牌农产品交易平台。引进大型企业建立品牌农产品展销中心，通过市场化运作的方式，组织全市知名品牌农产品整体打包进入，集聚品牌农产品整体优势，打造品牌农产品旗舰店。组织品牌农产品参加国内外大型农产品展销会，统一形象，整体推介，提升全市品牌农产品市场知名度。鼓励支持知名农产品区域公用品牌和企业产品品牌发展电子商务，走差异化、特色化发展道路。鼓励龙头企业等新型经营主体在北京、上海等国内一、二线城市建立品牌农产品展销中心、专营店、专营柜，塑造展销推广威海品牌农产品的新名片。鼓励举办具有区域特色的农业节庆活动，提升农产品品牌社会影响力。

（六）健全完善农产品品牌建设的政策扶持体系

农产品品牌建设是一项庞大的系统工程，需要政府强有力的政策支持和推动，充分发挥财政资金的撬动作用，调动社会力量和资金参与全市农产品品牌建设。一是加大投入力度，加快区域公用品牌农产品的标准制定（修订），支持引导品牌评价体系的运行；二是加大对品牌标准化生产基地建设的政策支持，引导各类主体加强品种选育、基地建设、品牌培育，推广物联网、水肥一体化等实用技术，引领开展标准化生产；三是加大公益性品牌形象宣传和目录品牌推介力度，开展多形式、多渠道、多层次的形象塑造和宣传推介活动；四是加大财政支持力度，支持开展农产品品牌建设，全面落实品牌农产品生产、出口等税收优惠政策，对品牌建设成绩突出的县级政府及品牌建设主体（农业龙头企业、合作社、家庭农场）等实行动态奖补政策。完善金融政策，加大对农产品品牌创建主体支持力度，解决其融资难问题，帮助其做大做强，使之成为农业品牌化建设的主力军。

（作者单位：威海市农业局）

威海地区海草房的艺术价值
及其旅游开发研究

许崇岫

第一部分　绪论

　　"海草房"作为威海地区的一种独特的民用建筑类型，有着悠久的历史和独特的海边渔家风情。它以海草为主要材料，苫作屋顶建造而成，以就地取材的天然石材为墙体，屋顶高高耸起，风格独特淳朴，别具风情，体现了海边民居的独特魅力。其特点是以海边所产红褐色或青灰色石块和小部分青砖砌筑墙体，黄泥做黏结材料，屋顶辅以深褐色的海草苫盖。厚厚且松软的海草屋顶和斑驳质朴的海石墙面，与蓝天大海交相辉映，形成海天一色的渔家风光，极富地方特色。海草房坚固耐用，它博采中国北方四合院营造形式之长，又独具一格，绵远悠长的齐鲁文化赋予了海草房浓郁的地方特色和丰富的人文内涵。目前原生态的现存海草房主要分布于山东胶东半岛的威海、烟台、青岛等沿海地带，尤其是威海荣成沿海村落。

　　山东胶东地区，丘陵地势，地靠大海，降水较多，广大民居，因地制宜，各取所需，用当地盛产的质地坚硬的山草（又称贝草）建成山草房民居，例如海阳、牟平、乳山、荣成丘陵地带；利用当地生产的麦秸建造麦草房，例如西部地势平稳的蓬莱、黄县、掖县等平原地区；利用当地的海带草（又称海苔）建成的海草房，例如青岛、烟台、威海等沿海一带。这三种民居营造形式都是就地取材，因地制宜，单门独院，有门楼，两面坡屋顶，属于庭院式建筑。

　　海带草曾是青岛、烟台、威海等沿海一带十分丰富的自然材料，其中，威海地区，主要以荣成为主，是以海草为主苫房的主要地区。威海地区的海岸线漫长，海草资源丰富，历史上威海、荣成一带，浅海域生长的野生海带草十分繁盛，大量成熟的海草被海浪卷上岸滩，当地居民便将这些海草聚拢、晒干，用以苫盖屋顶，屋顶坡度较陡，便于排水。

1.1 海草房的学术史研究综述

中国民居建筑历史悠久，从人类出现就和建筑结下了很深的缘分，海草房也是如此。在遥远的古代就已经出现海草房，由于受我国建筑礼制的影响，茅草房的屋面木作结构较瓦房简单，随着建筑技术的不断发展，宫殿式瓦作逐渐替代了原始的茅茨结构，只是在民间形成了苫盖茅草的原生态建筑文化观念，没有得到大规模的发展和传承。将苫盖茅草的知识和经验上升到理论著述成书也鲜有所见，因此多少年来这种传统建筑工艺始终未见成书，通过考古发现，相应的建筑民居作品、工具和工艺以及与之相关的图像等资料相对较少、较晚，因此对它的考古研究发现起步晚、发展慢。

对于海草房的研究，在有些著作和文章中有过个案的简明介绍，现在还没有系统的研究，只有零星的涉及。比如刘志刚主编的《探访中国稀世民居——海草房》介绍了海草房和相关的特征和工艺，有关建筑史的著作对海草房的记述也很笼统且简略。以威海地区海草房的发展为切入点，透过威海地区海草房的兴盛来论证海草房的起源、发展和影响，目前尚无专门研究。

1.2 研究对象

中国海草房主要分布在青岛、烟台、威海等地区，其中尤以威海荣成最有代表性。"海草房"作为中国传统建筑文化的组成部分，蜚声海内外，具有丰富的历史文化沉淀，是中国传统的珍贵文化遗产，是中华民族悠久建筑文化的重要组成部分。海草房，是我国建筑史上记载最早的建筑品种之一。它博采"中国民居建筑"之长，又独具一格，绵远悠长的齐鲁文化赋予了海草房浓郁的地方特色和丰富的人文内涵。那一座座风情独特的海草房，生动详实地记录了时代的变迁，成为社会的缩影。但是，目前有关海草房的文字记载和图片资料很少，传统的手工海草房被现代建筑瓦房和楼房所代替，正面临逐渐萎缩的状况，所以对传统海草房和海草房苫房工艺进行挽救性的收集整理、分析研究并对其未来发展传承进行科学分析，将有助于海草房的开拓创新、发扬光大，也是保护海草房工艺这种非物质文化遗产的重要手段。

1.3　研究内容

本文主要以山东威海地区为中心，研究区域范围适当扩展到青烟地区，这是因为青岛、烟台、威海属于一个自然地理单元，鉴于威海地区的海草房工艺在山东海草房历史上的特殊地位，本文以威海地区的海草房状况和形态特点为基点，来分析探求保护和发展海草房及其工艺的新办法新思路。

1.4　研究方法

本文从海草房的建筑技术及其艺术的历史发展和旅游开发等方面出发，通过对实物的收集、分析、调查、整理，结合民俗民风、社会学、心理学等多学科知识，采用文献资料查询、实地调查、问卷调查、访谈调查等多种方法，为理论研究提供第一手资料，更有针对性地贴近研究对象，从实际出发，力求对"海草房"进行深入的研究。

1.5　研究目的和意义

海草房作为中国民居建筑的一个重要组成部分，有着深厚的历史文化底蕴，延续数千年，表现出旺盛的艺术生命力。几千年来，海草房和齐鲁的政治、经济、文化、历史以及人们的审美情趣紧密结合，在山东大地上生根、发芽、开花、结果。纵观山东地区的海草房可以看到，海草房主要以手工苫房工艺为主。造型粗犷奔放，苍劲朴厚，雄健浓郁，就地取材，具有强烈浓厚的北方民间人文气韵。海草房在发展过程中，博取中国建筑艺术多家之长，形成了既具中国民居建筑艺术共性特点又具自身独家特点的艺术风格。

1.5.1　理论意义

通过深入考察调研，收集大量的图片资料，了解梳理海草房工艺，对海草房发展与演变的历史背景、政治背景、经济发展、文化背景、民俗民情、社会审美、工艺和艺人等相关问题进行分析与判断；通过考察其特点，将海草房理论进行总结，进一步论证海草房发展的意义和影响，有助于我们了解这种独特的传统建筑艺术的艺术风格和历史渊源，发掘海草房历史文化内涵，提出在现代社会如何将其应用和发扬光大的思路。以期更好地保护这些历史文化遗存；同时也为系统研究海草房的传承与发展历史提供详细资料，充分体现和挖掘海草房独特的民间工艺风格和艺术价值，有助于传统海草房的保护和创新发展。

1.5.2 现实意义

本文从海草房的发展过程、工艺特点、现代海草房的开发应用等方面进行了系统的研究，突出了海草房作为重要的非物质文化遗产发扬光大的理由、可行性及发展前景。在研究方法上，主要采用问卷调查、图表分析等。通过收集整理的大量文字资料、图片以及调查海草房的发展现状，揭示海草房发展和演变的规律，发掘海草房工艺的文化内涵和工艺特色，提出海草房的保护和继承的方案，促进海草房的发扬光大；同时，针对威海地区的海草房，提出加强技术创新和旅游开发紧密结合对策，推动海草房的持续快速发展，对正在城市化进程中的建筑艺术和旅游业的蓬勃发展有借鉴意义。

1.5.3 创新意义

通过对威海地区，特别是海草房的发展中心荣成进行实地考察、访谈、收集实物、图片和文字资料，获得了海草房工艺的大量的第一手资料。同时搜集了大量的山东其他地区的海草房资料，分析把握海草房渊源及历史形态，领悟海草房艺术的寓意、地域特色和时代精神，探求其艺术价值、文化内涵和发展规律，把海草房工艺与传统文化、与非物质文化遗产的保护结合起来，对海草房工艺的延续和发展起到了很大的推动作用；根据提出的海草房工艺保护和发扬光大的对策，结合威海地区旅游城市的特点，把旅游业、文化产业开发与海草房工艺结合在一起，提出发展海草房旅游和旅游产品的构想和设计方案，具有重要的意义。

1.6 研究框架

结合海草房的特点，利用各种研究分析方法，分析海草房的发展与演变，从历史、文化、艺术和建筑技术四个角度，探求和了解海草房民居落址、格局特色以及建筑特征，为下一步制定保护与开发对策提供依据，从而实现本研究的价值（见图1）。

第二部分 海草房的起源、演变与发展

2.1 中国建筑的起源与演变

建筑是人类社会历史发展的真实反映，是为满足人类居住而利用固体材料来建造的空间形态。对于建筑的起源，有多种说法，一是说起源于远古时期原始人类为躲避风雨和禽兽，遮身护体所造的穴居和巢居等遮蔽方式；二

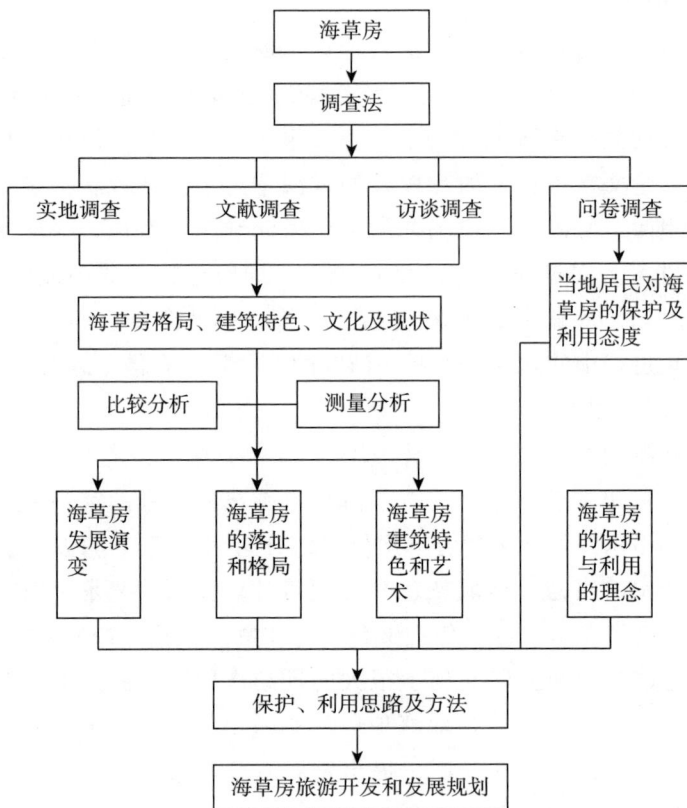

```
┌──────────────┐
│    海草房     │
└──────┬───────┘
       │
┌──────▼───────┐
│    调查法     │
└──────┬───────┘
   ┌───┼────────────┬────────────┐
┌──▼──┐ ┌──▼──┐  ┌──▼──┐   ┌──▼──┐
│实地调查│ │文献调查│  │访谈调查│   │问卷调查│
└─────┘ └──┬──┘  └─────┘   └──┬──┘
           │                    │
           │           ┌────────▼────────┐
           │           │ 当地居民对海草房的保护及利用态度 │
           │           └────────┬────────┘
┌──────────▼──────────────┐      │
│ 海草房格局、建筑特色、文化及现状 │      │
└──────────┬──────────────┘      │
      ┌────┴────┐                │
  ┌───▼──┐  ┌──▼───┐             │
  │ 比较分析 │  │ 测量分析 │           │
  └───┬──┘  └──┬───┘            │
 ┌────┼────────┼────────┐        │
┌▼───┐┌▼────┐┌▼────┐┌────▼───┐
│海草房│海草房的│海草房建│ 海草房的 │
│发展演│落址和格│筑特色和│ 保护与利 │
│变   │局    │艺术   │ 用的理念 │
└──┬─┘└──┬──┘└──┬──┘└───┬────┘
   └─────┼──────┼───────┘
    ┌────▼──────▼────┐
    │ 保护、利用思路及方法 │
    └───────┬────────┘
    ┌───────▼──────────┐
    │ 海草房旅游开发和发展规划 │
    └──────────────────┘
```

图1 研究框图

是说为了某种图腾信仰而建造的供奉神灵和信徒的庙宇。

在原始社会时期，中国的建筑已经开始萌芽。中国最早的建筑可以追溯到原始社会的旧石器时代，那时人类会制造简单的石器，通过狩猎和采集来维持生活，居住天然洞穴来抵御寒冷抵挡猛兽。《易·系辞》中曰"上古穴居而野处"，在北京房山周口店就曾发现原始人居住的天然山洞。母系氏族社会的旧石器时代后期，原始人已经会挖掘洞穴居住。

随着人类的进化，建筑慢慢发展起来。考古发现，我国最早的人工建造房屋出现于中国的新石器时代。北方的原始人的住房主要是一种半地穴式的营造形态，陕西西安半坡遗址，是迄今发现的最早的半地穴式营造形态。新石器时代已经会磨光石器，并出现了陶器，产生了农业和畜牧业，开始出现房屋建筑。新石器时代的黄河流域，如仰韶村落遗址，已经会以黄土层搅和成糊状抹于木架上成为墙壁和土穴的屋顶上，形成简单的穴居和浅穴居，逐步发展成地面房屋，并集中居住形成聚落。新石器时代的西安半坡遗址，已经会将居住、烧制陶器、墓葬等功能进行分区规划，并建造适合集会的大的居住中心房屋，后来逐渐发展成了各式各样的居住建筑和住宅构造类型。如干栏式住宅、帐篷式住宅、窑洞住宅、北京的四合院等。

在南方某些低洼或沼泽地区，气候炎热、潮湿而多虫蛇，原始人类为躲避高温潮湿和禽兽虫蛇，营造一种原始居住方式叫巢居，后来经过人类进步和发展，从巢居逐步发展出桩基和木材架空的桩上建筑。桩上建筑，也叫干栏式建筑，是用竖立的木桩或竹桩构成高处地面的底架，再在底架上用竹木、茅草等建造住房。桩上建筑主要是长江流域及以南地区的建筑模式，"结棚以居，上设茅屋，下豢牛豕"。这种房屋上层住人，下层豢家畜，很利于人们的生活。浙江余姚河姆渡建筑遗址已经发现这种桩上营造形式。现在在南方一些少数民族地区还会见到这种桩上建筑形式。

还有一种为祭祀神灵而建的容纳神及其信徒的庙宇，或者为防御敌人和野兽建筑的堡垒，也是最早的建筑形式之一。例如，祭祀、观测太阳或者埋葬死者的原始巨石建筑遗址，欧洲的一些国家用石头建造房屋，这些建筑是人类为生活而斗争的智慧的结晶。

在漫长的历史发展过程中，建筑发生着巨大的变化。同时，随着建筑的发展，人类从原始的蒙昧时期开始走向文明，由于不同的需要，建筑衍生出许多类型，如居住建筑，公共建筑。居住建筑主要是指民居建筑。中国传统民居建筑的类型极其丰富，大致有窑洞式民居、干栏式民居、庭院式民居、土楼式民居、江南水乡民居、毡房和帐房、藏族和维吾尔族民居等类型。其中庭院式民居最为普遍。

窑洞式民居是中国最古老、最原始的居住形式，在黄河以西至甘肃、宁夏的黄土高原地区较多，在当地，居民在天然土壁内开凿窑洞，在洞内加砌砖石，建造窑洞。屋身低矮，缓坡顶或平顶；窑洞防火，防噪音，冬暖夏凉，节省土地，多用土坯或夯土墙，木装修更简单，是因地制宜的完美建筑形式。典型、传统的窑洞式民居，有堂屋、卧室、厨房、仓房、猪栏甚至花圃，有时还有院墙。一家一户，自成格局，总体风格敦厚质朴。

干栏式民居：在中国南方丛林地区，为抵御虫兽和湿热气候而营造的一种居住形式。7000年前，浙江一带的河姆渡文化遗址就发现了这一类建筑。至今对南方民居仍有影响。干栏式建筑防炎热潮湿，通风隔潮，屋顶坡度陡，出檐深远，上铺木瓦或草秸，梁柱等结构构件外露，只用板壁或编席为护，总体风格自由灵活。

庭院式民居：集中在淮河以北至黑龙江以南的广大平原地区。例如北京四合院、晋陕窄院、东北大院、山西、山东等民居形式，庭院式民居方整规则，独门独院，有门楼，两面坡屋顶。多用砖瓦砌成，木结构用料较大，内地的庭院式民居屋顶平缓，海边的庭院式建筑为便于排水屋顶坡度较陡。

蒙古包是帐幕式住宅，以毡包最多见。便于草原游牧生活的需要，蒙古包大的直径可达 10 米，内有立柱，装饰华丽。

藏族民居：主要分布在藏青、甘南、川北等藏族聚居区。藏北的帐房牧民多居褐色长方形帐篷。藏南居民住碉房，平屋顶，外面包砌石墙，门窗狭小，刷梯形窗套，顶部檐端加装饰线条；寺庙多建在高地上，体量高大，色彩强烈，使用厚墙、平顶，总体风格坚实厚重。

维吾尔族民居：集中在新疆维吾尔族居住区。平面布局自由，建筑外部封闭，平屋顶，室内外有用彩色木雕和石膏花饰装饰。

城市民居：城市是人们进行政治、经济、文化等活动的场所，从古到今，中国的城市在建造的时候都是根据功能进行规划的。例如魏晋的城市、唐宋城市的民居、明清时代的北京城，都可见一斑。城市民居规划一般分达官贵人区和平民居住区域，达官贵人的居住区域，住宅建造密度低，房屋多，面积大。贫民区都是高密度住宅。多面向街道，底层多是商铺、餐馆和小型手工作坊。中国的住宅基本的建材是木、竹、砖、瓦。随着社会的发展，城市住宅发生了很大变化，促成了并联式、连排式、公寓式住宅和高层住宅的迅速发展。

中国传统民居，作为中国传统建筑的一个重要类型，凝聚了中华民族的智慧和才能，传达出中国传统文化的深厚意蕴。

2.2 海草房的起源与演变

海草房是世界上最具代表性的生态民居之一，具有悠久的历史。据考证，在新石器时代，当时的人们为躲避自然灾害利用当地的草搭建简陋的栖身之所，经过漫长的生存发展和技术的进步，逐渐形成了用海草和石材建造而成的海草房的雏形。到秦汉已经从简陋的栖身蜗居，发展到真正意义上的海草房，至宋朝时，由于战乱或需求好的生活环境，许多安徽、山西以及山东内陆地区居民迁徙到这里，在胶东半岛已经形成一定规模的海草房民居。经过元、明、清几个朝代的传承与发展，海草房规模空前庞大。元、明、清是海草房的繁荣时期。在海草房最兴盛的时期，南至山东半岛南部沿海，北至大连都留下了海草房的足迹。

威海地区，地形多为山地丘陵，三面被大海围绕，海洋性气候明显，夏季多降水。区域内建筑民居，充分利用丰富的石材资源和植物，就地取材进行建设。在内地山区，多采用当地盛产的质地坚硬的山草苫顶建房；在稍为平坦、适宜耕种的区域，多利用当地生产的麦秸建造麦草房；在沿海丘陵地带，多利用当地的海苔草建成海草房。这三种民居都是单门独院，有门楼，两面坡屋顶、坡度较大，属于庭院式建筑。

威海地区的海岸线近千公里，近海水产资源特别丰富，浅海域生长的野生海带草十分繁盛，大量成熟的海草被海浪卷上岸滩。当地居民便将这些海草聚拢、晒干，用以苫盖屋顶。相对于用山草、麦秸苫顶，海草更加耐高温、耐严寒，耐腐蚀，因此海草房具有冬暖夏凉的特点。由于每年季风期降雨集中偏大、冬季降雪较多，屋顶坡度较陡便于排水。

新中国成立以来，随着经济的发展，传统的农耕社会发生变化，中小城镇逐步兴起，城镇中的海草房逐渐被瓦房和楼房代替。但农村地区，以种地和打鱼为生的农民和渔民生活稳定，人口迅速增长，同时为巩固海防，区域内人员越来越多，海草房快速发展起来。改革开放后的1980年代，区域经济快速发展，随着渔民和农民的生活水平提高和观念的变化，许多人从农村走向了城镇，居住形式也跟着时代的步伐发生了很大的变化，进城住楼房成了人们的新追求。在农村，老百姓对砖头和瓦情有独钟，特别是年轻人为追求时髦和展现自己实力，眼光转向了宽敞的瓦房和二层水泥楼。由于近些年海产养殖的兴起，化学饲料和肥料的过量使用，影响了近海海域植物的生长环境，使海草的数量锐减。另外，海草房建造工作辛苦，年轻人不愿意做这个工种，会苫草的技工日益减少，海草房的建造日趋减少，出现急剧减少的趋势。

海草房在长期的传承和发展中，凝聚着广大劳动人民各个历史时期的聪明智慧而不断发展变化，虽然每个时期工艺不同，但是传统工艺的技术精华和主要部分却保留了原有风貌，在表现形式和制作工艺上有很大的突破，如海草房四合院墙壁上文字图案的加入、代表现代意义纹样的运用、写意国画和工笔画风格的借鉴等等。由此，可以使我们找到研究海草房传承发展以及运用的证据。

2.3 海草房苫作工艺技术的传承与发展

中国传统建筑的营造形式一般是依据当地材料和环境，因地制宜，选择合理的营造形式。中国传统建筑的营造形式大体可以分为石构营造、木构营造、钢木混合结构营造、综合性营造等建筑营造形式。

　　苦作工艺就是为遮风挡雨，保暖防寒，利用植物材料覆盖建筑屋面的操作方法，是我国古代茅草屋建筑屋面的主要营造手段，是一门古老的建房技术。苦房所用的主要材料是茅草和麦秸，这种材料既实用又好获取，在遥远的原始社会里就成为古人民居营造住处覆盖屋面的材料，苦作工艺建筑营造技术在原始社会末期就已经出现并流行。春秋时的墨子对古人建筑形式和建筑工艺阐述曰"昔者尧舜有茅茨者，且以为礼，且以为乐"，其中"茅茨"即指"以茅盖屋"，说明尧舜时代，古人就已经利用茅草苇叶草等覆盖在屋顶，用以躲避风雨遮体取暖。到了夏商时代，宫殿建筑形成了茅茨苦作，进入"茅茨土阶"的原始阶段，"以茅盖屋，上圆下方。"早在西汉时期，礼学家戴德在编撰古礼《盛德明堂篇》里已经阐述过，当时我国的礼制建筑屋顶是苦作"茅草"。随着建筑技术的不断发展，中国古代建筑的营造手段也在不断地演变发展，宫殿式瓦作逐渐替代了原始的茅茨结构，西周晚期。已大量出现瓦屋即陶瓦覆盖屋面的宫殿建筑。瓦作逐渐成为中国古代建筑屋面的主要营造手段。苦作技术营造的土阶茅屋逐渐成为民间建筑常使用的样式。

　　作为威海地区独特的民居海草房，是综合了石构、木构、苦作等传统手工艺营造的一种建筑形式。石材具有坚固耐久的优势，有良好的保暖、抗震性能，从威海地区民居的地域环境中地貌、气候、资源三方面的物质因素来看，石构营造的适宜性很强；中国传统木构营造技艺是以木材为主要建筑材料，以榫卯为木构件的主要结合方法，以模数制为尺度设计和加工生产手段的建筑营造技术体系。苦作技术是选择麦秸、山草或者海草进行屋面苦作的一门古老的营造技术，威海地区的地域环境和民俗文化，决定了海草苦作手工艺技术的存在。海草房的海草苦层铺设较高较陡，坡屋顶高耸而饱满，目的是利于排除积水，防止雨水渗入屋面，这种海草屋面苦层高于椽木瓦作的特殊工艺，在民间营造过程中不断得到改进。

2.4　海草房的传承与交流

　　海草房传承与交流的形式主要体现在海草房技术——苦房的工艺上，海草房保留至今，工艺的交流与传承主要有以下几种形式。

2.4.1　亲邻好友互相借鉴的传承

　　在当地的海边，一到农闲或者渔休时候，就有村民需要苦房，一般是找会苦房技术的老苦匠和泥瓦匠来建造，村里的苦匠们就会组织一个团体来完成这件事情。在队伍里面一般会有亲邻好友的孩子拜师学艺的。师傅是掌握工艺技术的，叫大工，是苦房的核心力量，徒弟是学艺的，叫小工。大家在一起互相揣摩技艺、相互学习和借鉴，不断地完善苫房工艺。

2.4.2　上下代之间技艺相传

苫房在那个时代成为威海地区农村家庭的主要副业，成为许多贫困家庭的重要经济来源。威海地区的有些人是世代为苫匠的。老苫匠在做工的时候，带着自己的儿子做工，边做工边教授。一般从两个方面入手，一是教授怎样选取海草，二是苫房工艺的应用技巧。

2.4.3　行业师徒的传授与学习

海草房苫房的技艺传授方式许多是靠师傅带徒弟来传授技艺的。荣成巍巍村的前支书刘玉启是苫房工艺的传承人，他就带了 2 个徒弟，这是上下代之间技艺相传的典型例子。由此可以看到，师徒的传承，是很普遍的，并且带有一定的行业性，同时也有小范围的广泛性。

第三部分　海草房的形成原因与演变因素

3.1　地理位置对威海地区海草房的影响

山东省位于中国东部沿海、黄河下游，境域包括半岛和内陆两部分，山东半岛突出于渤海与黄海之中，同辽东半岛遥相对峙；山东气候属暖温带季风气候类型，降水集中，雨热同季，春秋短暂，冬夏较长，四季分明，年平均气温 11℃ ~ 14℃。

威海市三面环海，一面接陆，地处山东半岛的最东端，属于低山丘陵区，属暖温带海洋季风气候，1 月平均温度 –3℃ ~ –1℃，8 月（最热月）平均气温约为 25℃，极端最高温约 38℃，年降水量约 60% 集中于夏季，四季分明，季风明显，是海草房民居生成的主要原因。具有雨水丰富、大风多的气候特点。由于受上述自然条件的限制，海草房的营造采用北方庭院式营造风格的四合院，优点是躲风防沙，海草房的北墙无窗或者窗子很小，抵御了冬季来自西北向的冷风。海草房四合院的主屋北房地基一般会高于东西厢房或者南厢房，有利于享受阳光和夏日凉爽的东南风，更突出了海草房主要建筑的冬暖夏凉的特点。威海地处胶东低山丘陵区的东端，有山地、丘陵、平原三种地貌类型，山脉大都呈东西走向，林木丰饶，为制作海草房民居提供了大量的石材及木材资源。

威海地区东与朝鲜半岛、日本列岛相对，西与内陆相接，南可由海上连接东南亚，北与辽东半岛相望，素有"京津的钥匙与门户"之称，是我国重要的海上交通枢纽和北方对外经贸的出口和通道。市区依山傍海，环境优美，大气质量、水质和噪音等环境质量指标达到了国家二级标准，是我国第一个"国家卫生城市"、首批"国家环境保护模范城市"，荣获"国家优秀旅游城市"称号，并被联合国人居中心授予"迪拜国际改善居住环境最佳范例"称号，是旅游、避暑、疗养的好地方。优越的地理条件，为发展观赏性海草房提供了一个平台，成为发展海草房旅游的好地方。这是从自然环境条件上分析海草房流传发展的另一个可能因素。

3.2 陶冶技术对威海地区海草房的影响

北方地区的四合院住房，大部分地区都会采用砖瓦营造。陶冶技术在遥远的古代就已经出现并发展。胶东半岛地区的陶冶技术在距今6000～7000年前就已经出现，威海地区砖瓦制造业历史悠久，距今有2000多年的历史，但胶东半岛主要以丘陵、低山为主，地质主要由花岗岩组成，土壤质地较粗，砾石和沙砾含量较高，不易制瓦。并且沿海一带受海水影响，盐化潮土。不能满足制瓦业所需的大量的泥土，明天启三年（1623），文登邑人刘濡恩在《太平宴序》中称"余文海邑也，斗城挂文山之麓，而环以溟渤，仅西北一径通中原，地多沙碛、碱卤，村落萧疏，去城三里外无瓦屋，大都叠石为垣，而横施散木，籍草铺茅，以避风雨，累累然大东一岛尔"。由此陶冶技术发展受到了限制，仅仅在城内或重要建筑上用瓦做屋顶，民间苫房的普遍材料就用海草代替了，随之苫房工艺得到了长足发展。

3.3 盐业发展对威海地区海草房的影响

海草房的形成与当地自然地理气候和人们生产生活方式有很大关系。威海地区紧靠大海，自古以来，老百姓砍伐枯柴草煎煮海水，就从海水里摄取盐类。威海地区成为煮盐之地，直到明末，煎盐法在山东仍占相当大的比重。煎盐消耗了大量的柴薪，建筑材料非常稀缺，当地人利用海草营建居所，以替代消耗过盛的树木和茅草，在材料稀缺、地理偏僻的胶东半岛，世世代代与大海接触的沿海居民，可选材料的限制及海草材料特性的发挥促使了海草房的形成和不断发展，半岛盐业发展对海草成为建筑材料的具有潜在影响。

3.4 经济发展对威海地区海草房的影响

威海市现已形成了以机械、电子、化工、轻工、纺织、建材等行业为支柱，以塑料、丝绸、钟表、医药、食品、工艺美术等行业为骨干的门类较为齐全的生产体系，威海是全国地毯、钓鱼竿、小型木工机床的最大产地，是全国轮胎的第二大产地，医用高分子制品、皮革制品、程控交换机、农用运输车、果汁加工等在全国也有较大影响，高速传真机、印刷机械、节能电机、系列光纤电缆、彩色显示器、电脑软磁盘以及布鞋、刺绣、丝绸等产品在国内外都享有盛誉。

威海地区经济的繁荣，为海草房的发展提供了更好的机会，当地政府和海草房行业结合全市工业的发展形势，加大了对外宣传力度。当今，经济的繁荣促进了旅游的发展，旅游的发展也带动了海草房的发达，作为旅游产品的海草房，在威海的旅游发展中起到了举足轻重的作用，怎样把海草房作为一种旅游产品发扬光大，推动经济的发展，是目前威海人民关注的重要问题。繁荣的商贸经济，为海草房的流传和发展提供了肥沃的土壤。

每年 5 月上旬举办中国威海海鲜节，全市百余家旅游饭店联手推出海鲜特色宴；每年 10 月上旬举办中国威海国际钓鱼节；每年 9 月上旬由威海市人民政府主办中国威海中韩经贸洽谈会，主要内容有国际经贸洽谈、招商引资、旅游考察、新闻发布会、文艺晚会等。正是这些传统的民俗民风和节日，为海草房提供了对外宣传的机会，并且通过交流提高了海草房的知名度，加大了海草房创新发展的力度。上述说明，经济的发展为海草房的发展起到了一个很好的导向作用。

3.5 民俗民风是海草房传承发展的沃壤

胶东的海草房，蕴含着丰富的地域文化，威海地区的老百姓"朴鲁淳直""俗尚礼仪"。亲朋好友婚丧喜庆、岁时节日，来往频繁。除夕，贴门神、对联、挂年画；春节（当地老百姓叫"过年"或"过大年"），家家备年货，添碗筷、买鸡鱼、蒸年糕、做豆腐，祝愿来年添人口、年年有余粮、大吉大利、幸福生活年年高；元宵节挂灯笼，举行灯会；二月二青龙节，"龙抬头"，家家户户用红纸剪成吉祥图案，贴在门窗衣柜上；还有龙母寿诞节、清明节、谷雨节、端午节、六月节、七夕节、中秋节等节日习俗，威海地区当地的礼仪习俗很丰富，节日走亲戚、贺新婚、贺新生、贺生日、贺新居、送节礼、婚嫁、丧事、祭祀等，以海草房为载体的装饰和祝愿在这些礼仪习俗中体现了出来，美好的祝愿和崇拜的内容和形式展现出了当地丰富的民俗风情。

当地人风俗习惯和信仰，也充分地体现在建房营造上，老一辈当地土著居民讲，当地人在建海草房之前，首先找有名望或者懂风水的人选定基地并择吉日动工。砌墙基时，为祈求富裕、吉祥在地基槽的四个角要"压宝"，即利用元宝或象征元宝的东西压在地基四周，并包饺子象征元宝富贵发财、吉祥喜庆。居民房子落成搬迁进海草房时候，要选定良辰吉日，并要举行"支锅"、敬奉天地保佑全家平安吉祥，还要根据当地风俗对海草房进行"糊窗纸、贴窗花、挂门帘、铺席子暖炕"等活动。这些都为海草房的发展起到了推波助澜的作用。

3.6 威海地区相关工艺品的影响

威海地区的锡镶、面塑、地毯、剪纸这些具有地方特色的民间艺术，对海草房艺术的发展起到了很大的促进作用。

3.6.1 锡镶

威海地区的锡镶是本地区传统工艺，拥有近百年的历史，它是用宜兴紫砂陶器为主，运用锡作镶料，经过锻打、镂雕、镶嵌、抛光等十几道工序制作而成。威海锡镶选取中国传统吉祥图案为题材，镶饰在茶具、酒具、看盘等工艺品上，图案有"八仙过海""龙凤呈祥""松鹤延年"等多种。锡镶选取的图案与海草房的图案含义都含有祝福吉祥之意，而且图案的形式也很相似，锡镶用具作为家庭居室内不可缺少的用具之一，对居室的装饰起到了一定的作用，足可见各个民间工艺品类之间的关系了。

3.6.2 面塑

面塑是一门古老的民间艺术，通过创意，用手、梳子、剪子、构思，经搓、揉、剪、压、捏等工艺将作品表达得栩栩如生，做出的面塑，在锅里蒸熟就大功告成。面塑属于海草房民居风俗的一部分，而且面塑的造型简洁浑厚、概括朴实、内蕴饱满丰富，造型题材广泛，形成了独特的民间艺术形式。与海草房民居的单体装饰纹样的选择有一定联系，表达的寓意相同，自然二者的联系密切，互相学习发展传承的因素就很多了。

3.6.3 地毯

地毯是威海地区近代新兴的工艺美术。威海地毯图案设计取材于自然景物、历代宫廷建筑、纹样鸟兽、文房四宝等，有美术式、素凸式、彩花式等10多个品种、1000多个花色。经过机纺线、化学媒介染色，手工八字扣编织、花纹剪片、化学水洗、毯面整理等工艺，具有不褪色、光亮足、手感松散、毯面致密不掉毛、栽绒挺实、编制牢固、层次分明、花纹清晰、立体感强等特点和色泽协调、幽雅明朗的独特风格。地毯的图案设计优雅美观，有的纹样可以直接从民居建筑的纹样上找到，笔者在地毯行业干过7年地毯图案设计开发工作，了解图案的艺术风格及工艺特点。通过采访海草房传承人刘玉启先生，更深刻地认识到海草房建筑纹样与地毯图案风格的联系。

3.6.4　剪纸

威海民间剪纸历史悠久、种类繁多。民间剪纸按用途可分鞋花、兜肚花、枕头花、笸箩花、面缸花、窗花、门花、顶棚花等。双喜字龙凤窗花、喜上眉梢、鸳鸯戏水、狮子滚绣球、凤凰串牡丹、四季娃娃、大鸡花、娃娃抱鱼、狮子滚绣球、老鼠娶亲、莲子花等不尽相同。

新中国成立后，剪纸艺术不断创新，并形成自己的风格。题材有花、鸟、虫、鱼、人物、山水、民间故事等，技法有剪纸和刻纸两种。剪纸的大闺女小媳妇坐在冬暖夏凉的海草房里，自然就会从海草房的装饰上找灵感，使得海草房艺术也融进了浓郁的民间艺术中。

第四部分　海草房的建筑技术的特色

4.1　建筑布局与院落格局

由于不同时代、地域的政治、经济、文化、审美情趣、民俗民风的不同，海草房的建筑风格也有不同的变化。根据山东海草房的历史情况、制作特点和发展规律，海草房主要特点是手工制作，以海草为顶，海里或者海边岩石为墙。结构简练朴实、色彩明亮典雅，极富装饰性和立体感。苍劲粗犷、质地坚实牢固，展示出鲜明的海草房的艺术风格。

海草房的平面布局与胶东的民俗、生活习惯，以及地理气候条件密切相关。海草房村落选址与布局，充分考虑了居住者的需求、环境、气候等因素，考虑到建筑与生态之间的良性循环，一般选址于海边的丘陵地带山坡阳面，依山傍水建房。海草房选择缓坡向阳建房，这个地势可以充足地吸收阳光和水的滋润，并利于交通，还挡住了凛冽的冬季风的吹袭。由于丘陵地带特点，群落房屋布局时候，一般依据相对狭长的山坡布局房屋，尽量做到沿山坡横向排开几栋房屋，竖向以几列布置，狭长区域呈带状布置。户与户之间呈纵向或横向排列，一般前面房屋不能高于后面房屋，横向排列的房屋，每户民居院落狭小，民居布局以三合院或四合院相间，为保证一排房子的整体性，房屋高度一致，两户之间"接山"处理。村落中房屋布局密度较大，街道较窄，纵横交错，整个村落形成了井然有序的街道空间布置。

海草房是北方典型的四合院住宅。严格按照南北中轴线对称的原则来布局房屋和组织院落。其布局有大门、影壁、倒房、东西厢房、正房、套房等组成。海草房一般以三合院或四合院布置最多。四合院和三合院布置大体相同，由北侧的正房、东西两侧的厢房和南侧的院墙或倒房组成。在院落的某个合适的部位设置大门口。按照中国人的风俗和风水学，海草房大门开在南侧院墙的居多，有设置在南墙中间的，也有根据街道方位，从厢房开门的。也有设置在南墙东南角的，在南墙东南角设置大门的，通常喜欢在大门里面院落，挨近东厢房山墙处做出一个影壁。目的是挡住大门的人直接看到堂屋的视线，风俗上将这样可以避免财宝流出，有不漏财的意思。也有不少农舍在南侧院墙营造三间南房，大门开在正中间为倒座（倒房），东西两间储存农具、安置牲口等。如果横排的海草房左右有邻居，那么东西墙是可以和东西邻居共用的，东为上，西为下，从营造上讲，东墙是住户的责任。

由于胶东地区丘陵居多，平地缺乏，因此建造的海草房院落空间狭小，一般南北长度即正房与影壁（倒座）或南墙之间的院落长度）约 9～12m，东西宽度（两厢之间的院落宽度）仅 4～8m，院落周围一般种植无花果等阔叶树木，遮阴纳凉，起到调节小气候的作用，该地区夏季雨水较大，院内一般设置 20cm 宽的排水沟与院落外面的排水沟连接，起到很好的排水效果。

门口一般开在院落东南角。正房又叫堂屋，有三间的、四间的和五间的。自院落进入堂屋的正门开在堂屋的主要房间——明间里，明间是堂屋的正间，为厨房和餐饮所用，布置灶台、餐桌、餐橱等；明间左右墙壁有门，进入门的房间为套间，又叫作二明间、次间等，为卧室、储藏所用，布置火炕、储藏柜、墙上挂相框、代表老百姓美好愿望的年画等装饰作品。海草房东西墙处建有各一排两间或三间的东西厢房，用于储存农具和夏季临时居所，随着社会发展，也有的在东西厢房设置锅灶直通堂屋套间里的火炕。在西厢房西南角处设置卫生间。

大门位于临街或南侧墙壁，门内根据需求设有南墙、倒房或者建有影壁，其目的是遮挡过往行人的打扰，使室内安静，并有财不外露之愿望，影壁墙上装饰国画或者民间装饰画，目的是求得吉祥。四合院居住布局规范，结构紧凑、功能齐全，充满着富有东方韵味的人伦气息和自给自足的农家风情。海草房四合院这一建筑整体石墙草顶，墙体厚重敦实，屋顶敦厚朴实，墙体石材斑斓，石材干插对缝，虽是泥土之物，却似艺术佳作。

海草房民居在建筑形态上体现了建筑环境的艺术性及美学价值，与同浓郁的当地民俗和传统文化融为一体。海草房民居群落在布局上屋屋相连，山山相接，错落有致，连绵而完整；就地取材的海草和花岗岩等建筑材料同周围大海等环境融为一体，构成了一幅富有海边风情的优美画面；船形屋脊的造型以及窗户门墩等的装饰，无不体现了"海文化"特征，具有浓浓的生活艺术之美。

4.2 海草房内部构造特征与技术

海草房在其内部构造处理上简洁明了，充分体现了居民的民俗民风。海草房的承重墙为海边石材，承重柱、梁、檩及屋顶均为木质结构或石木结构。海草房的营造，打地基是第一步，海草房一般是面南正北，根据房屋规格和客户要求量好房屋尺寸，挖深土地，填干插石为地下墙，地下墙内基础为素夯土，用传统木夯夯实，在柱下铺有条形石基，围护墙体下做了相应的地基处理。海草房建筑的垂直构件主要是墙。海草房的屋面都覆盖着海草。屋顶结构呈大三角形，由近似等边三角形的木屋架承重屋顶，屋顶东西两山面承重物是墙体。承重的外墙体由当地的花岗岩等石材营造而成，通常墙厚40cm，砌墙石料规整、接缝严密，海草房用干插石为地下基础，用白灰抹外墙缝隙，内墙通常用木骨架秫秸秆或苇箔草泥抹平，用整条石或方木做门窗过梁。檐口的制作每家各有不同，讲究的一般选用红砖或者灰色砖的短向和长项的三分之一伸出墙面，组成有秩序感的三角形图案，形成较好的装饰效果。屋内空间的设置以屋架和屋内间墙做间隔，由于海草房山面是山墙承重，所以海草房空间设置不可太大，一般五开间为四个屋架，四开间为三个屋架，以此类推。为利于草顶防水，屋架举架设计很高。檩的用料大小与屋架基本相同，檩的作用是架跨在房梁上托住椽子或屋面板，檩的间距较密。椽是装于屋顶，放在檩上以支持屋顶盖材料的木杆，海草房由于海草铺面较轻，所以不设椽子，檩上直接铺秫秸秆或苇箔，室内一侧草泥抹平。屋顶坡度为50°左右，呈双面对称垒垛式人字坡形屋顶。海草从两边檐部苫起，依次向脊顶叠压铺设，向上逐渐加厚，最上端用加泥的海草压顶，从脊仁到屋顶，海草铺设的高度在1~2m之间，重要的特色是屋脊两端的海草苫得高于中央，且向两侧山墙面做切角处理，使屋脊形成一明显的曲线，使得外观看起来具有整体的厚重感，使得海草房整体造型连绵起伏。为防止风吹鸟叼海草，破旧的渔网在这里也派上了用场，罩于草顶之上，更富渔家情怀。

海草房具有北方四合院的特点，院落住宅不仅布局严谨，建筑技术独特，海草房坐北朝南的居多，也有的根据地势坐北大门朝东或西。南大门有门楼和两扇门组成，门楼的营造根据住户的经济条件而建造，有的简单简陋，有的复杂豪华。门楼顶部结构和构造类似房屋，门楼顶部是挑檐式建筑，门楼下面装载门框和门扇，两扇大门用黑色油漆漆，每扇门上镶嵌着铁或铜制的门环，每到春节在门上张贴对联，右扇门是上联，左扇门是下联，门框上不贴横联。红色对联和黑色大门相映成辉，很是热烈喜庆。门框下端挨着地面设有横木条或石条做的门槛，一般门槛高 0.4m，门槛在风水学中有很重要的意义。门槛的设置象征阻挡外部不利因素进入家中，并防止财气外漏；门框宽 0.35m。大门口两边各有一个门枕石（俗称门礅），是在门槛内外两侧安装的一个功能构件，起着稳固门扉转轴、固定门框、承托大门重要的构件和装饰部件。门框上端的横木门框上端设有门楣。海草房院子是海边石材铺出到达各个屋门的小路，小路中部隆起，便于流水。院子西南角处地面设有凹形槽，直通墙外流水沟。山墙上还镶有"拴马石"。

4.2.4 室内陈设

海草房室内装饰陈设艺术，以民间传统家具为主，正屋（堂屋）的明间以堂屋正门为中心，以对称的中轴线家具陈设布置，一般东西设置两个大锅灶、明间的背面安排餐橱、餐桌等其他的用餐的设备工具（早期海草房民居也有人由于生活艰难会在明间安排磨坊），东西两个墙壁上分别有个最小长宽为 30cm 的小窗子，可以通过它看到明间和套间的情景，民间叫婆婆瞅，据说在过去生活条件不好，婆婆担心儿媳妇做饭偷吃，特意监督的，也有的说是为了屋里亮堂，可以通过此处看见从院子里进来的人。灶台与套间门的墙上会贴着灶王爷的画像，目的是求灶王爷保佑灶锅里食物丰盛，全家丰衣足食。套间卧室里火炕是靠近阳面的。背面一般会放置衣柜，富裕的人家还会做个书桌高的橱子，橱子和墙上会加上象征平安吉祥的瓶、镜、画等陈设，利用形体、色彩、质感造成一定的对比效果，又有各自鲜明而优美的造型，与褐色家具及粉白墙面相得益彰，构成了一幅完美的装饰图画。

4.2.5 装饰艺术

随着时代的发展，人们审美观念的提高，建筑的艺术装饰性日益加强，门、窗、梁、柱、斗拱、墙以及内部空间隔断都成为室内装饰的重要内容，其工艺的精致，结构图案的精美与变化都是独树一帜的。海草房院落的大门从间数、大小、门饰、装修、色彩等都比较讲究。建筑物屋外山墙外侧、院墙外侧画有中国画题材的绘画，例如富贵牡丹等花鸟国画、山水国画等内容，格外优美。比较讲究的房子要在门窗和檐口部位砌青砖，形成较好的装饰效果；而且在经济允许的范围内比较注重装饰，在砖、石、木构件、墙上面进行雕刻和彩绘是主要的装饰手段，建筑上装饰雕刻变成了提高建筑档次、显示地位与财力的主要装饰手段，同时也促进、发挥并凝聚了制作者的智慧和匠心。

4.3　海草房的建筑过程

4.3.1　建筑材料和工具

4.3.1.1　建筑材料

A. 苫覆材料

海草房的主要建筑材料之一是海草，海草又叫海带草，学名大叶藻，是普遍生长在浅海海域里的野生藻类，有宽窄叶两种，是耐久性最好的一种海草。其表面平整顺滑，因此多用于屋顶的表层，方便排水。海藻大都含有卤与胶质物质，并且经过海水长期浸泡，盐分重，防虫、防霉、不易燃烧，不易腐蚀，一两年后屋顶粘结为一个松软而又坚实的整体，经久耐用，另外海草容易降解，成为滋养土壤的肥料，不会给自然环境带来任何负担，具有很好的生态特性。海草是苫覆屋顶的主要材料，细软蓬松。除海草覆面以外，农业产出的麦秆、高粱秆，滑溜顺畅，较海草硬实，容易顺水使得空气流畅，结合苫房，麦秆高粱秆做筋骨制成结构，海草敷面，结实耐腐，共同构成结实一体的海草房的屋面。

B. 支撑材料

海草房垒墙打地基等用的石材主要是花岗岩。胶东地区山体以花岗岩为主，花岗岩是很好的热稳材料，具有高强度的耐热稳定性，使房间保温效果良好，石墙也能够有效阻挡室外潮气和雨水侵入室内。而且厚达40cm以上，在炎炎夏日，与草顶一同阻隔了热辐射，避免了室内温度的迅速上升。石材使用寿命长，并且石材能够循环利用，使用过程中不会产生污染环境、破坏生态平衡的物质。所以海草房冬暖夏凉，节能、卫生。

C. 粘合材料

胶东地区含有少量沙质的黄泥土质丰富，是海草房主要的粘合材料，被大量应用在土坯砖、夯实筑墙和制作屋面、砌灶台和火炕上。早期海草房一般只使用黄泥作为粘合剂，后期为增加牢固性会添加少量白灰。

4.3.1.2　建筑工具

A. 木工用的有锯、锛、推刨、斧子、凿子、鲁班尺、墨斗等。

B. 石匠用的有手锤、鸭嘴钻、尖嘴钻、墨斗、钢钎等。

C. 苫匠用的有镘刀、拍耙、草针、插板等。

D. 瓦匠用的有瓦刀、泥板、墨斗、手锤、抹板、水平尺、钻子等。

4.3.2　海草房的苫房工艺过程

海草房，以海草做屋顶材料，以石头为墙体材料，以黄泥、贝草（一种很结实的山草）为辅料，70多道民间手工技术制作工序繁杂，海草苫成的厚重屋顶与青灰色大小石块砌成的墙体有机结合，营造了厚重敦实、冬暖夏凉、结实耐用的生态民居。制作海草房，需要涉及瓦匠、木匠、石匠、苫匠，建造海草房前，首先要得到官署的批文。然后再招募民间工匠们营造。首先，建房主人在海草房工匠的指导下，准备好建房用的墙体石头、黄泥、木料、海草、贝草等基本原料；一般在苫房前，根据房间的多少先准备好海草，通常需一个四间房的海草房制作，需用海草、贝草各5000~7000斤不等。首先把海草摆放在海滩晾晒，晒干的海草具有韧性，同时还有一定黏性。晒干后将海草捋顺整理成捆，理草、铡草、润草使得海草符合建房用料标准；去除过度弯曲和碎短的杂草，再用结实的草扎紧，堆成垛后待用。海草房的脊高与檐高的比例通常是1∶1~1∶1.5，屋脊高度是瓦房的两倍，故屋面坡度很大，便于排水。

待一切材料、人工准备就绪，首先择良辰吉日，举行开建房屋的仪式；接下来进行房体制作，石匠负责采石料、雕琢料石、打地基、定门位、摆门枕石、垒斗子石（大块石头）、摆窗台石。下一步是木工的活计：根据房屋要求制作门窗和房架，然后确定檐头的高度、砍制房料、根据程序上房梁、安门窗，整个屋架搭建好。第二步是海草房苫房关键工序：苫房顶，由苫匠来完成：首先制作"脚实"（脚手架）、然后做檐头，在屋面平檐处横向铺海草，双手用力拢紧压实，先用秸秆和着泥浆紧密排在檩条上，把小捆的麦秸或者贝草平铺在房檐墙上，尽量减少海草根间的距离，并使其平整舒展出檐2寸左右，贝草铺出二寸厚度，贝草平铺要整齐平整顺畅，以此铺贝草形成檐角。第三步是苫房坡，等整个屋顶晾干后，可以铺设海草。由苫匠侧坐在屋顶上，由屋顶斜坡下部向上苫，苫房时必须按照从下到上的顺序，先铺一层麦秸草或者贝草，然后铺一层海草，海草关键要刹紧，手腿并用，苫好一层海草之后，用拍耙顺草从海草下部向屋顶方向拍打平整，在其表面压上土坯砖，防止脱落；再压上第二层海草，如此反复，一直苫至屋顶，整个屋顶保持均匀走势，一般需要苫 18 ~ 25 层，大户人家有的苫 28 ~ 32 层，最后再铺设一层质量最好的海草作为面层。苫的时候要确保下薄上厚，以防止雨水倒灌，苫的层数越多，耐久性越好。第四步是封顶。由于海边气候环境的原因，要求海草房必须牢固结实、顺水、防风，因此，海草房要求屋顶拔起 1 ~ 2m 高，收顶时是用海草沫子堆集拢尖，扭草成脊，再用草泥压住，使海草的胶质与草泥黏合在一起，达到屋顶牢固、不漏、美观的目的。海草房通常屋脊两端苫得比中间更高一些，留出尖翘，然后向下做切角，形成平缓的起伏形如渔船，体现了海文化特征。

最后一道工序是后整理：把苫好的屋顶淋水，再从上到下用拍耙梳理顺海草，由屋檐处至屋脊，反复铺设和挤压海草束，形成覆盖整个"人字形"屋面层层相叠的海草顶。把房檐海草剪齐。淋水拍平、剪檐。为防止海草被风或者海鸟破坏，建成的海草房通常会用渔网罩住整个屋顶，还有的会用瓦片压住屋脊。一栋敦实美观的海草房完工了。海草房建成后，屋顶的海草 1 ~ 2 年后，其中富含的胶质使层层海草粘合成一个整体，起到防风防雨牢固的作用。

第五部分　海草房的生态与艺术特色

5.1　海草房空间形态的生态性

在温带季风性气候控制下的海边，具有独特个性的海草房阻隔了冬季凛冽寒风和海风对房屋主人的肆虐，遮挡了夏季炽热阳光对屋内的照耀和渗透，海草房建筑群落依山傍海的选址和布局使得海草房冬暖夏凉；整个群落，多个房屋屋屋相连、山墙紧靠、院院相接，院落和街道狭窄修长，提高了海草房抵抗寒风的能力。冬暖夏凉的特点，身在屋内住起来舒适。海草房是北方典型的四合院结构形式，由 3 ~ 5 间的正房（堂屋），东西厢房（有的带东厢房或西厢房，有的两厢都有，少数还带有倒座，）花岗岩石材院墙围成的狭窄院子（有的有四合院，有的没有）。形成了独特的院落小气候。院落里栽种的几棵茂盛的落叶树木，为院落遮阴纳凉，促成空气的流动，在夏季形成一个名副其实的"阴院"，起到了调节小气候的作用，满足了海边地区、对夏季 7 月、8 月、9 月三个月的湿热气候抽湿拔风、除湿散热的需要，对冬季的寒冷大风起到了阻挡的作用。巧妙院落的布局使得居住冬暖夏凉。

海草厚厚的草顶，起到了很好的隔热保温作用，厚达 40 厘米以上石料是很好的热稳定材料，具有很好的阻热和蓄热特性。避免了室内温度的迅速上升下降。保证了室内温度的稳定和居住的舒适。高耸的屋脊和三角屋架屋顶的大于50°的底角使得屋顶高、坡度大，山墙头往往比墙身高，类似船状的中间凹，两头高的柔和缓慢曲线的屋脊能够快速排水避免海草受潮腐烂，同时确保冬季屋顶不积雪，解决了海边夏季多雨的弊端与建筑的防潮问题。

提到海草房的生态特征，不能不提到材料。天然的海草不但使得房屋有冬暖夏凉的特性外，还由于它的具有盐碱的可达40~50年的耐久性，使得老百姓减少了修缮的次数，缩短了修缮的时间，减少了经济开支。也就是说，自然状态下一般海草房房龄40年以上才需要修缮，而普通民间瓦顶房由于顶部长草或鸟兽筑巢自然需要经常维修，再者天然海草的可降解性，更保护了环境。

5.2　艺术特色

富有童话般环境的海草房体现着胶东建筑艺术的美学价值，它的造型和色彩传递着丰富的审美艺术气息，承载着胶东半岛渔民和民居的民俗文化。海草房以海草建成的屋顶，有着两边高耸中间低洼、带有切角的海船似的屋脊造型，以花岗岩等海边的灰褐色的天然石头（部分辅以青砖）建成的墙体。方形的四合院及参差错落的排列，构成荣成沿海区域别致的风景线。厚度40厘米的外墙依着天然石的形状不求方正，随圆就方建成。组成了三合院、四合院、正厢院等样式的北方典型的四合院样式，是最具有胶东特色的生态民居。有些讲究的人家还在石块表面雕琢出木叶或元宝纹饰，墙体上还有着精巧的雕刻，门檐、窗体也制作的十分漂亮。大块粗犷的石头砌成的外墙与毛茸般的灰褐色屋顶形成了鲜明的对比，给人粗犷而不粗糙的感觉。在蓝天、碧海、绿树的映衬下愈加显得古朴而稳重。海草房使居住者与大自然更加相亲相近，海草房的特殊造型和色彩、海草房窗棂上美丽的窗花，门帘、屋檐下悬挂的老玉米和蒜、屋外高高的草垛和玉米垛，体现了浓郁的"海文化"和民间艺术，体现了浓郁的地方特色。有些房屋的墙体上还有着精巧的雕刻，门檐、窗体也制作的十分漂亮。海草房受到了许多游客、画家和摄影师的青睐。许多文人墨客不吝笔墨对它进行赞美。中国著名画家吴冠中在荣成为海草房写生之后，对海草房赞美道："那松软的草质感，调和了坚硬的石头，又令房顶略具缓缓的弧线身段。有的人家将渔网套在房顶上，大概是防风吧，仿佛妇女的发网，却也添几分俏丽。看一眼那渔家院子，立即给你方稳、厚重的感觉。大块石头砌成粗犷的墙，选材时随方就圆，因之墙面纹样规则中还具灵活性，寓朴于美，谱出了方、圆、横、斜、大、小、曲、直石头的交响乐。三角形的大山墙，在方形院子的整体基调中画出了丰富的几何形变化，它肩负着房盖上外覆的一层厚厚的草顶。"这种承载美学价值的海草房民居，于1991年6月成为我国邮电部出版邮票的选定主题，发行了《山东民居》普通邮票。

在海草房的墙壁、窗花、门帘、棉被以及家具上刻上许多代表老百姓美好愿望的语言和图案等不同的艺术形式来表现吉祥祝福的含义，采用如象征、寓意、谐音、比拟等手法来表达独特的图案含义。例如借用某些相同读法的汉字来代替同音字，以表达吉祥祝福之意。例如"连年有余"，运用莲花的"莲"和连年的"连"同音，鲤鱼的"鱼"和剩余的"余"的与谐音，来组合一幅生动的莲花配鱼的图案，来表达老百姓年年衣食无忧、生活富裕的愿望。运用蝙蝠的"蝠"和幸福的"福"是谐音，来寓意幸福之意。运用牡丹象征富贵，石榴象征多子多福，松鹤象征长寿，葫芦象征子孙兴旺，生活殷实，龙凤组合寓意吉祥幸福等，借助鸳鸯雌雄成对生活的特性，来比拟夫妻恩爱永不分离。

第六部分 海草房的现状与分析

6.1 海草房的现状

经调查，目前威海沿海渔村的海草房存量越来越稀少，其中威海市现存海草房主要分布于荣成市沿海一带的村落里。随着威海地区城镇化速度的加快，在市区和城市郊区以及经济条件相对较好的农村或者渔村已经很少见到海草房作品了，许多海草房已被原地推倒建成瓦房、将军楼、公寓等的民居。目前在农村，海草房经过演变和发展，已经从过去的海草为屋顶，演变成瓦为屋顶，进而发展成二层的将军楼。远离城市的偏远地区，"海草房"的保存状况要相对好一些，例如东褚岛、巍巍村、烟墩角、大许家村等。依据实地调查，目前威海地区的海草房尚存的海草房不足9000余栋，鲜有修缮保护，大部分已经不能居住。

海草房作为中国一种传统建筑艺术，不可避免地遭受着许多民间艺术所面临的共同处境。这种传统的建筑工艺正面临着萎缩的命运。城镇化进程不断加快，农房特别是海草房需求持续减少。20世纪80年代以来，威海地区国民经济保持了年均 17% 以上的增速，城镇化率也从百分之十几快速提高到 65%，上百万农村居民进入城镇工作生活。据 2013 年威海市 600 个农村居民家庭的进城意愿调查，威海农村居民中 90% 的新生代基本上都通过外出求学并进入城镇工作，目前的农村人口年龄基本都在 50 岁以上，受高房价的影响，靠自身的实力已经很难进城，他们表示在身体许可的情况下将继续在农村生活，待不能劳动了，将进城与子女一起生活，或者进入养老院。农村居民的大量减少，对农房的需求急剧下降，成片农房无人居住，呈现出离城镇越远，房屋闲置越突出的现象，海草房的闲置尤为突出。随着城镇化的快速推进，城镇规划建设范围持续扩大，城镇郊区的农村成建制地整体拆迁改造，其中的海草房首当其冲；离城镇较远的村庄由于少人居住，很多房屋缺乏及时修缮，海草房整体上走向衰落。

传统的海草屋顶的海草房逐渐减少，与现代生活节奏相适应的带有机械化元素的将军楼或者红瓦白墙的四合院成为人们居住生活的主要选择。就连当地人农村生产生存的生产工具和生活必需品也发生了重大变化，被机械化的、批量生产的工业品所代替。传统海草房工艺传承后继无人，正面临逐渐萎缩的命运。任何一种艺术，都有实现其表现形式的载体，那么对于海草房来说，这个载体就是工艺技术，只有依靠工艺，才能把海草房的造型、色彩、内涵象征等形式表现出来，可以说工艺是海草房艺术的灵魂和主体，那么工艺的失传则可能导致海草房艺术的真正消亡。从事海草房制作的苫匠工越来越少，尤其是繁华地区，掌握海草房工艺的艺人步入老年或者离开人世。由于海草房是传统民间工艺，费时费力，经济效益差，许多人追求经济效益，不愿意抛开世俗潜心研究和继承。许多年轻人由于受到外来文化和现代潮流的影响，认为住海草房，研究建筑艺术"太土"，对此不屑一顾，海草房处于萎缩状态。

6.2 海草房逐渐萎缩的原因分析

海草房在历史的长河中经历了不同时代的发展，受到了当时政治经济文化等各方面一定的影响，有其萎缩的原因。

经济发展冲击，居民生活方式观念的改变，现代化的生活，发达的经济文化，便捷的交通和信息是传统海草房工艺萎缩的一个原因。在今天的城市生活中，经济发达的地区，接受外界信息的能力强，交通和信息的便捷，为外来文化和信息的进入提供了有利的条件，因此该地区具有四合院特点的海草房越来越难以满足现代居民生活水平的需要。经济建设的突飞猛进以及社会市场经济的冲击，人们的观念也随着变化，快节奏的生活要求快节奏的生活物品，现代化的居住建筑逐渐占领了市场，很多海草房被大量的砖瓦房替代。现代民居材料主要有砖瓦、水泥为主，价格相对便宜，营造简单、建筑空间相对海草房布局更开阔自由，开窗不受限制采光通风条件较顶好，受到了老百姓的喜爱。环境优于开窗、苫顶较受制约、采光较暗的传统海草房。现代建筑比海草房功能更齐全，很多年轻人都搬到用现代建材建造的新居中，在海草房中居住的居民多是村中老者，传统海草房大的趋势逐渐萎缩。

现代人的快节奏生活观和审美观影响着海草房的发展。由于物质生活富足，人们的精神审美观念和生活方式发生了改变。一方面，由于经济结构的调整，生活在某些地区原有的劳作方式开始发生改变，一些制作繁琐的工艺和使用这种工艺的服饰品、生活用品开始退出日常生活。另一方面，随着外来文化的输入和传播，改变了人们传统的本土文化观念，人们在原来古老的、传统的社会生活观念的基础上，开始追求新生活、新观念，并且愿意接受这些外来的快节奏、新兴的居住文化。由于人们有向往城市生活和工作方式的倾向，因此从城市到农村，普遍接受了现代艺术文化这一文化传播形式。中国传统的居住文化开始受到冲击。同时，外来文化的输入，也使民族自信心受到一定的影响，传统"海草房"制作工艺作为民间文化和民俗心理的对应品，也受到了一定的影响。

在无国界的国际化"全球文明"影响下，带有地域特色的各地建筑受到了很大冲击，带有地域文化和传统文化的当地建筑，被现代文明同化了，传统建筑文化被慢慢湮没。随着城镇化进程的不断推进，威海地区的建筑，加快了雷同化、大众化的步伐。目前威海地区的城镇化楼房，在其他城市都可以找到，当地的城市风貌与其他北方城市风格雷同，区别不大，可以说是楼房的复制品。威海地区的民居特色渐渐消失，传统海草房民居特点的挖掘、提炼与传承，就成为创造具有胶东地域特色建筑的重要途径。

保护开发过度片面。近年来，政府在保护传承海草房文化的过程中做出了很大贡献，形成了政府主导，各村联合协商，集体保护开发的路子，但是也存在着为片面追求经济效益，在把海草房开发成以旅游为主的旅游景区时，城市方式的导入而导致过度开发、地域文化消失等现象。许多海草房周围环境被掺入了不合拍的现代语言，例如烟墩角村的海草房山墙上印上了某某某渔家饭馆等字样，现代化的黑体字，耀眼的蓝色底子，与古朴的海草房很不协调。海草房内部砸去了传统海草房木窗，置入了现代的铝合金窗子，屋内的摆设更是冰箱、彩电、电脑，破坏了海草房的原有文化和生活方式。

烟墩角海草房上的广告和招牌

海草房的苫房材料是生长于海里的大叶草等藻类植物，近年来，近海养殖蓬勃发展，海水遭到严重污染，海边采砂不止，近海生态的人工阻断，海洋水质逐年恶化，海草生长环境遭到破坏，导致浅水表中海草无法生长，用于苫盖海草房的大叶苔等藻类植物逐渐消失，建造材料的枯竭，产量越来越少，导致海草价格上涨，甚至超过瓦的几倍，很多人建新房时都放弃了使用海草，海草的稀缺与价格的上涨，使得建造成本增加。许多海草房因长期无人居住缺乏管理和修缮，逐渐出现塌漏或房顶长出野草的现象。传统的海草房将会很快在胶东地区消失，只存在于人们的记忆中了。一个完整的传统海洋文化生态链条正在消失。

海草房营造工艺的继承：社会的发展使海草房的营造工艺和工匠越来越少，传统的手工海草房由于做工速度慢，生产效率低，年纪较小的人，从经济利益上考虑，不愿意做。善于制作海草房的最年轻的制作者多为20世纪四五十年代出生，如今这些制作者们已多为六七十岁，这部分制作者还掌握当时的制作工艺。时间再过20年，这些掌握海草房技艺的苫匠，已经八九十岁了。山东威海地区海草房发展的最繁荣时期是改革开放以前，所以新建海草房几乎没有，所存在的海草房一般都在80年以上。海草房一般20年维修一次，由于海草稀少价格昂贵，维修资金也是问题，许多住户把海草换成红瓦，更多的住户则到附近盖起别墅庭院，村中出现了海草房、红瓦房、别墅混合的居住空间格局。随着社会经济的快速发展，仅存的一些海草房年久失修而成为残墙断壁，如果不加以继承和发展，20年后，传统的海草房就面临失传的危险了。

第七部分 海草房保护、传承发展与旅游开发对策

自古至今，制作海草房是依靠手工的一种民居营造技术。从它的传承形式可以看出，它适合封闭式的社会环境，与外界联系不大，海草房的分布地域一

般在远离繁华的地带，受外界政治、经济、文化的影响相对较小。海草房的艺术风格和工艺，因为封闭式的历史条件和社会环境而得以完好地保存下来。

作为中国非物质文化遗产的传统技艺——海草房工艺，分布在山东大部分城市和发达地区，由于交通便利，人口稠密，外界的文化、经济因素的影响，面临着逐渐萎缩的命运。针对这种现状，积极采取保护措施，使手工海草房工艺得以传承发展，是当务之急。笔者在走访了威海地区有海草房分布的各个区域，对海草房的保护和传承现状做了一定的调查。

表 4 – 1　2015 年对海草房保护及开发利用调查表

项目	数据统计			图表	备注
	分类	人数	比例%		
是否觉得现在海草房改造得好	是	8	20		
	否	5	12.5		
	一般	24	60		
	无所谓	3	7.5		
对海草房的保护态度	严格保护，重修和维修要尊重原貌	8	20		
	利用现代技术和材料，形式上尊重原貌	26	65		
	更喜欢新式建筑，要按新式建筑建造	2	5		
	无所谓	4	10		
希望在海草房周围增设的公共设施	商场	32	80		此问卷为多项选择
	酒店	32	80		
	娱乐	26	65		
	最好不建设施	7	17.5		

续表

项目	数据统计			图表	备注
	分类	人数	比例%		
是否赞成现在的开发旅游	是	12	30		
	否	8	20		
	一般	16	40		
	不关心	4	10		
开发投资情况	政府财政投入	38	95		此问卷为多项选择
	地方自筹	6	15		
	海草房自收自支	38	95		
	无所谓	2	5		

7.1 保护的意义和原则

传统海草房民居是劳动人民智慧的结晶，反映了胶东地区独特的自然环境和丰厚的风俗文化，是建筑行业不可多得的一份非物质文化遗产。海草房的存在，衍生出当地有特色的风俗习惯，例如，建房前的选地基、择吉日；砌墙基时，吃饺子，以示日子红火吉祥，在地基四角槽压上元宝或象征元宝的东西，以示押宝，保佑全家平安富足。入住海草房时，要选择良辰吉日，锅里放进米、面、豆腐等物品搬进新房中"支锅"，采取仪式敬天敬地，祈求上天和神灵保佑全家；在海草房内、炕上铺席，墙上糊纸糊窗、挂门帘、贴窗花等装饰。海的馈赠使当地人对海有一种敬畏和依赖，海草房里带有浓郁海风情的装饰品也是无处不在，海草房是当地民俗文化的一个缩影，对民俗文化的传承有着积极意义。

作为一种非物质文化遗产的载体，海草房为老百姓回归自然、放松身心提供了条件。海草房民居的旅游开发也就满足了老百姓寻奇探异、崇尚自然的需要，为当地的旅游业找到了一条渠道。

作为一种建筑传统营造模式的延续，"保护"可以使其传承延续下去，对周边环境、聚落或海草房的空间结构和建筑形态、民居风俗、海草房技艺进行保护和传承。"发展"是在保护的基础上，将现代生活方式、价值观念、物质技术条件冲击融合完善于原来的历史状态。

在维持现状的基础上，海草房的保护和传承需要进行科学的规划，大致有三种模式。一是整体性原貌保护。强化政府的指导和引领作用，进行区域统筹规划，划定保护范围，对建筑风格及艺术特色进行整体性的原汁原味保护。二是动态性保护。海草房保护不仅要尊重历史、保护原貌和历史氛围，也需要适当恢复已损的古建筑和环境空间，对海草房的历史文化、传统建筑风貌及现实生活进行动态性保护。三是群体性保护。探索建立海草房保护协会，加强政府、协会与群众的沟通，引导当地居民参与其中，形成一种整体性保护网，不但可以给居民带来经济收益，而且可以使其认识到传统海草房民居所具有的人文和社会价值，提高保护意识。

7.2 保护规划中的循环更新思路构建

近几年，当地政府对现存的海草房采取了一些保护措施，进行了一定的修复和开发，但是，投入的资源并不能满足海草房的需要。海草房分散，给前来旅游的游客带来一定困难。海草房的旅游资源利用率很低。

利用海草房自身特色资源开发旅游项目，改善环境条件。以当地经济、政治和文化等因素为背景，促进地方商业活力的恢复，将居住、商业、娱乐休闲、保护非物质遗产等功能有机结合起来，使海草房的风貌与文脉得以延续发展。做到"保护历史风貌，恢复海草房原貌，改善海草房环境，焕发海草房新生"。这对海草房的保护与开发、经济与文化多元并存与和谐共生不无裨益。海草房保护与旅游开发利用两者是相辅相成、相得益彰的有机关系。海草房保护是开发旅游的资源基础，开发旅游则是展示历史文化获取社会综合效益和经济效益的手段。因此保护第一，适度、有序开发是海草房保护与开发的基本思想，也是本规划的着力点。

充分了解海草房的资源性质和特色，以市场经济为指导，海草房历史文化价值和市场需求为依据，制定海草房旅游与发展规划目标和策略。政府主导，旅游部门牵头，联合海草房区域居民，开展海草房民居建筑艺术及民俗文化为主题的乡土文化旅游项目。立足本地、面向全国，开展雅俗共赏的乡土文化旅游。开发海草房特色旅游产品，以保护和传承为先导，科学规划，有序开发建设。让更多的人认识到了海草房的价值，主动保护，不要急功近利，无序开发。开展海草房的生态性与环保性的保护和开发，突出强调保护代表海草房突出的外观特征和装饰元素，例如海草房的曲线是屋脊造型和厚重朴实的特征的花岗岩墙壁。在保护的过程中再利用，加大海草房的用途和更新完善，达到复兴的目的。

要从海草房文化价值角度认识保护的重要意义，切实保护好海草房的现有遗存，并尽可能恢复原状。要利用，就不可避免要改造。这种改造既可能是整治性的改造，也可能是功能性的改造或更新改造。整治性的改造主要采取迁移、重组、仿建等方式进行，以保持海草房传统风貌的完整与谐调。功能性的改造，主要是按照现在使用的要求，调整房屋布局，增加现代设施，只要外形依旧，其他都可以改变。

从宏观入手做好海草房建筑物及原始风貌保护，恢复完善海草房及其周围特有的风水格局，培植院落绿化植被、经济林木，升华海草房布局与自然融合的环境特色和表现力。

保护维修具有典型价值的海草房四合院所有建筑，整治周围村内曲径深幽的街巷、石阶等公共活动空间、修整村内外自然景观和人工景观，强化海草房环境艺术的感染力。

7.3 海草房保护、传承发展与旅游开发对策

年代久远的海草房是一份珍贵的建筑历史文化遗产，不但具有一定的生态价值与审美价值，而且还具有建筑外观和结构设计珍贵的参考价值。保护海草房和海草房苫房工艺这份传统民居的文化遗产，可以使得我们和后人记得和了解海草房过去那些技艺传统和相关民俗生活方式。以期对后期建筑有文化教育、科学研究和民俗传承等有参考价值。

7.3.1 正确处理保护与开发的关系，把海草房保护放在首位

对于非物质文化遗产的传承，不能仅仅想到一味地保护，还要通过创新和再利用，进行更高层次的传承和保护，做到保留历史，恢复海草房原貌，焕发海草房新生。依托海草房保存较好、相对较多区域，建设当地原汁原味的原生态民居海草房集中区，集中海草房的历史和现状、建筑工艺特色和技术、物件和居住民俗文化，通过再现形式把传统海草房的真实面貌展示出来，为现代建筑的发展起到启示和借鉴作用。随着非物质文化遗产保护的不断重视，保护遗产的存在形式成为一种基础，随之延伸到物质和非物质文化遗产的许多外延，例如相关的文化环境、生活设施、日常工具、民俗民风、民居

文化给予后世的历史文明记忆和无形灵感启示。这就需要在静态的保护中，不断调整思路开展动态发展和利用，使传统的历史文明融入现代城市的生活和发展中去，在保留外观原貌的前提下，创新发展带有现代元素的新的海草房，使其更好地延续过去。

对于损伤可以修复的海草房，在不影响建筑结构主体风貌的条件下，对房子的屋顶遮盖物——海草、门窗等部位修补，可以回收农房改造不用的海草和其他旧房子材料，通过以旧修旧，更切合半旧海草房的原貌。

对海草房的保护与传承，可以拓展实用功能，就地利用适当质量较好的海草房，也要与时俱进地修缮破坏不太严重的海草房。在不改变海草房原貌，保持海草房主体结构的前提下，和现代建筑保温技术结合，减少花岗岩砌墙的厚度，海草苫顶的厚度，变小窗为玻璃大窗，达到屋内保暖和采光的需求。改良的海草房，既保留了海草房的特色，又加上了现代设计元素，使得传统与现代交融生辉，是极富地域特色的海草房民居建筑文化群，是海草房建筑文化的传承和延续。

海草房冬暖夏凉、百年不腐，海草房建筑会受到季节、太阳、降水、寒风的影响，为解决这些问题，居民在建造传统海草房民居时候，为防风保温，巩固屋顶，开小窗便于保暖。但也带来许多弊端例如，墙体厚重，占用面积大，小窗不利于采光，为适应现代人的生活所需，海草房也要与时俱进，改良完善，和现代建筑保温技术结合，减少花岗岩砌墙的厚度，海草苫顶的厚度，变小窗为玻璃大窗，达到屋内保暖和采光的需求。改良的海草房，既保留了海草房的特色，又加上了现代设计元素，使得传统与现代交融生辉，是极富地域特色的海草房建筑民居文化群，是海草房建筑文化的创成和延续。

海草和石头是海草房建筑的主要元素，近海养殖活动是天然海草资源的破坏一大瓶颈，在城镇化日益加快的今天，天然海草的生长已经很难满足海草房的需求了，为解决海草房材料的不足可以利用人工种植海草来代替天然海草，人工种植不但产量高，而且还解决了部分农民工的就业问题，可以带动经济发展，保护了生态循环，是不可多得的传承保护举措之一。

7.3.2　坚持以旅游促开发，做好海草房旅游这篇大文章

作为一种具有浓郁地方特色的民居形式，保护和传承海草房文化，和旅游资源结合是一种互利共赢、相得益彰的有机关系。明确海草房旅游与发展策略，以海草房历史文化价值和市场需求为依据，从海草房地域建筑风格、自然环境、民俗和饮食文化等自然生态环境和独特的人文景观方面，开发组织以"原汁原味""古色古香"为特色的海草房村落旅游活动项目和旅游产

品设计等一系列的乡土文化旅游活动形式。梳理设计海草房历史演变，开展以人文景观、海草房环境及建筑艺术研究为主题海草房区域全景旅游线，多角度向游客展示海草房环境风貌和建筑，了解海草房环境和建筑艺术的魅力；结合海草房民居群落，展示海草房历史遗存的文物、古迹，了解海草房演变历程和建筑特色；促进地方商业活力的恢复，将居住、商业、娱乐休闲、保护非物质遗产等功能有机结合起来，使海草房的风貌与文脉得以延续发展。

由政府主导，旅游部门牵头，联合海草房区域居民，依靠集体联营，合作社形式，开发家庭旅馆式的海草房旅游开发形式，抓住游客猎奇求异且节约省钱住宾馆的心理，开设干净朴实、经济实惠的家庭连锁式旅馆，将威海、荣成等地的港西镇巍巍村、宁津镇宁津所村等海草房保留较多、较典型、有着丰富历史文化内涵的村落，联合起来，组成海草房旅游连锁式群落宾馆，统一安排旅游时间、行程路线及其游客体验项目等活动。同时可以结合其他旅游项目，根据景区定位、游人层次和消费水平，组织以一日游或多日游为主体的海草房乡土文化旅游活动，将烟墩角、巍巍村、东楮岛、宁津所等海草房群落，结合烟墩角的花斑彩石、烟墩角天鹅区、荣成天鹅湖，荣成好运角、西霞口神雕山野生动物园、荣成市的海草房博物馆、石岛赤山大佛区、威海刘公岛、华夏海底世界等主要景区进行一日或者多日专题游，以充分发挥海草房旅游的文化效益和经济效益。以保护和传承为先导，科学规划，有序开发建设。加强游客的参与性与融入性，使游客的旅游上升到更高层次，不仅能欣赏山水风光，还能了解胶东地区的文化，增加旅游者的学识，从而使游客置身于浓厚而古老的文化氛围中，给旅游者以新奇、刺激、震撼、悠闲的旅游体验。

具有悠久历史文化的海草房，冬暖夏凉的原生态的建筑特色和倚山面海的自然环境，吸引着不同阶层的游客。对居住设施、卫生设施和服务条件要求相对高的顾客，对海草房的旅游开发提出了更高的要求。海草房旅游度假村和会所是这类游客首选。高级旅游休闲的海草房旅游度假村，设计的风格要采纳海草房建筑的风格元素，模仿当地的海草房的造型，选择传统海草房的材料和工艺。又加上新的现代结构和工艺。钢筋混凝土的结构主体、白色的塑钢门窗、红色花岗岩石的墙体、绿色渔网网住的又高又厚的海草屋顶，使海草房的特色得到充分体现。使前来度假和旅游的人身居海草房中，原生态的环境和原生态的民居对游客产生极大的吸引力。高档的旅游度假村环境，吸引了国内外高消费的人群，满足了不同消费群体的需求。为当地老百姓广开就业门路，加大创收，保护、传承和发展了海草房非物质文化遗产文化，后代子孙留下宝贵财富。

开发海草房特色旅游产品，结合海草房的人文景观开发带有海草房元素的特色旅游纪念品，例如海草房微型外观装饰品和装饰画、海草房民居风俗手工艺品等。同时突出强调要保护代表海草房突出的外观特征和装饰元素的结构部件，例如海草房的曲线屋脊造型和厚重朴实特征的花岗岩墙壁等。

7.3.3　秉承这一使命，着力弘扬民俗文化

带有海味的海草房文化和淳朴的民风，充分显示了千百年来当地居民的智慧和精神文化，保护这些也就间接地保护了海草房文化。开展博物馆、非物质文化遗产展现站和农家旅游群落、艺术传媒基地，提升其功能拓展能力和文化价值，扩大非物质建筑文化影响力。政府出面倡导，联合相关地方，邀请威海地区民俗专家、渔民、苫匠、民俗艺人以及旅游专业师生驻点进行创作研发，实行海草房民居旅游文化系列群落设计开发，按照海草房原貌集中搬迁，建成威海地区原生态海草房民俗旅游文化群落区，留存海草房地区的历史生活风貌和民居民俗文化。

将代表胶东地域文化的一些视觉符号通过建筑、旅游形式传播、留存。例如海草、剪纸、民俗画，用独创施工工艺将海草房的门窗、石磴等建筑形式的修补和仿制加以保护，海草房主人所用的生活用品例如锅灶、火炕、杆秤，生产用品如锄头、镢头、锨、牲口棚、猪圈、鸡舍等都记录了海草房的历史文化与胶东居民的生活形态。而龙、鱼、虾、水生植物等图腾纹样，青砖、水泥、原木、石头、贝壳等自然材质，都体现了海洋文化。开展海草房民居民俗体验活动，组织游客参加钓鱼、剪纸、游灯、地方戏曲等民俗活动，领略农家生活与乡土文化。建立海草房街市，还原海草房盛行时代繁荣景象，销售海草房民俗文化和"海文化"产品。

7.3.4　加强对外宣传，提高海草房文化的影响力

结合海草房民居，多方宣传保护海草房建筑，唤醒人们对传统海草房这种具有生态、节能、环保观念的民居的记忆和重新认识，老百姓改变居住观念，回归自然和传统，保护环境，并融合其他威海地区民俗产品，使之成为威海地区海草房建筑文化的体验地区。既保护了濒临灭绝的海草房，又开发延续了海草房旅游文化，传承了海草房非物质文化遗产文化。海草房民居形式的保护和传承建立建筑、美术、摄影创作基地，组织海草房艺术作品大赛活动，提高海草房艺术品位和知名度；制作海草房模型和海草房民居文化旅游纪念品，增加生态文化、民俗文化内涵，增强对游客的吸引力，增加重游率，扩大海草房民居的知名度和宣传度。廉价的住宿费和回归自然的家庭旅

馆式海草房旅游联盟旅游形式可以把广大工薪阶层旅游者吸引进来，这个博大的群体，不但给当地人带来了经济收入，而且无形中宣传了海草房，起到了媒体宣传的作用，对保护和传承发展海草房文化起到了积极的作用。

为了完全体现原貌，博物馆讲解员和员工，在服装和头饰等打扮上保持原味，讲解员最好选择当地当时的语言讲解民居和民俗文化，给人身临其境的感觉，博物馆式的保护仅仅是再现过去和历史，在保留外观原貌的前提下，创新发展带有现代元素的新的海草房，使其成为延续过去，例如海草房四合院、海草房别墅，为适应现代人生活习惯，在内部装修和设施上采取现代生活设施，区别于传统的海草房，达到传承发展的目的。

以海草房民居旅游文化系列群落为载体，结合渔村旅游主题，以绣品、剪纸、沙画、海文化产品、茂腔戏剧等地方特色产品开发为主，开发相关民俗文化旅游产品，其收入可以再用于海草房的保护上，延续海草房相关的文化传承。

带有海味的海草房文化和淳朴的民风，充分显示了千百年来劳动人民的智慧和精神文化，保护这些也就间接地保护了海草房文化。

第八部分 结语

作为威海地区地域文化代表的海草房，随着建筑的发展和城市建设的不断进步以及渔民生活方式的改变，正在逐渐消失。作为建筑文化的一个重要组成部分，传承、发展、保护海草房和海草房苫房工艺成为不容忽视的问题，需要众人发现这些工艺的可贵，并给予及时的保护。

纵观海草房的历史，海草房建筑的起源与劳动人民的生活密不可分，是伴随着劳动和生活起源和发展的，根据各个时期的发展状况，海草房工艺在不断发生着演变。随着建筑技术的发展和演变，海草房建筑艺术也发展并演变着。在建筑高速发展的今天要通过建筑艺术行业协会、媒体、政府加大对外宣传力度、协调出台相关扶持政策、鼓励海草房苫房艺人创作、加强资料整理研究等手段，加以发扬光大，使之成为建筑艺术持久发展的源泉和动力。

多年来，威海地区政府在保护海草房民居上面做了大量的工作，带动力当地老百姓保护海草房意识的提高，同时，当地建筑协会、城乡规划工作者、建设者以及历史文物工作者也做了大量的艰苦卓绝的保护工作，由此使海草房的保护和传承有了一定的成效。

纵观海草房的历史演变过程，海草房主要以早期老百姓的居住场所为目的营造形成。至明代有了很大规模的发展和普及，20 世纪 70 年代是海草房最具有代表性的时期，也是最辉煌的时期。随着现代建筑材料和工艺的不断创新发展，海草房继而走向没落。

作为建筑史上最有代表性的一个类型，海草房在建筑布局和风格上均能体现出北方的四合院居住样式和营造工艺；院落中的主体建筑——堂屋、附体建筑——东、西厢房、南厢房以及门楼等单体建筑之间在外观和比例上和谐统一，遥相呼应，敦厚完美；海草房以北方四合院为主要的布局特色，而主体建筑的结构及构造手法是南北相结合的营造方式，海草房的居住者大部分是以打鱼为生的渔民，海草房内建筑形体上渗透着有多个海洋类形象装饰，无不体现出了"海文化"的特征和人文价值。靠海而居的老百姓，在"海文化"的环境里，多年形成了其独特的风俗文化，无不显现着浓厚的风俗文化底蕴和"海文化"渗透的人文价值。

有着渊源历史的海草房是威海地区乃至胶东半岛一个海边居民社会的发展缩影，它是地域文化的载体，是不可再生的文化资源。研究海草房，有助于我们了解历史，激活古老的、沉睡的海草房非物质文化遗产，留住历史文明，参与到当今文明，为未来文明所用，对现代建筑的空间规划和单体设计的思路具有时间和空间可持续性发展的参考意义。海草房的建筑风格和海文化特色表现出鲜明的人文主义精神，为其旅游资源的开发提供了重要的艺术价值及社会经济价值。

保护和发展传承海草房是全民的责任和义务，首先要调动政府和社会各界的积极性，提高政府部门、社会各界对海草房遗址保护与利用的认识，加强政府部门的领导和科学管理，建立可行有效的保护制度，加强社会各界的参与度和行动实效性。在尊重历史，尊重自然的情况下，保护和开发利用海草房，从历史的角度去深入研究海草房特定的自然环境和社会环境影响下形成的内在机制和文化内涵，梳理海草房发展的历史文化脉络和价值，制定科学的保护与发展利用对策。成立保护传统海草房工艺行业协会，鼓励手工艺人运用多种形式保护传统苫房艺术。争取政府支持，利用媒体手段宣传保护"海草房"；倡导专人整理海草房资料；推动海草房的保护与文化产业开发、旅游纪念品开发相结合；大力宣传海草房，开发海草房产品，发展传统海草房艺术。

（作者单位：威海职业学院）

创新群众工作机制

高书良　刘建忠

群众工作是我们党制胜的法宝，也是密切党群干群关系的重要纽带。近年来，山东省乳山市主动适应群众工作新形势、新要求、新变化，改革创新群众工作机制，成立了市委群众工作部，建设了市民热线和乳山民情网两大平台，建立了完善联系走访群众、社情民意征集、诉求分析研判、诉求分办落实、社会管理服务五项制度，推动了干部作风转变，密切了党群干群关系，促进了社会和谐稳定，提高了群众满意度。

联系走访群众机制。坚持把群众工作做在平时，总结民情走访、包村联户、选派"第一书记"等行之有效的做法，变以前干部联户随机走访、定期变动为联系服务群众常态化、广参与、全覆盖。常态化，就是将走访对象长期固定下来，实行日常有联系、月月面对面、每季有互动、半年一走访的日常"四访"机制，市级领导班子成员定向联系群众不少于5户、市直部门干部每人联系40~50户、镇街干部每人联系70~80户，及时发现问题、解决问题，变"群众找我办事"为"我为群众办事"，切实将群众关心的事摸清摸实，把群众关心、关注反映强烈的突出问题和实际问题化解在基层、解决在平时，最大限度地让群众满意。广参与，就是安排全市15个镇街、113个部门和单位结对联系全市178个农村新型社区和21个城市社区，所有机关事业单位干部职工要全员参加常态化联系服务群众和民情走访活动，并安排全市2600多名"两代表一委员"和5900多名教育卫生工作者，根据居住区域、所在行业等因素，自行筛选确定10~20户作为联系服务对象，共联系服务群众9.5万户，拓宽了常态化联系群众的主体范围。全覆盖，就是按照每名干部都有联系户、每户居民都有联系人的原则，对全市各村、社区划片包干、按人定户、人户对应、一户不漏，保证走访率达到100%，全市参加走访的人数达到 4500 多人，覆盖城区和农村 20.3 万户，实现了广大干部职工与全市常住居民之间的联系服务全覆盖。

社情民意征集机制。为最大限度畅通广大群众反映问题、表达诉求的渠道，变被动"坐等"诉求为主动征集诉求，采取"敞开门来听"与"走出门去问"相结合的形式，通过市民热线、民情网、领导信箱、公开电话、网络舆情、常态化联系群众、满意度调查、不满意事项征询、民情 e 掌通 9 种途径，广泛汇集群众诉求，特别是重点发挥三大平台作用：一是市民热线。整合政务热线资源，承接威海市"12345"市长电话，开通了"6512345"乳山市民热线，实行"一个号码对外、一个中心受理、24 小时服务"的运转模式，集中受理群众咨询、求助、建议、投诉等事项，打造"每日全天候、全年不间断的服务型政府"。二是民情网。充分借助网络媒体资源优势，整合网站原有民生关注、网上民声、民意征集、行风热线、在线回复等板块，对群众反映的问题即时接收、转办，并动态上传反馈问题处理情况，做到有问有答、有诉求有回复、有满意度评价，搭建集政策宣传、便民服务、倾听民声于一体的党政部门与群众网上交流的平台、解疑释惑的窗口。三是"听民声"满意度调查。每年开展两次"听民声"群众满意度调查活动，利用市社情民意调查中心问询平台，采取随机电话抽访的方式，重点围绕扩大就业和增加群众收入、城市和新农村建设、医疗水平和服务态度、中小学教育、环境保护、关心帮助困难群众、丰富群众文化生活、社会治安状况、干部作风等方面内容，对 2750 户群众进行问卷调查，进一步倾听民声、询访民意、了解民情、帮解民需，不断提高群众满意度。

诉求分析研判机制。推动群众工作由应急"救火"向超前"防火"转变，在市委群众工作部设立民生服务中心，对民情汇集、诉求办理等情况收集汇总，并从问题类型、区域分布、难热点程度等方面进行综合分析，归纳提炼共性问题，实行每日一报告、每周一汇总、每月一分析，对影响社会和谐的不稳定因素进行及时研判，对面上新出现的突出问题进行专题报告，打造集民意汇集、数据统计、信息分析于一体的综合型信息研判平台，为市委、市政府科学决策提供参考依据。

诉求分办落实机制。以化解群众诉求为工作导向，对收集受理的诉求事项进行分类研究、交办处理，按照职责分工，对能直接答复的咨询、求助类问题，由市民生服务中心工作人员当场予以答复，对不能当场答复的，由民生服务中心按照分办落实要求，调度相关镇街、部门负责办理答复，明确时限要求，对于咨询建议类诉求限 2 日内办结回复，投诉举报类诉求限 5 日内办结回复，最长可申请延时至 10 日内。对规定时间内未办结回复的，短信提醒单位主要负责人限期落实，逾期仍未办结的提交市级分管领导批办，仍未办结的，提交市委、市政府主要领导，并转交纪检监察机关启动问责机制跟踪督办，确保群众的每一件诉求事项都能得到及时、圆满的解决。对于办理难度较大、需综合协调解决的，提交由市级领导牵头组织召开的群众工作联席会议研究解决，对问题集中或反复答复群众仍不满意的，提交市委常委会议或市长办公会议研究解决。通过一系列严格措施，强化了部门责任意识，保证了诉求办理时效和质量，打通了工作落实的"最后一公里"，诉求按期办结率一直保持在 100%，群众满意度达 99.07%。

社会管理服务机制。针对以往群众工作涉及面广、职能交叉的实际，以市委群众工作部为龙头，整合部门、行业群众工作，在全市形成了市镇村（社区）纵向三级联动、各部门横向配合联动的群众工作网络，推动了社会管理服务由重点推进向全面推进延伸。

（作者单位：中共乳山市委）

关于加快推进经区文化产业发展的
调查与思考

侯成阳

文化产业对于新常态下优化产业结构，培育新的经济增长点，推动经济社会持续健康发展具有重要意义。为进一步推进威海经区文化产业发展，近期，我们对区内文化产业发展情况做了深入调研，并对现状及不足进行了分析。

一 经区文化产业发展的基本情况

近几年来，经区在中韩地方合作试验区和威海全域城市化战略的利好政策下，文化产业迎来难得的战略转型期和黄金发展期。我们以建设"文化特色名区"为目标，深化文化体制改革，加速文化产业发展，全力培育打造特色文化产业新亮点，文化产业呈现出蓬勃向上发展态势。

1. 建立了精准有效的扶持推进机制。从 2015 年开始，成立了文化产业发展领导小组，制定了具体实施意见，在全市率先出台《关于进一步鼓励扶持文化产业发展的意见》专项扶持政策，重点鼓励扶持文化产业项目、文化园区建设和原创影视作品、动漫游戏产品创作以及举办大型展览、演出等活动，激发出文化产业发展活力。同时，创优服务质量，强化产业指导，在项目引进推进、产业运作运营上实现无缝衔接、全程跟进，着力优化文化产业发展的政务环境。

2. 搭建了一批文化产业载体。树立"大文化"观念，增强"大规划"意识，将文化产业规划同东部滨海新城、中韩自贸区建设以及服务贸易创新、精准开放合作有机结合，推动文化与商贸、金融、科技、旅游深度融合，以整体规划、科学规划、前瞻规划引领文化产业突破发展。重点规划建设了韩乐坊、中韩影视基地、延长线影视文化创意基地、工艺美术产业基地、逍遥古镇等文化产业平台。

3. 培育了一批重点文化产业项目和文化企业。重点依托产业载体广泛开展了招商推介宣传，相继举办了中韩文化创意产业合作交流会、韩国红参文化节、韩乐坊艺术节、九龙湾国际沙滩音乐节、九龙城唱响山东歌会等活动，迅速带动中韩国际珠宝文化城、金逸电影城、春秋美术馆、台湾会馆等大批文化项目汇聚区内，形成了良好发展态势。

4. 打造了特色鲜明的韩国文化体验品牌。充分发挥经区对韩经贸往来频繁、文化交流密切等优势，打造起特色鲜明的韩国文化体验品牌。以韩乐坊为核心的韩文化主题公园入驻文化企业 100 多家，成为国内最大的韩国建筑、民俗、旅游、饮食、时尚文化体验中心。

二　制约经区文化产业发展的几个因素

近年来，经区文化产业发展思路清、力度大、势头强，在规划谋策、机制保障、特色建设等方面有了一些成效，但也存在一定的制约因素。

1. 文化产业基础较差。总体来看，经区文化产业发展仍处于起步阶段，文化产业基础差、底子薄，文化建设发展的资金有限，文化产业发展底气不足，经济发展贡献率不高。

2. 文化产业体量较小。经区文化企业分散经营现象普遍，且"个头"小，缺乏龙头企业的有力带动，没有形成规模性的产业体量和较强的行业影响力。

3. 文化产业结构有待优化。目前，经区文化产业中传统文化产业比重较大，基本上以传统文化经营、工业设计为主，新兴的文化产业力量较小，发展缓慢。以信息化、数字化、网络化为核心的新兴产业如创意、软件业、会展业、影像业、音像业等发展有待提速。

4. 文化产业集聚度偏低。文化产业发展、壮大、成熟的一个重要标志，是由具有互惠共生性、竞争协同性、资源互补性的文化企业形成集聚发展的产业集群。目前，经区文化产业没有形成一个系统完整的产业发展体系，产业集中度偏低，产业配套体系不完善，影响了产业整体发展。

三　经区文化产业下一步发展思路

经区将把发展壮大文化产业作为推动产业转型升级的重要着力点和突破

口，注重做好文化产业与东部滨海新城建设、中韩自贸区建设、服务贸易创新发展试点结合文章，扎实推动文化与商贸、科技、旅游深度融合，抓好创新突破。

1. 培育特色文化品牌。第一，着力打造韩国文化品牌。充分依托中韩自贸区建设机遇和对韩优势条件，进一步深化对韩文化交流合作和招商推介，重点抓好韩乐坊、韩国风情街、韩国美食街等特色街区提档升级，靠前推进韩国商品交易中心、盛世韩企中国总部基地、中韩国际珠宝文化城、富城国际中韩文化交流中心、仁川公园、中韩自贸区经贸交流中心等项目建设运营，着力打造中韩文化产业合作交流的新高地和国内韩国文化体验首选地。第二，打造滨海文化品牌。紧密结合东部滨海新城建设，深入挖掘海洋文化资源和民俗风情，积极实施"文化＋"行动，大力发展滨海休闲、旅游、商贸、民俗等文化业态，突出抓好逍遥湖及周边商贸文化区、文体创意区规划建设，全力加快沿海岸线拆迁整治修复，重点推进五渚河公园、石家河公园、海西头国家海洋公园、逍遥古镇、房车营地、海洋休闲垂钓基地、海水浴场建设，跟踪海洋世界主题公园、游艇俱乐部等项目招商运作，打造滨海休闲旅游文化产业带。第三，打造演艺文化品牌。鼓励支持发展演出演艺、文化交流、展会赛事等文化服务贸易。继续办好中韩盛典文化公演、九龙湾国际沙滩音乐节、九龙城唱响山东歌会、韩乐坊艺术节等品牌活动，整体带动特色商贸文化业态快速聚集膨胀，打造文化娱乐欢乐谷。

2. 发展文化创意产业。第一，着力打造影视文化基地。重点建设三大板块：首先是电影院线建设。加大电影院线建设力度，突出抓好豪业电影城、金逸电影城等已运营影院提档升级，打造优质观影品牌，提升辖区影院经营规模效益。其次是影视产业公共服务平台建设。注重整合政府、园区、企业、院校、协会等各方资源，积极搭建影视产业公共服务平台，重点抓好山东延长线影视文化产业创意基地建设，跟踪推进经区影视文化产业促进中心、中国电视剧本经区创作基地等相关机构和企业入驻基地，打造一站式影视文化产业服务平台。积极洽谈推进中韩影视基地项目尽快落地，重点规划建设影视实训基地、"海文化"影视基地、国际文化艺术交流中心、威海欢乐谷大型游乐场四大平台，提升影视产业吸引力和承载力。最后是影视作品生产。近期重点推出电视剧《威海媳妇韩国郎》、电影《遇见你的梦想》、网络剧《炮灰》等一批优秀影视作品，提高影视文化产业附加值和影响力。第二，着力打造工艺美术基地。借助全市打造油画艺术原创基地的有利契机，进一步完善全区工艺美术产业链条及配套服务，大力支持社会力量开办各类工艺美术场馆，重点抓好春秋美术馆、海峡两岸艺术家威海创作基地、山东中国书画艺术创作院、威海中韩艺术产业城等项目运作，扶持鼓励乐天美术馆、逸云斋美术馆、台湾会馆、中国海洋油画院、翰文书画研究院等艺术机构运营，全力打造涵盖创作、展览、拍卖、营销等功能的一体化工艺美术全产业链条，提升产业发展专业化、品牌化、规范化水平。第三，着力打造文娱动漫基地。充分依托城区43万平方米商务楼宇资源和"腾笼换鸟"空间资源，大力培育发展文化传媒、创意设计、动漫游戏、数字资讯、广告设计、文化会展、时尚消费等文化创意业态，重点抓好威海智慧谷规划建设，跟踪推进中服集团时尚创意文化产业园、韩国城互联网产业园等项目洽谈运作，尽快形成规模带动聚集效应，提升区域文化创意产业竞争力。

3. 优化文化发展环境。及时顺应文化产业发展新形势，充分调动各方要素资源，全力支撑文化产业发展。首先，夯实组织保障。进一步健全文化产业发展齐抓共管推进机制，完善扶持激励政策，充分发挥政府推动和市场引领叠加作用，形成工作推进合力。其次，夯实人才保障。加大文化产业人才引进培养力度，重点引进高层次领军人才和团队，为各类人才安心入驻提供全方位便利服务，提高人才吸引力。再次，夯实资金保障。拓展文化产业投融资渠道，探索成立区域文化产业发展基金，大力吸引民间资本涌入，激发文化创新创业活力。最后，夯实项目保障。建立文化产业招商资源信息库，开展"量身定做"式定向招商、精准招商，增强文化产业发展后劲。

（作者单位：威海经济技术开发区工委宣传部）

国家治理视角下经济责任审计内容
与方法的创新性思考和研究

房元芹

引　言

国家审计是国家治理的重要基石和保障，而经济责任审计是国家审计的重要手段。我国经济责任审计起步于 20 世纪 80 年代中期的厂长（经理）离任审计，是着眼于推动全民所有制企业所有权与使用权"两权"分离、深化经济体制改革的产物，主要是通过离任审计，督促厂长（经理）履职尽责，促进"两权"分离改革背景下国有资产的保值增值。20 世纪 90 年代以后，随着社会市场经济体制的不断发展完善、国有企业改革的不断深入、国家民主法治进程的不断加快，经济责任审计的范围、内容、作用不断地深化与拓展，成为国家和组织治理体系的重要组成部分，是促进领导干部树立正确的政绩观、依法行使权力、有效履行职责，推动全面从严治党，从源头上预防和惩治腐败的重要措施。

党的十八大以来，党中央突出全面从严治党这一主题，对加强新形势下党的建设作出新的重大部署。在这种形势背景下，立足国家治理的需要来认识和定位经济责任审计的功能与作用，建立与国家治理能力和治理体系的现代化相适应的经济责任审计机制，是摆在各级审计机关面前的重要课题。本文从实证角度，结合基层审计机关工作实践，从责任目标、客观事实、结果运用三个维度，对新形势下经济责任审计工作内容和方法展开研究，为有针对性地解决当前基层审计实践中遇到的困难和问题、有效发挥经济责任审计在国家治理中"免疫系统"功能提供参考。

一　国家治理与国家审计、经济责任审计的内涵与关系

（一）概念

国家治理的内涵。中国传统政治思想中，国家治理通常是指统治者的"治国理政"，其基本含义是统治者治理国家和处理政务。马克思主义国家观认为，国家是阶级矛盾不可调和的产物，本质是为实现统治阶级意志而服务的，其职能包括政治统治和社会管理，国家治理就是统治阶级通过对经济、政治、文化和社会权力的分配和行使，对社会实施控制和管理。近现代经济学理论认为，国家治理的基础是"委托－代理"理论，由权力所有者设计适当激励机制诱导代理人行使被委托的权力，以实现委托目标，这一理论在国家这一组织中的运用和体现就是国家治理。我国学者江必新结合中国特色社会主义理论研究认为，国家治理的基本内容包括国家治理体系和国家治理能力两个方面：所谓的国家治理体系，是"党领导人民管理国家的制度体系，包括经济、政治、文化、社会、生态文明和党的建设等各领域的体制、机制和法律法规安排，也就是一整套紧密相连、相互协调的国家制度"。所谓的国家治理能力，是指"运用国家制度管理社会各方面事务的能力，包括改革发展稳定、内政外交国防、治党治国治军等各个方面的能力"。我们可以这样认为，国家治理作为国家功能的重要实现形式，就是通过制度对权力进行系统性的配置和运用，以调和国家内部利益矛盾的过程。

国家审计的内涵。2011 年 7 月，刘家义审计长在中国审计学会第三次理事论坛上提出，"在国家治理中，国家审计实质上是依法用权力监督制约权力的行为，其本质是国家治理这个大系统中的一个内生的具有预防、揭示和抵御功能的免疫系统，是国家治理的重要组成部分"。从这个意义上说，国家审计必须也必定在国家治理的大框架下开展工作。审计署公开信息显示，按业务类型，国家审计可分为财政财务收支审计、绩效审计、经济责任审计和专项审计调查；按涉及领域，可分为财政审计、金融审计、企业审计、资源环境审计、经济责任审计、涉外审计，也称"六大业务格局"。

经济责任审计，是对国家审计体制、国家治理体系的发展和完善，在国家治理和国家审计中占重要地位。但当前，对于经济责任审计的理解主要有这样几种观点。东北财经大学会计学院教授唐睿明认为，经济责任审计是国家审计机关对国家党政机关、企事业单位领导人员任期经济责任履行情况，

实施组织监督、纪检监督与审计监督有机结合，集财政财务收支、财经法纪、经济效益为一体的综合性审计。学者王国俊、倪慧萍认为，党政领导干部经济责任审计通过对党政领导干部经济责任履行情况的审计，督促党政领导干部认真履行行政职责并优化履行职责的工作过程，最终达到促使整个国家机关依法行政、提高行政效率的目标。审计署《党政主要领导干部和国有企业领导人员经济责任审计规定实施细则》明确指出："经济责任审计应当以促进领导干部推动本地区、本部门（系统）、本单位科学发展为目标，以领导干部任职期间本地区、本部门（系统）、本单位财政收支、财务收支以及有关经济活动的真实、合法和效益为基础，重点检查领导干部守法、守纪、守规、尽责情况，加强对领导干部行使权力的制约和监督，推进党风廉政建设和反腐败工作，推进国家治理体系和治理能力现代化。"由此可以看出，经济责任审计，就是对权力的审计和监督，表现为对公权力行使者或领导干部等特定人群履职情况的监督，根本目标在于提高国家治理效能，实现国家良治善治。

（二）国家治理与经济责任审计的关系

从国家治理的角度理解和认识经济责任审计，是主动适应新形势变化发展的客观要求，是对国家审计理论发展的重要探索和创新，对于全面从严治党新常态下有效发挥经济责任审计在国家现代化治理中的积极作用具有较强的现实指导意义。

从本质上讲，经济责任审计是国家治理系统中对权力运行制约和监督的重要手段，是"现代审计理论与中国特色审计实践相结合而产生的一种审计制度创新"。一方面，国家治理模式决定着经济责任审计方式，国家治理的目标决定着经济责任审计的方向，经济责任审计是依法监督制约权力运行的制度安排。党的十八大指出，要建立健全权力运行监督和制约体系，健全质询、问责、经济责任审计、引咎辞职、罢免等制度；十八届三中全会提出，要加强和改进对主要领导干部行使权力的制约和监督，加强行政监察和审计监督。李克强总理要求，要对公共资金、国有资产、国有资源和领导干部经济责任履行情况实现审计全覆盖，发挥审计权力运行"紧箍咒"、反腐败利剑和深化改革的"催化剂"作用。当前，我们实践的经济责任审计，就是在国家治理的大框架下，通过配置和运用国家权力，对公共事务进行控制、管理、服务和监督的过程，能够有效防止权力失控、决策失误和行为失范。另一方面，经济责任审计能够有效服务于国家治理体系和治理能力的现代化。经济责任审计是监督制约权力、促进领导干部遵规守纪的重要手段，是干部监督管理、任免问责的重要参考依据，也是维护社会秩序、防控化解风险、提升国家治理效能的重要保障。从这个角度看，经济责任审计紧扣国家治理这一主题，来确定审计方向和内容重点，通过关注审查重点内容、有效运用审计结果，在推动依法行政、促进反腐倡廉等方面发挥积极作用，进而为推动国家治理体系现代化形成有力的保障机制。

（三）经济责任审计在国家治理中的功能与作用

作为国家审计的一种类型，经济责任审计具有国家审计"免疫系统"的普遍性功能，即预防、揭示、抵御功能。但在国家治理的大框架下，经济责任审计是针对公共权力运行、领导干部管理而确立的一项专门监督机制，与其他常规审计相比，有着自身的特殊功能。

1. 制约功能。对权力的制约功能，是国家治理视角下经济责任审计的基本功能。理论上，所有的国家审计方式都是受托审计，但从审计对象和内容重点上看，经济责任审计与其他审计方式又不尽相同。比如，资产负债审计，审查的是被审计对象的财政财务收支现状，指向一个时期被审计对象的经营成果；政策跟踪审计，审查的是政策贯彻落实情况，指向地区或部门的施政行为和效果；经济责任审计，审查的是党政主要领导干部和国有企业领导人员任期内的履职尽责情况，重点关注"人和事"，指向对权力运行的监督和制约。由此可看出，经济责任审计与其他审计方式相比最大的区别在于，其审计对象是处于国家政治权力中心、具有支配国家公共资源能力的党政主要领导干部和国有企业领导人员，更多关注的是领导决策权、管理权的行使，目的是通过对权力运行的制约和监督，促进领导干部正确行使公共权力。

2. 服务功能。一方面，经济责任审计的产生和发展都源于国家治理的需要，也必然会随着国家治理需求、环境的变化而发展完善，必须服从并服务于国家治理这一需求。另一方面，经济责任审计的一个显著特点是"人格化"审计，以评价人的经济责任为中心，跨领域、跨专业的对事进行审计，对地区或单位的经济社会发展整体情况进行综合判断和评价，并通过促进体制机制建设完善，推动经济社会又好又快发展。特别是在当前协调推进"五位一体"总体布局和"四个全面"战略布局的背景下，迈入全面建成小康社会关键时期，更需要经济责任审计发挥好服务功能，为地方经济社会健康持续发展保驾护航。

3. 测评功能。为领导干部的监督考核、选拔任用提供重要参考依据，是经济责任审计不同于其他审计方式的重要表现。形式上，虽然经济责任审计是对过去一个期间领导干部行使决策权、管理权的评价，但对于干部管理部门而言，这是被审计干部综合素质能力的具体反映，是识别评价干部的重要依据。从审计实践看，经济责任审计在量化"一把手"经济责任和经济行为方面有着明显优势，通过将年度考核与任中审计相结合、提拔任用与任前审计相结合、调整职务与离任审计相结合、组织考察与审计评价相结合，保证干部考察选拔工作客观公正，使廉洁勤政、干事创业的干部得到提拔重用。

（四）国家治理新形势对经济责任审计的新要求

新时代有新任务，新形势有新要求。党的十八大以来，党中央对新时期推进国家治理体系和治理能力现代化作出部署安排，从"五位一体"总体布局的确定，创新、绿色、协调、开放、共享"五大发展理念"的提出，到全面深化改革、全面依法治国、全面从严治党"四个全面"战略布局的深入推进，特别是"经济责任审计全覆盖"理念、自然资源资产离任审计目标任务的提出，都促使审计环境、审计内容、审计范围等发生了深刻变化。比如，审计内容上，正在由传统财务收支审计向"问财"与"问政"转变，更多关注履职尽责情况；审计重点上，正在由合规性审计向合规性与效益性审计转变，更多关注效益；审计手段上，正在由手工作业向以集中分析、分散核查为特点的大数据审计转变，更加关注大范围、深层次问题；审计整改上，正在由纠正单点问题为主向完善体制机制转变，更加关注宏观性、结构性问题。新常态下，能不能主动适应这些新变化，加快思维理念和工作方式转变，对我们来说是重大考验和严峻挑战。

二 当前市县基层经济责任审计面临的困难与挑战

（一）人少事多矛盾依然突出

按照底线思维思考，经济责任审计项目工作量的上限＝审计机关全年业务量－预算执行审计和专项审计项目的工作量－上级审计机关追加项目和地方党委政府领导临时交办任务的工作量。如果工作任务超出了这个限度，审计任务与审计力量资源将严重不匹配，出现被动应付、流于形式等情况，降低了审计质量，增加了审计风险。根据调研了解，当前经济责任审计工作量平均能占到市县基层审计机关业务总量的60%～70%，远远超出审计署和省审计厅的平均值。同时，基层审计机关审计力量严重不足，以威海市审计局为例，一线审计力量约 30 人，多是新进年轻同志和年龄在 50 岁左右的老同志。老同志虽然有着丰富的经验，但对信息化现代审计模式和高强度的工作压力往往力不从心；年轻同志业务不熟练、缺乏经验又仓促上阵等现象较为普遍，业务骨干断层、两极分化现象严重，进一步加剧了人少活多、任务重的矛盾。

（二）项目计划安排随意性

根据现行的《国家审计准则》，审计机关年度审计项目计划需报经本级政府行政首长批准并报上一级审计机关审批。2016 年 8 月，省委、省政府印发了《山东省审计机关人财物管理改革试点实施方案》，进一步明确"全省各级审计机关的审计项目计划由省厅统一管理。除省厅统一组织审计项目外，市、县审计局每年结合当地中心工作，提出本级年度审计项目计划，经同级政府审核，报省厅批准后执行。市、县审计局接受地方党委、政府交办的年度审计项目计划之外的审计事项，须报经省审计厅同意后方可组织实施"。从当前市县审计实践看，虽然建立了经济责任审计联席会议机构，但经济责任审计联席会议成员单位参与少，缺乏联动沟通机制，职能得不到有效发挥；经济责任审计项目计划管理程序上不规范，计划安排随意性大，审计部门处于被动接受的位置。纪检部门借调配合的项目或者干部调整临时追加的项目，并没有严格按程序向本级行政首长和上级业务主管部门报告审批或备案，失去了计划管理应有的约束性和指导性。特别是按照"逢离必审"要求，在领导干部换届调整期间，经济责任审计呈现集中性、大批量的特点，有时一两个月内每名一线审计干部平均要审计 2 ~ 3 个离任项目，超出了审计机关的实际承受能力，造成经济责任审计项目延压、跨年度实施现象严重，影响了经济责任审计项目时效性和审计质量，加大了审计风险。

（三）审计内容重点不明确

按照《党政主要领导干部和国有企业领导人员经济责任审计规定》，经济责任审计应当以促进领导干部推动本地区、本部门（系统）、本单位科学发展为目标，以领导干部守法、守纪、守规、尽责情况为重点，以领导干部任职期间本地区、本部门（系统）、本单位的财政收支、财务收支以及有关经济活动的真实、合法和效益为基础，严格依法界定审计内容。但随着经济社会发展，特别是步入新常态以来，领导干部承担经济责任的内容与以往相比，无论是内涵还是外延都发生了很大变化。基层一线审计人员受审计理念、审计经验、审计方法等影响，对经济责任审计内容重点把握不准，大部分还是习惯沿用传统的方式方法，把审计财务资料作为重要内容，没有突出单位职能、领导干部履职特点，使审计内容流于"通用模板"，缺乏针对性，影响经济责任审计报告的质量和效果运用。这突出表现为"四多四少"，即：就账查账、就事论事多，从体制、机制和制度上分析研究少；看资金使用是否真实合规多，看政策贯彻、决策执行少；从二、三级单位和与领导干部职责相关度不高的事项看问题多，跳出具体单位和事项从全局综合分析少；反映面上共性问题多，对被审计领导干部精准画像少。

（四）方案编制质量不够高

当前，市县审计机关普遍存在审计实施方案质量控制不严、指导性和可操作性不强等问题，客观上有审计人员少、时间紧任务重等因素，但最主要是主观上有"轻方案、重执行"的倾向。具体表现在以下方面。①审计实施方案编制指导性不强。在实践中，有的审计人员凭个人经验编制审计实施方案，或者将审计工作方案内容直接复制到审计实施方案中，或者把以前的审计方案随意改改蒙混过关，甚至出现项目实施时间过半，实施方案还没有成型"先审计、后补方案"的现象。这种情形下，审计实施方案基本成了摆设和保证审计完整性的必要形式，导致现场审计实施过程中缺少系统指导和整体把握，容易让审计组成员抓不住项目实施"主线"，审计人员只能"各显神通"、凭经验审计，有时甚至出现审计事项缺项和漏项、审计范围随意扩大等现象，造成审计"缺位"或"越位"。②审计风险评估不准确、不科学。审计的主要目的是促使被审计单位纠正存在的问题，并通过举一反三揭示和反映宏观管理中的问题，为党委政府领导决策提供参考，这要求审计人员在编制审计实施方案时就应予以充分考虑和关注。但实际中，受审计时间、任务压力等影响，审计人员往往习惯根据以往经验，拿起来就干，没有针对被审计单位的职能特点进行深入调查研究，对社会热点、难点问题或行业共性问题、被审计单位历年来存在的问题进行挖掘分析，很难做到有的放矢、精准预判。

（五）审计程序执行不到位

审计实践中，由于时间紧、任务重等多种因素，审计人员往往只注重审计查出的问题，忽视了审计程序等细节问题，存在"重视查问题、忽视程序规范"等问题。比如，有的项目未进行审前对话，审计通知书未提前送达，进点后未张贴审计公示书，审计中未与被审计单位领导干部及相关人员进行谈话等，这些现象严重影响了审计质量，也为审计带来了较大的隐患和风险。

（六）审计评价标准不明确

经济责任审计评价是审计人员界定经济责任的基础，但实际操作中，由于被审计领导干部所在部门单位的性质和职能不同，很难形成一整套统一的评价指标体系，只能依靠以往审计经验和审前调查情况，自行设计与被审计单位部门相适应的指标体系，这对反映被审计领导干部决策、内部管理控制、执政效果等非财务数据的评价缺少明确标准和依据。

（七）审计结果利用率不高

经济责任审计应遵循"先审计、后离任"的原则，但由于计划管理的不规范造成审计时效性滞后，组织部门选拔任用干部与审计结果评价之间严重脱节。市县基层审计工作中，大部分项目都是"先离任、后审计"，一般在领导干部集中调整后，组织部门采取"批量"委托方式交由审计机关审计，并且受审计力量不足、任务重等多种因素影响，有的在领导干部离任一年后才进行离任审计，经济责任审计在领导干部监督管理、选拔任用方面的效能没有发挥出来。另外，受审计滞后等因素影响，对于单位和前任干部被审计查出的问题，继任者不愿管、不愿追究，对于已提拔的干部，相关部门无法追究，导致一些审计结论无法有效落实，审计整改质量难以保证。

三 "三维"角度下经济责任审计的探索与研究

经济责任审计是一项实践性很强的工作，需要坚持目标与绩效导向，以创新为动力，以质量为核心，从理顺完善责任目标与评价体系入手，狠抓过程质量管控和审计成果优化运用，切实发挥出国家治理中的有效作用。研究认为，当前基层经济责任审计在国家治理的地位和作用更多体现在从严监督管理干部、推动反腐倡廉建设上。我们结合威海市县审计实践，从实证研究的角度，提出经济责任审计责任目标、客观事实、成果运用"三维"框架模式，统领权限、程序、内容、依据、结果权力运行五要素，并在此基础上进行了思考和研究，努力为治国理政新常态下审计一线人员提供可复制、可推广、相对规范完善的操作标准体系。

（一）从责任目标维度入手，坚持以责定审、权责一致，注重工作思路创新和评价体系再造

经济责任审计需要关注的内容较多，既包括传统财政财务审计中"财"的内容，也要对被审计部门单位职能工作涉及的"事"进行审计，更重要的是要对被审计领导干部的权力运行情况予以关注。威海审计实践中，我们针对当前基层审计中面临的困难，认真理解和把握推进经济责任审计全覆盖的深刻内涵，突出绩效管理导向，重点从三个方面进行了研究与探索，推动经济责任审计由以审定责向以权定责、以审定评转变。

一是坚持全面覆盖与突出重点相结合，加强和改进经济责任审计计划管理。针对经济责任审计计划管理随意性大、程序不规范等问题，我们主动适应全省省级以下审计机关人财物管理体制改革要求，调整重构了全市经济责任审计工作联席会议制度和办公议事规则，充分发挥联席会议多部门联动、协同的优势和作用。计划管理程序上，组织部门每年年底提出下一年度经济责任审计委托建议，经联席会议办公室研究后提出经济责任审计计划草案，由市审计局报请市长审定，将审定后的经济责任审计项目计划名单按程序报省审计厅审批；对于临时增加的审计项目，也必须按程序报请市长批准、呈报上级审计机关审核备案。制度完善重构上，市经济责任审计联席会议领导小组制订了比较完善的威海市经济责任审计对象分类管理办法和离任经济责任事项交接办法，全面推行 A、B、C 分类管理：A 类对象，主要是区市、国家级开发区、重点区域开发建设管理机构、掌握大量资金资产资源的部门单位、法检机关和大中型企业的主要负责人，采取任中审计与离任审计相结合的方式，集中审计力量进行重点监督；B 类对象，主要是区市（开发区）直部门（单位）、省级开发区（旅游度假区等）管理机构任正职的市管领导干部，委托各区市审计机关审计，必要时由市审计局直接审计；C 类对象，主要是在财政集中核算的经济活动较少又无下属单位的部门单位，原则上以离任交接为主，一旦发现线索再转入正常程序的全面审计。实际操作层面上，积极争取相关部门支持，进一步优化调整经济责任审计布局：加大任中审计比重，坚持突出重点、量力而为，合理调整确定年度项目总量，将任中审计的比重提高到 50% 以上，并根据被审计单位的职能性质、经济活动规模等情况，每年确定 5 个左右的项目进行重点审计，逐步推动离任审计向任中审计转变，有效解决整改不及时、整改成效不明确的问题；扩大交接审计范围，对事权单一、经费来源单一、没有下属单位、没有收费职能的部门或单位的

主要负责人离任时，全部实行交接审计；将任中审计后不满一年就离任的领导干部，也纳入交接审计范围，有效节约了审计资源。

扩大交接审计范围的同时，我们还调整和优化交接审计表格设置、时限要求，有效缓解了经济责任审计任务重与审计人员不足的矛盾，为明晰领导干部任期责任、健全监督管理机制作出了有益探索。具体操作中，重点抓好以下三个环节。一是在调查了解的基础上根据被审计单位情况制作 4 张表格，主要涵盖资产负债、收支情况以及往来款项、遗留经济事项及对外投资、租赁等其他重大事项内容，要求被审计单位必须全面、真实、准确填报并加以必要的说明。二是审计部门对各单位填报的表格进行审核，认真分析可能存在异议或审计风险较大的事项，采取询问、调查等方式进行重点核实，必要时调取被审计单位相关资料或延伸审计其他单位进一步落实。三是离任交接表审核无误后，审计人员作为监交人，离接任双方领导现场办理交接手续，作为划分离任领导与接任领导经济责任界限的重要依据。

二是坚持以责定审与以审定评相结合，完善经济责任审计指标评价体系。经济责任审计的主要目的是对领导干部履职尽责情况进行监督、评价和鉴证。但从目前情况看，国家出台的法律法规或地方制定的经济责任操作规范和评价体系过于笼统和宽泛，难以区分被审计领导干部的经济责任，而界定经济责任又涉及历史与现实、主观与客观、自主决策与集体决策以及外部环境等因素，影响了审计评价的客观、公正、准确。近年来，威海市审计局对地方党政领导干部、行政事业单位主要负责人、国有企业领导人员经济责任审计评价体系进行探索，并以全市经济责任审计联席会议领导小组文件的形式，印发了区市党政领导干部经济责任审计模板，分类细化了年度任务包含的具体经济发展指标、班子党风廉政建设民主测评结果，确保对被审计领导干部的评价更客观，依据更充分（见附件《区市党政领导干部任期经济责任审计模块》）。

近年来，威海市审计局又以乡镇领导干部经济责任审计为突破口，指导所属区市审计机关探索创新经济责任审计评价体系，力求实现对领导干部履职尽责情况的横向对比，为党委政府考核、选拔任用干部提供参考。设计思路突出了"五项原则""五大评价模块""五个关键环节"。"五项原则"，就是以转变经济发展方式为主线，坚持导向性原则；以直接审计结果为依据，坚持客观性原则；以统一性指标为基础，坚持统一性与差异性评价兼顾原则；以量化指标为基础，坚持定量与定性评价相结合原则；以相关指标动态调整为常态、与时俱进，坚持原则性与灵活性相结合原则。"五大评价模块"，就是重点围绕领导干部贯彻落实科学发展观、权力运行公开化、资源配置市场化、操作行为规范化和廉洁从政五个模块，分别设立 25%、30%、15%、20%、10% 的评价权重，建立起反映任期目标责任制完成、财政风险控制、政府投资决策等 30 项明细指标。"五个关键环节"，就是明确指标数据出处，保证数据来源统一；明确评价指标要点，每项指标从不同角度设立 1~5 项评价要点，确保指标内容充实；明确指标解释，统一口径，操作可行；明确指标计算，对于衍生性指标设立原则性计算公式，消除数据加工处理分歧；明确评价标准，坚持以承诺目标、法规制度为准绳，做到标准统一、横向可比。（详见表 1、表 2、表 3）

表 1　＊＊乡镇党政领导干部经济责任审计评价指标解释、计算方法和数据来源

一级指标	序号	三级指标	评价要点	数据来源	计算公式（原则）
一、科学发展（占 25%）	1	目标责任制完成情况	以考核结果为标准，评价上级制定各项任务的完成情况	党委政府年度综合考核业绩汇总表等	
	2	财力增长情况	①年度全部政府性资金剔除负债因素后总量定比是否增长②剔除负债因素后占全部政府性资金比重是否增长	财政局及下属单位	①任期内年度全部政府性资金来源 – 负债/任期前一年度全部政府性资金来源总额 – 负债②任期内年度全部政府性资金来源 – 负债/任期前一年度全部政府性资金来源总额
	3	财政风险控制	任期末地方政府性债务监测指标（资产负债率、债务率）是否在警戒线之内		①负债率指年末债务余额占总资产的比重，警戒线为 60%②债务率指年末债务余额占当年可用财力的比重，警戒线为 100%③当年可用财力 = 上级财政拨入 + 其他财政资金净收入 + 税费收入 – 专项转移支付④债务余额既包括账内也包括帐外，是指政府全部直接债务总额
	4	公益事业投入	公益事业投入占全部政府性资金支出比重是否增长	审计认定的有关支出数据	公益事业财政投入总量/全部政府性资金支出
	5	历史遗留问题解决情况	①三年以上账内外往来款项是否及时清理②领导干部离任是否履行了移接交手续③重要内容是否移交清楚	财政局及下属单位；领导离任移接情况台账	

续表

一级指标	序号	三级指标	评价要点	数据来源	计算公式（原则）
二、权力运行公开化（占30%）	6	议事机制建立情况	①重大经济决策事项的议事范围、议事形式、议事程序和责任落实是否有明确的制度或原则性规定 ②是否体现依法、科学、民主决策的原则	党委、政府议事规则	
	7	重点政府投资项目的决策情况	①任期内投资建设的政府工程是否与发展思路吻合，符合当地社会经济发展需要（改善民生和公共基础设施、提升投资环境、促进经济发展等，建成后明显发挥效益） ②任期内投资建设的政府工程是否与当地的经济发展水平（要素）相匹配		①计算原则：项目对象不包括上级统一要求建设的民生项目（如中心幼儿园、校安工程等） ②计算公式：建成后未能发挥明显效益的＋资金或土地等要素未落实及前期决策不科学导致未开工、停工的项目数/任期内项目数
	8	重点引进项目的决策情况	①引进项目相关政策是否经集体决策 ②政策是否公平公正 ③引进项目是否约定履行双方权利义务	党委政府办公室、财政局	
	9	重大资金的决策情况	①融资 ②抵押 ③担保 ④对外投资等事项是否经集体决策	党委、政府会议纪要、会议记录、一事一议记录等	
	10	重大资产的决策情况	①资产出租、出让是否经集体决策 ②合同的签订是否科学合理规范	党委政府办公室、财政局等	
	11	财务内控机制的建立健全程度	①是否建立主要经济业务内部控制制度 ②制度是否健全，重在检查机制的有效性（含内部牵制、预算管理、账户管理、现金管理、财产物资管理、票据管理、费用管理等）	任期内新出台的制度和还在执行的制度	

续表

一级指标	序号	三级指标	评价要点	数据来源	计算公式（原则）
二、 权力运行 公开化 （占30%）	12	工程管理 内控机制 的建立 健全程度	①是否建立了工程管理相关内部控制制度 ②制度是否健全、重在检查机制是否有效顺畅	工程管理制度	主要包括：招投标制度、变更管理制度、工程结算管理制度、档案管理制度等
三、 资源配置 市场化 （占15%）	13	政府工程 咨询服务 市场化 配置程度	①招标代理 ②勘测 ③设计 ④监理等咨询服务单位是否实行公开招投标		任期内未按规定招投标数/应公开招投标数（按区里规定）
	14	政府工程承包 施工及设备 或材料供应 市场化程度	①承包施工单位 ②设备 ③材料供应单位等是否实行公开招投标	工程资料	任期内未按规定招投标数/应公开招投标数
	15	大宗商品 采购行为 市场化程度	是否遵循市场化原则公开、公平并统一集中采购	财政局及下属单位	
	16	资产处置 市场化程度	①资产（产权、资源）的出租 ②对外承包经营是否公开招投标或公开选择 ③出让是否报批依法处置	财政局等	任期内未公开数/应公开数
四、 操作行为 规范化 （占20%）	17	预算编制的 规范化程度	①预算编制是否完整 ②预算编制是否细化至款、项	财政局	应编未编预算金额/预算总额；未细化金额/预算总额
	18	财政收入 管理的规范 化程度	①财政收入是否完整 ②是否存在国家明令禁止的收费行为	财政局及下属单位	
	19	财政支出管理 规范化程度	①各类财政支出是否严格按权限得到批准 ②是否存在损失浪费、违规支出等	财政局及下属单位	违规支出金额/预算总支出金额
	20	公用经费支出 规范化程度	①会议费 ②车辆运行维护费 ③培训考察费 ④招待费 ⑤出国考察费使用是否符合规定	财政局及下属单位	

续表

一级指标	序号	三级指标	评价要点	数据来源	计算公式（原则）
四、操作行为规范化（占20%）	21	专项资金管理使用情况	各专项资金是否存在截留、挪用的现象	财政局及下属单位	违规专项资金/抽查专项资金总额
	22	债务举借、使用规范化程度	①是否订立了债务管理制度 ②任期内举借的债务是否有债务归还的计划并有效执行计划规定 ③任期内举债资金是否用于规定的用途，有无用于非生产性支出的情况	财政局及下属单位	
	23	债务化解规范化程度	①计算债务构成比例 ②负债率和债务率是否下降（任期末和任期初比较） ③债务成本是否合规，现重点检查拖欠工程款和拖欠村集体、企业及个人各种补偿款情况	财政局及下属单位	计算往年陈欠、欠付各种补偿、拖欠工程款、借款分别占乡镇债务总额的比重
	24	资产日常管理规范性	①资产是否定期清查 ②账实是否相符 ③权证是否齐全 ④有无账外资产等现象	资产台账、实地监盘及了解情况	
	25	资产处置过程规范性	①资产的出租、出借、出让、出售是否明确职责、统一管理 ②资产收益是否严格按合同收缴完整		年度资产收益/合同金额
	26	工程前期管理规范化	①投资500万元以上的项目立项、可研、环评初步设计、用地规划许可、工程规划许可、施工许可等环节是否经过审批，有无违反基本建设程序 ②投资500万元以下项目是否存在未办理用地规划、环评、施工许可等审批程序的情况	住建等部门	投资500万元以上项目未按程序办理的项目数＋投资500万元以下项目未办理必要审批程序项目数/抽查项目数

续表

一级指标	序号	三级指标	评价要点	数据来源	计算公式（原则）
四、操作行为规范化（占20%）	27	工程实施管理规范化	①项目合同签订是否规范（背离招投标实质内容等）；②是否存在不规范、不合理变更情况	住建等部门	①项目抽查面：500万元以上的全查，50万~500万元抽查30%②合同签订背离招投标导致的资金损失金额+不规范变更的金额/抽查项目的合同金额
	28	工程竣工管理规范化	①工程是否按规定时间、程序进行验收②工程结算是否按规定进行审核、审计③工程是否编制竣工财务决算④是否及时入账⑤工程各类资料档案是否完整归档	财政局、住建局等	①项目抽查面：全查②重点关注工程项目结算是否经审计，计算公式：实际审价项目/应审价项目
	29	工程资金管理规范化	①财务核算是否规范，有没有履约保证金、质保金未收取或提前退的情况②工程款是否按工程进度和合同约定、价款审定结果支付，有无提前支付和超付情况③是否因管理不到位造成资金的损失浪费	财政局、住建局等	①项目抽查面：500万元以上的全查，50万~500万元抽查30%②取数原则：如无概算按预算来算③计算公式：A.超合同进度付款、履约保证金质保金等管理不规范项目数/全抽查项目数；B.多付工程款+损失浪费金额/多付工程款或损失浪费项目的合同金额
	30	以往审计或检查整改情况	①是否有具体的整改措施②整改效果如何③有无治标不治本的情况		
五、廉洁从政情况（占10%）	31	满意度情况	以德、能、勤、绩、廉中的廉的评议情况或调查表作为分析		
	32	履行党风廉政建设第一责任人职责和个人遵守有关廉政规定情况	①违规从事投资活动②违规兼职取酬③违规公款出国④超标准购置公务用车⑤公款吃喝、公款旅游、公车私用等		

表2　**乡镇党政领导干部经济责任审计量化评价档次

序号	三级指标	评价要点	量化评价档次参考			
			优秀 （95分以上）	良好 （90~95分）	一般 （85~90分）	差 （85分以下）
1	目标责任制完成情况	以党委考核结果为标准，评价上级制定各项任务的完成情况	任期各年度考核均达到优秀档次	任期各年度考核良好以上，部分年度达到优秀	任期各年度考核均在良好档次	任期各年度考核均在良好档次以下
2	财力增长情况	①全部政府性资金剔除负债因素后总量定比是否增长 ②剔除负债因素后占全部政府性资金比重是否增长	任期内全部政府性资金来源剔除负债后总量及比重均增长	任期内两项指标中有一项指标未增长	任期内均未增长	
3	财政风险控制	任期末地方政府性债务监测指标（资产负债率、债务率）是否在警戒线之内	任期内两项指标未超标	任期内有一项指标未超标	任期内全部指标均超标	
4	公益事业投入	公益事业投入占全部政府性资金支出比重是否增长	任期内占比逐年增长	任期内年度占比有升有降	任期内占比逐年下降	
5	历史遗留问题解决情况	①三年以上账内外往来款项是否及时清理 ②领导干部离任是否履行了移接交手续 ③重要内容是否移交清楚	任期内对往来款清理及时、离任移交清楚，内容无遗漏	任期内三项内容中一项未做好	任期内三项内容中两项未做好	任期内三项都没做好
6	议事机制建立情况	①重大经济决策事项的议事范围、议事形式、议事程序和责任落实是否有明确的制度或原则性规定 ②是否体现依法、科学、民主决策的原则	任期内订立了重大经济事项决策的制度，民主决策机制健全	任期内虽订立了重大经济事项决策制度，但制度不够健全，议事范围、形式等不够明确。或者没有订立书面的议事制度，但是从询问和会议记录查询的情况看，实际民主议事机制运行良好	议事制度不健全，议事机制不够科学、民主	未订立议事规则，重大事项议事的机制未建立

续表

序号	三级指标	评价要点	量化评价档次参考			
			优秀 （95分以上）	良好 （90~95分）	一般 （85~90分）	差 （85分以下）
7	重点政府投资项目的决策情况	①任期内投资建设的政府工程是否与发展思路吻合，符合当地社会经济发展需要（改善民生和公共基础设施、提升投资环境、促进经济发展等，建成后明显发挥效益） ②任期内投资建设的政府工程是否与当地的经济发展水平（要素）相匹配。（公式：建成后未能发挥明显效益的＋资金或土地等要素未落实及前期决策不科学导致未开工、停工的项目数/任期内项目数）	任期内投资项目与发展思路吻合，与经济发展水平匹配，要素落实并经集体决策，实施效果好	任期内因三项原因导致的未开工和停工数及效益不佳的项目数占比计算结果在30%以下	计算结果在30%~50%	计算结果在50%以上
8	重点引进项目的决策情况	①引进项目相关政策是否经集体决策 ②政策是否公平公正 ③引进项目是否约定合同履行双方权利义务	任期内对引进项目经过集体决策，财政资助标准公开、统一、严格，并按合同履行双方权利义务	任期内土地出让、招商引资过程中存在少量的特定对象给予特殊优惠政策的行为（一事一议），但优惠的原则经集体研究，引进后按合同履行约定	任期内土地出让、招商引资过程中存在较多的特定对象给予特殊优惠政策的行为，且同一时期同一地资助的标准不统一	资助政策的确定随意性较强，不公开不透明。且引入项目未严格履约、未达到预期经济效益
9	重大资金的决策情况	①融资 ②抵押 ③担保 ④对外投资等事项是否经集体决策	任期内应纳入集体讨论的重大经济事项决策程序公开，会议记录完整	任期内大部分重大经济事项决策程序公开，但个别决策未经集体讨论（占抽查比例20%以下）或记录不全	任期内20%~40%的重大经济决策未经集体讨论，但未产生不良影响，或无会议记录	任期内40%以上重大经济事项决策程序未经集体讨论，且产生了不良影响或存在潜在严重后果

续表

序号	三级指标	评价要点	量化评价档次参考			
			优秀 （95分以上）	良好 （90~95分）	一般 （85~90分）	差 （85分以下）
10	重大资产的决策情况	①资产出租、出让是否经集体决策 ②合同的签订是否科学合理规范	任期内应纳入集体讨论的重大经济事项决策程序公开，会议记录完整；合同的签订科学合理规范	任期内大部分重大经济事项决策程序民主，但个别决策未经集体讨论（占抽查比例20%以内）或记录不全；少数合同不科学合理，存在导致国有资产流失的风险，但未产生不良影响	任期内20%~40%的重大经济决策未经集体讨论，但未产生不良影响。或无会议记录。较多的合同不科学合理，有风险或者已经导致国有资产流出，且产生了一定的不良影响	任期内大部分重大经济事项决策程序未经集体讨论，且产生了不良影响或存在潜在严重后果。
11	财务内控机制的建立健全程度	①是否建立主要经济业务内部控制制度 ②制度是否健全，重在检查机制的有效性（含内部牵制、预算管理、账户管理、现金管理、财产物资管理、票据管理、费用管理等）	任期内内部控制制度全面完善，经济活动关键控制点齐全	任期内个别内部控制制度未建立关键控制点，有疏漏，不能满足控制目标要求	任期内部分内部控制制度未建立或存在缺陷	任期内大部分内部控制制度未建立或存在重大制度缺陷
12	工程管理内控机制的建立健全程度	①是否建立了工程管理相关内部控制制度 ②制度是否健全、重在检查机制是否有效顺畅（招投标制度、变更管理制度、工程结算管理制度、档案管理制度等）	任期内工程管理制度全面完善，经济活动关键控制点齐全	任期内个别内部控制制度未建立关键控制点，有疏漏，不能满足控制目标要求	任期内部分内部控制制度未建立或存在缺陷	任期内大部分内部控制制度未建立或存在重大制度缺陷
13	政府工程咨询服务市场化配置程度	①招标代理 ②勘测 ③设计 ④监理等咨询服务单位是否实行公开招投标（公式：任期内未按规定招投标数/应公开招投标数）	任期内基本公开完整，计算结果在10%以下	计算结果在10%~50%	任期内未公开程度在50%~80%，但未造成不良后果	任期内80%以上不公开，或有造成损失浪费等不良后果

续表

序号	三级指标	评价要点	量化评价档次参考			
			优秀 (95分以上)	良好 (90~95分)	一般 (85~90分)	差 (85分以下)
14	政府工程承包施工及设备或材料供应市场化程度	①承包施工单位 ②设备 ③材料供应单位等是否实行公开招投标（公式：任期内未按规定招投标数/应公开招投标数）	任期内基本公开完整，计算结果5%以内	计算结果在5%~20%	计算结果在20%~40%	任期内未公开在40%以上，或造成了不良后果
15	大宗商品采购行为市场化程度	是否遵循市场化原则公开、公平并统一集中采购	任期内基本公开完整，计算结果5%以内	计算结果在5%~20%	计算结果在20%~40%	任期内公开不完整，或有不良影响事件
16	资产处置市场化程度	①资产（产权、资源）的出租 ②对外承包经营 ③出让是否公开招投标或公开选择，是否依法处置（公式：任期内未公开数/应公开数）	任期内基本公开完整，计算结果5%以内	计算结果在5%~20%	计算结果在20%~40%	任期内公开不完整，且造成了严重不良影响事件
17	预算编制程序的规范化程度	①预算编制是否完整 ②预算编制是否细化至款、项	预算编制完整、细化	两项误差率在10%以内	两项误差率在30%以内	两项误差率在30%以上
18	财政收入管理的规范化程度	①财政收入是否完整 ②是否存在国家明令禁止的收费行为	财政收入完整，不存在国家明令禁止的收费行为	收入不完整计算结果10%以内，不存在国家明令禁止的收费行为	任期内收入不完整计算结果30%以内，不存在国家明令禁止的收费行为	任期内收入不完整计算结果30%以上，或存在国家明令禁止的收费行为
19	财政支出管理规范化程度	①各类财政支出是否严格按权限得到批准 ②是否存在损失浪费、违规支出等（公式：违规支出金额/预算总支出金额）	任期内严格执行，计算结果为0	计算结果为10%以下	计算结果为30%以下	计算结果为30%以上
20	公用经费支出规范化程度	①会议费 ②车辆运行维护费 ③培训考察费 ④招待费 ⑤出国考察费使用是否符合规定	任期内严格执行，无违规情况	任期内在一个方面违反了规定，情节较轻	任期内数次违反规定，超规额度有上升趋势	任期内超标准的性质严重、额度大，且弄虚作假，刻意隐瞒

续表

序号	三级指标	评价要点	量化评价档次参考			
			优秀 （95 分以上）	良好 （90~95 分）	一般 （85~90 分）	差 （85 分以下）
21	专项资金管理使用情况	各专项资金是否存在截留、挪用的现象（违规专项资金/抽查专项资金总额）	计算结果为 0	计算结果在10% 以内	计算结果超过 10%	
22	债务举借、使用规范化程度	①是否订立了债务管理制度 ②任期内举借的债务是否编制归还的计划并有效执行 ③举债资金是否用于规定的用途，有无用于非生产性支出的情况	任期内订立了债务管理制度，且符合以下三个条件之二： ①任期内没有新增债务 ②举借债务按计划执行 ③任期内举借债务资金基本用于生产性支出，债务投向用途不符合规定的在举借债务10% 以下	任期内订立了债务管理制度，编制了债务计划，严格按计划执行；任期内举借资金投向不合规定的在10% ~ 30%	任期内订立了债务管理制度，编制了债务计划，但任期内新增债务超计划；任期内举借资金投向不合规定的超过30%，但用于弥补公用经费小于 30%	任期内无债务管理制度，没有编制债务计划，任期内新增债务未审批；任期内举借资金投向，且超过 30%用于干部福利或弥补公用经费
23	债务化解规范化程度	①资产负债率和债务率是否下降（任期末和任期初比较） ②债务成本是否合规，现重点检查镇办拖欠工程款和拖欠村集体、企业及个人各种补偿款情况	"两率"均下降，债务成本合规	"两率"有一项下降，债务成本合规	"两率"均上升，或债务成本不合规（比如：高息融资、集资等）	
24	资产日常管理规范性	①资产是否定期清查 ②账实是否相符 ③权证是否齐全 ④有无账外资产等现象	任期内资产定期清查，账实相符，权证齐全，无账外资产	任期内开展了资产清查，但少量权证不齐或有账外资产、账实不符的情况	任期内权证不齐及账外资产比例较高，但未造成资产损失	任期内没有开展定期清查，资产管理状况较差，且造成了资产损失

序号	三级指标	评价要点	量化评价档次参考			
			优秀 （95分以上）	良好 （90~95分）	一般 （85~90分）	差 （85分以下）
25	资产处置过程规范性	①资产的出租、出借、出让、出售是否明确职责、统一管理 ②资产收益是否严格按合同收缴完整	任期内统一由一个口子管理处置资产，规范履行相关手续，主张权益，收益执行率90%以上	任期内资产处置职责明确，但有少量合同订立不及时；收益未按合同履行到位，处置（租金）收益执行率在70%~90%	任期内资产处置职责不够明确，未统一口子规范管理；处置（租金）收益执行率在50%~70%	任期内资产收益执行率低于50%，或造成严重的资产流失
26	工程前期管理规范化	①投资500万元以上的项目立项、可研、环评初步设计、用地规划许可、工程规划许可、施工许可等环节是否经过审批，有无违反基本建设程序 ②投资500万元以下项目是否存在未办理用地规划、环评、施工许可等审批程序情况 计算公式：投资500万元以上项目未按程序办理的项目数 + 投资500万元以下项目未办理必要审批程序项目数/抽查项目数	计算结果为5%以内	计算结果5%~20%	计算结果20%~40%	计算结果40%以上
27	工程实施管理规范化	①项目合同签订是否规范（背离招投标实质内容等） ②是否存在不规范、不合理变更情况。 （计算公式：合同签订背离招投标导致的资金损失金额 + 不规范变更的金额/抽查项目的合同金额）	任期内没有发现违反规定的情况	不规范金额比例在20%以内	不规范金额比例为20%~50%	不规范金额比例在50%以上

续表

序号	三级指标	评价要点	量化评价档次参考			
			优秀 （95分以上）	良好 （90~95分）	一般 （85~90分）	差 （85分以下）
28	工程竣工管理规范化	①是否按规定时间、程序进行工程验收 ②工程结算是否按规定进行审核、审计 ③工程是否编制竣工财务决算 ④是否及时入账 ⑤工程各类资料档案是否完整归档。 （重点关注工程项目结算是否经审计，计算公式：实际审价项目/应审价项目）	任期内全部按规定实施	未经结算审计项目/应结算审计项目在20%以内	未经结算审计项目/应结算审计项目在20%~50%	未经结算审计项目/应结算审计项目在50%以上
29	工程资金管理规范化	①财务核算是否规范，有没有履约保证金、质保金未收取或提前退的情况 ②工程款是否按工程进度和合同约定、价款审定结果支付，有无提前支付或超付情况 ③是否因管理不到位造成资金的损失浪费。 公式一：超合同进度付款、履约保证金质保金等管理不规范项目数/全抽查项目数 公式二：多付工程款+损失浪费金额/多付工程款或损失浪费项目的合同金额	任期内财务核算规范，严格按进度、合同约定和审定结果支付工程款，工程变更充分必要且程序规范，无资金损失浪费情况	公式二金额在5万元以内（扣除审计期间追回资金）；公式一在40%以内	公式二金额在5万~30万元（扣除审计期间追回资金），或者公式一在40%~60%。	公式二金额30万元以上（扣除审计期间追回资金，审计期间追回不算）。或者公式一在60%以上
30	以往审计或检查整改情况	①是否有具体的整改措施 ②整改效果如何 ③有无治标不治本的情况	任期内对以往审计或检查中发现的问题全部整改到位，且建立了长效机制，本次审计未发现屡审屡犯的情况	任期内以往检查发现的问题已采取措施整改，但长效管理机制还不够健全，同类问题有重复发生的情况	任期内以往检查发现的问题整改部分未到位	任期内以往检查的发现的问题拒绝整改的

续表

序号	三级指标	评价要点	量化评价档次参考			
			优秀（95分以上）	良好（90~95分）	一般（85~90分）	差（85分以下）
31	满意度情况	以德、能、勤、绩、廉中的廉的评议情况或调查表作为分析	任期年度满意度在95分以上，且没有一般及以下档次的	任期年度满意度90~95分或者在95分以上但有一般以下档次的	任期年度满意度85~90分	任期年度满意度85分以下
32	履行党风廉政建设第一责任人职责和个人遵守有关廉政规定情况	①违规从事投资活动②违规兼职取酬③违规公款出国④超标准购置公务用车⑤公款吃喝、公款旅游、公车私用等	任期内审计未发现违反廉洁从政规定的行为	任期内有过以上行为之一但没有造成不良影响，且已自查自纠的	任期内有过以上行为之一且造成一定影响，但已自查自纠的	任期内有过以上行为之一未纠正的

**表3　** ＊＊乡镇党政领导干部经济责任量化评价指标调整

一、加分指标

1	审计期间积极采取措施整改，建立长效机制，切实规范提高	加1分
2	管理模式有重大创新，且取得实际效果	由审计人员提出，审计业务会议最后审定，本级推广加0.5分，威海市级推广加1分，省级以上推广加1.5分

二、扣分指标

1	单位干部职工严重违反廉政规定受纪律处分或追究刑事责任的	干部受纪律处分，按承担领导责任、主管责任、直接责任分别扣0.3分、0.5分、1分；干部被追究刑事责任的，按承担领导责任、主管责任、直接责任分别扣1分、2分、3分
2	存在20万元以上经济损失浪费、国有资产（资金、资源）流失	主管责任、直接责任分别扣0.5分、1分
3	存在严重违反财经纪律问题，如设立"小金库"、骗取财政专项资金或补贴、挪用私分专项资金等行为	主管责任、直接责任分别扣0.5分、1分
4	发生重大责任事故，在社会上造成恶劣影响	主管责任、直接责任分别扣0.5分、1分
5	部门（单位）拒绝或干扰审计工作、隐瞒事实真相、不如实提供信息的	扣1分

续表

三、不予评定的情况	
1	被审计领导干部严重违反廉政规定有关事项
2	审计过程中，发现重大违法违纪线索，移送纪委、检察院立案的，且负有直接责任的
3	国家法律法规和党内法纪法规规定的其他从重情节，且负有直接责任的

三是坚持违纪违规审计与管理绩效审计相结合，探索形成以绩效审计为主的监督模式。国家治理新常态下，经济责任审计已不再局限于单一事项、传统财务收支审计，而是要围绕权力运行轨迹，重点审查领导干部履职尽责情况，来反映一个部门单位或地区整体经营运行状况。从这个角度讲，当前的经济责任审计应更加倾向于经济责任综合效益审计，必须注重审计的宏观性和整体性，站在部门单位或地方经济社会发展全局的高度，更有效地发挥经济责任审计"免疫系统"功能。

在实践中，我们始终坚持"任中审计与离任审计相结合、任中审计为主"的思路，对领导干部履职监管切实起到了重要作用。比如，对于任中审计，更加关注领导干部履职尽责情况；对于普通离任审计，重点关注有无重大违纪违法、是否影响提拔使用等硬伤问题；对于到龄退休的离任审计，主要看有无重大违纪违法、重大经济决策有无造成损失浪费等问题。但与国家治理的新形势相比，仅以当前的审计结果还不足以全面反映领导干部履职情况、部门单位或系统、地区的整体情况，难以满足党委政府监管需要。我们认为，经济责任审计应借鉴国内外政府绩效审计的模式，以领导干部任职期间履职情况为出发点，以政府性资金为抓手，既包括对合规、合法性的审查，又包括对经济性、效果性的评价，使审计结果在更高层面对权力运行起到监督约束作用，实现经济责任审计问责、问政、问效多重效果的统一。

（二）从客观事实维度入手，坚持质量优先、防范风险，注重规范工作流程、创新过程管控机制

如果说质量是审计工作的生命线，那么风险控制就是保护生命线的防火墙，减少审计风险能够在一定程度上提升审计质量。根据调研了解情况，当前基层审计工作中既有现有制度的不完善风险，也有执行过程中的不规范风险。针对这一现象，我们坚持以质量管控与风险管理为核心，深入分析现场审计的关键环节和薄弱环节，对提升审计质量、防范审计风险的路径进行研究，对审计业务运行流程进行优化与再造。

一是注重搞好审计调研，夯实项目实施基础。应树立审计调研是提升审计质量关键的理念，将审计调研的比重调整到整个审计现场时间的 50%～60%，灵活运用自主查阅收集相关资料、问卷调查、审计谈话等行之有效的手段，理清审计方向、明确审计重点，为后续工作顺利开展打好基础、节约资源。比如，针对当前经济责任审计中审前调研内容不充分、方式单一、质量不高的现状，我们专门印发了《关于开展审前调查的通知》，对编制调查提纲、走访摸底、访谈调查形式及内容等方面进行了全面规范。2017 年初，在实施人防办主要负责人任中经济责任审计项目时，我们首次将审前调研从项目进点会中分离开来、作为一项独立的环节，拿出了充分的时间和精力进行审前谈话、走访摸底，全面了解掌握领导干部履职尽责情况，充分评估审计风险点、审计重点，确保审计方向不偏、重点不漏，也为后期审计中发现人防部门在防空地下室监督检查和竣工验收监管不到位等问题提供了重要思路和线索。文登区在实施米山镇领导干部经济责任审计时，针对招商引资政策、集中议事制度、历史遗留债务清偿措施等非财务性事项，综合运用外部调查、调查问卷、座谈调研等方式，多角度关注政策规定执行落实效益，为审慎评价领导干部业绩情况夯实了基础。比如，对于招商引资政策落实情况，以财政收入结构趋势分析为重点，采取外部调查方式走访调查镇招商中心、国税、地税等相关职能部门，通过核实分析招商引资的总体规模、进度与税收收入实现关联情况，反映出该镇 20××年至 20××年工商税收收入占一般预算收入的比重分别达到 90.6%、90.9%、91.3% 的结构数据，得到 20××年至 20××年地方财政收入同比增长 13%、29% 的趋势分析，论证了该镇招商引资政策措施的切实可行。另外，我们还积极探索丰富审前调查手段，充分运用大数据技术，依托省市县三级数据分析平台，对市县财政、税务、社保、工商等部门单位的业务数据进行集中分析、统一梳理，加大财务数据和非财务数据之间的关联分析，有针对性地审查重点资金、重点问题的财务数据，推动审计内容向更深层次延伸、审计核查向综合应用转变。同时，充分发挥联席会议的作用，加强与组织、纪检等部门的对接合作，将年初计划实施的经济责任审计项目及时报送组织、纪检部门，逐步形成常态化动态化信息数据对接报送机制，及时了解相关部门掌握的被审计对象相关信息，深入挖掘问题线索、把握审计重点。

二是狠抓方案质量控制，增强统领指导作用。审计实施方案是现场审计的坐标系和操作书。着眼于强化审计实施方案的指导和统驭功能，我们先后组织召开多次专题研讨会，对经济责任审计面临的问题特别是审计实施方案编制问题进行研究。从调研情况看，我们认为审计方案编制应注重问题导向，在综合运用审前调研成果的基础上，准确识别被审计单位或领导干部履职情况及其可能存在的风险隐患，按照风险程度确定审计目标和内容范围，同时应根据审计现场进展情况，适时调整优化审计实施方案，进一步增强方案的指导性和可操作性。比如，内容设定上，应综合考量审计调查成果、委托单位要求和审计组业务能力，紧扣被审计对象权力运行轨迹和履职尽责情况，对其工作业绩、单位财政财务收支、投资决策和效益、内控制度执行等重要事项进行细化和分解，避免出现内容缺项、步骤缺位的"审计不足"或超出审计范围的"过度审计"。责任划分上，应结合审计组人员能力和技术特点，将审计工作底稿编制、审计证据采集、业务文书材料起草等具体任务明确细化到人，一个阶段重点抓什么工作、由谁来抓、何时完成、达到什么标准，都一目了然，确保每项工作都一竿子插到底。

三是深化审计现场管理，推动技术创新和流程优化。审计实施方案确定后，关键是组织好现场审计实施。这方面，我们认为应以项目组织安排、高效执行为重点，严格落实分管领导、审计组长、审计组成员等层面责任，解决好工作程序不规范、现场审计效率不高、质量管理有待加强等问题。首先，把审计进点作为程序规范的突破口，要求除了离任交接项目外，所有的经济责任审计项目必须由分管领导带队召开审计进点会，进点后必须张贴审计公示书，审中必须与被审计单位领导干部和相关人员进行谈话，审后审计小组报告必须面对面征求被审计单位领导意见等。其次，重视发挥审计组的基础作用，实行分管领导靠前指挥、审计组长示范引领，深入审计现场随时掌握情况、调配审计资源、切换审计方式方法，督促审计组成员落实现场取证等质量管理要求，构建审计人员、项目主审、审计组长、分管领导责任明确的质量管控体系，层层把好审计质量关。再次，定期分层次召开例会进行情况调度，审计组定期召开调度会，加强项目统筹协调，及时了解掌握整体进展情况，组织研究审计发现的重大问题线索、重大审计思路举措，协调解决审计实施中的问题；局党组将根据项目进展，每月听取工作情况汇报，督促各项任务落实。

另外，应主动适应审计信息化发展的新形势新要求，将大数据技术应用作为推动经济责任审计全覆盖的重要保障，充分利用信息化手段强化过程监控和现场管理，运用大数据技术手段开展数据分析，不断提升审计的精准性和实效性。这方面，从去年开始，威海市审计局研发了经济责任审计管理系统。基本思路是以规范流程、强化管控为核心，设立被审计对象数据库、项目过程监控、审计成果、审计整改、档案管理等功能模块，分别从落实时限、任务进度和内容完整性等方面进行系统把控、动态管理，进一步压实审计质量控制各环节的具体责任，推动项目实施全过程精细化、规范化管理。具体操作中，将审计项目实施流程细化为研究论证、审前调研、方案编制、下发通知书、召开进点会、取证调查、编制底稿、撰写报告、审理审核等二十多个环节和步骤，并根据审计实施方案确定每个步骤的落实时限、每项任务的具体责任人，以全程留痕化操作促进项目实施，倒逼责任落实。经济责任审计管理系统的运用促进了审计管理、项目实施、跟踪问效等方面的革命性变化。

（三）从成果运用维度入手，坚持价值思维、效益导向，注重完善工作机制、提振审计监督质效

审计结果的转化运用是审计成效的重要体现，影响着审计社会效益和影响力。实践中，我们围绕关键环节精准发力，探索将审计报告质量管理与成果开发、审计整改、结果运用相结合，初步建立起五项常态化工作机制，确保审计成果可用、好用、管用。

一是建立审计报告质量管理机制。审计结果文书质量的基础在于现场审计过程，审计组长为第一责任人，应加强对审计查出问题的原因分析、结果研判，确保审计项目审深审透，为撰写审计报告打好基础。同时，应从三个方面加强对审计报告的指导：责任界定上，既要关注结果取证，又要注重程序取证，形成问题起因、过程、结果的"类证据"归集，准确判断被审计对象是否存在责任、应承担什么责任，特别对被审计领导干部负直接、主管责任事项，应抓住问题主要脉络重点表述，需交代相关背景的应作必要的交代，并要点明动机、目的和造成的结果或危害等，防止模糊定性；审计评价上，以审计查证或认定的事实为基础审慎评价，对审计未涉及、证据不充分、依据不明确、责任不清晰的事项不予评价或以写实为主，做到"审什么、评什么""审到什么程度、就评到什么程度"，杜绝主观臆断、越位评价；报告用语应尽量使用容易理解的平实性语言，努力实现审计报告通俗化。

二是建立审计文书三级复核机制。审计结果文书的质量基础根植于科室和审计组，关键在于理顺和规范工作流程。审计实施结束后，审计组根据业务会议决定起草的审计结果文书，要经过业务部门、法制科和政工科三级复核程序，以此促进提高审计结果文书质量。各业务科科长、分管领导负第一责任，对文书基础信息负责；法制科负主要责任，围绕业务进行审核，对引用法律法规、定性判断得当与否进行甄别；政工科负把关责任，初审后报总审计师审定，政工科对行文格式、文字规范进行审核。

三是建立重要情况分析专报机制。应培养审计人员宏观视野和宏观思维能力，善于站在全局的高度，从宏观的角度对带有普遍性、苗头性、倾向性问题，进行梳理、分析和研究，从体制、机制和制度层面揭示问题、分析原因、提出对策，并及时以审计信息、审计分析、综合报告等形式向市委、市政府和有关部门反映，促进制度体制机制的建立和完善。围绕提升审计成果利用层次，去年威海市审计局在总结以往经验的基础上，创新设立《审计分析》等专报专刊，对一个阶段实施的多个经济责任审计项目进行综合梳理，对审计实践中发现的普遍性、倾向性、苗头性问题，注重深入分析背景原因，从体制和机制上想对策、提建议，充分发挥了审计建设性作用。2016年以来，围绕市属国有企业审计发现问题、民营医院医保政策监管等多个专题，进行了集中研究分析，编发《审计分析》专刊14期，有13期被市委、市政府主要领导批示，落实给专门机构督办整改，为领导决策提供了重要参考依据。

四是建立审计问题整改问责机制。充分发挥全市经济责任审计联系会议的作用，健全完善经济责任审计结论政府督察机制、职能部门协作机制和审计机关跟踪检查机制，灵活运用审计机关督查回访、组织部门个别约谈、纪检部门跟踪问责等方式，督促被审计单位执行审计决定、落实审计建议。同时，联合组织、纪检等部门定期开展审计整改"回头看"，对于审计发现的反复性、行业性的问题，定期组织汇总梳理，并将本次审计整改情况作为下次审计的持续关注点，加大对屡禁不止、屡审屡犯、造成恶劣影响等情形的追责问责力度，增强审计实效性和震慑力。

五是建立审计结果综合运用机制。审计结束后，及时将审计结果及整改落实情况报送组织部门，作为干部考核、任免、奖惩和国有企业年度目标绩效评价的重要依据；并要求被审计单位将审计整改情况作为领导班子民主生活会和述职述廉的重要内容，最大限度地发挥了审计结果效益。

四　结论

本课题结合国家治理的新形势、经济责任审计新要求和威海工作实际，从责任目标、客观事实、成果运用"三维"角度对经济责任审计计划管理、评价体系、方案控制、现场管理、成果利用等方面进行系统分析研究，积极探索了具有威海区域特点的经济责任审计模式的创新之处与实践过程，总结提出了经济责任审计推动国家治理体系和治理能力现代化的基本思路和具体策略。目前，课题相关理论已在威海市审计实践中得到验证，《中国审计报》《中国审计》《山东审计》等权威刊物也进行了专题报道。课题的主要研究结论有以下三点。

一是通过阐述基层经济责任审计存在的困难与问题，对影响审计质量的关键因素、成因及具体表现进行系统分析，有效促进审计人员对各类审计风险进行预防控制，为评价体系建立、实施方案编制打好基础。

二是结合审计实践，融入了一些案例和实践经验，从实证角度提出了防控审计风险、提升审计质量的具体措施，体现了研究成果的实用性特点。

三是对于诸如经济责任效益审计、评价指标体系、经济责任审计信息化管理等方面提出的新观点新思路，结合基层实践，正在积极开展探索，为深入推动经济责任审计全覆盖、有效提高国家治理效能开辟了新路径。

以上分析研究，为基层实施经济责任审计工作提高质量、防控风险提供了解决措施，能够部分解决基层实践中遇到的困难和问题，为各地审计机关加强和改进经济责任审计质量和风险管控、发挥经济责任审计在国家治理中的免疫系统功能提供了借鉴经验和建设性思路。

（作者单位：威海市审计局　课题组成员：于云龙
闫小伟　黄丽燕　肖　丽　李晨瑜）

附件　区市党政领导干部任期经济责任审计模板

审计报告

威审×报〔20××〕××号

被审计领导干部：××（区、市名称）（原）××（职务）×××同志

审计项目：任期经济责任履行情况审计

根据《中华人民共和国审计法》第二十五条和中共中央办公厅、国务院

办公厅《党政主要领导干部和国有企业领导人员经济责任审计规定》（中办发〔2010〕32号）及其实施细则（审经责发〔2014〕102号），受省委组织部委托和省审计厅授权（或：受威海市委组织部《威海市领导干部任期经济责任审计通知书》（威组审字〔××〕第××号）委托），威海市审计局派出审计组于20××年××月××日至××月××日，对××（区、市）（原）××（职务）×××同志任职期间经济责任履行情况进行了审计。×××同志和××（区、市）委（政府）及相关部门、单位对其提供的审计所需资料的真实性、完整性负责，并对此作出了书面承诺。市审计局的责任是依法独立实施审计并出具审计报告。

一、基本情况

（一）×××同志任职情况

×××同志自×××年××月至×××年××月担任××市××（职务），主持××工作，具体分管××、××工作。

（二）审计范围和方法

本次审计以×××同志守法、守纪、守规、尽责情况为重点，以×××同志任职期间××（区、市）财政收支以及有关经济活动的真实、合法和效益为基础，重点审计了××（区、市）委办公室、政府办公室、财政局、发展改革委、国土资源局、住建局、国资办、环境保护局等部门与×××同志履行职责相关事项，对重要事项进行了必要的延伸和追溯。

本次审计查阅了×××同志提交的履行经济责任情况的述职报告和有关的党委政府发文、会议记录和纪要、领导批示及落实情况资料等文件材料，审查了××（区、市）财政预决算及其他财务会计资料，听取了×××同志（领导干部本人）和×××、×××（其他听取意见的范围）等××人的意见，以及×××、×××等部门（指经济责任审计工作联席会议有关成员单位）的情况介绍，并参考了×××同志任职期间审计署、省审计厅或市审计局对××（区、市）的其他审计结果。

二、×××同志履行经济责任的主要情况

×××同志在任职期间，带领××（区、市）委、（区、市）政府（如被审计对象为区市长则表述为××区市政府）一班人主要做了以下工作。

（一）制定的工作发展思路、战略发展规划、采取的重大措施方面（如：科学制定规划，提升发展品质；创新完善工作思路，科学谋划发展布局）。××××××××××××××××××××。具体经济指标和有关项目参考如下

经济发展指标和与经济有关项目	任职末	任职初	任职末比任职初增长（或下降)%	任职末比任职初提高（或降低）
地区生产总值（GDP）（亿元）	××××	××××	××××	
财政总收入（亿元）	××××	××××	××××	
公共财政预算收入（亿元）	××××	××××	××××	
公共财政预算收入占 GDP 的比重	××××	××××	××××	
两税全部收入占 GDP 的比重	××××	××××	××××	
两税全部收入占二三产业增加值比重	××××	××××	××××	
地方税收占公共财政预算收入比重	××××	××××	××××	
政府性债务余额（亿元）	××××	××××	××××	

（二）推动地方经济社会发展，提升经济运行质量效益方面（如：集中用力突破关键，综合实力显著提升；加快转变发展方式，推动产业结构持续优化；坚持转方式调结构，推进区域经济转型）。××××××××××××。具体经济指标和有关项目参考如下

经济发展指标和与经济有关项目	任职末	任职初	任职末比任职初增长（或下降)%	任职末比任职初提高（或降低）
规模以上固定资产投资（亿元）	××××	××××	××××	
三次产业结构比例	××××	××××		
旅游总收入（亿元）	××××	××××	××××	
全年实际到账外资（万美元）	××××	××××	××××	
引进国内资金（万元）	××××	××××	××××	
外贸进出口总额（万美元）	××××	××××	××××	
其中：外贸出口额（万美元）	××××			
主要农产品产量（吨）	××××	××××	××××	
规模以上工业企业（个）	××××	××××	××××	
规模以上工业增加值增幅	××××			
规模以上工业销售收入、利税（亿元）	××××	××××	××××	
规模以上工业高新技术产业产值占工业总产值比重	××××			

（三）推动具有地方特色经济发展效果方面（如：打造特色产业，提升区域核心竞争力；坚持生态立市，环境优化，生态宜居城市形象更加鲜明；突出"生态、山水、文化"，全力打造生态滨海休闲居住城市。）××××××

××××××××××。具体经济指标和有关项目参考如下

经济发展指标和与经济有关项目	任职期间	任职末	任职初	任职末比任职初增长（或下降）%	任职末比任职初提高（或降低）
完成污染减排项目（个）	×××				
环境保护投入（万元）	×××				
城市污水处理率（%）		×××			
二氧化硫排放量削减任务完成率（%）		×××			
万元生产总值能耗下降（%）		×××			
规模以上工业万元增加值能耗下降（%）		×××			

（四）改善民生、推动城乡建设发展方面（如：坚持以人为本，注重民生改善；统筹兼顾协调推进，城乡面貌明显改观；以人为本惠民利民，提高群众幸福指数。）××××××××××××××××××××××。在××年××（区、市）组织的群众满意度测评中取得××成绩，位居各区市第××名。具体经济指标和有关项目参考如下

经济发展指标和与经济有关项目	任职期间	任职末	任职初	任职末比任职初增长（或下降）%	任职末比任职初提高（或降低）
社会民生支出占财政支出的比重		×××			
城镇居民人均可支配收入（元）		×××	×××	×××	
农民人均纯收入（元）		×××	×××	×××	
城市居民低保障标准（元）		×××	×××		×××
农村居民低保障标准（元）		×××	×××		×××
城乡低保覆盖率（%）		×××	×××	×××	
五险参保人数（人）		×××	×××	×××	
新农合人均政府补助标准（元）		×××	×××		×××
建设保障性住房（套）	×××				
棚户区改造（户）	×××				
完成农村环境综合整治（个）	×××				
新建和改造农村住房（户）	×××				
城镇新增就业（万人）		×××			
城镇登记失业率（%）		×××			

（五）对所在地区和主管部门的管理监督方面（如：狠抓机制建设，强化发展保障；开源节流、规范管理，努力提高财政收入质量和资金使用效益；突出财税增收节支，着力保障财政资金规范高效运行。）×××××××××
×××

……（根据实际情况可适当增减条目）

×××××××××××××××××××××××××××。根据威海市年度目标绩效管理综合考核结果，任职期间（××年至××年），分别位居各区市第××名、第××名。但审计也发现，××（区、市）在××
××、××××、××××等方面还存在一些问题。

［说明：以上小标题内容可根据区域实际情况进行归纳提炼，上述只是作为参考；以上指标和有关项目不是一成不变的，根据区域具体情况，可以筛选使用，为了使报告简洁明了，文字中可重点突出应给予关注的几个经济指标或项目，其他的可以通过以上表格形式列出。第（二）（三）项，也可以合并。］

1. 本部分应围绕审计工作方案、审计实施方案确定的重点内容进行概括评价。

2. 反映被审计领导干部任职期间的工作情况，应包括其工作思路、制定的发展战略规划、采取的重大政策措施等情况，以及履行职责、推动地方经济社会发展情况，对所在地区的管理监督情况等。反映事项应与被审计对象有关联、体现本地区特色和人格化特点，应当重点关注经济、社会、事业发展的质量、效益和可持续性，关注与领导干部履行经济责任有关的管理和决策等活动的经济效益、社会效益和环境效益，关注任期内举借债务、自然资源资产管理、环境保护、民生改善、科技创新等重要事项，如重大政府投资、财政收支变化、民生改善等，对地方党委主要领导干部进行全面、客观、准确的审计和评价。

3. 在表述主要业绩时，应通过有关指标的变化，采用不同的评价标准（责任目标法、历史参照法和地区平均水平法），反映（区、市）委书记（区、市）长任职期间地方经济社会发展的总体情况，忌空话套话，不能简单地用工作报告或个人述职述廉报告代替被审计对象的个人工作业绩。要高度概括，条数控制在四条内。表述应客观、适度，审计报告征求意见稿如需引用未经审计核实的数据，应注明来源（如政府工作报告、统计公报等）；正式报告不再注明，可直接表述。

需说明的是，要充分借鉴市委组织部、考核办对其目标绩效管理百分制考核的结果，将市级为其确定的阶段性经济目标或经济考核指标作为其应完成的任务，对其未完成的情况进行描述。同时也应适当参考国家、省内同类指标，确定该（区、市）某项工作在全国、全省的水平。要尽量使用白描的语气叙述，不要说过头话，不要用"率先"、"亮点"、"高度重视，锐意创新，励精图治"等修饰词语；同时注意用数字说话，有横向与纵向的对比，横向对比主要是同一项工作，在全国、全省或市内是什么水平；纵向对比主要是被审计领导干部任职初与任职末进行比较。

另外要参考通过市社情民意调查中心调查的"群众满意度调查"结果，如群众对居民收入、城乡建设、医疗卫生、教育工作、环境保护、群众文化生活、困难群众救助、社会治安、干部作风等方面的满意程度。评价（区、市）党政主要负责人任期内所在（区、市）域内履职情况和群众威望。

4. 审计评价应简明扼要，准确适当，要有审计底稿、证据材料支撑。

5. 最后一段总体评价部分，切忌与问题和责任认定部分相矛盾。

6. 本部分篇幅控制在报告整体的10%以内。

三、审计发现的主要问题和责任认定

（一）目标责任完成方面

1. 未完成主要污染物总量减排目标。

2. 未完成向社会承诺的民生工程。

3. 耕地保有量低于考核指标。

......

××同志对××问题负直接责任；对××和××问题负主管责任；对××问题负领导责任。

（本部分应对被审计领导干部任职期间目标责任完成情况进行审计，如与上级签订的目标责任书完成、对社会承诺的民生实事办理、第一责任人责任履行等情况。对审计的范围应进行明确界定，已完成目标责任情况不再表述，目标责任未完成则作为问题反映，并且需对未完成原因进行表述。）

该部分责任认定的原则：首先区分党委、政府的目标。对属于政府的目标责任，除党委书记直接签批或重大事项外，一般界定党委书记领导责任。政府目标责任，界定政府行政首长直接责任。

（二）贯彻执行中央和省有关经济政策和决策部署方面

1. ××、生态环保、清洁能源等国家重大工程项目××个，或××、保障性住房重大建设项目××个，未落地，或××个进度缓慢，或资金保障不到位××个，涉及金额××万元。

2. 未落实各项税收优惠政策，涉及金额××万元。其中小微企业××个，

涉及金额××万元。

3. 产业和民生政策等措施未出台××个，或配套资金不到位××个，涉及金额××万元。

4. 政府下放行政审批事项××个转到行业协会或中介机，涉及收费金额××万元。

5. 非行政许可审批事项清理不到位××个。

6. 违规制定执行财政收入优惠政策，涉及金额××万元。其中：国有企业××户××万元、民营企业××户××万元。[关于此问题，根据《国务院关于税收等优惠政策相关事项的通知》（国发〔2015〕25号）精神，对该文件生效日前制定执行的政策不再作为问题反映，今后应关注政策绩效、决策程序等重大事项，揭示是否存在利益输送问题；对文件生效后制定的优惠政策应作为问题反映。]

7. 违规制定执行奖励政策，涉及金额××万元。

8. 违规制定执行津贴补贴政策，涉及金额××万元。

9. 机构设置、编制使用以及有关规定执行方面的问题。

……

另外，在决策制度制定执行方面还存在××问题。

××同志对××问题负直接责任；对××和××问题负主管责任；对××问题负领导责任。

（本部分应对稳增长促改革调结构惠民生防风险等政策措施的具体部署、执行进度、实际效果等落实情况，特别是重大项目落地、重点资金保障以及简政放权推进情况进行审计，可以借鉴稳增长等政策跟踪审计报告成果。）

该部分责任认定的原则：对明知是违反国家法律法规规定的行为（如制定税收、土地出让金优惠政策），不论被审计领导干部直接签批还是主持会议集体研究、党委政府发文，均应界定书记直接责任。

任职期间延续执行以前年度党委制定的优惠政策，界定书记主管责任，市长领导责任；任职期间延续执行以前年度政府制定的优惠政策，界定书记领导责任，市长主管责任。

决策制度不健全完善如工作规则中未制定追究责任相关规定，界定书记领导责任。

（三）土地、森林、矿产以及海洋等自然资源资产的管理和开发利用和生态环境治理、大气污染防治等方面

1. 未经批准设立工业园区或扩大开发区面积。

2. "以租代征"集体土地用于项目建设。

3. 违法变更土地利用规划，涉及土地面积××亩。

4. 补充耕地数量不实、占优补劣涉及土地面积××亩。

5. 区域内工业企业偷排偷放污水及固体废弃物造成耕地重金属污染严重等问题。

6. 违规倾倒生活垃圾、建筑业弃土、污水处理厂污泥等造成耕地污染等问题。

7. 执行限制类和禁止类供地项目政策中存在的问题。

（1）向未按规定审批的政府部门办公楼供地××亩。

（2）向低容积率（别墅）开发项目供地××亩。

（3）违法占地用于国家明令禁止的高尔夫球场项目。

（4）违反产业政策向高耗能、高污染和资源消耗型项目等供地问题。

……

8. 拖欠、截留、骗取、挪用、贪污私分征地拆迁补偿款。

9. 政府部门高价购买个人土地涉嫌利益输送问题。

10. 欠征土地出让金和采矿权价款。

11. 新的矿业开发或超标排放造成土地破坏、环境污染等问题。

12. 以行政审批方式违规配置矿产资源。

13. 违规支出土地出让金。

14. 以土地换项目。

15. 擅自决策批准占用海域或改变海域用途、破坏生态环境。

16. 重大项目未达到环评标准造成环境污染。

17. 闲置、荒芜基本农田。

18. 开发地块撂荒、弃耕。

19. 违规采伐和超审批范围采伐林木等。

20. 对乱砍滥伐、非法侵占林地等违法违规行为制止不力、造成重大损失等问题。

21. 未严格执行脱硫电价、脱硝电价等大气污染防治经济政策的问题。

22. 对超标排放或偷排偷放行为以罚代法甚至放任不管等问题。

……

（本部分应对被审计领导干部任职期间对资源资产管理的约束性指标以及目标责任制完成情况进行审计，目标责任未完成则作为问题反映，并且需对未完成原因进行表述。对已完成目标责任情况以及领导干部任职前后区域内自然资源资产变化情况，可以在业绩评价部分有重点地进行表述。）

××同志对××问题负直接责任；对××和××问题负主管责任；对××问题负领导责任。

该部分责任认定的原则：重大事项界定主管或直接责任。对违规扩大或未经审批变相扩大开发区面积、政府部门高价购买个人土地涉嫌利益输送、国家利益重大损失、生态环境严重破坏等问题，如系被审计对象直接主持会议、签字审批形成的［或者由于授权（委托）其他领导干部决策的］，界定直接责任，其他界定主管责任。因部门单位未严格执行相关规定形成的问题，界定领导责任。

（四）重大政府投资项目方面

1. 未编制政府投资中长期规划和年度计划。

2. 通过新建、变相购建或以业务楼的名义建设办公楼。

3. 围标串标或虚假招标。

4. 决策不当和重复建设造成国有资产重大损失浪费。

5. 建设程序不合规。

另外，还应当注重揭示和查处工程建设中的重大违法违规问题和经济犯罪线索。

……

××同志对××问题负直接责任；对××和××问题负主管责任；对××问题负领导责任。

该部分的责任认定原则：直接插手项目，界定主管或直接责任，投资项目程序手续方面的具体问题，界定领导责任。

（五）财政管理方面

1. 政府预算编制不完整、不细化。

2. 财政收入不真实。

（1）虚收空转财政收入。

（2）非税收入未纳入预算缴入国库。

（3）隐瞒截留预算收入。

（4）虚列预算支出。

（5）人为调账平衡预算。

3. 出借财政资金。

4. 地方政府性债务方面的问题。

（1）政府性债务管理制度不健全。

（2）融资平台公司清理不到位、涉及××家××万元。

（3）乡镇政府违规举借债务资金××万元、违规担保××万元、违规集资××万元。

……

××同志对××问题负直接责任；对××和××问题负主管责任；对××问题负领导责任。

该部分问题的责任认定原则：证据表明，所审地方本级的财政虚收空转和转引税款等财政收入不真实行为经党委会议研究或签批的，界定为书记直接责任。财政盘子、财政改革措施推行情况、所审地方下一级的财政收入不真实行为，界定为领导责任，行政首长为直接责任。

政府性债务根据两办规定实施细则，党委书记对债务的举借、用途、风险管控事项，根据决策程序中发挥的作用界定责任。行政首长对债务的举借、管理、使用、偿还和风险管控事项，根据决策程序中发挥的作用界定责任。

（六）保障和改善民生方面

1. 未建立被征地农民保障制度。

2. 欠征社会保障资金。

3. 被征地农民社会保障资金未落实到个人账户。

4. 挤占挪用社保基金，用于基础设施（办公楼建设）、设备购置、行政经费、平衡预算等。

5. 虚列基金支出、套取资金，以及违规用于其他社会保障等扩大范围使用问题。

6. 建设保障性住房面积超标准。

7. 保障性廉租住房未能及时向住房保障对象配租（售）形成。

闲置甚至损失浪费问题。

……

××同志对××问题负直接责任；对××和××问题负主管责任；对××问题负领导责任。

该部分责任认定的原则：除被审计领导干部直接签批和重大违法事项外，界定党委书记领导责任。

（七）履行党风廉政建设第一责任人职责和个人遵守有关廉政规定方面

1. 未建立××××××预防、预警制度。……

2. 违规公款出国（境）。……

3. 超标准购置公务用车。……

4. 公款吃喝、公款旅游、公车私用。……

5. 利用职权和职务影响谋取不正当利益规定。

如插手工程、干预土地出让，形成利益输送问题。

……

××同志对××问题负直接责任；对××和××问题负主管责任；对××问题负领导责任。

［本部分可以根据市纪委和市委组织部对××（区、市）党委（政府）××年度（按领导任职期间整年）领导班子党风廉政建设情况民主测评结果和×××同志遵守廉洁自律规定情况民主测评结果以及分项测评中获取问题线索，有针对性地确定谈话和审计重点；在其担任（区、市）委书记（或区、市）长期间，党委或政府班子多名成员出现违纪违法问题，或上级查处本地区违法违纪案件的，说明书记、行政首长履行党风建设第一责任人职责不到位，则作为该区市履行党风廉政建设责任制方面存在的问题。］

本次审计，通过谈话、审查相关资料，未发现×××同志违反廉洁自律规定的问题，未发现其本人和配偶、子女及其配偶违反有关规定经商、办企业，也未收到有关举报材料。（如收到举报材料要表述落实情况）

该部分责任认定的原则：（区、市）委书记、（区、市）长对本级党委、政府多名班子成员或区市直部门主要负责人出现问题，负直接责任；对所属乡、镇党委、政府主要领导人出现问题，负主管责任；所属乡、镇党委、政府的副职或县直部门的其他人员出现问题，负领导责任。

（八）审计发现的其他问题

此部分主要反映与被审计对象履行经济责任不直接相关，不宜界定其责任的问题。如执行上级制定的违反国家规定政策的问题，或延伸审计调查纳税企业欠征税款等问题。此部分不界定责任。

（九）以往审计发现问题的整改落实方面

××××××××××××××××××（客观描述对以前审计发现问题是否认真进行了整改，效果如何）。本次审计了发现以下问题未整改到位：

……

××同志对××问题负××责任。

该部分责任认定的原则：（区、市）委书记对以往审计发现问题整改不到位负领导责任；（区、市）长对以往审计发现问题整改不到位负主管责任。

说明：具体的责任认定参考《党政主要领导干部和国有企业领导人员经济责任审计规定实施细则》第三十五、三十六和三十七条。

四、其他需要关注和说明的事项

此部分主要是反映历史遗留或不易解决的需要引起关注或继续解决的重要问题或重要事项，不是必写项。

五、审计建议

（一）××××××××××××××××

（二）×××××××××××××××××

（三）×××××××××××××××

××（区、市）和×××同志［如果是离任审计，则写为××（区、市）］应组织有关部门，切实抓好对审计发现问题的整改，并在收到审计报告之日起 60 日内将整改结果函告威海市审计局。

×××同志如果对本报告有异议，可以自收到本报告之日起 30 日内，向威海市审计局申诉。

（该报告控制在 40 页内。）

（审计机关名称并印章）

20××年××月××日

回归审判中心主义的撤诉规制

——从刑诉法解释第 242 条操作现状切入

于向华

党的十八届四中全会提出了推进"以审判为中心"的诉讼制度改革，剑指长期以来影响公正司法的部分"顽疾"。"司法公正的前提是司法权能依照司法的规律有序运行。"尊重包括审理者裁判、裁判者负责，以及独立审判原则等为内容的司法规律，成为法治中国最典型的"标签"。新的历史时期，在刑事审判领域，我们要"围绕确保刑事司法公正，加强对重大冤假错案的实证研究，认真查找刑事审判在司法理念、法律适用、制度执行等方面存在的问题和薄弱环节"。本文以任意撤回公诉乱象为切入点，反思现状，提出建议。

一　任意撤回公诉的泛滥现状

任意撤回公诉，尤其是以撤回公诉规避无罪判决的现象由来已久。在百度中输入"无罪判决撤诉"，打开的网页有十页之多，许多内容是质疑的声音。

（一）无罪判决率畸低

正如部分学者所言，"近年来检察机关不起诉率和法院无罪判决率均处于低位运行状态，有个别法院甚至数年无一例无罪判决"。以东部地区 W 区某基层法院为例，自 2002 年 5 月至 2015 年 5 月，该院共受理各类刑事案件 4851 起，结案 4767 起。其中，判决宣告无罪 2 起，撤诉 41 起。在撤诉的 41 起案件中，仅有 4 起案件是检察院在补充证据后又重新提起诉讼。该院 13 年内无罪判决率仅有 0.4‰。假设撤诉后再无下文的那 37 起案件能够全部宣告无罪，则该院的无罪判决率会达到 8.18‰。

从最高人民法院历年公布的数据来看，"2000 年各级法院无罪判决人数为 6617 人"；2013 年，全国法院宣告 825 名被告人无罪；至 2014 年，仅为 778 人左右（详情见下图）；与之相应的无罪率在 2000 年时为 1.02%，2013 年与 2014 年分别为 0.071%、0.066%。而据有关数据显示，西方国家无罪判决率一般在 25% 左右。

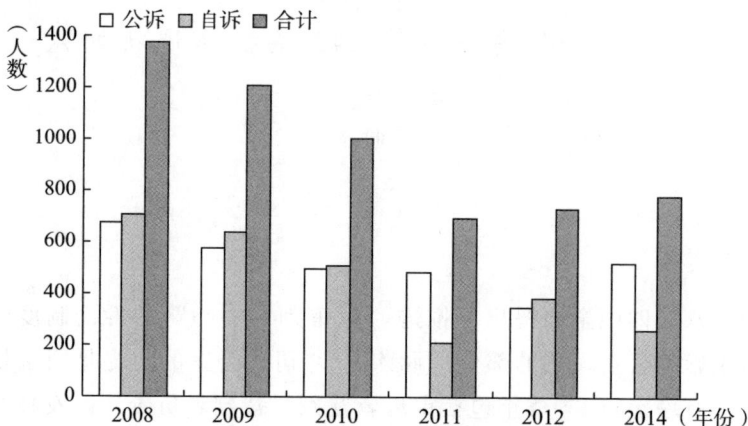

2008～2014 年各级人民法院宣告无罪人数走势
（**2013 年度无据可查，故上图中不含该年份**）

（二）"存疑无罪"多以撤诉形式消弭

修改后的刑事诉讼法确立"存疑无罪"制度以后，法学界所寄予厚望的宣告无罪案件骤增的预言并没有实现。原因何在？是体制层面的原因，还是技术层面的原因，抑或有他？我们在撤诉案件背后可窥到冰山一角。

通过对 W 院所有先后从事刑事审判的 11 位法官的访问发现，检察院申请撤回公诉的案件基本上都能得到准许，司法实践中采取的是"请撤，即准"原则。

来自山东省高院的一份调研报告显示，在撤回起诉的案件中，绝大多数案件是法院主动协调或者建议检察机关撤回起诉的。济南法院审理的 44 件撤回起诉案件中，31 件为法院主动协调或者建议检察机关撤回起诉；烟台法院审理的 11 件撤回起诉案件中，只有 1 件系检察院主动撤回起诉，其余均是由法院主动协调或者建议检察机关撤回起诉的；威海法院审理的 34 件撤回起诉案件中，全部为法院主动协调或者建议检察机关撤回起诉。

主动或被动撤诉的背后，又潜伏着什么？检索北大法意数据库（http://www.lawyee.net）之"法院案例"中的刑事裁判文书，数据反映，全国法院有 91.30% 的案件因"事实和证据发生变化",检察机关担心法院"以证据不足"做出无罪判决而申请撤诉;另外 8.70% 则是因"发现新的犯罪事实"和"管辖错误"撤诉。

而撤诉与宣告无罪的法定情形,实有本质区别(详见下表)。

	基于程序问题	管辖错误 被告人下落不明
撤诉	基于实体问题	1. 没有犯罪事实发生 2. 犯罪事实不是被告人所为不应当追究被告人刑事责任 3. 起诉后适用法律发生变化,致使被指控行为不构成犯罪
无罪判决	法定无罪	
	证据不足的无罪	

综上,我们不难得出结论:检察院撤回公诉、法院准许撤诉均存在任意性。

二 任意撤诉的实际危害

(一) 刑事诉讼法律被僭越

众所周知,公诉是一种求刑权。作为一种刑事诉讼程序补救与诉讼过滤机制,撤回起诉是公权行使的方式之一,事关检察官自由裁量权与法官审判权之间的平衡。

综观我国三大诉讼法,撤回私诉(包括附带民事诉讼)系法有明文规定。但作为公诉权的重要组成部分,公诉机关撤回起诉制度,我国刑事诉讼法中无明文规定。

目前可作为检方撤回起诉的法定依据是《人民检察院刑事诉讼规则》第459 条和我国现行刑事诉讼法司法解释第 242 条。而"两高解释"在本质上属于司法解释,其效力低于法律,上述撤诉依据违反了《立法法》关于"司法机关不得在法律规范之外解释法律"的规定,有违宪、违反程序法定原则之嫌疑,也是司法权对立法权的僭越。

(二) 无罪被告人救济权被丧失

我国《国家赔偿法》规定,经"依法确认"的无罪才给予国家赔偿。从某种意义上说，"撤诉为检察院规避国家赔偿责任创造条件"，不少事实上无罪的被告人被以法律的名义蒙受不白之冤甚至家破人亡。

"念斌案为推动以审判为中心的诉讼制度改革提供了最好的标本和最好的阐释"。杨波涛案同样也是该体制下有代表性的牺牲品。如果非要谈幸运之处，该案是在既没有发现真凶，也不存在"亡者归来"的情况下，对被告人做出了近乎无罪的处理。

该案经两级法院四次一审、三次二审，一直未能做出无罪判决。直到 2013 年 8 月 23 日商丘市检察院以"事实不清、证据不足"为由决定撤回起诉，商丘市中院下达准许撤诉刑事裁定书。

因未能做出无罪判决，被告人并未获得完全清白，更难以获得国家赔偿。此案由检察机关撤回起诉，公安机关以"继续侦查"为由做出取保候审决定。

（三）司法资源被浪费

实践中，检察院对撤诉后的案件有以下处理方式：以不起诉等形式终止诉讼、中止诉讼；改变管辖；补充侦查；有新的事实和证据再行起诉；各种理由之下的"挂案"，不一而足。

浙江省人民检察院公诉处的一份研究报告表明：公诉案件撤回起诉后，38.60% 的案件被重新起诉，32.63% 的案件被退给侦查部门撤销案件，15.78% 的案件被补充侦查，8.42% 的案件被决定相对不起诉或者存疑不起诉，4.21% 的案件尚未处理。据此，在检察院撤回起诉后，并不意味着诉讼程序已经终结——有些案件甚至还要再退回侦查机关，个别案件甚至因此被长期搁置。与人民法院直接做出无罪判决相比，"这种程序倒流的做法显然需要耗费更多的物力和人力"。

再者，"两高"均规定"宣告判决前"检察院可以撤诉，由于"做出判决"与"宣告判决"通常存在时间差，便意味着判决做出之后宣告之前，检察院仍可撤诉。另外，此处的"判决"究竟是一审判决，还是二审判决，"两高"均未做出明确规定。正是由于类似模糊规定，导致有的案件在经历一审判决、上诉、发回重审、再次一审开庭之后，才启动撤诉程序。由于撤诉时间不明确，不仅浪费了大量司法资源，而且易使一审判决的确定力、既判力遭受质疑。

三 任意准撤的动因分析

（一）审判中心角色认知偏差

撤回公诉的本质是审判弃权，是对审判中心主义的蚕食。

首先，审判对侦查、起诉的制约有限。以"审判为中心"，是指"整个诉讼制度和诉讼活动围绕审判而建构和展开，审判对案件事实认定、证据采信、法律适用、作出裁决起决定性和最终性作用"。合理的诉讼结构应当是三角形的，控告和辩护针锋相对，审判权居中裁判。然而在以往的司法实践中，诉讼模式可能更倾向于是一种侦查→起诉→审判的线性结构。

作为"控审不分的具体表现"之一，任意准许撤回公诉便是法院在此种模式下对审判中心主义的主动放弃——利民的终局裁判由谁做出？以何种文书做出？反映一个国家法治理性程度。当刑事诉讼持续至一个宣告无罪的判决出现，法院居中裁判使检察院成为一个败诉的原告。相反，如果法院对控方提出的撤诉请求一味迎合，控方做出一个不起诉决定后，成为一个不败的原告，即"公诉人躺着都可以赢"。审判对侦查、起诉的制约功能受阻。

其次，法官对法定配合义务的曲解。对此，一些法官会依据宪法第135条中的"分工负责、互相配合、互相制约"条文进行辩解。

推进以审判为中心的诉讼制度改革，不需要也不会改变这一诉讼原则，而是"要切实发挥审判程序应有的终局裁断功能及其对审前程序的制约引导功能，纠正公检法三机关'配合有余、制约不足'之偏，纠正以侦查为中心的诉讼格局之偏"。

因此，所谓的"配合"，至少不应理解为检察院对法院的随意摆布，不应包括对法院审判终局职能的蚕食。"司法职权本是中央事权"。定罪权专属于法院。"以审判为中心"就是对法院定罪权的尊重。当然，首先法官要认知到位，而不是位居审判中心角色而不自知、不自信。

（二）经验法官的现实选择

"私的毛病在中国实在是比愚和病更普通得多。"正如《离骚》中所说："固时俗之工巧兮，偭规矩而改错；背绳墨以追曲兮，竞周容以为度。"法官作为社会中人，自然也不会免俗。把法官当"好人"的理想主义立法，或者至少认为绝大多数法官的职业操守和法律适用能力都值得高度信赖。这是对法官可能出现的道德风险明显准备不足，甚至忽略了法官作为"人"的共性。

首先，法官必然是理性动物。当然，承认这个前提并非要否定法官的操守，而是"为了正视法官利益与诉讼制度的勾连关系，甄别法官利用司法规则搭便车的行为，进而减少这种搭便车的机会"。因而评价一套制度是否合理的根本标准之一，即应当看这套制度是否将法官对个人利益的诉求与社会对司法公正的需求整合为一体，使法官在"主观为自己"的同时也在"客观为当事人"。

反之，如果一套制度要求法官在个人利益和司法公正之间做出非此即彼的选择，那无异于鼓励法官随时践踏该制度，或诱使其突破诉讼规则，让法官们觉得骑墙中庸远比竭尽全力为当事人伸张正义、博取清誉更容易、更实惠些。

其次，"沉默的螺旋"理论必然造就沉默的法官。众所周知，在检察院内部，客观上有考核机制的约束，如"'五好基层院'建设评比活动中，'没有无罪案'就是一项考核指标。而在个人考核中，如果出现无罪案，年终考核就好像约定俗成不再有评优秀、评先进的希望"。如果法院做出证据不足的无罪判决，公安、检察机关则要承担国家赔偿责任。

检察官一则拥有审判监督权。如果判决宣告无罪的案件被抗诉了，且二审改判有罪了，一审承办法官必定得"给个说法"；二则检察院拥有反渎、反贪等侦查权；三则检察院可以通过日常诉讼行为配合或干扰法官。比如，多数法院均存在年终结案率的考核。如果检察官比较配合，往往会在年终时暂缓提起公诉，以便法官消化积案。但是如果双方关系不睦，检察官可能会故意拖延，等到年终再来个突袭起诉，法官短期内难以消化，从而导致结案率偏低。

另外，案件宣告无罪，可能还要面临公众的质疑和被害方的上访、闹访。

因此，对可能宣告无罪的案件，主动动员或依检察院申请允许撤诉，是法官最现实、最有利的选择。

（三）却步于个案突破后的遗憾

司法解释不力，法官的勇气和担当必然体现在无罪判决上。在法院系统有两个有重大影响的案例，即赵京哲盗窃案（1994年）和郭连奎偷税案（1997年）。这是中国司法史上真实的程序性处置案例。据了解，这两个案例可以说开了程序性裁判的先河：前案检察院撤诉，赵京哲无罪开释；后案法官要求检察院撤诉未果，而被迫宣告无罪。

赵案直接起因是警官觊觎赵个人财产，伪造证据将其列为犯罪嫌疑人，并历经批捕、预审、审查起诉等审前程序，只是到庭审时出现了被告人下跪的情形，引起了法官的怀疑并对所有证据进行了复核，从而发现了假案；郭案就是检察院直接立案侦查了不具有管辖权的偷税案，导致法官无法下判。尽管多次要求检察院撤诉，但检察委员会研究认为郭偷税的客观事实是清楚的，应当做出有罪判决。

这两个案件实质是法院法官直接否定了国家暴力机器的认定。但与现代诉讼仍有一定距离——郭案是审而被迫判，赵案则是审而未判。

在审结两起案件后，主审法官遂被检察机关立案调查。最终结果有惊无险。有了前车之鉴，自此之后，在理想与现实面前，刑事法官们更多了些瞻前顾后。

四　回归审判中心主义的撤诉规制

"以审判为中心……要求切断那些客观上侵蚀以审判为中心的诉讼制度的机制。"回归成为必然。

（一）协调控方回归审判中心

一要"明确两高司法解释决不能突破法律规定"。我国现行《立法法》第 104 条规定："最高人民法院、最高人民检察院做出的属于审判、检察工作中具体应用法律的解释，应当主要针对具体的法律条文，并符合立法的目的、原则和原意。"据此，两高关于撤诉的规定明显侵犯了全国人大及其常委会的立法权，属违宪行为，是对"以审判为中心"理念的蚕食，应一并废止。即使暂时不能废止，也要共同制定严格的撤诉条件和程序。检察机关必须尊重并服从法院的审判中心角色，在庭审中将其公诉职能与法律监督职能剥离。这一点必须毫不妥协。

二要加强与公安、检察机关的沟通。"以审判为中心是一个综合指标，是公、检、法和辩护律师正能量的合成。"无论是宣告无罪，还是要求补强证据，抑或排除非法证据，都应向公安、检察机关详细说明理由，深入交换意见，以便侦查、审查起诉人员认同、理解审判程序的要求和标准，从而避免"生米做成熟饭"的被动。

三要客观评判无罪判决。公诉人的追诉职能、个体认知能力的局限、刑事诉讼中多方参与结构，决定了公诉人指控犯罪失败应当成为司法常态，是不可避免的客观司法规律。故，相关权力架构、考核机制等不应定格在对宏大命题拆除与建设的追求上。

（二）撤回起诉制度入法

撤回起诉，涉及国家司法权的权力配置，特别是涉及对被告人适用剥夺人身自由强制措施，应由作为基本法律的刑事诉讼法来加以规定。

一是在刑事诉讼法修正案中规定公诉案件撤回起诉制度，在法律层面明确撤回起诉制度定义、性质等。

二是严格限制撤回起诉的时间。应明确规定撤诉的时间宜限定在一审判决做出之前。如此，既能够避免在二审、重审、再审过程中再行撤诉导致的程序倒流，节约司法资源，也能够切实维护当事人合法权益，维护司法权威。

三是明确撤诉的法律效力。应明确规定撤诉与不起诉具有同等法律效力。检察机关在收到法院准予撤诉裁定后，对在押的被告人应当立即释放；对被告人采取强制措施的，应当立即解除；对于扣押、冻结被告人的财物，应当解除扣押、冻结。

如果因管辖不当而撤诉的，应将案件移送有管辖权的司法机关处理。即使发现新的事实、新的证据再行起诉，也应是一个新审判活动的开始，而不是延续之前的审判活动。

四是限制再次提起公诉的次数。再行起诉应以一次为限，且须具有新重要事实或者证据。

（三）完善司法审查制度

我国刑事诉讼法司法解释第 242 条中有关撤诉的司法审查原则过于笼统。为保证诉讼的效率与诉讼的公正，应当继续对此反思并加以完善。"基于善良目的而撤回起诉，法律应准许之；若非此，法律即应禁止之；有其他争议者，可须依具体个案秉法理个别判断之，或须经被告人同意。"具体来讲，撤诉程序至少应涵盖以下基本内容。

一是法院依法对撤诉进行审查：如果被告人行为明显不构成犯罪，为保护被告人合法权利，妥善处理涉案的其他问题，法院根据被告人请求，有权不同意撤诉，并做出无罪判决；对于符合撤诉条件，且撤诉后无碍司法公正的，法院应当允许；其中，规避无罪判决，为法定禁止事由。

二是撤诉不得妨碍被告人获得公正审判的权力，应当尊重被告人、被害人的意愿，赋予其一定的异议权，将他们的意见纳入撤诉审查。

三是撤诉必须由检察院以书面形式提出，并明确撤诉的理由及相关证据。法院则须以书面形式裁定是否准许。以此来倒逼检察机关从撤诉条件审查、决定程序、报备制度等方面加强内部制约。

（作者单位：文登区人民法院）

《性犯罪记录制度的体系性构建——兼论危险评估与危险治理》内容提要

刘 军

本专著首先探讨了犯罪记录制度的概念、机能和制度框架，犯罪记录制度背后的剥夺犯罪能力之刑罚目的，以及作为该刑罚目的适用前提的再犯危险性评估。在此基础上，具体探讨了我国犯罪记录制度的构建，包括善治理念指导下的犯罪记录登记制度、犯罪记录查询制度与隐私权保护、未成年人犯罪记录封存与复权制度等。性犯罪记录制度具有犯罪记录的一般性与特殊性，但是仍然属于犯罪记录的一个专项，性犯罪记录的特殊性在于发展出了不同于普通犯罪记录的社区公告和信息披露制度。在比较分析了美国、英国等国家的性犯罪记录制度基础上，揭示了性犯罪记录公告制度的具体制度设计与详细内容，以分析比较的研究方法进行了借鉴与批判，并指出了我国性犯罪记录制度的未来走向，对犯罪记录披露制和公告制的选择以及具体的制度设计有重要意义。

全书除导论外，共计 10 章，26 万多字。主要贡献和突破集中体现于以下四个方面。

（1）剥夺犯罪能力之刑罚目的。选择性剥夺犯罪能力的概念，是由大卫·格林伯格于 20 世纪 70 年代中期提出来的，最初应用于量刑之中，是一种刑罚思想或者刑法需要实现的刑罚目的，同时也可以视为一种控制犯罪的刑事政策。该理论的预设前提异常简单，即"一小撮犯罪人对大多数犯罪负责"，如果能够采取措施将这一小部分犯罪人与社会隔离，或者控制犯罪发生的环境与条件，使犯罪人没有机会去犯罪，前者如监禁在监狱或者处遇场所，后者如职业禁止等，就能够控制绝大多数犯罪的发生，此即剥夺犯罪能力的核心内涵。剩下的就是"选择"了，可以选择某一种类型的犯罪，或者某一个时期高发的犯罪，从刑罚威慑的层面预测需要何种刑罚才能够遏制犯罪的发生；也可以将某一些具有高度再犯危险的犯罪人"选择"出来，施以更长的刑罚，不但可以威慑其他人不再如此作为，同时在犯罪人被隔离期间是无法犯罪的，从而得以有效地控制犯罪的发生。前者被称作类型化地剥夺犯罪能力，后者则是选择性剥夺犯罪能力。重新思考在以控制犯罪为目的导向的刑事政策领域如何综合运用刑罚目的的问题，本专著研究了如何综合运用剥夺犯罪能力之刑罚目的，针对具有高度再犯危险性，或者难以改造，甚至具有一定心理疾患或者体质原因的罪犯，进行分级防控、预防犯罪，以及在刑罚执行、犯罪监控、社区矫正等多个司法实践方面的具体运用。

（2）危险评估与治理的具体运用。本专著系统地梳理了当前的再犯危险性评估工具和具体运用。再犯危险性预测与评估，是指从犯罪人过去生活经历资料中，选取能够影响其再次犯罪的重要因素，以科学的方法预测其再次犯罪的可能性及程度。预测结果已经被广泛运用于危险罪犯的确认、刑罚的量定、缓刑假释的适用、监管水平的确定、矫正方法的制定、监视与跟踪、权利限制、复权等刑罚的适用、执行、矫正、监控等一系列过程。再犯危险性预测在西方的发展经历了从主观临床判断到客观、标准化的预测工具，从单纯的预测取向到系统性的评估与矫正服务取向的四个发展阶段；当前的再犯危险性预测与评估工具包括定性分析与定量评估两类，目前发展最为迅猛的是定量评估，如水平评估量表（LSI－R）、精神病态筛查表（PCL－R）、性暴力危险量表（RS-VP）、暴力风险量表（VRS）、暴力风险评估指南（VRAG）、快速再犯危险评估表（RRASOR）、结构固定临床检测（SACJ）和静态因子九九评估表（Static－99）等精算评估方法与工具。

本专著在系统梳理危险性评估工具的基础上，对其发展、优劣、具体运用进行了把握和比较，尽可能地构建适合于我国的危险性评估工具和影响因子，并在具体的性犯罪再犯危险性治理中予以运用；引入"治理"理念，发挥国家、社会、社区、个体等多方面、多层次的治理主体的作用，建立综合的性犯罪再犯危险性治理体系，发挥犯罪记录制度在性犯罪治理中的制度性功能与作用。

（3）性犯罪记录制度的体系。在西方国家，性犯罪记录制度是一个综合的体系，有着有别于普通犯罪的更加严格的登记制度，以及独有的社区公告制度、更加严密的罪犯监视与追踪制度、更加便捷的犯罪记录查询制度、再犯加重刑罚、民事禁闭等诸多制度，总而言之，让性犯罪人无所遁形，剥夺其职业上、空间上、机会上接触被害人尤其是未成年人的可能性，从而剥夺其犯罪能力，甚至从生理上不让其保有犯罪的能力，如有的国家采取化学阉割的方式剥夺性犯罪累犯的再犯罪能力。这些制度无疑具有非常有效的特殊预防犯罪的效果，从而也回应了控制了一小撮最危险的犯罪分子也就控制了绝大多数犯罪的预设。

然而，性犯罪毕竟是目前还不能真正科学地了解其犯罪根源的一类非常特殊的犯罪，其犯罪原因上的复杂性可能远远超出我们的想象，不仅包括文化上的原因、社会原因，更重要的是个体原因，观念层面和非观念层面上的心理原因都会涉入其中，当然，个案中也不可避免地存在着生理上的原因，有的性犯罪可能逐渐地被非罪化了，而有的性犯罪在一些国家可能根本就没有被犯罪化。这说明，性犯罪记录制度的体系性建设还应当归依各国不同的文化与国情，尽量采取在本国能够被接受的，当然必须是行之有效的，同时更有利于犯罪人社会复归的各种刑事政策来防控犯罪。

因此，性犯罪记录制度的建构应当符合刑罚目的，尤其是剥夺犯罪能力之刑罚目的的定位，但是，还应当符合"治理"理念，在法治的框架下，充分保障犯罪人的主体性地位，保障其应有的基本权利，保障其隐私权，保障犯罪人复归社会的权利。本专著还提供了多种制度选择，并提出了切实可行的制度选择方案、意见和建议。

（4）性犯罪记录制度在防控性犯罪中的具体运用。本专著对前期研究的剥夺犯罪能力之刑罚目的以及再犯危险性评估在性犯罪记录制度的构建中进行了具体运用，并构建适合我国犯罪态势的性犯罪记录制度。犯罪记录尤其是性犯罪记录在防控犯罪中的主要作用是对于高度危险的犯罪人在一定时期内加强惩罚和监控，采取必要的行政措施，或者进行民事禁闭、辅助医疗等措施以防止其再犯，因此依据再犯危险性所做的各种刑事的、行政的、民事的，或者官方的、民间的等等措施可以有效地防止已经有过犯罪历史的犯罪人再次发生性侵害行为。当然，这是选择性剥夺犯罪能力的核心内涵。至于类型化地剥夺犯罪能力在预防性侵害犯罪中的作用，主要表现在对于严重的暴力性侵害犯罪的处罚力度和行政的、民事监管等综合措施的具体运用。

当然，性犯罪记录制度在防控性犯罪中的功能和作用也备受学界质疑，包括性犯罪的再犯率是否高于普通犯罪，再犯危险性预测的准确度问题，性犯罪人的教育改造效果是否有别于其他犯罪人，性犯罪人的社会复归是否更加需要去标签化，以及性犯罪人的职业禁止、居住限制、旅游限制等都受到了许多质疑，而性犯罪记录制度中的社区公告制度则是最受批评制度之一。对此，本专著也以公正的视角，进行了客观的评价，并建议根据犯罪态势，可以作为一种刑事政策选项，在必要的时候也可以采取相应的措施或者方法。

犯罪记录制度是现代社会管理、社会治理制度中的一项重要内容，其主要机能包括保护社会、保障权利和完善社会治理模式。本课题在研究过程中，首先探讨了犯罪记录制度的概念、机能和制度框架，犯罪记录制度背后的剥夺犯罪能力之刑罚目的，作为该刑罚目适用前提的再犯危险性评估，以及以此为依据制定相应的分类管理的措施，在此基础上，具体探讨了我国犯罪记录制度的构建，包括善治理念指导下的犯罪记录登记制度，犯罪记录查询制度与隐私权保护，未成年人犯罪记录封存与复权制度。性犯罪记录制度具有犯罪记录的一般性与特殊性，但是仍然属于犯罪记录的一个专项。性犯罪、性犯罪人、性犯罪被害人等都具有其特殊性，存在着系属冲突和调和，更为重要的是，性犯罪记录制度在发展过程中，出现了不同于普通犯罪记录制度的社区公告和信息披露制度。在研究过程中，本文在详细比较分析了美国、英国、澳大利亚等国家的性犯罪记录制度基础上，对性犯罪记录公告制度进行了借鉴与批判，并指出了我国性犯罪记录制度的未来走向应当采取披露制而非公告制。

该课题研究秉承科学的研究态度和研究方法，运用科学的研究工具，对当前世界各国的实践做法进行了比较分析和总结，并在理论上提炼出剥夺犯罪能力之刑罚目的以及实践中的再犯危险性评估及其运用，构建的性犯罪记录制度具有实用性，理论观点鲜明、立场清晰、理念先进，在"治理"理念的指导下，关注实践控制犯罪的效率，并提出高效的刑事政策策略和方法，应用前景广阔，一定能够发挥控制犯罪、服务社会、综合治理的功效。

如何预防性侵害犯罪的发生是一个世界性的难题，关于采取何评估与治理具有性犯罪记录和倾向的犯罪人之再犯危险的问题一直争论不休，其中对如何预防针对未成年人的性侵害犯罪的看法更是莫衷一是。与此同时，性侵案件却高度频发。本研究课题虽然不具有直接的经济效益，但是，借鉴国外研究成果和实践模式，在各种具有竞争性的刑罚目的之中阐释并选择极具针对性的剥夺犯罪能力之刑罚目的，构建符合我国国情的犯罪控制模式尤其是性犯罪控制模式，建构高效、互通、符合刑罚目的、保障公民人权的犯罪记录制度具有极其重大的社会意义，也一定能够为我国经济的可持续发展提供法律支持和制度保障。

[作者单位：山东大学（威海）]

虚拟社会中屏幕官僚的行为逻辑与控制

孙卓华

互联网信息技术正在影响和改变着人类的生存和发展方式。世界各国非常重视互联网信息技术的应用。习近平在第二届世界互联网大会开幕式上的讲话指出："'十三五'时期，中国将大力实施网络强国战略、国家大数据战略、'互联网＋'行动计划，发展积极向上的网络文化，拓展网络经济空间，促进互联网和经济社会融合发展。我们的目标，就是要让互联网发展成果惠及13亿多中国人民，更好造福各国人民。"在国家政策的号召下，各领域进行"互联网＋"的设计、制度论证和模式研究。但是，不论政界还是学界，都忽视了虚拟社会中的决定性因素——屏幕官僚。

一　虚拟社会中的屏幕官僚

虚拟社会是互联网计算机技术更新、升级的结果，它把科学技术和人类社会的发展联结起来。互联网信息技术的发展，给国家和社会的发展提供了资源和机遇，给人们生存生活带来了巨大的便利，给政府公共行政部门处理事务提供了手段。互联网信息技术功能的应用与实现取决于在屏幕前以此为工作的人员，他们以计算机和网络信息技术为平台，进行程序设计和程式操作以提供政府、社会和公众所需的服务，因而称之为"屏幕官僚"。

"官僚"一词是指在政府等公共部门对国家、社会和公共部门进行事务管理的人员。在本文中使用官僚而不是使用公务员一词，只是为了突出这些公务员的重要性和特殊性。屏幕官僚是一种执行官僚，但是与履行社会管理和市场监管职能部门的执行任务的官僚有所不同。他们是技术操作官僚，包括软件程序设计者和软件执行者，他们间接影响着公共资源的分配，因为通过程序设计者把国家和政府的政策转变为软件程序，经过软件执行者在网上的审批、提交后，用户才有机会获得公共资源。他们通常在宏观利益、部门制度和公共伦理的约束下完成公共政策的执行。由于部门之间的利益冲突，他们虽然是软件研发者或者是程序执行者，但是也可能会因为部门利益的冲突、个人心理情绪等因素，做出违背公共性的程序研发或者是不当的软件操作。由此而知，他们决定着互联网技术在公共行政的应用和实现。屏幕官僚是以互联网信息技术为平台，在公共行政中运用技术的官僚，而不是政治上的技术官僚。

二 屏幕官僚的行为性质与逻辑

互联网信息技术使一些公共行政人员不再从事体力劳动的工作，而是从事知识技能型的事务，利用计算机和网络通信技术为平台进行程序设计和软件执行，他们是屏幕官僚。屏幕官僚一类是将国家和政府的政策转化为程序软件的程序设计者，一类是政策软件的执行者。程序设计者不属于公共行政过程中的决策层，但依然是执行者，因为他们是把现实中国家和政府的政策依据一定的计算机数据原理在互联网平台上得以体现，并通过互联网计算机转变为可实施的政策，以便能够满足国家、社会和公民生存与发展的需求；政策软件的执行者运用不同软件在网上进行审批、转发、回复等操作，是电子政务的实现者。他们的行为具有传统与现代的特征。

（一）屏幕官僚行为的执行性与公共性

屏幕官僚是在执行公共政策，履行管理和服务的职责，不论是程序设计者还是软件的执行者，他们在互联网计算机技术的不同过程中执行国家和政府的政策，他们依然是街头官僚，只不过工作地方不在街头，而是在计算机屏幕前实施"互联网＋政务服务"。因而，他们和街上的官僚一样，其操作行为影响甚至决定着网络公共行政的合法性、有效性。街头官僚顾名思义就是公共部门中那些与其工作对象直接接触的公务员，他们由于工作的直接性和拥有一些公共资源，具有广泛的自由裁量权，他们的行为决定着许多用户的需求满足度，有时他们难以受到上级的监督，而使政策的公共性不能很好地实现。

屏幕官僚虽然在计算机屏幕前不可能与公民面对面打交道，但他们在计算机上利用互联网进行技术的操作，互联网信息技术不再是只用来登记数据，而是直接管理和控制着公共行政的过程，在这个过程中很少有非技术人员参与，此时的官僚是执行的系统设计者、执行者。由于技术的要求，他们的行政自由裁量权受到了限制，但是，在设计过程中，如果没有公共性价值作为指导，他们的设计很可能是维护或者是实现少数人的利益，或者是对公共利益不利的程序系统。因为屏幕官僚（信息技术专家、系统设计员、编程人员等公务员）将法律框架转变成具体的算法规则、决策树和模块过程时，将会像街头上的官僚一样进行程序设计，对怎样定义，如何设计程序，如何连接与运行进行政策选择的调整，也就是他们根据自己的利益需求或偏好，行使了自由裁量权。

公共行政人员的行为本质要体现公共性，这是永恒的属性。屏幕官僚是在公共行政部门做事，其行为必然与公共利益一致。政府机构成立的初始动因是社会公共需要，这种公共性决定了政府的基本职能是维护和实现公共利益，而不是关注某些集团或少数人的利益。政府不是天使也不应该是纯粹自利的官僚组织。"公共行政部门管理与私营部门管理的区别就在于政府有义务增进社会的公共利益。""一切技术，一切规划以及一切实践和选择，都以某种善为目的。"我国电子政务实施后，从中央到地方的一些职能部门在一定程度上可以满足公民、社会组织在网上的申请和服务等。这些表明，屏幕官僚作为公共行政人员的一部分已把公共利益作为根本价值。

（二）屏幕官僚的行为信任度

电子政务基本按照政策和技术手段执行，与具体的个人特征或具体的人际关系无关。这一过程应该具有极大的公正性。屏幕官僚在完善的法律制度下会按照政策规定，运用技术手段去操作，或者是依靠屏幕官僚的伦理道德来实现执行的公平。屏幕官僚公平操作程序执行政策能够获取信任，而被信任则为运用电子政务的政府树立了良好的形象。

伯纳德·巴伯指出，信任作为一个社会结构和文化变化的现象，是一种技术能力，即一种机构设置的以某些方式保护少数人，同时又有履行代表多数人职能的能力。一般情况下，公民会对科学家和政治家的态度存在困惑。因为对科学家的信任是对专业技术能力的信任，而科学家不承担科学知识产生的社会后果的责任，他们对科学技术的探索与运用，是允许试错的，这是很多公民拒绝技术服务的原因；公民对政治家的信任，是基于对他们承担责任后果的期望，政府可能会对其承诺后果进行补偿，公民可能以此为保证接受技术服务。公民对屏幕官僚的信任是在政治保证下的一种抽象的对技术的信任。如果当一个特殊群体所具备的知识、自我控制和责任在一段时期增加或减少，那么，公众和政府会对他们的态度就会有所变化。对于承担着有关信用责任和直接为公共利益服务的特殊义务的那些专家或技术人员而言，他们时刻应该以公共利益为宗旨。对于这方面的专家或者是技术人员——屏幕官僚而言，他们需要具有专业技术技能和公共品行双重素养，这样才能实现技术和公共性的联结，减少技术风险，公民才可能增加对他们的信任，使"互联网+政务服务"的"政通人和"不再只是书中描述的理想状态，屏幕官僚运用科技的力量使它走进了每个人的生活当中，成为一种真真切切的生活状态。

（三）屏幕官僚的行为非人格化

国务院总理李克强在十二届全国人大四次会议政府工作报告中指出，大力推行"互联网+政务服务"，实现部门间数据共享，让居民和企业少跑腿、好办事、不添堵。这意味着政府利用互联网技术和工具，整合线上线下，为群众提供"一站式、全天候、零距离"的政府网上服务。通过"互联网+政务服务"，民众足不出户便可轻松地完成在线审批、网上办证、业务查询等行政手续；企业登记时直接在数据库调取本人资料信息、运用政务网络实现申办事项并联审批、数据上报等，降低成本、缩短时间；工作人员通过政务平台进行网络办公，上传相关材料，坐等事项办结……可以说，"互联网+政务服务"使公共服务更接地气，真正实现政府向市场放权、为企业松绑、给群众方便。

为此，"互联网+政务服务"中的官僚必须在严格的法律制度规定中运用技术手段执行政策，屏幕官僚不站在街头和用户打交道，他们没有选择和界定用户的权力，只是不偏不倚地依据政策进行技术操作。从理论上来说，他们对公众是客观和公平的。这些非人格的特点，仿佛又回到了官僚制组织中，实际上，官僚制组织层级制的形式在电子政务中已不存在，一些中间组织层次被削减。由于他们不直接与用户打交道，除了监管部门，其他人员很难看到他们的行为，从而会出现网络信息技术失灵甚至是违背公共政策初衷的现象。比如，一些未婚人士在户籍上"被结婚"，一些健康的人"被死亡"的信息等，屏幕官僚的不当执行影响了这些人的生活与发展。这些程序执行人员破坏了国家政府利用新技术发展社会提升民众生活的规划，也使人们对互联网技术对社会的管理产生质疑。

屏幕官僚由于专业技术的原因和执行的非人格化，他们的工作位置比较固定，在系统程序的控制下执行政策，管理和服务以及处理的问题相对比较单一，使工作缺乏新鲜感、激情和挑战性，容易产生怠倦感；再者，由于屏幕官僚的技术工作在组织部门内，很少能得到外部的了解和认可，这些技术人员可能学历较高，自己有着较高的期待，但他们的成绩可能不被认可，没有成就感。为此，他们可能出现一种病态的举动来调节自己单调的工作方式，表现为恶搞或者是有意阻碍用户的申请等事务，以换取自己的心理平衡。这样，屏幕官僚就出现执行信任的问题。

三　屏幕官僚行为的引导和控制

虚拟社会中的"互联网＋政务服务"是政府治理现代化的一种新路径，它开启了从"群众跑腿""干部跑腿"到互联网"数据跑腿"的社会服务管理新模式。这种管理新模式的实现离不开屏幕官僚的积极主动，而相关的合理制度和责任伦理、文化理念、教育培训则是主动性的基本保证。

（一）　法律制度的控制与激励

"互联网＋政务服务"因其是新生事物而使很多人对此技术和规则的运用缺乏自觉性，势必出现事与愿违的现象。为此，需要有一定的法律或制度进行指导、约束以此为工作的屏幕官僚。因为制度是人们共同遵守的行动准则，人们对它的服从或遵守来自约束和激励作用，人们不愿意按照组织意愿行事，但是意识到顺从执行政策可能会对自己有益时，会自觉地处理政策规定的事务。对于人们不顺从制度而加以处罚以体现制度的强制力，会对其要么采取法律制裁要么进行道德舆论的谴责。

网络虚拟社会中的法律制度很少，而关于屏幕官僚的相关制度更是少见。由于屏幕官僚的工作技术特点，由非技术人员对其进行法律制度制定是有悖客观性的，因而应由屏幕官僚的主管机关进行管理，制定法规、行政规范并认真遵守，增强其立法的公信力，同时，这也会促使屏幕官僚畏惧和遵守本机关的命令与要求，履行义务和职责。与此相关部门的规范制度，不但是约束屏幕官僚的保证，而且是对其指导的源泉。还有，因为每个人的自觉性和自律性都是有条件的，因而屏幕官僚和其他官僚一样有时会忽视、漠视规则制度，他们就可能会根据自己的偏好或意愿去执行政策。故而，对于虚拟社会公共行政中制度的制定，应该考虑到屏幕官僚执行制度的动力、压力、责任，明确他们在屏幕前的公共行政责任、义务，以体现约束屏幕官僚的行政管理制度的有效性，进而防止或遏制有悖于公共行政责任行为的发生。

由于技术操作存在着一些风险，在做好责任规定时，亦应做一些激励规定，从而能在一定程上满足屏幕官僚的精神或物质需要，以提高效率和提升政府运用新技术的信誉，继而提升政府的形象。如果缺乏有效的责任控制，网络技术对于政策的应用就会变形，偏离政府的初衷和公共利益。相关管理部门进行制度设计时要突出对屏幕官僚的激励性。同时要体现伦理制度化和制度伦理化，使屏幕官僚由被动遵守到主动执行，发挥法律、规定在管理屏幕官僚时的外在力量。"如果人人都是纯洁的，那就不需要政府的干预了，如果人人都是自觉的，那么对政府内在和外在的强制与监督就没有意义了。"

（二）伦理责任的控制

对于公共行政领域的官僚们而言，从理论上讲是追求公共利益最大化，但实际上，他们依然同经济领域的"经济人"一样追求自身利益最大化，在不同的环境下寻求实现或者是精神上的或者是经济上的满足。动机影响着行为，行为决定着目标。其实，屏幕官僚和其他官僚一样，其承担的社会责任中包含着他人认为有价值的行为和对自身有利的行为。

屏幕官僚作为大数据、"互联网＋政务服务"中的执行者，必须唤醒他们的理性自觉，完善和提升他们的行政人格，把责任理念渗透在技术使用过程中。在屏幕官僚技术执行前、执行中不断进行责任培育、强化，同时聘请本领域外的同类专家监督、评估，在一定程度上使他们保持责任感，坚持行政伦理的底线。和街头官僚相比较，屏幕官僚很少与公民、社会组织进行面对面直接接触，其行为不易被人们看到，对其行为的规范很难，他们的行为效果除了外在依靠制度，更主要是他们的自觉性和责任感。

由于屏幕官僚长期接触技术专业方面的知识，对于社会和公共价值接触的机会不多，本身就有机械性的特点，因此，应对他们进行公共利益、公共责任理念的培训，使理念植入心中，以便对责任有一定的认知。"客观责任源于法律、组织机构、社会对行政人员的角色期待，但主观责任却根植于我们自己对忠诚、良知、认同的信仰。"因此，屏幕官僚只有正确接受、理解并能在其内心深处认识到客观责任，才会建立合理的主观责任感，实现"互联网＋政务服务"。"在任何社会中，负责任的公共行政都离不开发达的公共精神和良好的行政伦理的滋养。"

（三）行政文化的引导

信息化大数据时代，公共部门的屏幕人员因环境空间的不同，会遇到与现实不同的困境。较为普遍的是，在公共传输系统或政府门户网站的建设中，都会有一个最高管理员负责对这个系统的维护与管理，同时赋予不同用户以不同的使用权限，这个管理员一般是纯粹的技术人员，不参与行政部门事务处理并接受行政领导的管理。但是在最高管理员所管理的技术网络世界里，他们却有着和行政部门最高领导一样的权力，可以利用手中的权限任意修改现有网络用户的基本权限。就部门内部的管理需求而言，互联网基础上的电子政务系统的后台管理最高权限应该由该部门的领导承担，但是事实上，因为信息技能和实际工作的需要，行政领导无法承担这一责任，只能由技术人员承担，这就形成行政领导人员既依赖技术人员的技术管理，又要防止技术人员利用技术对行政系统进行恶意破坏的尴尬局面。这种二难情境在没有制度规则的规定时，虚拟社会中行政文化的行政理念会引导、激励他们做出积极的调整，使电子政务向公众提供的服务具有较高的质量，同时增强政府的公信力与合法性。

虚拟社会中的公共组织文化是适应变化的根基。我们知道，在同一组织中存在不同的职能领域或者是不同层级包含不一样的结构，但是，这个组织中的基本信念、价值观以及行为准则却是相同的，这是因为一个组织文化的形成会受到社会中普适的文化价值的影响。屏幕官僚依然是公共行政领域的执行主体，公共行政领域的服务、责任理念和公共性、责任性等价值观，依然是虚拟社会中行政文化的核心。屏幕官僚的领导应运用行政理念、行政意识，对他们进行心理上的帮助和鼓励，使其具有公务员的归属感和实现公共利益的责任感，增加成就动机，引导其不会破坏或者违规执行程序政策，促使"互联网＋政务服务"得以实现。

（四）教育培训的固化

由于政府地位的特殊性，政府可以利用信息技术实现信息的共享，也可以利用信息技术实现信息的封锁。这表明，信息技术本身并没有提高行政效率的功能，信息技术的作用取决于使用者。克兰兹伯格说："技术既无好坏，亦非中立。"互联网信息技术的使用有赖于公共行政人员，离开了他们的使用，互联网虚拟社会的政务系统就只是网络计算机系统而已，由此可见互联网虚拟社会中屏幕官僚的重要性。

为了保证虚拟社会中公共行政人力资源的充足，政府在公务员职业教育和大学教育中，应该有信息化技术技能的课程，如文字处理软件的应用、电子文件的收发传递、GIS 系统的使用、数据的搜集与整理课程等等；还应该有一些与公共部门职业规范相关的课程，以适应信息化大数据时代公共行政的发展。通过对屏幕官僚一系列经常化、制度化、系统化的培训，以使其合理认知和使用政府网站，认识到政府网站是典型的公共物品，政府网站上的任何信息资源都可以被网民使用，且不能禁止任何人消费政府网站上的信息和服务。屏幕官僚应该知道他们不能只是机械地操作，还应该做到合理反馈政府网站的实际效果，能够提出政府网站应该优化的服务界面和技术功能，指出是用户需求热点的相关部门，改进服务内容等，实现"互联网＋政务服务"。

教育培训屏幕官僚还应该包括公共行政的职业伦理，因为屏幕官僚虽然经历过高等教育和不同技术的培训，但是人性的缺点未必得到改造，可能仍然存在自私的本性，有时甚至会很强。所以，其主管领导应该通过教育引导他们树立恰当的个人价值和行政价值观念，并能够对公共行政活动与过程进行合理的评价与判断，以便激发伦理自觉性，将行政价值内化为自觉的良知。如果屏幕官僚具备了"服务公民"的理念和自觉性，则可能避免外界的消极影响，即使在没有监督制约的情况下，也会自觉并认真地运用技术执行政策。

技术的突破可能触发全社会的调整，不仅要求环境变化，也要求人的行为方式和体制必须使技术按照社会或环境的需要来运转。互联网技术应与国家的合理政策、相关技术公共人员进行融合，这样，其技术下便捷的政府网站以及美妙的大数据才能实现它们的伟大价值。

［作者单位：山东大学（威海）］

背离与共建：现代性视阈下乡村文化的
危机与重建

当全球化裹挟着现代性的因子席卷而来时，异于西方文明的各国文化在强力冲击下几无立锥之地。在西方现代性标准衡量下，其他文明都面临着解构与重建的命运。其中，中国乡村由于同时受到城市化与工业化的冲击，乡村文化似乎成了解构"重灾区"。目前，学界对于乡村文化在现代性冲击下的命运，有两种对立的观点，一是"乡村文化危机论"，王晓明、贺雪峰等社会学学者秉持这一观点；另一种是"乡村文化存续论"，黄应贵、赵旭东等人类学学者秉持这一观点。乡村文化将何去何从，乡村文化将以何种姿态完成与现代性的共处，西方现代性会对乡村文化产生何种影响，如何完成它的重构，就成了未来乡村文化构建需厘清的重要议题。

一　成为问题的乡村文化

乡土性是费孝通对中国社会特点的判断，他指出乡村中生活的人们是"生于斯、死于斯"。乡土社会中，人们生活的核心是"土地"，在土地上的耕作以及人与人间的交往衍生出了相应的社会制度及文化形态。乡村生活的意义就由围绕"乡土性"而带来的"当地感"和"历史感"构成。村民们往往在某一村落长期生活，即使迫于外界原因迁徙至其他地方，只要适应了当地的生活，就会祖祖辈辈扎根在那里，没有战乱或其他特殊原因不会离开，一个家族会少则数百年，多则上千年地在某一村落生活。长期在一个固定地方的生活一方面会形成对该地的占有和依赖意识，地理环境是人们"当地感"形成的空间载体。另一方面，在某一固定地域的长期生活，及自祖辈一代代留存下来的记忆，就形成了"历史感"，这些记忆成了人们情感上的依托。土地是一个有效的粘合剂，以"当地感"与"历史感"为依托，在这二维空间中建构了乡村意义。这一过程在 20 世纪上半叶发生了变化，工业化使乡村原有的生活、生产方式都无以延续。固守封闭、发展缓慢的中国乡村自然经济已无法延续，人们为了获得更多的收益而寻找新的出路，城市吸引了大量的破产农民。改革开放后，这一过程并未消逝，仍然延续并加剧。在市场经济确立过程中，城乡间的差别，使农村收益低于城市，农民纷纷走入城市。20世纪以来农民生活、生产方式的变动影响了社会的基本构成，整个社会的构成基础由"乡土"向"离土"转变。

随着农村青年有规律的迁徙，大量劳动力离开了祖祖辈辈生活的土地，开始了"候鸟"式的生活。青壮年农民从故土的离开，造成中国乡土社会目前的特点是"离土"，"留守儿童""留守妇女"成为乡村社会的主体。"离土"社会对"历史感"和"当地感"产生破坏，村民离开故土，隔断了建立在土地基础上的共同记忆，造成"集体记忆"的缺失。与此同时，城市又难以吸纳数亿的农民，或给予其与城市人同等的身份与收入，农民被冠以"农民工"的称谓。未能有效"接洽"的新旧生活破坏了原有的生存环境与旧的秩序，却未能建立新的范式，损害了农民生活的空间与时间体系。建立在土地基础上的生产与生活方式被破坏，以此为基础的文化被否定。以土地为基础的乡村行动逻辑与行动导向被瓦解，"差序格局"基础上的"礼俗秩序"须进行重构。原有的一系列庆典活动，如春节、中秋等民俗，本是与农耕社会下的生产与生活相对应的，这些活动同时也是乡土文化的载体。但如今，随着农民进入城市，割裂了与土地间的联系，与"土地"相连接的民俗活动随之式微，即使存在，也失去了原有的意义。有学者指出，农村的年长者在传统与现代之间游离，并由于知识更新慢，被认为不合时宜。青年一代不再局限于通过土地来增加收益，对乡村秩序的构建成为缺席者，原有的民俗仪式已失去了它的文化功能，民俗仪式变成"仪式体操"，主要目的是通过这一仪式推动旅游业，增加收益。贺雪峰曾经总结道，现代性不仅是器物层面的，更应是观念层面。改革开放后，中国农村被卷入现代性的旋涡中，越卷越深，从物质生产到行动准则再到价值观构建上被系统地改造，整个过程并非浮光掠影般划过中国乡村，而是像笔子一样，细细地梳理、改造传统，甚至是彻底地消灭传统。

马凌诺斯基与宁山横夫分别将文化分成两个层次与三个层次，但他们都认为就文化变迁的内在进程而言，往往始于物质文化，随后进入制度与精神文化。这一变化过程中，物质文化往往最先变化，最容易被人们接受。而精神文化由于须经过人们长期的生活、生产的变迁、认同、接纳这一过程方能形成，因此变化最为困难，但影响也最为深远。当我们以积极、主动的姿态，以现代性为坐标去推动社会发展时，却发现"嫁接"来的西方现代性，虽然彻底改变了农村的生产、生活方式，却不能"嫁接"西方文化。而且，西方模式的生产方式，也未能如预期设想在中国乡村畅行无阻。由此，现代性冲刷下的中国乡村社会与乡村文化面临的境况是：一方面原有居住环境、生活方式、价值取向、人际交往范围甚至语言都不断地变化着，农民对土地的依赖减少了，原来的归属感、家园感逐渐丧失；但另一方面，"水土不服"的西方式现代性未能帮助我们建立起现代的农业生产体系，建立新的现代性文化，发展滞涩的乡村现代性带来了乡村文化的凌乱。现代性对乡村社会与乡村文化究竟意味着什么？

二 乡村文化现代性转变的基础缺失

乡村文化的根本属性即农业的生产性及农民的生活性，农民生产与生活的变化带来文化的变迁。"经济为人生基本之事，谁亦莫能外，则在全部文化中其影响势力之大，自不难想见。随着社会经济的变迁，而家庭制度不得不变，固亦人所共见之事实"。除物质层面外，精神层面的基础也影响到中国乡村文化是否能够顺利完成现代性转变。由于现代性是"舶来品"，它运行的模式是来自于先行的西方社会，不可避免带有西方的视角与先见。但是，现代性的后发国家本土化过程使得它的扩张虽然具有强势性的特征，却不免要受到前现代化国家接受异质时的实践检验与文化对接。

（一）乡村文化现代产业基础的缺失

西方的现代性追求的是资源的不断开发和财富的持续增长，强调不断的进化。而中国农业发展的特点是"内卷式"的，这一特点带来的是生产的低效性。西双版纳的橡胶种植业即在这一生产特点下，日趋衰败。青田稻鱼共生系统，亦是如此。它形成的平衡机制实现了可持续性的农业发展，但制约了生产力的发展，影响了当地农民生活水平的提高。为了提高效率，获取更多收益，当地农民把稻田养鱼的泥制田埂变成了水泥田埂。既然中国传统农业发展模式被认为是落后的，那么与之配套的乡村文化便也被视为落后的、即将消亡的文化。刘世定、邱泽奇认为任何试图留存与保护乡村文化的做法就"像是在与风车战斗"。但是，当我们按照西方现代化模式进行社会建设时，却出现了"水土不服"现象。

中国传统农业的目标是满足生产者自给自足的消费。这一目标使传统农业改革动力匮乏。虽然粮食需求及农业人口的就业能够获得基本解决，可资源配置是低效的，它对社会经济的贡献是较低的。拥有先进技术与大量资本投入的现代化农业，可以大大降低对乡村劳动力的需求。但这一趋势却遭遇中国地少人多，以及农村剩余劳动力持续增加的困境。温铁军针对中国本世纪初所出现的问题指出，中国问题的解决需要建立在一个基本的前提之上，这一前提尽人皆知，即中国是资源短缺而人口过剩的农民国家。要想实现工业化，都绕不开"三农问题"，任何内生或外来的理论都不得不接受这一环境的考验。就农业劳动力占总劳动力的比例而言，发达国家在6%以下，而我国却高达50%以上。农业人口能否合理转化，直接影响到传统农业要素是否会被现代农业要素所替代，并进而影响到工业化的进程，而且机械化农场对能源的大量耗费在中国也不具可行性。为了加快农业发展速度，发展中国家往往直接移植发达国家的先进技术。但是，这些技术通常需要资金投入。对于劳动力丰富而资金匮乏的发展中国家来说，无异于用稀缺资源取代廉价资源，既不合理也不具有可持续性。

中国农业生产规模也无法达到西方标准。近年来，关于中国农村"家庭农场"模式屡屡被提及。其中加速土地的流转、推进家庭农场规模化的主张映现出美国农业模式的影响。但是，人们不禁要发出疑问：美国农业的特点是"地多人少"，而"人多地少"的中国，忽视国情，照搬这一模式是否可行？2012年7月上海市松江区调查结果发现，承包、转入200亩的土地承包者，其主要收益主要来自于政府补贴，而非大规模耕作的经营模式。陈义媛的研究也揭示"家庭农场"这一规模化经营方式对中国农村来说并非是"资源最佳配置"，仅仅是"通过政府行为扭曲了经济逻辑的资源配置"。贺雪峰在安徽平镇的调查也证实了相同的结论，并提出"中农"小规模家庭农场，以家庭为单位的劳动力使用，最能够"高效使用土地、为农业从业者提供充分就业和小康收入"。这些调查结果已对美国"大而粗"经营模式的可适用性做出了解答。

当我们按照西方模式进行农业现代化推进时，会发现短期有效，而后继乏力。这种现象不单纯出现在中国，其他发展中国家也多面临这一命运。墨西哥诗人帕斯认为，"命定的现代化"不是墨西哥的福音。但是，墨西哥又似乎难以避免"现代化的命运"。面对全人类宿命的"现代化"，前途渺茫，回归无路，到底该何去何从呢？其实，现代化"悖论"导致破坏性大的大都是后发现代化国家。当它们试图以西方现代性模式推动本国发展时，首先在物质生产过程中即出现了困境，遭遇发展瓶颈，且无力突破。

（二）乡村文化现代精神基础的缺失

现代性是什么？福柯指出它是"一种态度"，即推动现代化实现之精神。杨春时指出现代性是整体结构，而不是单指某一层面。它包括感性、理性与反思—超越三个层面，中西现代性基于此展开时，具有不同的社会背景与特点。中世纪是欧洲被神学统治的时代，人们的感性与理性都被神学所压制。文艺复兴运动使神圣与普罗大众分享，冲破了宗教束缚，使感性与理性逐渐独立，并完成了对其自身的反思与超越，即韦伯所提的"祛魅"的过程。首先，在感性层面上，人们的欲望被解禁，马克思提出，物质欲望是人类发展与历史前进的动力，它在原始社会被压制，而在资本主义社会得到肯定与刺激，能够刺激物质产品大批量生产与增加的资本主义经济形态随之出现。其后，在理性层面上，人的欲望逐渐获得肯定。通过民主精神，建构合理的社会结构，制定合宜的制度，进一步推动科学进步，促进生产力发展，推动着西方社会走向现代化，理性权威替代上帝权威。但是，与此同时也产生了物质与人的异化。物质生产的推崇带来生存环境的恶化及人的精神空虚。人们发现，无论追求科学抑或民主，大都要牺牲自由。人被符号化，被平均化，逐渐成为技术的奴隶。于是具有现代特点的超越（理念）层面便应运而生，它包括审美、艺术和哲学现代性。审美和艺术现代性恢复了人的神性，超越了世俗化，而现代性哲学则对物质与人的异化进行了批判，强调恢复人的自我意识。中国的现代性不同，不是内生于本土，而是引进自西方的，产生的精神基础与西方既有共同之处，又有特殊之处。如果说"脱神入俗"这一突破宗教的方式是西方现代性形成的特点，那么"脱圣入俗"就是中国现代性的形成方式。中国传统的儒家文化强调天人合一的性质，未分化超验的形上与经验的形下。它把天道、天理转为人道、人伦，同时具备美学、宗教与意识形态等意义，并形成了"内在的超越"。因此，中国传统文化既建立了人们在现实世界的行为准则，又帮助人们找到终极价值，具备了双重整合功能。中国与西方社会之差异，直接影响其对西方现代性的接受。首先，在物质层面上，中国传统文化虽然提出了"重义利之辨"，但与此同时也强调中庸之道，承认"食色，性也"，并没有完全禁锢人们对物质的追求，为物质追求留下一定空间。但是，传统中国农业"内卷式"的生产方式，使农民无法一夜暴富，因此"小富即安"的思想根深蒂固。这也使得现代性模式确立过程中，对物质追求的刺激性不如西方强烈。其次，在制度层面上，传统文化的特点导致科学精神未得到充分发展，变革动力不足。而就强调人人平等的民主而言，中国的"差序格局"也使得我们对待周围的人存在亲疏差异。即使模仿西方构建制度，但往往由于"人情"与"面子"，使得制度难以推行。西方的民主大致可分为两种类型，一种是卢梭的"基于平等"的民主，一种是孟德斯鸠的"基于自由"的民主。这两种民主理念，分别导致了法国革命模式的人民民主制度与英国革命模式的自由民主制度。中国由于地理环境因素，土地无法无限度地扩张。农作物耕作的特点，使生产产量无法大幅度提高，整个社会的收益是相对固定的，人们只能在现有的社会物质中争取更多的分配份额。因此，人们更加关注分配的公正与否。这种对民主的一边倒的倾向，最极端化的表现就是"文革"的爆发。再次，在超越层面，脱圣入俗的儒家文化被打倒，梁漱溟认为具有宗教功能的"伦理"秩序被破坏，却未能接受西方的宗教、哲学、美学等形上文化，甚至将其批判为迷信。西方的艺术、哲学与宗教被黑格尔认定为"绝对精神自我复归的三种形式"，即人的精神的反思与超越。但在中国这些被片面地归为意义形态，导致中国的现代性缺乏反思、自我批判的主体性意识与能力。

三　现代性模式与中国乡村文化的共建

坚守传统农业，经济滞后；发展西方现代性，却又弊端横生。似乎中国乡村现代化之道路，无论是否走西方现代化道路，都无法避免惨淡前景。中国乡村文化在这一进程中当如何自处？

（一）多元现代性与中国乡村文化

其实，现代性自诞生至今，对其诟病就从未停止过。现代化进程中，同时具备破坏性因素与积极性因素。人们憧憬现代化的积极性作用，如科技进步、物质生活水平提高，但往往忽视其破坏作用，这一现象已逐步被人们所关注。阿里夫·德里克在其著作《全球现代性》中指出中国建构"他种现代性"（alternative modernities）的可能。与西方模式迥异国家的发展，表现出了多种模式的可能性与不同的优势，也拓展了多元现代性的现实模板。多元现代性的提出者，以色列学者艾森斯塔特也认为，由于外界自然环境、传统、文化等的差异，西方化不是人们对现代性的唯一理想与构建途径，它应该具备不同的形式与发展历程，具有多元性。恰如吉尔伯特·罗兹曼所认为的，现代性无论对于先来者还是后来者，都应该是内在的转变。而中国"西方现代化"之路也在印证，"植入式"的被迫转型道路在中国行不通，中国的现代化过程应该是根植于传统社会的"内在化"自主转型。

符合中国发展需要的现代性模式应该是什么样的，仍需我们进一步摸索。而这一过程又不能脱离传统，即在现代化的过程中，如何有效地运用与整合传统文化资源，传统乡村文化能否完成传统与现代的交接与融合。其实，传统与现代本身并非泾渭分明，这两者不是对立，而应是传承关系。现代化须扎根于现实土壤，它不是建立在一片虚无之上。中国的现代化首先应该完成传统的自我更新，是在保守基础上的新陈代谢，是持续不断的创造。正是基于多元的自然环境与文化传统，现代性模式也应是多样的，"多元现代性"萌生于传统社会的土壤之中，现代性模式的构建须从传统文化中汲取营养。特别是当我们看到西方现代性模式中的弊端，看到西方现代性下人的生存困境，理性与价值的背离、生存意义的遮蔽、物质欲望的过度膨胀带来的精神空虚等，人们会转而向传统文化中寻求"解救"的灵药。

当中国农业发展面临环境污染、资源枯竭等诸多问题时，人们试图在传统文化体系中寻求解决方案。以云南西双版纳地区的稻作文化体系为例，其独特的结构与功能在于，人们无法在生产过程中直接设定目标为保护生物多样性，但可以构建相应的文化。通过这一文化，包括技能与知识，可以帮助多样性文化与社会的管理与维持，进而带来生态多样性。这是在跨学科、整体论的框架下完成的。稻作文化体系已表明传统文化具有这样的功能，因此，当现代化发展中面临一系列环境、生态问题及价值观迷茫时，社会文化价值成为农业生产保护与恢复的重要维度，人们将目光转向了传统文化，看到其价值所在。

探寻中国现代性模式的过程，其实是传统文化与现代性互相试探、互相摸索、共同建构的过程。现代性推动了传统农村社会、传统乡村文化的变革，而传统乡村文化并非被动回应社会的变迁，往往以主动的姿态为现代性模式的确立提供精神导向。正如马歇尔·萨林斯所说："文化在探询如何去理解它时随之消失，接着又会以从未想象过的方式重新出来。"在《回应革命与改革：皖北李村的社会变迁与延续》中，日本人类学者韩敏记叙了清末、民国、建国初期及改革开放后，长达 600 年的时间中皖北李村的社会状况。在文中，作者指出经历了从晚清到改革开放初期，虽然社会形态、生产力水平有了大的变化，但中国农村的基本社会结构仍是以血缘和婚姻为根基的，关系网络与观念仍然具有持续性。农村现代性与传统乡村文化是在特定的地理环境、生产方式等因素的交互作用中产生的，在特定的"自然环境、经济环境、社会组织环境"中孕育出自身的文化并加以传播的。"因地制宜"是现代性模式建立与传统乡村文化发展的"药方"。传统文化也在现代性模式摸索过程中，潜移默化地萌发了新的特点。黄应贵指出台湾农村社会新近的发展，均立足于原来地方社会——聚落之特殊自然及人文条件，在"9·21"震灾后，受现代性影响愈大，但仍然体现了原有文化的特色。在重建过程中，台湾农村社会将宗教、信仰、文化与跨国资本主义相结合，形成了结合经济与宗教而产生的"神秘经济"，新的经济与文化形式被创造出来。大陆农村的现代化发展亦是如此，既形成了自己的生产方式，也产生了新的文化特点。当"小而精"的家庭农场带来的经济收益更高时，乡村文化也出现了与之相适应的变迁。谭同学指出，中国自改革开放后，乡村社会结构巨变，其基础既非传统的"宗氏家族"，也并非西方所崇尚之"个人"。改革开放初以"主干家庭"为主，即夫妻两人再加已婚子女。随着现代性的进一步深入，夫妻及未婚孩子构成的"核心家庭"逐渐占据主要地位，并已成为当代中国乡村社会结构的文化特征。乡村中"伦常"的基础既非西方的"个人"，也非传统的"家族"，是中国农村在现代性模式摸索中，在乡村文化重建过程中完成的。

（二）多方博弈中现代性与乡村文化的共建

现代性模式的选择与乡村文化重建处于多方力量博弈之下，为了这一进程的顺利完成，需要澄清观念并均衡各方的博弈力量。

1. 消除传统与现代的二元对立观念。中国知识分子自鸦片战争以来，即试图为中国乡村文化开出药方，以期做到"药到病除"。可现实中屡屡碰壁，证明都是"药不对症"。出现这种情况的根本原因，在于中国知识分子是以"他者"的身份对待中国乡村文化，即用西方现代化的标准来进行诊断。如费孝通批评晏阳初以传教精神拯救农村，先假定了自己是进步的，是用"先进"教育"落后"。他指出，西方传教的目的是"以正克邪"，这一出发点首先设定了被传教的对象是有"原罪"的，充满邪恶，只有在皈依宗教后，才能获得宽恕，最终改邪归正。而晏阳初传教的姿态，就是先设定了农村地区"愚昧"，需要采用"教育"的方式教导农民，"以知识去愚，以生产去贫，以卫生去弱，以组织去私"。这一工业与农业、现代与传统二元对立的心态，导致乡村传统文化认同丧失的同时，也未能建立起西方标准的现代化。中国农村未来的发展，须避免落入西方模式的窠臼，否则我们自身迟早又会作为一种

"异文化"而陷入西方为我们设定好的他者文化模式中。所以，首先在意识上，我们要警醒，避免这一现象的发生。多元现代性的主张已证明了传统与现代是可以完成"对接"的，我们可以考量自己文化的个性，减少对外来思想的"排异反应"，使乡村文化像社会有机体一样，形成其独有的特征。

在传统与现代对接中，要处理好两个相互关联的内容。一是乡村文化传承。文化本身沿着传统的惯性向前滑动，不可能也无法与过去彻底断裂。无论外部环境有多大的能量，产生多大的影响力，文化的变迁总无法割裂与"过去的"文化的承接。但是，这个文化的传承并非简单复原乡村文化，而是了解其中蕴含的价值与理念。其实，文化的发展、累积并非单纯为物质生产提供基础，更为深层的是对人心的抚慰，满足人们内心深处的愿望与期盼，完成最终信仰的构建。因此，"我们归根结底保护的不是这一块儿梯田，不是这一块儿稻鱼共生系统，而是通过这些看到我们祖先在变化多端的自然条件下，怎么样对待大自然，怎么样从大自然那儿摄取精华，怎么样去寻找整个人类的共同利益，而不是一家一户的温饱"。二是乡村文化延展。乡村社会已经不可能回到过去，且不论农田耕作方式的变化，信息革命、网络技术也使得农民的生活发生了巨大变化。在此基础上，文化的延展是建立在乡村建设从如何实现西方现代化向如何超越西方现代化建设这一主题之上，既有对文化客体的批判吸收，也要完成文化主体的重新建构。

2. 多方博弈力量的均衡培养。在现代性模式选择与乡村文化发展的影响力量中，有三者集中发挥作用，分别是农民、市场与政府，而其中政府与市场的力量远大于农民。不同时期，政府与市场皆起过巨大作用。民国时期，依靠政府的强制力，国民政府以保甲制代替士绅统治，试图削弱血缘宗法的基础性作用，但结果适得其反，既无法吸引乡村精英，也缺乏足够的财政支持，最终，仍不得不采用原有的乡村体制。新中国成立后，仍然依靠政府的强制力，乡村社会的传统组织与士绅权威退出政治舞台，乡村干部作为革命权威成为替代性的力量。现代性模式与传统文化都是在外力强迫下进行变化，是一个"使然"而非"应然"的过程。而在改革开放后，市场的力量凸显出来。人们所做的一切事情都须符合市场发展的需要，满足人们利益的最大获取。虽然促使了生产力的快速发展，却出现了道德衰败与伦理危机。自近代以来，农民在农村现代性与乡村文化的变迁过程中，始终处于"失语"状态。我们关注与采取的是由国家"自上而下"的方式，而非发挥农民的自主性，采取"自下而上"的方式，农民的自主性被人们忽略掉。现代性与乡村文化的确立与重建不是农民自己在做，而是国家这个代理人帮助他们完成，市场这个外力强迫他们完成，唯独没有农民自主的积极性应对。如费边（Johannes Fabian）所说，当地人处于"失语"状态，对事关自己的重要事务往往是"缺席"的。其实，农村建设的主体是农民，而且也只能是农民。农民有愿望也有能力根据环境的变迁进行生活与生产的调适，传承与创新乡村文化，将原有文化与外来文化进行融合，发展出符合自己生活特点的新文化，做到真正的"吐故纳新"。而且，也只有依赖于农民自身的力量，才能在现代性与文化创新发展中同时具备广度与深度。农民对传统，对自身文化的态度，直接影响到能否确立现代性模式与能否继续发展乡村文化。其自主愿望越强烈，现代性模式的确立与文化传承、创新就越容易。这其中，应加强发挥乡村精英的作用。目前，乡村精英主要集中于经济领域，导致文化的传承失去了"传道人"和固有的发展空间。部分农民的小团体活动受经济等多种因素的影响难以发展。文化的重构陷入无序状态，各种非正式的宗教活动吸引越来越多的农民。农民、市场与政府，虽然是来自不同方向，有各自的利益诉求，有不同的运行轨迹与准则，但在现代性模式确立与乡村文化发展中，却可相互影响，相互促进。现代性与乡村文化本身就并非固定不动，而是流动的，各方力量的此消彼长，决定了现代性与乡村文化的走向。

近代以来，乡村文化始终面临如何"守本开新"的问题。如万俊人所说，既要"持守并赓续中国文化传统之源，这是我们的文化命脉"，也要"在新时代、新世界、新人类的现代语境中开展我中华精神之流，使其不断强健自身、完成其现代转型并焕然升华为今日之中国和今日之中华民族安身立命的精神支撑"。这一过程也伴随着中国现代化的逐步深入。自现代性出现以来，人们从社会组织层面、主体性层面、现代性与理性的关系等多个角度对其进行分析，现代性也在人们的阐释、争论与质疑中经历了启蒙时期、探索时期及拓展时期。在这一过程中，现代性孕育出其基本内核——自由、平等、理性等。但是如何理解、实践其内核，西方社会进行了前提预设，即现代性的解读、实践与模式是单一的。欧美式的现代性是人类唯一可以选择与模仿的。这样导致的结果是，人类发展的多样性与差异性只能终结于西方现代性的普世性。但由于西方现代性在发展中国家实践中的挫败，人们在现代性的实践摸索中，逐渐发展出现代性的普遍性与地方性统一，在不同地区开始结出风采各异的果实。

当传统乡村文化与现代化进程相遇时，文化的"守本开新"与现代性模式的选择便始终交织在一起。文化并非历史器物的存留，也非祭祀仪式的复制，是活生生的人们正在进行着的生活方式，是在自我实践及与他者的妥协中按照自我的逻辑不断进行着的重构，如雷蒙·威廉斯认为的"作为一种特殊生活方式"是文化建构的根本。而这种特殊的生活方式的变迁与确立恰恰是现代性构建过程。现代性视阈下乡村文化的重建，也就不再是单纯的文化问题，它涉及经济、社会、文化的共同发展。若农村的生活、生产方式已发生颠覆性变化，乡村文化仍旧固守传统，其发展最终会成为"无本之木，无源之水"，仅出于情感需要保留下来，只会成为文化的"活化石"。同时，由外来势力强行植入的生活方式，难以形成"集体记忆"并获得归属感，也就无法具有延续性。乡村文化能否如同社会有机体，鲜活地存留与发展，皆取决于现代性模式的选择。抛开这个基础谈乡村文化，便不可避免地在"拆除"与"建立"这两个极端概念间不停地摇摆了。

乡村文化与现代性之间是良性互动还是截然对立，取决于人类实践本身。作为生活方式的文化，须获得文化主体的认可。在前现代社会，人们的文化认同是单一的。而在现代社会，则具有多样性与可选择性。即文化在现代社会已无法通过行政命令强制推行，而应通过培养农民的自觉意识、发挥其能动性，使农民在自我生活方式的选择中自觉地参与进社会变迁，形成农民、市场与政府间的合力，探索适合中国的现代性模式，以一种更好的方式保持人和自然、人与人、现代与传统的平衡。

[作者单位：山东大学（威海）]

《中国战略性新兴产业集聚布局、关联效应与生产效率研究》内容提要

吕岩威

　　战略性新兴产业的发展水平反映了一个国家的综合竞争实力和科学技术水平，而全球经济与竞争格局的变革越发凸显中国发展战略性新兴产业的重要性。与此同时，不断深入的理论应用研究与冒进盲从的产业发展现实之间的强烈反差，引发了我们对中国战略性新兴产业发展模式的疑虑和理论应用创新的期待。本书综合运用产业集聚理论、产业关联理论、生产率理论等经济学理论，采用定性分析与定量分析相结合、规范分析与实证分析相结合的方法对中国战略性新兴产业集聚布局、关联效应、生产效率与发展路径展开了深入研究。以下为主要研究内容和成果。

　　1. 整理出可统计的中国战略性新兴产业分类表。在对战略性新兴产业概念、内涵及特征进行界定的基础上，以国家统计局编制的《战略性新兴产业分类（试行）》为蓝本，按照科学性、同质性、唯一性、可操作性和大口径的原则，将该蓝本中因多重属性或产业链交叉产生的重复的战略性新兴产业小类行业予以归并，将现阶段无法获取统计数据的战略性新兴产业小类行业予以剔除，最终整理出可统计的中国战略性新兴产业分类表，包括 19 个大类行业、48 个中类行业和 205 个小类行业，实现了对中国战略性新兴产业的科学分类与统计，作为后续分析工作的研究对象。

　　2. 评估中国战略性新兴产业的发展绩效。根据指标体系构建的目的、指导思想和原则，构建了中国战略性新兴产业发展绩效评估指标体系，采用模糊综合评价法对中国战略性新兴产业 19 个大类行业自 2004 年至 2010 年的发展绩效进行评估，以考察中国战略性新兴产业各行业的实际发展水平与变化趋势。评估结果表明，中国战略性新兴产业不同行业的发展绩效具有较大差

异，资源循环利用产业、新能源汽车整车制造产业和生物制品制造产业的发展绩效较好，而航空航天装备产业、轨道交通装备产业和水力发电产业的发展绩效较差。此外中国战略性新兴产业不同行业在盈利能力、偿债能力、发展能力和营运能力方面也各有优劣。

3. 探讨中国战略性新兴产业的空间集聚状况与布局。运用地理集中指数方法对中国战略性新兴产业19个大类行业自2003年至2010年的集聚程度及其演变态势进行分析，并采用行业集中度方法和聚类分析方法考察其区域分布特征和区域聚类特征，结果表明应以江苏、浙江和山东为依托建立节能环保产业集聚区；以广东、江苏为依托建立新一代信息技术产业集聚区；以山东、江苏和广东为依托建立生物产业集聚区和新材料产业集聚区；以陕西、辽宁和四川为依托建立航空航天装备产业集聚区；以山东、江苏为依托建立高端装备制造业集聚区；以内蒙古、山东为依托建立新能源产业集聚区；以湖北、吉林为依托建立新能源汽车产业集聚区。根据测算结论，进一步提出中国西部地区战略性新兴产业的布局应以点状模式为主、中部地区应以点轴模式为主、东部沿海地区应以网络模式为主的空间布局模式构想，以及中国战略新兴产业"一带、两区、多点"的空间布局方案构想。

4. 考察中国战略性新兴产业的关联效应。选取中国战略性新兴产业依托部门，并通过中国投入产出表（2007）、中国投入产出延长表（2010），计算中国战略性新兴产业依托部门的影响力系数、感应度系数和波及效果系数，进而对中国战略性新兴产业依托部门的后向关联效应、前向关联效应和环向关联效应进行评估与分析。结果表明：合成材料制造、专用化学产品制造、有色金属冶炼、电子元器件制造、电力、热力的生产和供应属于敏感波及型部门，铁路运输设备制造、汽车制造、船舶及浮动装置制造、通信设备制造、电子计算机制造属于影响波及型部门，废旧资源和废旧材料回收加工属于感应波及型部门，医药制造、信息传输、计算机服务和软件、水利、环境和公共设施管理属于独立型部门。其次，构建中国战略性新兴产业依托部门的关联产业识别模型，找出中国战略性新兴产业依托部门的后向关联产业、前向关联产业，并指出不同依托部门具有各自不同的行业特征，国家在培育发展战略性新兴产业的同时，亦应重点扶持这些战略性新兴产业依托部门的前、后向关联产业，以促进战略性新兴产业的集群式发展。

5. 分析中国战略性新兴产业的生产效率及其影响因素。运用随机前沿生产函数模型，采用2003年至2010年的面板数据，对中国战略性新兴产业19个大类行业的生产效率水平、生产效率影响因素及其区域差异展开了深入分析。研究结果表明，中国战略性新兴产业的技术进步速度较快，但生产效率水平较低，并呈现起伏波动的特征；中国战略性新兴产业不同行业的生产效率水平差异明显，以计算机、通信设备、数字设备等为代表的新一代信息技术产业和以先进结构材料、高性能复合材料等为代表的新材料产业已具有较深厚的技术积累，在行业应用方面处于领先地位，而新能源产业的生产效率水平总体偏低。外生性因素中，产业集聚和企业规模对战略性新兴产业生产效率具有正向促进作用，外商直接投资和国有经济比重对战略性新兴产业生产效率产生负效应；外生性因素对中国不同地区战略性新兴产业生产效率的影响不尽相同。

6. 提出中国战略性新兴产业的发展思路和发展路径。在对国内外战略性新兴产业发展政策措施进行梳理、比较和评价的基础上，指出国外战略性新兴产业发展政策措施对中国的启示，并设计出中国战略性新兴产业发展思路结构图，认为中国战略性新兴产业发展应由依托基础、内部驱力、外部因子和成功标志4个要素组成，对此进行详细诠释。进而选择出中国战略性新兴产业的总体发展路径，提出近期应选择以外源式发展路径为主、中期应选择以内源式和外源式相结合的发展路径为主、远期应选择以内源式发展路径为主的方式发展中国战略性新兴产业。同时指出由于中国战略性新兴产业行业间存在明显差异，按行业类别选择各行业差异化的发展路径是十分必要的，并根据产业集聚度、关联度和生产效率的测算结论，选择出中国战略性新兴产业19个大类行业的差异化发展路径。最后提出中国战略性新兴产业发展的保障措施，包括打造特色鲜明的产业集聚区、提升产业创新能力、加强高科技人才队伍建设、促进产业国际化发展和推动产品品牌升级。

［作者单位：山东大学（威海）］

《"一带一路"倡议与山东省对外开放研究》内容提要

刘 文

"一带一路"倡议的实施,为山东进一步对外开放带来重大契机。从对外经贸方面来看,随着"一带一路"倡议的实施,山东与沿线各国的经贸合作日益深化,越来越多的山东企业以各种方式"走出去",包括参与境外资源深入开发、经贸合作园区建设、建立境外生产基地,承揽海外重大基础设施和大型工程承包项目,加快对外投资和强化国际合作等。对济南、威海、烟台、临沂等城市 110 家外贸型企业调研显示,越来越多的山东企业以各种方式"走出去",涉及产能合作领域不断拓展。

一 企业参与"一带一路"产能合作的发展状况

调研的 110 家企业中,股份有限公司有 67 家,有限责任公司有 35 家,国有企业有 27 家。其中,国内上市的企业有 56 家,未上市的企业有 48 家,此外,有 3 家香港上市的企业、2 家同时在国内和香港上市的企业和 1 家同时在香港和新加坡上市的企业。

从产业分布看,第二产业企业最多,有 69 家,其中制造业企业最多,有 63 家;第三产业企业有 30 家,其中,批发和零售企业有 13 家;第一产业企业为 11 家,其中 7 家调研企业全部为威海市的远洋渔业企业,因为全省八成、全国二成的远洋渔船在威海,与渔业相关的大企业较多。

企业与东亚、中亚、欧洲国家的业务来往较多,除韩国、印度、新加坡、俄罗斯,排在前 10 位的国家还有日本、印度尼西亚、泰国、德国、越南、土耳其、巴基斯坦、英国、法国。业务性质方面,贸易类业务居多,其次是投资类业务。

（一）企业对"一带一路"倡议的认知与参与

企业对"一带一路"倡议有一定了解。有 55 家调研企业对"一带一路"倡议是比较了解的，15 家企业很了解，两项合计比重为 68.63% ，说明超过 2/3 的企业了解"一带一路"倡议。28 家企业对"一带一路"了解不深，有 4 家企业完全不了解"一带一路"倡议。国企和央企，以及一些早期在国际市场发展较好的企业，对"一带一路"的政策解读有自身优势，然而，一些民营中小企业，对"一带一路"的认知存在一定局限性。

"一带一路"倡议对企业有一定吸引力。有 24 家企业已经开展或正在协商开展与"一带一路"倡议的相关合作，32 家企业计划参与，合计比重为 55% 。但也有 38.38%（38 家）的企业没有计划参与到"一带一路"倡议中来（见图 1）。

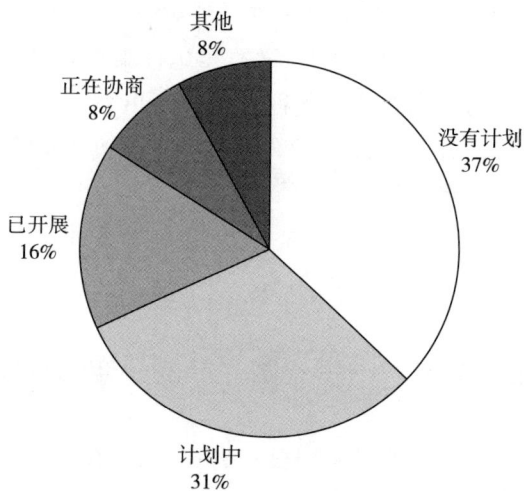

图 1 企业与"一带一路"倡议相关合作状况

"一带一路"倡议对企业进出口业务影响较大。企业认为国家提出的"一带一路"倡议对公司发展最有影响的领域是企业的进出口业务和对内对外投资方面，分别占比 38% 和 20% ，其次是技术交流、工程承包方面，占比分别为 19% 和 7% 。从行业分布来看特征基本相似，对不同行业来说，进出口和对内外投资仍然是"一带一路"倡议影响其发展的最大领域（见图 2）。

"一带一路"倡议通过企业产品出口、扩大对外投资，促进了产能转移和合作。38% 的调研企业认为"一带一路"倡议为企业发展带来的倡议机遇是积极开拓沿线国家市场，扩大产品出口，23% 的企业认为"一带一路"倡议

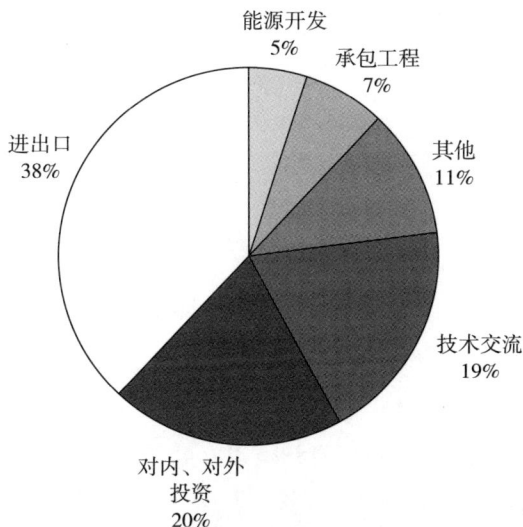

图2 "一带一路"倡议促进企业发展领域

带来的机遇是扩大了企业的对外直接投资，11% 的企业则认为是其能对接工程实施，参与"一带一路"基础设施建设，仅有9% 的企业认为"一带一路"倡议能促进能源资源合作。这一结果与调查企业所属行业性质也有关，因为大部分调查企业属制造业，能源开采的企业很少。

企业参与"一带一路"倡议的核心竞争力是海外市场和创新能力，这有利于产能升级和发展。核心竞争力因素排名显示，企业认为参与"一带一路"倡议的核心竞争力首先是产品具有广阔的海外市场；其次是企业创新能力强和有研究、开发和营销等优势；再次是企业拥有区位资源优势、企业的文化理念、行业集聚优势；最后是拥有国际知名品牌和核心技术，这些因素都为企业产能升级和发展创造了条件。

（二）企业"走出去"的发展态势

山东作为沿海经济大省，得开放优势和地域优势，企业"走出去"时间早，业务涉及国家多，这为其融入"一带一路"倡议奠定了基础。

四成多企业境外业务收入占比大于10%。境外业务收入占总营业收入的比例10% 以下的企业有60家，境外业务收入占总营业收入的比例在10% ～ 30% 的有11家企业，30% ～50% 的有12家企业，50% 以上的有17家企业。

开拓境外产品市场的主要方式是进出口业务。企业进行境外产品市场开拓的方式形式多样，49% 的企业通过进出口业务的方式开拓境外产品市场，

21%和18%的企业主要通过建立海外营销机构和建立海外生产加工基地进行境外产品市场的开拓。还有10%的技术性企业以建立海外研发中心的方式，有2%的采取其他方式开拓境外产品市场。

开拓境外资本市场的方式多样。企业开拓境外资本市场的方式有海外资产并购、跨国并购、品牌入股、购买股票基金、特许加盟与连锁经营等，分别占比10%、8%、6%、3%和3%。有16%的企业认为公司资金充足，不需要境外融资。有54%的企业是通过其他方式来开拓境外资本市场的。

与"一带一路"沿线国家经贸交流的主要方式是进出口贸易。企业与"一带一路"沿线国家经贸交流的方式多种多样，其中进出口贸易是最主要的方式，占比达37.06%。其次，是对外贸易投资、开办展览会、进行境内外产业园区的建设等，占比依次为18.18%、17.48%、9.79%。还有签订备忘录以及其他相关方式，占比分别达3.5%、7.69%。

（三）企业"走出去"参与产能合作的问题及面临风险

"一带一路"沿线国家多达67个，其法律法规、税收规定等特点各异、差异巨大，与国内相关规定也有很大不同，甚至在某些方面的法律规范仍处于空白缺失状态；由于东道国政府既是规则的制定者，又是合同的参与者，扮演了"裁判员和运动员"的双重角色，国内企业明显处于不利的地位；由于许多沿线国家不是世界贸易组织成员，这些国家有关法律、政策不受世贸组织关于国际贸易仲裁制度的约束。同时，有些国家也并不是《纽约公约》的缔约国。这使得我国企业"走出去"的过程中面临诸多风险。

与"一带一路"沿线国家经贸交流的主要问题是法律规范不同。法律规范不同成为企业"走出去"面临的最主要的问题，所占比例为19.5%。其次是投资经验缺乏，占比达18.5%。其次不同国家之间的文化差异也成了企业"走出去"进行经贸交流的一大障碍，占比达16.5%。此外，信息不对称、政治环境不稳定、境内外市场相对隔离也是客观存在的问题，占比分别为13.5%、13.78%、9.50%。

"走出去"的文化阻碍主要是不了解当地的法规风俗。企业"走出去"存在的文化阻碍主要有不了解当地的法规风俗、雇佣员工与企业文化不和、忽略了项目实施过程中的文化因素，分别占比达30.00%、20.77%、16.15%，表现最突出的就是不了解当地的法规风俗。其次，与中国文化冲突、与东道国政府冲突的文化阻碍也是企业"走出去"不可忽视的文化阻碍，分别占比为13.08%、3.85%。此外，还存在着约占16.15%的其他文化障碍。

"走出去"融入当地文化的策略主要是聘请当地公关公司、会计师等。企业采取了一系列融入东道国文化的策略,包括聘请东道国公关公司、会计师、律师等以及研究当地的法规、风俗,分别占比达 22.39%、21.39%。其次,与东道国政府和工会良好沟通、参与当地公益事业和文化交流活动、以本土文化阐释企业文化理念等也是企业"走出去"融入当地文化的重要策略,分别占比 15.42%、12.44%、11.94%。有的企业也采取了编写外派员工手册以及其他策略,占比分别为 9.45%、6.97%。

"走出去"的主要风险是汇率风险、政治风险和法律风险。企业"走出去"的主要投资风险有汇率风险、社会环境及安全风险、法律风险,分别占比达 25.54%、22.83%、19.02%。其次,政治风险、自然条件风险占比分别为 16.03%、9.78%,也是企业"走出去"过程中不可忽视的重要风险。

规避投资风险的措施主要是向信保、商业保险公司投保。面对发生概率相对较高的投资风险,企业也采取了一系列的规避措施。企业规避风险的措施排在第一位的是向信保、商业保险公司投保,占比高达 32.19%。依次是选择社会政局稳定的国家、选择与中国有友好外交关系的国家,占比分别为 27.47%、21.03%。此外,与当地政府和社会搞好关系,约占 12.61%。

人才短缺是制约企业走出去发展的瓶颈问题。为了保护本国就业,一般国家都会限制外国人在本国工作,并对外国企业设定了本国人和外国人的用工比。通常在企业创业之初,所需人员数量较少,加之当地技术人才和管理人才比较缺乏、招聘困难,因此很难达到当地政府的用工规定。人才短缺成为制约企业走出去发展的瓶颈,尤其是符合国家"一带一路"倡议需求的专业技术和管理复合型人才尤为缺乏。大多数企业对外派人员采取了海内外培养模式,但是培养语言沟通无误、对产品技术了解、商业沟通能力强、具备海外价值观的高素质人才需要花费企业 3~5 年的时间,培养周期过长。

(四)企业"走出去"过程中对齐鲁文化作用的认知与行动

齐鲁文化形成于漫长的历史长河中,带有浓郁的中华传统气息,同时保留了鲜明的地域特色。"厚道鲁商"品牌建设将提升山东企业的软实力,不仅有利于国内竞争,而且助力其海外投资和对外贸易。

企业对"厚道鲁商"倡树活动认知不足但参与意愿强。有效调研样本显示,对山东多个部门组织的"厚道鲁商"行动,45.1% 的企业"已经关注"和"准备关注",已经参与"厚道鲁商"倡树行动和"有意向正在计划参与"的企业占比 38.98%,企业对"厚道鲁商"倡树行动虽然参与度有限,但参与意愿较强。

企业全面践行"厚道鲁商"四个榜单。"厚道鲁商"包括"守法诚信经营"、"人本和谐管理"、"履行社会责任"、"创新企业文化"四个榜单，其中最受关注的是"守法诚信经营"。调研企业对四个榜单全方位的关注践行，在四个方面分别占比 33.33%、19.57%、26.09%、21.01%。守法诚信经营是企业生存发展的基石，占比相对较高。这种排序结果说明，文化要发挥积极作用，必须保证其社会法律底线，最基本的也就是最重要的，其次是企业管理方式和社会责任承担，最后才是推动实现创新。

企业认为建立诚信奖惩分明的机制最重要。对"厚道鲁商"倡树行动打造文化品牌采用的文化品牌网络平台，定期发布的鲁商品牌和鲁商人物，建立守信联奖、失信联惩的长效机制，定期发布企业形象榜单等机制，企业更认可"守信联奖、失信联惩的长效机制"的效用，27.68%的调研企业认为建立奖惩分明的平台是主要有效机制，打造企业的诚信品牌与守信理念至关重要；其次是建立"文化品牌网络平台"机制，占比 25.89%，对企业起到一定的激励作用；此外，有效机制还有"企业形象榜发布机制"，"定期发布鲁商品牌和鲁商人物"等，分别占比 23.21%、22.32%，可以在一定程度上促进企业建立诚实守信的良好形象。

（五）企业"走出去"中的政府助力

国家针对"走出去"的企业采取了一系列的优惠政策，尤其是在税收方面。

"走出去"享受到的国家税收优惠政策。受惠面最广的两大国家税收优惠政策是出口退税、企业境外投资的税后抵免，占比分别达 26.83%、19.51%。高新技术和石油企业的所得税优惠、增值税税收优惠也为"走出去"企业带来了巨大的助力，占比分别为 12.20%、10.57%。居民企业境外注册的认定及税收优惠，企业的部分经营活动免征营业税也是国家助力企业"走出去"的相关举措，占比 7.32%。

国家支持企业"走出去"的税收政策存在的问题。最主要的问题有税收优惠政策导向性不强，形式单一、税收征管方面也存在一系列的问题，占比达 26.09%、22.83%。国际税收协定存在不足，税收维权服务方面存在问题，存在重复纳税的问题，分别占比为 16.30%、14.13%、14.13%。

企业希望政府对企业"走出去"提供全方位的帮助。企业希望政府助力排在第一位的是税收优惠，优化"走出去"企业的税收服务、完善避免重复征税制度、增强"走出去"企业税收征管效率、加快维权服务的进程以及其他一系列的改革要求。其次是提供资金支持,再次是提供金融政策支持、提供法律支持、建立风险防范体系等。企业还希望能提供培训讲座及其他帮助,提升其应对能力,加强"走出去"的实力。

三 促进山东企业参与"一带一路"产能合作的政策建议

针对山东企业"走出去"面临的问题和风险,完善政策支持,助推其进一步融入"一带一路"产能合作战略成为相关决策部门亟待解决的重要议题。

(一) 科学规划政府引导机制

成立全省"一带一路"建设领导小组,指导、协调规划的制定、对接和实施。各地市设立"一带一路"建设的综合管理办公室,协调、管理、服务"一带一路"相关业务。组建山东"一带一路"智库平台,并与国家有关智库和沿途各国智库建立合作关系,开展专项研究,编制《山东参与"一带一路"倡议规划和政策解读》,让企业了解"一带一路"的规划和基本政策,有针对性地在沿线国家进行贸易和投资。

(二) 建立行业协调机制

围绕境外资源开发、境外生产基地、工程承包等项目打造省级综合发展平台,从企业的角度看,该平台至少应该实现三个方面的功能。一是在市场开发方面实现抱团合作,加大联合出海力度。通过综合发展平台引导和鼓励山东企业通过组成联营体或采用分包合作等方式共同走出去,实现企业之间的优势互补,力避内部同质竞争。二是在物资保障环节实现联合采购,并鼓励企业更多使用国产设备。将同行业企业组织起来在省内进行定点联合采购,既能保证物资设备的质量,又能降低采购成本。三是加强出口市场管理,引导企业建立良好的出口市场秩序。"一带一路"倡议下的对外贸易已经发展到一个新阶段,不能再简单地以数量取胜和为出口创汇,而是要以质取胜,提高国际市场综合竞争力。树立联合自强、互利共赢的意识,实现更高程度的整合与组织协调,共同参与国际市场竞争。

(三) 构建管理服务支持体系

建立政府主导的对外投资国别地区项目库,为希望对外投资的企业提供及时且有价值的信息;成立全省对外直接投资专门机构(中介机构),全面提供各国别地区的政治、经济等投资环境，当地外商投资条件，当地投资程序、政策法规、合同形式及其他基础信息，提供介绍合作伙伴、合作项目、协助反倾销和倾销调查等直接贸易促进服务；由政府资助，由相关机构（包括中介机构）对境外投资企业立项建议书和可行性研究报告提供技术层面的帮助；建立山东省境外投资企业商会，各境外企业通过该商会就信息、资金、项目价格、设备人员等进行协调，互通信息，对"走出去"企业的成功和失败案例进行介绍，分析其经验和教训。通过这一系列措施减少企业获取国际信息的成本，减少其投资风险。

（四）优化科技金融支持机制

资金匮乏是许多企业在"走出去"的过程中面临的最大的问题，尤其是海外研发项目投资规模大、回收周期长，没有资金支持将寸步难行。构建促进科技创新资源与金融资源的有效对接机制。科技层面，探索金融资本与国家科技计划项目结合的有效方式与途径，形成科技创新项目贷款的推荐机制，支持相关企业进行海外研发项目；指导地方科技部门建立"走出去"的科技型企业数据库，与金融机构开展投融资需求对接。金融系统针对省内"走出去"科技型企业建立信用等级评价体系，对信用等级评价高的企业提高流动贷款额度。支持鼓励符合条件的科技型企业在境内外资本市场发行股票、债券、资产证券化产品，帮助企业借力海外资本市场，为海外发展融资。

（五）完善科技税收协同管理体系

构建科技资源和税收部门的协同管理体系。科技层面，探索税收优惠与科技研发项目互动发展的方式与路径，鼓励企业注重研发投入，通过技术创新，增强其在国际市场的话语权。改进研究开发费用加计扣除税收优惠政策，首先是对那些虽然规模小、达不到技术和工艺领先的技术、工艺、产品的改进，但对企业来说具有重要创新价值的项目，给予一定的税收优惠。并应对可抵扣的各项研发费用给出明确解释说明，加大企业研发税收优惠享受的力度，形成科技研发项目优惠税收机制。再次，指导地方科技部门建立中小企业研发数据库，与税务机构开展研发加计扣除政策对接。税务机构应优化"走出去"企业的税收服务，完善避免重复征税制度，提高企业税收征管效率，加快维权服务的进程，帮助企业了解国家税收优惠政策和国际税收协定，使税收优惠更多地惠及"走出去"的企业。

（六）提高企业文化软实力

发挥儒家文化作用，使其成为山东融入"一带一路"发展的文化纽带。挖掘鲁商文化支持创新和开放的现代价值，推动山东企业文化走向世界。首先，应积极引导企业努力参与"厚道鲁商"品牌三级联创活动，让更多的企业了解并参与到"厚道鲁商"倡树活动中来。让"厚道鲁商"成为在海内外具有广泛影响力并得到"一带一路"沿线国家认可的文化品牌，形成山东企业"走出去"的软实力。其次，进一步完善"厚道鲁商"的科技评价机制。开放"厚道鲁商"信息渠道，将公众监督整合进评价机制，既可增加"厚道鲁商"的可信性，又可扩大"厚道鲁商"的影响力。

（七）建立人力资源支撑体系

从国家层面加大与"一带一路"沿线国家的谈判力度，促成相关国家在人员准入方面放宽限制，为企业管理和技术人员进出当地市场提供便利。设立"一带一路"人才基金，依托省内相关院校和专业，在教育资源上向国际化人才培养方向倾斜，首先，尽快设立一批服务于"一带一路"倡议的特色选修课程，开设东南亚国家经济、中亚国家经济、独联体国家经济等针对性强的国别经济课程。其次，把国别经济课与外语学习结合起来。以多种方式培养更多管理能力和技术专业强、语言沟通好，适应"一带一路"倡议发展的复合型人才。

（八）构建风险预警机制

构建金融风险预警机制。设计分散风险的金融工具，在银行与担保机构之间建立利益共享、风险共担的机制，共同设立境外风险基金或以其他形式对遭受重大损失的山东企业实施帮助，加大境外投资安全等各方面风险管控的支援力度。建立山东企业海外安保服务体系。由于近年来中方人员和资产在海外屡遭重大损失，在行业内，许多大型国企的海外项目安保预算至少要占到项目总费用的1%～2%。可借鉴利用央企成熟的安保体系和反恐培训基地，为省内中小企业外派人员提供反恐培训。建立山东企业海外安保服务体系，利用山东优秀的退伍兵资源和大学毕业生，组建一支高素质的山东企业海外安保队伍，快速应对各种环境和形式，高效率、高质量地保证安保对象的要求，提高安保职业化水准，保护"走出去"企业人员的人身安全。

（九）搭建鲁日韩和东北亚合作框架

中国自贸区发展战略和"一带一路"建设的推进，凸显山东企业借助"一带一路"和自贸区战略的双重优势，创新山东企业融入"一带一路"建设的发展模式，提高山东企业参与"一带一路"倡议的成效。以中韩自贸协定为切入点，对接韩国欧亚战略，纳入鲁日韩和东北亚大合作框架的范畴，推动山东企业与"一带一路"沿线国家和地区在更多领域、更高层次上开展经贸往来，提升山东开放型经济发展水平、促进山东经济转型升级。

[作者单位：山东大学（威海）]

《集团营销协同实现机制研究——基于企业社会资本的视角》内容提要

魏文忠

企业集团作为一种特殊的经济组织形式在各个国家普遍存在，并在其经济发展中发挥了重要作用。我国企业集团产生于 20 世纪 80 年代初期。30 多年来，我国企业集团蓬勃发展并成为国民经济发展的重要推动力量。集团管理的核心主要体现为"权变管控，协同运作"。其中，权变管控即指集团母公司根据内外部环境，权变选择管控模式与管控手段对子公司实施相对集权或相对分权的管理，以实现集团的整体战略目标。而协同运作，则是指集团母公司通过创造共享平台、提供公共资源而为子公司创造价值，使子公司间协调运作，最终实现集团内部"2 + 2 > 5"的协同效应。权变管控体现了母子公司间的纵向关系，而协同运作则主要涉及子公司间的横向关系。权变管控是协同运作的前提，而协同运作则是权变管控的重要目标。成员企业间的协同是企业集团持续性竞争优势的重要来源，协同管理已成为集团公司管理理论和管理实践中的一个关键问题。

集团子公司之间的协同点主要存在于营销与研发等价值链环节，子公司间通过这些环节的协同能够获得更大的协同价值。集团子公司之间的营销协同可以有效降低营销成本，更好地满足客户需求。但相对于我国企业集团快速发展的现状，理论研究尚滞后于集团管理实践的需求。而且已有研究主要聚焦于集团整体管理，而涉及市场营销等具体职能领域的管理研究更显不足。

本书选择了集团公司营销管理这一主题，从企业社会资本的视角对集团内部子公司间横向营销协同的实现机理进行了理论分析与实证检验。企业集团是一种典型的企业间网络，成员企业之间既存在经济关系也存在各种社会关系。作者基于企业社会资本理论和企业间网络理论提出，企业集团内部网络中子公司间频繁、密切的联结互动形成了丰富的集团内部社会资本，而这些集团内部社会资本为营销协同的顺利实现创造了条件。在此基础上，作者构建了一个集团营销协同模型，将集团营销协同分为营销资产协同和营销知识协同，探究了结构社会资本、关系社会资本和认知社会资本在集团营销协同过程中的独特作用，作者进而提出企业集团的营销协同就是一个子公司不断利用集团内部社会资本识别营销协同点、获取并整合利用集团内部营销资源的系统活动过程。其中，结构社会资本保障了营销协同点的识别机会和营销资源的流动通道，关系社会资本和认知社会资本创造了协同双方合作共享、互利互信的氛围，提高了营销资源被整合利用的效率与效果。

为实现预期研究目标，研究过程中根据需要采用了文献研究、访谈研究和调查研究等方法。全书共分 7 章，首先对企业社会资本、营销资源和营销协同相关文献进行了系统梳理，为实证研究奠定了理论基础。在理论分析部分，对企业集团的网络化演变与企业社会资本视角的集团营销协同进行了理论阐释，并分析了营销协同的实现过程，然后结合文献回顾和实地访谈，提出相关研究假设并构建了概念模型。为了检验研究假设和概念模型，选取成立 3 年及以上的集团成员企业为样本，进行了问卷调查。对回收的有效问卷数据，利用 IBM SPSS Statistics 23 统计软件进行了描述性统计分析、相关性分析和回归分析。研究获得以下结论。

1. 集团子公司在运营中形成了较丰富的集团内部社会资本并实现了较高水平的营销协同

企业集团存在的价值在于，为子公司提供丰富的外部资源。子公司间特殊的联结关系及频繁的互动形成了丰富的集团内部社会资本，这些具有"桥接"作用的社会资本能够增强子公司间的凝聚力，有利于子公司间营销资源的协同共享。集团子公司间互动越频繁、联结越多，则结构社会资本越丰富；子公司对其他公司的信任程度和承诺水平越高，则关系社会资本就越丰富；子公司间对集团共同的愿景目标、文化价值观理解越趋一致，则认知社会资本就越富足。而集团子公司间的营销协同则是在利益均享、优势互补等原则的基础上，通过彼此间对资产性营销资源和知识性营销资源的共享而实现的。本研究基于 176 个公司样本数据的描述性分析和因子分析等表明，我国集团子公司在运营实践中形成了丰富的结构、关系和认知社会资本，并实现了较高水平的营销资产协同和营销知识协同。研究结果还显示，我国集团子公司的关系社会资本和认知社会资本相对较高，而营销知识协同的水平则显著高于资产协同水平，这表明我国企业集团整体文化价值观的建设富有成效，子公司间的营销知识沟通交流相对较多。

2. 集团内部社会资本对子公司之间的横向营销协同具有积极的促进作用

本书从理论上分析提出，集团营销协同的过程是子公司间不断利用集团内部社会资本识别营销协同点、获取营销资源并整合内外部资源的过程，集团内部社会资本保障了营销协同的顺利实现。子公司在集团网络中的社会资本是通过彼此间长期的互动形成的，而这种社会资本一旦形成则能够有效地促进资源的流动，有助于子公司识别协同点、获取及整合利用营销资源。本书的实证研究结果显示，三个维度的社会资本都能够显著地增进集团子公司间的营销协同。结构社会资本越丰富，子公司之间营销协同的机会和通道就越多；关系社会资本越丰富，子公司之间越有信心进行协同合作；而丰富的认知社会资本也能够激励引导子公司间的营销协同。综合来看，集团子公司的结构社会资本对营销协同的促进作用最大。而相对于营销资产协同，子公司三个维度的社会资本对营销知识协同的促进作用都较强。

3. 营销资产协同和营销知识协同都能够有效地提升集团子公司的营销绩效水平

子公司之间实施营销资产协同能够使营销资产资源得到更充分的利用，从而获得较高的规模经济效应；营销知识协同由于具有使用的非磨损性、非排他性和增值性，能带来较大的范围经济效应。子公司间共用物流配送体系和售后服务体系等基础设施，能够给客户带来购物的便利从而提升满意度与忠诚度，同时也有利于向客户传递一致的集团品牌形象，提高客户的认知度。而对市场信息情报、客户需求偏好及营销技巧等的沟通交流，则能够节省子公司信息收集的成本，更好地满足客户需求与欲望，提高子公司的竞争能力。本书的实证结果表明，营销资产协同和知识协同在提升营销绩效水平方面表现出一定的差异，其中营销资产协同对子公司营销绩效的提升作用相对更大。这一研究结论也可以对集团内子公司绩效差异做出一种新的解释。不同子公司在集团内部网络中的联结互动会形成不同水平的社会资本，社会资本较丰富的子公司能够实现更高水平的协同，从而获得相对较高的协同利益，显示出更高的绩效。

4. 子公司自主权对社会资本与横向营销协同之间的关系具有一定的调节作用

集团管控与协同涉及具体决策权的集中与分散问题。母公司既要保持对子公司适度的控制又要激发其活力，而这也是集团管理实践中的一个难点。母公司对子公司进行适当的授权是一种重要的激励机制，可以促使其积极寻求与集团网络中其他成员的协同合作。本书研究结果表明，子公司的自主权与社会资本的匹配能更有效地促进营销协同水平的提升。在拥有较高水平的营销决策权时，结构社会资本和关系社会资本越丰富就越有利于促进营销资产协同的实现，子公司的结构社会资本越多也越有利于营销知识协同的实现。在自主权比较低时，过高的关系社会资本则可能导致子公司"过度嵌入"局部网络而降低营销资产协同的水平。

集团营销协同战略作为一种重要的战略管理工具，可以给公司带来持久的竞争优势。集团子公司必须识别营销协同效应发挥作用的条件，从而对营销资源进行优化配置，以使每种资源的潜能都有效地发挥出来。本书的研究结论对我国集团营销管理实践具有较重要的指导与参考意义，具体如下。

1. 子公司应该积极实施营销协同战略，充分利用集团网络中的营销资源

本书的理论分析和实证研究都显示了营销协同对公司营销绩效具有积极的影响，这一研究结论提供了子公司间营销协同点的识别与协同效果的评估方法。在营销实践中，子公司可以根据产品市场区域、目标客户特征等确定营销价值链上的关键协同点和重要协同点，实施有效的横向营销协同。集团母公司还可以利用本书提出的营销协同测量指标体系，通过问卷调查，衡量子公司间的营销协同水平及营销绩效，为营销协同战略的设计提供基本依据。

2. 对子公司来说，更多的集团内部社会资本意味着更多的营销协同机会

子公司应充分发挥主动性、创造性，积极构建集团内部网络关系，有意识地投资、维护集团内部社会资本。联结互动是生成集团内部社会资本的主要途径，所以子公司应该加强与其他子公司间的联系互动，增进彼此间的了解与信任，以获得丰富的集团内部结构社会资本和关系社会资本，从而提高营销资产协同水平和营销知识协同水平。子公司间的营销部门及营销人员的社会资本也会转化为子公司的社会资本，因此子公司管理层要鼓励其营销部门及营销人员增进与其他公司相应部门及员工间的交流互动，并积极为此创造机会，以增加子公司可以利用的社会资本水平。特别是要鼓励员工积极参加集团统一组织的企业文化培训、拓展训练、运动会及联谊会等集体性活动，获得更多与其他子公司接触的机会。值得注意的是，个人社会资本不一定完全为公司所用。因此，要创造条件使个人关系转化为公司关系，促进员工个人社会资本向企业社会资本的转化，最大程度上为公司所用，以避免员工离职形成社会资本流失。例如，有些公司销售人员跳槽会带走一批客户，公司领导的调离会使公司失去与其他子公司的联系，都是因为未能及时将个人社会资本转化为公司社会资本。可通过将工作程序标准化、建立客户关系管理

系统等手段使员工的个人关系尽可能固化为公司间的关系，形成子公司的社会资本。

3. 营销实践中，子公司可以根据要协同的营销资源的类型不同有目的地选择发展不同的社会资本

根据实证研究的结果，集团子公司社会资本的各纬度对营销资产资源和营销知识资源协同的促进作用存在一定的差异。当子公司间主要进行营销资产资源的协同时，可以重点提升结构社会资本和认知社会资本水平。而当子公司间主要进行营销知识资源的协同时，则要重点维护好彼此间的良好关系，积累自身的结构社会资本和关系社会资本。知识具有默会性，营销知识的协同是在集团子公司间联结互动的过程中实现的，因此，增进子公司间的联系与互信对于实现集团知识协同具有重要促进作用。

4. 集团母公司有责任培育形成集团内部社会资本

集团母公司的价值在于提供成员共享的资源与平台，激发子公司的活力，促进子公司间的协同。集团整体价值最大化目标要通过子公司价值最大化实现，而集团内部丰富的社会资本能够增进子公司间的协同合作和资源共享，使集团内部资源得到充分利用，从而提升成员企业绩效水平。同时，在子公司的联结互动过程中，企业集团也获得了集体层次的社会资本，这种社会资本能够增加整个集团的内聚力。因此，集团母公司应该充分发挥"联结影响"，鼓励并积极协助子公司构建集团内部网络联结，促进子公司间的信任，帮助其积累形成丰富的集团内部社会资本。此外，管理人员在子公司间的调任，员工在集团内部的流动及建立连锁董事等都能增进个人及组织间的联结，增加彼此的信任与承诺，形成集团内部社会资本。

5. 营销实践中，集团子公司还应该根据管控模式有意识地利用不同社会资本以促进不同类型的营销资源协同共享

当集团母公司实施相对较分权的管控模式时，子公司自主权相对较高，可重点利用结构社会资本和关系社会资本以更好地促进横向营销资产协同；而为了更有效地促进横向营销知识协同，则需重点利用结构社会资本。而在子公司拥有较低的营销决策权时，对关系社会资本的利用却应该适度，因为过高的关系社会资本反而可能会限制其对营销资产协同的范围。

6. 协同也是有代价的

由于环境的不确定性，子公司间较高程度的营销协同可能会降低企业对市场反应的灵活性，对竞争对手的行动及顾客的需求回应速度比较迟缓。子公司间进行营销协同，在某种程度上意味着个体子公司决策权的降低，子公

司管理层可能并不乐于接受这种结果。而且由于各单位的目标与集团整体战略目标并不完全一致，母公司需要对各子公司、各职能部门进行协调，而这种协调也是需要成本的。当这种协调的成本过高时，子公司间营销协同可能导致营销绩效的降低而不是想象中的提升。

本书的创新点主要体现在以下四个方面。第一，突破了传统的从公司内外部环境因素角度研究营销协同的局限，从企业社会资本的理论视角探究了集团营销协同的实现机理，构建了集团营销协同实现机制模型并进行了实证检验。第二，探究了企业社会资本对营销协同影响的作用条件，揭示了子公司自主权对二者关系的调节机制，发现自主权能够强化集团内部社会资本与子公司间横向营销协同的关系。第三，构建了集团营销协同评价指标体系，并进行了实证检验。该评价指标体系包括集团营销协同量表和营销绩效量表两个部分。营销协同量表将集团营销协同分为营销资产协同和营销知识协同两个维度，各通过6个指标衡量成员企业间对通用性营销资产和互补性营销知识的共享水平；营销绩效量表从市场和客户两个方面通过6个指标衡量集团子公司的主观感知绩效水平。经实证数据检验，量表具有较高的信度和效度，可以有效地衡量集团的营销协同水平和营销绩效水平，为今后的集团营销协同实证研究和营销管理实践提供了基础工具。第四，协同点的识别与梳理是集团管理中的一项重要工作，本书的研究结论还提供了集团营销协同点的识别与协同效应的评估方法，这为集团管理实践提供了有益的参考，也为今后的理论研究奠定了基础。

［作者单位：山东大学（威海）］

中国文化产品贸易：特征、地位与趋势

文化产业的快速发展推动文化贸易规模持续扩大。自 2005 年起中国就已经成为文化产品出口第一大国，文化产品贸易增长迅猛，那么，哪些产品是中国文化产品贸易的主体？哪些国家是中国文化产品贸易的主要伙伴？中国文化产品贸易在国际市场中居于怎样的地位？中国文化产品贸易未来发展趋势如何？这些问题还需要进行深入研究。

一　数据说明

文化产业的概念和范围，至今还没有定论。英国称文化产业为"创意产业"（Creative Industry），美国、西班牙和日本则分别将相关产业称为"版权产业（Copyright Industry）"、"文化休闲产业"（Cultural and Leisure Industry）和"内容产业"（Content Industry）。由于国外研究部门和学者在文化产业的界定和统计口径上存在差异，所以在文化贸易的内涵和外延的认识上亦存在一定程度的分歧，但是有一点已成为共识，即文化贸易已成为全球经济增长中的新亮点。

由于文化贸易资料数据缺乏可获得性及统计口径缺乏统一性，进行实证研究存在一定难度，所以文化贸易的研究刚刚起步，但随着文化贸易重要性得到普遍认同，文化贸易研究和文化贸易的相关统计工作将逐步得到加强。目前，文化贸易数据来源主要有两个：联合国教科文组织（UNESCO）和联合国贸发会议（UNCTAD）。它们建立了文化贸易的统计框架，为文化贸易研究提供了可能。

UNESCO 并未提出专门针对文化贸易的统计框架，而是在贸易统计中直接运用了文化统计框架，即《2009 年联合国教科文组织文化统计框架》。UNESCO 将文化贸易产品分为文化商品和文化服务，文化商品利用《商品名称及协调编码制度（HS）》（2007 版）进行统计，文化服务根据《扩大的国际收支服务分类》（EBOPS）进行统计。

UNCTAD 在总结世界各国创意经济发展与行动实践、政策做法及学术研究成果的基础上，相继发布了《创意经济报告 2008》、《创意经济报告 2010》和《创意经济报告 2013》。同时，还构建了创意商品和创意服务分类框架（见表 1），在其官方网站建立了"创意经济"数据库，为政府制定政策和学术界开展研究提供基础数据。尽管创意经济与文化产业的概念界定和内容并不一致，但有较大部分重合，所以，UNCATD 的创意经济数据库成为当前文化贸易研究的主要数据来源，对分析全球文化贸易的状况有很大帮助。

基于 UNCTAD 对创意商品的分类，本文对中国文化产品贸易发展特征及其国际市场地位进行分析，并判断我国文化产品贸易的发展趋势。除特殊说明外，本文均采用 UNCTAD 创意经济数据库提供的分类与数据进行相关分析。

表 1 联合国贸发会议（UNCTAD）创意商品分类

	大类	小类
创意商品	手工艺品	地毯、庆祝用品、纱制品、藤制品、纸制品、其他
	影视媒介	电影、CD、DVD、Tapes
	设计	建筑、时装、玻璃器具、室内设计、首饰、玩具
	新媒体	数字录制、电子游戏
	表演艺术	音乐制品、音乐印制品
	出版物	书籍、报纸、其他出版物
	视觉艺术	古董、绘画、摄影、雕塑
创意服务		版税和许可费；广告、市场调研和民意测验服务；建筑、工程和其他技术服务；视听及相关服务；研发服务；个人文化和娱乐服务；其他个人文化和娱乐服务

资料来源：根据 UNCTAD《创意经济报告 2010》整理，Available at：http://unctad. org/en/Docs/ditctab20103_en. pdf，鉴于本文所使用的数据均来源于 UNCTAD，所以也适用该组织对创意商品的分类来进行分析。

二 中国文化产品贸易发展特征分析

（一）规模特征

由表 2 可知，中国文化产品贸易呈现良好的发展势头，贸易规模不断扩大，文化产品的出口额、进口额，分别由 2003 年的 381.8 亿美元、29.9 亿美元，升至 2012 年的 1511.8 亿美元、142.0 亿美元。虽然在 2008～2009 年由于国际金融危机的影响，文化产品的进出口出现较大回落，但 2010 年便迅速回升，2011 年和 2012 年继续保持了较快的增长速度。

表 2　中国文化产品贸易总体情况

单位：亿美元，%

年份	2003	2004	2005	2006	2007	2008	2009	2010	2011	2012
文化产品出口额	381.8	450.6	548.5	619.0	776.3	902.9	797.2	1017.8	1290.3	1511.8
增长速度	—	18.01	21.74	12.85	25.42	16.30	-11.71	27.67	26.78	17.17
文化产品进口额	29.9	33.0	36.1	39.7	94.4	98.6	93.8	113.7	140.5	142.0
增长速度	—	10.23	9.50	9.96	137.79	4.41	-4.86	21.28	23.57	1.01
文化产品贸易额	411.7	483.5	586.4	658.7	870.7	1001.5	890.9	1131.5	1430.9	1653.8
增长速度	—	17.45	20.91	12.67	32.19	15.01	-11.04	27.00	26.46	15.58
文化产品贸易差额	351.9	417.6	512.4	579.3	681.9	804.3	703.4	904.0	1149.8	1369.8
货物贸易总额	8509.9	11545.6	14219.1	17604.4	21765.7	25632.6	22075.4	29740.0	36418.7	38671.2
增长速度	—	35.67	23.16	23.81	23.64	17.77	-13.88	34.72	22.46	6.19

注："—"表示数据缺失，表 5 同。

资料来源：根据 UNCTAD 发布的创意经济数据库统计数据整理，图 1 至图 4、表 3 至表 5 同。

对比文化产品贸易增长速度和货物贸易增长速度我们可以发现，2003～2010 年文化产品贸易增长速度大部分时间是低于货物贸易增长速度的，但是 2011 年之后，由于中国政府对文化产业发展的大力推动，文化产业相关政策的密集出台，文化产品贸易以高于货物贸易的增长速度快速发展。尽管近两年我国文化产品贸易增速较快，但文化产品贸易总额占我国货物贸易总额的比率却变动不大，一直在 4% 上下波动。

此外，2003～2012 年，中国文化产品贸易顺差不断扩大，2003 年为 351.9 亿美元，2012 年则扩大到 1369.8 亿美元。文化贸易顺差的扩大主要得益于出口贸易规模扩张迅速，而进口贸易增长缓慢。

文化产品出口的快速发展，是多方面原因导致的。第一，全球经济快速发展带来人均可支配收入的持续提升，国家间频繁的经贸联系导致文化交融程度进一步加深，国际市场对文化产品的需求迅速增长。第二，我国与主要国家经贸往来日益密切，移民人数持续激增，"中国文化"的认同度不断提高，文化距离愈益减小，从而促使我国文化产品出口增加。第三，受益于数字、网络和信息技术的快速发展，文化产品的可贸易性进一步增强。第四，伴随着中国文化产业市场的逐步开放，市场准入门槛逐渐降低。第五，中国文化体制改革的深化加快了文化产业发展的步伐，各级政府密集出台了大量有利于文化产业发展的政策措施，进一步扶持和推动了文化产业的发展。

中国文化产品进口情况则表现迥异。虽然文化产品进口在 2003 ~ 2012 年稳步增长，但与我国庞大的文化产品出口规模相比，进口规模非常小，2012年只有 142.0 亿美元。我国文化产品进口规模较小，既说明我国对文化产品的消费意愿很低，居民对文化产品的消费偏好有待培养，同时也说明我国是文化产品的消费小国，居民对文化产品的消费能力有待提高。

（二）结构特征

图 1 展现了中国文化产品的出口结构，描绘出 2003 ~ 2012 年手工艺品、影视媒介、设计、新媒体、表演艺术、出版和视觉艺术 7 类产品出口比重的变动趋势。从图 1 中可以看出，中国文化产品出口多样性程度较高，但出口结构很不均衡，设计出口居显著地位，2003 ~ 2012 年，设计类商品出口所占比重一直在 70% 上下，2012 年，其比重仍然高达 69.76%。手工艺品出口居第二位，所占比重在 10% 上下，2012 年达 9.72%。应该看到，尽管设计、手工艺品所占比重仍然很高，但两者的总份额在缓慢下降，由 2003 年的 83.17% 降至 2012 年的 79.48%，这说明其他文化产品所占比重略有上升。其中上升最快的是新媒体类产品，包括数字录制、电子游戏等产品，出口占比从 2003 年的 6.93% 增加到 2012 年的 8.64%，说明我国新媒体类产品的国际竞争力正在逐步增强。视觉艺术所占比重缓慢上升，由 2003 年的 6.24% 升至 2012 年的 7.95%。表演艺术、出版物、影视媒介产品所占份额极低，十年间波动不大，均在 1% 上下。可以说，结构不平衡、以设计类产品出口为主体是我国文化产品出口结构的主要特征。

进一步研究文化产品各分类内容的出口，不难发现，出口结构中所占比重较高的设计和手工艺品部门所包含的地毯、庆祝用品、藤制品、纱制品、时装、玩具、首饰等都属于劳动密集型产品，其价值链两端几乎都被外商掌控，我国主要通过加工贸易方式，集中在价值链低端的加工、组装环节，真正获得的附加值非常低。所以，文化资源借助低劳动力成本的显著优势得以

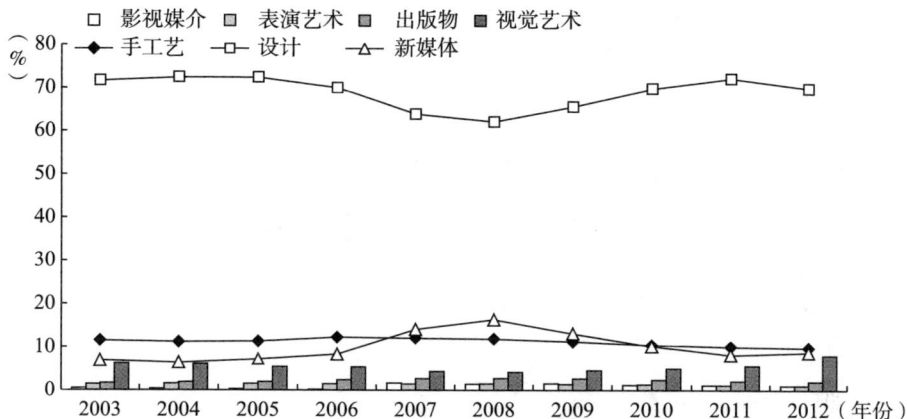

图1 中国文化产品出口结构（2003～2012年）

发挥，进而在国际市场取得优势地位。而视听、出版、音乐、影视等蕴含充裕文化资源和大量文化创意的部门，所占比重非常低，还没有成为中国出口的主体产品。这说明我国目前的文化产品主要还是依赖劳动密集型产业的、"制造型"的出口，文化元素仅处于依附地位，并不起决定性作用。

形成我国文化产品出口结构特征的主要原因有两个。第一，中国文化产业的初级生产要素（如劳动力和天然资源等）充裕，所以设计、工艺品中的地毯、庆祝用品、纸制品、时装、玩具等劳动密集型部门竞争优势明显，视听、出版、音乐等蕴含充裕文化元素和大量文化创意的文化部门则处于劣势地位。第二，文化产品领域的优势很大程度上归因于中国制造业的实力，文化产品制造部门成功地承接发达经济体文化产品制造的梯度转移，并逐渐发展成为全球文化产品制造中心。

图2展示了中国文化产品的进口结构，描绘出2003～2012年手工艺品、影视媒介、设计、新媒体、表演艺术、出版和视觉艺术7类产品进口比重的变动趋势。从图2中可以看出，中国文化产品进口中，设计和影视媒介所占比重较高，两者的总份额占我国文化产品进口的一半还要多。尽管由于我国在手工艺品和设计领域的比较优势不断显现，手工艺品和设计的进口份额都有所下降，但是随着我国影视媒介产品市场的逐步放开，影视媒介的进口份额由2003年的21.37%上升到2012年的27.66%。所以，2012年设计和影视媒介进口占比仍高达58.95%。并且，随着我国互联网用户的迅速增多，智能手机和平板电脑使用数量的爆发式增长，新媒体产品的进口份额也快速增长，由2003年的9.11%升至2012年的22.82%。表演艺术和视觉艺术的进口份额较低，十年间一直在1%上下波动。

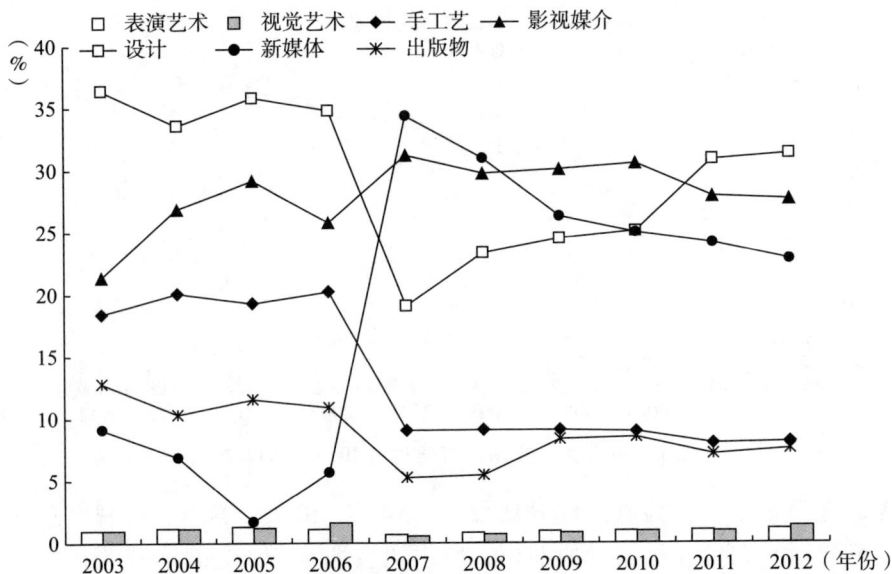

图 2　中国文化产品进口结构（2003～2012 年）

中国文化产品进口结构特征反映了国内文化产品市场需求结构和不同产品市场开放程度存在的差异。首先，由于中国在手工艺领域保持着较大优势，所以该领域进口需求并不大，并且随着我国比较优势的逐步显现，手工艺品的进口比重逐渐降低。其次，由于图书出版、表演艺术、视觉艺术等文化部门直接关系到国家安全、国家主权和意识形态等敏感问题，因此，出于文化安全的考虑，各国政府均对该类文化产品进口采取了相对于货物贸易程度更高、形式更为灵活多样的保护政策，中国在这些领域也存在进口管制，进口水平较低。

（三）地理特征

近年来，随着中华文化在全球影响力的日益扩大，中国文化产品出口目的地已遍布全球 200 多个经济体。尽管出口市场逐步扩大，但出口份额仍相对集中。根据 UNCTAD 的统计，2012 年在中国文化产品出口额中占比 1% 以上的经济体有 19 个，其出口总额为 120.08 亿美元，占当年出口额的 79.74%。表 3 列出了 2003～2012 年中国文化产品出口的十大贸易伙伴及所占比重，表中数据说明，美国、日本、中国香港、欧盟等高收入经济体是我国文化产品出口的主要市场。

表 3 数据显示，2003～2012 年，中国文化产品出口的前十大市场所占比重逐年下降，从 77.59% 降至 66.92%。2004 年，居于前三位的美国、中国香

港地区、日本三个市场所占比重高达 58.58%，由于中国文化产品输出国家和地区逐渐趋于多元化，近几年三个市场所占市场份额有所降低，2012 年市场份额为 48.71%。

表 3　中国文化产品出口主要贸易伙伴及所占比重（2003~2012 年）

单位：%

年份	2003	2004	2005	2006	2007	2008	2009	2010	2011	2012
1	美国 34.00	美国 34.71	美国 32.84	美国 32.72	美国 31.50	美国 29.29	美国 28.65	美国 28.05	美国 25.23	美国 22.98
2	中国香港 14.31	中国香港 15.76	中国香港 14.84	中国香港 14.90	中国香港 15.65	中国香港 13.64	中国香港 10.83	中国香港 12.22	中国香港 16.56	中国香港 19.75
3	日本 8.07	日本 8.11	日本 7.31	日本 6.85	日本 6.59	日本 7.03	日本 7.50	日本 5.95	日本 6.14	日本 5.98
4	英国 4.17	俄罗斯 5.72	俄罗斯 6.05	德国 5.31	英国 4.61	德国 4.72	德国 4.89	德国 5.00	德国 5.33	德国 3.93
5	德国 3.87	德国 4.29	德国 4.79	英国 4.56	德国 4.36	英国 4.45	英国 4.55	英国 4.37	英国 4.21	英国 3.82
6	俄罗斯 3.77	英国 3.84	英国 4.02	荷兰 3.16	荷兰 2.70	荷兰 2.98	荷兰 3.52	荷兰 2.59	荷兰 2.38	俄罗斯 2.60
7	荷兰 3.67	荷兰 2.17	荷兰 3.20	俄罗斯 2.70	俄罗斯 2.23	意大利 2.33	意大利 2.20	俄罗斯 2.56	俄罗斯 2.36	荷兰 2.35
8	加拿大 2.09	意大利 2.14	意大利 2.21	意大利 2.34	加拿大 2.20	俄罗斯 2.16	俄罗斯 2.04	法国 2.26	法国 2.06	马来西亚 1.89
9	意大利 1.96	加拿大 2.05	加拿大 2.15	加拿大 2.18	意大利 2.17	加拿大 2.11	加拿大 2.03	意大利 2.21	意大利 2.04	澳大利亚 1.82
10	法国 1.68	法国 1.79	法国 1.87	法国 1.82	法国 1.86	法国 1.88	法国 2.03	加拿大 2.06	加拿大 1.84	法国 1.80
总和	77.59	80.58	79.28	76.54	73.87	70.59	68.25	67.31	68.15	66.92

美国是中国文化产品出口的主要对象，2003 年所占比重高达 34%，占据中国文化产品出口的 1/3，但随着中国文化产品出口市场的扩大，2012 年降至 22.98%。美国在我国文化产品出口中的突出地位和两国之间长期存在频繁的人员交往和密切的文化交流相关。首先，中美互为第二大贸易伙伴，密切的经贸联系在一定程度上促进了文化产品贸易。其次，美国华人数量的持续增长缩减了中美"文化距离"，加深了两国文化亲近度。再次，孔子学院成为中美文化交流的平台，进一步提升了中美文化的亲进度。截至 2013 年底，美国是全世界设立孔子学院最多的国家，从 2005 年美国马里兰大学成立第一所

孔子学院至今，已经设立了97所孔子学院。

中国香港是第二大出口市场，由同宗文化带动的相似文化产品的消费需求较为强烈，所占份额由2003年的14.31%升至2012年的19.75%。第三大出口市场是日本，其所占比重不断下降，由2003年的8.07%降至2012年的5.98%。

中国文化产品进口来源地亦比较集中，主要为东亚地区以及美国、欧盟等发达国家和地区。自日本、韩国、中国香港、新加坡、中国台湾的进口主要是亲近的文化渊源所导致的"低文化折扣"，然而近几年所占比重持续下降，由高峰时期的57.68%（2009年）降至2012年的43.55%。美国、意大利等国家的表现恰恰相反，随着越来越多的消费者接受其文化价值标准，中国在这些国家的进口份额逐步上升（见表4）。

表4　中国文化产品进口主要贸易伙伴及所占比重（2003~2012年）

单位：%

年份	2003	2004	2005	2006	2007	2008	2009	2010	2011	2012
1	日本 18.20	日本 16.30	日本 16.13	日本 14.23	新加坡 15.22	日本 13.38	新加坡 17.12	新加坡 14.11	新加坡 14.75	新加坡 13.86
2	韩国 10.47	韩国 9.96	美国 10.23	美国 11.71	日本 12.62	新加坡 11.72	中国台湾 15.05	中国台湾 12.41	中国台湾 11.95	中国台湾 11.97
3	中国香港 10.39	中国香港 9.92	韩国 9.69	韩国 8.75	中国台湾 9.24	美国 9.21	日本 14.26	日本 11.76	日本 10.03	美国 10.16
4	美国 10.26	美国 8.99	中国香港 9.45	中国香港 8.70	美国 7.54	中国台湾 8.82	美国 11.21	美国 9.25	美国 8.90	意大利 8.79
5	中国台湾 9.60	中国台湾 8.93	中国台湾 7.95	新加坡 8.27	韩国 5.43	韩国 5.22	韩国 7.15	韩国 5.90	韩国 7.89	日本 8.33
6	德国 4.57	德国 7.17	新加坡 7.44	中国台湾 7.06	中国香港 4.76	中国香港 4.75	意大利 6.83	意大利 5.63	意大利 7.57	韩国 6.41
7	新加坡 4.45	新加坡 5.85	德国 6.27	德国 4.16	德国 3.48	意大利 3.75	法国 4.79	法国 3.95	法国 4.71	法国 5.05
8	芬兰 2.94	芬兰 4.06	意大利 3.09	意大利 3.90	意大利 2.81	德国 3.75	中国香港 4.10	中国香港 3.38	德国 3.31	德国 3.22
9	俄罗斯 2.86	意大利 2.87	法国 2.73	法国 3.13	法国 2.36	法国 3.48	德国 3.63	德国 3.00	中国香港 2.29	中国香港 2.98
10	意大利 2.15	法国 2.27	英国 1.76	英国 2.48	英国 1.42	英国 1.77	英国 2.44	英国 2.02	英国 1.96	英国 2.60
总和	75.89	76.32	74.74	72.39	64.88	65.85	86.58	71.41	73.36	73.37

三　中国文化产品贸易的国际市场地位

国际市场占有率（MS）指数表示某国或某类产品的"世界市场势力范围"。其计算公式是：$MS_{ij} = X_{ij}/E_{wj}$。其中，X_{ij} 代表国家 i 产品 j 的出口额，X_{wj} 代表产品 j 的世界出口额。当 j 代表国家 i 的出口额时，该指数衡量了国家 i 的整体竞争力；当 j 代表国家 i 产品 j 的出口额时，该指数就衡量了国家 i 产品 j 的竞争力，且值越大，竞争力越强。下面我们将利用 MS 指数分析中国文化产品的国际市场地位。

（一）中国文化产品总体市场地位

因为我国文化产品出口增速（2003～2012 年的年均增速为 15.48%）显著高于同期世界平均水平（8.68%），所以我国文化产品出口占国际市场的比重逐步提高。如图 3 所示，近十年来，我国文化产品国际市场占有率逐年提高，文化产品出口市场份额由 2003 年的 17.06% 升至 2012 年的 31.91%，在国际文化产品市场占据重要地位。

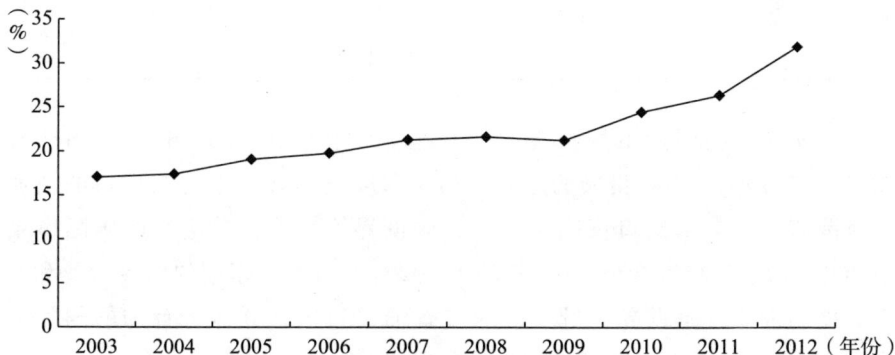

图 3　中国文化产品出口国际市场占有率（2003～2012 年）

2003～2012 年，世界文化产品出口大国的位次发生了一些变化，但是，进入前 10 名的经济体名单没有实质性变化。表 5 列出了 2003～2012 年文化产品出口主要经济体国际市场比率的变动情况，由表 5 可知，文化出口主要经济体除中国和印度为发展中国家外，其他均为发达经济体，这说明目前在全球文化产品贸易中占绝对优势的还是发达经济体。但一个引人注目的事实是，发展中经济体的国际市场比例越来越大，仅中国和印度两个发展中大国占全球市场的份额就由 2003 年的 19% 升至 2012 年的 37.37%。

中国文化产品国际市场比例呈现较快上升趋势，是唯一市场份额超过两位数的国家，这主要可能是中国利用外资的高速增长和加工贸易的快速发展导致的出口扩张效应。文化产品领域的强势地位展示出我国在文化产品生产、流通领域的优势，但在很大程度上应该归功于我国制造业的实力。

表5　主要文化产品贸易国家（地区）国际市场占有率（2003～2012年）

单位：%

国家（地区）	2003	2004	2005	2006	2007	2008	2009	2010	2011	2012
中国	17.06	17.39	19.08	19.7	21.30	21.64	21.24	24.45	26.34	31.91
美国	7.99	7.7	8.04	8.55	9.68	9.00	8.65	8.15	7.40	7.99
中国香港	10.56	9.76	9.20	8.61	9.03	8.34	7.94	7.17	6.91	7.22
德国	7.38	7.39	7.5	7.87	8.96	8.76	8.21	7.20	6.72	6.06
印度	1.94	2.54	2.59	2.85	—	—	4.84	3.35	4.53	5.46
英国	6.49	6.32	6.2	5.86	6.28	5.06	4.47	4.69	4.24	4.87
法国	4.53	4.37	4.27	4.32	4.49	4.30	4.12	3.87	4.02	4.17
新加坡	0.83	0.82	0.76	0.80	2.09	2.08	2.01	2.32	2.16	2.39
荷兰	2.12	2.16	2.10	2.13	2.42	2.81	2.51	2.21	2.08	1.98
中国台湾	—	1.24	1.08	1.04	—	—	1.75	2.05	1.95	1.98
日本	1.71	1.68	2.04	1.66	3.14	2.77	2.23	2.14	1.99	1.63

印度文化产品国际市场占有率上升也非常快。由2003年的1.94%升至2012年的5.46%。市场份额的上升归功于印度电影和珠宝首饰出口的快速增长。目前印度的电影出口仅次于美国，居世界第二位，其电影的国际市场比率由2003年的2.43%升至2012年的12.02%。另外，印度的珠宝行业和首饰加工业蓬勃发展，是世界上最大的珠宝首饰出口国，其珠宝首饰的国际市场比率由2003年的6.78%升至2012年的19.29%。

（二）中国文化产品各分项市场地位

文化产品整体的国际市场占有率可以说明我国文化产业整体参与国际分工的情况。但是，文化产业不同的部门文化禀赋、文化资源占比有较大差异。例如，手工艺品和设计等部门的文化禀赋主要表现在外观、款式、花色等的设计上，文化资源在商品的总成本中并不占据较高比例，比较优势主要来源于低廉劳动力所带来的低成本和具有竞争力的价格；但是音乐、出版、影视媒介等部门的国际竞争力取决于其所蕴含的文化内容，其物质载体纸张和录制介质的成本基本可以忽略不计。因此，为了更好地理解我国文化产业的国际市场地位，图 4 展示了我国文化产品二级分类下各部门的国际市场占有率。

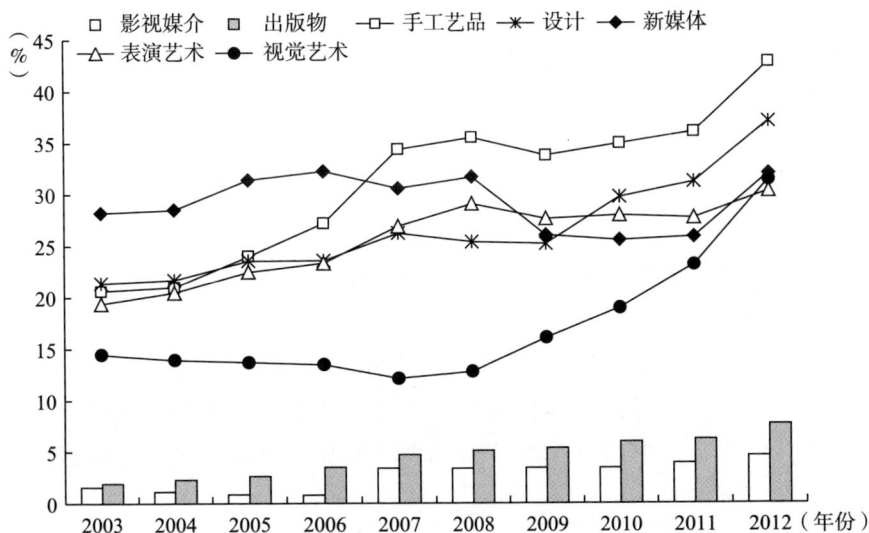

图 4　中国文化产品各分项产品国际市场占有率（2003～2012 年）

1. 手工艺品

手工艺品一直是中国的传统出口产品，根据 UNCTAD 的分类，主要包括地毯、庆祝用品、藤制品、纱制品、纸制品和其他 6 类，这些产品都属于中国加工贸易的代表性分类，中国在这些领域的低工资和高效率为出口奠定了良好基础。

图 4 显示，我国手工艺品国际市场占有率提升较快，由 2003 年的 20.62%升至 2012 年的 42.78%，年增长率为 8.45%。手工艺品中的藤制品、庆祝用品和纱制品的市场竞争力较强，2012 年国际市场占有率分别高达 81.64%、68.08%和 41.67%。即便是国际市场占有率相对较低的纸制品和地毯产品，2012 年也有 23.95%和 16.85%的市场份额。

2. 影视媒介

由于我国影视媒介产品的制作水平与欧美国家相比存在显著差距，加上"文化折扣"的影响、文化背景和社会制度的差异，影视媒介产品的竞争力大大降低，成为国际市场占有率最低的产品。虽然市场份额在波动中略有上升，但是 2012 年的国际市场占有率也仅为 4.59%。

3. 设计

设计部门包含建筑、时装、玻璃器具、室内设计、首饰、玩具 6 类产品，根据 UNCTAD 统计，6 类产品的国际市场占有率都有所提高，从而带动我国设计部门的国际竞争力大大提升，国际市场占有率从 2003 年的 21.38% 升至 2012 年的 37.02%。

2012 年，我国占世界市场份额最高的设计产品是玻璃器具，并且增长幅度最大，从 2003 年的 6.72% 增至 2012 年的 51.56%；其次是时装，2012 年的国际市场占有率为 51.06%，室内设计居第三位，为 40.59%。2003~2012 年，玩具的国际市场占有率从 27.6% 增至 36.67%，首饰的占有率从 6.39% 增至 24.30%。

以上数据说明我国在设计领域具有显著优势。但是需要说明的一点是，在对设计进行数据统计时，很难从其附着物上单独分离出设计产值（目前的统计分类不能将产品生产和其中的创意设计分离），因此，UNCTAD 在统计设计出口时，统计的是最终产品价值，并不是创意设计的价值，这就造成设计出口值虚高。并且，中国设计产品出口多采取加工贸易方式，这就进一步夸大了我国设计出口值。

4. 新媒体

新媒体有两层含义：第一，本身是文化产品，即数字化的文化内容，如电子游戏、软件、卡通等互动数字产品；第二，是一种网络工具，成为其他文化产品的营销或分销渠道，像音乐、电影、图书、新闻以及广告、建筑设计等文化产品都可以通过新媒体进行销售。

根据 UNCTAD 的分类，新媒体产品分为数字录制产品和电子游戏产品。2003~2012 年，新媒体的国际市场占有率在波动中缓慢上升，由 28.2% 升至 31.96%。

5. 表演艺术

表演艺术产品的国际市场占有率增长较为缓慢，由 2003 年的 19.39% 升至 2012 年的 30.28%。但其中所包括的音乐制品和音乐印刷品的市场地位悬殊。2012 年音乐制品的国际市场比率为 30.92%，音乐印刷品只有 0.28%。

6. 出版物

中国在出版物方面的竞争力低下，其国际市场占有率由 2003 年的仅为 1.94% 增至 2012 年的 7.67%。出版物包括书籍、报纸和其他出版物 3 个子类。其中，中国"书籍"和"其他出版物"的市场份额较大，分别由 2003 年的 3.68% 和 2.30% 升至 2012 年的 10.67% 和 13.23%，而"报纸"则正好相反，2012 年的市场占有率只有 0.21%。主要原因可能是"书籍"和"其他出版物"的出版周期相对较长，发达国家出版商可以充分借助发展中经济体的低成本优势，由其负责书稿印刷然后再出口回本国；相反，"报纸"的时效性强，其设计、排版和印刷往往需要在同一国家进行，或者是在紧邻的两个国家进行（比如美国报纸在加拿大印刷），难以将报纸的印刷外包给其他国家，难以借助中国等发展中经济体的低成本优势。

7. 视觉艺术

视觉艺术产品的国际市场占有率增长较快，由 2003 年的 14.46% 升至 2012 年的 31.38%。视觉艺术包括古董、绘画、摄影和雕塑 4 大类产品。这 4 大类产品中，雕塑的国际市场竞争力最强。因为雕塑难以大规模机器化生产，但可以小批量生产，所以对劳动力的依赖性较强，2012 年其国际市场占有率高达 69.09%。其他 3 类产品的市场份额极低，最高的摄影产品市场份额只有 4.49%。并且，由于有些艺术品和古玩出口受到限制或者是政府禁止出口，古董的市场份额 10 年间不增反降，从 0.22% 降至 0.14%。

四 中国文化产品贸易发展趋势

通过以上分析可以发现，在总体规模上，中国已经成长为一个文化产品出口大国，但还是一个消费小国。文化产品在国际市场上具备显著优势，多类产品的国际市场占有率在 20% 以上，如：手工艺品中的庆祝用品、纸制品、藤制品、纱制品，设计中的时装、玻璃器具、室内设计、首饰、玩具，新媒体中的电子游戏，表演艺术中的音乐制品，视觉艺术中的雕塑。但是，通过对文化产品出口结构和分类产品国际市场占有率的分析，可以看到，我国具有竞争力的文化产品主要集中在劳动密集型产品和需要一定原创性但位于价值链中、低端的产品上，在原创性强、价值链高端的产品上，我国文化产品的竞争力与发达国家还有很大差距。伴随着我国要素禀赋结构的变化、文化人才的累积、国内外市场对文化产品需求的日益扩大以及国家对文化产业发展的高度重视和全方位支持，我国文化产品贸易在今后相当长的时期内仍将保持持续、快速的增长态势，文化产品出口结构将进一步优化，文化产品贸易竞争力也将随之增强。

第一，要素禀赋结构的变化会进一步优化中国文化产品贸易结构。如前文所述，劳动力优势是以加工贸易为主的中国文化产品出口增长的重要因素。但是随着中国劳动年龄人口增长率减缓，劳动力无限供给的终结，劳动力成本正逐步上升。据统计，中国城镇单位就业人员平均工资从 2000 年的 9333 元升至 2014 年的 56339 元，年均增长 12.24%。成为世界上制造业雇员平均工资增长速度最快的国家之一。由此看来，中国文化产品出口增长所依赖的要素禀赋结构发生了变化，"制造型"的文化产品贸易发展将面临瓶颈。

另外，在潜在劳动力供给下滑的状态下，劳动力内部正在发生结构性变化，人力资本正在加速改善，文化人才正在逐步累积。一方面，一些高等院校顺应时代变化设置了文化产业专业，开设了相关课程，专门培养文化人才，并为文化产业从业人员提供相关职业培训。另一方面，各级政府不仅关注文化人才引进，更重视文化人才的长期培养。例如，为贯彻落实《国家中长期人才发展规划纲要（2010－2020年)》，国家科技部会同有关部门组织实施了创新人才推进计划；为贯彻国务院《关于推进文化创意和设计服务与相关产业融合发展》的精神，2014年文化部、财政部启动文化产业创业创意人才扶持计划；各级政府纷纷建立文化人才培训基地或培训中心……以上这些举措，都有利于文化人才的培育、成长，为进一步优化文化产品出口结构提供了可能。

第二，国内外市场对文化产品需求的持续扩大会促使中国文化产品贸易继续保持快速增长态势。按照国际经验，人均GDP超过3000美元时，文化消费进入快速增长周期；人均GDP在5000美元以下时，制造、加工和传统服务业成为拉动经济增长的主要动力；当人均GDP超过5000美元时，则进入文化消费的"井喷"阶段，即当人均GDP介于5000美元至10000美元之间时，科技创新、创意产业、高科技产业和服务产业成为拉动经济增长的主要动力。2011年中国人均GDP为5414美元，2012～2014年持续增长，分别为6100美元、6767美元、7485美元，标志着中国文化消费需求已经步入快速增长阶段，一个巨大的文化消费市场正在形成，这势必在很大程度上扩大我国文化产品的进口规模。

随着中国留学、移民海外人数的日益增多，中华文化在全球范围内的影响力将逐步加大，海外市场对"中国符号""中国元素"需求将急剧扩张，中国文化产品的海外市场将随之扩大。

第三，政府政策的大力推动将助力中国文化产品贸易持续快速发展。中国政府非常重视文化产业发展，各级政府采取多种举措促进文化产业勃兴。2014年，我国出台了多项与文化产业相关的扶持政策，囊括了对外文化贸易、产业融合、特色文化产业、文化金融合作、税收优惠、数字化转型、知识产权保护等多项命题，数量之多、覆盖面之广、扶持力度之大、举措之新、密集程度之高前所未有，这种宽领域、多渠道、立体化的政策体系为文化产业的发展提供了有力的政策支撑。

2014 年 3 月，国务院印发《关于加快发展对外文化贸易的意见》，提出全方位、多层次的政策措施来支持文化贸易发展，以大幅提高对外文化贸易额在对外贸易总额中的比重。这意味着，促进我国文化"走出去"，扩大我国文化的影响力和辐射力，已经成为符合我国国情和时代背景的重要国家战略。在这样的政策背景下，文化产品贸易将迎来其发展的重要战略机遇期。

如上所述，我国要素禀赋结构的变化、文化人才的累积、国内外市场对文化产品需求的日益扩大以及国家对文化产业发展的高度重视和全方位支持，预示着我国文化产品贸易在今后相当长时期内仍将呈现持续、快速的增长态势，文化产品出口结构将进一步优化，文化产品贸易竞争力也将随之增强。

[作者单位：山东大学（威海）]

产城融合视角下加快推进威海市新型城镇化建设的思考

王　静

新型城镇化建设是一项系统复杂的工程，既需要有考虑未来发展的长久之策，也需要有务实推进当前建设的可行之计。产城融合首先要有"产"，产业兴则城市兴；反过来，要想吸引产业集聚，最重要的是把城市生产、生活等配套设施建设好。把产城融合作为新型城镇化建设的重要突破口，推动产与城相匹配、人与城相协调，也是解决区域发展动力不足、支撑能力不足的必然选择。就威海市而言，推进以产城融合为核心的新型城镇化建设，关键要解决好"四个问题"。

一　夯实产业根基，解决好"产业支撑发展"问题

城镇化只有在强有力的产业支撑下，才能形成更强的发展动力，才能吸纳更多的农村劳动力和各类人才就业创业，促进要素资源集聚，实现可持续发展。

一是着眼现代高端产业，提升发挥层次。"产"必须符合未来社会发展方向，才能有效防止形成新的产能过剩，造成新的资源浪费和不可持续。比如，新城建设在选择主导产业上，要坚持有所为、有所不为，做好现代高端产业论证培育，重点开发软件研发、信息技术、创意设计、金融服务、国际教育等新业态，培植区域经济发展新的增长极。

二是突破产业集聚发展，培育发展新动能。围绕中韩自贸区地方经济合作示范区建设，以东部滨海新城和三个国家级开发区为重点，打造中韩平行合作产业园、中韩健康养老产业园、中韩综合保税物流园等产业集聚区，打

造对韩发展的政策洼地、产业高地。围绕蓝色经济区建设，支持南海新区、威海（荣成）海洋高新技术产业园等海洋特色园区发展，扶持一批成长性好、竞争力强、技术优势明显的中小企业上规模、快发展。

三是着力培育行业龙头，增强持续发展后劲。抢抓中韩自贸区、"一带一路"建设等机遇，深入实施"产业强市、工业带动"战略，坚持做大总量、调优增量同步发力，鼓励骨干企业招大引强、借力扩张，提升行业影响力和话语权，支持传统企业科技创新、借脑引智，激发产业升级活力，加快现代服务业与"互联网＋"跨界融合、多元发展，培植新的经济增长点。

二 优化功能布局，解决好"重城轻乡、重大轻小"问题

一是规划导向上，突出融合衔接、整体效益。按照"中心崛起、两轴支撑、环海发展、一体化布局"的战略部署，坚持兼顾眼前与长远，以主体功能区规划为基础，统筹做好区域控制性规划、产业发展规划、土地利用规划等空间性规划，加快形成"一核一轴一带多片区"为主体、卫生城镇为支撑，市区（县）镇协调发展、城乡互动的新格局，充分释放出城镇化蕴含的巨大增长潜力和长久增长动力。

二是推进时序上，突出分类指导、循序渐进。顺应经济社会发展规律，适应各区域、各镇村不同发展水平的需要，梯度有序推进城镇化建设，防止片面追求城镇规模和建设速度。

三是具体实施上，突出扩大容量、提升质量。一方面，围绕提升城市综合承载能力，加快推动城镇规划建设的重点由扩张性开发向内涵式发展转变，进一步优化发展空间结构，增强人口、产业的集聚力、辐射力和带动力。另一方面，围绕做优发展质量，重视人居环境、历史文化和生态保护，加大公共服务投入、基础设施配套、城市资源整合力度，有针对性地解决老城区（城镇）已出现的交通拥堵、住房紧张等突出问题。另外，应注重新城区的物理质量，坚决摒弃"摊大饼"式开发模式，做好基础设施综合配套开发，建设节能、环保、低碳、无污染的现代和谐生活区。

三 创新融资模式，解决好"钱从哪里来"问题

要解决政府融资平台债务高、公共供给效率低、民间资本进入难的问题，就必须打通民间资本参与城镇化基础设施建设的通道，提高公共供给的效率。

对威海市来说，应重点发挥好城投集团的引领作用，以产权换资产、以市场换资金、以资源换项目、以政策换投入，着力构建城镇化多元化融资模式。

一是开发经营城市公共资源。深度挖掘可利用、可经营的城市资源，在政策允许的合理范围内，将部分城市经营权和收费权划归城投公司，比如，赋予城投公司一定的特许经营权，提高再融资能力。

二是加大土地整理、土地储备力度。一方面，把土地作为最大的资产来经营，强化对土地一级市场的垄断，严格实行"一个渠道进水、一个池子蓄水、一个龙头放水"，做到以地生金、以地聚财。另一方面，把项目规划、建设和土地整理结合起来，进行土地整理开发，直接取得经济效益，实现"贷款—土地整理—土地增值—获得增值效益—增强还贷能力—再融资用于项目建设"的良性循环。

三是多渠道吸纳社会资金用于城市建设。发挥开发性金融、政策性金融支持作用，积极引导国家开发银行等金融机构对试点地区加强支持。发挥政府股权投资引导基金杠杆作用，用足用好城镇化试点补助资金，探索 BOT、PPP 以及发放城投债券等多种方式，撬动更多社会资本参与城市基础设施建设和运营。充分发挥财政资金的引导作用，通过财政奖补、以奖代补、贷款贴息等方式调动社会资本积极性，逐步建立多渠道的城镇化建设投资体系。

四 注重三农问题，解决好"城镇化发展助力"问题

"三农"发展是推进城镇化的重要基础和前提，只有解决好这一问题，新型城镇化建设才能水到渠成、事半功倍。

一是农民"非农化"与农田"非农化"的关系。为了避免出现土地流转面积递增、种粮面积递减等把农民"非农化"简单地视为农田"非农化"的现象。一方面，应守住耕地红线，严禁以土地流转之名搞"非农"产业建设。另一方面，围绕延伸产业链、提升价值链，鼓励民间资本参与农业开发，大力发展一批优质农产品生产基地，全面推广"公司＋合作社＋基地"等订单农业模式，推动土地资源的规模化、集约化经营，促进人口与土地分离。

二是土地处置与养老保障的关系。对农民而言，土地是生存的基本保障。从长远讲，土地征用后，随着安置补偿费用用完，养老保障成为失地农民的后顾之忧。因此，在推行征地货币补偿方式的同时，可以试点推行以"土地换保障"模式，逐步建立适度规模、多层次、全覆盖的失地农民养老保障体系。

三是农民再就业与政府引导的关系。一方面，应健全失地农民再就业培训机制，帮助失地农民掌握一些实用技能，为失地农民再就业创造良好的条件。另一方面，应强化政府政策引导作用，建立使用征地农民数量与用地规模等挂钩制度，鼓励用工单位优先使用失地农民，政府在行政事业性收费等方面予以减免，调动企业吸纳农民转移人口的积极性。

（作者单位：中共荣成市委党校　课题组成员：宋美媛）

"自由呼吸·自在荣成"

——荣成市践行新理念的路径选择及愿景

尹选芹

发展理念是发展行动的先导，是发展思路、发展方向、发展着力点的集中体现。党的十八届五中全会强调，实现"十三五"时期发展目标，必须牢固树立并切实贯彻创新、协调、绿色、开放、共享的发展理念。如何贯彻这五大发展理念，需要树立全面系统的思维，既确立科学执政的理念，又掌握科学统筹的方法，探寻科学发展的路径。近年来，各地都立足自身实际进行着各具特色的创新实践，荣成市也进行了卓越探索。2015 年提出塑造"自由呼吸·自在荣成"城市形象；2017 年市第十四次党代会进一步将"自由呼吸·自在荣成"确定为中国梦荣成篇章的引领，具有划时代意义。

一 "自由呼吸·自在荣成"的内涵及特征

对于社会中的个体而言，"自由"是人在获得基本生存保障前提下，渴求实现人生价值，提高生活质量进而提高生命质量的行为取向及行为方式；"自在"是安闲、舒服、自由、没有拘束的生活方式。概言之，"自由呼吸·自在荣成"，就是让生活在这里的人都能够自由自在地享受生活，自由自在地创新创业，自由自在地成长进步。这是市委市政府精准把握中央决策部署，基于荣成自然生态禀赋和区域发展水平，而做出的引领区域科学发展的路径选择。2015 年 9 月 16 日，市城市形象标识新闻发布会召开，正式启用"自由呼吸·自在荣成"城市形象用语，昭示市委市政府打造空气清新、自由自在生态空间的坚强决心与必胜信心。2016 年 9 月，市委十三届九次全会指出，以建设智慧城市、文明城市、信用城市、生态城市和旅游城市为抓手，丰富城市元素，塑造"自由呼吸·自在荣成"城市形象。"五大城市"建设是对"自由呼吸·自在荣成"塑造路径的精准概括，标志"自由呼吸·自在荣成"由最初的生态领域，延伸到经济、政治、文化、社会、生态文明和党的建设各个方面，内涵进一步拓展和深化。年初，市第十四次党代会明确了塑造"自由呼吸·自在荣成"的指导思想、原则要求、目标任务、推进措施及政策机制，形成了系统发展思路与实践框架。

"自由呼吸·自在荣成"，根本在人，核心理念在于以打造宜居、宜业、宜游、宜商、宜学的创新型城市为抓手，推进区域经济社会各项事业科学发展。其鲜明特征主要体现在如下几方面。

1. 引领区域科学发展的重大战略

"自由呼吸·自在荣成"，不仅仅是城市的宣传口号，也不单单是城市形象的塑造思路，其蕴含的思想高度、历史厚度、文化深度、大众广度和情感温度，更是一种科学发展理念，一种民本为政胸怀、高尚人文情怀和善意道德关怀。以"自由呼吸·自在荣成"为引领，全市一张图规划、一盘棋建设、一体化发展，把城市形象塑造过程作为打造良好生态环境、加快产业转型升级、提高公共服务水平、增进百姓福祉、加快创新型城市建设的过程，从而使"自由呼吸·自在荣成"成为各级开展工作的根本遵循和行动指南，引领区域科学发展的重大战略。

2. 以人的自由而全面发展为核心

发展是为了人民，科学发展是为了能让人民有更好的生活。"自由呼吸·自在荣成"，意味着为人的自我实现创造一个公平、正义、法治的社会生态，实现人的自由、权利和幸福。这既体现了大众性本质呼吁，又将辐射和影响不同社会阶层和人群，发挥"观照人、关怀人、激励人"的功能，通过增强人的安全感、归属感、成就感和幸福感，激发创新创业活力，为科学发展提供强大内生动力和重要生产力要素，实现为人建城、为经济社会可持续发展建城。同时，每个人都是塑造"自由呼吸·自在荣成"的主角，塑造过程又使人的文明素养得到有效提升，从而为"自由呼吸·自在荣成"形成稳定深刻的心理认同和日常践履内驱力。因此，塑造"自由呼吸·自在荣成"的过程，本质上是便民、利民、富民、惠民、乐民、育民、安民的过程，必将促进人的全面发展。

3. 以净化生态空间为基础

"自由呼吸·自在荣成"，基础在生态，强调人与自然、人与社会、人与人和谐共生。以生态环境的优美和人文生态的美丽，提升生态文明建设水平，培育得天独厚的生态资源、钟灵毓秀的人文景观、质朴好客的渔家民风，打造碧水蓝天、绿水青山的城市生态品牌，让人们置身于蓝天碧海、清风靓景，惬意地享受清新的空气、干净的水、安全的食品、优美的环境，让人们在共建中有更多获得感，从而使塑造"自由呼吸·自在荣成"的过程，成为更可持续的绿色生态之城的建设过程，造福子孙后代。

4. 以优化生活环境为要义

"自由呼吸·自在荣成"，不仅体现在生态上，更突出社会治理理念转型与社会环境治理，是生态环境与社会环境、人文环境的有机统一。通过促进城市管理智能化、精细化、现代化，打造竞争有序的市场环境、透明高效的政务环境、公平正义的法治环境、合作共赢的人文环境，丰富人居城市品牌内涵，让市民感到生活自由自在、游客感到休闲无拘无束、商家感到充满生机活力，人更自在、心更舒畅、发展更有希望，推动荣成发展优势由自然环境领域向社会人文环境领域拓展，从而使塑造"自由呼吸·自在荣成"的过程，成为更富魅力的文明幸福之城的建设过程，筑牢发展基础。

5. 以塑造城市精神为追求

"自由呼吸·自在荣成"，是荣成内在素质与外部形象的综合反映。从实现路径看，强调共享共建。共享发展的前提是共同建设，没有发展的共享和没有共享的发展都是不现实的，也是不可持续的。共建共享原则，体现了公平与效率的统一，内含力量支撑、真抓实干。通过充分发扬民主，广泛汇聚民智，最大程度激发民力，形成人人参与、人人尽力、人人享有的可喜局面；通过打造优秀的伦理道德、审美情趣、价值观念、性格特征等人文精神，启迪、引导人的理性良知，廓清、扫除浮华浮躁与歪风邪气，培育、发掘人的聪明才智与创造潜力，建立更加开放包容的城市气质，形成彰显城市灵魂和气质的城市精神，让社会呈现出自由自在的生动局面，激发人们对家乡的热爱、对生命和心灵的感悟，迸发出创新创造的澎湃激情与强大正能量，从而使塑造"自由呼吸·自在荣成"的过程，成为更富活力的创新创业之城的建设过程，积蓄内生动力。

二 "自由呼吸·自在荣成"的理论渊源和价值引领

"自由呼吸·自在荣成"，特色鲜明，指向明确，既是市委市政府站在新的历史起点上提出的理想目标，又是立足新常态把握新机遇谋划的科学发展路径，更呼应中央决策、契合荣成实际、符合人民心愿，具有很强的科学性、前瞻性和实践性。

(一) 理论渊源

1. 习近平总书记生态文明建设思想的荣成贯彻

习近平总书记高度重视生态文明建设，早在 20 世纪 80 年代就力主发展生态农业，主持浙江工作期间强调经济发展"不能以牺牲生态环境为代价""生态兴则文明兴，生态衰则文明衰"。2013 年 5 月主持中央政治局第六次集体学习时，又指出："牢固树立保护生态环境就是保护生产力、改善生态环境就是发展生产力的理念。"2015 年 3 月，"绿水青山就是金山银山"写进《关于加快推进生态文明建设的意见》，十八届五中全会将"绿色发展"纳入五大发展理念。此后，"绿色 GDP""绿色银行""海绵城市""空气罐头""循环经济""全球治理""生态修复""美丽中国"……弥漫于社区、乡里、家族、行业，充盈于世界，并成为一种有巨大惯性的观念，推动着我国生态文明建设进入新时代。塑造"自由呼吸·自在荣成"，最初的切入点就是生态领域，着眼于为发展创造好空气、好生态，从客观物质层面为市民提供更好的生活品质。实践证明，经济发展与生态保护并不矛盾，实现二者双赢，必须树立大局观、长远观、整体观，必须突出生态文明的引领作用，"自由呼吸·自在荣成"便成为中国梦荣成篇章的引领。可见，基于良好生态环境的"自由呼吸·自在荣成"塑造，处处闪耀着习近平总书记生态文明建设思想的理论光芒，既展现了荣成科学发展实践不断丰富、日趋完善的生动历程，又标志着市委对科学发展规律的精准把握，必将推动荣成开创绿色发展、共筑生态文明的新局面。

2. 中国特色社会主义"五位一体"总布局的荣成答卷

党的十八大报告提出，建设中国特色社会主义，总布局是经济建设、政治建设、文化建设、社会建设、生态文明建设"五位一体"。"自由呼吸·自在荣成"高度契合中央部署，是"五位一体"总布局具体化、本土化的生动实践。从内容看，塑造"自由呼吸·自在荣成"，集中体现于"五大城市"建设，其中智慧城市建设，意在创造自由自在的便利条件，本着"高效、有序、无障碍"原则，运用智能化手段系统管理城市各功能要素，全面提升软环境；文明城市建设，意在营造自由自在的和谐氛围，通过争创全国文明城市，全面提升全市公民道德素质和道德水平，提高社会文明程度，实现物质文明、政治文明、精神文明建设协调发展；信用城市建设，意在塑造自由自在的营商环境，通过建立社会信用管理体系，创新社会管理模式，夯实和谐稳定的思想基础、政治基础、社会基础；生态城市建设，意在打造自由自在的生活空间，通过绿色发展，叫响生态好、环境优的品牌，放大发展优势；"旅游城市"建设，意在构造自由自在的休闲环境，通过全地域提升、全要素融合、全方位服务，全面提高服务业水平，增强第一要务发展能级。"五大城市"建设各自独立成章而又相辅相成，智慧城市建设筑牢第一要务发展根基，为发展奠定基础；文明城市建设是上层建筑和意识形态，为发展提供精神动力和价值导向；信用城市建设是坚强保障，为持续健康发展提供强有力支撑；生态城市建设是紧迫任务，关乎百姓福祉，关乎长远发展；旅游城市建设的本质与内涵是文化，是城市发展的灵魂和生命力，具有强大凝聚力、吸引力和辐射力。可见，"五大城市"建设积极服务于"五位一体"总布局，有机统一于荣成全面建成小康社会实践，共同展现荣成未来发展的恢宏画卷。

3. 中华民族伟大复兴"中国梦"的荣成实践

从主要目标看，实现中华民族伟大复兴的中国梦，就是要实现国家富强、民族振兴、人民幸福；而"自由呼吸·自在荣成"所追求的"智慧、文明、信用、生态、旅游"城市，无一不围绕"建设富强民主文明和谐荣成"而展开。从实现路径看，塑造"自由呼吸·自在荣成"是"中国梦"在荣成的具体实践。习近平总书记指出："人民对美好生活的向往，就是我们的奋斗目标。实现中华民族伟大复兴，就是要让人民过上更加富裕、更有尊严的生活，实现每个人自由而全面的发展。"说到底，"中国梦"既是国家之梦、民族之梦，也是 13 亿中国人民的共同梦想。"中国梦"的实现，自然与荣成人民的努力相融相通、不可分割。作为全国第一海洋经济大县、中韩自贸区节点城市和"一带一路"双向桥头堡，荣成的富足安康对于中国的强大、中华民族的伟大复兴具有重要意义。荣成人敢于做梦、勇于追梦，擅于打开筑梦空间，必将促进国家圆梦。

4. "五大发展理念"的荣成探索

作为区域发展战略，"自由呼吸·自在荣成"与十八届五中全会提出的"创新、协调、绿色、开放、共享"五大发展理念，逻辑上是一致的、一脉相承的。"自由呼吸"，抓住经济发展新常态的阶段性特征，突出创新创业，转换增长动力，促进智慧、生态、旅游等新兴产业融合发展，推进供给侧结构性改革，形成新的增长极；"自在荣成"，抓住社会发展新常态的阶段性特征，突出社会治理能力创新，提升行政效能，改善生活环境，促进社会共建共享、文明信用、开放包容。这两点，都既立足于发展，又服务于发展。而发展的基点，放在了创新。依靠创新驱动，引领"五大城市"建设；反过来，"五大城市"建设，又进一步释放新需求，创造新供给，形成新优势、新动力，从而实现科学发展。可见，塑造"自由呼吸·自在荣成"，既贯彻落实了五大发展理念，又先行一步，走在了前列。

5. 全面建成小康社会的荣成目标

党的十八大报告提出到 2020 年全面建成小康社会的宏伟目标，又进一步提出新要求：经济持续健康发展，人民民主不断扩大，文化软实力显著增强，人民生活水平全面提高，资源节约型、环境友好型社会建设取得重大进展。这构成了全面建成小康社会的经济、政治、文化、社会、生态"五位一体"目标体系，表明我们建成的小康社会，不仅是经济目标，更是"五位一体"全面协调发展的目标；不仅是衡量国家富强、民主、文明、和谐、生态良好的目标，更是衡量人民生活水平、生活质量的目标。"自由呼吸·自在荣成"是"五位一体"目标体系的实践表达，它所追求的"更加强劲的增长动力，更具内涵的特色城市，更为文明的社会风气，更有品质的幸福生活，使群众满意度和幸福感持续提升"，无疑是全面小康目标体系的生动诠释，是市委市政府着眼于争当践行五大发展理念排头兵，回应荣成人民对美好生活新期待，审时度势提出的未来五年的奋斗目标，必将成为全市上下共同奋斗的精神砥砺。

（二）价值引领

1. 迎接城市品牌时代的价值指向

改革开放以来，我国城市发展经历了城市建设、城市管理和城市品牌三大阶段，其演变过程分别处于农村城市化转型期、城市现代化加速期和区域国际化提升期。这一过程，使城市的结构、功能及其形态出现五大变化：从经济快速发展转向经济社会协调发展，从生存型社会转向发展型社会，从政府管理机制转向公共服务机制，从城市竞争转向城乡统筹，从城市规模扩张转向城市品牌价值提升。顺应这一规律，"十三五"规划纲要提出，转变城市发展方式，提高城市治理能力，加大"城市病"防治力度，不断提升城市环境质量、居民生活质量和城市竞争力，努力打造和谐宜居、富有活力、各具特色的城市。这预示着，我国正进入城市品牌价值时代，"以人为本"将成为城市发展的核心价值取向，可持续发展与区域经济创新转型将成为城市发展的新诉求点，"五宜"指数即"宜居、宜业、宜学、宜商、宜旅"将成为城市发展的风向标。

2. 衡量城市环境竞争力大小的价值标准

随着改革开放全方位展开，全球化、区域化、分散化潮流涌动，尤其当前，全球面临新一轮产业升级，人才、资金、技术等生产要素在不同国家和城市之间的流动规模越来越大，速度越来越快。在更加公开、透明、法治的市场环境下，良好城市形象是进入国际市场的通行证，谁的环境好，"洼地效应"明显，谁的吸引力就强。这个环境，就是良好的人居环境、创业环境，表现为政务环境、市场环境、法治环境、人文环境、生态环境等。人居环境好，可以形成城市亲和力，聚集城市人气；创业环境好，可以促进各种发展要素优化配置，最大限度激发创新活力。这说明，区域间的竞争，已不仅仅局限于基础设施等硬环境的比拼，更重要的是城市功能软环境的较量。也就是说，区域竞争已从过去的拼产值规模、增长速度、总量排名，升级到综合实力、创新能力、环境品质、城市内涵、文明程度等的全面较量，从而推动城市由"产城人"融合转向"城产人"融合，由城市升级转向城市升值。这意味着城市环境竞争力成为赢得区域竞争优势的价值标准。

3. 凝聚发展共识的价值纽带

对于一个国家和民族来说，共同的价值追求就是共同的精神家园、共同的行为操守。有了共同价值追求，就有了凝结全体人民的精神纽带、社会交往合作的伦理基础、人民同心协力的激励要素。城市亦如此。莎士比亚曾说"城市即人"，每个城市都有其独有的历史文化、生态环境和人文精神，融合在一起则形成独特城市气质。荣成三面环海，坐拥千里黄金海岸，四季分明，生态宜居，海洋资源十分丰富，水产品产量和渔业总收入连续 30 多年居全国首位。但传统产业结构依然偏重，以新业态新经济为主导的新动力尚未形成；中心城区首位度还没有充分显现，镇村经济薄弱、城乡差距较大等问题仍然突出；重点领域污染问题没有得到根治；合作共赢与开放包容观念仍有欠缺，区位开放优势还没有充分发挥出来；社会事业和公共服务仍有短板。展望未来，荣成究竟以什么样的形象和姿态屹立于东部地区、展现在全国面前，需要大手笔、大思路、大视野，更需要在思想理念上达成共识，动员全体社会成员共同参与和大力支持。以什么样的价值纽带来维系这种共识？不同的时期与发展阶段有着不同的表现与要求，当前荣成已进入科学发展的关键时期，"自由呼吸·自在荣成"当然就成为凝聚共识的价值纽带。从优势上看，生态是荣成最大特色，依山傍海是大自然赐予的宝贵财富，是荣成最具魅力、最富竞争力的独特优势和战略资源，城市建设也始终围绕这一优势做文章，从最早的花园式现代化新型县城、滨海旅游度假城市、碧海蓝天绿地花鸟城、滨海生态旅游城市到现在的"自由呼吸·自在荣成"，无不秉承生态文明、绿色发展理念；从态势上看，实力是荣成最大底气，综合实力不断增强，生产总值过千亿元，无论是城市还是农村的可支配收入都明显高于全国平均水平，

GDP 增速、结构指标、质量效益指标、技术指标、环境生态指标、民生指标等总体良好，如何增创新优势、凝聚新力量、积蓄新动能是荣成蓄势勃发的迫切需要；从气势上看，活力是荣成最大气场，深厚的文明沃土孕育了荣成特有的兼容并蓄、刚柔相济、革故鼎新、生生不息、勇争一流的人文精神，创新催生发展动力，共赢推动开放发展，共享促进文明进步，围绕中心、服务大局，万众一心、众志成城，不畏困难、知难而进……这是荣成最宝贵的财富，也是塑造"自由呼吸·自在荣成"的不朽动力。

三 "自由呼吸·自在荣成"的现实基准及实践支撑

形态是城市的脸面，业态是城市的骨架，文态是城市的气质，生态是城市可持续成长的本底。如果说先天资源禀赋给了荣成一个生态本底，那么多年的历史积淀又赋予这片土地源源不断的人文给养。多年来，荣成历届市委市政府始终秉持"保护生态就是保护生产力"的理念，紧紧抓住"四态合一"，带领全市人民在继承中创新、在创新中发展，着力打造现代城市形态、高端城市业态、特色城市文态、优美城市生态，先后荣获国家生态市、国家园林城市、国家环保模范城市、中国魅力城市、中国人居环境范例城市等称号。美丽家园建设，贵在创新、重在坚持、成在持久。新一届市委从对城市未来负责的角度、长远竞争力要求、群众视角审视和评价发展，坚持"发展永远在路上"，不失时机地提出"自由呼吸·自在荣成"，运筹帷幄谋发展，纲举目张促创新，描绘了一幅"碧海蓝天、富庶和美"的现代化生态城市愿景。这一美丽愿景，既是市委市政府对荣成发展历程的高度凝练，又是对未来发展方向和着力点的科学谋划与战略把握；既是本届领导集体的政治宣言，又道出了百姓心声；既源于实践，是实践经验、实践智慧的理念结晶，又指导实践，并通过实践来展现和验证，是理念与实践双向互动、基因传承与时代创新相结合的产物，现实基准深厚，实践支撑力强。

1. 建设创新型城市，提升"自由呼吸·自在荣成"产业竞争力

荣成经济从渔业起步，是典型的资源型城市。塑造"自由呼吸·自在荣成"，面临海洋资源可持续开发与生态环境保护问题，"海洋经济往哪里去"需要高度关注并切实解决。如果海洋经济不能有效转型，非但不能"自由呼吸"，还会造成更多的"不自在"。为此，市委市政府将建设创新型城市作为塑造"自由呼吸·自在荣成"的首要任务，通过建设完善孵化器、加速器、产业园等创新载体，高标准搭建海博会、科技周等常态化节会平台，以融合

化模式推动产业转型。第一产业上，发展休闲农业、远洋渔业，争创36处国家和省级休闲渔业及海钓基地，专业远洋渔船300多艘，海外渔业基地6处，沙窝岛成为北方唯一、全国第二家国家远洋渔业基地，国际海洋商品交易中心成为全国首个有担保存贷管理一级资质的交易中心，远洋产品回运率70%，推动传统养殖业由卖产品转向卖风景、卖体验，传统捕捞从近海走向远洋。第二产业上，推进海洋产业升级改造，海洋食品产业以海洋生物科技产业为突破重点，集群规模增长28%，高端产品和终端市场比重分别为23%、40%，海洋高新园获批国家级农业高新技术产业示范区，赤山集团入选国家农产品冷链流通标准化试点企业；修造船业主攻高技术船舶，客滚船、油轮等高端船型比重达77%，黄海造船进军军工领域、牢牢占据中韩航线豪华客滚船建造领军地位；机械制造业转向高端装备、智能制造，大型农机、房车产量分别增长60%和9.1%，石岛重工海水淡化设备打入以色列。第三产业上，利用"互联网＋"发展平台经济，建成全省首家海洋商品国际交易中心、全国唯一日韩食品"同线同标同质"平台、全省第一家省级皇朝马汉食品外贸综合服务平台，开通进境澳牛屠宰、进口肉类指定口岸，推动滨海旅游、影视文化、体育赛事、休闲农业、健康养生等业态深度融合，新兴产业占GDP比重达15%，高新技术产业比重达35.4%。通过创新驱动，改变了过去资源消耗、环境破坏式发展模式，转向绿色发展、生态型经济，国家环保模范城市、中国优秀旅游城市、中国海洋食品名城等品牌更加响亮。2016年，全市生产总值1078亿元，近五年年均增长10.3%；一般公共预算收入五年翻了一番，达到68.8亿元；三次产业比为8.1：44.6：47.3；全省蓝区考核始终领先，被确定为全省县域经济科学发展试点市。

2. 严守生态环保红线，提升"自由呼吸·自在荣成"环境承载力

生态是荣成最大的优势，这既是塑造"自由呼吸·自在荣成"的金字招牌，也是紧迫任务。如果没有持续稳定的优良环境与之相匹配，"自由呼吸·自在荣成"如纸上谈兵。为此，市委市政府一方面将环境综合治理放在突出位置，通过签订《生态市建设目标责任书》，建立城乡环卫一体化管护机制，设立镇街综合执法中心，成立扬尘腥水污染整治综合协调办公室，针对突出问题出重拳、下重手，实行行业集中整治、区域重点整治、农村全面整治，去年着力解决农村面源、扬尘腥水、鱼粉石材、岸线保护等14个领域的环境污染问题，年内空气质量优良天数为349天。另一方面，加大基础设施建设力度，从2009年开始，每年安排1亿元财政资金，开展以"三清四化"为重点的农村环境综合整治，形成有人干、有人管、有人监的保洁链条，实现城

乡生活垃圾"户保洁、村收集、镇转运、市处理",去年全市800多个村实现整治全覆盖;从上档升级和补齐短板两方面入手,加大财政投入,制定农村改厕三年规划、污水处理五年规划,启动城中村改造项目,到2017年实现14万户改厕全覆盖、2020年农村污水处理全覆盖;去年实施155项"六个一体化工程",22个镇街全部通达天然气、18个集中供暖、16个纳入城市供水管网,城乡垃圾处理率、城镇污水处理率分别为100%和95.8%,被评为全省生态文明乡村建设工作先进市;提高中心城市首位度和公共服务水平,去年建设现代化自行车慢道系统、电子公交站亭和公共自行车租赁系统,主干道按公园化标准绿化,城乡设施按全域城市化标准互联互通,丰富城市元素。同时,强化环保红线刚性约束,严把产业项目规划和环评审批关口,先后将50多个有污染的招商项目拒之门外;建设石材产业园,制定畜禽禁养、限养、适养"三区"划定方案,规范化整治畜禽养殖场900多家,将186家鱼粉企业整合为61家;实施节能技术改造工程项目150多个,提前两年完成全市锅炉超低排放目标,全市万元GDP能耗比下降17%,规模以上工业万元增加值能耗比下降21%。通过产业规划与城市规划同步推进,项目建设与环境打造一体化实施,实现环保整治与产业升级双赢,为环境留足了绿色空间、城市留足了生态空间、子孙后代留足了发展空间。

3. 推进五大城市建设,提升"自由呼吸·自在荣成"内涵品牌力

城市品牌不仅在于知名度,更重要的是美誉度,而美誉度来源于城市竞争力,只有拥有自身独特的竞争力,才能有足够的价值依托。否则,只能是一个空壳。为此,市委市政府将提升城市内涵、塑造城市形象作为重中之重,通过"五大城市"建设,实现全方位的"自由自在"。一是建设生态城市,恪守生态优先发展导向,区域发展上既要金山银山又要绿水青山,污染整治上多还旧账、不欠新账,生态保护上多做减法、不做加法,环境整治上提升档次、补齐短板,坚定不移走生态优先的绿色发展路子,入围国家"2017百佳深呼吸小城"。二是建设智慧城市,搭建智慧荣成综合管理平台,先期实施平安荣成指挥中心、智慧安全、智慧招商、智慧旅游等11个项目;启动渔港码头、重点污染源监控等项目12个,建成使用2个;实施"暖心工程",1.43万贫困人口率先实现省定贫困线脱贫;搭建民心网、民生110、"两个全覆盖"大走访、社会管理信息研判等服务平台,使管理更高效,市民办事更方便。三是建设文明城市,大兴学习之风,以创建全国文明城市为契机,深化社会主义核心价值观教育,开展"树典型、扬正气、传递正能量""礼让斑马线""排队乘车、文明礼让、不乱扔杂物""全民公益志愿服务"等主题活

动；实施差异化考核，建立台账管理、例会调度、督导考核"三位一体"工作机制，构建基层干部管理考核、党建管理服务、村级监管综合平台、党务政务信息公开电视平台"智慧党建四大平台体系"，完善机关集中学习日、农村党员冬训和夏训、机关干部任职资格考试和岗位技能培训、永怀讲堂、"荣成红二代"系列访谈、"商会微讲堂"等学习机制，推进学习常态化，促进文明城市建设。四是建设信用城市，在全省率先建立社会信用管理体系，为59万18周岁以上居民、17万外来人口、3万个机关企事业单位建立诚信档案；推行"信用＋工作"管理模式，将信用嵌入党政管理、行政执法、公共服务、社会治理等领域，被列入国家社会信用体系建设示范城市名单，是全省唯一、全国三个县级创建示范城市之一。五是建设旅游城市，突出全地域提升，把全市作为整体景区，打造以主城区为中心、好运角旅游度假区和石岛管理区为"两翼"、滨海生态旅游廊道和内陆乡村旅游廊道为"两廊"的大旅游格局；突出全要素融合，打造休闲农业精品园区、高端民俗、海洋科普、红色旅游基地，推动旅游业与农业渔业、美丽乡村、体育赛事、影视文化融合发展；突出全方位服务，搭建"互联网＋旅游"服务平台，完善公共交通、餐饮服务等配套设施，培植石岛渔都、俚岛海带等5个特色小镇65个美丽乡村示范村20多处休闲农业精品园区和东楮岛村、美中美海草房部落等高端民俗项目，以及企业产品综合展厅、海洋牧场控制室、海洋科普馆等馆厅，郭永怀事迹陈列馆、龙山革命纪念馆、沈秀芹纪念馆等红色基地，入选首批国家全域旅游示范区。

4. 倡导全民共建共享，提升"自由呼吸·自在荣成"持续发展力

塑造"自由呼吸·自在荣成"，旨在为人们提供优良的生活、工作、成长环境，促进人的全面发展。同时，它又是一项艰巨复杂的系统工程，只有动员全市人民共同参与并自觉行动，才能使这一宏伟目标变为现实。为此，市委市政府将共建共享理念贯穿于全过程，统筹政府、社会、市民三大主体，使政府有形之手、市场无形之手、市民勤劳之手同向发力。政策上，坚持民生保障与经济建设相协调、照顾大多数与救助极少数相协调、提升群众幸福感与安全感相协调，大力推动公共财政向民生领域倾斜。行动上，层层压实责任，形成多元共治格局。一是进一步创新政府治理，大力践行"三视三问"群众工作法，视市民为亲人、问需于民，把市民需求作为决策的源头和逻辑起点；视市民为老师、问计于民，主动邀请市民为发展出点子、当参谋；视市民为裁判、问效于民，把市民满意不满意、高兴不高兴作为检验发展的最终标准。二是积极引入社会力量，建立公开透明的市场秩序，放宽民间资本

进入门槛，推行政府和社会资本合作模式，吸引各类市场主体有序参与、公平竞争，实现城市与企业发展双赢。三是充分发挥市民主体作用，从构建"利益共同体"和打造"行动共同体"两个方面，发挥广大党员干部的引领和表率作用，引导其将本职工作与塑造城市形象相结合；发挥企业的重要推动力作用，引导其在节约资源能源、控制污染、减少排放等方面发挥好生态责任和环境社会责任；发挥市民的主人翁作用，引导其自主自律，自觉奉献文明生活，维护和共享文明成果。

所有这些，都为"自由呼吸·自在荣成"如何规划布局、如何拉开发展架构，提供了有力的政策指导和基本保障。实践证明，"自由呼吸·自在荣成"理念深入人心，格局初步形成，既产生了良好的口碑与社会效益，更让我们充满信心与期待。

四 纵深推进的政策聚焦和几点建议

塑造"自由呼吸·自在荣成"，不仅是一个超越自我的"蝶变"过程，更是一次"补齐短板""内外兼修"的主动冲刺，市第十四次党代会上明确了未来五年的基本思路。

1. 坚持"四个不动摇"基本原则

坚持"创新型城市建设"这条主线不动摇，全面推进科技创新、机制创新、工作创新、方法创新；坚持经济主业、工业主体、税源主责"三个意识"这个根本不动摇，把精力聚焦到项目建设、产业招商和税源培植上；坚持不断提升精气神、执行力、责任感、纪律性"四个提升"这个保障不动摇，持之以恒、驰而不息地改进作风；坚持更加注重创新突破、务实奋进、开放合作、共建共享、法纪思维"五个更加注重"这个理念不动摇，确保各项工作取得新成效。

"四个不动摇"紧紧抓住"自由呼吸·自在荣成"的核心要素，辩证统一于荣成科学发展的实践。其中，创新型城市建设决定"自由呼吸·自在荣成"质的规定性，创新是引领发展的第一动力，抓创新就是抓发展，谋创新就是谋未来。以创新型城市建设为主线，既是引领荣成今天科学发展的动力，也是取得巨大成就的根本保证与有力支撑，更是未来发展的方向和核心；离开"创新"主线，其他三个不动摇就失去了生命力。"三个意识"既是"自由呼吸·自在荣成"的本质属性使然，也是荣成科学发展的本质要求，增进人民福祉的现实依托和根本保障；离开"三个意识"，其他三个不动摇就成了

"无源之水、无本之木"。"四个提升"是一种气质、一种追求、一种信仰，更是一种实干、苦干、拼命干的精神品格和锲而不舍、百折不挠的精神状态，这既是"自由呼吸·自在荣成"的必然要求，也是增强凝聚力、战斗力的现实需要；离开"四个提升"，其他三个不动摇就少了一份坚守和力量。"五个更加注重"是"自由呼吸·自在荣成"的最高利益，叩问着理想人居的永恒命题，也是坚持其他三个不动摇的基本出发点、归宿点和实现条件。可见，"四个不动摇"原则，既是市委市政府对新时期发展规律认识的深化，也是推进荣成科学发展必须遵循的总抓手、总指针。

2. 突出动力转换，走产业支撑、创新驱动新路径

抓住供给侧结构性改革机遇，提升园区、创新和开放"三个平台"的服务功能，推动三次产业跨界融合、转型升级。抓好优质资源、前沿技术、市场话语权"三个掌控"，打造海洋经济全新升级版；走好错位竞争、靠大联强、链条延伸"三条路子"，提高装备制造业核心竞争力；作好产业融合、特色发展、惠民利民"三篇文章"，抢占现代服务业制高点。

产业之所以能够支撑增长带动发展，关键不在块头体量，而在创新尤其科技创新。市委市政府提出的"四管齐下"，就是给力创新驱动。其中，"三个平台"是管总的，意在搭建创新载体与推进创新成果转化，为创新发展提供智力支撑。"三个掌控"是着力点，意在促进海洋经济领先发展，资源的流动性加剧了资源稀缺性，掌控资源便成为提升经济竞争力的基础与关键；前沿技术是未来高技术更新换代和新兴产业发展的重要基础，掌控前沿技术就能够由行业"跟随者"变成"引领者"；掌控市场话语权，就能占据产业主导权，拥有市场主动权，从而真正提升市场竞争力，为可持续发展赢得更大空间。"三条路子"是途径方法，意在杀出一片蓝海，借助错位竞争，与市场错位、与自己错位、与思维定式错位，闪身短兵相接、刀剑相碰之硬仗，赢得市场主动权；借助靠大联强，利用其品牌、技术、人才、市场、资金等优势，借势扬帆快行舟；借助链条延伸，向精深加工与高端产品纵向延展、相关产业深度融合与横向拓展，赢得发展主动权。"三篇文章"是努力方向，现代服务业是国民经济的重要组成部分，也是现代产业体系的重要内容。发达的现代服务业，更是推动经济转型升级的重要引擎、高新技术产业创新的主要动力、"自由呼吸·自在荣成"的重要保障。

3. 突出内涵提升，建设宜居宜业、充满魅力的新城市

坚持中心提升、两翼突破、生态连接、产城融合，构筑以中心城区为龙头、石岛管理区和好运角旅游度假区为两翼、特色小镇为节点、生态廊道为

连接的沿海城市带，优化城市发展长远布局；坚持以"五大城市建设"为抓手，推动城市发展重点突破；坚持以科学规划为前提、多元投入为支撑、工程质量为根本，强化城市发展保障措施。

品牌因内涵而精彩，城市因品牌而生动。纽约象征着财富，自然就有花旗、摩根士丹利；硅谷象征高科技，惠普就在这里的一个车间创建了 IT 帝国；巴黎化身为时尚与浪漫，欧莱雅与香奈儿则芬芳弥漫……提升城市内涵，建造更具现代化沿海开放城市气息的特色城市，既是"自由呼吸·自在荣成"的核心要义，也是提高荣成知名度、美誉度的必然要求，更是科学发展的重要标志。

4. 突出共建共享，塑造安居乐业、和谐有序的新气象

通过实施更加积极的就业政策，发展更有活力的农村经济，构建更为完善的保障体系，推进更高水平的扶贫脱贫，提高群众生活水平；通过推动健康优先发展，办好人民满意教育，优化人口素质结构，提高公共服务水平；通过深化平安、法治、意识形态建设，提高社会治理水平。

安于居住的环境，乐于从事的职业，和睦融洽、协调有序的社会……旨在促进人的全面发展和社会全面进步。这既是"自由呼吸·自在荣成"的应有之义，也是科学发展的基本内涵，解决当前突出矛盾和问题的迫切要求，更是科学发展所追求的最高境界。

5. 突出政治保障，开创全面从严治党新境界

通过从严加强思想政治、干部作风、基层组织、党风廉政和民主政治建设，营造风清气正的政治生态，形成民主团结、生动活泼、安定和谐的政治局面。

全面从严治党，旨在提高党的执政能力。这既是"自由呼吸·自在荣成"布局的重要组成部分，更为坚持"四个不动摇"基本原则、转换增长动力、提升城市内涵、塑造城市新气象提供根本保证。这是一种勇于担当的精神，也是一份自我加压的勇气，更是对自身提出的严格要求。建设"自由呼吸·自在荣成"，实现每一个目标都要付出艰苦努力，推进每一项改革都是"啃硬骨头"，党员干部首先要经受住考验，要使自身硬起来，保持敢于担当、励精图治的精神状态，才能完成历史赋予的重任。

蓝图已绘就，开启新征程，如何推进政策落地落实，在笔者看来，需要将"自由呼吸·自在荣成"上升到荣成发展战略层面。领先是目标诉求，创新是路径探索。"自由呼吸·自在荣成"，是荣成科学发展的重要引领和标志，也是全市人民的共同愿望，事关荣成未来发展和群众切身利益。多年来，历

届市委市政府都强力推进各项事业科学发展，取得了巨大成就，但发展中仍有一些重大和长远问题需要解决。尤其当代，面对激烈的国际国内及区域竞争，迫切需要塑造一个非常强大的竞争优势。同时，一个具有核心竞争力的竞争优势，也是区域实力的重要组成部分。因此，站在全局发展的历史高度，需要把塑造"自由呼吸·自在荣成"上升为荣成发展战略，作为统领各项事业科学发展的宏伟蓝图和行动纲领，形成长久不衰的生命力。

战略实施上，需要在以下几个方面加大工作力度。

一是加强顶层设计，突出大规划理念和一体化思维。"自由呼吸·自在荣成"，功在当代、利在千秋。要充分认识其重要性、紧迫性和艰巨性，高水平制定和完善规划，形成具有世界水准、体现荣成特色的城市规划体系。要既编制好宏观规划、中观规划、微观规划，又编制好总体规划、各专项规划；既有战略设计，又有战术落实；特别要把长远发展作为重要考量，树立战略思维、底线思维，防止出现不可挽回的败笔。要突出规划的严肃性和持续性，对编制好的规划、确定好的目标任务，不折不扣地落实，一届接着一届干，绝不能前紧后松，更不能半途而废。要建立重点工作联合督察和日常调度机制，对当下可以办的事情，跟踪督导、紧盯不放；对需要创造条件才能办的事情，善始善终、善做善成，防止虎头蛇尾、部门保护和本位主义。

二是提炼荣成精神，加大城市品牌打造、宣传、推介力度。品牌是一种无形资产，品牌是知名度、生产力、竞争力。精准的城市定位、成功的品牌打造，无疑对城市形成强大磁力，大大提升核心竞争力。同时，城市和人一样，需要精神来涵养发展、提升质量。城市精神是城市的精、气、神，是展示城市形象、城市文明、城市文化的重要标尺。塑造"自由呼吸·自在荣成"，只有内塑精神、外树形象、利用宣传，才能不断增强凝聚力和生命力。要成立专业化机构，负责城市品牌的研究、推广和管理；要孕育和培养荣成精神，通过面向社会广泛征集，邀请专家、抽调专门人员来研究、挖掘、概括、提炼，形成凝聚人心、唤起斗志、催人奋进的荣成精神，使之成为"自由呼吸·自在荣成"的力量支撑。

三是大力发展文化事业，建设现代公共文化服务体系。文化是民族的血脉、人民的精神家园，是资源的灵魂、发展的动力、繁荣的象征、智慧的反映，现代公共文化服务是现代公共服务的重要组成部分。当前，文化民生、文化权利、文化善治等现代理念与思想融入文化建设实践，深刻改变着文化建设的内容、要素和实现方式，塑造"自由呼吸·自在荣成"迫切需要形成与其地位相称的文化软实力基础。

四是处理好整体与部分、当前与长远的关系。"自由呼吸·自在荣成"是动态的经济社会发展过程，强调全域观念和"一盘棋"思想，在涉及多个地方的工作推进上，要服从大局、整体推进，齐心协力抓好落实，不能斤斤计较各自得失；在局部利益与全局利益有冲突时，要以全局利益为重，不能打小算盘、算眼前账；在处理当前与长远发展关系时，要有功成不必在我的胸怀，扎实做好打基础、利长远的工作，不贪一时之功、图一时之利。

（作者单位：中共荣成市委党校）

《张闻天的新闻实践研究》 内容提要

杨永兴

作为中共历史上一位重要的领导人，张闻天的人生经历、革命生涯以及思想历程是值得后人学习和研究的。他早年留学日本、美国，后又被中共派往苏联莫斯科中山大学学习，对于外来文化深有感触。回国后，他敢于反对党内的"左"倾错误，在促进中共第一代中央领导集体的形成中，在红军由内战到抗战的战略转变中，在和平解决西安事变的过程中，以及在后来的抗日战争、解放战争中都起了很重要的作用。而新中国成立后在"大跃进"期间庐山会议上的表现和在"文革"中的表现，更使他成为坚持真理的楷模，令人敬仰。不仅如此，他给我们留下的思想遗产也是非常丰富的，其内容涉及政治、经济、军事、外交和文化各个方面。目前学术界对他的社会主义思想、民主思想、经济思想、建党思想、文化思想、史学思想都进行了相当深程度的研究。但是，纵观对张闻天的生平研究，我们不难看出学术界至今对张闻天的研究还有一个很大的可拓展的空间，那就是对他的新闻实践的研究。

早年，张闻天不仅是报刊的热心读者和积极的撰稿人，而且还多次担任报刊编辑，负责报刊出版、校勘工作，并在工作过程中结识了一些著名的报刊主编和编辑人员，这在很大程度上为张闻天以后的办刊、编报等新闻活动积累了阅历与经验。重庆时期，张闻天创办了其生平第一份报刊——《南鸿》周刊。它是张闻天人生价值自我定位、立志批判与改造社会、宣传新思想与新文化的结果。它的创办不仅为张闻天提供了创办一份刊物所必需的经验和一系列业务知识，而且还为张闻天早期报刊思想提供了实践的平台。

莫斯科留学期间，张闻天不仅积累了相当多的马克思、列宁理论知识，而且还参与了大量的报刊编辑活动，对苏联党报党刊模式也了解颇深，这为他回国创办、主编、改组中共党报党刊奠定了坚实的理论基础和实践基础。

回国后，张闻天在上海创办《红旗周报》和《群众日报》、主编上海版《斗争》，既开启了他创办中共正规党报党刊的道路，又拉开了中共中央重视党报党刊指导与组织具体实际工作、初步确立"全党办报"方针的序幕。

苏区工作期间，张闻天对苏区中央机关报刊进行了整顿和改组，使其更好地发挥党报党刊的领导作用。他将苏区原来出版的《实话》与《党的建设》两份刊物合并，改名为《斗争》（即苏区版《斗争》），还将中华苏维埃共和国临时中央政府机关报《红色中华》改组为党团、政府与工会合办的中央机关报，由周刊改为三日刊。张闻天的这一整顿和改组，使中共苏区党报党刊无论从形式还是从内容上都发生了相当大的变化。它不仅是张闻天新闻实践活动的一次重大成果，也是中共党报党刊改革史上的一次重要探索。

延安期间，张闻天在主持中共中央常务工作的同时仍然非常重视中共的新闻宣传工作，尤其到1938年中共六届六中全会之后，其工作重心转移到宣传教育方面，更是将自己的大量精力投入新闻活动中。他不仅兼任了中共中央机关理论刊物《解放》周刊主编和党内理论刊物《共产党人》杂志编辑，对其负总责，还主持创办了学术刊物《中国文化》和外文刊物《中国通讯》，主编了党内刊物《参考资料》，并对《新中华报》的改组与在延安复刊的《中国青年》给予了指导和关注。以上刊物的出版和编辑将张闻天的新闻活动推向了高峰。

东北任职期间，身为合江省委书记，张闻天对省委机关报《合江日报》倍加关注和重视。在担任辽东省委书记期间，张闻天对省委党报《辽东大众》也颇为重视。新中国成立后，张闻天在专任外交部副部长期间，再次迎来了他新闻活动的另一个新的发展时期，一个创办外交刊物和学术刊物的时期。他倡议创办了《外交文选》《每周通报》《国内情况通报》《外事研究》《外事动态》《业务研究》《外论选译》等一批内部通报和刊物，以及《国际问题研究》《国际问题译丛》等一些公开出版的学术杂志。从明确刊物创办的目的、目标，到确定刊物的名字，再到商定所登文章的题目、内容，张闻天都亲自参与其中。

1959年庐山会议后张闻天受到批判，其新闻活动也随着其政治生涯的结束而终结。但是他并没有放弃对党内外许多问题的独立思考，比如对实事求是、群众路线以及党内民主重要性的思考，对党及相关部门应该如何掌握经济规律、如何领导经济工作的思考，对如何看待战争年代过去经验的思考，对经济规律一般性与特殊性、党与国家人民之间关系的思考等，它们对我们新闻事业的改革与发展都产生着积极的指导意义。

此外，张闻天的报刊编辑活动在设置编辑方针、运用编辑策略、秉承编辑作风等方面最具个人特色：第一，富有时代感、使命感与责任感的编辑方针；第二，关心读者与看重作者的编辑策略；第三，求真务实与民主的编辑作风。他的报刊作品在选题、构思、文风等方面也尽显其独有风格。据不完全统计，张闻天一生中或创办或主编或编辑或改组或倡议出版或指导过的报刊达30余种，而他在报刊上发表的文章也有360篇之多。这些报刊文章成为张闻天新闻实践活动的又一组成部分。从纵向上看，其报刊文章具有相当大的阶段性特征。其阶段性表现为早期文章多为多样性、文艺性、评论性与批判性文章，中期的报刊文章多是政策性、指导性文章，后期的报刊文章则多是应景性的官样文章。而他与毛泽东两人则由于性格、教育经历、知识结构、工作作风、处事原则等方面的不同导致了他们在新闻实践具体活动方面各有特色。

纵观张闻天的一生，其新闻实践是相当丰富的。从五四南京时期参与编辑《南京学生联合会日刊》，负责《少年世界》的校勘、出版事务，到重庆时期创办第一份周刊《南鸿》；从上海时期主编党报《红旗周报》和党刊《斗争》，到苏区时期主编苏区《斗争》和改组《红色中华》；从延安时期主编理论刊物《解放》周刊，编辑《共产党人》杂志，到东北时期关心和指导东北地方党报党刊，再到新中国成立后倡议创办《外交文选》《每周通报》《外事动态》《业务研究》《外论选译》等一批内部外交通报和《国际问题研究》《国际问题译丛》等学术研究刊物；足见张闻天新闻实践活动的丰富程度。其中，有关党报党刊的实践活动为中共新闻事业的发展做出了积极的贡献。它们不仅为当时的革命斗争和根据地建设提供了有力的指导，而且还在一定程度上为中国共产党人指明了斗争方向和革命道路。

不仅如此，张闻天的新闻实践尤其是他的党报党刊实践也为当代中共党报党刊（特指中共中央及地方各级党委机关报刊，下同）以及其他大众媒体的发展提供了现实启示。其对于当代中共党报党刊的价值主要表现在以下几个方面：第一，党报党刊要坚持党性原则，正确宣传党中央的政策、方针和路线；第二，党报党刊要密切联系人民群众，以为人民服务为宗旨，坚持人民性原则；第三，党报党刊要务实，要实事求是，内容要具体、充实和真实；第四，党报党刊要坚持"全党办报"和"群众办报"方针，要遵循新闻一般规律；第五，党报党刊要发挥其组织、领导作用，执行其监督和批评功能；第六，党报党刊要注重党报党刊工作者尤其是通讯员的培养。

除了对当代中共党报党刊具有现实启示，张闻天的新闻实践对于当代其他大众传媒也有着相当大的价值意义。笔者认为,张闻天所注重的新闻真实性不仅是党报党刊的生命源泉,也是当代其他大众传媒的生存之本,更是当代社会的强烈诉求。近年来,新闻界屡次出现的假新闻、假报道,一些编辑记者盲目追求新闻事件的"奇"而忽略其"实"甚至经常颠倒黑白、混淆是非的做法,使新闻的真实性越来越成为一个迫切需要解决和重视的问题。维护新闻的真实性原则,解决新闻失实问题,应该成为当今新闻界刻不容缓的重要内容之一。它要求各级党委、宣传部和各新闻媒体,在当前复杂多变的国内和国际大环境下,时刻保持一个冷静理性的头脑,坚持一切从实际出发,具体问题具体分析和实事求是的原则,积极并谨慎应对未来出现的一系列新问题与新矛盾,从容面对一切新机遇与新挑战,还要建立和完善一套严格的规章制度,尤其是管理与奖惩制度,以确保新闻工作的质量,杜绝新闻失实。而作为新闻报道参与者的记者、编辑、通讯员等新闻工作人员,更应该坚守自己的职业道德,秉承社会规范和良知,在提高自己业务素质的同时努力加强自己的政治素质、思想素质和理论素质,培养自己分析问题和解决问题的能力,提高自己的马克思主义理论水平,坚持事实第一、新闻第二的原则,努力为新闻界打造出一片净土。

另外,需要指出的一点是,目前学术界与新闻界存在一些质疑党性原则的论点,认为党性原则的坚持极容易造成报刊编辑人员的惰性,不思进取,不注重发挥自己的主观能动性,而只是坐等上面的指示、命令,以致贻误新闻的最佳时机,导致报刊内容单一、枯燥、乏味,更有甚者直接认为党性原则制约了当代党报党刊乃至当代新闻界的发展,应该取消,应该将西方新闻自由理论引入中国新闻界,对新闻媒体进行全方位的大改革。对此,笔者认为坚持党性绝不意味着惰性,绝不意味着抹杀报刊编辑人员的创造性,我们不能由一个极端走到另一个极端,不能因为党性的坚持就否定主观能动性的发挥,也不能因为要发挥创造性就去否定党性,我们要明确党性的真正内涵,从某种意义上说党性就是人民性。党中央、地方各级领导要爱护报刊编辑人员的主观能动性以及对问题的独立思考力,同样报刊编辑人员也要看到真正的党性所发挥的正能量是不可限量的。笔者认为西方新闻自由理论并不适合中国国情,中国报刊业的改革只有在坚持党的领导这一大的前提下进行才能取得成效,才不会出现一些无法把握的未知变数。但是它要求党中央及地方各级领导正确理解党性原则的真正含义,真正做到维护人民、国家利益与维护党的利益三位一体,真正认识到坚持党性绝不是盲从党性,使党性原则真正成为党报党刊及其他大众媒体发展的动力、向心力和鞭策力,而不是制约、限制甚至阻碍它们发展的因素。

总之，张闻天的新闻实践对当前中共党报党刊以及其他大众传媒具有相当大的现实意义。他党性十足的办报原则、求真务实的办报作风以及强调发挥报刊组织领导作用和注重培养编辑人才的做法，无一不对中共党报党刊和大众报刊产生积极的影响，其中尤以新闻真实性原则最为重要。在当今新闻界，只有坚持新闻真实性原则，党报党刊才能充分发挥其组织和领导作用，才能在多元化的市场竞争中处于表率地位，发挥其示范效果，增强其权威性、可读性和必读性。只有真实，才能让人心悦诚服，才能让党报党刊做大做强，在市场竞争中立于不败之地，才能让党报党刊真正担负起引导社会舆论、塑造主流意识的职能，真正成为党、政府和人民的耳目和喉舌。也只有真实，才能让大众传媒最终赢得市场。

[作者单位：山东大学（威海）]

《英语教学与研究》内容提要

王湘云

专著《英语语言教学与研究》是作者反思和总结个人三十年外语教学与研究的重要成果。本书主要包含三个模块："语言学理论与教学""英语诗歌研究""英语文学研究"。

"语言学理论与教学"模块聚焦语言磨蚀现象，厘清了其理论发展的历史脉络，在理论语言学基础研究的框架内运用实证的方法研究中国学生英语学习的磨蚀现象，同时涉及语言污染、语言保护及最新的教育技术的发展与应用及由此引发的教师角色和教学理论的重新定位，并把这些研究成果具体运用到二语习得的微观层面，与二语教学的具体实践融为一体。"英语诗歌研究"模块专门研究英语诗歌的理论和教学，把诗艺技巧和批评理论与大学课堂教学中诗歌欣赏的具体案例融为一体。"英语文学"模块在宏观上把握英语文学发展势态，系统分析意识流文学和结构主义的特点，深入挖掘文学作品的审美价值，探讨文学与文化之间的微妙关系，并把英美文学的诗学与中国诗学进行比较，阐释经典文学作品的文化意蕴。

一 "英语语言学理论与教学"模块

语言学基础理论研究一直是语言学发展的原动力之一。语言学基础理论研究是作者自执教以来一直想做也乐于做的工作。在语言教学过程中，作者发现无论是英语专业还是非英语专业的学生，在学习过程中都有一个共同的特点：所学过的语言知识或语言技能都会产生遗忘。为了解决这个一直困扰着教师和学生的语言遗忘（磨蚀）的难题，作者从理论上对学生学习外语会产生遗忘的现象开展了深入系统的研究。鉴于英语是中国学生第一外语的现实，作者对二语习得者个人因素与操单语者个人因素进行比较，从二语系统、母语系统、二语应用和认知思维四个方面展开研究，发现二语习得过程是二语习得者构建的具有系统性、动态性和向目标语系统无限接近的过渡语系统的形成过程；二语习得者在二语（过渡语）系统、母语系统、二语应用和认知思维方面便拥有操单语者所不可企及的特质。这些特质构成了二语教学新的认知基础，也是二语教学改革的立足点和出发点。

在此基础上，本书系统地展开以中国英语学习者为研究对象的英语磨蚀实证研究，旨在揭示英语作为外语磨蚀的机制、模式和原因的研究，从而提出语言磨蚀的应对策略。语言磨蚀的内部机制内容如下。（1）态度与动机：态度越积极，动机越强烈，磨蚀程度和速率越低；（2）文化程度：文化程度越高，读写能力越强，语言保持越好；（3）与目的语接触频率：频率越高，磨蚀越少。语言磨蚀的外部机制内容如下。（1）目的语文化氛围：氛围越浓，磨蚀越少；（2）语言干扰：消解与磨蚀处劣势地位的语言。语言磨蚀模式的具体内容如下。（1）磨蚀程度：习得水平越高，磨蚀水平越低；（2）磨蚀对象的选择性：语言技能不同，其磨蚀速度不同；（3）磨蚀速率：前快、中慢、后快；（4）磨蚀顺序：后学先忘，先学后忘；难学易忘，易学难忘。本书研究发现，语言磨蚀的机制是内部机制和外部机制相互作用而形成的。内部机制要素包括语言使用者对目的语的态度与学习动机、使用者文化程度以及使用者与目的语接触频率等因素；外部机制要素包括语言使用者所处的目的语文化氛围及其他语言的干扰。内部机制是关键，外部机制通过内部机制起作用，内部机制的因素最终决定着语言磨蚀在磨蚀程度、磨蚀对象的选择性、磨蚀速率和磨蚀顺序等方面的模式。在明确语言磨蚀机制、模式和原因的基础上，本书有针对性地从六个方面提出了应对语言磨蚀的相关对策。这些研究是本书第一编的重要组成部分。

在研究语言磨蚀的过程中，作者无意中发现了英语中两种有趣的现象，其一是语言污染，其二是网络技术迅猛发展背景下教师角色和教学理念的重新定位。在深入探讨英语中的语言污染的来源和造成这种污染的原因之后，本书进一步结合英国的语言法案和语言政策研究了英语语言保护问题。英语语言污染大多数来源于委婉语、攻击性语言和新闻行话、广告用语及法律用语等各种典型行话。语言污染要求语言的净化，而语言的保护则成为必然。这种保护不仅限于英语中主流语言的净化保护，英国少数民族语言的保护也是重要内容。本书关注的另一现象主要是网志、维基和播客三种网络技术在外语教学中的应用与影响。这些信息技术的发展和运用引发了作者对操本族语英语教师和非操本族语英语教师角色定位的差异思考与调查研究。研究从"个人性格特点""目的语文化知识""语言掌握""课堂组织能力""实施课堂教学能力"以及"对学生成绩的反馈"等六个方面展开，研究结果彻底颠覆人们对操本族语英语教师和非操本族语英语教师角色定位的传统看法。随着教师定位的新认知，教学理念也随之而变。《多元智能视角下的大学外语类文化课程建设》就是在这种背景下践行新的教学理论的研究成果之一。

二 "英语诗歌研究"模块

本书第二模块的内容聚焦于英语诗歌研究，其切入点是英语诗歌与诗歌教学的关系，其着眼点是英语诗歌，从英语诗歌的基本要素、形式及其表意功能、体裁、语言特点、英诗修辞的语用阐释等维度系统展开英语诗歌的研究。这部分的研究理论性强，涉及面广，既涉及索绪尔经典语言学理论的应用，又汇聚了中外诗歌的传统理论和最新理论，还包含了俄国形式主义及北美新批评理论；既涉及传统修辞理论，又有现代修辞理论的新成果；既涉及格莱斯的传统语用理论，又有后格莱斯理论成果，还涉及认知语言学理论。在理论阐释的同时，本部分研究针对每一理论要点给出了具体的诗歌分析案例。

韵律、押韵格式和词汇等基本要素的知识是学习和欣赏英诗的前提。本书简要介绍了英诗中常见的韵律、押韵格式和词汇等基本要素。英诗中常见的五种韵律类型是：抑扬格、扬抑格、扬扬格、抑抑扬格、扬抑抑格；常见的押韵类型有：头韵、元韵、和韵、内韵、尾韵、目韵、富韵等。押韵格式既有定型诗歌格式，又有普通格式。定型诗歌格式主要有十四行诗、斯宾塞诗体、回旋诗体的押韵格式等。普通押韵格式主要包括双行押韵格式（aa）、隔行押韵格式（abab）、吻韵格式（abba）、链韵格式等。就一首诗歌的行数而言，英语诗歌主要有十四行诗、六节诗、维拉内拉诗、潘图体诗、颂歌等形式；就体裁而言，英诗可以分为叙事诗、史诗、戏剧诗、讽刺诗、抒情诗、寓言诗等；就音步数而言，诗行可以分为：单音步诗行、双音步诗行、三音步诗行、四音步诗行、五音步诗行、六音步诗行、七音步诗行、八音步诗行等。英语诗歌的这些外在形式都具有其特定的语法功能、句法功能和语义功能，还蕴含其特定的诗学功能。

本模块找到两种较为独特的理论路径以其解决这个英语诗歌这个难题。对诗歌的理解往往是大学生学习英语诗歌的一大难题。其一是运用格莱斯的语用学理论阐释经典英语诗歌的各种修辞的语用本质和修辞的真正内涵，因为对修辞的正确理解往往是成功解读诗歌的关键要素之一；其二是运用索绪尔纵聚合、横组合轴理论展开英语诗歌含混的研究。英语诗歌修辞的语用学阐释的理论切入口是：诗歌中的语言常规相当于格莱斯理论中的合作原则；诗歌中的对语言常规的偏离现象就相当于格莱斯学说中的对合作原则的违反；诗歌的修辞作为偏离语言常规的方法必然会产生特殊的会话含义。这种语用学阐释英语诗歌修辞之路径的旨意不在于在理论上阐释格莱斯学说中的合作原则理论本身，而在于明晰英语诗歌中经常出现的各种修辞（如反语、暗喻、夸张、低调陈述、排比、冗余、双关、起兴、衬托、委婉语、含混等）在具体诗歌作品中的特殊含义，以期帮助读者理解英语诗歌。这种修辞的认知语言学本质在于：英语修辞是"前景化"的一种表达手法。

英语诗歌修辞的结构主义语言学阐释的理论要旨在于：诗的意义不仅依靠纵聚合轴上的二项对立，还要依靠横组合轴上的二项对立才能完整显现出来。也就是说，在诗行中出现的词总是与未在诗行中出的词形成意义上既相关联又相互对立的二项对立，并在这种二项对立中显现诗行丰富的含义；诗中的每个词均与其左右相连接的词句中的词之间存在着微妙的联系，在这种与各个词组成的关系中含混的意义也会有整体统一性。在此基础上，综合诗行中用每个词在纵组合轴上的意义和在横组织轴上的意义相互交叉，从而织成一张多重意义的网络，以凸显出英语诗歌的丰富意蕴。

三 "英语文学研究"模块

本专著第三模块的主要内容是英语文学的研究。审视这部分内容的视角是多元的，包括时间维度和国别层面。

从时间维度而言，本模块的内容所涉及的时间跨度大，形成了一个以20世纪为主体，两端不断延伸的英美文学历史的时间柱体，本编的每一个单元文章就是这个时间柱体上的一个横截面或纵截面。近30年英国文学发展态势就是本编要关于英国文学历史时间柱体上的第一个横截面。这个横截面呈现出，近30年的英国文学表现为四大态势：一是对历史的回顾；二是对殖民、民族、种族等问题的反思；三是对女性问题的关注；四是对当今现实问题的认识。这四大态势的发展分别在诗歌、小说、戏剧等不同领域体现出各自特征。意识流文学是这个时间柱体上的一个纵截面，其历史渊源可以追溯到莎士比亚的作品中，到20世纪20年代达到其发展巅峰。哲学基础、心理学基础和社会背景构成了意识流文学阐释的三个基础板块。对意识流文学的代表作《尤利西斯》的解读在这里独具匠心，其独特之处在至少有两个方面。独特之处一是把散乱于《尤利西斯》宏大篇幅中关于中国文化和中国人形象的文化碎片串成一个完整的珍珠串，凸显出炫丽的文学和文化价值。这个完整的珍珠串包括六个部分：对中国人外貌的丑化，对中国人饮食文化的扭曲，对中国"古老""神秘""奇异"等特质的想象，对中国人"异教徒"特质的想象，对中国语言文字的扭曲、变形，对中国人人格和道德的贬低。其文化价值在于深刻揭示殖民文化对中国形象的扭曲和妖魔化，同时也微妙地折射出人类对"他者""他文化""他族"形象扭曲的深层心理原因。独特之处二在于挖掘出《尤利西斯》这部 20 世纪最伟大的现实主义作品在保护、弘扬和开发民族文化遗产的典范功能。在这一点上，《尤利西斯》的价值在于小说虚拟世界的节日成了一个世界范围的真正的布卢姆节，其成功的原因在于其纪念活动高度的综合性、公众参与性、学术性、浓厚的民族特色、深厚的文化内涵和巨大的商机。

从国别层面而言，本编内容直接涉及以英国、美国和中国三个国家的文艺思想为支点所形成的世界文学平面图。本书阐释的重点在于英国文学地图和美国文学地图。英国文学部分特征在前面已有概述。美国文学地图的描述选了三个点：庞德诗学思想和诗歌创作、T. S. 艾略特的作品和莫里林的作品。索绪尔语言学理论对结构主义的童话学、结构主义的神话学、结构主义的诗学和结构主义的叙事学等领域的深刻影响成了本书中所描绘的文学地图世界性的代表。

总之，本著作主要集中于外语教学与研究，分别指向三个领域，即语言学理论研究与教学研究、英语诗歌研究、英语文学研究，试图解决外语教学与研究中三个领域的一些基本学术问题。如语言学理论研究与教学领域中，语言磨蚀的定义、语言磨蚀内部和外部机制、语言磨蚀模式、语言磨蚀的应对策略等；英语诗歌研究与教学领域中，诗歌的语言特点、基本要素、形式功能、诗歌修辞基本要素、诗歌修辞、体裁、陌生化手法等；英美文学研究与教学领域中，英国文学发展势态、意识流文学、意识流文学巨著的独特解读视角、美与真的哲学阐释等。

［作者单位：山东大学（威海）］

新闻业的数据新闻转向：语境、类型与理念

张　超　钟　新

早在 1821 年，英国《卫报》就开始用数据新闻（Data Journalism）进行报道，第一篇数据新闻是关于学生入学与上学花费的报道。其实，收集数据、处理数据、分析数据、解读数据在现代新闻业发展的早期业已开始，只是受制于当时的技术条件，整个数据新闻的生产流程依靠手工操作。

进入 21 世纪，在新的技术条件和新的社会语境下，数据新闻有了新的内涵，如今我们所说的数据新闻被视为计算机辅助报道（Computer Assisted Reporting，CAR）和信息可视化（Information Visualization，IV）交叉的产物。随着大数据时代的来临，新闻生产愈发重视数据资源的开发与利用。

万维网创始人蒂姆·伯纳斯·李说："数据驱动的新闻代表着未来。"数据新闻的发展被视为新闻业的一次新的范式转向。2009 年 3 月，英国《卫报》成为全球第一家成立数据新闻部的报纸。此后，英、美等国的主流媒体纷纷跟进，如《纽约时报》、《今日美国》、《芝加哥论坛报》、《华盛顿邮报》、英国广播公司、美国广播公司、美国有线电视新闻网等。

数据新闻的发展在世界范围差异很大，同样是发达国家，英、美主流媒体走在前沿，挪威、新西兰、瑞典则是尝试跟进。在亚洲，如中国、马来西亚、菲律宾等国，数据新闻处于起步阶段。

但总体上看，数据新闻近些年愈来愈引起各国媒体的重视，也成为业界的热门话题。2012 年，全球编辑网（Global Editors Network，GEN）和谷歌共同设立全球首个"数据新闻奖"（Data Journalism Awards，DJA），美国"普利策新闻奖"虽然没有专门的数据新闻奖项，但是近些年数据新闻屡屡获奖。

通过近些年"数据新闻奖"的参评媒体看，实践数据新闻的国家和地区

逐年扩展，从 2012 年第一届的 51 个国家和地区，增加到 2015 年第四届的 65 个国家和地区。目前数据新闻的实践媒体多为所在国有实力的主流媒体，说明数据新闻的专业性并非一般媒体所能及。

数据新闻的出现顺应了媒介融合的趋势，也促使一些新闻记者重新定位自己的记者角色，欧洲新闻学中心（European Journalism Centre）的调查显示，70% 的记者认为数据新闻重要。《数字时代的美国新闻业》的调查显示，28.1% 的记者表示他们愿意学习数据新闻的技能，排在所有技能的第三位。

但在一片众声喧哗的叫好声中，关于数据新闻的一些基本问题却鲜有人探讨，为什么会产生数据新闻？当前数据新闻的类型有哪些？如何做数据新闻？本文试图探讨有关数据新闻的这三个基本问题，这也是客观全面认识数据新闻的必由之路。

一　当代数据新闻发展的语境

数据新闻最早出现在哪家媒体已无从考证，英国和美国是数据新闻起步早、发展快、投入大的两个国家。为何英、美媒体关注数据新闻？为何数据新闻会在世界范围兴起？不少人认为这一切都是源于大数据时代的到来，实际上数据新闻并非因大数据而起，而是多重语境综合作用的结果。

1. 全球范围的"数据公开"语境

数据新闻的原材料是"数据"，数据新闻诞生和发展的首要语境之一是数据公开，而数据公开与"开放政府"运动密不可分。

世界范围内的"开放政府"运动兴起于 20 世纪 80 年代，当时公众要求政府进行改革——从传统的公共行政转向公共治理，促使政府的运作更具有可接触性、回应性和透明性。开放政府的三个基本原则是责任性、透明性、开放性。责任性意味着要确保政府的官员对其行动负责，对结果承担个人的责任；透明性意味着公民能够获取政府行动的可靠的、相关的和及时的信息；而开放性则意味着政府能够听取公民的意见并在政策制定和执行的过程中予以充分的考虑。

通过开放政府数据，可以提高政府透明度，提升政府治理能力和效率，更好地满足公众需求，促进社会创新，带动经济增长。"开放政府"运动得到许多国家政府的回应，许多国家为保障公众对政务信息的知情权公开了大量数据。

随后人类社会进入信息时代，开放数据的理念契合互联网文化中的数据互联、互通的理念，进一步促进了"开放政府"运动的开展。自 2009 年美国数据门户网站 data. gov 上线以来，截至 2014 年 2 月 10 日，全球已有 63 个国家加入开放政府合作伙伴组织。

数据公开并不意味着公众可以充分、正确地理解与他们日常生活相关的数据，也并不意味着大量公众会主动获取这些数据。对于媒体而言，原本难得的数据变成一种重要资源呈现面前，如何采集数据、利用数据、分析数据、呈现数据、与现实世界关联成为重要课题。这就催生了数据新闻：以服务公众利益为目的，以公开的数据为基础，依靠特殊的软件程序对数据进行处理，挖掘隐藏于宏观、抽象数据背后的新闻故事，以形象、互动的可视化方式呈现新闻。

2. 信息超载的真相稀缺语境

西方新闻业面临的危机，表面上看是传统媒体在渠道资源上无法与新媒体抗衡，即"内容为王"战胜不了"渠道为王"。但实际上，西方新闻业的真正危机，在于内容生产本身面临危机，同时渠道竞争又不占优势。

在以商业利益为驱动的运营模式下，传统新闻生产的重心侧重注意力这一稀缺资源的争夺，却使真相成为真正的稀缺资源。由于利益集团的介入和"眼球经济"的刺激，新闻品质不断下降，根据盖洛普公司 2014 年的一项调查，仅 40% 的受访者认为新闻媒体有能力做出"全面、准确和公平"的报道。而在 10 年前，大部分美国人认为媒体值得信赖。"报道有偏见"是美国人不信任新闻媒体的主要原因。

英国民调机构 YouGov 在英国以"对新闻记者的信任"为主题对民众进行长期跟踪调查。结果显示，英国广播公司的记者最受民众信赖，支持率为 61%。但在报纸方面，高级报纸支持率最高，为 45%，小报记者的支持率则只有 13%。总体看，新闻业在英国的认可度也不高。

新媒体的发展，尤其是自媒体的兴起，挑战着传统上以传统媒体为主的新闻生产机制，信息超载的同时，使新闻生产"去中心化"，新闻流动的把关功能减弱，不实消息充斥网络。弥尔顿设想的"意见的自由市场"的自净功能并未实现，很多情况下谣言往往"稀释"真相。

对真相的渴求是数据新闻的内在驱动力之一。在科学领域，不能被重复验证的研究和结果，是其真实性被怀疑的一个理由。基于严格审核过的数据而得出的经验性证据，将赋予编辑和记者这样的能力——他们将告别"这个人说，那个人又说"的报道方式，因为这种方式只会让读者疑惑真相究竟在哪里。

曾供职于半岛电视台的独立记者桑德拉·菲什（Sandra Fish）认为："数据能对那些我们曾认为正确的假说提出质疑，但更多时候，数据能让一个基于奇闻轶事的新闻故事更确凿、更真实。"英国的独立多媒体记者亚当·韦斯特布鲁克认为，数据新闻使新闻回归本质：挖掘公众无暇处理的信息，核实信息，理清信息的内涵后将之发布给公众。

3. 新闻业集约化、专业化发展的语境

传统新闻业的新闻生产成本较高，导致近些年不少国家的媒体从业人员逐年减少。以美国为例，根据美国新闻编辑部雇佣情况调查（American Society of News Editors' Newsroom Employment Census），近五年报纸从业人员处于下跌态势，截止到 2013 年雇员仅有 36700 人。

与此同时，数据的获取成本也在逐年下降，1GB 的数据成本，由 1992 年的 569 美元下降到 2013 年的 0.02 美元。由于数据新闻的价值远高于获取数据的成本，数据新闻记者可以借助免费的在线工具和开放的数据资源快速搜集、清洗、发布数据，使整个新闻生产集约、高效。更为重要的是，在数据新闻报道中更容易产生独家新闻，可实现在内容竞争中的差异化策略。

另外，新闻作为一种职业还面临专业性的危机。随着公民记者在全球的兴起，一些具有媒介素养和专业技能的普通公众挑战着新闻职业的专业性和新闻媒体存在的必要性。新闻与计算机科学结合，要求记者具备数据收集、分析、挖掘、编程等各方面的能力，让新闻的专业化增强，既可以提升新闻业的准入门槛，也可以提升新闻的可信度和对现实世界的洞察能力。

4. 风险社会的决策语境

德国著名社会学家乌尔里希·贝克认为现代社会已经进入风险社会，英国社会学家安东尼·吉登斯认为"风险社会不仅表现为社会中的风险不断涌现，更重要的是它意味着人们需要根据规避风险的原则来组织社会"。

风险社会的到来强化了新闻媒体的监测功能，迫切要求媒体塑造的"拟态环境"与现实世界无限接近重合。限于传统新闻报道的条件及制约因素，新闻报道只能折射现实、表征现实，并不一定能完全反映现实。

但是随着大数据时代到来，人类的镜像化生存成为可能，这是一种"以计算机、网络等硬件为基础，以数字化数据及其运算来表征显示物质世界中各种真实关系的生存方式"。美国西北大学人文与社科学院教授布瑞恩·基冈（Brian Keegan）曾呼吁："在当代，对于信息过载，以及恐惧、不确定性和怀疑等情绪的焦虑氛围下，数据驱动的新闻可以起到关键性的作用。它们可以为关于政策、经济趋势、社会变革的讨论提供更为坚实的经验基础。"

媒体运用数据进行新闻报道，从某种意义上说相当于一次科学研究，通过"数据—信息—知识"的进阶，使"拟态环境"与客观现实无限重合，带来的是受众内心感知的现实无限重合——媒体反映现实功能的最大化实现，同时通过寻找数据间的相关关系和因果关系，可以有效预测一些风险的发生，以此规避风险。

例如有人设计了"新闻联播情绪指标"预测股市行情，结果发现新闻联播报道文本体现的情绪指标与第二天的股市行情有紧密联系。今后数据新闻的一个重要方向就是大数据新闻，使数据新闻不仅有反映现实的能力，也有预测未来的能力。

二 数据新闻的类型

数据新闻往往被视为一个独立的新闻样式。即便是数据新闻的专业奖项全球数据新闻奖，在评比中也未按照数据新闻的类型（genre）分类，在评奖单项中有数据故事叙事（Data Storytelling）、数据驱动应用（Data-driven Applications）、数据驱动调查新闻（Data-driven Investigative Journalism）、数据新闻网站（Data Journalism Website or Section）等类别，实际上数据新闻内部亦有不同的类型。

从数据量上看，数据新闻可分为传统数据新闻和大数据新闻；从数据新闻与用户的关系看，可以分为信息告知式数据新闻和交互式数据新闻。Turo Uskali 和 Heikki Kuutti 通过对数据新闻在欧美的应用发现，当前数据新闻大体可分为三种类型：调查式数据新闻（Investigative Data Journalism，IDJ）、常规式数据新闻（General Data Journalism，GDJ）和即时式数据新闻（Real-Time Data Journalism，RDJ）。

1. 调查式数据新闻

调查式数据新闻是数据新闻中的深度报道，也是数据新闻的最高层次。调查式数据新闻中的数据大多通过数据新闻记者获得，数据获取难度大，通常需要一个团队完成。在数据的挖掘、处理、分析、阐释上依赖数据记者想要了解的问题而定。为了体现调查性，数据新闻记者不仅须要对数据进行甄别，剔除"坏数据"，还须要就报道的话题采访相关各方，确保调查报道的可靠性。

调查式数据新闻由于制作周期长、动用的媒体资源最多，在呈现手段上，倾向于多种手段并用。如《华盛顿邮报》对"2011 年白宫枪击案"（2011 White

House Shooting）所做的数据新闻报道中，以多媒体时间线为主线，辅之以地图、建筑蓝图、音频、照片等元素，将事件重现于用户眼前。

调查式数据新闻需要依托媒体强大的技术支持和人才支持才可实现，因此该类数据新闻较多出现在强势媒体中。

2. 常规式数据新闻

常规式数据新闻是目前应用最多的数据新闻样式。常规式数据新闻对时效性要求较高，通常要求在一至三天内完成。由于数据新闻的生产需要一定的周期，因此并不是所有的新闻都适合做常规式数据新闻。从题材角度看，常规式数据新闻必须是热点新闻，并能持续一段时间，而且数据易得，否则不容易实现。

常规式数据新闻通常以数据集（dataset）作为新闻报道的起点，通常不加质疑地使用可信来源的数据。基于已有、易得的数据，梳理、阐释某个新闻实践或社会议题。

如 ProPublica 网站制作的《各州工人补偿改革》（*Workers' Compensation Reforms by State*），关于美国的工伤补偿，在不同州有不同标准。记者通过数据发现 2002 年到 2014 年以来，半数以上的州的工伤补偿政策越来越差，员工福利越来越少；相邻的州会有正或负的影响效果，在地理上有明显扎堆效应。财新网出品的《中东地区的敌友关系》，基于中东地区动荡的局势和各国错综复杂的关系，财新网用动态环形关系图，直观地呈现了世界各国在中东地区的敌友关系图谱。

常规式数据新闻的优势在于题材广泛、技术简单，生产成本较低，一般记者经过专业培训可以很快胜任。

3. 即时式数据新闻

即时式数据新闻源于机器人写作新闻，它直接利用算法程序撰写新闻报道，通过采集大量的各种题材以及高质量的数据，建立各种分类的庞大数据库，从中寻找模型、趋势以及相互的关系，最后由机器自动化生产新闻。当然，并不是所有的机器人写作新闻都是数据新闻，只有那些符合数据新闻生产模式，由机器人自主完成的新闻才算是即时式数据新闻。

美国一些新闻媒体已经使用新闻机器人（newsbots）自主生成新闻报道。如 2014 年，美联社与 Automated Insights 公司签署了 550 万美元的协议，启用该公司开发的程序撰写有关公司财报的新闻报道。该程序就能在几秒钟之内生成一篇新闻报道。现在即时式数据新闻只出现在美国，多用于财经新闻、体育新闻、自然灾害报道等。

表1 三种数据新闻在新闻业的应用情况

类型	制作周期	报道深度	生产成本	用户体验度	技术专业水平	呈现手段	应用范围
调查式数据新闻	长	深	高	高	高	多样	世界多国
常规式数据新闻	短	中或浅	中或低	中或高	中或低	多样	世界多国
即时式数据新闻	接近实时	浅	低	低	低	单一	少数国家

三 数据新闻的生产理念

从世界范围看，数据新闻是一种综合多种表现手段、运用多种技术的新型新闻报道样式，除了实力较强的传统媒体和网络媒体，数据新闻在新闻业的应用还未成常态。在中国，有些媒体做数据新闻的动因很简单，这是现在的新闻潮流，但受制于数据资源、技术、人才、理念等限制，对如何做数据新闻、如何做好数据新闻，缺少思路。这个问题恰恰也是当前学界和业界探讨较少、却又极为迫切的问题。结合当下国内外一些成功与失败的数据新闻案例，我们认为做好数据新闻应当坚持以下理念。

1. 内容与用户的关联意识

数据新闻在时效性上不占优势，因此数据新闻要将"接近性"发挥到极致，强调内容与用户的关联意识。数据新闻内容侧重于关联不是偶然的，是基于数据新闻内在的特质和生产周期决定的。

数据新闻能够借助数据、图表引导用户思考、理解宏观层面的新闻事件与个人之间的关联，凭借自身可视化、要点突出等特性易形成良好的互动交流机制，在二次传播或"再创作"过程中使新闻与个人关联得到强化。数据新闻本质上不属于一次性的信息消费，而是属于可多次性的知识消费。因为数据新闻将媒体推向知识生产的前台，使媒体不仅有生产信息的能力，亦有生产知识的能力。

当信息变为知识时，用户对内容的使用也会发生变化，由"看新闻"转向"用新闻"：通过对大量数据的统计分析，新闻事件的发展趋势与脉络更加清晰，通过互动式的呈现方式，使用户能更加直观地了解到某一新闻事件与自身存在的关联性。

所以在策划选题前，数据新闻记者首先面临的问题是：这个选题与用户有什么关系？关联是否紧密？从目前国内外数据新闻的实践看，较为成功的案例多与接近性有关。例如BBC的数据新闻策略是运用数据新闻与用户的关联性提升数据新闻的关注度，他们设计了一个"英国阶层计算器"，让公众参与，了解自己属于哪个阶层。

强化与用户的关联并不意味着数据新闻必须做本地新闻，宏观新闻同样可以提现这种强关联。曾供职于 ProPublica 网站的数据新闻记者邱悦表示，ProPublica 网站的产品理念是"让读者在故事中找到自己"。数据新闻报道应该有远景和近景两个层次。远景可以看到全局的故事，知道这个新闻故事的主题，一般是全国的层面。新闻应该允许读者看到远景之后进入近景，可以搜索自己所在的州、城市，从远景之中找到自己的位置，把一个很大的全国范围的故事和自己联系起来，然后告诉读者，为什么你要关注这个故事，你在这个故事里的位置在哪里。

2. 用数据讲故事的叙事意识

有人认为数据新闻是以数据为中心、去故事化，这是对数据新闻的一种误解，数据新闻的本质是新闻报道，新闻报道是以故事为中心的，故事的实现是以叙事为手段的。一位业界人士表示，"故事化和数据都是重点，只看数据，读者也是晕的。"新闻文本都在叙事，由于人类大脑能储存具有逻辑性的元素，所以"故事"容易被受众记住。如果说交互作品的血肉是数据，那么骨架就是故事。数据是故事的一部分，是叙事的一部分，数据新闻与以往新闻样式最大的不同在于强调数据在叙事中的地位。

因此判断数据是否有价值，重要的标准是数据背后有什么故事，这个数据在整个新闻故事中的作用是什么，以及用户对这个数据感兴趣的依据是什么。

总体看，数据在数据新闻中的作用是：提升新闻报道对宏观问题的解释能力、使叙事的手段更加多样化、降低了叙事表达的理解难度。同时，数据作为数据新闻报道的有机组成部分，还是报道文本结构化的一部分，承担叙事、解释、评价等功能。

实现数据的叙事功能，前提是数据的相关工作量要做足。"获取数据、审查数据、分析数据的部分，相当于'用数据讲故事'总工作量的80%。"而数据叙事的方式不仅限于文本，还可以多样化，让用户参与叙事。以财新网"北京摇车号难"的新闻为例，如做成文字报道，用户不会有深刻的感受，为了让用户更生动地理解摇号的概率，他们将报道方式做成了小游戏，让用户亲身体验北京摇车号的难度。本次报道耗时半天，但一周总访问量却达到150万。

3. 数据可视化呈现的用户体验意识

数据与可视化的"嫁接"，使枯燥的数据变得有趣，同时还带给用户视觉快感，适应了当下用户"懒阅读""趣阅读"的新闻消费习惯。如果说数据新闻的内核是数据和与数据有关的故事，那么数据新闻的外核便是数据可视化。

有的媒体认为数据新闻的重头在于如何呈现数据，认为数据可视化是数据新闻最重要的环节，但实际上，数据可视化并不一定是数据新闻构成的必然选项。数据新闻意味着获取不曾给予的数据，从数据分析中发现新的洞察，可视化是最后的阶段。"数据可视化是叙事技术的有机组成部分，但是数据新闻可以是朴素的，或许最终生产一个并不复杂的图表。"

数据可视化的目的不在于单纯吸引注意力，追求"酷""炫"，而是服务于数据新闻的叙事，服务于用户的体验。

《信息之美》中对数据可视化提出了四个要求：新颖、充实、高效和美感。新颖是指一种崭新的视角观察数据，或者一种风格可以激发读者的激情从而达到新的理解高度；充实意味着传递信息能力是判断整体成功与否的最重要的因素，它是可视化设计的主要驱动力；高效则要求可视化不允许包含太多和主题无关的内容或信息；美感是可视化设计符合人们的审美要求。

总体而言，数据可视化的最终目的是满足用户对数据新闻接受的多种要求，这需要数据可视化在应用时要有用户体验的意识。我们认为，数据可视化须从两个体验维度着手：可视化的形式维度和可视化的内容维度。

数据可视化体验的形式维度是指可视化在设计时采用的风格、样式及表现形式。例如体现历时数据的数据新闻可采用时间线，体现共时数据的数据新闻可采用地图、运用对比强烈的色彩；体现数据比较的数据新闻可采用面积图表；现场感强的数据新闻可采用沉浸式地图等。

但是如果忽视了用户对数据可视化的形式需求，那么可视化产品最后的结果便是达不到预期效果。我们以《Uber 在全球各地所遇到的法律问题》的数据可视化案例为例（见图 1），红色表示禁止使用 Uber 的国家和地区，粉红色表示对 Uber 是否合法存在争议或有可能禁止的国家和地区，绿色表示对 Uber 无限制的国家和地区。

对于视觉正常的人来说，除了红色的中国、澳大利亚、西班牙、法国、新西兰等国具有较强识别性外，欧洲其他国家和美国各州城市，密密麻麻，辨识起来非常困难。网友 Curran919 评论道："我是色盲，通过颜色识别这些非常困难，（设计者）应当用更明亮的颜色。"

数据可视化的目的主要有两个：信息传达和审美愉悦。数据可视化体验的内容维度是可视化设计时所蕴含的信息量以及表现信息的能力，通过可视化设计把抽象枯燥的信息具象化，降低用户对数据的理解难度，突出重点数

Uber's Legal Problems Worldwide

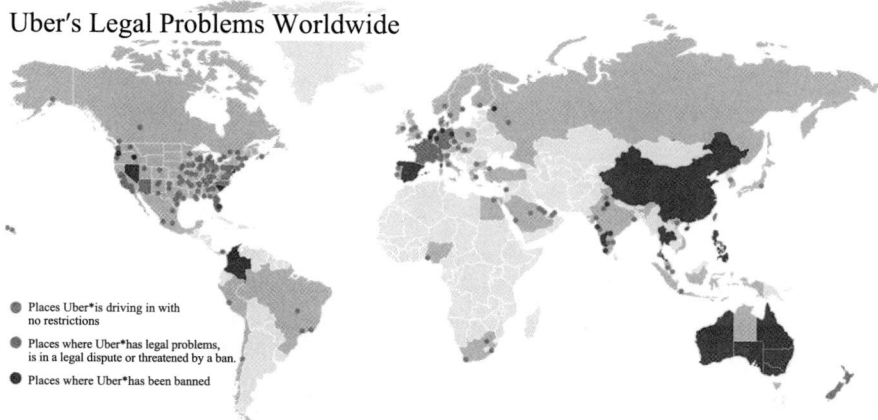

图 1

据信息，消除与主题无关或弱化主题的"噪音"。

数据可视化应当体现数据的表意真实，有助于用户客观、全面认识数据的涵义及影响，而不是导致误读误解。如在福克斯新闻网 2012 年的一则新闻中（见图 2）探讨的是布什总统减税政策到期后的影响。图中呈现的分别是 2012 年和 2013 年（减税政策到期后）的最高税率比较。从图表看，减税政策到期后的最高税率似乎比现在高了 5 倍，而实际正常的对比图应该是图 3。因为原始数据分别是 35%（2012 年）和 39.6%（2013 年）。有分析称福克斯新闻是拥护布什所在共和党的保守媒体，而这样的数据呈现有失客观性。

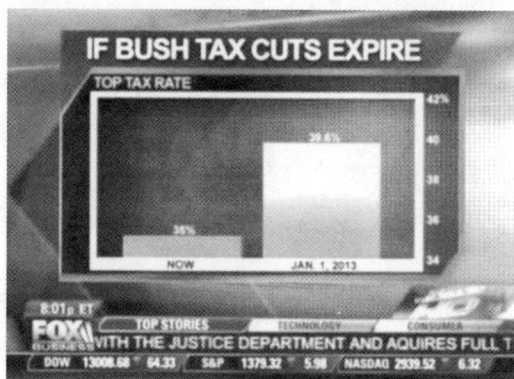

图 2

4. 数据使用的批判意识

由于数据新闻运用科学方法"用数据说话"，这也容易让人陷于唯技术论、唯方法论、唯数据论的误区。数据新闻记者要有数据使用的批判意识，

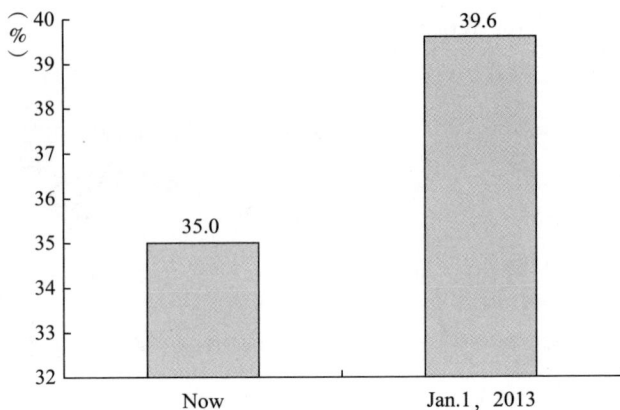

图3

从数据获取，到数据处理，再到数据阐释，对数据的使用都需持批判态度。

《原始数据只是一种修辞》（Raw Data Is an Oxymoron）一书的作者丽莎·吉特曼所说："数据从来都不可能是原始存在的，因为它不是自然的产物，而是依照一个人的倾向和价值观念被构建出来的。我们最初定下的采集数据的办法已经决定了数据将以何种面貌呈现出来。数据分析的结果看似公正客观，其实价值选择贯穿了构建到解读的全过程。"TOW 数字新闻研究中心的研究者尼克·蒂亚克普洛斯（Nick Diakopoulos）认为："数据并不天然地意味着真实。通过诚实的推理过程，我们可以在数据中找到真实，但是我们也可以找到多个真实，也可能是全然的错误。"

数据样本是否足以代表整体，数据算法是否足以体现与现实的关联、对数据的解读是否尽可能抛弃主观性，直接决定数据的客观性、可信性。这是因为数据新闻的生产并非在编辑部的封闭生产，坏数据、有缺陷的实验会歪曲真相。即便是好的数据和坚实的研究也可能被错误呈现，尤其是当数据新闻记者发现了数据中的异常值，一定要将其放在特定的社会背景中考察，而不是放在这些数据中考察。

由于数据在特定的情境下才有意义，为了避免误读，数据新闻记者仍然要与专家、数据采集部门，了解数据的收集、处理，以此避免误读。以 2014 年央视和百度合作的《据说春运》为例，记者将分析后数据套在现实中，结论的可信性却受到质疑，原因在于记者可能带入太多随意和武断的推论，使数据的适用逻辑出现偏差。数据处理中，更多的是寻找相关关系，但相关关系不等于因果关系，如果将二者混淆，则数据新闻的结论必然存在问题。

5. 数据开发的增值意识

传统媒体在面对渠道占绝对优势的新媒体，"内容为王"的结果便是为"渠道为王"做了"嫁衣"。纵观传统新闻媒体的发展的黄金期，其成功的前提在于对渠道有一定的控制。但在互联网时代，传统媒体的渠道控制优势不在，"酒香也怕巷子深"，当面临数据新闻的机遇时，新闻业必须思考一个问题：如何让数据新闻可持续发展。

2012 年全球数据新闻奖的作品《纽约时报》的特别报道《雪崩》（Snow Fall），6 天内的点击量达 350 万次，却叫好不叫座。该专题共耗时 6 个月，最终成本是 25 万美元左右。尽管出版了该专题的电子书，但这个项目还是没有收回成本。

数据新闻在争夺注意力资源上具有天然的优势，《卫报》发现，读者会花更多的时间用于阅读数据新闻。但当今媒介格局和竞争模式已然变化，数据新闻必须跳出传统新闻业以"二次售卖"为主的盈利思路，应当充分借鉴新媒体的盈利思路，变"卖产品"为"卖服务"，拓展数据新闻的增值链，利用数据新闻将媒体打造成数据中心（data hubs）。

《数据新闻趋势》（Trends In Data Journalism）报告认为未来数据新闻的盈利模式包括：

（1）付费模式：让用户为更好的视觉体验付费；

（2）数据商店模式：将多种数据库连通，出售进入这些数据库的许可机会，并提供数据分析和可视化服务；

（3）数据服务模式：为机构和企业提供数据分析服务。

其实利用数据盈利已不是新兴行业，只不过以前的数据行业从业门槛较高，而今这一门槛已大为降低。2008 年 9 月，汤森路透投资近 10 亿美元推出了 Eikon 产品项目，为 3 万多家上市公司提供更直观的动态平均分析、社交媒体信息和最新的投资意愿分析，对新闻进行自动处理与系统分析，可以使海量非结构化数据通过多种图表形式进行可视化呈现，该服务现拥有 21 万专业用户。当然数据新闻的增值模式还有很多，如开展舆情监控与分析、行业发展与分析、利用大数据进行预测分析等，媒体可以利用长尾理论，开发一些应用，瞄准一些利基市场。

数据新闻本身就是对传统新闻报道模式的创新，契合媒介融合的传媒转型语境，因此亦需要媒体在经营数据新闻时创新思维、改变思路，让新闻业进入到一个真正以内容创意、视觉创意、技术创新的新范式。

结　语

　　由于数据新闻的实践还处于起步期，不少人对数据新闻缺少正确的认知，往往将用数据解读的新闻视为数据新闻，或数据新闻等同于数据可视化。不少所谓的数据新闻，有数据新闻之名，无数据新闻之实，数据新闻报道存在形式大于内容的倾向。如果数据新闻仅仅被看作是一种新闻信息的数字化、可视化呈现方式的话，它不会是传统媒体的救星。数据新闻是对现有新闻媒体人员结构和技术结构具有颠覆性的一种新闻生产模式，也会对新闻业的可持续发展模式带来深远的影响，当前对数据新闻的探索还在进行中，还有更多的问题需要我们去发现、去分析、去思考。

　　　　　　　　　　　　[作者单位：山东大学（威海）中国人民大学]

党性与乡土之间

——抗战中后期减租减息运动中的山东农村基层党员

杨发源

　　抗战中后期，中共在敌后抗日根据地开展了重塑乡村社会秩序的减租减息运动。农村不同的阶级和个体选择了不同的行为方式来应对变化中的社会秩序。以往的研究较多集中在农村社会普通群体对政治运动的应对，而较少关注党员群体对政治运动的反应。李里峰《不平等的博弈：土改中的基层政治精英》一文从理性人、社会人的维度探讨解放战争时期和建国初期华北（冀、鲁）基层干部在土改中的行为表现，归纳出基层干部扮演着"国家意志的抗衡者"和"个人利益的追逐者"的角色。这给笔者较大启发。本文以减租减息运动为切入点，考察山东抗日根据地基层党员在政治运动中的行为抉择，发现基层党员对党组织具有一定的向心力，除了"对抗"之外，还存在执行党组织决议的可能性。本文既注重对利害关系和乡土道义的探讨，也充分考虑了党员的身份因素，并且注意探究党员在运动中的纠结心理，凸显革命文化与乡土文化之间的张力。

　　学界对农民问题的研究可归结为三种观点：马克思主义派别的"阶级"小农；以斯科特为代表的"道义"小农；以波普金为代表的"理性"小农。"阶级"派认为农村社会存在不同阶级，地主和小农之间存在剥削关系；"道义"派尊重共同体内成员维持生计的基本权利的道德观念以及"主客"间的"互惠关系"；"理性"派认为小农具有"理性人"特质，以追求利益最大化为基本出发点。简言之，"道义"小农通常遵循乡村社会固有的道德习俗并与原有乡村社会居民和谐相处，"理性"小农则信奉避害趋利的处事原则。需要指出的是，乡土小农是不同农民的集合体，很难用固定的文化属性来界定小农的乡土性。在不同的语境下，他们可能表现出遵循社区规范的"道义"小农的一面，也可能表现出追求自身利益最大化的"理性"小农的一面。中共组织规模在抗战时迅速壮大，大量农民被吸纳入党，这不可避免地影响着基层党员的意识形态。中共抗日根据地的基层党员或多或少残留乡土意识，而某些基层党员甚至具有浓郁的乡土意识。来自乡村社区的基层党员在党性修养、道德理念和利益诉求方面呈现出较大的个体差异性，有的党员具有较高的阶级觉悟并在政治运动中切实执行党的决议；有的党员在政治运动中顾及村民之间的"道义"；有的党员在政治运动中"理性"地追求利益的最大化。其中，"阶级"原则体现了党性要求，而"道义"准则和"理性"抉择则体现了乡土属性。

中共在抗战中后期发动的减租减息运动依赖于基层党员的实施运作，作为纪律严明的中共组织的成员，基层党员应该无条件服从党组织的决议并严格执行党组织的各项具体政策。然而，来自乡村社会的广大基层党员自身具有浓郁的乡土气息，深受农民思维习惯和行为模式的影响。因此，中共在农村开展的减租减息运动造成了基层党员的党性和乡土性之间的张力。纠缠于党性与乡土之间，基层党员以不同的行为来应对党组织在农村进行的政治运动。概括言之，基层党员在减租减息运动中扮演着三种角色：政党意志的执行者、乡村社区利益的维护者和身家利益的追逐者（捍卫者）。部分基层党员具有明确的角色定位和清晰的行为导向，但更多的基层党员则是在三者之间纠结难决。

一　政党意志的执行者

无条件地执行党组织的决议是中共党员的基本要求。在减租减息运动中，不少基层党员积极履行党员职责、坚决执行党的决议，忘我地投入到减租减息工作中。中共组织报告对这类党员的事迹屡有提及：文登某村支书耐心向群众解释减租减息政策，废寝忘食地工作；牟平某地数村党员干部在减租工作中认真宣传政策，带动了周围数村的减租运动；南掖某村支部党员通过算账启发佃农对减租减息政策的认识，顺利地完成了查减工作；领导减租减息运动的北海某党员洞察到斗争对象负隅顽抗并具有隐瞒地亩的行为后，连夜张贴言辞犀利的战斗性标语，成功激起了群众的义愤，从而取得运动的胜利。减租减息政策下达后，一些基层党员全身心投入到减租减息运动中，不惜牺牲个人农忙时间，甚至还与亲友发生激烈冲突。据党务报告记载：在增资工作中，荣成崖头镇的党员整天忙于宣传党的政策和教育发动群众，全然不顾农事；北海某党员在农忙时仍全力进行减租工作，以致耽搁了收割自家谷子；某雇工党员在增资运动中断然拒绝了雇主亲戚提出的秋后增资的请求，并以"咱虽是亲戚，不如先小人后君子，亲戚是一回事，增资又是一回事，一个是抗日大事，一个是私人关系"相回应。更有甚者，一些党员为执行减租减息政策而舍弃部分个人利益。据档案记载：牟平一富农党员在减租减息运动中不但自动地给佃户减租，还自愿拿出 20 亩地给贫农种植；荣成一王姓中农党员在首次增资时自动给工人增资 59 元，在二次增资时又自动增加了 160 斤粮食，以至于自家食用不足；牟平一党员村干部响应增资号召，在减租减息大会上当场宣布给雇工增加工资，推动了增资运动在该地的开展；文东一家境并不宽裕的支书在增资时给雇工增加 500 斤粮食，全村雇主遂纷纷效仿，该村两天内便完成了增资工作。上述党员的共同行为特征是让渡个人的部分利益而执行党组织下达的减租减息政策。对有些不够富裕的党员而言，这种行为代价较高，如荣成王姓党员经过两次增资后，因土地收益减少而使家庭生活陷入困境。

中共对党员的要求格外严格，特别强调党员对党组织的忠诚和奉献精神。而有些党员确实也能坚持党性至上的原则，把党的利益放在首位，亲历过解放战争时期土改运动的韩丁对"置原则于个人利益之上"的党员干部钦佩不已："（他们）并没有得到什么物质刺激。他们选择这条道路也不是为了名利。全心全意献身于翻身事业，这就是他们的动机。"上述档案材料中的党员与韩丁笔下的党员干部颇为相近，他们坚持革命信念，将党的利益置于个人私利和亲情之上，忠实执行减租减息政策。这些党员属于"政党意志的执行者"，堪称政党代理人。

减租减息运动意在改善乡村社会下层民众的地位和境遇，作为运动主要获利者的贫雇农通常较其他阶层表现得更为积极，同样受益的贫雇农党员多积极拥护和坚决执行减租减息政策。例如，长山某雇农支书动员群众 300 余人向雇主请愿，最终取得增资斗争的胜利；莱东 8 个支部的贫雇农在借粮中也表现出斗争坚决的精神。贫雇农党员不仅身先士卒地领导或参与减租减息运动，而且还能带动周边党员参加减租减息运动。以贫雇农为主的党支部普遍能够推动减租减息运动，例如，南海区贫农、下中农占优势的支部能够推动查减工作。又如，泰宁一支部贫雇农占支部干部总数的 80%，占党员总数的 85%，支部全体党员均积极参加减租减息斗争。贫雇农党员衷心拥护并坚决执行党的减租减息政策，既有作为党员服从组织决议的党性要求，也有作为贫雇农自身受益于减租减息运动的理性思考。在这场冲击农村既有的社会秩序的运动中，党的意志和自身的利益在贫雇农身上紧密结合，故而，相当部分贫雇农党员在减租减息中积极踊跃，发挥着党员应有的先锋模范作用。

除了贫雇农党员外，刚被吸纳入党的积极分子也普遍能执行党组织的减租减息政策。积极分子因党组织的认可而心存感激之情，他们往往积极参与中共发动的各种政治运动，忠实执行减租减息政策。例如，招北一新纳女党员因忙于查减工作而甚少回家做饭，招致丈夫的埋怨，她继续投身工作并严厉批评丈夫的自私行为，"像你这样的农救会员，不执行政府的减租法令，还想阻止别人执行，我去告诉农救会斗争你，不要你这样的会员"。对此，北海地委组织报告总结指出，新纳党员在查减工作中"大都显示着积极，在工作忙时能把个人一切的事情都抛弃，为党、为基本群众服务"，经过群众斗争考验的积极分子"一般在积极觉悟方面是比较高的，立场是比较稳固的，这不仅仅限于他本身的积极作用，而且对原有工作消极的党员也会起推动作用的"。

交换理论指出："任何人向他人提供有酬服务，都会使受惠者因感激而产生责任感，这种责任感促使受惠者为前者做些事情以为回报。"而信奉互惠互利乡土"道义"准则的乡村居民普遍具有一种感恩情怀。贫雇农党员和新纳党员往往会因实际利益的获取和政治地位的提升而对中共感恩戴德，他们在减租减息运动中多积极执行党组织的政策以报答中共的提携之恩。

综上所见，拥护减租减息政策的党员大致可分为两种类型：一是党性坚强、具备较高的政治觉悟而表现出公而忘私精神者；二是因地位上升而对中共感恩戴德者，以贫雇农党员和新纳党员为代表。他们或基于阶级信仰，或基于报恩目的而选择执行减租减息政策。

二　乡村社区利益的维护者

基层党员出自乡村社会，"生活在已经社会化的农村习俗中"，深受固有乡村社会道德的影响。因此，部分党员对乡村社会的认同感强于对党组织的认同感，他们在减租减息运动中违反组织纪律，以各种方式抵制减租减息政策，保护地主、富农等原乡村社会共同体的精英免受减租减息运动的打击，最大限度地降低减租减息运动对乡村社会秩序的冲击力度。

持有地方"特殊论"观点的部分基层党员以家乡情形特殊为由推脱执行减租减息政策。譬如，威海有党员认为：作为商业区的威海租借关系罕见、土地分散、地主稀少，否认减租减息政策在威海实行的必要性。再如，南招有党员声称该地土地分散，没有大地主，租佃息借关系很少，无须进行减租减息运动。又如，寿光也有党员认可当地土地分散、甚少租借关系的结论。这反映出基层党员对减租减息政策普适性的疑窦，他们希望上级党组织考虑"特殊性"，使自己家乡免于减租减息政策的冲击。

抗战时期的减租减息运动通常分为"双减"和"查减"两个阶段。在"查减"阶段，一些地区面临再次开展减租减息运动的命运。部分党员基于维护乡村社会秩序的目的，充分肯定此前运动的彻底性，否定重复进行减租减息运动的必要性。东海有党员便认为封建势力在上次减租减息中已全然倒台，不必再行斗争；文登万家庄村党员也认为该村已于1942年实行过减租减息政策，没有必要进行"查减"工作。

作为乡村社会精英阶层的地主、富农在乡村社会兼有剥削和保护功能，部分基层党员更为认可地主、富农对乡村社会的贡献并希望维护其在乡村社会的精英地位，因而反对打击地主、富农的减租减息运动。其中，部分党员基于人道主义立场反对减租减息运动。减租减息政策实施之后，不少地主、富农的经济和社会地位下降，而在政策具体执行过程中也存在一些"左"的偏差，部分地主、富农遭受人身攻击和人身迫害，对此，一些党员心生怜悯，对打击地主、富农的减租减息政策产生不满。例如，威海一丛姓党员干部同情遭到斗争的地主，还有一些基层党员干部颇为可怜被斗后生活水准下降的地主；招远市也有某些党员怜悯减租减息运动中地主的遭遇；胶东部分基层党员念及某些地主的开明行为，夸大减租减息运动中的过激行为并同情地主。

乡村居民具有朴素的契约意识，部分党员亦受此影响而充分肯定地主在反"扫荡"中的贡献，他们自然对打击地主的减租减息政策持有异议，"上层是反蚕食的功臣，怎么再反人家"，还有党员顾忌舆论，怕招致乡人"推完了磨杀驴吃"的非议而反对减租政策。在国共合作抗日的大背景下，作为农村社会精英的地主、富农还是抗战事业的经济支持者和抗战前期中共在农村的重要统战对象，把斗争的矛头指向地主、富农的减租减息政策无疑会破坏党的农村统战工作并将对抗战事业产生负面影响。因而，部分基层党员对减租减息政策心生疑虑："不是团结上层抗战吗？"他们担心实行减租减息政策将"妨碍上层路线，不利对敌斗争"。胶东地区亦有党员在减租减息运动中生怕群众打击地主，损害其与党组织和八路军的感情并妨碍统一战线。另有党员认为"地主是抗战经济上的支持者"，不愿斗争地主，威海某党员公开抵制减租减息政策，"我不去伤天害理，我不制造矛盾，我是抗战的，我不是作减租减息的"。由是观之，部分基层党员肯定地主、富农对乡村社会和抗战的贡献，从抗战大局和统战维度为身兼抗战功臣和统战对象身份的地主、富农辩解，对旨在削弱地主、富农地位的减租减息运动持有异议。

上述党员堪称"乡村社区利益的维护者"，他们的行为可从乡土文化的视角加以释读。由于缺乏对自然和社会的科学认知，个别农民会有一种宿命观。正如有学者所观察，农民"最听信因果轮回之论。地主呢，是祖先积厚德，前生修积好，应该享福；劳农呢，是祖宗德薄，自己前身作了恶，这世应该遭报，还须耐烦苦作，免来生更受苦"。李聚奎回忆，少时他愤然于乡人的贫富悬殊，村里饱经沧桑的老人则较为释然，"大家都一样，坐轿子的谁来抬？发财的人那是命好"。多数农民认可自己"受苦人"的命运，如滨海区大店佃农"常有理"将自己的贫苦归结为"命苦"，他认为，"从古至今是穷靠富，富靠天""地是人家的""咱没有不受穷的命"。减租减息运动在实施过程中遇到了村民此种"宿命论"的阻力，一些干部因此感慨道："宿命论是发动群众的主要障碍。"同样来自乡村社会的基层党员也不可避免地濡染"宿命论"，部分党员认同农村既有社会秩序，并据此反对重塑乡村社会秩序的减租减息运动。

除了"宿命论"外，乡村社会的"道义"准则也是部分党员选择维护乡村利益的文化因素。传统中国社会重视人情，熟人社会中的乡民们"在长时间中形成了紧密的血缘网络和强烈的社群认同感"。多数村民认可这种"田园诗"般的人际关系，不愿撕破笼罩在小共同体外围温情脉脉的面纱，故而村民之间多表现出一团和气而少有争端。一般而言，地主会将土地租与熟人或亲戚耕种，而农民通常并不将佃主看作"剥削者"，有的农民与地主关系融洽，甚至视租佃地主为衣食父母。大店佃农"不吃亏"认为"头顶庄稼的天，脚踏庄稼的地，靠种庄稼的地吃饭，减租没良心"，觉得"东家还怪好，给过一碗两碗粮食"，并"和东家认了个拐弯抹角的表亲"。聊城有农民也认为"借贷粮食时找关系、托人情，亲戚托朋友，是主动找人家门上，两厢情愿的，按照政府的政策坏债，张不开口呀，打不破情面，怕伤了感情、怕得罪人"。受此文化熏陶的农民显然难以斗争佃主，不少来自基层社会的党员亦将和谐相处作为处理人际关系的准则，如普通村民般遵循乡土固有"道义"而不愿与地主、富农撕破脸面，这使得不少基层党员在减租减息运动中倾向于维护既有乡村社会的秩序并保护乡村社会精英。

出身于乡村社会共同体的基层党员在组织上加入了中共这一新的政治共同体，但在思想上由旧共同体的乡土伦理过渡到中共的革命文化可能需要一个较为漫长的过程。有学者指出，"农村的居民是按照群落和亲族关系（如宗族成员、邻居和村落），而不是按被剥削阶级和剥削阶级来看待他们自己的"。

作为乡村社会政治精英的基层党员深受社区居民身份和乡土文化的约束，在一定时限内乡土"道义"准则仍会影响其行为选择。此外，身处全民抗战大背景下，不少党员还以抗战大局为重，希望善待作为农村抗战事业支持者和重要统战对象的地主和富农。因而，部分基层党员在减租减息运动中试图维护乡村社会秩序，偏离了政党代理人的身份而扮演着"乡村社区利益的维护者"的角色。

三　身家利益的追逐者（捍卫者）

除了维护乡村社会秩序外，还有一些基层党员基于保护自身或家庭利益的目的而抵制减租减息政策。因阶级出身、阶级身份的差异，不同党员对重塑乡村社会秩序的减租减息政策的感受不尽相同，部分受到减租减息运动冲击的地主、富农党员或出自地主、富农家庭的党员因自家利益受损而反对减租减息政策。一些党员对损害自身利益的减租减息政策牢骚满腹。据档案记载，招远一富农村支书对增资运动颇有怨言，"增资光为工人打算，也应该给雇主打算打算"；荣成一王姓富农党员到集市哭诉减租减息后的窘境，"粮都被人家抢去了，租也都减没有了，得卖牲口、房子、地来过日子"。个别党员甚至利用手中职权来捍卫身家利益。例如，部分出身地主、富农家庭的党员为避免自己家挨斗而训斥参加斗争的群众。又如，牟平一出身富农家庭的分区书记将减租减息运动的方向导向防"左"以捍卫家庭利益。少数受到运动冲击的党员甚至不惜采取极端行动以维护个人利益，鲁中区某支部组织委员以自杀方式恐吓群众，希望借此来挽回在减租减息运动中的损失。个别基层党员竟援引外力以抵制减租减息运动，例如泰宁某富农党员有一兄系八路军连长，他坚决反对群众提出的增资请求，并威胁群众到八路军军营去讨要增资；胶东东海有富农党员甚至联合反减租减息政策者攻击运动中的积极分子。

上述地主、富农党员多从避害角度规避减租减息运动对自身或者家庭利益的危害，为维护身家利益而不惜抵制党组织制定的减租减息政策，堪称"身家利益的捍卫者"。小农以低下的生产力水平来应对国家政权的压迫和地主的剥削，严峻的生存压力使得多数小农只能维持一种糊口的生活状态，因而他们格外珍惜来之不易的财富。部分基层党员也如小农般爱惜身家利益，基于捍卫身家利益的目的而反对减租减息政策。

部分基层党员基于保卫身家利益的目的而抵制减租减息政策，而部分基层党员则假借减租减息运动以牟取个人私利。其中，有些党员假借运动以整肃仇敌。传统社会中，村民之间的关系并非全然亲密无间，事实上，有些村民尤其是不同宗族村民间的关系相当紧张。一些党员挟公济私，借拥护减租减息政策的名义打击身为地主的仇家。村民之间的龃龉有时会被带入党支部中，减租减息运动在某种程度上为部分党员攻讦党内宗派对手提供了契机。据档案记载，鲁南区一些党员在减租减息斗争中拉帮结派，报复仇敌；文登某支部书记与村长、支部组织委员有隙，支书借查减运动暗地怂恿群众游行示威，制造舆论抹黑对手形象并破坏其威信，企图罢免村干部并打倒支部组织委员。

此外，部分党员被地主、富农收买而放弃对地主、富农的斗争。作为政策执行者的基层党员在减租减息运动中掌握较大权力，他们在某种程度上决定了斗争对象的命运。一些地主、富农收买基层党员干部以规避或减轻运动的冲击，部分党员因抵挡不住诱惑而被收买。北海不少党员干部便被地主所收买，如某地村干、党员被遭受批斗的地主宴请后，同意了地主提出的留用部分被分出的土地的请求。南海地区也有党员干部接受斗争对象的宴请，并随后叫停了群众的斗争行为。

除假借运动以整肃仇敌和被斗争对象收买而放弃斗争外，另有部分具有流氓习气的党员利用手中职权主动牟取个人私利。莱东一党员在借粮运动中异常积极，借出粮食后换作肉吃以满足口腹之欲，或将粮食转卖后聚众赌博。文登高村万家庄党员禁止群众私自购买地主的东西，而部分党员干部却利用中间人蔡某暗地廉价购买了地主的骡子、土地；某田姓党员还威胁尚未被斗争的地主，"你有什么东西卖去，以免被群众算账算去"，该地主被迫将衣物廉价售于田姓党员。部分党员干部在斗争果实分配上也存在假公济私的行为，他们通常将贵重的物品据为己有，或在分配斗争果实时偏袒与自己关系密切的群众。这些趁机牟取私利的基层党员堪称"个人私利的追逐者"。

基层党员在减租减息运动中能够牟取私利依靠的是党组织赋予的政治身份，这是他们毋庸置疑的权力来源。此外，阶级身份和消息资讯也是他们牟取私利的工具。在减租减息运动中，表现活跃的贫雇农党员因敢于斗争、成分纯洁而得到中共器重并被委以重任，即使有些贫雇农党员趁机中饱私囊，由"政党意志的执行者"异化为"个人私利的追逐者"，他们也可能因为出身纯洁被从轻甚至豁免处罚。消息灵通也有助于基层党员牟取私利，基层党员居于上级党组织与普通民众之间，相较高高在上的党组织，他们更了解乡村社会的人情世故；相较普通群众，他们又享有近水楼台之便，能提前获知减租减息政策，并据此开展有针对性的行动。譬如，一些出身地主、富农家庭的党员以书信方式提前告知家人减租减息的具体政策并要求他们出卖土地，以便减轻对其家庭的冲击。基层党员在党组织的授权下执行减租减息政策，但本应属于政党代理人的他们未必忠实执行中共意志，部分党员利用中共赋予的权力谋求私利，他们表现出"理性"农民的行为特质而扮演着"个人私利的追逐者"的角色。

重塑乡村社会秩序的减租减息运动引发了乡村社会的诸多矛盾。在减租减息政策推行过程中，党的利益与乡村社区利益、党员的身家利益之间不免抵牾，出身乡间的基层党员呈现出多元化的行为面貌，部分党员为维护（追逐）身家利益而违背党的意志。其中，部分党员奉行避害原则，基于捍卫身家利益的目的而抵制减租减息政策；部分党员奉行趋利原则，基于追逐个人私利的目的而在减租减息过程中假公济私、中饱私囊。他们在减租减息过程中扮演着"身家利益的追逐者（捍卫者）"的角色。

四　党性和乡土之间的纠结与平衡

前文已提及，基层党员在减租减息运动中扮演着三种角色：政党意志的执行者、乡村社区利益的维护者和身家利益的追逐者（捍卫者）。有些党员在减租减息运动中具有明确的角色定位，但更多的基层党员在运动中却纠结难抉。例如，胶东牟平一分区书记在减租减息中对贫穷大众和地主"两下怜悯，听到基本群众的疾苦同情，听到地主诉苦也心痛"。另有基层党员能够执行减租减息政策，但不愿批斗熟人，在自己家乡和熟人面前怯于宣传与斗争，牟平某分区书记在宣传动员减租政策时为躲避熟人竟然夺窗而走。显然，这些党员内心颇为矛盾，身为中共党员的他们希望执行党组织的决议，但减租减息运动要求斗争地主、富农等原有乡村社会的精英，他们念及街坊情谊，不愿批斗"低头不见抬头见"的熟人，对斗争之后境遇悲惨的地主深表同情，这使得他们在"党性"和"道义"之间难以抉择。党组织曾严厉批评过基层党员的这种思想，"既想维持封建势力，丝毫不削弱他，而另一方面又想改善基本群众生活"，这从侧面印证了基层党员在"党性"和"道义"之间的纠结。

此外，部分党员变相执行减租减息政策以求在党性与乡土之间寻求平衡。莱东一刘姓支书在减租减息运动中低调行事，在拿出部分粮食分给穷人的同时，他拒不参加对地主、富农的斗争，且因害怕报复而和地主、富农暗通款曲。该党员弹性执行减租减息政策，既不会给党组织留下反对组织决议的恶感，也不会被地主、富农当作运动积极分子而视作仇敌。他在"党性"和

"理性"之间左右逢源，巧妙维系着党员身份。胶东一来自不出租土地的富农家庭的党员干部在减租减息运动中只布置减租工作而不领导增资工作。作为一名党员，他希望执行党的减租减息政策，但全面执行减租减息政策会损害其家庭利益。该党员回避了冲击其家庭利益的增资运动而选择领导对其家庭利益没有损害的减租运动。在"党性"和"理性"的巧妙平衡中他一举两得，既执行了党组织的减租减息政策，又避免了运动对其家庭利益的损害。

东海党委对政治运动中基层党员的行为概括为："一般规律是利己者为之，损己者弃之。"利益是基层党员行为抉择的重要考量因子，而身处乡土社会的他们又不免受到传统乡土文化的影响，因此基层党员在党员身份认同层面呈现出较大的差异性。一般而言，强烈认同党员身份的多为信仰坚定的党员，他们在减租减息运动中通常会忠诚地执行组织决议。信仰不坚定的党员也可能会执行减租减息政策，毕竟，中共党员的身份可使他们跻身于乡村政治精英之林，甚至可能获取某些私利。但在抗战大背景下，中共党员这一政治身份不仅仅意味着荣誉和权力。有些党员入党后因没有获取私利而牢骚满腹并谋求退党，胶东某党员便抱怨道，"我自己参加组织一点捐也没省，参加一点也不好，鬼子势力这样大，不工作吧！反正于我们没有什么好处"。他对入党介绍人也有微词，"我才叫你害了，现在不干也不行了"，甚至央求入党介绍人，"跟你商议一下，你好不好把我的名字挖下来"。该党员堪称典型的"个人私利的追逐者"。他基于能够减免租税的主观判断而入党，入党后发现无法减免租税而后悔不已以至于消极工作，当他研判出敌强我弱的时局后毅然提出退党以免遭受日后的迫害，形势判断基础上的利害关系权衡主导了该党员的行为。抗战时期，中共党员身份所带来的结果具有不确定性，它既可能带来收益，也可能招致义务乃至危险。当时敌后农村根据地处于敌人军事压力之下，一些党员对中共能否在农村立足深表怀疑。招远七区某党员对革命前景较为悲观，"觉得将来不定谁战胜谁"；牙前县迎驾山支部党员普遍存在对"变天"的顾虑，时刻担心国民党势力卷土重来。这些党员朴素地意识到党员身份的危险。部分党员在中共处于弱势时可能会放弃党员身份，更妄谈执行党的减租减息政策，北海部分党员便因惧怕中央军而不敢从事查减工作。因此，即使信仰不坚定的党员能够从减租减息运动中受益，也未必会切实执行党的减租减息政策，利害权衡更可能成为支配其行为的主导因素。

值得注意的是，在减租减息运动中，部分基层党员所扮演的角色常常变动不居，他们在运动的不同环节表现迥异。据档案记载，滨海区减租减息运动中产生了权贵党员，"这些分子，在斗争中曾出风头，但斗争中的果实，他们往往偷吞。并且乘斗争中把旧势力的打击，把自己变成了'新贵'"。这些党员在减租减息的前一阶段表现积极，坚决执行党组织的减租减息政策，且因表现出色而为上级党组织所器重并得到提拔，但随后又滥用手中权力，中饱私囊，追求个人私利，异化为乡村社会的统治者。运动的前一阶段，这些党员干部堪称"政党意志的执行者"；运动的后一阶段，他们蜕化成"个人私利的追逐者"。这说明，基层党员在减租减息运动中所扮演的角色并非一成不变。

余　论

清末以还，科举废止、政权下移、劣绅当道，原有乡村社会共同体逐渐解体。抗战时期，随着大量农民被吸纳入党，农民在长期生产、生活过程中形成的功利性、好脸面、家（庭）族本位等乡土意识也被随之带进党内。抗战中后期，随着减租减息运动在抗日根据地的开展，身兼中共党员与村社居民双重身份的中共基层党员显现出尴尬的角色定位问题。作为中共组织的一员，政党代理人的身份要求他们必须在这场撕裂传统乡村社会秩序的运动中以实际行动表明自己的政治立场；而作为乡村社会的一员，他们的思维和行为方式不免受到乡土文化和身家利益的影响。基层党员的党性要求与自身的乡土意识之间不断博弈，"党性""道义""理性"三者既纠缠其间又共同作用，影响着基层党员在政治运动中的行为选择。其中部分党员具有明确的角色定位，而部分党员则是各种角色兼而有之，有些党员的角色甚至变动不居。遗憾的是，囿于材料和篇幅所限，笔者未能定量分析不同角色的党员比例，亦未能比较山东各根据地基层党员反应的差异。在减租减息运动中，纠结于党性和乡土之间的基层党员表现出角色认同上的矛盾性和行为选择上的多元性、变动性，这在某种程度上折射出乡村共产主义革命的复杂性。

杜赞奇认为，随着 20 世纪"国家政权建设"的进行，乡村社会出现了"盈利型经纪"和"保护型经纪"两种税收经纪人。比附而言，"保护型经纪"类似党员中"乡村社区利益的维护者"，"盈利型经纪"类似党员中"个人私利的追逐者"。而中共在政治运动中吸引了一批忠诚于党组织的党员，这批"政党意志的执行者"有效地贯彻着中共的意志，在中共向基层社会渗透并进一步改造乡村社会过程中扮演着不可替代的角色。不过，党员中的"乡村社区利益的维护者"和"身家利益的追逐者（捍卫者）"部分地消解了中共在乡村社会的努力。

部分基层党员存在一些与中共意志相悖的行为，但他们是中共在乡村发动革命斗争和政治运动的执行者，中共的组织决议和具体政策有赖于他们的贯彻执行。对于基层党员身上存在的部分缺点和拒不执行党组织委派的政治任务的做法，中共一方面积极应对，如加强对基层党员的教育和培训，对违法乱纪的党员予以各种纪律处分；另一方面，各级党组织也被迫向基层党员作部分妥协。中共在坚持共产主义革命理念的前提之下，也兼顾了基层党员存在一些乡土意识的客观现实，降低了对他们的严格要求。当然，中共对某些基层党员在政治运动中的作为并不满意，在发动新的政治运动后，党组织会淘汰一些乡土意识问题的显著党员，重新任用一批能更彻底地贯彻政党意志的新党员来填充基层组织空缺。此后，在解放战争和新中国成立初期的土改运动中，中共对农村基层党员和干部进行了较大规模的"洗牌"。旧有问题党员的不断清洗和新党员的纳入提高了党组织对党员的控制力度。

[作者单位：山东大学（威海）]

想象的辩证法

——论后理论时代的文艺阐释学

张　中

在后理论时代，文化观念随着它们所映照的世界的改变而改变；因文学折返的理论之光时刻闪现，它已然成为"元话语"。与此同时，"影响的焦虑"使批评家和作家罹患神经官能症。走出意图谬误、摆脱理论诱惑，这不仅是文学批评的执念，也是书写自身的诉求。可惜的是，文学敌不过欲望的诱引，理论占据话语制高点。伊格尔顿说，后现代社会极具诱惑力的商品之一就是文化理论本身。由于其高度力量、奥秘难解，其时髦、稀少与新奇，理论在学术市场业已取得高度声望；而它也成为少数者的艺术形式，悠游戏谑、自我反讽、尽情享乐。凭借想象性话语－权力，理论不断越界阐释文学作品。强制阐释成为文学释义的应然行动，而文学对此要么欣然接纳，要么横眉冷对。当前，理论丧失单一话语的绝对威权，呈现多样化和强制阐释格局，想象却由此获得辩证的力量。

一　越界

想象的自由游戏制造理论的幻觉，也激发其越界的疯狂。希利斯·米勒指出，自 20 世纪 70 年代以来，文学研究的兴趣已由文本解读转移到各种形式的阐释学解释之上。与之相应，各种理论粉墨登场并强势介入文学领域。不过在经历了理论的欢欣洗礼之后，阐释陷入困境，文学身陷囹圄。在用于构建阐释的框架时，文学理论越来越成为模式建构的一种惯例；而在说明批评的合法性时，它又更加着意于利用其他学科，以此把难以相容的倾向性强加给文学，而这往往于文学有害而无益。文学批评在西方诞生之时就希望文学消失，柏拉图将诗人逐出理想国就是明证。重点在于，如同德里达所说的那样，文学与文学批评一直都被形而上学的臆说所支配。在历史、文化、哲学和科学的逼仄下，文学批评无法实现身份认同，它始终在能指与所指、言语与语言、自我与他者之间摇摆不定。现代以来，哲学对文学的影响加剧，文学批评也亦步亦趋地追随。由此而来的不幸后果就是文学批评脱离文学本身，而理论的威权日渐增强。保罗·德曼认为，哲学和文学并非彼此分离的话语；相反，二者总是比喻的，而所有的文本都是"哲学"的。这种广义而模糊的判断使文学批评获得新的生存空间，而文学阐释也因此更加可能和必要。

理论的越界使文学批评丧失话语权，而文学亦被"误读"和"过度阐释"。布鲁姆认为诗歌即误读，它是被约束的悖理，是误解、误释和误联。当现代理论注入诗歌之后，此"误读"更加明显。诗歌中充满"悖论的语言"，就像约翰·邓恩《宣布成圣》（*The canonization*）中一只"精致的瓮"，而它就是诗本身。布鲁克斯从这首充满隐喻与象征的爱情诗里读出死亡气息和神圣意味，但是你同意这种解读吗？伊格尔顿说，任何作品的阅读同时都是一种"改写"：一切文学作品都被阅读它们的社会所"改写"，即使仅仅是无意识地改写。"改写"既有个人因素，也有时代和环境的影响，它必然是一种创造性"误读"。语言-形式主义支配了布鲁克斯的批评立场，不过也使诗歌获得崭新意涵。越过时间的灰烬，理论抛弃记忆锁链，昂然面对昏然沉睡的文本——它试图恢复文本的愉悦之力，梦想实现"酷的征服"。问题是，世界变了，作者变了，读者也变了，一切坚固的东西都烟消云散了。马克思在《共产党宣言》中指出：在现代社会，一切固定的僵化的关系以及与之相适应的素被尊崇的见解和观点都垮了；一切等级制的和停滞的东西都消散了，一切神圣的东西都被亵渎了，于是人们最后只好用冷静的眼光看待自己的生活处境和自己的相互关系。这种尴尬与反叛在后理论时代异常明显，而它促使我们重审文学和理论的关系。

批评应该从文本出发，尊重文本的自在含义，尊重作者的意义表达，对文本做符合文本意义和书写者意图的说明和阐释。但问题在于，"写作就像一种游戏，它不可避免地越过自己的规则并最终将其抛在后面"。文学批评驾驭理论之舟恣意想象，疯狂越界，规则却是导火索。当文学理论从单一走向多元、从附庸变为"元叙事"之后，"话语"无可争议地成为焦点。吊诡的是，文学理论的意义并未因此增强，反而变得虚空和无力。后理论时代不是缺少理论，而是"众声喧哗"。如福柯所言，今日话语之空前纷繁多样，实是表达衰落的结果。表达的衰落意味着作者的消亡、意义的无定和理论的自我解构。然而聒噪不是言谈，语词才是力量。在《抵制理论》一文中，保罗·德曼认为，文学理论的主要意义在于它自身定义的不可能——文学理论是"一种在文学元语言中引进术语的行为"。理论也许仅仅只是一个比喻，对理论的抵制就是"对语言自身的修辞或比喻维度的抵制"。阅读从来不是解释文本意义，而总是去挑战由意义所带来的"不可决断性"。不可决断性是面对两个或多个相互矛盾的意义，以及阐释时无法做出判断的体验，它在"意义"中表现自身的存在。因此，理论文本和其他文本一样，解构了构建它们自身的中心比喻。一个"真正"的修辞性阅读既不求助于直觉的美学范畴，也不尝试给文本意义提供一个最后的决定。

显而易见，解构主义阅读是文学理论已死的写照，它反映出后理论时代文学批评的困难。今天，理论越界的欢畅淋漓感消失了，虽然想象还在继续。其实自 1996 年"索卡尔事件"以来，各路"理论"早已时过境迁、风光不再，而硕果仅存的大师如布鲁姆和伊格尔顿也重拾审美主义或实证批评。如此，"强制阐释论"就以中国的声音给"理论死了"这个流传多年的口号以高屋建瓴式总结。它体现了马克思主义美学摧枯拉朽的历史批判精神，其批判锋芒从经济－政治领域转向文学和理论本体。所谓"强制阐释"，就是指背离文本话语、消解文学指征，以前在立场和模式对文本和文学作符合论者主观意图和结论的阐释。强制阐释的主要症状是场外征用，它以概念的规约潜移默化在文本解读中。然而，概念的规约容易使人走向独断，并陶醉于普遍的理论前提。任何理论一经普遍化，它必然生成真理性幻觉。理论的多元化不仅展现话语的丰富性，而且体现为反对强制阐释和过度诠释的批判力量。故而针对某些当代批评理论"对文本唯一可信的解读是'误读'"这样的谬见，艾柯认为，"说诠释（'衍义'的基本特征）潜在地是无限的并不意味着诠释没有一个客观的对象，并不意味着它可以像水流一样毫无约束地任意'蔓延'"。

文学阐释的起点是文本，它体现读者与作者、世界、他人之间多层次、多角度对话。"本文，只有当解释者与之进行对话时才真正存在，而解释者的情境是本文理解的重要条件"。需要注意的是，虽然文学批评必须坚守理论阵地，但它其实并不热衷于展示城堡上空旗帜的颜色。文学理论演示批判的力量和自由创建的方法，它是一种自律而严肃的艺术。不过，"身为批评家的我们今天最大的失败就是，我们似乎未能把我们的分析、我所谓的我们的批评作品（critefacts）重新连接上它们所源自的社会、机构或生命"。在后理论时代，文学理论和文学批评的困难就在于，它要么变得自说自话，要么脱离现世性（worldliness）情境。前者使理论强加于作品之上并自成传统，而后者则远离文学认知和实践。在一定程度上，二者均为"暴力批评"，而它们最终也失去了伦理和政治实践维度。当前，"多学科与多义主义的寄生性使文学理论具有了开放性和多元性格局，同时也使它成了一个充满矛盾、冲突与论证的战场"。在文学与各种理论之间，我们要警惕理论幻象的诱惑，保持独立性、文学性和批判性。否则，文学理论将失去阵地和战场，并丧失身份与话语权。

　　强制阐释论关注的是为何、以及怎样"反对"强制阐释。立场先于行动，反－强制阐释主要是一种批判姿态，而它尤胜于内容本身。所有的理解都是自我理解，因而批判也意味着自我批判。问题是，我们能否保持清醒的认识及自我省察？建构反叛性话语，是否意味新的主观置定或"误读"？当我们以一个虚幻的"确定性"主题为标准去评价、考量、限制他人的多种阐释，并希望他们接受这种"确定性"的阐释时，这种行为是不是"强制阐释"？毋庸置疑，这是当代文学理论必然遭遇的困难。那么，什么是真正的"阐释"？文学与理论应是怎样的关系？当代文艺阐释学能否走出理论困境？单称判断容易引发理论独断，全称判断则可能使之虚无和空泛。结合中国语境来说，现在不是要不要阐释的问题，而是如何阐释！反－强制阐释并非否定或抛弃阐释，文学也绝不是要反理论或反批评；相反，我们需要准确有效地关切当下的阐释。关键在于，"面对作品所提供的生机无限的难以捉摸的快感，理论有时纯属多余，有时力不从心，有时反而阻塞或削减了作品的意味"。哈贝马斯说，传统意义的世界向阐释者所展示的程度只是它自己的世界能同时得到澄清的程度。意义的发现离不开语言及想象，语言永远是未完成的解释，它不断走向自我越界。

二　话语

　　想象一种语言就是想象一种话语，文学理论中充满想象性的"话语－权力"。作为一种生存方式，文学及其理论代表"对普通语言所施加的有组织的暴力"。二十世纪以来，话语权的争夺在人文科学领域愈演愈烈。西方文论强制阐释的威力表现在对话语权的牢牢掌握，它以睥睨一切的目光藐视"他者"（理论），并使之溃退、消散乃至自绝。虽然拉康的傲慢态度以及他对《劳儿之劫》的强制阐释引发杜拉斯的不满，但这位大师关心的是"阐释"本身；而爱伦·坡的小说《被窃的信》对他来说，也仅仅是印证其理论的适当文本而已。美籍华人学者周蕾曾杂糅多种西方理论解读张恨水的《平沪通车》，虽牵强附会、进退失据，但她并不在意作者怎么说、读者怎么想，她倾心的是"如何说"。众所周知，罗兰·巴特认为批评家就是作家，批评并非文学作品的附庸，批评就是文学。作者与作品不过是分析的起点，分析的终极目的应该是语言，而文学科学乃是一种关于话语的科学。《神话学》、《文之悦》和《S/Z》本身就是文学创作，虽然在这些文本中潜伏着话语的逻辑。语言是批评的起点，所以巴尔扎克的小说《萨拉辛》被分解为 93 个单元和 561 个阅读单位，而它们被五种符码掌控。巴特用解构主义拆解古典小说的结构，却赋予"新小说"以话语召唤的魔力。因之，文本碎裂真实的幻觉，变为多种声音交叠编织的差异性书写。

语言制造话语，话语织就文本。文学阐释的任务就是瓦解文本逻辑，想象、发现和还原那"沉默的声音"与混沌之物。"解构"就是跟随文本中具有特权的或被排挤的概念，推翻它所暗示的等级，解放文本并发现差异。解构主义批评只有一个规则，即"让他者言说"，亦即对那不可能的事物之体验。真正的解释是多元和复调的，不存在阅读的客观和主观的真理，而只有游戏的真理。"阅读，就是使我们的身体积极活动起来，处于文之符号、一切语言的招引之下，语言来回穿越身体，形成句子之类的波光粼粼的深渊"。话语是真理的游戏，阅读是对此游戏的恢复、想象和创制。不过当理论成为主导时，文学即被限定。这样，它就不再是解放的力量，而是权力的象征。赫施说："捕捉老鼠的方法实际上有许多，批评家在其作为解释者的功能中，首要的任务就在于去确定，应捕捉哪一种老鼠。"在这一过程中，批评家依赖语言。语言衍生话语，实现视域的交融。当然，"理解"会受到"成见"或"前见"的干扰，"理解"的经常性任务就是构造正确的、与事物相称的筹划（"先行冒险"），而这种"先行"应该不断"由事物本身"得到证明。与强制阐释的主观预设不同，"先行筹划"建基于事物之上，立足于话语本身。此后，阐释的有效性就在话语的不断流转中展现，而不会误入循环论证的歧途。相反，强制阐释却很容易导致自我神圣化，其主观设定也必然导致阐释的误判或失效。

其实，强制阐释在西方学术中也随处可见。比荷马更荷马、比莎士比亚更莎士比亚，比马克思更马克思，这种现象似乎并不少见。不过，我们仍需看到理论的限度及话语的向度。在后理论时代，话语不是减少而是增多了。理论潜藏于话语中，其权力意识却蠢蠢欲动。多元阐释瓦解文学理论的欲望政治学，给予文学阐释以真实存在。在多元阐释理论中，想象成为辩证力量，而话语是其试验场。多元阐释需处理好以下关系：一是合理的多元阐释不是无限的，它应该有合理的界定；二是有限意图的追索不是有效阐释的唯一方式，而应是多元阐释的基本要素，也是多元阐释的方式之一；三是无论何种阐释，都应在阐释过程中努力实现与文本及作者的协商交流，在积极的协商交流中不断丰富和修正阐释，构建文本的确定意义。那么，文本的原初含义还有无价值？如何看待作者的阐释？一定要寻找所谓"确定意义"吗？文学是"非实用"话语，它指涉诸事物普遍状态，同时也是一种自我指涉的语言。结构主义和形式主义批评重视语言的自我指涉力量，却将文学变得支离破碎、不忍卒读；意识批评和精神分析强调主体性，但没有给文学以生成性权力。事实上，外在批评和内在批评都没有从根本上解决话语难题，更没有达到马克思主义的历史深度。在后理论时代，马克思主义文学批评理论将以实践－话语分析为中心，展示文学阐释的多元综合批判力量。

福柯说，话语是外在性空间，在这个空间里，展开着一个不同位置的网络。话语不仅仅是言辞，而是一种模式，或是一种操作范式。每一时代有每一时代独特的话语，也都会形成特定的话语空间。在一定程度上，它会党同伐异、排斥异己、张扬自我；但也会生成新的价值、意义或形象。不过"话语"既不是抒情的语言形象，也非具体的纯语言词汇，"话语是指被说出的言辞，是关于被说出的事物的话语，是关于确认、质疑的话语，是关于已经发生的话语的话语"。桑塔格在《反对阐释》一文中指出，最好的批评、而且是不落常套的批评，便是这一类把对内容的关注转化为对形式的关注的批评。话语是语言的形式，而语言性乃一切文学阐释和理解的关键要素。按照伽达默尔的观点，理解是一种效果历史事件，它要证明和一切理解相适应的就是语言性，诠释学事件就在语言性中发展。强制阐释是话语的强力演示，而反－强制阐释则是对它的抵制与反动。作者是文本意义和阐释话语的来源，但当其被放逐后，文学还剩下些什么？事实上，福柯虽然宣布"作者已死"，目的却是为"话语"寻找更大的可能性。与巴特的"零度写作"或布朗肖的"中性"相仿，福柯强调作者抹除自身；而这正是话语生长和意义增殖的恰切方法。

那么，如何建构中国话语，最终实现文学理论的中西融合、共生共存呢？借鉴西方文论是必要的，但长期以来人们一直在"中体西用"与"西体中用"问题上争论不休。在启蒙年代，前者能满足民族自豪感和心理预期，所以深受欢迎；不过在新时期后者却变为主导原则。此外，"六经注我"和"我注六经"问题也始终困扰着文论家们。当前，中国古典文论、马克思主义文论和西方文论三足鼎立，三种阐释话语分据我们的文学批评。西方文论强调逻辑思辨性，马克思主义文论突出实践存在论，古典文论则注重现实可能性。不过在现代性逼仄之下，貌似先进的西方文论乃主导性"真理"，而这也是"强制阐释"话语霸权的渊薮所在。本质上说，用中国文学经验印证西方理论的合理性与普适性毫无意义，而用西方理论重新命名中国的文学经验也没有多少价值。在中国文学理论的当代化过程中，我们必须合理汲取西方文论经验，坚持文学性、民主化和民族性。必须注意的是，民族化固然可以作为理论建设的基本方向，但切不可将其最终目的化，更不能由此陷入"文化原教旨主义"的泥淖而将他者文论"妖魔化"或"政治化"。要言之，西方理论的真正意义在于：借鉴其发现问题、提出问题的视角与思考问题、解决问题的路径，发现并解决我们以前没有发现的问题，从而使我们的学术得以推进和深化。或许，这是反－强制阐释的副产品，但它必然带来警醒式启迪，并激励我们去行动。

三 行动

语词即象征，话语就是行动。"当你说话的时候，词语变成了你的不间断的身体过程的一个基本组成部分"。尼采开启反－强制阐释之先河，他让理论恢复本真性力量——《善恶的彼岸》、《道德的谱系》和《敌基督》就是经典范例。尼采的所有著作既是"哲学"，也是"文学"；既是"非哲学"，也是"非－文学"。他"混淆"传统美学的认识论观念，使理论回归直觉和感性，并最终俘获属己的自由和力量。凭借理论的自觉性、自明性和自洽性，强制阐释获得行动的主权，以及自信或自恋。关键问题是，西方理论的普世性价值观念和绝对真理信念是如何形成的？作为"场外理论"，为什么它能够被诸多学科频繁引介、采用？如果仅从经济、政治、文化角度来解释这些问题，我们一定不会满意。虽然理论源于实践，但其自身的创生力却不容小觑。西方理论虽有诸多局限，但它自诞生之初就具有较强的批判和行动能力。弗洛伊德之所以敢解读哈姆雷特和达·芬奇，荣格之所以可以解释《尤利西斯》，乃是因为精神分析本来就是实践性的。在某些特殊时刻，理论的动能会超过理论本身，其行动往往会带来思想的增殖；而在实践中，理论的效价甚至成几何级增生。当1967年提出"解构主义"思想时，德里达肯定对传统阐释学愤恨不满；但他一定想不到在多年以后，"解构"会被"耶鲁四人帮"演变为风起云涌的文学行动理论。

赫尔墨斯（Hermes）是希腊神话中奥林匹斯山诸神的信使，也是道路和边界之神。由他而得名的解释学（Hermeneutics）经由施莱尔马赫和狄尔泰的大力推动而成为一门重要学问，前者看重文本的"解释"，后者则强调生命的"理解"。随后，在海德格尔、伽达默尔和保罗·利科等人的努力下，解释学成为摆脱神学窠臼的重要哲学思想派别。自此，解释学不必再纠结于文本释义的精确性，而是强调解释的动能。哲学家们只是用不同的方式解释世界，而问题在于改变世界。以马克思主义为代表的西方现代理论逐渐走出意识哲学的藩篱，成为经世致用的行动理论。从精神分析、存在主义、解构主义，到女性主义和后殖民理论，理论的行动力得到普遍证明。正因如此，理论的越界阐释才成为可能。然而，"文学的理论化"不仅使理论的话语权无可撼动，也使文学受到致命伤害。"尽管理论对批评的文化至关重要，但如果我们使文学理论化，然后听之任之，就等于自伤自残"。因此之故，"场外理论的文学化"意义重大。不过有三点必须牢记：一是理论的应用指向文学并归属于文学；二是理论的成果落脚于文学并为文学服务；三是理论的方式是文学的方式。"文学性"是阐释的根本，话语是其诗意的实践性居所，任何脱离或抛弃这些原则的做法都是错误的。

然而，文学行动也遵循着想象的逻辑；虽立足当下，其锋芒却指向过去和未来。理论具有历史性和时代性，当它咎由自取地试图获取普泛价值时，失败在所难免。理论的效价不仅在于把握当下，更在于包孕过去、启迪未来。百年来，西方文论在中国之所以能够攻城略地、所向披靡，就是因为我们放弃了想象的辩证法而一任才华荒废。想象的辩证法抵制强制阐释，强调感性、直觉和话语的动能，它是一种实践性伦理（美）学方法。它不是天马行空式幻想，而是立足实践的美学批判行动。"理论作为一种对客观物质性的愉快的沉思，是存在于我们与对象的基本关系中的一种活动过程。我们通过把事物的感性丰富性纳入我们的符号化工程来而体验它们"。这是感性的解放，亦即审美实践之呈现。而在文学研究中，我们需要贮存、交谈和档案保存共识，并充满活力地解释这些留存的记忆。希利斯·米勒说："新型文学理论的重要作用之一，便是重新界定究竟什么是值得记忆的东西；重新明确，我们应该采取什么复原和新解释的步骤，以确保我们能记住自己想记的东西。"回忆不是被动行为，它指向应许的未来。如果重新解释过去，那么未来就只能被重新创造。因此对文学理论未来的探求，必须放置在文学理论发展的历史中进行：即，要跳出此时此地的狭隘思维，摒弃毫无根据的凭空想象，从历史中总结规律、发现端倪、预测未来。

伊格尔顿认为，批评应该使艺术脱离神秘，并让自己去关心文学作品实际上如何活动。相反，强制阐释却不关心这些问题。它是制造神秘的最佳方法，也是现代神话的始作俑者。在强制阐释之下，文学惨遭肢解，成为印证理论的资材或理论的栖息地。今天，"文学已经步入一个困难、受限而短命的处境里。它所护卫的不再是它的装饰，而是它的外皮"。罗兰·巴特的这一诊断切中肯綮，他预言了文学的无根之境。其实在巴特的年代里，文学理论依然悠游乐哉。与之相反，后理论时代的文学无法改变无枝可依和自我解构的命运。所谓"无枝可依"，不是说没有理论依凭，反而是指存在选择难题；所谓"自我解构"，不是指自我毁灭，而是说它已被彻底祛魅。即便不考虑消费主义逻辑，当代文学也渐趋无根（性）、戏谑（化）和虚无（主义）。在这一时刻，文学理论需要把握想象逻辑，重建感性空间，为文学创造新的生长点。"每一部小说都是某一种形式的'发现'，同时也是让'发现'去适应社会范型——即使不是社会范型，也是一个特定的'小说化'的阅读过程"。换句话说，文学有一个指涉和自我指涉的功能，它不断和理论交相反馈、共生共赢。

作品的意义是多元和生成性的，它随阅读的深入而"涌现"。"当我们要谈论某'作品'时，在此处和彼处的意义并不一样。作品不能被看作是一个直接的、确定的或一个同质的单位"。同时，任何作品的独特性都在于它独特地表现独特性与一般性两个方面，表现重复性与重复的法则。卡夫卡的作品就是这样，而莎翁的《罗密欧与朱丽叶》也不例外。德里达据此认为，"最好的"阅读应专心致力于作品最特有的方面，同时还要考虑到历史环境，考虑到共有的东西，考虑到那种非归属的条款或飞地、属于体裁与风格的东西。这样，不可重复的独特性、时间性、在场等就以相反的方式展示想象的逻辑，亦即文学行动的力量。一般而言，读者希望发现文本的深层意涵，而这往往依赖强制阐释方可实现。在《阁楼上的疯女人》一书中，两位作者运用精神分析重读女作家简·奥斯汀、玛丽·雪莱、勃朗特姐妹、艾米莉·狄金森等人的作品。她们认为"疯女人"是被压抑的女性创造力的象征，即叛逆的作家本人，同时也是潜意识中另一个反抗父权的"自我"。这种阐释是否符合本义，挖掘意义本身是不是一种强制性赋予？事实上，主观预设一旦形成，任何阐释都不再客观——这也是波伏娃等人对"欲望"和"他者"观念愤怒的原因之一。吊诡的是，女性主义文论家一面排斥这些概念，一面却又将其从后门偷偷请回来。

在文学中，批评家能够找到地地道道的纯真；而对此纯真的状态，我们不该殚于保护。理论是为更好地理解作品而出现的，它是手段而非目的。强制阐释见异思迁地碎裂文学主体的原初经验，进而丧失理论的"惊奇"。它不但没有推动文学进一步发展，反而让其变得死气沉沉或道貌岸然。好的写作，即便是理论作品，也会以鲜活的形式和内在经验引人深思。"一种文化的想象性写作可以朝持续的愿望满足转移，而不需要批评提供来源于哲学和社会科学等等的清规戒律"。比如在福柯作品中，想象的激情引领读者进入深度阅读；相反，大部分理论著作却以高傲和冷漠示人。既然理论是灰色的，为什么不转向文学生命本身呢？批判的武器不能代替武器的批判，但文学实践会推动文学理论的演进。文学是欲望的表达，它不断自我阐释与自我缝合。无论是作者还是读者，他们都在文学中展示主体的自我解释运动。现在，"文学已经成为一个强大的自我阐释的机器，也是使生活重新诗意化的机器，它能够将日常生活的所有废料转变为诗歌实体和历史符号"。当然，理想的结果是文学与理论相互激发、交相反馈。长期以来，文学研究一直被划分为两极：要么狂热地忠诚于某种理论，要么认为文学与理论无关。不过在后理论时代，文学与理论的关系出现深层断裂，因而它们的交流不仅十分必要，而且亟待加强。

现代文学是一场变化多样的异质文化实践，其目的在于抵制语言的统一和符码化力量，借助语言的认知、交流和情感边界来扩展语言的边界。在这一过程中，主体实现多样性增生，并使阅读成为文化干预和阅读政治的自主活动。与之相应的是，文学理论越出边界，凭借话语之力，将想象的辩证法"灌注"到文学之中。反－强制阐释秉持感性、美学与伦理的尺度，抛弃成见、误读和过度诠释，还原文本以本真性意涵，并赋予创造性意义。所以，不是文学的"理论化"，而是理论的"文学化"才是中国文论建设的重点。阅读是批判和重构的力量形式，但它不能被武断和权力所控制。作为一种否定过程，阅读是"理解、诘问、熟悉、忘却、抹去，使其面目全非和重复"；它留下一个个"不确定性的残余"，而这是由"词语的疯狂"造成的。文学以独特的方式表现各种形式的"无知"，但这正是其魅力之所在。对作品过度想象、赋义和构型，就是悔其"清白"，蚀其生命。在这朴素无定性自由游戏中，想象获取创建力量，而理论的置定判断渐趋消隐。但这并不意味着理论的退场，毋宁说，这是未来文学理论的现身行动之表现。文学需要回应理论的重负，虽然会有妥协，但它仍要超越边界，从语言和经验两方面展望未来。

但是，我们必须接受主客二元、直觉与逻辑、理性与非理性相暌违的挑战，不能因为强调感性力量而否定其对立面，否则将会形成新的话语霸权和强制法则。现在，重要的是恢复我们的感觉：必须学会去更多地看，更多地听，更多地感觉。为取代艺术阐释学，我们甚至需要一门艺术色情学。当前，文学理论遇到的困难远超从前，而它所受到的诱惑也不可以道里计。相比之下，"理论文学化"不失为一良方。质言之，文学阅读不能以理论为圭臬，而应以文本为中心，调动感性经验，发现文学话语的美学和伦理向度。阅读强调私己经验，但它必须将想象归还给主体。福柯认为，诗歌的表达方式最亲近于"非理性"，它产生出与理性心态相暌隔的一种体验的直觉性。在文学创作中，作家应该坚持感性立场，以想象的逻辑去赢取美学的政治化、精神的民主化和主体的自由化。如此，作品成就诗人的命运，并决定他的心理发展——不是歌德创造了《浮士德》，而是《浮士德》创造了歌德。总之，中国文学理论正处于转型和发展的关键时期，整理、弱化或肃清西方文论的强制阐释是首要任务。不过，反对容易而建设艰难，因此中国文论话语建设长路漫漫、任重道远。

［作者单位：山东大学（威海）］

强制阐释、后现代主义与文论重建

李自雄

近年来，张江先生针对西方文论存在的根本缺陷提出"强制阐释"的观点，并进行了卓有创建的系列论述，引起了广泛关注。这一观点的提出，正如张江先生所说的，用它"重新观照西方文论的历史，我们应该有一个新的判断和认识"，而更为重要的，也是希望能够超越"强制阐释"的局限，勾划讨论"重建当代文论的有效路径"，为当代中国文论的建设发展提供可能的思路。就现在的讨论来看，如何更为有效地联系当代中国的文论实践来对这一问题做出回应，显然是亟待深入的话题。新时期以来，中国文论的建设发展在许多方面发生了巨大变化，这其中的一个重要方面即是：当代中国文论遭到了解构，这种解构是来自后现代主义的，并已构成了我们对中国文论进行深刻反思与重建思考的理论语境，而不能也不容回避。也正是鉴于此，笔者下面即拟结合张江先生提出的"强制阐释"观点，联系后现代主义文论在中国的理论实践对其做出考察与反思，以期推动对问题的深入探讨。

一　后现代主义的批判解构及其"强制阐释"问题

对于后现代主义，正如有学者所指出的，这种 20 世纪中期开始活跃于西方的理论思潮，"在 80 年代初开始引介进入中国，经过三十余年持续不断的译介、批判、争论和接受，对新时期以来中国文论界事实上已产生了重大的影响"，"探讨新时期到新世纪中国文论建设的实绩和问题，是无论如何也绕不过后现代主义文论思潮这一块的重要影响的"。对当代中国文论而言，后现代主义的影响无疑有其积极意义的方面，诚如有学者所言，"后现代主义崇尚多元和谐"，反对"逻各斯中心主义"（Logocentrism），"主张差异性、非同一性，否定绝对同一性和总体性的独断和霸权，强调世界的多元性和多义性，强调视角的多面性、意义的多重性和解释的多元性"，它极大地促进了当代中国文论对僵化思维的破除和话语霸权的解构，为新的知识空间的拓展和多种理论话语提供了可能，而有利于多元、平等对话机制与学术生态的形成，但另一方面，后现代主义在当代中国文论领域的引入，也存在理论先行和"强制阐释"的偏颇与问题。这种偏颇与问题既体现在对"他者"的批判解构上，也表现在自身的理论构建之中。

先看对"他者"的批判解构。显然，后现代主义视域中"他者"，也就是其所质疑、批判与解构的对象是有特定所指的。那么，这种特定所指为何呢？用利奥塔"简化到极点"的话来说，就是"可以把对元叙事的怀疑看作是'后现代'"。利奥塔在《后现代状态：关于知识的报告》中，用"元叙事"或"宏大叙事"来指称在现代性状况下具有合法性功能的叙事，这是一种提供知识合法化的叙事，主要有两种表现形式，即以德国古典哲学传统为代表的关于思辨真理的"思辨叙事"与以法国启蒙主义传统为代表的关于人性解放的"解放叙事"。利奥塔认为，"元叙事"或"宏大叙事"以一种总体性、普遍性遮蔽了在社会历史中发生并实际存在的各种各样的差异与复杂性，因而这种提供知识合法化的"元叙事"或"宏大叙事"是值得质疑的。在利奥塔之后，不少西方后现代哲学家，也从不同的角度对"元叙事"或"宏大叙事"做出了自己的解读与阐释，尽管这些解读与阐释在许多具体的方面也存在种种的分歧与争议，但对"元叙事"或"宏大叙事"的反思，大多放在对其总体性、普遍性的质疑上，并主要表现为对这种总体性、普遍性诉求的本质主义观念的清理与批判，比如罗蒂后哲学理论对所谓"大写的哲学""大写的真理"的本质主义思维方式的拒斥和解构，显然也是这样一种理论体现。

而在当代中国，后现代主义文论主张者也正是通过对"元叙事"或"宏大叙事"及其普遍性诉求的本质主义观念的质疑和清理来展开对当代中国文学理论的批判与解构，并倡扬其后现代主义文论观点的。以这种主张与观点来看，当代中国文论存在"以各种关于'文学本质'的元叙事或宏大叙事为特征的、非历史的本质主义思维方式"，这样一种思维方式坚信"绝对的真理"，热衷于建构"元叙事"或"宏伟叙事"（利奥塔）、"大写的哲学"（罗蒂）以及"绝对的主体"，认为"这个'主体'只要掌握了普遍的认识方法，就可以获得超历史的、绝对正确的对'本质'的认识，创造出普遍有效的知识"，而"总是把文学视作一种具有'普遍规律''固定本质'的实体，它不是在特定的语境中提出并讨论文学理论的具体问题，而是先验地假定了'问题'及其'答案'，并相信只要掌握了正确、科学的方法，就可以把握这种'普遍规律''固有本质'，从而生产出普遍有效的文艺学'绝对真理'。在它看来，似乎'文学'是已经定型且不存在内部差异、矛盾与裂隙的实体，从中可以概括出所谓放之四海而皆准的'一般规律'或'本质特点'"，这"严重地束缚了文艺学研究的自我反思能力与知识创新能力，使之无法随着文艺活动的具体时空语境的变化来更新自己。这直接导致了另一个严重的后果，即文艺学研究与公共领域、社会现实以及大众的实际文化活动、文艺实践、审美活动之间曾经拥有的积极而活跃的联系正在丧失。大学的文艺学（在很大程度上也是一般的文艺学）已经不能积极有效地介入当下的社会文化与审美、艺术活动，不能解释改革开放尤其是 90 年代以来文学艺术的生产方式、传播方式以及大众的文化消费方式的巨大变化"，妨碍了其"及时关注与回应当下日新月异的文艺、审美活动，使之无法解释当代文艺、文化活动的变化"，还"导致文艺学在研究的对象上作茧自缚"，拒绝研究新近出现的审美及文化现象，而将它们拒斥在文艺学的研究范围之外，而"对于新近出现的文艺活动的深刻变化的一味回避或拒斥，又反过来强化了文艺学中原有的本质主义倾向"。从这段表述，不难看出论者所持有的利奥塔的元叙事理论、罗蒂的后哲学等理论依据。

张江先生指出，"强制阐释"也就是一种"背离文本话语，消解文学指征，以前在立场和模式，对文本和文学作符合论者主观意图和结论的阐释"。显然，结合上文的分析，以张江先生"强制阐释"的观点来看，当代中国的后现代主义文论主张者也是从利奥塔的元叙事理论、罗蒂的后哲学等理论出发，并以之为前在立场与分析模式，对当代中国文论所存在的"以各种关于'文学本质'的元叙事或宏大叙事为特征的、非历史的本质主义思维方式"作了符合论者主张与观点的阐释分析，尽管这一阐释分析似乎也非常重视当代中国的社会生活及文学审美的实际状况而表现出致力于文学文本话语与现实关系重构的理论动机。

我们在这里并无意质疑或否定上述论者的这种理论动机，尽管对于他们的理论动机也曾有多方的揣测，但我们宁愿相信，他们对当代中国文论所存在的"以各种关于'文学本质'的元叙事或宏大叙事为特征"的本质主义观念及其思维方式进行清理与批判，是出于上述理论动机，因为他们也的确道出了当代中国文学理论知识生产现状令人深感忧虑而不能忽视的一面。诚如他们所认为的，当代中国文学理论"以各种关于'文学本质'的元叙事或宏大叙事为特征"的本质主义观念及其思维方式，不仅束缚了自身的创新发展，而且致使文学理论不能对当代中国社会生活及其文艺实践活动作出有效的回应与理论阐释，而这又进一步加剧了这种文学理论的本质主义观念及其思维方式。很明显，当代中国的文学理论正处于这样一种恶性循环的怪圈之中，要使当代中国的文学理论走出这一恶性循环的怪圈，对那种关于各种文学本质及普遍真理的元叙事或宏大叙事特征的本质主义观念及其思维方式进行清理、批判与破除势在必行。这对于我们的文学理论研究恢复它与现实纬度不可或缺的应有联系，从而走出割裂现实与历史的本质主义迷途，无疑是有其合理性的。

而也正是在这个意义上，后现代主义文论主张者也要，并且往往要结合当代中国的社会生活与文学的实际状况，来对他们批判的对象进行批判，因为在他们看来，他们所批判的对象，存在着"语境抽离"的错误，而这样的错误，正是他们要避免的。的确，他们避免了语境的"抽离"，然而，问题是，他们却机械地将西方后现代主义理论照搬挪移到中国，而导致了这种理论在具体语境上的"误置"。由上述可知，利奥塔、罗蒂等的后现代主义理论，是针对西方现代性知识状况而提出来的，这很明显有不同于中国语境的地方。毋庸置疑，当代中国文论需要反本质主义，需要反对后现代主义文论主张者所批判的"以各种关于'文学本质'的元叙事或宏大叙事为特征"的本质主义的思维弊端，对其进行必要的解构，但这种解构显然是有限度的，并要建立在当代中国的具体语境及现实状况的基础上。不难发现，在这一点上，当代中国的后现代主义文论主张者，是"错把他乡当故乡"了，这诚如有学者分析指出的，他们从西方引入的这种后现代主义理论"所批判的概念、对象与其所操持的理论一样多舶自西方，与中国现实则有相当的疏离感，比如类似主体、真理这样的被颠覆概念在中国语境中还远没有成为事实上的权威"，现代意义上的文学理论及其自主化建设在中国还任重而道远，这些都尚需致力于建构，而不是走向反本质主义的极端解构，职是之故，"在现代性反思亟须具体深入而成为一个中国式反思的今天"，正确理解"当下中国具体文化实践中的生长性力量"及其现实依据，而不是与之相疏离，乃是对当代中国的文学文论现状及其问题做出分析判断的关键，否则，就恐怕只能是简单地追随西方话语，"一味移植文化工业、消费文化、女性主义、后殖民等等术语，而它们既不能与中国现实完全对称，也实际上偏离了对文学本体的建构路径"。这也再次提示我们，对任何理论，包括西方理论的运用，都必须在"理论"与"语境"的关系及其有效性问题上有足够清醒的认识，否则，简单的理论套用也许是容易的，但圆凿方枘的"强制阐释"也就在所难免。

二　后现代主义的文论重建及其"强制阐释"问题

在当代中国文论界，正如后现代主义文论主张者所认为的，解构的目的是为了重建。那么，他们的重建思路又是怎样的呢？这也是我们要论及的第二个方面的问题。后现代主义文论主张者在对当代中国文论界存在的"以各种关于'文学本质'的元叙事或宏大叙事为特征"的本质主义观念及其思维方式进行批判解构的同时，也提出了自己的重建思路，具体来说又主要包括"建构主义"与"关系主义"两种思路。

我们这里先看"建构主义"的思路。作为一种后现代主义文论的重建思路，"建构主义"思路的提出，显然是出于对那种普遍性诉求的本质主义观念及其思维方式的质疑与拒斥，这种思路认为，文学"不是一种'客观'存在于那里等待人去发现的永恒实体"，而是"各种复杂的社会文化力量"的生成与建构之物，"不是被发现的而是被建构的"，反对"生成"的遗忘，主张吸收福柯所说的"事件化"方法与布迪厄（又译布尔迪厄）所说的"反思性"方法（实质上也还包括伊格尔顿的意识形态理论）进行一种"历史化与地方化"的理论建构。这显然是一种后现代主义的知识－文化生成理论在文学研究领域的运用。

张江先生曾对"强制阐释"做出了"场外征用"、"主观预设"、"非逻辑证明"与"混乱的认识路径"等四个基本特征的概括，其中第一个基本特征"场外征用"，即是指"征用文学领域之外的其他学科理论，将之强制移植文论场内，抹杀文学理论及批评的本体特征，导引文论偏离文学"。当然，正如张江先生所言，"指出场外征用的弊端，并不意味着文学理论的建设就要自我封闭，自我循环，在僵硬的学科壁垒中自言自语"，相反，"各学科之间的碰撞和融合已成为历史趋势，跨学科、跨领域的交叉融合已成为科学发展的主要动力"，我们认为，对于后现代主义的知识－文化生成理论在文学研究领域的运用也应作如是观。后现代主义的知识－文化生成理论重视对知识、文化的历史性考察，以揭示特定历史条件下的意识形态、话语权力，这自有其深刻的地方，也在一定程度上拓展了文学理论研究的视野，但同时这样一种理论却把一切知识、文化都归结为意识形态和话语权力的生成与建构产物，具体到对文学的理解与认识，就如乔纳森·卡勒所指出的，"文学就是一个特定的社会认为是文学的任何作品"，文学与一切知识、文化一样，都不过是一种意识形态与话语权力的生成和建构。这样，就是将文学等同于文化，等同于意识形态，而实质上是取消或否定了文学相对于其他知识、文化的差异、属性与特质，这显然是偏离了文学理论研究的应有之义。

对于"文学征用场外理论"，包括上述"建构主义"思路对后现代主义的知识－文化生成理论的运用，正如张江先生所指出的，就其积极的意义而言，"这种姿态和做法扩大了当代文论的视野，开辟了新的理论空间和方向，对打破文学理论自我循环、自我证明的话语怪圈是有意义的"，但问题是，"用文学以外的理论和方法认识文学，不能背离文学的特质。文学理论在生成过程中接受其他学科的研究方法和思路，其前提和基础一定是对文学实践的深刻把握"，而不是"文学的特性被消解，文本的阐释无关于文学"。否则，就会在理论的"场外征用"上走向误区，而这也正是"建构主义"的文论重建思路运用后现代主义的知识－文化生成理论的偏误所在。

正如有学者所指出的，张江先生概括的"强制阐释"的四大特征，其实是紧密相关、互不可分的两个层次，"场外征用"与"主观预设"属于理念层次，而"非逻辑证明"与"混乱的认识路径"属于逻辑层次。而正是在此意义上，"场外征用"作为"强制阐释"的特征与表现之一，在"征用文学领域之外的其他学科理论，将之强制移植文论场内"的同时，也意味着"一种前期研究缺位、背离文学经验、照搬其他学科概念"的"主观预设"的形成，这是同一理念层次相互关联的两个方面，并势必造成逻辑层次上的颠倒和混乱，显然，体现在"建构主义"的思路亦是如此。这种重建思路通过对后现代主义的知识－文化生成理论的"场外征用"，也形成并确立了其"主观预设"及前置立场，即文学和其他知识、文化一样，都是一种特定历史条件下的意识形态与话语权力的生成和建构，也没有什么确定的文学属性与特质可言，而文学理论就是对这样一种意识形态与话语权力的考察和历史描述。我们并不否认理论的指导意义，相反，科学的理论指导是必要的，但显然是与"主观预设"的前置立场不同的。诚如张江先生所指出的，"前者是世界观、方法论的指导，是研究和实践的指南。所谓指南，是方向性的预测和导引，不是先验的判断和结论。在具体研究过程中，理论服从事实，事实校准理论。后者则是主观的、既定的标准。这个标准，内含了确定的公式和答案，研究的过程是执行标准，用公式和答案约束、剪裁事实，强制事实服从标准"，这样一种"主观预设"的前置立场，它"主导、驾驭、操纵阐释"，"把理论当作公式，用公式剪裁事实，让事实服从理论"，很明显是与科学的理论指导及其运思逻辑、认识路径背道而驰了。也正是在这一点上，"建构主义"的在上述"主观预设"及前置立场的推演之下，其理论重建，不是从具体的文学现象与文学实践出发，而是从先在的"主观预设"出发，并以之作为组织构架，然后搜罗中西文献及历史资料加以剪裁与填充，文学理论成了符合这种"主观预设"的历史文献资料式的罗列和展示，其中的非逻辑证明和认识路径的颠倒与混乱是显而易见的。用张江先生的话来说，就是"从既定的理论切入，用理论切割文本，在文本中找到合意的材料"，而从其认识论根源来看，"不是从实践到理论，而是从理论到实践，不是通过实践总结概括理论，而是用理论阉割、碎化实践"，是"实践与理论的颠倒"。职是之故，这种"建构主义"思路的理论重建，不仅停留于先在理论的裁剪与拼贴，而且没有也没能基于当代中国的文学现状及实践活动提出任何新的文学理论知识。这种思路及其理论重建，正如有学者所指出的，"虽然声称是建构"，但得到的只是"一种知识的集合"，而对当下文学理论的建构"并没有提出任何实质性的意见"。由上述可知，"建构主义"思路的理论重建所存在的"强制阐释"问题是很明显的，而这样的问题也同样存在于后现代主义文论的另一种重建思路，即"关系主义"的思路之中。这种"关系主义"的重建思路在理论的"场外征用"上与"建构主义"思路没有什么根本上的不同。我们知道，"建构主义"的重建思路是主张利用福柯所说的"事件化"方法与布迪厄（又译布尔迪厄）所说的"反思性"方法而进行一种"历史化与地方化"的理论建构的，而主张将文学"置于多重文化关系网络之中加以研究"的"关系主义"思路，其理论旨趣，实则也是福柯在所谓"权力的关系网"中所重在揭示的历史与文本的关系，而同样是一种后现代主义的知识－文化生成理论在文学研究领域的运用，只是在"关系主义"的思路看来，文学与其他知识、文化一样，作为意识形态与话语权力的生成和建构产物，在"特定历史时期呈现的关系表明了文学研究的历史维度"，并需要在"关系网络"中予以历史考察与解释。正如这种重建思路援引伊格尔顿的话所指出的，"任何东西都能够成为文学"，"只能根据特定历史时期的文化网络和权力关系"来解答这一问题。这显然也是将文学等同于文化，等同于意识形态了（尽管强调所谓"关系网络"），而否定了文学存在的特殊属性与不同特质，这样一种理论的"场外征用"，其误区也同样是十分明显的。

而这种"场外征用"的先在理论，也为"关系主义"思路的理论重建确立了其"主观预设"及前置立场，用这种重建思路的话来说，也就是"文学是一种意识形态"，"文学理论必须尾随文学回到历史语境之中，分析历史如何为文学定位，文学又如何改变历史——哪怕是极为微小的改变。文学并没有什么终极公式，文学的秘密配方由历史老人调制，并且时不时就会发生变化"，它是特定历史语境的意识形态和话语权力的生成与建构，并由此"分析文学与历史的关系成为解释文学——包括解释文学的形式或者文本结构——的前提"。而正是在这一"主观预设"及前置立场下，这种"关系主义"思路的理论重建，除了文献资料主要是以西方理论，特别是当代西方理论为资料来源，而与"建构主义"思路的理论重建广泛搜罗古今中西文献有所不同，并显示出对当代西方理论资源的偏爱之外（这也许也算是一种"主观预设"及前置立场），同样颠倒了实践与理论的关系，不是从实践到理论，而是从既定的理论出发，以先在的"主观预设"及前置立场为框架，寻找合意的相关文献资料加以裁剪，并进行符合上述"主观预设"及前置立场的"文献式"编排与解读，是一种"从结论起始的逆向游走"与"按图索骥"，也体现出了非逻辑证明的谬误与认识路径的颠倒和混乱，而这亦导致它与"建构主义"思路的理论重建一样，没有也没能从当代中国具体的文学现象与实践活动出发，提出什么新的理论命题与文学理论知识。

三　从"强制阐释"到"本体阐释"的文论重建及其本体回归

由我们上面的分析可知，作为后现代主义文论的重建思路，无论是"建构主义"的思路，还是"关系主义"的思路，都存在"强制阐释"的理论误区，并没有也未能提出任何新的文学理论知识，这样一种理论重建思路，正如有学者所指出的，"从理论的创造、生成及深化角度看"，其"在中国学界所得到的实质性拓展并不令人乐观"，"它无法完成'破'中有'立'的理论革新任务，因而也无力引导中国当代文论走向未来"。那么，当代中国文学理论的重建之路何在？或者说，我们应该如何进行一种文学理论的重建呢？张江先生提出的从"强制阐释"到"本体阐释"的重建路径是具有启发意义的。我们认为，就当代中国文学理论的重建而言，从"强制阐释"到"本体阐释"的回归，就是向中国文学理论建设的本体回归，这种本体回归意味着，必须立足于中国文学的具体实践及其现实问题，重新建立其应有的文学指涉与理论品格。

1. 应有的文学指涉

就如我们前文所提到过的，后现代主义文论的重建思路，包括"建构主义"思路与"关系主义"思路，都是一种后现代主义的知识－文化生成理论在文学研究领域的运用，在这种理论的"场外征用"与"主观预设"之下，不管是"建构主义"的思路将文学视为意识形态与话语权力的生成和建构产物，还是"关系主义"的思路强调将文学在这种意识形态与话语权力的生成和建构的"关系网络"中予以历史考察和解释，这样一种思路，正如福柯所指出的，"更愿去了解某种被遗忘、被忽视的非文学的话语是怎样通过一系列的运动和过程进入到文学领域中去的。这里面发生了些什么呢？什么东西被削除了？一种话语被认作是文学的时候，它受到了怎样的修改？"而"文学、文学的存在本身，如果我们追问它是什么，那么，似乎只有一种回答方式，即没有文学的存在"，因为它不过是意识形态与话语权力的生成和建构。显然，这是用文学外部的影响因素取代文学自身特质及规律的一种研究思路。这样一种研究思路，在其理论的应用指向文学的外部影响因素的同时，也背离了其应有的文学指涉，而走向了一般的社会批判，用张江先生的话来说，这是一种"批评理论"的套路，正如张江先生所指出的，"对批评理论而言，文学不是它的主要兴趣，它的兴趣是批评社会，把批评理论当作甚至替代文学理论或文学批评是一个谬误"，而这也正是后现代主义文论在其重建思路上的谬误。

作为文学的理论，文学理论是对文学的性质、特点和规律的研究，这也决定了其应有的文学指涉。对于文学研究的理论"场外征用"问题，正如张江先生所指出的，我们的基本看法是，"场外征用"有其合理的一面，我们从来都赞成"跨学科交叉渗透是充满活力的理论增长点"，而"20世纪西方文论能够起伏跌宕，一路向前，正是学科间强力碰撞和融合的结果"，但是，其"前提"应该是，"理论的应用必须指向文学并归属文学，而不是相反。这个指向不是可有可无的小问题。在逻辑上讲，这是理论的定性根据。一个理论，它的本质或者说理论基点是什么，将决定它的分类和性质"，文学理论与其他各种理论之间有所不同，"很重要的区别在于它们的理论指向不同"。上述后现代主义文论所谓"建构主义"与"关系主义"的重建思路，"场外征用"后现代主义的知识 – 文化生成理论，其理论指向一般的社会批判，而不是文学自身的特质与规律，实质上是归于了一种批评理论，而偏离了其应有的文学指涉，诚如张江先生所言，"如果某种阐释通过征用场外理论来实现，最终不能指向和归属文学，它一定是一种非文学的强制阐释"，显然，后现代主义文论所谓"建构主义"与"关系主义"的重建思路也正是这样一种强制阐释。

正如张江先生所指出的，"文学理论的基本对象是文学，不是一般的社会生活现象的理论研究"，要走出后现代主义文论的重建思路及其批评理论误区，从"强制阐释"到"本体阐释"，进行当代中国文论重建，就要回到其应有的文学指涉，"聚焦于文学规律、文学方法的具体阐释上，聚焦于对文本的具体的认知和分析上，离开文本和文学的理论不在文学理论的定义之内"，并背离了文学理论建设的基本内容与任务。

2. 应有的理论品格

何为理论？理论何为？正如有学者所指出的，"理论是一种在理性层面上对问题所作出的思考、分析和回答，所以要发现问题、提出问题、解决问题"，显然，文学理论作为一种理论，也是如此，并构成了其理论创新发展的动力。诚如有学者所言，"我们常看到这样一些文章：文章告诉我们某位西方学者说了什么，他又说了什么，他还说了什么，文章到此就结束了。这样的文章当然也很好，至少介绍了一些新思想，也许使人读来还有一些启发"，而"更重要的是，我们没有从已有的理论思考上向前推进，有所拓展，有所进步，有新的收获"。

当前学界研究有一种理论的经院化倾向。这在西方是与经院哲学相联系的一种研究倾向，正如有学者所指出的，"西方中世纪盛行经院哲学，这种哲学在哲学史上，在人类的精神发展史上，都有重要意义。由于经院哲学，《圣经》的传说与希腊哲学的思辨结合起来了，这造成西欧人对学术和思辨的尊重，保持一个与世俗社会相对立的神学的学术界，从而为最终走出中世纪准备了条件"，但值得注意的是，"经院哲学的那种遇到问题不是从现实中，而是从经典中找答案的做法，却使它本身构成了思想向前进步的障碍"，而同样的是，我们也有着一种长期沿袭的做法，也就是"遇到问题就从各种经典著作中，从过去的大师中，从革命导师的语录中，从理论权威的论断中找答案"，这种做法是"无所不在"，"'文革'时，最能言善辩的人，是'小红书'背得熟的人，时不时地给你来上一段，让你哑口无言"，而现在，"这种遗风其实仍然存在"，所以，在人们"言必称海德格尔、福柯、德里达，或者其他某路神仙"时，我们有必要让人们回归一个事实，即：理论不能建筑在照搬挪用的语录或某种"主义"之上，而应该建筑在现实的实践之上。这显然也是我们反思后现代主义文论的重建思路及其"强制阐释"局限而需要解决的问题。

后现代主义文论的重建思路，包括所谓"建构主义"的思路与"关系主义"的思路，都是通过一种后现代主义的知识－文化生成理论的"场外征用"并以之为"主观预设"来进行其理论重建的。这种先在理论的"主观预设"，很明显也是上述经院化倾向的一种研究思路，即以福柯、布迪厄、伊格尔顿等的权威理论作为问题研究的依据与方案，而这也使这样一种理论重建，"并不注重自身的理论建构，而是在某些理论框架之下，罗列介绍各种中外文论知识，成为一种平面化理论知识的集束式堆集，差不多就是一个文论知识的杂烩'大拼盘'"，而更近乎是"某些理论资料的汇编工作"。这显然不是从具体的文学实践出发，而是从既定的理论出发，用现成的理论公式剪裁、切割事实，颠倒了理论与实践的关系，而这造成的后果则是，这样的理论重建仅仅停留"现成思想"的诠释上，"不能给人以深刻的思想启悟"，"现象描述阐释有余而对问题的思考不足，缺乏思想的力量和力度"，而缺少了应有的理论品格，并让人"普遍感觉"到理论的"疲软"，表现出理论构建的无力。这就要求从具体的文学实践出发，而不是依据既定的理论公式，给文学理论研究注入源头活水，正如有学者所指出的，"'接地'是重要的。'接地'使哲学、美学和文学艺术理论有了生命力。不'接地'的理论，就无根，就无法存活"。

也是在这个意义上，从"强制阐释"到"本体阐释"，进行当代中国文论重建，就要"重新校正长期以来被颠倒的理论和实践的关系，抛弃一切对场外理论的过分倚重，让学术兴奋点由对先验理论的追逐回到对实践的认识，让文学理论归依文学实践"，从具体的文学现象和实践活动出发，提出新的理论命题，做出新的理论思考，提供新的理论应答与文学理论知识，重新建立起其回应文学实践的理论阐释能力与应有的理论品格，从而"针对我国文学实践中所存在的问题发言，并在回答和解决现实所存在的问题的过程中求得理论自身的发展"，实现理论的创新。

总之，后现代主义在当代中国文论界的引入，一方面，极大地促进了当代中国文论对僵化思维的破除和话语霸权的解构，为新的知识空间的拓展和多种理论话语提供了可能，而有利于多元、平等对话机制与学术生态的形成；但另一方面，后现代主义在当代中国文论领域的引入，也存在理论先行和"强制阐释"的偏颇与问题。这种偏颇与问题既体现在对当代中国文论存在的所谓"以各种关于'文学本质'的元叙事或宏大叙事为特征的、非历史的本质主义思维方式"的批判解构，也表现在后现代主义文论自身的理论构建之中。后现代主义文论的重建思路，包括"建构主义"思路与"关系主义"思路及其理论重建，都存在"强制阐释"的理论误区，并没有也未能从中国文学的具体实践出发提出任何新的文学理论命题与文学理论知识，而表现出理论构建的无力。西方学者霍尔也曾提醒我们："你们要研究自己的问题，从中国现实中提取问题……重要的是你们自己的问题。对于理论，你要让它对你发生作用（make it work for you）。"正如张江先生所指出的，"理论的生成是从经验和实践而来的","对于不同民族而言,其他民族的理论要为本民族所应用,必须经过长期的试错、同化、修正,在自觉主动的积极调整中实现民族化、本土化,有的甚至要经过脱胎换骨的改造,才可能成功。违背了这个规律,简单地套用其他国家和民族的现成理论,甚至信奉为教条,以此为根据而前置立场、模式和结论","强制阐释本民族的经验和实践",就"一定会给本民族的理论和实践造成极大伤害",而"如果是从原点起步构建理论,那就更需要坚持从经验出发,从对实际情况的把握和认识出发",而不能从现成的理论结论出发,"对文学理论的建设而言,若想构成一个学派、一种思潮、一类阐释方法,进而形成具有鲜明民族特色的完整理论体系",其"出发点"也只能是经验与实践而非先在理论的"推衍和预设"。当代中国文论要走出"强制阐释"的理论误区及局限,进行一种"本体阐释"的理论重建,就必须立足于中国文学的具体实践及其现实问题,而不是停留于西方理论的简单挪用与文献式填充,重新建立其应有的文学指涉与理论品格,克服当代中国文论对西方理论的亦步亦趋及"现成思想"的诠释,以切实推进中国文论的建设及其创新发展,构建具有我们民族特色与实践根基的文学理论,并向世界发出自己的声音。

[作者单位:山东大学(威海)]

在历史与个体间的诗性飞扬
——论张翎长篇新作《阵痛》的诗学突破

于京一

新世纪以来，加拿大华裔女作家张翎的创作渐入佳境，取得了不俗的成绩，进一步夯实了她在华文文坛的实力派地位。继《望月》《交错的彼岸》《邮购新娘》和《金山》等长篇之后，其最新力作《阵痛》又隆重推出。在延续以往文笔细腻、情感丰沛和结构精妙的同时，这部新作实现了审美诗学上的有效突破，标志着张翎的创作进入了一个新的境界。

在历史动荡与时代转捩的巨大背景下，小说将三代女子"爱""痛"交织的人生历程娓娓道来，逐一呈现：她们的一生既有被时代裹挟的无奈，也有生活锤炼养就的本真，更有命运之手无情的拨弄。小说语言饱满优美、叙述舒展缜密、姿态哀婉大气，于举重若轻之间将民族苦难与时代更迭的"大"同个体悲欢与家庭离合的"小"进行了有效的碰撞和交融，不仅释放出动人心魄的感染力，而且展示了令人耳目一新的历史观。无论在开掘历史的丰厚和人性的深邃，还是在反思传统认知、树立新视界的创造力上，《阵痛》都实现了不可忽视的突破，达至历史与个体的诗性飞扬。

一 女性叙事的归元

一直以来，我们在惯性思维的引导下面向历史，在垄断一切的男权社会里，历史只能固化成为男性世界的超级剧本。那些看起来千钧一发的重要时刻、改朝换代的宏伟壮举、波谲云诡的历史潮流，无不镌刻着男性的烙印；男性是历史的主宰，无论是西方的"菲勒斯中心"，还是东方严酷的家国伦理秩序，人类社会的历史从来都是男性的舞台。《阵痛》却一反常态地将女性推向了历史的宏阔现场。上官吟春（勤奋嫂）、孙小桃（小陶）、宋武生，这一家三代女性在历史的烟云中踽踽而行，在民族的劫难中委曲求全，也在时代的巨变中随遇而安。她们不仅经历了小说题记引述《旧约·创世纪》所说的"怀胎的苦楚"和"生产的苦痛"，而且在国破家亡、"夫"离子散和梦想破灭的重重打击下，遍尝了人世的甜酸苦辣而致痛彻心扉。她们的肉体遭受了无以复加的摧折和疼痛，她们的内心与灵魂也承受着长久而沉重的压抑与梦魇。正是在这种摧折与疼痛、压抑和梦魇中，一幕幕时代的巨影逐渐清晰，一个个人性的传奇不断凝铸，历史与个体的本真逐渐得以敞开。

众所周知，自 20 世纪之初的新文学运动以降，中国女性解放的诉求几被遮蔽于启蒙的宏大叙事之下而变得斑驳陆离，直到新时期才得以次第呈现。然而，新时期文学的女性叙事也并非一片坦途，首先崛起的是对传统社会男权文化的批判，以激愤的态度面对性别战争，如《方舟》（张洁）《人到中年》（谌容）等，其叙事策略往往以女性的社会责任和公民意识来展示不输于男性的存在价值，终究难脱男权观念的拘囿。继而兴起的是对女性自我身体、道德与情感等欲望的探究和放逐。如 20 世纪 90 年代以来红极一时的陈染、林白、海男等女性主义捍卫者及卫慧、棉棉等享乐主义宣扬者，她们大多放逐历史而经营个人，一头扎进自我的感官世界和内心；此时的性别对立非但没有减弱，相反却愈加紧张激烈。尤其在消费主义的裹挟下，女性在获取表面自由和权利假象的同时，已逐步沦为社会政治、经济与文化的附属品。与此同时，也有作家试图跳出性别对立，以女性个体的方式回归历史，如《长恨歌》（王安忆）《玫瑰门》（铁凝）等小说以王琦瑶、司猗纹等女性跌宕起伏的个体命运和诡谲奇异的人性变迁剖展出时代更替的复杂的立体面影，萌生了"书写历史、质疑历史乃至解构历史"的写作姿态，但其主人公个体的单一性与传奇性又无疑削弱了对历史拆解和颠覆的力度。小说《阵痛》却以沉实而冷峻的思维、宏阔而高迈的识见，将女性个体与大千世界及广阔历史密密勾连，以三（多）代女性相似的生命疼痛体验，呈示出恒常又普世的人性秘密和生命本质，顺理成章地完成了对宏大历史叙事的质疑和解构。尤其三代女性在历史大河中的隐忍、委曲、奋不顾身和隐秘成长，着实令人感佩又震惊。

毋庸置疑，相对于此前女性主义文学的极端和尖叫，《阵痛》呈现出的却是朴素和圆润的审美品质，这是对于历史性别更为广阔和深刻的展示与诘问。首先，无根的广阔。众所周知，在生物进化的链条上，雄性比雌性在更大的意义上肩负着繁衍生息、扩大种族的生存使命，而且往往"优胜劣汰"、"适者生存"。作为"胜者"或"适者"，它的基因会得到更为久远的遗传，生命将获得绵长的延续，这是一种"根"的接续，由此造就了一种"根性"的无意识。而相对于雄性对种族、荣耀等重大问题的倾心，雌性却更加关注现实生存与生活的细节。历史表明，人类可能是最讲究"根性"的一种生物，而男性是毫无疑问的"根性"携带者和决定者，女性在某种意义上则成为"无根"之人。因此，男性们很容易为了种族的绵延而陷入争夺、厮杀甚至战争，并由此塑成其思维方式的某种偏执和盲从；而作为无根之女性，在面对共同的生存价值和存在机理时，她们的思维往往周全而通达，从而获得一种广阔的视野。这似乎颇具反讽意味。小说《阵痛》中的三代女性，在经受和领略了生命中的刻骨之疼和铭心之爱后，在母性的感召、呼唤和启迪之下，都无一例外地走向了对生命的尊重和热爱，为了举起生命的大旗而放下了所有——声誉、名利甚至爱情和仇恨。这是一种超越了男性之根的伟大，也是一种超越了性别战争的广阔。其次，价值选择的圆通和质朴。如前所述，对女性而言活着讲究的是"生存之道"，而非"拼命之道"，当厄运降临、灾难席卷，这种蕴于她们潜意识深处的本真往往占据上风。以上官吟春为例，她的第一个灾难来自侵略者日本军人的劫持和羞辱。按照中国的传统伦理道德（男性道德观的体现），她原本可以用剪刀自杀，或者撞上日本人的刺刀，也可以撞墙而死。然而她没有，不是因为不敢，而是因为不想，因为她"怕死"，她想活着。即使在遭受羞辱后，也竭力将耻辱埋藏于心底，因为她要与心爱的大先生（陶之性）在一起，她有自己期盼的生活之梦需要实现。也就是说，在"耻辱"的活和"勇敢"的死之间，她选择的是"活"。这是一种女性的选择。她的第二个灾难来自大先生和婆婆的死。家里的顶梁柱倒塌后，她逃亡异地化名勤奋嫂靠开老虎灶维持生计，然而生活的磨砺和时代的粗糙让她明白，需要寻找一个坚实的臂膀。她钟情于谷医生甚于仇阿宝，因为一方面谷医生有大先生那样的书卷气，她有知识分子情结，另一方面谷医生同她一样都经历过苦难的折磨和赴死的体验，更易心灵沟通；而仇阿宝的性情过于粗糙和玩世，且没有文化。但她却没有急于选择谷医生，因为一方面谷医生"右派"的身份让她踌躇，怕影响女儿小桃的前途；另一方面，性情真切的仇阿宝每每可以帮助她解决具体的生存问题，为了一家人的存活特别是小桃的健康成长，她不想推开仇阿宝。总之，对生命实在与质朴的理解让上官吟春面对生活中的苦难时总能做出最符合人性的选择，尽管这种选择包含着不符合传统道德价值判断的因素，然而这却是历史和人性最为真挚的一面。后来的小桃和武生面对爱情和婚姻的选择同样如此，或许价值最大/优化是女性思考生命意义时最具诱惑性的选项。

总而言之，"张翎不落男性话语窠臼对女性主体性的真实展现，并不事先带有反男权的主观动机，但在客观上起到了打破男性'天然'的书写权利、消解男性叙事权威的作用。"就此意义而言，小说《阵痛》彻底颠覆了我们对历史叙事性别的传统认知，甚至将进一步引发对整个历史观照思维和价值判断的重新思考与设定。小说结尾，宋武生与杜克刚上小学一年级的女儿杜路得为纠正老师的错误观念而严肃地声明："我外婆和我妈妈都说，女人生孩子不需要丈夫"，以孩童字正腔圆的纯真道出了"皇帝新装"的秘密，意在淡化男性在种的繁衍和文明凝铸中的人为砝码，也凸显出女性在此间的坚强和韧性。至此，张翎挑战正统历史叙事的意图清晰可见。作为进化链条上的普通一环，我们确实应该破除那种偏颇的、带有男性中心倾向的历史观念和意义取向，而回到更为成熟、圆满和周密的思维向度，还男女以个体生命维度上同样的尊重和爱惜。如此，小说在不动声色中完成了历史伦理与个体伦理的有效平衡，实现了历史真实与女性个体的双重回归。

二　人性探析的深广

除却历史维度，小说《阵痛》带来的冲击主要表现在对朴素人性和真挚情感的描摹与展示上。毫无疑问，这是一部人性的大书，小说在诗性的基调下荡漾着关于人性广阔与深邃的细密探究，文本中密布交织的亲情与爱情之网在打捞的全是人性的闪光。

恰如小说的题目所示，"痛"是人性深处最脆弱、最素常的生命体验。小说通过绵密而曲折的叙述，一一展示了三代女性各自人生中无所不在的疼痛。

首先，爱恋之痛。三代女性都曾出自本能而坚定地认为爱情是他们灵魂与生命的依托，并心甘情愿为之飞蛾扑火，然而到头来却总撞得伤痕累累。上官吟春与大先生一见钟情、互生爱慕，一个娇羞贤惠，一个儒雅风流，难得的好姻缘。婆婆吕氏更是喜上眉梢，欢天喜地。然而吟春在探亲路上遭遇日本兵的欺侮，大先生因脾性耿直而惨遭日本人毒打致残，祸不单行的家仇与没齿难忘的国恨两相连接，爆发出令人惊叹的破坏力，风驰电掣般撕碎了这段美好的姻缘。面对大先生或无言的冷漠审判，或发自内心充满恶心的"贼种"式鄙弃，吟春只能在命运的无情捉弄中痛彻心扉，屡屡自杀而未果。小桃的恋爱经历了青春期的朦胧与苦涩，不仅没有获得理性的反刍，反而因掺杂了与生俱来的自卑而显得更加偏执，因此当她遭遇黄文灿，再次获得那种源自心底的朦胧感觉时，便十分主动且迫不及待地想抓住它。然而，这场以单纯与热烈为底色的爱恋，在倾心付出之后，收获的依然是遍体鳞伤——作为越南留学生的黄文灿，在越战的国破家亡中，主宰其人生命运的是民族之情与正义之慨，面对民族和正义的召唤，他只能牺牲个人的爱情。而身处和平年代的宋武生原本可以与志同道合的刘邑昌共守一片爱的天空，但是时代的大潮却将她卷出国门，残忍地用时间和空间的凌迟来考验这份看似鱼水之欢的爱情。最终穷困与自私，或者说生存与欲望战胜了短暂的欢娱，爱情折戟在烦琐生活的泥淖之中。总而言之，三代女性的爱恋之痛，固然共同掌控于时代的大手，但其内在肌理在展示的无不是人性深处的孱弱本质。

其次，生育之痛。不仅指女性在生育过程中所遭受的生理创伤和剧痛，而且更大程度来自于心理上的巨大压抑和无尽伤痛。怀孕对吟春而言意味的不是幸福，而是罪恶和耻辱，因为无论大先生还是她本人都认为这是日本兵的"贼种"，是镌刻在她身体上的罪恶印记，更是铭刻在大先生内心深处的耻辱。因此，在堕胎甚或自杀屡屡失败之后，她只能离开陶家，把这个罪恶的携带者生于天寒地冻的山洞，甚至想闷死她。相对于母亲生育的惊心动魄和一波三折，小桃生育时的心情则相对安稳和平静，一方面她终于以另一种自己满意的方式留住了黄文灿，另一方面她回到了老虎灶，不仅重续母女之情，而且终于懂得了母亲之于她生命的真正意义。她的痛苦主要来自外在世界的混乱和生命的卑贱，在子弹横飞中，从未接生的谷医生用一把剪刀迎来了武生的生命。而相对于外祖母与母亲，武生的生育其实最为痛苦。她在巴黎苦苦寻觅自我精神生命的痕迹，在生产之前的刹那，突然顿悟了生命的意义和爱情的真谛，然而这顿悟竟是以两段爱情的锥痛和杜克临死的呼吁换来。侥幸的是，对武生而言，女儿杜路得的出生既是她精神生命的重生，也是她爱情生命的延续。

再次，生命之痛。生命中的一切皆有定数，人需要做的只能是默默承受，尤其在面对那些命中注定的缺憾时。当命运以嘲弄的方式向吟春展示女婴是大先生的亲生骨肉时，大先生与婆母却已经在绝望的疼痛中离世，吟春暂得的喘息和欣喜顿时烟消云散，于是她只能独立支撑。在老虎灶的苦熬日子里，殷勤的仇阿宝帮她撑起一片天，却无法填满她的心，当阿宝为她而死时，她只能默默抱紧他的尸体泣不成声；辗转二十年，虽然最终与相知相依的谷医生走到一起，但两年之后谷医生却突发心脏病而亡。"至此勤奋嫂才明白，走过她生命的每一个男人都不是来和她相守过日子的，他们仅仅是上苍派来供她长长远远地缅怀的。从此她便死了再嫁的心。"孙小桃的生命里充溢着一种倔强的自卑以及由此而来的孤独，这种自卑主要来自她对出身的想象。日常生活中，母亲和二姨娘的讳莫如深和闪闪烁烁让小桃对自己的出身狐疑满腹却又无能为力。她甚至为此而恨母亲，恨那"老虎西施"的出身，而且"从小她就像憎恨老虎灶一样地憎恨自己的名字，她觉得'老虎灶西施'的绰号是表，而孙小桃的名字是里，这个里衬着那个表真是表里如一的相宜。"因此，小桃最大的梦想就是离开母亲，离开老虎灶，离开耻辱。高考可以改变身份和命运，然而考官的嘲笑却让小桃瞬间丧失信心，"她知道，她的梦在还没有开始的时候，就已经结束了"，"她突然就很是认命了"。而当她收到录取通知书闲逛至五马街时，又是另一番"得志有力"的心理感受了。此外，小桃在学校中身处三个群体之外而孤零零的情状，其实是以自卑的拒绝姿态显示着向往，尤其是对抗战和赵梦痕的隐秘向往；也因此，当遭遇灿烂"微笑"的黄文灿时，她便无可救药地被俘获了，因为这"透亮澄明"的"微笑"足以将她身经的冷漠融化殆尽。"他的微笑火信子似的朝着她舔过来，她像一团蜡一样无筋无骨地化成了水。跳上他车座的时候她想到了快活，也想到了死，在这里快活和死几乎是同义词。"前后差异如此之大，入木三分地显示出小桃命定的自卑。武生的命运之痛主要来自政治的裹挟和母亲"弄巧成拙"的"错上加错"。身世之谜被隐瞒了三十年的武生，在命运的牵引下发现了这弥天大谎，由此坠入了精神崩溃的深渊，在那一刹那，她的整个世界、生命和价值观统统轰毁了，而且紧随而来的是生父的中风和死亡，以及养父的生命垂危。总之，在细密交织的叙述洪流中，所有这一切都以一种命中注定的方式无可阻遏地上演着。而这密集的"疼痛叙事"恰如一条金线贯穿小说的始终，成为照亮整个文本、提升小说蕴涵的精髓所在。"如果我们没有自己的思想，那就是我们没有在意识与语言活动中兑换自己的痛苦。"而张翎对三代女性疼痛的叙述如此驾轻就熟，岂不正彰显出其内心深处无法压抑的思想的水到渠成？而且也正是这种水到渠成的思想成就了《阵痛》的深邃和伟大，"伟大的文学作品（特别是小说）必须能够挖掘精神痛苦的深度，找出人类罪恶的根源，以此重建人类尊严。"

当然，《阵痛》的撼动人心绝非止于对无边疼痛的咀嚼，更来自于对人间大爱的凝视和颂扬。小说中那些命中注定的疼痛背后，无不闪现着与生俱来的爱意绵绵，在痛与爱的密密缠绕中人性的真谛获得升华。是对大先生的深情挚爱使吟春在死亡面前一次次犹豫徘徊，哀婉凄惨；在生不如死的困境中，也是这份爱让她忍辱负重，独立支撑。是黄文灿的爱点燃了小桃内心深处的火焰，让她从自卑中脱离而出，由对生命的负面理解走向了正面阐释，从而感受到生命的璀璨和辉煌；是母亲对屈辱的默默承担和对亲情的无限敞开，让小桃懂得了母爱的无私和伟大。是母亲小桃在亲情覆盖下的卑微和哀求，是生父数十年如一日对母亲（和自己）的思念和忏悔，让武生懂得了包容和理解；是杜克临死对爱的坚执与呼唤，以及新生命孕育的神奇和感动，使武生彻悟了生命的真谛和意义。是谷医生看似木讷的醇厚和温和，让我们感受到爱的谦卑和广阔；是仇阿宝对勤奋嫂的一往情深和至死不渝，让我们倍感爱的辛酸与怆然；是宋志成对小桃的庇护和对武生的至亲，让我们深切体悟真爱的承担和牺牲；是杜克对武生的小心呵护和真诚尊重，使我们领受爱的自由与纯粹；是抗战与梦痕的相互牵挂、相互依恋，让我们看到爱的无限与超越。如此等等，可以说《阵痛》循着人性深处的潜流，将关于痛和爱的人生故事阐释到了极致。也许爱需要有疼痛作铺垫才显珍贵，而彻骨铭心的疼痛若没有爱作依托则极易陷入绝望和愤怒的暗夜。《阵痛》中，如果说疼痛让人情不自禁地黯然泣下、撕心裂肺，那么爱恋则让人无法自抑地热泪盈眶、心生敬畏；疼痛让我们对人生充满无奈和慨叹，爱恋则给我们以无限的温暖和力量，疼痛展示了历史的本真和人生的质地，爱恋则引导我们超越这种本真和质地，参悟到人性的博大与永恒。总之，在爱与痛的交织与激战中，小说获得了相得益彰的情绪张力和叙事魅力，不仅故事情节跌宕起伏，而且人生世态悉数呈现，丰富了整个文本的包容性和表现力，收获了一种诗意与人性的双重变奏。

小说关于人性书写的另一亮点是对"文革"的别样呈现。新时期以来，关于"文革"的叙事大都以展示暴力和斗争为主流，揭露的是人心的愚昧、残酷和黑暗。从最初的"伤痕文学"、"反思文学"，到其后"先锋文学"，再到新世纪以来的《兄弟》《河岸》《蛙》《古炉》等无不如此。然而，《阵痛》却给我们提供了一种别样的叙述。

一是温情。谷开煦作为被贬谪到朱家岭的右派医生，不仅没有遭受作为右派习见的打骂和刁难，反而凭借其医术为人排忧解难而获得了当地人的尊敬和亲近。村里人娶亲请他做证婚人，当勤奋嫂来看望他时，村人在自然灾害的穷困情况下却倾其所有来招待她；而这些看似单纯的农人，其实也懂得时代的暴力，当勤奋嫂担心谷医生再次祸从口出，暗示其不要发牢骚时，农民却劝她"山高皇帝远，谁也管不得谁"，勤奋嫂在朱家岭农人和谷医生的关系里深切地体会到了一种在城里找不到的和谐和温情："只觉得他们是水，谷医生是桨。桨插在水里，水裹住了桨。桨划着水，水推着桨，两下都是说不出的自如畅快。"以至于多年之后，当"文革"的风暴袭来而无法在城中安身时，谷医生、勤奋嫂和小陶带着武生，再次投奔朱家岭且得到人们的关爱、照顾，勤奋嫂甚至心生了在此扎根的自私念想。总而言之，小说虽也有关于"文革"暴力的呈现，但其着墨更多的却是这种知识右派与农人打成一片的融洽气氛，不禁令人耳目一新。这与杨绛先生在《我们仨》中关于他们一家在"文革"中得到普通人帮助的叙述可以彼此呼应。

二是悲苦。这里所说的悲苦不是来自暴力，相反恰恰来自对暴力的抑制和反抗。如仇阿宝为了保护勤奋嫂而向他的老婆白丽珍屈服妥协，但平心而论，白丽珍的疯狂主要缘于阿宝的冷漠虐杀和她对勤奋嫂的嫉妒愤恨；阿宝的死亡虽让勤奋嫂愧疚一生、凄苦无靠，但更令白丽珍的生命一片空白、了无生气。因此，夹杂在他们三人爱恨情仇中的"文革"暴力只是表象，而掩盖在这种疯狂与隐忍下的悲苦和哀叹所呈现的人性之痛才是作者的真正旨意所在。再如流行于文革叙事中的亲情破裂和反目成仇，在《阵痛》中也情节迥异。小桃并非"大义灭亲"式地与母亲划清界限，她的绝交信只是出于自我保护的潜意识，是悲苦无奈和惊慌失措之举，而她最终回归老虎灶，并与母亲重归于好、情感更浓。这又与钱瑗在"文革"中与父母"明绝交，暗照顾"异曲同工。

三 叙事整合的圆融

阅读小说《阵痛》总给人一种沉浸其中的享受，悬念的勾设、情节的宛转、叙述的密实、人性的开阔、心理的细腻，一切都浑然一体、自然而然，熔铸成一个熠熠生辉的诗性文本，实现了叙事伦理的有机融合。

首先，叙述方式多姿多彩，游刃有余。小说由三代女性各自不同的人生经历连缀交织而成，但每一部分的叙事都不落俗套，显得浑然天成。这其中插叙、倒叙、预叙和补叙的灵活穿插功不可没。《逃产篇》（一九四二年——一九四三年）开篇就是吟春缱绻哀婉的跳河自杀场景，为什么要自杀？又为何如此依依不舍？我们不得而知，只能迫不及待地依文而下，在重重悬念的弥漫中，小说经由舒缓而细密的倒叙一一展现：吟春与大先生的爱恋、鬼子对她的侮辱、鬼子对大先生的戕害、大先生与吟春无法解开的心结以及最终家破人亡的命运悲苦和盘托出，如流水般纵横交汇、汩汩有声、清澈明了。《危产篇》（一九五一年——一九六七年）处于一个重生的时代，也是一个巨变的时代，所有的新奇都以令人目不暇接的速度喷涌而出。但小说的叙事节奏依然轻盈柔韧。开篇关于勤奋嫂的故事似乎与《逃产篇》突然中断、脱节。

但小说叙述没有流露丝毫慌乱，在日常生活的缓慢节奏里徐徐展开，且"花开两朵各表一枝"。一枝紧紧围绕老虎灶和勤奋嫂发散，把谷医生和仇阿宝的人生与命运裹挟进来，展示出那个时代成年人遭遇的爱恨情仇与甜酸苦辣。一枝则开始慢慢向此篇的主人公小桃生发开去，且一路长成大树，枝繁叶茂，最终通过一代青年小桃、抗战、赵梦痕、黄文灿、宋志成的成长历程与感情交集，向我们呈示出那个时代不可抗拒的历史巨影和命运起伏。小说十分巧妙地以"文革"中司空见惯的"举报"情节，还勤奋嫂以吟春的本来面目，既揭示出那个时代世道人心的真实、可叹，又接续上"上篇"由吟春而来的生命故事，令人惊喜又水到渠成。《路产篇》（一九九一年——二〇〇一年）则更加出奇制胜，直接将时光的镜头推向了世纪之交的当下社会。这是一个日新月异的时代，人们的生活方式、思维习惯和价值观念都发生了和正在发生着耀眼的裂变。武生以主人公的姿态在属于她的篇章里登台亮相，扑面而来的首先便是爱情、事业这些属于现代青年生活和生命核心的关键主题。与刘邑昌缠绵无尽的爱情，理想与现实的巨大反差，若有若无的生意朋友杜克等等，小说似乎已经远离吟春和小桃的生命视线而生断裂之感，就在我们于内心深处暗暗替作者捏汗着急时，赶时髦出国留学的武生遭遇了她人生中一个接一个的惊喜和疑惑，在种种神奇和偶然铸就的情节中，小说带领我们迎回了黄文灿（现化名为法国人克劳德·布夏教授，他与孙小桃共同谋划了武生出国的事宜），作为武生的导师，布夏教授在交往中发现武生竟是自己的女儿，于是小说在这里又重新回到了吟春和小桃这条生命的链条上来，接续地天衣无缝。而《论产篇》（二〇〇八年）中杜路得关于生孩子的惊人之语，一方面是对此前三代女性生育经历看似轻描淡写的总结，另一方面则是对小说开篇引言关于女性怀胎与生育苦楚的再次回应，并进一步提升了小说的深刻蕴涵。总之，小说在看似漫不经心的叙述中，其实步步设伏、草蛇灰线，既放得开、又收得拢，不仅达到了收放自如、调控有度的叙事效果，而且扩展了小说的叙述空间和时间，丰富了小说的内涵和意蕴，使小说显得摇曳多姿，极富张力和诗性。

其次，叙述风格密实、婉约。张翎的小说在叙述风格上的密实有点类似于巴尔扎克，只不过巴尔扎克注重的是环境的精雕细刻，而张翎更善于把心思和笔力用于对人物心理的细腻琢磨，而且又特别注意控制这种笔墨的繁简与密度，使其紧紧与小说的整体基调和文气相适宜，因此虽然密实却不呆板，反而透露出一种款款的婉约。

一方面是表现手法的多面和妥帖。人物心理在《阵痛》中不仅是塑造人物形象的有效手段，而且某种程度上也是小说叙述的背后推手，这需要对其进行恰如其分地呈现。第一，白描。小说很多地方通过直接呈示的白描手法来展现人物的内心世界，极尽言语之功，以有限写无限。如吟春过门，婆婆吕氏喂她喝"早生贵子"的红枣莲子汤，"她喝完了，吕氏却没有走，依旧站在床前，定定地望着她，目光在她的脸颊上凿出一个个洞眼。她感到了热，也感到了疼。她躲开她的眼睛，垂下了头。吕氏叹了口气，走到门口，又转回来，嘴唇抖了抖，说你，你多留他，住几天。那天吕氏的眼神是急切的，像刀也像火；但是吕氏的语气却是懦弱卑微的，像剔去了筋骨的肉。"寥寥几笔，既栩栩如生地写出了初为人妻、年方二八的吟春的羞怯，又入木三分地刻画出年过六十却没做成娘娘（奶奶）的吕氏作为封建家长急切又无奈的心境。再如吟春从鬼子那里受辱后逃回陶家，"吟春那天哭得很怪，两眼大大地睁着，如同两个黑咕隆咚的岩洞，不见悲也不见喜。嘴角紧抿，像是两扇上了重锁的门，没有一丝声响。只有眼泪，源源不断地从那岩洞里流出来，先是一颗一颗，再是一条一条，再后来，就成了一片一片。"此时的吟春脑袋里一片混乱与矛盾：既为活命而归感到庆幸，又为自己的受辱感到羞耻，同时又不敢讲出事情的真相；她已经丧失了思维，因而变得麻木、痴楞、失控，只能任由情感自行泛滥。第二，衬托。主要是以环境描写来衬托人物的内心世界。如"日头在树梢上颤了几颤，终于甩脱了枝叶的缠绕，一跃跃到了半空。四下突然光亮起来，日光把水、树和岸边的芦苇洗成了一片花白。天像是一匹刚从机子上卸下来的新布，瓦蓝瓦蓝的，找不着一丝褶皱和瑕疵。虽是秋天了，日头无遮无拦地照下来的时候，天依旧还和暖，安静了好久的知了又扯着嗓子狠命地嘶喊了起来。知了一出声，万样的虫子都壮了胆，也跟着吱吱呀呀地聒噪，水边立时就热闹开了。"这一段生命招展、纯净美妙的文字写出了"一年里也遇不上几回"的好天，而在这样的好天吟春却选择要自杀。极其深刻地展示出吟春关于死去与活着的纠结，她的悲伤与无奈、留恋与决绝得到了有力的呈现。再如"勤奋嫂咬着嘴唇，目光直直地盯着窗外。日头行了一天的路，终于累了，咚的一声坠在天边，砸起一天的血。窗台上不知是谁搁了一个脏碗，有一只饿得只剩了一层皮的雀子，正当当地啄着碗底硬得像铁的剩饭粒。挂瓶里的葡萄糖水浅得只剩了一个底，水走得极慢，水珠子憋足了劲道，半晌才落下去，声气大得惊天动地。"这里的实景意在衬托突出勤奋嫂内心深处对现实和生活的妥协，谷医生的右派身份会影响到小桃的前程，为了女儿她只能无奈地选择暂时放弃这段情感。

另一方面是语言的柔韧和通脱。小说叙述的成功与否，与语言的优劣大有干系。《阵痛》无疑是张翎实现语言魔力、展示叙述魅力的美妙舞台。小说的语言随着故事和情感的起伏而摇曳生姿，无数闪烁着生命体验和人生智慧的比喻、拟人、象征、通感等流贯其中，自然妥帖、沁人心脾。如大先生质问吟春欺骗他，在吟春听来"大先生的话是一个字一个字从牙缝里挤出来的，挤得太辛苦，话肉都挤掉了，剩下的全是光秃秃的骨头，一根一根的很是生硬。吟春被咯疼了，哆嗦了一下。"呈现出相爱的人互相试探的痛苦及不信的绝望。当大先生吐露自己无生育能力时，"他把头埋进手掌里，她听见他的声音泥浆似的从指缝里艰难地挤出来，满是皱褶和裂纹。"既写出了大先生男人自尊的塌陷，又表明大先生对吟春身孕的怀疑和痛惜，同时也透露出吟春最后一丝侥幸的粉碎。而当小桃自感大学梦碎、向命运妥协时，小说写道"心思原来是有重量的。心思像沉甸甸的铁钩，一个一个地挂在睡眠上，就能把睡眠钩出千疮百孔。可是现在她放下了，她终于放下了所有的铁钩，再也没有什么东西可以捅破她的睡意。"如此等等，不一而足。《阵痛》就是这样，在整个故事文本的讲述中特别注重语言与表现手法的精心打磨，其实也正是这种细腻的功夫赋予一个典型文本在故事的骨骼之外以温润、弹性的生命光泽。就此而言，《阵痛》顺理成章而又令人惊喜地完成了从故事文本向意义文本的回归和升华；或者说，《阵痛》最浅层次的故事已经足以打动我们，但其最为震撼人心的却是包蕴在故事文本之内的由语言、情绪、风格等凝铸而成的生命体悟和智慧闪光。

再次，叙述姿态兼容并包、水乳交融。众所周知，20世纪的中国充满了动荡与革命，血与火、生与死、成功与失败成为这个世纪纠缠不清的主题，政党的兴衰、个体的存亡在历史的洪流中显得脆弱又卑微。对于这个天翻地覆的世纪，作家们纷纷从各自的世界观和认识论出发进行了精彩纷呈地阐释，形成了或史诗型或家族型抑或个体型的书写，因此塑造了各个时代文学的不同面影。在《阵痛》中，张翎既没有遵从政治史诗性的"大叙事"，也没有单单凸显家族叙事的文化寓意或个体民间叙事的解构冲动等这类"小叙事"，而是十分巧妙地将个体与历史、家族与政治进行了辩证呈现，形成了"轻""重"交融、相得益彰的叙述伦理，在文本中将"大叙事"与"小叙事"进行了完美融合，产生出令人惊叹的艺术效果。第一，小说的主体是三代女性的爱情沉浮和生育疼痛，个体的生命体验与生活体悟构成小说丰盈的故事空间，她们尤其以女性特有的温婉和敏觉赋予生活本身更具可感的温度和弹性。因此，日常生活的琐碎与繁杂、敏感与纤弱、平实与多变构成小说叙事之河的主流，它以"小叙事"的人间性阐释并颠覆了"大叙事"的邈远和冷硬。

在聆听魏巍的《谁是最可爱的人》之后，勤奋嫂顺口叹息道"我总觉得，出门打战的孩子，可怜啊。""爹娘老婆不在身边，这些孩子，在别人的地盘上，出门久了孤单啊。"小说对时代洪流中的"个体之重"进行了真诚的呈现：成年之前的小桃陷入了一种与生俱来的孤独，从小学到中学到大学，从小城市到大城市，小桃不过是从一种孤独走进另一种孤独；她没有朋友，小时候沉溺于儿童连环画，上大学则埋头于专业，甚至在"文革"中也无法融入所谓的集体中去，在匆匆串联几天后，便心生厌倦，踏上归程。在暴烈的时代洪流中，小桃的个人身影依然清晰可辨。而且，为了成全自己的情缘，小桃甚至罪孽的期望美国和越南的战争永无止境地拖延下去，这样黄文灿就可以一直留在她的身边。当黄文灿接到命令不得不离开中国时，小说写道："她恨他的国家，也恨自己的国家，她甚至恨那个大老远赶到他的国家撒野的国家。她觉得它们是老天爷指派了来合着伙欺负她的——老天爷不惜毁了三个国家，只为了不让一个女人成全一段普普通通的情缘。"个体生命的感受在某种意义上已经超越了政治与国家的视界。小说还特别安插了资本家之女赵梦痕与南下高干之子抗战之间暖人心脾的爱情故事。在出身决定命运的年代，赵梦痕与抗战原本分处对立的世界，他们的命运几无交集的可能，他们之间的鸿沟与生俱来，"虽然'一视同仁'的话一直在报纸上喊，可是就连二姨婆这样大字不识一个完全看不懂报纸的人都知道，功臣的儿子哪能和罪臣的儿子坐在同一条板凳上？"然而最终，小说却脱离意识形态的拘囿，十分令人信服地让丧失父爱、陷入孤独的抗战最终在赵家找到了心灵的栖息地，并在与赵梦痕的精神交流中获得了爱情。一根线上最远的两个端点在乱世的推动下意想不到地连到一起，构成了一个较为完满的圆。小说因此写道："阶级不是高墙，也不是鸿沟，阶级只是水。风从东边吹过来，水就往西边走；风从西边吹过来，水就往东边去。阶级没有定性，阶级只跟风走。"总之，小说中的三代女性都曾与历史的洪流进行过隐忍而艰难的抵抗，并以个体性的体验在历史的冷硬处切开了人性的丰富和柔软，至少在某一瞬间获得了属于个体自我的温馨和生命质感。第二，小说并没有真正完全摒弃"大叙事"的痕迹，而是十分巧妙地进行了虚化处理，使其在很大程度上作为人物活动和故事展开的历史背景。如在吟春/勤奋嫂的命运轨迹中，日本侵华和文革占据了举足轻重的位置，这两个重大历史事件直接决定或者改变了她的人生方向；在小桃/陶的一生中，新中国和文革所带来的身份观念则自始至终成为她无法挣脱的梦魇，是她所有孤独和自卑甚至带有破坏欲的冲动的来源；而在宋武生的人生旅途中，改革开放走出国门和"9·11"事件成为重塑她人生观与价值观的重要推手。毫无疑问，如果没有这些重大的历史事件作背景和映衬，《阵痛》的故事空间将大大缩小，人物形象可能无法如此丰满立体，主题意蕴可能不会如此丰厚精深，文本的历史感和穿透力也将会大大削弱。由此可见，《阵痛》将叙事伦理中的"大"和"小"、"轻"与"重"拿捏到位，并发挥得淋漓尽致、浑然一体，它以开阔的叙事姿态赢得了丰盈的文本意蕴。

综上所述，小说《阵痛》实现了历史阐释与个体书写的完美融合，无疑将成为张翎近十年创作的集大成者。她既轻而易举地卸下了《邮购新娘》中编排故事的处心积虑和苦心经营，也潇洒自如地走出了创作《金山》时对历史的小心翼翼和深切依赖；她已经敢于放开俗套与历史的技巧性支撑，而探寻到属于自己的独特的审美体验、时空观念和人性认知。这预示着张翎小说创作新境界的到来。当然，我们无意将《阵痛》宣扬成完满的小说文本，在尊重阅读体验的基础上，小说的瑕疵也一目了然。比如，《危产篇》关于赵梦痕与抗战的书写篇幅过长，他们存在的意义在展示历史背景的维度要远比塑造小桃形象方面更有力，这打破了与前后两个单元之间的平衡感，是作者内在思维过度膨胀而失控的呈现。再如小说中渲染了过多的传奇色彩，像小桃与刘邑昌的绘画天赋，小桃与黄文灿的跨国之恋以及后来武生出国与生父的相遇，这仍然是此前通俗写作的遗留痕迹，在某种程度上削弱了小说的普遍意义和恒常价值。还有读小学的小桃怀疑自己身份的理由是"我爸要真是种田的，我怎么生来就会画画？"明显超出孩童的思维范畴；勤奋嫂去朱家裕看望遭贬谪的谷医生时，高调而主动地在众人面前暴露自己的身份，不太符合她一贯谨小慎微的性格；吟春在遭遇鬼子羞辱时，居然将鬼子的身体与大先生相比较，甚至产生低贱的快活感，这里貌似要凸显凡庸的人性，实则陷入了消费时代庸俗的浊流；而赵梦痕的形象塑造，明显带有一种后设的渲染精英贵族、贬抑革命的无意识冲动；如此等等。但毫无疑问的是，这些细微的瑕疵不会遮蔽《阵痛》作为一部经典之作的光芒和锐利，而其在诗学领域的有效突破，不仅预示着张翎本人创作高峰的到来，而且有可能成为当代华文文坛的崭新丰碑。

[作者单位：山东大学（威海）]

云组织：职教集团的一种新型治理模式

楚金华

据了解，目前全国共有中职学校 12000 多所、高职院校 1334 所，中高职年招生总规模约 1100 万余人，在校生近 3100 万，已名副其实地成为世界上规模最大的职业教育体系国家，培养了大批技能人才，改善了劳动力结构，为推进我国城镇化、经济结构调整及产业转型培养了大量人才。

在职业教育快速发展的同时，我国政府及学界一直在积极探索适合我国国情的特色职业教育办学及人才培养模式。职教集团作为一种倍受青睐的办学及人才培养模式这些年获得了快速发展，其中《国务院关于加快发展现代职业教育的决定》（国发〔2014〕19 号）中明确提出了"鼓励多元主体组建职业教育集团"的要求，作为一种提倡资源共享、多方共同治理的协作办学模式，职教集团的治理模式在"互联网＋"大环境下会有什么变化及不同？这正是本文要研究的问题。

一 我国职教集团发展与研究现状

（一） 发展现状

据了解，截止到 2015 年 11 月，全国已组建职业教育集团 1142 个，共有4.6 万余个成员单位，涉及中职学校 7200 所，高职学校 950 所，本科院校 180所，行业协会 1680 个，企业 2.35 万个，政府部门 1630 多个，科研机构 920个，其他机构 1450 个。

从全国职业教育集团化办学专题网站的数据来看，我国职业教育集团化办学存在以下特点。一是职教集团地域分布不均衡，从各地职教集团数量占比来看，排前 7 位的浙江、山东、广东、福建、河南、四川和江苏等这些省份的职教集团数量占全国总数的 48.6%；这与各地的民营经济发展程度、对高技能人才需求程度及高职院校数量有一定关系。二是牵头单位以学校为主，全国 1142 个职教集团中，有 1079 个牵头单位为学校，占比 94.5%；政府牵头的职教集团为 54 个，企业牵头的职教集团仅为 9 个。三是职教集团办学开放度不高，没有很好采用新一代信息技术来实现资源共享，1142 个职教集团中，仅有 202 个建立了专门网站，其中上海市成立的职教集团中有 10 个建立了网站，比例达 43.48%，为全国区域最高。

（二）研究现状

在 CNKI 文献数据库中，以篇名包含"职教集团"为条件对文献进行搜索，截止到 2016 年 2 月共有 805 篇相关文献，其中学术期刊 578 篇，硕博论文 13 篇，会议论文 2 篇，报纸新闻 212 篇。从文献的发表时间看，从 1994 年到 2015 年每年都有这方面的研究成果，但是主要成果还是发表于近四年，特别是 2013 年开始，每年都有 100 余篇相关学术论文发表，这与我国职业教育发展的宏观环境相关。从文献研究主题来看，CNKI 中研究职教集团治理及组织结构问题的文献并不是很多，篇名包含"职教集团"或"职业教育集团"中的一个并且同时包含"治理"或"管理"中的一个文献不超过 50 篇，基本观点可以概括为三类。一是基于契约结构或产权结构角度来研究职教集团的治理结构，该观点认为职教集团是一种松散型自组织结构，应该基于契约或者要素产权在内部以"交易"方式来实现合作，职业院校往往由于"能力缺失"或"资源缺失"而导致合作企业缺乏兴趣，因此提出"契约型组织化"的职教集团治理模式，这种观点更多主张将职教集团当作一种正式组织，应该从组织角度来制定其组织架构和管理制度，例如徐海峰、李广坤等。二是认为职教集团之所以在运行中出现参与单位积极性不高、实际成效不尽人意的原因主要是因为职教集团涉及政府、牵头学校、企业、研究机构、行业协会及兄弟学校等多合作主体，每一个合作主体都有自身利益诉求，一旦出现利益不均衡的情况，就会导致合作进行不顺利，因此这种观点主张基于利益相关者角度，设计一套利益均衡或者多元治理的治理机制来管理职教集团，例如孙健、章建新、曾东升和徐海峰等。三是将职教集团当作一种超组织、第三部门机构，出现了"有成员无组织""有集团无身份""运行边界不清"等尴尬局面，因此主张从完善机制、增权赋能及创造事业共同体等方面来完善职教集团治理，例如许涛。

（三）发展与研究不足

从上述关于我国职教集团的发展及研究现状来看，职教集作为我国职业教育正在探索的一种多元化办学模式，符合我国国情和职业教育人才培养特点，在理论研究和模式实践方面都取得了不少成绩，但是也存在以下问题。

一是实践层面上的职教集团更多流于形式，以某个单位牵头把职教集团成立，但是对集团内部资源如何共享、业务如何协同、集团如何运转、利益分配机制如何制定等一系列问题并未进行深入研究。

二是现有职教集团开放程度不高、对新一代信息技术应用不够、对"互联网＋"大环境下运作模式创新不力，大都停留在传统的管理与运作模式，例如前面说到的 1142 个职教集团中，仅有 202 家建立了门户网站，离搭建云平台就更远了。

三是理论界对职教集团治理的研究仍然停留在借用传统组织的治理理论上，职教集团本身就具有"超组织"的特性，加之云计算、物联网等新一代信息技术的发展，职教集团这种"超组织"应该完全可以升级为云组织（云平台），而我国理论界尚未出现这方面的研究。

互联网让跨越企业边界的大规模协作成为可能，企业很多业务都漂出了边界之外，正如《未来是湿的》中所提出的"无组织的组织力量"正在出现，这是一种凭爱好、兴趣、快速聚散、合作分享的自组织行为，而"互联网＋职教集团"正好符合该特征。结合《国务院关于积极推进"互联网＋"行动的指导意见》（国发〔2015〕40 号）中关于"互联网＋教育"的要求，及我国职教集团实践和理论研究的现状，本研究特提出"云组织"应作为"互联网＋职教集团"的一种新型治理模式。

二 "互联网＋职教集团" 治理模式基本理论

1. "互联网＋职教集团" 的内涵与特点

要研究"互联网＋职教集团"的治理模式，首先要对其概念与内涵进行界定，自 2015 年十二届全国人大三次会议，李克强总理在《政府工作报告》中首次正式提出"互联网＋"以来，"互联网＋"备受关注，政界、学界和商界都对此采取了不同行动，国家层面也出台了专门的行动计划，"互联网＋"各行各业的行动计划普遍流行，在理解"互联网＋"的内涵时，应重点把握以下几点。

首先，"互联网＋"中的"＋"不是简单把互联网当作一种工具，不是简单的信息化，而是传统行业数据化的过程，因为只有传统行业被数据化了，才能实现在线化。这个时候数据的模式不再局限于结构化数据，常常以非结构化数据为主体，这个时候数据已经由过去简单的决策参考成为一种数据资产。例如"互联网＋职教集团"不仅仅是建立网站、在网站上发布信息和传递信息，更多的是要搭建数据平台，通过集团各利益相关者的数据资源共享和积极参与，充分释放数据流动性，实现数据在集团各成员之间以最低成本流动，进而促成协作。

其次，"互联网＋"不是简单的连接，而是对原有业务流程及生产要素的一种融合，更多是一种因跨界而实现的创新。在"互联网＋"时代，只要双方有系统就可以实现"连接"，成功连接后，各类生产要素就可以实现跨界，进而创新。例如"互联网＋职教集团"中，我们不仅可以把传统思维中的学校、政府、企业和协会等法人体连接到职教集团，还可以把企业产品的终端用户、毕业后的学生等自然人连接到职教集团，而企业用户的诉求及学生毕业后职业去向往往是企业和学校所最关心的，这种"去中心化"的融合能够让职教集团各参与方找到自己的兴趣点，进而提升他们参与职教集团的兴趣。

最后，"互联网＋职教集团"其本质是一种云组织。"互联网＋"的本质在于"去中心化"，释放数据流动性、提升数据复用性，这样势必造成组织边界模糊化，对传统组织治理模式也是一种挑战。现阶段职教集团治理遇到的困境问题正是由于其具有"超组织"性质而导致的，因为现行组织治理模式主要是依据科斯的交易成本理论、威廉姆斯的资产专用性理论及新制度经济学派的产权理论，但是基于这些理论的治理模式对边界模糊的"超组织"往往显得无能为力。"互联网＋职教集团"模式中资源平台化、个体创客化、用户中心主义、组织边界模糊及等现象越来越明显，其本质越来越接近云组织，因此应该构建基于云组织的治理模式。

2. 职教集团云组织的概念

云组织的概念在国内最早由穆胜博士提出，穆博士认为"互联网时代'分布式'的用户需求，只能用'云'的结构来整合'分布式'的资源，以满足用户需求。即：将资源集中到一个'云台'上充分共享、随需调用"。从穆博士对云组织的描述来看，云组织首先是基于云计算"按需调用，智能分配"的理念；其次，云组织的资源都应该集中在一个平台，平台上资源共享，由需求发起方组织和调用资源，组织边界越来越模糊；最后，平台任何一个参与方都可以是资源发起方，只要他们手中有"需求"，可以打破传统的企业边界，随时"连接"系统的资源，完成订单，实现资源价值最大化。

根据上述对云组织的描述，我们可以将云组织定义为：云组织又可以叫作云平台，这种组织形式没有正式的机构、层级及岗位，一些实体和个体带着他们的资源集中在云平台，随时在线，按用户需求随时调用资源，以最佳方式进行协作，实现资源价值最大化。因此我们可以将职教集团云组织（云平台）定义为"政府、学校、企业、行业协会、企业产品最终用户、学生、行业专家等各利益相关体带着各自的资源为实现资源效用最大化而搭建的一种自组织平台，平台中没有绝对领导者，只有用户需求挖掘者，用户需求挖掘者一旦挖掘到新的需求就可以随时调用平台上的资源来完成该项目，通过这种方式实现资源价值最大化"。

三 职教集团云平台构建与治理模式

（一）构建原则

从前面关于云组织的概念描述，职教集团云平台应该覆盖产业链中不同参与主体，并基于他们对平台不同利益诉求而尽量提供个性化订制服务，因此本研究从服务、社会角色及与行业紧密度三个维度提出构建职教集团云平台的六个原则，具体见图1。

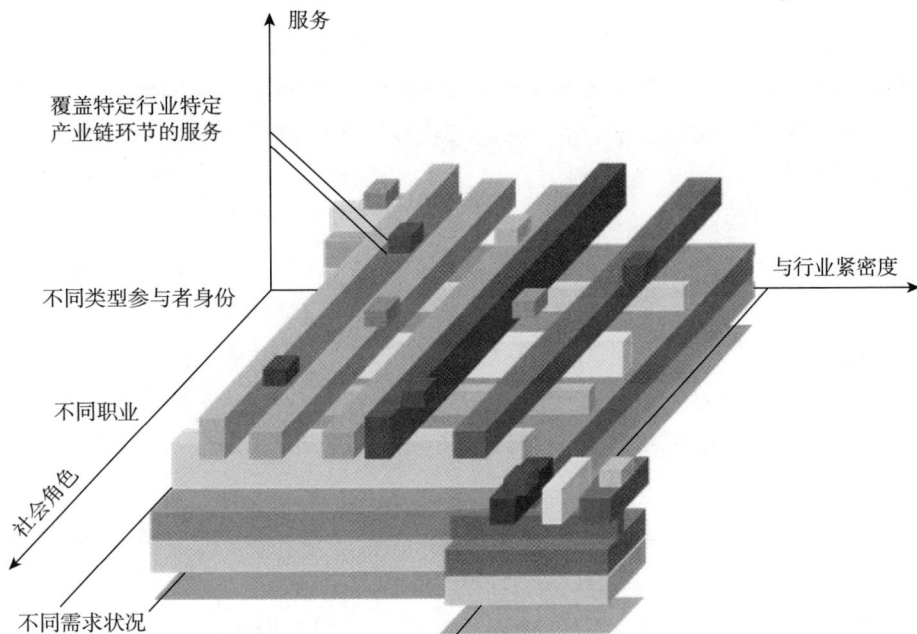

图1 职教集团云平台构建原则

1. 政府引导、市场主导

职教集团云平台属于教育信息化项目，对于这一类项目，应引入社会资本方式来进行建设，例如采用 PPP 模式等，政府把握正确的政治方向和政策导向即可。采用市场机制，引入社会资本，利用平台资源，开发造血系统，这样才能保证项目的健康发展与持续建设。

2. 搭建平台、服务融合

构建职教集团云组织，首先，必须搭建云平台，将各参与方能共享的资源都搬到网上来，实现在线化享用，并且提供融合服务。所谓融合服务就是延伸服务对象，就职教集团所在行业的产业链上合作伙伴都吸引到平台中来，提供全方位融合服务，例如可以将产品的用户、原材料供应商、金融、物流、行业的政府部门等都邀请到集团中来，为合作方提供一体化的解决方案，同时还能增加用户黏性。

3. 资源共享、数据标准

要实现资源在线共享并充分利用，必须按照行业标准将各类资源的描述标准化，然后再将标准的数据录入平台，例如有用户要查询平台中某个岗位的工种，他可以按"学历、从业年限、职业资格证、擅长工具……"来查询，这样不仅靶向性强，而且还能提高资源利用率。

4. 终端多样、兼容发展

职教集团云平台的使用终端设计必须符合现阶段信息技术发展趋势及人的信息技术终端使用习惯，不仅要开发面向 PC 端和移动终端的使用平台，同时平台还要具备与微信、QQ 等主流社交软件搭建接口的功能，做到平台参与者可以实时在线。

5. 共享共治、协同发展

职教集团云平台运作中有一个明显特点就是平台上个人创客会越来越多，业务单元会越来越多，企业规模会越来越小，参与方一起在平台上共享资源、分享需求、解决问题，企业的规模大小不再成为主要因素。由于市场机制的引入，也不需要再单纯依靠某个学校或者大企业来投资以维持集团运转，越来越多的企业会受益于发现市场的长尾并与大企业共同发展。

6. 需求导向，个性服务

如图 1 所示，职教集团云平台将综合考虑各合作体与行业紧密度、社会角色及服务诉求等三个方面因素综合为各利益相关者提供个性化服务，尽量将服务项目和内容精准化，只有这样才能提升各用户的黏性。同时还得兼顾行业的长尾需求，特别是对一些必需但因为需求量小而被人忽视的长尾需求。

（二）职教集团云平台架构

根据前面关于职教集团云平台理念及构建原则，可以构建出如下的职教集团云平台模式，具体如图 2 所示。

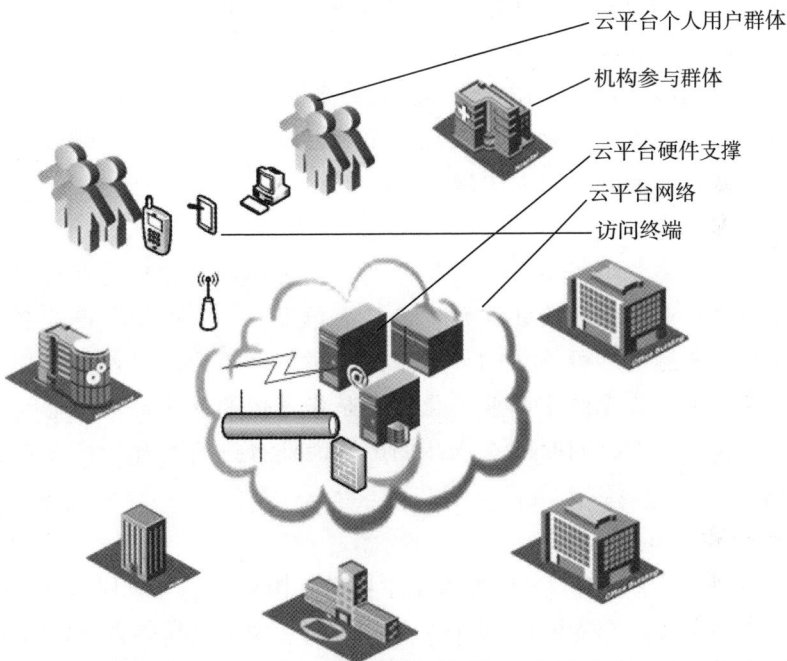

云平台个人用户群体

机构参与群体

云平台硬件支撑

云平台网络

访问终端

图 2　职教集团云平台架构

根据图 2 关于职教集团云平台的描述，我们可以看出该平台具有以下特点。

1. 资源平台化

在职教集团云平台上，任何资源，无论是人、实训室、企业车间、企业产品还是其他资源，只要能够将其数据化、标准化、录入后台，就能通过云平台实现精准匹配和实时在线。在这个平台上，我们不再强调对资源的所有权，更强调对资源的使用权，平台上的每一次"连接"都代表一次"使用"。平台上的任何人或机构都能实现任意互联，平台可以为用户提供一站式融合服务，在平台上解决所有问题，特别是当这些资源数据化后，还可以对外提供服务和收取服务费。

2. 用户在线化

职教集团云组织另一个特点就是所有用户都实时在线化，变传统意义的单位员工在册为云平台资源在线，遇到需求发起者，所有在线员工会带着他们的资源一起来完成任务，并且根据贡献率大小来获取报酬。这样能让平台的每个参与者都享受平等的待遇，而不是像传统意义的职教集团中，参与者由于资源拥有者因地位不一样而获取报酬不同。

3. 参与主体多样化

根据前面对职教集团云平台的研究，我们可以看出，职教集团云平台不仅把传统意义上的合作主体纳入到平台，而且还将企业产品最终用户及其他利益相关者吸引到平台，合作主体多样化，多方共同挖掘企业用户行为数据，不仅能提升企业服务，增强企业市场竞争力，还能使我们课堂教学内容更贴近用户需求，进而提升学校人才培养质量。

4. 合作产业链化

合作全面化主要是指参与职教集团的合作主体和合作内容产业链化，其中合作主体全产业链化在构建原则中已经简单提及，主要是从产业链角度考虑，把整个产业链中尽可能多的环节用户都邀请到平台来，便于为用户提供一体化融合服务。合作内容产业链化主要是指不仅要在产品的核心层、形式层及附加层进行合作，同时要在产品的上下游业务进行合作，还要在长尾需求方面进行合作。

5. 服务融合化

从前面的描述中，我们可以看出基于职教集团云平台，可以为各参与方提供新闻、行业资讯、在线市场、咨询、客服外包、金融、政务服务、人才市场、在线培训及创业孵化与支持等全套融合服务，让各参与方都能找到自己的兴趣爱好点。这样不仅可以改变传统职教集团仅限于订单培养人才、外聘师资、厂内实习及个别横向课题合作等单一服务模式的局限、提升栏目实用性和用户黏性，而且还可以激发用户兴趣、减少重复工作、节省时间和提升服务质量等。

6. 利益均衡化

基于目前职教集团各参与方兴趣和利益不一致的情况，有些学者提出从组织学角度设计一套有助于利益均衡化的职教集团治理模式。基于云平台的职教集团治理模式在设计之初就兼顾了产业链上不同环节利益相关者的业务需求，而且云平台更多是一种自治的模式，在这个平台拥有订单或需求的一方随时可以实时在线连接平台的各类资源，因此它是一种利益均衡化的治理模式。

（三）职教集团云平台治理模式分析

1. 云平台是一种"大平台 + 小前端"的治理模式

传统组织的管理架构是基于泰罗的科学管理制度而设计的一种科层管

理，管理层级呈现出金字塔式，这种管理管理体制的优势在于上级对下级的有效控制与行政命令，但是缺点就是不同层级之间的信息流失严重、决策机制长，内部交易成本减少了，但是管理成本增加了，因此这些年一直在推崇扁平化管理。云平台中，资源向每一个参与者开放，每一个订单拥有者或需求发现者都可以随时和平台的资源进行"连接"，每一次连接相当于一次交易，同时他们也会把自己的资源共享出来。这种模式下，去中心化效果明显，参与方组织规模已不重要，平台中会有很多个人创客出现，这些创客都是独立运作的组织实体，但是由于共同的利益、兴趣和爱好而聚集在平台，他们之间是一种协同价值网络的关系，呈现出"倒金字塔"的结构，每个业务单元以自治为主，通过平台资源将各业务单元凝聚起来，具体如图 3 所示。

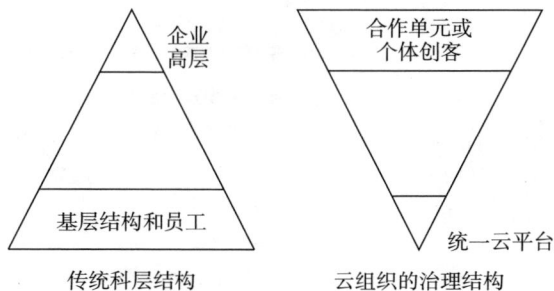

图3 传统组织和云组织治理结构对比

2. **职教集团云平台运营逻辑**

前面已经指出职教集团云平台建设工作应采取政府引导、市场主导的模式，因此平台服务内容必须符合市场及各参与方的利益需求，才能产生商业模式，平台才能持续运行，本研究从职教集团所处的产业环境、竞争环境及行业用户等三个维度提出平台的运营逻辑模式，具体如图 4 所示。

（1）服务产业的项目方案

服务产业的项目方案，是指职教集团平台搭建方根据平台参与方平台使用行为的大数据分析，结合所在行业的产业环境、自身要素禀赋和能力，在发现行业内某个市场需求后，制定出符合行业实际环境的项目实施方案。例如，平台运营方发现现在我国职业院校毕业生跟踪服务基本都是通过抽样调查的方式获取数据，如果平台上能设计一个实用而且黏性强的产品，让学生在校期间就开始使用该功能，毕业后持续使用，这样会提高数据精准性，从而可以给学校及相关部门提供数据报告。

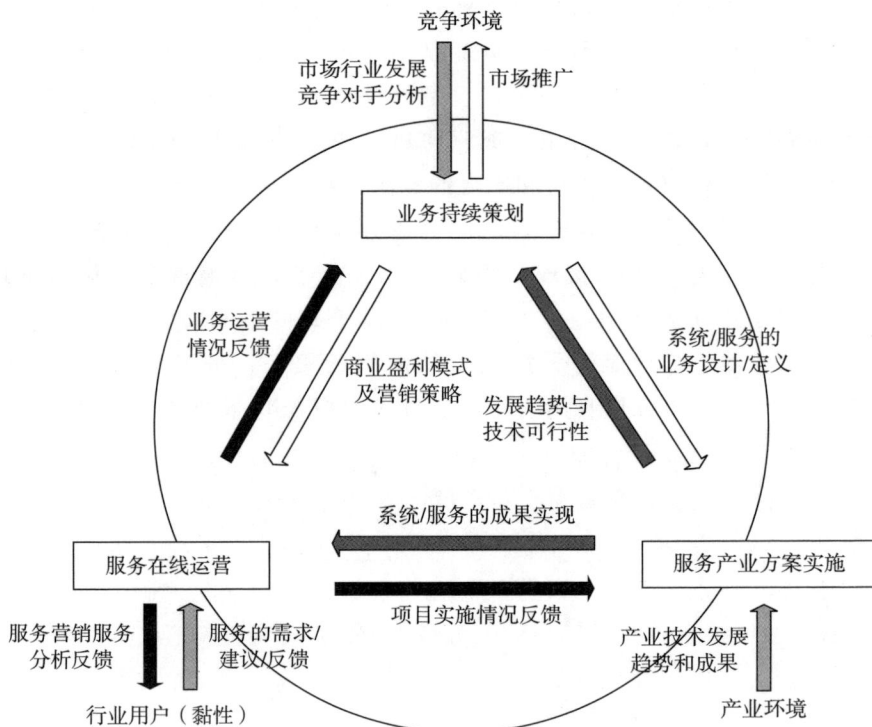

图 4　职教集团云平台运营逻辑模式

（2）业务持续策划

大生产时代的特点就是生产导向，规模生产，漠视个性化需求，而"互联网＋"的时代，生产者和消费者信息对称，中间环节减少，加之竞争压力大，所以消费者的个性化需求越发得到生产者的重视和关注。因此，平台运营方必须时刻关注所在平台的产业环境及竞争环境，并且根据前期运营方案的反馈持续策划更个性化和满足用户需求的运营方案。

（3）服务在线运营

服务在线运营的核心就是用户黏性，黏性原本是物理学的一个概念，原来被用来描述油墨被断裂分离时抵抗阻力的量度。一般情况下，黏性与流动性成反比，即黏性越大、流动性越小，黏性越小、流动性越大。今天黏性被借用来描述互联网产品的一些特征，学者和企业家都很关注互联网产品的黏性，可以将其定义为：用户对互联网产品的参与度和脱离该产品所受阻力的大小，其中参与度是指用户使用互联网产品的频率和每次使用时间长短；脱离产品所受阻力大小是指用户放弃使用互联网产品时受到来自客观环境的阻力大小。服务在线运营的核心就是根据用户使用行为的大数据分析持续改进服务内容以提升用户黏性，持续平台的造血功能。

通过图 4 及以上论述我们可以看出，职教集团云平台的运营必须从所在行业的产业环境出发，以为行业企业提供相关解决方案为切入点，并且根据竞争环境持续改进和提升业务服务能力和完善解决方案，不断挖掘和优化商业盈利模式及营销策略，通过增加服务内容、完善服务体系、提供个性化服务等方式来不断增强平台的行业用户黏性，以实现平台的持续发展，破解目前职教集团运营难题。

四　职教集团云组织治理模式的意义与挑战

（一）职教集团云组织治理模式的重要意义

1. 符合国家供给侧改革政策，全程工学结合对提升我国职业教育人才培养质量具有重要意义

供给侧改革旨在调整供给结构以满足实际需求，我国正处于由制造大国向制造强国迈进的过程中，势必需要大量高素质的技能型人才，而我国目前虽然职业教育规模够大，但是由于长时间受传统人才培养模式影响，职教院校培养出来的人才目前还不能和企业需求实现无缝对接。职教集团云平台采用的是一种实时在线、全方位的参与模式，需求拥有方可以实时连线平台资源，因此在这种模式下，职业院校可以随时参与平台项目，老师可以根据实际情况组织学生参与项目或者将项目带入课堂，实现教学全过程工学结合，对比传统人才培养模式中的集中实训或顶岗实习效果能更好，教学内容能更贴近实际工作。提高职业院校人才供给水平不仅符合国家供给侧改革政策，同时对改善我国职业教育校企合作现有困境及提升人才培养质量都具有非常重要的现实意义。

2. 跨区域、跨时空合作对促进教育资源均等化具有重要意义

职教集团云平台具有开放性、协同性、共享性和实时性等特点，基于云平台的职教集团参与方可以是区域内的利益相关者，也可以是区域外的行业相关者。这种跨区域甚至是跨行业的合作，能使优质教育资源和行业资源发挥最大效应，覆盖更多的学校、企业甚至是个体，例如某学校将其实训室部分或全部资源共享到云平台上，其他不具备该实训条件的师生就可以享用，对于优质教师资源、课程资源及企业实训资源等都能起到同样的效果，这对促进优质教育资源均等化具有十分重要的作用与意义。

3. 对职业院校学生进行长期职业动态数据跟踪服务可以持续改进职业教育人才培养模式和提升人才培养质量

职业院校人才培养质量的一个重要评价指标就是毕业生就业质量及后续职业发展情况，目前一般都采用抽样调查的方式，受样本数量及个体数据等因素影响，这种方式的调查结果很多情况下并不能客观全面反映出我国职业院校毕业生的就业质量及职业发展情况，因而对院校人才培养模式改进的作用有限。职教集团云平台兼容 PC、手机、PAD 等各类型终端，并为参与方提供融合服务，只要在平台上提供黏性足够强的服务项目，职业院校学生不仅在校期间会利用该平台进行课程学习，而且毕业后还会利用该平台持续学习及寻找创业资源，这样我们便能掌握学生毕业后一段时期内职业发展全方位数据，这对提高我国职业院校人才培养质量及改革人才培养模式具有重要意义。

4. 平台资源和治理模式有利于培养个人创客，对实施大众创业、万众创新具有重要意义

大众创业和万众创新是经济新常态下党中央国务院提出的重点工作任务，是我国经济转型和产业结构调整的重要抓手，互联网已经成为一种基本的生产要素渗透到各行各业，借助互联网创新创业平台大、速度快、门槛低，已成为我国众多创客的首选。职教集团云平台以共享自治为基本理念，以互联互通为实施方式，以用户需求为聚集导向，因此拥有用户需求的一方可以实时在平台上连接相关资源，发起生产任务，而不管他是企业用户还是个人用户。这种运作和治理模式，有利于培养职业院校学生创新创业精神，即使是他们走上工作岗位后，由于前一段行业经历的积累，更容易萌发创业想法。

（二）职教集团云平台运行模式所面临的挑战

通过前面的研究，可以清楚看出，职教集团云平台运行模式相对现有治理和运作模式具有很多优点，能较好解决现有模式运行中所遇到的问题，但是我们也必须清楚认识到，职教集团云平台作为职教集团的一种新型治理和运行模式，也面临系列挑战。

1. 必须找到合适的商业模式，吸引社会投资来搭建、维护和运营平台

前面在讲述职教集团云平台构建原则的时候就提出职教集团必须是"政府引导、市场主导"的模式，只有引入市场机制才能持久健康发展，但是信息化项目建设只是整个工程的一小部分，主要工作还在后期的运营与维护，因此我们必须找到合适的商业模式来吸引社会投资主体，例如可以先期免费

搭建和维护，通过不断设计实用的产品栏目，增强用户黏性，最后可以通过收取会员服务费、项目增值服务费及提供精准大数据报告等收费渠道保证平台持续运行。

2. 政府教育行政部门需给云平台搭建提供政策、制度和资源保障

虽然我们主张市场主体投资运营该平台，但是职教集团事关我国职业教育人才培养质量和职业教育办学模式等问题，因此政府教育行政部门需给各地搭建职教集团云平台提供行政许可、政策支持、制度保障和资源保障，同时还要对数据的安全等隐私问题进行法律约束，只有这样才能保证职教集团云平台的公益性和健康可持续性。

3. 平台各参与者行业相关数据标准化问题

职教集团云平台要突破传统运行模式的局限，就必须实现资源平台化、用户在线化、连接互通化，要达到这几点要求必须将行业相关数据上传到平台，这就涉及数据标准问题，如果同一行业不同企业上传的数据标准都不一样，将会阻碍平台互联互通目标的实现，因此搭建平台的时候需要对部分数据实施标准化处理，例如 XX 专业学生求职主要岗位能力的描述，例如掌握什么专业技能、从业年限、会使用什么操作工具……这样能够让需求拥有方快速找到匹配度高的资源拥有者。

五　结束语

职教集团云平台作为职教集团的一种新型治理模式，是"互联网＋职教集团"的产物，虽然较传统治理模式在理念、运作模式、合作内容等方面都有了较大突破，但是作为一种新的治理模式，我们不仅应该有理论的研究，更应该有实践证明其合理性和可行性。云计算作为一种新的信息技术，首次被用在职教集团的研究中，在技术架构、平台开发等方面还有众多需要完善的地方，加之技术本身所具有的迭代完善过程，我们只有在实践中才能发现这种云平台治理模式的优势和不足。因此，搭建职教集团云平台的当务之急就是找到合适的投资者、找到有兴趣的利益相关者及找到敢于吃螃蟹的地方教育行政部门。

[作者单位：山东交通学院（威海）]

《文登古籍通考》内容提要

鞠建林

　　参天乔木,其根必硕。文化的枝繁叶茂,离不开传统文化的继承弘扬。近年来,传统文化日益受到社会重视,在加强传统文化教育、做好与当代文化结合的进程中,对已有传统文化典籍进行整理、编辑、研究,不失为一种有效途径,它能使我们更加清楚地认识到这些文化的特色创造、价值理念、鲜明思考,有利于增强我们的文化自信和价值观自信。

　　正是在此文化理想驱动下,《文登古籍通考》由威海市文登区图书馆组织编纂,以区图书馆馆藏传统文化典籍为主,对文登古籍收藏、研究工作首次进行的大规模整理、挖掘、编辑,2016 年 3 月工程阶段性完成,属于接力式编纂模式,前后历时半年之久,为山东省县级公共馆首部古籍综合类研究图书。

　　《文登古籍通考》全书分 5 个章节,分别从历代藏书情况、古籍保存情况、珍藏善本叙录、古籍研究、古籍目录大全方面着手,力求全面展现文登古籍的历史与研究现状。全书共计 30 余万字,并采用现代流行的光盘配书的数字方式出版发行,提高了读者面的普及与便捷使用。

　　文登自古崇文尚学,素有"文登学"的美誉,建院、集书、治学之风由来已久。至明清两代,文风浩荡,儒士辈出,集藏书、刊印、教育、学术为一体的书楼、书院、寺观此起彼兴,夯实了文登深厚的文化底蕴,并为后人留下丰富的珍贵藏书。

　　书院始于唐,最初为修书、藏书的机构。清代诗人袁枚在《随园随笔》中写道:"书院之名,起于唐玄宗时,为修书之地,非士子肄业之所也。"唐末至五代期间,战乱频繁,官学衰败,许多读书人避居山林,模仿佛教讲经制度创立书院,成为学者讲学授徒、士子读书求师的专门教育机构。宋代,书院盛行,以讲学为主,成为学派活动的场所。元代欧阳玄在《贞文书院记》

中说："唐宋之世，或因朝廷赐名士之书，或以故家积书之多，学者就其书之所在而读之，因号为书院，及有司设官以治之，其制遂视学校。"元代，书院官学化，许多书院完全纳入官学系统，但也有一些私立书院自由讲学，抨击时弊，成为思想舆论和政治活动的场所。清代兴朴学，重经史，更有朝廷和官员赐书，再加上自行刻书越来越多，书院藏书一时蔚为大观。到光绪二十七年（1901），各级书院均改名学堂，至此书院退出历史舞台。

书院藏书，目的是为方便师生使用，是学校图书馆的前身。藏书是古代书院的重要内容和特征，书院以拥书讲学为务，无书即不成书院，因而历代书院都重视藏书，无不以藏书浩富为荣。书院藏书也因此成为我国古代藏书中的一种重要类型。

文登历史上，从官宦之家，到平民百姓，重视治学，勤于读书。宋代大诗人苏轼有感于家家诗书户户耕读的学风，在登州知府任上曾以诗感怀"至今东鲁遗风在，十万人家读书声"。尤其在明末清初，文登出现于、刘、毕、丛四大科举世家，他们注重自身学习的同时，也重视著书、集书、藏书、讲学，对传承当地古籍起到积极作用。私家藏书由来已久，明代就有万卷楼，清代有听雨楼，当时都颇具规模，但世事沧桑，私家藏书，几易其主，流散民间。

文登人杰地灵，柱下道德，释迦宗风，佛道相长，经久不衰。金元之际，民物丰饶，佛教道教都得以在民间传播。金大定年间，王重阳收丘处机等"海上七真人"为徒，在文登圣经山传经布道，提倡三教合一，三教平等，认为儒、释、道的核心都是"道"。创立道教全真派，盛极一时。王重阳传世著作有《重阳全真集》，内收传道诗词千余首，另有《重阳立教十五论》等，均收入《正统道藏》。丘处机遗著有《大丹直指》《摄生消息论》《磻溪集》《鸣道集》等。僧徒道众潜心修法，写经、抄经、传经者数不胜数。金泰和年间，孙彬，道号灵神子，谒王玉阳于圣水，著有《玉阳内传》等诸经，以道修身，以学扶教，道冠东方。金章宗泰和七年（1207），章宗元妃重视道教，特赠《大金玄都宝藏》分送圣水玉虚观和太虚观。由于朝代更迭及战乱损毁，《大金玄都宝藏》及名为"东方道林之冠"的太虚观已不存在。

目前，文登区图书馆现有线装古籍1800多种，3.5万余册，古籍藏量在全省县级馆居首位。其中，明代版本90多种，1500多册；清代版本1360多种，2.68万册；民国版本340多种，约7200册。影印本《四库全书》1500册，影印本《四库全书存目丛书》1200册。入选《中国古籍善本书目》69种，1173册，入选《国家珍贵古籍名录》18种，入选《山东省珍贵古籍名录》77 种，是"山东省古籍重点保护单位"和"全国古籍重点保护单位"。

土改时期，政府将地主士绅的图书收缴于文登专署文化科，1952 年，文化科的藏书转到昆嵛县文化馆。1953 年，昆嵛县文化馆曾请文登营乡漩夼村清末贡生蒋成瀚初步整理过一次。1956 年建馆后，书架短缺，只能打包堆放。1956 年 4 月，文登、昆嵛两县文化馆图书室合并成立文登县图书馆，移交古书 33036 册，时首任馆长杨小班在旧货市场购得古书 2800 册，后又在民间陆续收购 1700 余册。1957 年，请离休馆长杨小班协同初日焕、孙秀岩按四库法分类整理。"十年动乱"期间，图书馆同仁凭着对图书事业的责任感，冒着政治风险，与红卫兵周旋，把古旧书籍藏在院中最不起眼的角屋里，躲过红卫兵查抄，完整地保护了古籍藏书。1962 年馆藏古籍被烟台专区艺术馆借去 306 册用于展览，至今未返还。

1978 年 10 月，山东省图书馆在文登举办"烟台地区东片全国古籍善本书编目学习班"，本馆毕玉清、杨培英、徐文孝参与学习。省馆副馆长张春田带领学习班全体学员编写卡片，分类整理，并由毕玉清负责上架，馆藏古籍首次全面整编、登记。1999 年为配合《国家古籍善本名录》申报工作，图书馆组织人员将所有古籍数据录入微机，实现自动化检索。2002 年古籍书库安装使用密闭书架。2007 年古籍书库实现监控安保。2010 年，为所有线装古籍定制 5000 个函套，加强保护，规范管理。

此间，评定"全国古籍重点保护单位"是全国古籍保护工作的重要内容，目的是提高认识，加强古籍保护工作管理，推动各古籍收藏单位改善古籍保护条件，优化古籍保护工作环境、提升档次水平，促进我国古籍保护工作健康、持续开展。2008 年 3 月，经国务院批准，公布第一批 51 个"全国古籍重点保护单位"名录。全馆上下经过精心准备、逐级申报、积极争取，2009 年 4 月，文登市图书馆被山东省人民政府公布为第一批"山东省古籍重点保护单位"，2010 年 6 月，被国务院正式批准公布为第三批"全国古籍重点保护单位"，是全省县级馆第一家、威海市唯一获命名单位。

2011 年，以新馆建设为契机，积极与业务上级和建设部门交流沟通，增配先进贮存、防护设施，进一步加强古籍保护工作。新馆设古籍书库 150 平方米，古籍阅览室 100 平方米。古籍书库位于图书馆二楼，单独设置，自成一区，建筑为框架剪力墙结构，严格按照文化部行业标准《图书馆古籍特藏书库基本要求》设计建造，配备恒温恒湿系统、风淋系统、水灾火灾自动报警系统、自动气体灭火系统、库房监控报警系统、空气净化系统、防紫外线设施等。所有线装古籍都收藏在设有樟木板的书橱中。同时，不断完善古籍管理制度，制定了《古籍阅览制度》《古籍书库管理制度》《古籍普查规范》《应急预案》等完备的管理制度，安排专职古籍管理人员和保卫人员定期入库巡查，古籍得到科学、系统、安全地保护。2012年，配备部分修复设施及配套工具，成立古籍修复室，工作面积70平方米，古籍保护整理工作呈现全面快速发展的良好局面。

随着对古籍等优秀文化遗产重视程度的加深，文登区图书馆逐步加强古籍的整理、出版和研究利用工作。1999年，吕晓东编写了《文登市图书馆善本古籍藏书介绍》，共4.8万字，分"列入《中国古籍善本书目》情况介绍"和"馆藏善本古书简介"两个部分。重点介绍了馆藏种善本的书名、作者、内容及版本情况，附在2000年出版的《文登市图书馆文集》后，为古籍管理人员和读者查找阅读提供便利。

2001年，通过对馆藏《守皖谳词》《巡漳谳词》的研究整理，出版《徐公谳词》。全书58.8万字，先后获得2002年华东优秀古籍图书二等奖，2003年威海市第六届社会科学优秀成果一等奖。

2011年起，以宋金兰为主，对馆藏古籍信息进行普查整理，并请专家多次进行校验核对，编辑定稿《文登市图书馆古籍名录》，并上报威海市图书馆，成为《威海地区古籍联合目录》的重要组成部分。

2013年11月，派出栾晓彤、江平到山东省图书馆专门学习古籍普查和分类知识。12月初至2014年1月底，历时两个月，组织馆内人员，对馆藏古籍进行了全面清库盘点，逐本核对古籍信息，对全部古籍进行了再次普查，并按照"经、史、子、集"四部分类法为古籍重新编号、排序、上架。

近年来还加大文登籍作者古籍、散佚古籍的搜集力度，并得到相关部门及古籍收藏、研究爱好者的大力支持和广泛参与。

古语云："文，典籍也；献，贤也。"由此可知贤才与典籍相辅相生的密切联系。明清年间，文登出现一种以科举为成因纽带的家族文化现象，具体表现为文化世家的兴盛、文学艺术作品的勃发，尤以"丛刘于毕"四大望族最为突出，族中子弟为官者清廉，为文者多著，政论、诗赋、杂文皆成果丰硕而内涵丰富，贤才良书齐头并进。而与人、文同步发展的是当时社会的藏书风潮，明清时期的藏书大家层出不穷，处在这种风潮下的文登也不例外，不论私人、官方，皆拥书百城，私人藏书以家族为单位享誉地方，一方面为文人爱书，另一方面为族中子弟学习所需，四大望族各有万卷楼、树笔堂等藏书之所；官方藏书如文山书院等也颇具规模，成就当代文登的丰厚古籍来源，是留给后人的无价瑰宝，应当珍之重之，辑之以传世。

文登区图书馆的古籍保护及馆藏质量、档次，在全省县级馆中位列前茅，馆内古籍工作者经过几代人长达半个世纪的艰苦努力，古籍保护、修复、研究工作取得令人满意的成效——先后数次对盒函、书柜进行更新、提档；古籍藏目整理、编写数易其稿，几经细化、勘误，其间还完成入选国家级、省级珍贵古籍名录的申报，出版研究专著《徐公谦词》等，撰写出大量研究文章，在相关专业书刊上发表，极大地丰富了"文登学"内涵，提高了"文登学"在省内外的知名度、美誉度。《文登古籍通考》以区图书馆馆藏传统文化典籍为主，是一项对文登古籍收藏、研究工作首次进行的大规模整理、挖掘、编辑的系统工程，介绍了历代藏书、古籍保存、珍藏善本叙录、古籍研究、古籍目录大全等方面情况，力求全面展现文登古籍的历史与研究现状。

众所周知，了解一件事物的历史，有利于理解其内涵。同样，了解古籍的历史，对古籍的进一步研究大有裨益。一般古书在流传过程中会有藏书人抄写、刊刻或再版，时人会将刊刻信息、个人批注、校勘或加写题跋录入书内，这些文字都忠实记录着古籍文献的发展，在一定程度上反映当时的社会思想政治等综合信息，为古籍研究提供线索。而只有保存下完整无误的古籍才能顺利开展研究工作，传承先人思想精神。古籍保存中的重要环节就是古籍整理，对古籍进行校勘、辑佚、辨伪，避免流传过程中因战火、时代动荡影响而出现的讹误脱乱、托名伪作等情况，这项工程十分辛苦烦琐，将古籍保存的艰辛与重要性公之于众，能够提高群众对古籍保护的认识，发动群众力量加大古籍保护力度，减少因无知造成的古籍破坏。

编辑过程中，研究人员注重发挥极易忽视的叙录、目录页等作用，叙录记载古籍校勘情况、著者生平、内容提要，目录按四部结构收录文登馆藏、民间藏书，对古籍的旨意提要、分类收录的过程就是对这一时代学术史的系统总结，便于读者便捷地学习、查找。正如清代乾嘉时期学者章学诚归纳目录学最高要求为"辨章学术，考镜源流"，这八字充分体现了古籍目录（古代目录包括叙录和目次）的本质，作为文献索引的工具书、学术探源的依据，一部好的目录可以为学术研究提供极大的助力。同时，书中专章辑录的当代古籍研究成果与学术争论，是对现阶段来自各个阶层相关工作成果的展示，有助于调动研究人员的积极性，推动文登古籍研究工作再上新台阶。

（推荐单位：中共威海市文登区委宣传部）

从一起案件开始可以化解多少纠纷？

——从典型案例论"案多人少"矛盾的
另外两条解决路径

唐玉沙

引　言

很多学者认为"案多人少"是伪命题，但数据显示的情况却并非如此。1984 年全国法院一审案件数量约 119 万件，2014 年达到了 918 万件。30 年间，法院在编人数是原来的 2.15 倍，工作量却是原来的 7.71 倍。简言之，原来一个人化解 1 起纠纷，现在一个人要化解 3.6 起纠纷。"一个人顶三个半人工作"，这就是当前法院超负荷运转的客观现实。

从司法改革的视角出发，法官的人数减少，虽然有审判辅助人员帮助，但司法的"亲历性"又要求庭审、合议到判决书的字斟句酌没一样离得开主审法官。并且，笔者认为，在合议制的前提下，"承办人"责任压力将向"合议庭成员"转移，所以非承办人的法官的对合议案件的关注度也将大幅提升。在此语境下，司法改革之后，"案多人少"的矛盾有可能进一步加剧。

法官忙吗？法官真的很忙。"五加二""白加黑"在各地基层法院已经成了工作常态，由于工作压力大，工作中流产、病故的事件频发，继邹碧华法官倒在了工作岗位上之后，近日威海市又有一名 40 岁的法官在工作中突发疾病离去……当前司法改革如火如荼，面对仍然在不断增长的案件数量，我们不禁要想，如何才能让法官们"轻松司法"？

人民法院的基本司法功能就是化解社会纠纷。那么，从一起案件开始究竟能化解多少起纠纷呢？笔者认为，司法工作也要讲求经济效益，也要算好"投入和产出比"。而法院"投入和产出比"减小的关键就在于如何通过一起案件化解多起纠纷，甚至是避免一系列纠纷。

一 举例说明：一起案件究竟能够化解多少纠纷？

问：一起案件能化解一起纠纷吗？答案是，不一定。

观点 A. 很多案件才能解决一起纠纷，甚至解决不了一起纠纷。

比如，一起工伤事故发生→职工甲按人身伤害起诉企业→法院驳回诉讼请求先做工伤认定→工伤认定后不服提起行政起诉→行政诉讼二审→因无法达成赔偿协议提起民事诉讼→赔偿案件二审→强制执行。到此结束，职工甲的一起工伤事故历时两三年，已经给法院带来了 6 起案件，最终能不能拿到钱还要取决于执行的情况。这并不是笔者的凭空想象，由于职工不了解相关法律知识，企业逃避赔偿责任，这样的现象在现实生活中屡见不鲜。进一步讲，如果是案件数量太多，办案质量受到影响，导致事实不清、法律适用错误，结果案件申诉闹访→再审一审→再审二审，最后由于投入大量时间精力当事人得到的却是"迟来的正义"，但已经积累了太多对法院的不满。尽管法院投入大量人力物力，可能最终却会产生一个缠诉闹访人员。

或许会有人觉得笔者列举的工伤赔偿案件程序原本就很复杂。但是同样的案件却可能出现截然不同的结果。

观点 B. 一起案件能化解一起甚至多起纠纷。

结局一：第一起案件中，法官发现除了职工甲之外，还有很多职工同时受伤，抓住问题的根源，主持多案合并调解，很多案件没有进入诉讼程序就得到解决。结局二：通过案例宣传，很多企业知道了相关法律规定和赔偿规则，出事后主动赔偿受伤职工，在本地化解了潜在纠纷。结局三：法官针对类似案例和数据做出司法统计分析、调研报告、司法建议，报送劳动监查部门，工人受伤的源头问题得到解决，类似事故得到预防。结局四：法官研讨小组就这一问题总结经验，不仅就工伤赔偿案件的审理统一了赔偿标准，增加了诉前释明程序引导当事人正确维权，并且就类似多发性案件建立起常规的交流、研判机制。结局五：相关统计数据报送人大，人大就职工安全保障问题进行了立法……

综上可见，有效化解社会纠纷的工作在审判之中，也在审判之外。而办案数量多并不代表法院办案效果好。古人云"词讼之兴，初非美事"，劳民伤财，且伤感情，"幸而获胜，所损已多；不幸而输，虽悔何及"。所以，先贤孔子的观点是"听讼，吾犹人也，必也使无讼乎"。其实，不仅是孔子，早在春秋战国时代魏文侯就提出，用"于病视神，未有形而除之"的医理来治理社会，必然能开创盛世。所以，对于我们的人民法官来说，与其疲于应付，忙着审结每一起个案，不如从办好一起案件开始，充分放大个案的辐射效应，从社会矛盾治理的末端开始向整个政治体系、社会公众传递法治精神的"正能量"，推动法治社会建设，完善司法运行机制，提升司法审判的宏观社会效果。

二 深入分析："案多人少"深层次原因与化解方法

"改革是由问题倒逼而产生，又在不断解决问题中深化。"为了化解"案多人少"，我们不禁要思索"案多人少"的根源是什么，最佳解决路径又在哪里。

（一）宏观数据显示综合原因导致纠纷总数激增

数据显示，近30年在经济快速增长的前提下，刑事案件数量增长229%（交通肇事、危险驾驶等轻罪案件增长最快），与人口增长31.7%相比，增速明显。而增长速度最快的是民商事案件达到了810%，与国家法律文件的数量增长852%比例相当。学者们认为，社会转型期，人员流动，社会陌生化，经济快速发展和变革，价值共识的弱化甚至部分碎裂，利益多元，新法出台等均导致社会纠纷增加。伴随着立法门槛降低，诉讼成本减少，各种社会纠纷最终转变成了法律纠纷涌向了人民法院。

（二）案件增长不均衡，类案增长过快反映局部、个别社会问题亟待解决，相应法律规范落实不到位

在案件数量快速增长的大背景下，每类案件增长并不均衡。例如，刑事案件方面，近十年某地中院交通肇事案件增长144%，而同比刑事案件仅仅增长了59%。近十年，某地中院继承纠纷增加了7倍，同比民商事案件只增长了86%。2014年，最高法院公布统计分析显示，新收污染环境罪同比增长7.9倍，案件数量超过了10年总和。

事实上，在社会纠纷的背后反映的总是各种社会问题。除了正常的新增立法、经济影响、政策影响之外，法官在办案过程中，总是能够发现一些重复出现的社会问题的类型化、集中化趋向。比如，恶性交通事故总是与酒驾相伴，而今又出现毒驾等新情况；比如，继承纠纷增长的背后是97.4%的案件都没有遗嘱；比如污染环境背后隐藏的是相关污染物的管理不严格，执行部门环保认证"走过场"；等等。而面对这些案件背后透露出的问题，法官又

能如何？任由纠纷激化、增多，任由这些社会问题继续蔓延、发展？每每在审判之余谈及此事，很多一线法官忧心忡忡。这也应了西方学者的一句话，"真正的保守分子是那些安于现状者，而真正的法律人则是带着神圣不满的烙印"。

（三）古今中外解决"案多人少"的举措大多从纠纷化解的末端出发，而没有从问题的根源出发

针对社会纠纷的激增，在中国古代经济最繁荣的宋朝，官员们选择的是"限制诉讼"。宋代有"务限法"，在每年十月一日至第二年的一月三十日，州官、县官才受理民事诉讼，其他时间一概不受理，受理案件也是从形式上严格要求。传播"厌讼耻讼"观念，痛斥教唆诉讼的人，鼓励民间纠纷通过宗族、乡邻、官员调解处置。在当今第一大经济体——美国，通过运用自行和解、专门机构咨询调解、政府裁决等非诉讼程序的多元化纠纷化解机制（ADR）在诉讼程序之外化解社会纠纷，分解审判压力。

当前，人民法院克服"案多人少"也有很多有效的尝试，比如，加强审判管理提升办案效率；比如，应用小额速裁，缩减办案程序；比如，应用法院内部和外部的多元化纠纷化解机制对诉讼纠纷进行分流……应当说这些举措都有助于提升审判质效，在审判实践中也大幅减轻诉讼压力。不过这些举措的出发点大都是从矛盾纠纷化解的末端出发，就纠纷化解论纠纷化解，而没有抓住矛盾纠纷的产生根源。

为此，笔者试图提供从矛盾纠纷产生根源出发的另外两种工作思路克服"案多人少"：一种工作思路就是抓住社会纠纷产生的直接根源——从多个纠纷的共同症结有效化解纠纷；而另一种工作思路就是抓住矛盾纠纷产生的深层根源——即类案增长过快背后所体现的局部、个别社会问题亟待解决，相应法律规范落实不到位的问题预防和控制社会纠纷产生。

（四）从"酒后不驾车"规范的迅速推行找寻社会纠纷深层化解的社会学依据

社会学理论告诉我们，有效的社会规范能够为社会运行带来效益。而"规范的内化"，即让人们承认有效规范具有合法性，从而自觉履行，又能为行为人带来最大利益，避免和减少社会惩罚体系的应用。卢梭说一切法律之中最重要的法律，既不是刻在大理石上，也不是刻在铜表上，而是铭刻在人们的内心里。

一起成功的事例。2011年《刑法修正案（八）》将醉酒驾车入刑后，两年内"酒驾"减少四成，之前有的人还以酒后能开车沾沾自喜，现在"酒

驾"已经成为典型的贬义词。当社会"共识"形成以后，人们对"酒后不开车"这一行为规范逐步"内化"，相应的诉讼纠纷也得到有效控制。而在这一过程中，公安、法院的法规宣传、数据调研、案例发布都起到了至关重要的作用。

"十分明显，在封闭的社会结构中，较易实施惩戒措施"，因为封闭的社会"共识"更容易形成，实施惩戒的代价可以通过赞同的方式得到补偿，社会规范也更容易推开。而当前中国人口流动频繁，社会陌生化加剧，法律文件十年增长852%，原有的社会规范受到冲击，新的社会规范亟须建立并实现"内化"。无论是从需要"内化"的社会规范的数量还是从范围规模看，都很有难度。不过大数据时代的来临，信息技术的发展以及新媒体的广泛应用又为陌生社会的社会"共识"形成和"法律规律内化"提供了技术上的便利。

社会学告诉我们，一旦人们达到某种"共识"，那么对于触犯规范的人就会非议、排斥，从而扩大惩罚实施效果，加速"规范内化"，而"规范内化"的越多，反社会的行为进行的就越少，社会纠纷和矛盾也就会相应减少。所以，从社会学的角度分析，抓住社会矛盾产生的深层根源，以类型化的社会问题的角度预防控制社会纠纷也是有依据的。

三 "旧瓶装新酒"：借法院原有的制度，从社会纠纷产生根源出发，避免纠纷产生或进入诉讼程序

上文提到，笔者试图社会纠纷产生的直接根源和深层根源两种角度出发，探寻克服"案多人少"的另外两种路径，而社会学的理论也证实了，从社会纠纷的深层根源出发化解预防和控制社会纠纷存在可能。

下面，笔者讲一下具体工作思路。一是已经形成的纠纷我们建议，抓住多个纠纷的共同的、直接的根源，通过充分发挥诉讼调解制度的优势，采取跨程序调解、跨种类调解，甚至诉讼与未诉案件调解相结合等"多案并调"方式合并调解已经形成、即将形成和潜在的社会纠纷，以一案解多案。这种工作方法是对基层法院现有矛盾纠纷化解经验的一种总结推广。二是抓住社会纠纷的深层次根源，对诉讼中集中体现的类型化社会问题，以及对应的法律规范，通过个案、数据、建议，促进社会"共识"形成，推动"法律规范内化"，预防和控制社会纠纷产生。三是为了配合思路二的实现，笔者认为应建立法院内部所有法官参加、自下而上、由内而外的理论研讨、意见形成、信息交流制度。

（一）鼓励推广"多案并调"，以一案解多案

典型事例：1起案件→29起纠纷。某法院受理4起"彪马"侵权案，但在诉讼过程中发现，原告在本地仍在大量案件已经取证却未诉讼，法官通过"一揽子调解"方式，将25起尚未进入诉讼程序的案件一并调解，双方自动履行，企业减少维权成本，侵权人保住了声誉。

1起案件→50起纠纷。某企业经营不善面临破产，在某法院破产清算案件过程中发现，该企业在本地、外地法院的审判、执行程序案件30余起，还有潜在债权人20多个，但企业有核心技术很有市场前景。法院与政府协商，由另一企业对其进行资产重组，50多起不同法院、不同程序的案件一并化解，并且一个重大核心技术得以保留。

虽然每一起纠纷都有一个产生的根源，但是也可能很多纠纷有一个共同的产生根源。如果在诉讼过程中，我们找到了多起纠纷的共同症结予以化解，就能缩减诉讼程序，节省审判资源，以一案解多案。不仅如此，纠纷的恰当化解还可能起到意想不到的社会效果。当然这并不容易，所以，学者认为"法官的社会价值并不是法官通常的职业标准，而是优秀法官的时代尺度"。在基层法院的审判实践中，这样的案例并不少见，但是，这项工作机制却没有人去总结提炼，也没有人鼓励基层法官去这样做。所以为了调动法官的积极性，笔者认为，应当将"多案并调"的经验固定下来，予以推广，对以一案解多案的法官予以鼓励。

当然，"零判决、100%调解率不是社会管理创新"，笔者提倡以"多案并调"达到以一案解多案的目标。不过，笔者认为这种调解要严格控制在双方自愿和充分了解相关法律规定，知道自己利益得失的前提下，而非"骗调""拖调""以判压调"，违法的调解不仅不能化解纠纷，反而会减损当事人的法律规则意识，损害司法权威。

（二）借司法统计、司法宣传、司法建议达成"共识"实现"法律规范内化"

"司法权自诞生之日起就是国家实施社会管理最重要、最有效的手段之一。""我国目前的绝大多数社会矛盾涉及的是具体利益矛盾，这些矛盾是非对抗性的、非政治性的人民内部矛盾，是可控的、可预防的、可化解的。"法院参与社会矛盾纠纷的综合治理，除了审判案件之外，依然大有作为。笔者构想，人民法院可以通过以下图景（见图1）予以实现。

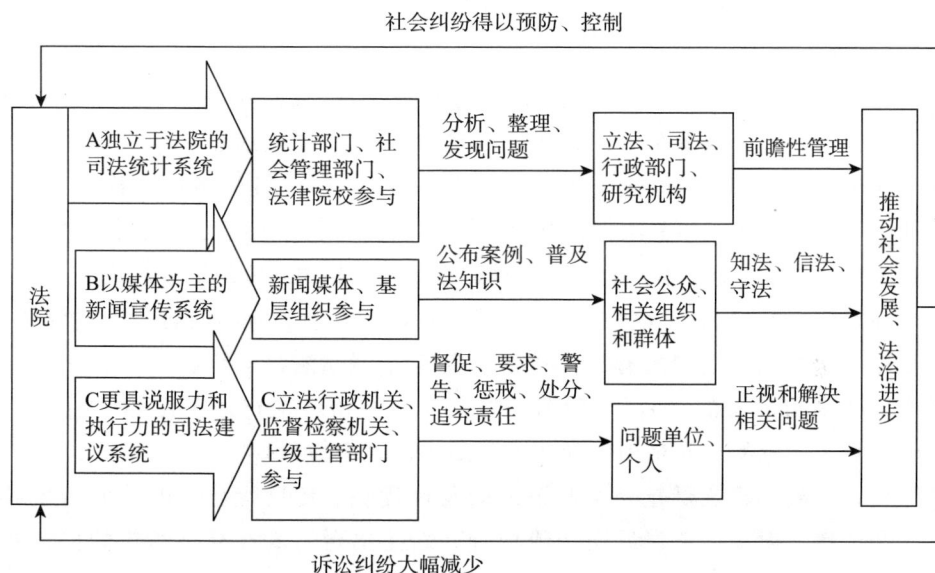

图1 由三项制度带动的"共识"形成、"规范内化"体系

在上述图景的建立过程中，我们充分利用了外部力量和现有体制，力图用最小的成本投入起到事半功倍的效果。具体来说展开如下。

A. 建立独立于法院的司法统计系统实现前瞻性管理

司法统计也一直被视为一种"边缘业务"，它游离在国家统计之外，单一的"案由统计口径"完全服务于法院内部的工作需要，没有考虑法的社会功能，给法学研究以及法律改革带来了很大障碍。大数据时代，信息数据的意义尤为重大。

典型事例：一个毒品犯罪数据分析＝＞毒品的源头治理＝＞毒品案件大量减少。近年来，某地法院司法统计分析显示，输入性毒品犯罪激增，而输入形式多为快递邮寄，输出地多在福建、广东一带。如果这一数据分析被上报国家，推动立法、司法、法学研究，毒品犯罪案件将会得到源头治理，从而使相应犯罪案件数量迅速减少。

从上述事例我们可以看到，司法统计对于社会矛盾纠纷具有重大意义，但是，由于司法统计与审判工作关联性不大，以至于相关部门没有统计、分析的积极性。不仅如此，部分法院不重视统计，据笔者掌握，很多基层法院，由于人员有限，聘用制统计人员占到了50%以上，数据造假、不会统计、乱统计的现象非常普遍。为此，笔者建议将司法统计工作交由专业统计机关、统计人员从事，并将统计数据最大化的公开、应用于社会管理。

B. 建立由新闻媒体为主实施的新闻宣传体系，推动社会公众"共识"形成、"法律规范内化"

典型事例：一起继承纠纷庭审媒体宣传＋法官说法→100个人主动订立遗嘱→无须诉讼按遗嘱继承。司法统计发现，1985年《继承法》开展实施，伴随着城市拆迁，某地法院近十年继承案件增加了7倍，可97.4%的案件都没有遗嘱。新闻媒体采写相关案例，社会组织和媒体共同参与基层主题普法宣传，新媒体纷纷转载，很多本地老年人主动订立遗嘱，相关继承纠纷数量减少。

新闻记者们常说，"法院是新闻宣传的富矿"。但现实的问题是新闻媒体，包括一些法治栏目他们没有案例资源，甚至于不懂法律知识，一些普法栏目最终沦为"猎奇猎艳新闻"。而另一方面，法院始终是宣传工作的"外行"，虽然花费了大量的时间精力，却达不到最大的社会效果。

所以，笔者建议要充分发挥媒体的写作优势、传播优势，由他们为主导写作和传播，而法官负责诉讼纠纷梳理、新法出台后潜在社会纠纷的提醒和法律知识讲解，推动法律法规在人民群众中达成"共识"，将法律规范内容迅速"内化"，从而预防和减少一类纠纷的发生。另一方面，有着普法工作义务的基层组织和行政部门也可以参与进来，充分利用法院的案例、数据资源进行社会管理。从某种意义上讲，社会媒体、基层组织、社会公众的参与度越广，普法面越大，相应社会纠纷的数量减少也就愈加明显。

在普法形式上，笔者建议采取一些新的模式。例如，针对不同的辖区通过张贴案例公告，或者针对不同类型的纠纷，由执行实施机关（例如，劳动监察部门、银行保险机构）定向发送宣传册、手机短信、微信，等等。

C. 更具说服力和执行力的司法建议系统，正视解决某类社会问题

典型事例：一个司法建议→保险格式合同增加提醒赔偿计算方法→保险赔偿类诉讼纠纷减少。某地法院通过司法统计和审判实践发现，保险合同纠纷问题集中表现为，原告不了解赔偿规则，浪费了大量诉讼资源仅仅为了确定赔偿标准。法院向省保监会建议，在格式保险合同中增加赔偿标准的提醒条款，相应的赔偿类纠纷逐步减少。

我国的司法建议制度从根源上说，来自苏联的"法院批评"制度，苏联要求接受批评者必须在一个月之内采取措施。而我们将制度由"批评"改成了"建议"自动消除了司法建议的执行力，正是这种低姿态的表达，让司法建议在现实操作中面临"剃头担子，一头热"的尴尬局面。所以，一方面，法院需要花大力气提高司法建议的质量，在上下级法院之间减少重复率，利用数据分析和案例分析找出问题，并最终提出切实可行的建议，而不是简单

地加大培训、改善管理等无关痛痒的应付性建议。另一方面，司法建议应向上级部门、主管部门、监督部门报送，以一种积极的、官方的、权威的姿态来督促相关建议实现。

其实，上述 A 司法统计、B 司法宣传、C 司法建议也存在相互依存、逐层递进的关系，他们将共同服务于社会"共识"的形成和"法律规范内化"。并且，为了对外提供统一、正确、规范的数据、案例、建议、法律规范依据，我们还需要在法院内部建立起系统有效的理论研讨体系。

（三）建立全体法官参加、由下及上的理论研讨体系，使法院外部行为（包括司法本身）更为规范、统一、权威

"任何有价值的工作，都不会没有团队精神，亦不会缺乏社会责任意识。"无论是审判工作本身，还是社会纠纷的社会学化解模式，都需要法院系统形成共识。

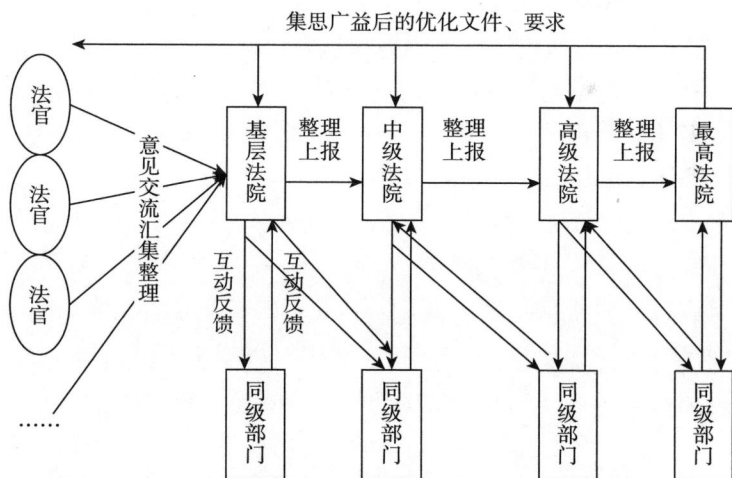

图 2 法院内外沟通互动的意见形成、工作交流、理论研讨体系

反面事例：未经法官汇集意见由综合部门应付性提出司法建议、典型案例、数据分析→措施无法实施、数据不准确、案例没有深度→建议、宣传、数据遭到反感→相关部门漠视→贬损了司法权威。

为了避免重复工作、有效工作，笔者认为，我们应建立由全体法官参加并且自下而上的理论研讨、工作交流、意见形成体系（见图2）。这个体系的建立不仅能解决我们上文提到的问题，而且对于司法审判研究、司法经验总结传承、司法改革在基层的推进完善等都具有重大意义。

结　语

霍姆斯大法官说，"法官的教育和经验来自过去，但他们却影响着现在和未来"。人民法院的工作不仅仅是简单应付性地化解纠纷，也包括推动法治社会建设。我们要克服"案多人少"，必须尊重司法规律，而尊重司法规律之前，我们还要遵从社会学规律，重视社会纠纷的根源性化解和新的社会秩序的建立。唯有这样，人民法院和人民法官才能从简单的社会末端的纠纷解决者，转化为社会管理的积极参与者，并借此为法治进程输送源源不断的动力，为国家社会政治经济文化健康发展提供更大更有力的司法保障！

（作者单位：威海市中级人民法院）

《韩国国会肢体冲突与民主转型研究》
内容提要

洪　静

　　本研究探讨从权威主义向民主主义转型特定历史时期内，韩国国会政治中出现的肢体冲突现象及其与民主政治的关系问题。通过对韩国国会内发生的政治冲突问题的研究，揭示冲突的逻辑内涵、发生诱因、基本特征、未来趋势，以及冲突现象所蕴含的政治含义与政治功能。通过对肢体冲突现象发生规律、发生条件、功能意义以及对肢体冲突的超越等问题的深入思考，可以加强我们对议会民主政治发展规律的认识，深化人们对政党政治、政治家行为模式、民主化过程等一系列问题的反思。在普遍的意义上，韩国议会政治中的肢体冲突现象，对从制度、程序上进一步完善各国议会对少数权益的保障机制，探索对简单多数决民主制度局限性的突破，进行议会政治合理化建设等具有重要的启发价值。对这些问题的深入探讨，也可以对发展中国家民主政治的建设与发展，尤其是对中国人大制度的改革、发展与完善，能够提供知识、经验和制度发展方面的借鉴。

　　具体地，本书共分为8个部分，第一章：绪论，涉及研究的目标与意义。主要交代研究对象和分析单位。界定基本概念之后，对研究的总体结构和设计做出安排。第二章：理论与文献回顾。通过对包括社会资本理论、冲突理论、议事妨害理论、少数权力保护以及协商理论在内的相关理论的探讨，有助于加深对肢体冲突现象的认识和理解。第三章：主要对韩国国会制度进行介绍。认识和把握肢体冲突现象本身及其产生的政治生态环境，需要充分理解韩国的国会制度及其运行机制，基于此，本书对韩国国会发展历史沿革、宪法与法律对国会制度规定的演变、国会选举的变迁、转型后国会议员的现状等内容进行了梳理，试图从制度层面查究肢体冲突现象的诱因及其生态背景。第四章：主要介绍韩国民主政治的转型及其对韩国政治、政党政治、政治文化以及国会议事决策模式等方面的影响。集中探讨了政治民主化的发展进程及其特征，并对民主化过程中各社会政治势力的功能与作用进行了分析。第五章：主要探讨了肢体冲突的概况与一些典型案例。考察了肢体冲突现象的发生、发展与展开过程，系统介绍民主化转型前与转型后的一致政府、分立政府时期的典型案例，并对这些案例进行比较分析提出观察结论。第六章：总结、探讨了肢体冲突的具体表现与特征、发生原因及其政治结果与功能。分析了冲突的具体表现、特征、发生诱因及其发展规律，并揭示了冲突的内在含义；指出肢体冲突的意义并非在于其现象本身，而是通过其对法案以及议事进程所施加的影响，刺激并改变政治资源的分配模式，推动议会制度的改革与创新，并对政党关系、政治发展施加重要影响。第七章：从政治文化的视角，探讨肢体冲突的超越与改进问题。通过对韩国政治文化特征以及韩国社会资本的现状与特征的总结，指出正因为议会内各政党间信任关系缺乏、互惠义务与期望关系的尚未建立，以及社会网络所表现出的垂直特征等方面因素所导致的社会资本总量的不足，是肢体冲突现象发生的重要文化原因。研究认为，通过社会资本的再建设，努力提倡和培育妥协意识，积极探索信任机制与合作机制的建立，肢体冲突完全可以被谈判、妥协等理性、文明的方式所代替，通过合作的进化最终实现对肢体冲突的改进和超越。第八章：对本书做出简要归纳和概括，对肢体冲突与议会民主政治之间的关系做出总结，指出这是议会民主政治发展过程中特定历史阶段的产物，对推动代议民主政治的健康发展具有一定的正面意义；从探讨冲突解决机制的角度，本研究认为议会制度的改革与社会资本的培育是超越肢体冲突的根本途径。

肢体冲突现象是威权政治向民主政治转型、议会政治发展到一定阶段的特殊现象。本质上，肢体冲突是处于劣势的少数党，以语言和身体为武器进行的议事妨害，试图通过拖延、阻隔法案审议为目的。其具体的表现形式，包括语言攻击、争夺麦克风议事锤、占领会场、占领议长席、使用暴力工具，等等。作为少数党的一种自我保护、自我防御的政治策略和手段，肢体冲突并非偶然发生，而是一种有计划的集体行动，其政治目标除了要伸张自身的利益诉求、显示政治立场和态度、向多数党表达不满和抗议外，客观上还能够起到引起全社会的关注甚至获得支持的效果。从这个意义上，肢体冲突还具有保护弱势政党，扩大其社会影响力的作用。从诱因的角度，引发肢体冲突的根本原因是议会内规则强权与少数党自我保护、自我救济之间的矛盾和对抗所致。与韩国总统制体制下的总统权力以及国会内政党席位的分布因素、国会的委员会中心运营机制、国会议长的立场及其职权行使模式因素相关，而议会内少数权利保障机制的缺失、权威主义模式的权力运行惯例在客观上对肢体冲突的发生发展也产生重要的影响和作用。议会内、政党内的社会资本不足则是文化层面的重要原因。

肢体冲突作为少数党的一种斗争手段和策略，尽管其语言、行为表现方式与现代政治文明背道而驰，不符合现代民主政治文明的礼仪规范，但在特定历史阶段，作为政党的一种斗争手段，其背后的动机、目标以及价值诉求，诸如对少数权利的保护、多数暴行的制衡、立法程序正义、政治参与平等、立法公平公正等一系列重要思想和精神，则体现了"民主不仅仅是一个统计选票的公式，更应该是一个允许所有公民在政治协商中都可以提出理由的集体协商和立法的过程"。当议事规则、制度、权力优势都向强势多数党倾斜时，在实力悬殊情况下，少数党无奈只能以身体为武器借肢体冲突这一最简单、直接方式，进行自我保护和防御。通过议事妨害以达到推延、阻隔立法进程的目的。因此尽管肢体冲突的表现方式落后，但其动机及展开的逻辑值得探讨。而从议案的结果来说，肢体冲突对包括议案、政党、议员在内的整个立法环境、议事进程，乃至整个社会，都产生了深刻、重要的影响。少数党借肢体冲突阻止多数党擅自垄断、省略讨论程序、单方强行通过争议法案，以求得平等参政的权利，这样的动机、意志客观上起到打破、摧毁仅靠权威进行利益分配的单一模式，客观上起着推动议会民主向更均衡、更多元化方向发展的作用，对于民主建设具有进步意义。

从韩国的情况来看，韩国国会政治中的肢体冲突现象比较突出，几乎伴随了韩国民主政治的建设与发展的全部过程。由于韩国国会政治运行规则中，缺乏类似于美国式的议事妨害制度、日本"牛步政策"等对简单多数决规则进行牵制的程序与手段，在这一情况下，处于劣势的少数党为捍卫本党及其选民的权益所采取的以身体、语言暴力为表达抗议、进行自我救济的议事方式与手段。这意味着肢体冲突还是一个关系到民主政治中少数派权利及其保护的问题。

从历史和事实的角度看，肢体冲突现象不仅在韩国，而且在发展初期的美国，在20世纪五六十年代的日本，在今天的俄罗斯、意大利、墨西哥、中国台湾、中国香港等国家和地区都有发生。从这个意义上说，如何从制度、程序上完善对少数的权益保障，突破简单多数决意义上的民主制度的局限性，是各国议会普遍面对的现实挑战。而对包括韩国、中国台湾等一些从威权主义向民主政治转型的国家和地区来说，这一点就显得更为迫切。

韩国国会政治中的肢体冲突现象清楚地说明了韩国民主化转型对政治生

活多元化所产生的深刻影响，国会在政治生活中的地位不再是可有可无、无关紧要的了，肢体冲突的发生从反面印证了这一事实。正是由于国会及其立法审议在政治生活中发挥了越来越重要的作用，围绕国会立法的政党间争夺才会越来越实质化，为此政党才会为竞争获胜而采取肢体冲突这一极端手段。假如议会政治不重要，那么政党就不会将国会作为重要的政治活动领域，立法也就不具实质性意义，如此一来，政党也就不必以肢体冲突形式争夺权利，肢体冲突也就根本无从发生。这一时期不断发生的肢体冲突事件，反映出国会政治地位的提升、议员表达自由的加强，反映了政治民主化、多元化所释放的各个政治势力，为实现自身政治目标可以采用一定的政治手段、展开政治活动与行动。从这个意义上，在那些刚刚从威权政治统治下摆脱出来，向民主政治转型、议会政治发展处于起步阶段的政治共同体内，发生肢体冲突的现象说明了政治发展的进步而不是倒退。

这种政治进步至少体现在：对少数党而言，肢体冲突实际上是少数党自我保护、自我防御的政治策略和手段，是在政治劣势条件下，通过议事妨害，达到拖延、阻隔立法审议目的的一种赢取相对于强势多数党的政治均势的策略，表明少数党不再是逆来顺受、可有可无的政治陪衬物。这就打破了威权政治环境中长期占据统治地位的单一势力独大局面，无疑有助于提高弱势者地位，使之趋于相对均势的政治局面。应当看到，刚刚从威权政治下突围而出的政治生活，还带有很强烈的威权政治色彩，制度本身并没有提供有效的政治均势机制。在这样的情况下，弱势者通过貌似不文明、不雅致的肢体冲突取得相对于强势者的相对均势地位，不仅是对自身利益的维护，更重要的是，它打破了传统和制度的局限性，探索弱势者政治作用提升的通道，发掘和呼应了社会公众对更加合理政治局面的诉求。从这个意义上讲，肢体冲突具有整合社会政治资源，扩大弱势政党影响力的作用。另一方面，正因为肢体冲突的发生，与之相伴的争议法案，经媒体、舆论曝光后成为社会关注的焦点话题，在形成社会舆论的同时，客观上刺激了民众政治参与的热情，人们开始关心公共政策的制定程序及其全部过程，对公共权力的本质与来源问题予以真正的关注，并确立自己要承担的责任和义务。社会大众也不再一味地屈从于权威的束缚，开始关注弱势权益的保障问题，并就政治平等、程序正义等这些政治发展的核心价值展开讨论、进行反思，对社会的发展和进步起到一定的推动作用。而社会的这些变化，反过来也会推动和刺激国会政治立法的反应，使之更加及时、灵敏，在提高国会议程设置能力的同时，对权力的透明、公正运行无疑具有重要的监督意义。

肢体冲突作为议会政治过程中不同政党争夺权利、资源的工具和手段，是在既有的议事规则、议事程序以及政党制度框架下，少数党在自身立场、主张得不到回应、被严重忽视的情况下，进行意志表达并进行自我救济的一种抗争方式。少数党借肢体冲突阻止多数党擅自省略讨论程序单方强行通过争议法案，求得平等参政的权利和机会的这一动机、意志、态度，起到保护弱势政党，扩大社会影响力的作用。因此，肢体冲突对于刚刚从威权政治下突围而出的，具有浓厚强者愈强、赢者通吃色彩的，本身尚不能够提供有效政治均势机制的韩国政治来说，具有打破政党势力固定格局、摧毁仅靠权威进行利益分配的单一化模式，补救政党互动规则缺陷、影响争议法案审议进程和结果，有助于改变国会内强势更强的不平衡势力现状。刺激国会运行规则和制度改革，完善立法环境，扩大立法空间的功能和意义。对促进议会制度的改革与创新、议会发展的合理化发展，对推动议会民主向更均衡、更多元化方向的发展和进步，对政治民主化的建设与发展具有重要推动作用。

当然，尽管肢体冲突现象包含重要的政治理论和实践意义，但其以身体、语言暴力为特征，手段方式表现粗野，毕竟距离现代代议制文明和理性的政治实践相去甚远。充满肢体冲突的政治交往、互动，本质上不是人们所适意的政治规范与方式。改进与超越肢体冲突是必然的。但如何超越，以及超越的政治基础与资源在哪里，是首先要关注的问题。根据普特南对社会资本的定义，社会资本是指社会组织的特征，诸如信任、规范以及网络。一个共同体内社会资本总量越大，自愿的合作越容易出现，合作机制也越容易建立。如果国会内社会资本总量充足丰富，信任的水平就会提高，合作的可能性也就愈大，而合作反过来又会进一步强化信任关系。一些民主政治早期发展国家的经验表明，通过积极的制度探索，在朝野双方经历了长期的争吵、对峙和磨合，将会形成一套双方彼此熟悉、并能接受的互动模式，从而将型塑一种文明、健康而符合代议制政治文明的活动规范与交往模式。我们有理由相信，在一个具有持续建设能力的民主社会里，通过制度建设探索少数权利的保障机制，当过程平等、程序正义、妥协宽容等政治文化逐渐普及形成，普遍的社会信任、妥协、合作等思维行动意识逐渐加强，通过社会资本再建设，积累社会资本的储备总量，肢体冲突不仅是可能发生、发展，同时也是可以超越、终结的。

[作者单位：山东大学（威海）]

《实现法治的逻辑基础研究》内容提要

张传新

逻辑是分析、评价法律思维的最为悠久的方法，它对推理形式有效性的研究为分析、评价法律结论的可接受性提供了基本的分析框架和重要的评价标准。逻辑的确定性、一致性、有效性构成了法律确定性、一致性、可预测性的基础。但另一方面法律总是处于永恒的发展变化之中，法律体系的开放性、滞后性、不确定性限制了逻辑在法律领域中的应用，逻辑的封闭性成为法律僵化的根源。总之，法律与逻辑之间的关系是众多关注法律推理与论证的法学家和关注逻辑应用的逻辑学家共同关注的论题，形成了不同的法律逻辑观念和理论。

作者认为要评价逻辑对于法律的意义需要注意三个方面。首先，逻辑是一个多义词，基于不同的角度和立场，每个人，甚至同一个人在不同的时候具有不同的逻辑观念。逻辑观念不统一不可能澄清彼此的分歧，甚至就是一个伪命题，使得争论变得没有任何意义。其次，我们对逻辑的评价不是看其有多少缺陷，而是分析它是否具有不可替代的作用。最后，我们还要分析逻辑的局限是因为自身的问题，还是我们没有很好地发挥它的功能，包括不合理的期待。以上三点构成了本书的主要框架。

第一部分，主要是对逻辑作为法律方法的相关研究，包括法律逻辑的观念、性质、作用等的元问题研究，法律逻辑思维的基本形式、方法的描述性研究，以及对逻辑作为分析、评价法律思维的规则和标准的规范性研究。以及采用现代逻辑方法对规范推理的基本模式，如何处理规范冲突进行了进一步的研究。

第二部分，主要是探讨法律逻辑学与最近兴起并以对法律逻辑的批判作为理论起点的法律修辞学、法律论题学之间的关系。结论是它们之间不是相互替代的，而是相辅相成、互为里表的。逻辑与修辞的具有各自的特点，在法律论辩中，逻辑也是一种修辞，是一种最简洁、最有力的修辞；修辞也是一种广义的逻辑，当逻辑适用的条件无法得到满足时，必须借助的一种手段。尤其是在判决书中，所谓的逻辑并不是对法律思维过程的如实描述，而是一种修辞性表达。判决书需要在说理的充分性和修辞的简洁性之间追求一种策略的平衡。然后是对法律修辞对逻辑的批判进行回应，尽管法律修辞对于司法具有重要的价值，但不可失去逻辑的支持和分析、评价。最后则探讨了法律论题学与法律逻辑学之间的关系，也许借助现代逻辑方法能够更清楚地把握法律论题学价值和意义。

第三部分，主要是探讨逻辑的具体应用。一个是所谓的民间法问题。当下的研究者多把民间法视为一类有效的法律渊源，借助于一般的逻辑推理形式得出一个合理的结论。笔者认为，这样一种理论刻画是对"根据法律进行思维"的背离，也许将民间法的适用刻画为一种独立的形式，能够更好地揭示民间法的定位的尴尬和风险。然后是从更广泛的角度，通过对一件冤案成因的探究，揭示了逻辑在法律思维中的重要性。也许遵守逻辑规律、规则并不能保证我们总是能够得出一个有效的结论，但是，违反逻辑必然是缺乏说服力的，从这个意义上讲，逻辑的主要作用在于其批判性。因为缺乏逻辑的批判，所以，才会使一些冤假错案一路畅通，冲破了各种制度的约束，才会使一些错误事后看不可思议，而在思维过程中很难发现。

随着我国法治实践和理论研究的稳步推进，一些学者提出了法学研究的方法论转向。这些学术先行者们筚路蓝缕，确立了法律方法论学科的概念范畴、框架体系、学术范式和基本进路，为该学科的进一步发展和繁荣奠定了坚实的基础。然而，该学科的发展也受到了来自不同方面的质疑和挑战，其中之一是我国法治建设的初级阶段现实与理论界流行的后现代语境的内在张力而导致的法律方法论研究取向的冲突。在后现代的语境下，法治失去了传统的理性基础，一些基本的概念，如真理、现实性、合理性、有效性、确定性、客观性等失去了往昔神圣的光环，法律解释、法律推理、法律论证、价值衡量、法律修辞等基本法律方法也失去了其刚性的规范和评价意义，甚至朴素的"有法可依、有法必依、执法必严、违法必究"的法治信念也变得幼稚可笑。方法的本意在于"遵循"和"道路"，意为"遵循某一道路，即为实现一定的目的，必须按一定的顺序所采取的步骤"。法律方法论的研究目的在于为实现法治确立基本的思维程序和标准，但最终向人们揭示的却是："情感、人格、政策直觉、意识形态、政治、背景以及经历将决定一位法官的司法决定。""而根据较为极端的变种理论，法院判决基本上是任意的。"社会的发展促使人们选择法治代替人治，直接的动机在于避免个人的恣意妄断，在于对个体思维、行为中非理性因素的泛滥，而后现代法学理论告诉我们这样的理想只不过是一个美丽的神话，所谓的法治只不过是以一些人的意志代替另一些人的意志而已。

一个有意思的现象是，自 19 世纪后半期以来兴起的诸多法学理论流派，皆把形式主义法学作为批判的靶子，并以对形式主义法学的批判作为其理论奠基的前提，而形式主义法学的最大罪状就是唯逻辑主义，于是逻辑便成了法律方法论研究中的公敌。"本世纪初以来，法理学者尤其是美国的法理学者，主要从事法院审判案件的推理方式的批判性研究。在这种研究中，产生了各种各样的理论。这些理论都在讨论司法判决过程中，常常模糊地被称之为'逻辑'的东西的实际或恰当的地位，其中大多数人属于怀疑论，怀疑论者试图表明，尽管表面上演绎推理和归纳推理起着重要作用，但实际上它们仅起着次要作用。"

有学者称后现代主义是一种自杀式的理论，或者是智识的丑闻。笔者认为更恰当的评价应当是这种理论属于寄生理论，它们靠着对传统理论的批判而生存，但对于如何建构一个新的世界并没有替代性的方案；它们宣告了一个旧世界的终结，但却指不出通向新世界的方向。假如说后现代主义给艺术、文化带来的颓废、堕落还有一丝残缺之美的话，将它们引入法学领域则主要是一场灾难。因为法治并不是因为其理论的完善才成为最优的社会治理选项，而是因为它具有相对于其他选项的比较优势。如果我们采用挑剔甚至病态的标准予以评判，那么，没有什么法学理论、法律制度、法律方法是完全的、完美的。

霍姆斯曾经评价说："逻辑方法与形式迎合了人们渴望确定性和存在于每一个人心灵中的恬静感受。然而，确定性一般来说是一个幻觉。而心灵的恬静并非人之天命。"然而，笔者认为对于确定性和心灵恬静也许是法治能够带给我们的最值得珍视的馈赠，也是法治存在的根本。而在保证法律的确定性方面，逻辑的作用是不可替代的。对确定性的追求使人们从开始就将法律活动建立在了严格的逻辑基础之上，通过人类理性的洞见，制定完善而严密的法律体系，把握形态各异的具体的案件事实，然后按照逻辑演绎推理得出一个确定的法律结果，从这个意义上来说，法就是理性，而理性的基本含义就是合乎逻辑，如果一个法律判决是严格按照要求逻辑推出的，那么，这一结论便是确定的，并且，只有按照逻辑的要求进行法律推理，得出的结论才是确定的。而后现代主义给我们社会带来的最大的伤害便是对确定性的消解。

近代思想家尼采曾言："上帝死了"。这一具有划时代意义的惊世断言今天已成为常识性命题，至少对于我们这个无神论的国度是如此。尼采之上帝并不仅仅指宗教意义上的单数上帝，而且是众神的复数，我们进一步可以理解为一切可资信赖的权威——宗教的、政治的、道德的、学术的，等等。诸神的死亡意味着我们的心灵失去了归宿，我们的行为失去了终极性的约束，我们失去了评判是非、进行选择和预测的标准，从而陷入了不确定的恐惧。"怎样应对不确定性可能是人类所面临的最古老的社会问题之一。……这种不确定性无疑造成了社会的不稳定，而疑虑本身也只能加重危险。因此，为减少危险，人类求助于确定性的载体：巫术与巫师，神灵与牧师，集团和共同体的至尊权力与那些体现并行使这种权力的人。这起到了一定的作用，减少了疑虑和恐惧，因此有助于社会结构的稳定。"而法律也曾经被视为人类应对不确定性的一种有效制度。明确的法律规定、严格的法律适用使我们对自己的行为可能导致的后果有明确的预测；当我们受到伤害时，我们相信法律会还我们以公道；当产生冲突时，我们相信法律会给我们以公正的评判。但如今，法律的确定性受到了几乎彻底的消解。无论是对案件事实的构建还是对法律的解释，都会受认知主体的各种偏见干扰，并且这些偏见根本无法避免。

当然也有学者对这种情状表示了担忧，并把对确定性的拯救寄期望于逻辑的回归："是谁在谋害中国的法治？我的回答是，理论法律人和实务法律人。他们一方面在呼喊法治，另一方面在消解法治；一方面要求依法办事，另一方面要求法律效果、社会效果和政治效果的统一；一方面呼喊宪法法律的权威，另一方面要用常理常情和常识解释法律；一方面讲法治，而另一方面讲政治讲人情。人们的法律思维已经完全被辩证法所左右，法治所需要的根据法律的思维，在人们真正思考法治问题的时候，逻辑已经退回到法学教科书中了。这一切都源自轻视形式逻辑的文化惯性，我们天天喊着中国的法治道路坎坷，但不知道从何处拯救。如果我们的思维中缺少逻辑规则，那么就无法建立起法治所需要的法律思维和法律方法。实现法治就应该从改变人们惯常的思维方式开始。"

然而，当我们打开了潘多拉的盒子之后，我们就不再可能自我欺骗地假装这个盒子从没有被打开过，也不可能仅仅诉诸方法的设计愚弄人们回到那个时代。"如果现实是不确定的，那就不得不进行选择了；如果我们不得不进行选择，那分析者的价值取向、偏好、假设等就不可避免地要进入分析过程了。我们即使有意排除这些要考虑的因素，即如果我们在从事知识活动时坚持一种道德中立立场，这些因素也会无意识地出现，也会在人们随意的交谈中出现。我们即使把这些因素表面化，还会不断出现无意识状态，因为无意识构成了分析家的灵魂。简言之，对真理的追求都会涉及对善与美的争论。"

确定性危机也许是我们这个时代包括法治的最大危机，对确定性的拯救也许是我们这个时代每一位思想者尤其是法学家的最根本的任务。"所有这些科学任务都绝非易事，如果具体分析某一历史社会体系，必将在社会科学家当中引起激烈争论。尽管存在对提出的资料的有效性和可靠性的争议，但这并不能使理论模式失效，也不意味着我们会逃避寻找这种资料的责任。可以获取资料，可以由不同的渠道提供资料，但都会引起历史社会结构中地位不同的人们大相径庭的解释。这并不是说在一些比其他解释更具说服力的解释的基础上达成相对的暂时二致毫无希望，只是说我们必须自我意识到所有解释者都不可避免地带有社会偏见，我们必须进行深入思考，矫正得出的结论，从而减少各种偏见所造成的影响。简言之，为了探知对不确定的社会现实所做的似乎真实的解释，我们所需要的是方法论，而这方法论本身就充满不确定性。"这也许是我国当今法治建设的最大障碍，也是法律方法论研究的最大悲哀。

以逻辑学作为主修专业的笔者，曾希望借助现代逻辑的工具探究包括法律推理在内的规范推理的基本模式和特征。虽然自认为构造的自适应道义逻辑系统能够较好地刻画规范推理动态的、可废止的特征，但整个的过程是极其纠结的，而且结果似乎也不令人乐观。在第一本著作《自适应道义逻辑与法律推理研究》的后记中，笔者表达了作为一名法律逻辑研究者的这种纠结心态。"（法律逻辑与道义逻辑）不仅仅是研究对象有所差异，就是所使用的语言也有很大不同。道义逻辑本质上是以现代逻辑作为工具研究规范推理的形式结构和规律的，所使用的语言本质上是一种高度形式化的人工语言。而对于法律推理的研究而言，除了一些特别定义的概念、术语外，所使用的语言基本上与自然语言无异。研究对象、研究语言的差异甚至直接决定了各自不同的研究范式，前者基本上是公理化的，追求所构造的系统的可靠性、完全性等逻辑理论的一些必要品质，而后者则强调在具体案件中的适用。如此等等决定了我在做这些研究的时候似乎永远处于纠结的状态，在频繁的知识系谱、话语空间的转换中备受煎熬。"而对于通过锻造更强有力的逻辑工具重铸法治理性基础的想法的破灭主要是基于以下事实："法律人自己常常并不精通逻辑的知识。他们对复杂的理论也往往没有太大的兴趣，考虑到这一点，即使道义逻辑更适合被用于刻画司法推理，但对于日常司法实践看起来也没有太大用处。"

[作者单位：山东大学（威海）]

反思指导性案例的援引方式

——以《〈关于案例指导工作的规定〉实施细则》为分析对象

孙光宁

在不断深入的司法改革中，作为借鉴法治先进国家判例制度的重要成果，案例指导从酝酿到运作，都备受关注。案例指导制度的应然价值包括统一法律适用、提高审判效率、提升法官素质、维护司法权威，等等。虽然最高人民法院发布了多个类型的指导性案例，但是，这些案例在目前司法实践中并没有充分体现出以上应然价值。实证研究表明，案例指导的实践效果远低于制度初创时部分研究者的乐观预估和制度制定者的愿景。其中比较突出的表现是：只有极少数审判活动明确提及参照了相关指导性案例，绝大多数指导性案例并没有直接被裁判文书援引。充分研习指导性案例，有助于培养法官的业务素质和能力，这种间接方式固然重要，但是，无法充分彰显案例指导制度，而且原有的公报案例也完全具备此种功能。直言之，要真正发挥案例指导对司法实践的积极推动作用，直接援引指导性案例（尤其是在裁判文书中）是最主要、最关键的方式。

在 2010 年底的《关于案例指导工作的规定》中，最高人民法院只是在第七条，确定出现类似案件时，主审法官"应当参照"相关指导性案例，并没有明确具体的援引方式。这种付诸阙如的规定被认为是影响案例指导实际效果的重要原因，毕竟，在司法权威仍然有待提高的背景下，大多数法官更希望以正式的明确规定为依据，减少个人决策所带来的职业风险。2015 年 2 月的《关于全面深化人民法院改革的意见》（即《四五改革纲要》）规定："改革和完善指导性案例的筛选、评估和发布机制。"这一规定并没有纳入"参照适用"机制，个中缘由可能在于该机制过于复杂，即使是最高人民法院也没

有在案例指导制度运行的这几年中，积累足够成熟的经验。2015 年 6 月的
《〈关于案例指导工作的规定〉实施细则》为地方法院提供了如何援引指导性
案例的部分规定，是对案例指导制度实施之后各界研讨的总结。总体而言，
在具体案件中参照适用指导性案例，主要包括以下几个阶段：首先在程序上
启动对待决案件（系争案件）和指导性案例进行比较，然后由主审法官确定
二者之间的相似性，最后法官在裁判文书中直接援引指导性案例。以上程序
前提、实体条件以及具体对象等内容集中体现在《〈关于案例指导工作的规
定〉实施细则》的第九到十一条之中。但是，从主审法官具体审判案件的角
度来说，以上规定仍然存在不少疏漏或者不当之处，对其进行细致的分析和
反思，有利于继续完善案例指导制度，也能够见微知著地推动司法改革的
深入。

一 程序前提：主动参照与被动回应的优劣

在英美法系的司法过程中，出于遵循先例的原则，法官应当积极主动地
寻找与待决案件类似的先例，进而做出裁判。我国的司法实践更接近于大陆
法系的判例制度，法官仍然以制定法为首要法律渊源，并没有直接主动适用
判例（指导性案例）的强制义务。从案例指导的实际运行来看，地方法院的
法官仍然基于路径依赖而很少适用指导性案例。考虑到这一情况，《〈关于案
例指导工作的规定〉实施细则》分别在第十一条和第九条做出规定，在审理
案件过程中，主审法官应当查询相应的指导性案例，并在发现与待决案件类
似时应当参照适用指导性案例。可以说，这种规定专门强调了指导性案例的
地位，强调案件承办人员（主要是法官）应当在平时就注意了解相关指导性
案例，才能在审理过程中及时查询并参照指导性案例，我们可以将这种方式
称为"主动参照"。

虽然有了这种正式规定的强调，但是，主审法官在参照指导性案例方面
未必能够达到"主动"的程度。缺少细致的操作性规定是首要的原因，长期
沉浸于制定法和司法解释环境中的法官们，对于指导性案例及其适用的陌生
是相当根深蒂固的。在缺少个案发轫的背景下，地方法院的法官更为保守同
时也更为稳妥的选择是"不敢越雷池一步"。更重要的是，在最高人民法院关
于案例指导的正式制度规定中，只有比较笼统的奖励内容而缺少惩戒内容。
作为推荐指导性案例的最主要主体，不少地方高级人民法院也发布了一些内
部司法文件，对发现、收集、整理和推荐指导性案例的工作进行了更为细致

的规定，例如强制中级人民法院和基层法院定期或不定期提交备选案例，为选编指导性案例设置专门人员，对入选各级指导性案例的法官及相关人员进行表彰和物质奖励，等等。但是，从最高人民法院到地方高级人民法院的规定中，对于应当援引指导性案例而未援引的情况，都没有确切的细致规定。在"案多人少"成为目前审判领域中突出问题的背景下，主审法官将更多的精力放在解决案件数量而非质量上，"不求有功但求无过"成为其主导目标倾向。而且，主审案件被最高人民法院遴选成功的可能性较低。最终形成的结果是，即使有了正式规定，也无法从正反两个方面有效激励主审法官适用指导性案例，"主动参照"的方式难以推动法官在其裁判文书中援引指导性案例。

特别值得关注的是，《〈关于案例指导工作的规定〉实施细则》还专门在第十一条增加了一种法官必须对是否援引指导性案例进行回应的强制规定："公诉机关、案件当事人及其辩护人、诉讼代理人引述指导性案例作为控（诉）辩理由的，案件承办人员应当在裁判理由中回应是否参照了该指导性案例并说明理由。"这种方式是首先由诉讼一方援引指导性案例，然后由主审法官进行回应。相比于法官的主动参照，这种方式是法官的"被动回应"；在前一种方式缺少有效激励的背景下，后一种方式由于有了"应当"的强制色彩，对于援引指导性案例来说更加值得鼓励和提倡。

首先，被动回应的方式能够有效推动指导性案例的了解、认知和研习，进而提升其被援引的可能性。在主动参照方式中，强制惩戒措施的缺位是其主要缺陷；而在被动回应的方式中，法官负有规定的强制义务，必须对两造援引指导性案例进行回应。无论是肯定、否定，还是修正、完善和补充，都必须以了解和分析相关指导性案例为前提。随着指导性案例在数量上的不断增加，诉讼当事人及其律师更有机会发现类似的指导性案例，进而将其作为争辩理由。如果法官怠于研习指导性案例，就无法有效做出回应。相比于普通的业务学习，这种具有强制效力的倒逼机制能够更有效地推动法官了解指导性案例，自然也增加了指导性案例被援引的机会。"裁判争议的法院经常关注其他法院在类似案件中的已经公布的判决，由此而在自己的裁判中吸收其他法院的评判经验。法院尤其要考虑在审级上高于自己的法院——当事人可以在那里提出上诉——的判决。通过公布联邦最高法院、州高级法院、甚至与州法院和初级法院的判决和判决导言，产生了内容十分广泛的法院判决（判例）汇编。这些判例虽然对于法院并不具有约束力，但是如果没有令人信服的理由，任何一个法院都不会对其上级法院的判决持反对立场。"在法院的人事和职权配置日益呈现出"精兵简政"的总体趋势下，司法实践对法官的业务素质和能力提出了更高的要求，法官应当对包括指导性案例在内的各种法律资源给予高度重视和充分了解。这不仅是顺应司法改革趋势的需要，也是维护法治统一性的需要。

其次，法官对援引指导性案例进行回应，是重视律师意见的表现。《四五改革纲要》在推动裁判文书说理改革部分对重视律师意见做出了专门规定。法官不仅要在裁判文书中回应律师意见，而且还要提升说理水平。结合《〈关于案例指导工作的规定〉实施细则》所确定的被动回应方式，可以看到，指导性案例将由此逐渐成为裁判文书说理中的重要对象和素材。参与诉讼过程的各方都能够以其作为论证说理的依据。"律师们对于先前案件和法院面前的这个案件之间的某些相似之处的法律意义可以有充分的理由抱持不同的观点。在此事件中，所有事情都取决于法官是否考虑先前案件据以裁判所使用的规则是一种应该被扩展或限制的规则。"虽然法官最终确定裁判结果并在裁判文书中表述理由，但是，现代司法过程日益呈现出开放的趋势，各方参与者在论证说理的基础上充分表达其观点，法官吸收其中符合法律规定或者精神的部分，最终实现兼听则明的效果。这种正当程序精神和对话协商的司法民主，是符合司法规律的。法官被动回应关于指导性案例的援引问题，也是其具体表现之一。

再次，以援引指导性案例为标准，有助于推动律师行业的有效竞争。法治进程的深入必然伴随着律师行业的发展。在这个过程中，如何避免"劣币驱逐良币"的恶性竞争，实现律师行业的健康有序发展，是需要正视的重要问题。在律师的权利保证与惩戒措施都不断完善的背景下，律师行业的竞争更多地应当集中在业务素质和能力上。就案例指导制度而言，在已有规定的基础上，能否以及如何在承接案件中引述指导性案例，完全可以作为衡量律师业务能力和水平的标准。德国律师的相关执业实践可以作为参考：如果律师的观点不以持续性或确定性判例为根据，而是建立在不同观点之上，当事人的主张肯定不会得到支持。基于律师责任法的原因，律师是不会提出这样的诉讼的。否则，律师将面临承担赔偿责任。对于我国来说，最高人民法院所发布的指导性案例具有与时俱进的特点，最新发布的指导性案例能够体现出对法律规范在适用中的扩展、变通和细化等内容。具备较高业务素质的律师，应当及时跟进这些内容，并灵活运用于执业活动之中。能力较差的律师则无法做到这一点。当事人聘请律师，实质上是购买了后者的法律服务，服务水平的高低可以部分地通过援引指导性案例来判断。律师的职业定位是为当事人利益服务，应当穷尽可能的途径与措施为其当事人争辩，指导性案例当然也是其中的重要资源。"只有利益攸关的当事人才会最为关心自己的前途和命运，也就是控辩双方会努力寻求一切资源来说服法院接受本方的观点和主张，允许他们援引指导性案例不仅是为实践中零星的操作提供规范指引，也能辅助法庭有效审理案件、准确适用法律。"换言之，相比于法官来说，律师更有动力去援引指导性案例作为说理依据，《〈关于案例指导工作的规定〉实施细则》所提供的被动回应方式具有强制的性质，法官的不同回应（尤其是其中肯定的部分）也能够体现不同律师在审判过程中的业务素质。

最后，强制法官回应援引问题，体现了指导性案例作为法律人共识的地位。在被动回应的方式中，律师、检察官和法官等法律职业群体都参与其中，并表达自身意见。这实质上是一种对话和协商的过程。意大利的判例制度特别能够印证这一结论：司法实践并不赋予最高法院的判例以某种形式上的权威和影响力，而是通过理论学说对具体判例的批评和支持，来消解或者强化其权威和影响力。判例并不是一个通过制定某个关于司法组织的法律规范就可以建立并正常运作，而是一个需要法律共同体各方面的合力和共同参与才可以运作并且避免产生重大弊端的制度。在中国，相应的核心分析对象就是指导性案例。"法律职业共同体是一个解释共同体，它绝不仅仅是一个解决纠纷的群体，而是一个不断地、细致地废止规则、确立新规则的共同体。"一旦既有的法律规则确定，法律职业共同体就必须基于这些规则进行分析、对话和协商。相比于制定法和司法解释等抽象规则，指导性案例中所体现的规则更加灵活多样，不仅能够查缺补漏，更能够与时俱进。同时，最高司法机关还赋予了其正式效力。每个指导性案例都经过了多级法院的层层遴选，是司法实务中的精品案例，包含着大量符合司法规律的内容。这些都意味着指导性案例应当并且已经成为法律职业共同体的共识，而且是独具价值、难以替代的共识。基于这种定位和正式规定，所有法律职业群体都应当重视指导性案例，不仅体现在推荐和遴选过程中，更要以直接援引的方式体现在个案审判之中。一旦形成了良性循环，案例指导制度必将发挥更加积极的作用。

当然，对于被动回应方式，我们还是应当保持一定的警惕，不能将援引指导性案例的所有希望都寄托其中。虽然主审法官有回应援引指导性案例的义务，但是，出现简单回应甚至搪塞也都是有可能的，这种阳奉阴违在实质上会架空被动回应方式的效果。对此，诉讼一方还可以通过申请二审或者再审等司法程序，继续引述相关指导性案例。支持这一策略的理由仍然是案例指导所追求的统一法律适用。"如果真的存在关于先例的理性学说，那么，其基础就应当是将基于法律的裁定视为对将来案件有约束力的或者有说服力的。

历经时间和案件，由于法律和正义方面的原因，一致性是非常重要的。在一个可以预期法官们能够做出清晰裁判的系统中，'有理由预期'他们能够通过现在与以后的相关案件来检测这些裁定的可接受性。"直言之，出于维护法治一致性或者统一性的需要，二审或者再审法官仍然应当遵守指导性案例及其所确定的规则适用方式，而且《〈关于案例指导工作的规定〉实施细则》所提供的被动回应方式，同样适用于二审或者再审阶段。来自最高人民法院的观点也认为："当事人提出上诉或者申诉，上级法院依法并参照指导性案例，可能对案件做出改判或者撤销原判发回重审。因为违背指导性案例的裁判，本质上是违背了指导性案例所适用的法律规定、司法解释所反映的法理精神、裁判要点。上级法院要切实履行监督指导职能，督导下级法院在审判工作中参照指导性案例，不断统一裁判尺度，公正高效地审理相关案件，实现审理案件法律效果和社会效果的有机统一。"即使出现了初审法官敷衍回应的情况，后续的司法程序中也可以再次通过被动回应方式对援引指导性案例问题进行审查，增加了指导性案例发挥实际影响力的机会。

二　实体条件：在基本案情和法律适用中确定相似性

无论是通过主动参照方式还是通过被动回应方式，在司法程序中启动了援引指导性案例之后，法官需要对待决案件和指导性案例之间是否具有足够的相似性进行判断，只有确定相似性的存在，才能参照指导性案例做出判决。对此环节，《〈关于案例指导工作的规定〉实施细则》在第九条规定："各级人民法院正在审理的案件，在基本案情和法律适用方面，与最高人民法院发布的指导性案例相类似的，应当参照相关指导性案例的裁判要点作出裁判。"由此可见，待决案件和指导性案例之间的相似性，需要从基本案情和法律适用这两个方面进行确定。这一规定同样存在疏漏之处。

在基本案情方面确定相似性，这一点已经基本形成了共识。"参照指导性案例判案的首要环节，是在与制定法条文相关联的若干指导性案例中寻找到与待决案件最为相似的一个。这就需要对待决案件与指导性案例中的法律事实进行分析和选择，判断两者的案情相似性，这种相似性主要体现在必要事实上。案件相似性的判断过程，就是按照一定的价值标准，在若干具有关联性的指导性案例中选择、确定与待决案件事实最为接近、裁判效果最好的一个，从而参照适用。"基本案情决定着法律适用，缺少了这一基本前提，就无法在待决案件与指导性案例之间确定相似性。由此，问题的关键在于：法律适用能否作为待决案件与指导性案例之间具有相似性的判断标准。《〈关于案例指导工作的规定〉实施细则》第九条对此持有肯定意见，但是，这一判断存在不少值得质疑的地方。

首先，如果将法律适用界定为对实体法规则的扩展或者细化，那么，指导性案例将失去存在的意义。在进行案件之间的比较时，"法律适用"是一个比较模糊的概念，其侧重点可以聚焦于"法律"，也可以聚焦于"适用"。就前一种情况来说，指导性案例都是对现行有效的制定法或者司法解释进行具体解说的案例，其"裁判要点"部分更是直接概括了该指导性案例中体现的主要规则。从已经公布的正式文本来看，这些裁判要点完全可以独立于基本案情而存在，成为自洽的抽象法律规则，只不过这种规则是对现有实体法规则的重复、扩展或者细化。这个意义上的指导性案例几乎等同于提供抽象规则、具有准立法性质的司法解释，或者说是对司法解释的修补与完善。但是，这从侧面也削弱了指导性案例自身存在的意义：不断更新的司法解释在功能上完全等同于指导性案例，而且对于地方法院的法官来说更加驾轻就熟。之所以规则伴随着案例存在而并非单独公布，正是为了在待决案件和指导性案例之间进行基本案件（事实）上的相似性比较。可以说，案件事实层面上的比较是决定性和压倒性的，只要案件事实部分（尤其是关键事实部分）具有相似性，就可以决定法律适用上的相似性，进而参照指导性案例形成类似的判决结果。在这个过程中，法律适用上的相似性是附随性的，并非与基本案件事实中相似性的比较位于同一层面上；《〈关于案例指导工作的规定〉实施细则》第九条将二者等同对待，存在理解上的偏差。

其次，如果将法律适用界定为适用法律规范的方式方法，那么，指导性案例的"指导"意义将过于宽泛。"法律适用"聚焦于"适用"时，实际上强调的是如何对现有的法律规范进行解释、论证和推理，其与法律适用方法或者法律适用的规则，没有本质区别。例如，指导性案例3号、6号、11号、13号等案例中，都重点使用了目的解释方法，尤其是指导性案例13号，两个焦点争议都是基于法条或者法典的目的进行解释之后形成裁判结果。如果出现了需要适用目的解释方法的案件，那么，这样的待决案件是否能够属于"法律适用"相类似的情况？《〈关于案例指导工作的规定〉实施细则》第九条对此的答案是肯定的，那么，问题仍然存在：法官究竟在裁判文书中选择哪一个指导性案例作为援引对象？将众多运用目的解释方法的指导性案例都罗列其中，显然并不恰当。法律适用有其自身的途径，这些途径被理论界称为法律方法论或者法学方法论，包括法律解释、法律论证、法律推理、利益衡量和漏洞补充，等等。如果待决案件与指导性案例的相似性，仅仅存在于方法论（法律适用方法）的意义上，那么，这种指导性案例只是对其研习者有提升业务素质的意义，而不能直接在待决案件的裁判中被援引而发挥作用。从这个意义上说，法律适用仍然不应作为待决案件与指导性案例之间相似性的判断标准。

再次，将法律适用作为案件之间比较的标准，在案例指导制度的借鉴对象——判例制度中，也没有获得理论与实践的支持。相比于案例指导制度、判例制度，尤其是英美法系的判例制度，要更加成熟、丰富和完善，其他大陆法系国家的判例制度也是以此为主要借鉴对象。这种典型的判例制度也一直是强调，案件事实上的相似性是先例与待决案件之间相似性的最主要判断标准，几乎没有提及法律适用也能够成为以上标准。"区别系争案件与先例的事实和合理使用先例确定的法律规则，是律师和法官的最核心职责。其中的核心问题其实是画线问题，即面对新情况时，先例确定的法律规则是扩展适用还是限缩适用。问题总是一样的：系争案件的事实与先例的事实是否存在关键而决定性的区别，以使得系争案件应当适用与先例不同的法律规则。"这种适用先例的过程，并非只是绝对的演绎推理或者归纳推理，而更多的是一种类比推理的运用过程，其具体步骤主要包括：（1）寻找一个可资作为类比基点的先例；（2）识别先例与问题案件之间在事实方面的相同点和不同点；（3）判断是事实上的相同点还是不同点更为重要；（4）根据前述判断决定是遵循先例还是区分先例。虽然案件事实的审视过程中不可能完全祛除既有法律规范的影响，法官的目光也总是在事实与规范之间不断往返，但是，这种往返和相互比照也是以二者的区分作为前提的；特别是对于案件之间的比较来说，基本事实之间的比较是更主要的。在判例制度的语境下，审判过程中的争议都是针对基本事实是否一致，或者具有足够相似性而进行的，几乎没有专门提出要求在法律适用问题上也必须具有足够的相似性。既然案例指导制度以判例制度为主要借鉴对象，那么，就应当尊重判例制度经过长期运作积累下来的成功经验，无须将法律适用也作为比较待决案件与指导性案例之间相似性的判断标准。

最后，在中国司法的语境中，将法律适用也作为判断案件相似性的标准，是一种求全责备的倾向，很可能会进一步降低指导性案例被援引的可能性。根据《〈关于案例指导工作的规定〉实施细则》第九条的规定，只有在基本案情与法律适用都类似的情况下，指导性案例才能被援引。相比于单独的案件事实标准，以上的要求明显是更加严格了。这种强调在最高人民法院研究室对《关于案例指导工作的规定》进行解读时就存在："类似案件不仅指案情类似，更重要的是指争议焦点即法律问题类似，只有基本案情类似，同时当事人诉讼争议的法律问题也类似的，才可以参照。"在案例指导制度正式运作的时间并不长、各方面经验都比较欠缺的背景下，最高人民法院的这种规定是比较保守的，是对援引指导性案例设定了较高的标准。但是，这种高标准的设定也恰恰为指导性案例的援引增加了更加严格的门槛。我们可以从审判主体的角度对此展开分析。一方面，作为专职审判人员，地方法院的法官在意图援引指导性案例时，面临着更多的困难。原有《关于案例指导工作的规定》第七条中，对"应当参照"这种模糊甚至自我矛盾的效力设定，就已经使得法官在援引指导性案例时踟蹰不前；在实施细则中设定的高标准则，将使得这种消极影响进一步加剧。而且，我国法官普遍对案例识别的技术与方法相对陌生，对案件事实分析的框架、法律推理的起点等问题缺乏具体认知。因此，对于哪些事实是法律上"相同"的事实、哪些是不同的事实、事实点的不同或关键事实的细微变化是否会对案例的适用产生影响，法官可能难以判断。换言之，在缺乏系统比较训练和能力的背景下，主审法院对于基本案情层面上的比较都可能存在问题，对于由此而决定的法律适用问题，就更加难以入手进行准确判断了。最终的结果，很可能就是法官"知难而退"，拒绝援引指导性案例作为裁判理由，使得案例指导制度的实效无从发挥。

另一方面，人民陪审员在参与审判活动时，对于指导性案例中的法律适用问题，难以表达准确意见，也阻碍着指导性案例被援引。人民陪审员角色和作用的变化，是司法改革中的重要内容。《四五改革纲要》明确："拓宽人民陪审员选任渠道和范围，保障人民群众参与司法，……逐步实行人民陪审员不再审理法律适用问题，只参与审理事实认定问题。"经过改革和完善之后，陪而不审的情况将逐步减少，人民陪审员将更加积极地参与审判活动，他们具有丰富的社会阅历，了解社情民意，对风俗民情和市井社会有更为直观的感受，并且具有识别和判断案件证据材料、认定案件事实的能力。由人民陪审员认定案件事实，能够将普通民众的朴素观念带入案件审理中，弥补法官专业知识的不足，使得案件裁判更好地反映社会大众的日常情感。相比于抽象的制定法和司法解释，指导性案例更容易被人民陪审员所认识和接受。最高人民法院也认为："指导性案例以其具体、直观、生动、形象、喜闻乐见的独特优势，成为宣传、培养社会主义核心价值观的生动教材，宣传和彰显法治，强化规则意识，引领价值导向，……引导、教育和启示社会公众自觉学法、知法、守法、用法。"可以说，指导性案例是人民陪审员在审判活动中发挥积极作用的良好契机，特别是在指导性案例的数量和种类不断增加的情况下。在人民陪审员参与审判的案件中，如果出现了可以援引指导性案例的机会，仍然要求在法律适用方面具有相似性，那么，这种过高的要求也会成为人民陪审员要求援引指导性案例时的严重阻碍，会同时降低案例指导制度和人民陪审制的实践效果。

从以上几个方面可以看到，将法律适用也作为待决案件和指导性案例之间相似性的判断标准，会直接影响到裁判文书中援引指导性案例。在这种过重的论证负担背景下，法官很难准确进行相似性判断。在实体层面上，判断案件之间的相似性，一直就是难题。虽然类比保证规则和类比保证理由等，可以为我们判断类似案件提供一定保证，但是，这种保证从来就不是终极的、一劳永逸的。甚至可以认为，"比较点的确定主要不是依据一个理性的认识，而是很大程度地根据决断，因而取决于权力的运用"。直言之，相似性的判断并非在实体意义上能够完全确定，而是需要经过程序性的论辩才能够为具体个案提供裁判结果。这里，指导性案例再次展现了作为法律职业群体共识的性质，因为参与诉讼的各方主体都能够以指导性案例作为论证自身观点的理由，这一点在本文第一部分中已经提及。强化指导性案例在司法程序中的动态意义，可能比单纯从实体方面比较相似性，更为关键和重要，也更符合司法过程的程序意义。

三　直接对象：裁判要点作为论证理由而非裁判依据

在经历了程序启动，并由法官确定了待决案件与指导性案例足够相似之后，就需要在裁判文书中具体援引指导性案例。这种援引与以往的直接将制定法或者司法解释等规范性文件作为裁判依据，存在不少差异，并且在《关于案例指导工作的规定》中并没有直接涉及。而《〈关于案例指导工作的规定〉实施细则》在第十条和第十一条分别规定："各级人民法院审理类似案件参照指导性案例的，应当将指导性案例作为裁判理由引述，但不作为裁判依据引用。""在裁判文书中引述相关指导性案例的，应在裁判理由部分引述指导性案例的编号和裁判要点。"这是对如何在裁判文书中援引指导性案例进行的具体规定，也是对《关于案例指导工作的规定》空白之处的准确补充。简而言之，在需要援引指导性案例时，法官应当在裁判文书中引述指导性案例的裁判要点作为形成最终结论的裁判理由。

裁判要点（裁判要旨）一直是判例制度或者指导性案例中的焦点问题之

一，甚至是存废也有着相左的意见。在英美法系的先例中，并没有明确的裁判要点，只有以 Ratio 形式存在的、由后来者总结的裁判要旨。而在大陆法系的判例制度中，多数都设置了单独的裁判要旨，其内容也基本上是从案件中总结出来的抽象规则，与制定法并没有多少本质区别。在判例或者指导性案例的正式文本中设置裁判要点，具有明显的优势，例如，有助于裁判者迅速查找、比较相似性，同时便于在裁判文书中援引。但是，这种设置情况也受到了不少质疑。"在裁判之前添加类似法条的要旨，这种做法是多么危险。这些要旨不过是判决理由中蒸馏出来的结晶，与案件事实密切相关，在很大程度上本身也需要解释。"对专设裁判要点部分的质疑，一方面来自其内容中的抽象规定与制定法并无差异，另一方面则在于，裁判者在司法过程中需要援引判例或者指导性案例时，很容易将所有的精力都聚焦于裁判要点，而忽略本应比较的案件事实等方面。这样会使指导性案例的正当性证明变成空中楼阁，并使指导性案例客观上变成另一种形式的条文化的司法解释，甚至是成文法。有三方面的内容在裁判要旨中很难被包括进来：案件事实，支持判决结论的法律论证，判决的逻辑与法律结论，而这三方面的内容是司法先例的独特价值和生命力所在。

从《〈关于案例指导工作的规定〉实施细则》的具体规定来看，案例指导制度很明显遵循着后一种思路：不仅在指导性案例的官方正式文本中专门设置裁判要点部分，而且将其作为援引指导性案例的直接对象。这种定位除了存在前述可能受到过分重视而忽略其他部分的弊端之外，还可能对指导性案例在审判中发挥积极作用产生一些消极影响，应当对其进行适当调整。具体原因至少可以包括以下几个方面。

首先，裁判要点的效力定位过低、权威性不足，难以使得法官产生足够的动力去援引指导性案例。《〈关于案例指导工作的规定〉实施细则》专门强调，裁判要点只能作为裁判理由而非裁判依据。相比于制定法和司法解释，这种效力定位明显偏低。裁判要点所归纳的抽象规则，在内容上与制定法和司法解释并没有实质区别，而且是对后两者的细化、扩展和延伸，具有与时俱进的特点。裁判要点在实体意义上，完全可以成为裁判依据；只是限于既有的权力架构，司法机关不宜直接以案例的形式确定抽象规则。最高人民法院在原初的观点认为："基于我国宪政制度的考虑，将先前的判决作为有实际拘束力的法律规范来对待，缺乏立法基础，也无相应诉讼制度支撑，因此，指导性案例应不具有正式的法律效力，不属于正式的法律渊源，不能被裁判文书直接援引。"相比于这一观点，《〈关于案例指导工作的规定〉实施细则》

允许裁判文书中以将裁判要点作为裁判理由的方式援引指导性案例,已经是一种进步。但是,对于审判案件的法官来说,参照指导性案例需要进行大量的对比工作(包括基本案情和法律适用),并且援引裁判要点需要付出额外的论证负担和风险。而且,在指导性案例的文本之中,还有专门设置的"相关法条"部分。根据最高人民法院的解释,明确标示法条,可以表明指导性案例是"以案释法",可以使得指导性案例明显区别于西方判例,避免不必要的误解;有利于法官正确理解和把握裁判要点的法律依据,便于裁判案件时引用相关法条;有利于检索、查询和参照适用指导性案例,也便于按照法律体系和法条顺序分类汇编和清理案例。对于具体审判过程而言,法官完全可以在研习指导性案例的基础上,直接援引"相关法条"部分,而无须将裁判要点作为裁判文书的论证理由。这种做法既能够规避上述风险,又能够在实体意义上准确确定裁判依据。但是,最终的结果却使得指导性案例被"架空",并没有在裁判文书中被直接援引,即使只是作为裁判理由。

其次,指导性案例的裁判理由部分更为丰富和全面,更适合作为直接的援引对象。在每个指导性案例的正式文本中,都有"裁判理由"部分,对整个案件中所涉及的事实和法律进行细致说明。从篇幅上看,裁判理由部分要远远大于裁判要点部分,可以说,前者是后者的展开分析,后者是前者的凝练和概括。在裁判理由部分中,法官经常准确地归纳案件的焦点争议,同时对各方意见(尤其是律师意见)进行评述,确定是否采纳相关意见并给出理由。相比于更为接近抽象规则的裁判要点,裁判理由部分以更加翔实的内容充分体现了案例的具体、生动和直接。同时,对形成裁判要点中抽象规则的原因和过程,裁判理由部分也比较详细地交代了来龙去脉,使得指导性案例文本的读者能够"知其所以然",而恰恰是这些说明和支撑裁判要点的部分,对于细致比较待决案件与指导性案例之间的相似性,有着更为直接的实践意义。当然,裁判要点中所概括的所有规则,在裁判理由部分也都能够得以体现。如果法官要援引指导性案例的话,将裁判理由部分作为直接对象,能够更加丰富裁判文书的细致论证与说理,特别是裁判理由部分中专门论及裁判要点的形成过程与理由的内容。《四五改革纲要》中针对裁判文书说理进行的改革,基本要求是要繁简分流,而需要援引指导性案例的案件,大多是属于其中需要细致全面说理的情况。仅仅依靠裁判要点,容易显得说理不够充分,特别是在回应诉讼一方援引某一指导性案例的要求时;诉讼一方并不受到《关于案例指导工作的规定》及其实施细则的约束,完全可以直接引述裁判理由部分的内容,而要对此进行回应,法官也需要运用裁判理由部分的内容,而且这个部分经常对最终裁判结果产生直接而重要影响。简而言之，裁判理由部分在内容上更加丰富和全面，在形式上也同样是指导性案例正式文本的必要结构，相比于过于抽象的裁判要点，更适合于在裁判文书细致说理时作为直接援引的对象。

再次，在判例制度的实践中，法官援引的对象并不仅仅局限于裁判要点，而是更加广泛。英美法系的先例中不存在裁判要点，难以与指导性案例直接比较；当然，也正是由于裁判要点的"缺席"，使得裁判文书的任何部分都能够被后案所援引，甚至部分附录的法官异议意见，也能够成为特定案件中推翻先例的理由。司法判决案例被援引的时候，应该标明该判决在案例汇编中的案件名称、已经汇编该判决的案例汇编的具体名称、出版日期、卷号和页次。在伦敦大学先进法学研究所出版的《法律援引集使用指南》（*Manual of Legal Citations*）一书中，有最全面的英国集英联邦国家案例汇编简列表，其中，官方或者半官方的案例汇编的援引效力优于其他的案例汇编。这种仅仅引用先例名称和编号的做法，在专设裁判要点的大陆法系判例中，也有类似的实践，法官在援引时同样不仅仅局限于裁判要点。比较典型的是德国的司法实践：在民事判决书中，经常引用《德国最高法院民事判例集》（BGHZ），刊登在德国 BGHZ 上的判例汇编均有"判例"的地位，不但德国下级法院要遵守，即使德国最高法院在审理同类案件时，也会不厌其烦地在判决书中引用本院先前做出的判例。一个著名的案件，往往不但被收录到 BGHZ 中，还会被收录到诸如《新法学周报》（NJW）、《法学家》（JZ）等这些著名的德国法学刊物当中，并且以类似 BGHZ 的汇编方式加以汇编。相关的裁判文书通常都会把引用某案的所有刊物在论著中一一列明。在援引这些判例时，一般德国法官并不具体重述裁判要点，而仅仅是在相关的论证理由之后，明确标明支持该理由的判例集页码。而这些页码未必都是裁判要点所在的页码，任何论述理由或者观点，也都可能被援引。以判例法为主要特色的法国行政法领域中，判决书援引判例的对象也不限于裁判要点，例如，在一个关于行政赔偿的案件中，判决书的原文表述为："所有错误都应该由制造者来承担责任，尽管有些命令有相反的规定（例如，1940 年 6 月 7 日，Dameveuve Hoareau 案，第 194 页；1946 年 6 月 14 日，Villede Marseille 案，第 164 页；1951 年 7 月 28 日，Damele Saux 案，第 458 页，等等）。……司法机构的有些命令正是如此表示的，特别是，1960 年 5 月 19 日的一份法庭决定，Dame veuve Pitiot 案，第 305 页，是一个可以参考的例证。"这种援引判例的方式，与德国司法实践中的做法比较类似，也只是提及案件名称及其具体援引理由所在页码，并未直接援引裁判要点。就案例指导制度满足法官工作实际中的需求而言，甚至有观点认为，指导性案例的裁判文书原文也可以作为援引的直接对象：裁判文书所蕴含的对法律价值的理解和判断，独特的裁判方法、技巧以及裁判思路等，正是后案法官希望从指导性案例中得到的。虽然直接援引指导性案例的裁判文书在一定程度上可能破坏对指导性案例的规范化运用，但是这种随意的适用却能最大限度地挖掘指导性案例的作用，并通过后案法官的不断适用与发展不断创设新的裁判规则，从而保持指导性案例的生命力。鉴于先例制度或者判例制度的成熟经验，《〈关于案例指导工作的规定〉实施细则》将援引对象仅仅限于裁判要点，虽然有一定的合理性，可能也是案例指导制度运行初始的现实选择，但是，相比于充分发挥指导性案例的实际作用而言，仍然显得过于狭窄。随着案例指导制度逐步被接受，扩大直接援引对象的范围应当成为重要的完善举措。

最后，在进行适当的限定基础上，裁判要点完全可以作为裁判依据被裁判文书援引。如前所述，裁判要点在实体内容上与制定法至少是司法解释，没有本质区别，能够承担裁判依据的任务，只是在形式上需要顾及权力架构而不宜直接作为裁判依据。有观点甚至认为，指导性案例的裁判要点应当作为一种"排他性判决理由"而被援引，实质上肯定了其重要的效力地位。法国行政法领域中的判例制度也明确："就判例法而言，从两方面看，客观上，违者即受制裁；主观上，服从者都感到有义务去执行，这表明判例准则具有法律准则的一切特性。"而《〈关于案例指导工作的规定〉实施细则》中较低的效力定位却在很大程度上影响了指导性案例被接受进而被援引的程度。为了改变这一状况，有观点建议直接修改《最高人民法院关于司法解释工作的规定》，在"解释"、"规定"、"批复"和"决定"四种司法解释之外，增加指导性案例为一种新的司法解释。这一观点值得商榷：从性质、特点、形式和运作方式上，司法解释和指导性案例还存在很大的不同。而且，《四五改革纲要》等司法改革的纲领性文件，都是将司法解释与案例指导并列作为完善法律统一适用的机制。更重要的是，列入司法解释的一种样态，将进一步降低指导性案例及其裁判要点的效力定位，更加不利于其在裁判文书中被援引。但是，值得肯定的是，上述制度变革建议的延伸意义在于，如果能够成为一种司法解释，那么，指导性案例就可以在裁判文书中直接作为裁判依据，对其被援引十分有利。也有观点认为指导性案例的效力位于制定法与先例的效力之间。从提升指导性案例的效力定位的角度来说，笔者认为，可以将《〈关于案例指导工作的规定〉实施细则》第十条中的"不作为裁判依据引用"修改为"不单独作为裁判依据引用"。这种修改仅仅是增加了"单独"两字，在保持案例指导整体制度稳定的基础上，肯定了指导性案例的效力，能够作为裁判依据之一。这样，结合实施细则中第十一条的规定，对于具体案件的审理而言，主审法官可以将裁判要点与其他制定法或者司法解释并列为裁判依据而直接援引。由此，指导性案例便获得了作为裁判依据的形式合法性，而且更接近于制定法的效力，对其被援引是大有裨益的。而且，从举轻以明重的角度来说，连饱受诟病甚至在一定程度上僭越立法权的司法解释，都能够作为正式裁判依据；那么，内容上更加细致全面，形式上同样由最高人民法院发布的指导性案例，更有资格作为裁判依据。

除了裁判要点之外，援引指导性案例的直接对象还包括案件编号。这表面上看并不是一个重要问题，但是，我国指导性案例目前的结构设计更加侧重于强调性质与反映时间两项功能，而"n号"的设计相对于美国案例编号使用多个层次与分类的结构来说，查询检索功能相对较弱；随着指导性案例的数量不断增加，此种排列方法对检索将会造成很大的困难。2015年5月，最高人民法院发布了《关于人民法院案件案号的若干规定》及《人民法院案件类型及其代字标准》、《各级法院代字表》等配套标准，对案件编号问题进行了统一而细致的规定。对于案例指导制度来说，完善案例编号也是十分重要的，对于法官及时有效检索，进而援引指导性案例，都有很强的操作意义。将来对相关实施细则进行修订时，应当增加对指导性案例案件编号上的新规定，这种做法也是吸收其他国家判例制度经验的结果。

结语　案例指导的突破节点

作为吸收判例制度的成果，案例指导一直备受关注，从地方法院的前期探索，到最高人民法院多次在五年改革纲要中提及，最终通过《关于案例指导工作的规定》正式确立。每一步都伴随着理论界与实务界的热烈讨论。而《〈关于案例指导工作的规定〉实施细则》则通过细致规定将这些关切逐步转化为对审判活动产生直接影响的操作规程。以上整个过程体现了一种从宏观到微观、从应然价值到实然影响、从试点探索到制度建构的趋势。随着越来越多的指导性案例被裁判文书直接援引，案例指导制度对司法实务的促动也将更加显现。

但是，总体而言，最高人民法院对于指导性案例的援引问题仍然持有比较保守的态度，从《关于案例指导工作的规定》的付诸阙如，再到其实施细则中强调"不得作为裁判依据"，都能够说明这一点。虽然案例指导制度发挥实践作用，需要一个循序渐进的过程，但是，没有必要将其延展得过于拖沓，各种司法制度（尤其是诉讼制度）的相互配合，不会使得指导性案例成为恣意裁判的"潘多拉魔盒"。相反，最高人民法院的保守与摇摆，反而会成为降低地方法院的法官参照指导性案例的积极性。长此以往，案例指导制度就会失去公信力而成为被架空和虚置的花瓶制度。

　　要在循序渐进的发展中加速指导性案例的效果，关键节点并不在于援引程序如何启动，或者待决案件与指导性案例之间的相似性如何确定，而是在于确立指导性案例的正式效力，尤其是直接作为裁判依据的效力，即使不能"单独"成为裁判依据。这种"正名"会直接推动指导性案例被援引的动力与可能性。"如果将指导性案例仅仅停留在'软约束力'上，指导性案例可能仅仅成为一个单纯的咨询性的案例分析意见，发挥的是与学理解释类似的参考作用，无法形成有效、常态的案例指导制度。在我国，法律职业共同体尚未完全形成，司法人员执法水平参差不齐，职业素养不高，司法权无法独立行使，特别是在遇到缺乏专业素质和敬业精神而不知天高地厚的执法人员或者案件的处理遇到各种外部干预的情况下，仅具有'软约束力'的指导性案例可能不堪一击。"只依靠单一的案例指导制度不可能一步到位地实现司法的公正与统一，同样，也不会仅仅因为指导性案例成为直接裁判依据，就会导致法官随意裁判，进而导致司法不公。相反，援引高质量的指导性案例（及其裁判要点），会推进裁判质量的提升，推进司法公正的实现。从这个意义上说，案例指导要寻求发展上的突破，应当聚焦于提升指导性案例的正式效力，以达到"纲举而目张"的效果。

［作者单位：山东大学（威海）］

关于创新做好新形势下群团工作的调研报告

王　晓　李　强　田素青

根据市委领导对推动群团工作上档升级调研的指示精神，以贯彻落实中央和省委党的群团工作会议精神为契机，组成专题调研组，多次赴相关部门、基层组织和服务对象等，通过座谈、走访等形式，对新形势下如何更好地贯彻十八届五中全会及中央群团工作会议精神、推动群团工作上档升级进行了深入调研，现将情况报告如下。

一　近年来群团工作的经验做法及成效

近年来，各级群团组织在市委、市政府正确领导下，按照"理念转型升级、力量联合联动、工作创新创效"总思路，坚持以品牌活动为载体、以阵地建设为依托、以资源融合为突破，充分发挥群团组织职能优势，广泛汇聚各界群众强大合力，围绕中心促发展，服务大局谋跨越，取得较好成绩。

（一）突出政治引领把方向

各级群团组织切实履行引领群众听党话、跟党走的政治责任，深入开展宣传教育，最大限度把群众凝聚在党的周围。

一是理论武装实发动，坚持把学习贯彻党的十八大和十八届三中、四中、五中全会以及习近平总书记重要讲话精神作为长期任务，广泛发动、及时宣讲党的路线方针政策，持续开展"中国梦·劳动美""青春导航行动""与祖国共奋进·与威海共发展""学理论·强党性·铸信仰""学党史·知党情·跟党走"等主题实践活动，引领所联系群众保持政治定力、把正前进方向，组织演讲、展演等 1100 多场次。

二是思想教育善发力，紧盯形势发展，改进工作方法，针对联系群众特点，具体化、形象化、生活化地把思想教育贯穿各种活动。全市各级群团组织开通微博、微信、QQ 群、手机客户端等官方信息发布平台，围绕"我为核心价值观代言""奋斗的青春最美丽"等话题，编转微博、微信 5 万余条，有效巩固和扩大党的群众基础。

三是舆论斗争敢发声，市级群团普遍建立以门户网站为载体，以各种新媒体手段为支撑的舆论宣传矩阵，及时更新时政和服务资讯，随时掌握舆情动态，强化正面舆论引导。团市委组织青年建成 1500 名的网络宣传员队伍，主动回击网络谣言邪说等，官方微博粉丝数万名；妇联招募 220 人网宣员队伍，旗帜鲜明地传播社会正能量，发出威海好声音。

（二）突出创新创业促发展

围绕"大众创业、万众创新"和"产业强市、工业带动""全域城市化、市域一体化"等重大战略实施，广泛组织群众参与创新创效创优，为经济转型提供动力支撑。

一是全力服务创新创效，积极协调推进技术创新、技能提升、技艺传承等工作，建成劳模创新工作室 441 家，完成技术改造革新 3860 项；倡树劳动精神、工匠精神，营造"尊重劳动、尊重知识、尊重人才、尊重创造"浓厚氛围，开展 50 余项技能竞赛、参与 3.5 万人，"名师带高徒"结对 6322 个，持续举办各类青年及妇女创新创业大赛，去年仅女企协会员纳税突破 10 亿元。

二是全力推动创业就业，群团组织建立健全资源互补、力量聚合、平台融合的工作机制，形成促进创业就业强劲合力，建立各类培训见习基地 90 余个、免费培训 3 万多人次；通过拓展"乡下车间"、发展创业导师、成立创业孵化社和创业俱乐部、举办"春风送岗"招聘会、实施女大学生创业服务计划等，培训引导帮助 2 万余人创业就业；帮助创业青年、妇女申请小额贷款和贴息等 3 亿多元，今年新增融资 1.06 亿元；加大残疾人就业政策扶持，今年投入资金 460 余万元，帮助 2600 余名贫困残疾人创业就业。

三是全力搞好引智引资，科协发挥人才优势，健全完善科技思想库，引进院士工作站 5 个；侨联深挖人脉资源，保持与 50 个重点社团、100 名重点人士密切联系，在纽约等地新设 4 个联络点，促成侨资项目 15 个。

（三）突出服务群众促和谐

各级群团组织扎实做好为群众解难、维权等服务工作，引导广大人民群众积极践行社会主义核心价值观，全面参与社会治理创新，努力营造文明和谐稳定的社会环境。

一是以关爱救助促忧困缓解，坚持"输血"与"造血"并重，组织深入开展多种形式送温暖活动，筹集发放救助金 5800 余万元，为 9000 余户贫困家庭解决生活困难、子女就学等问题；持续推进"爱心互助保险"工程，2015 年参保人数达 27.6 万，互助金规模 1380 万元，截至 10 月，理赔 965 万元、救助职工 4300 多人，经验在全国推广；落实"整体赶平均、共同奔小康"计划，推动出台 19 项保障政策、惠及残疾人 4.9 万人次，其中今年助残资金 1460 余万元、惠及 2.31 万人次。

二是以民主沟通促和谐稳定，持续开展"劳动关系和谐企业"创建等工作，引导职工表达诉求，促进民主管理和科学决策，目前命名 2417 家星级企业、和谐镇街 28 处；建立各级青少年维权岗 80 多家，今年新建妇儿家园 13 处。开展"团干部恳谈日""与人大代表、政协委员面对面"等活动，建立各级青少年维权岗 58 家、青年之家 87 个。妇联扎实推进"两个规划"，不断完善维护妇女权益工作机制和网络。

三是以志愿服务促文明新风，强化各类志愿服务组织培育和管理，发展大型赛事、环保、抢险救灾、医疗服务等专业志愿服务队伍 100 余支，组织青年志愿者为重大活动提供志愿服务 18 万余小时，全市 642 支巾帼志愿服务队、1.4 万名队员活跃城乡；建立统一志愿服务管理平台，全市 200 余个重点志愿服务组织、25 万名志愿者纳入管理，实现线上项目发布、志愿者招募、资源调配与线下志愿服务活动现场记录、信息查询、激励嘉许等有效对接。

（四）突出自身建设促固本

坚持问题导向，着眼提升吸引力、凝聚力、战斗力，不断加强群团组织自身建设。

一是稳步扩大组织覆盖，在巩固和加强机关、企事业单位等群团组织建设基础上，通过"单独建、联合建、挂靠建"等灵活方式，着力推进群团组织向非公经济、两新组织、城乡社区和农民工、渔业船队、自由职业者等群众延伸，不断扩大基层组织有效覆盖面。目前，全市建有基层工会 4430 个，覆盖职工 54.9 万人；基层团委 1187 个，团支部 7724 个，团员 147217 人，其中"两新"团组织 1242 家；党政机关、事业单位妇委会 332 个，村居妇代会 2770 个；建有企业科协 61 个，各类协会、学会 229 个。

二是全面提升队伍素质，加强群团干部的选用、培养和管理，多渠道对群团干部进行"互联网＋"等业务培训，推动群团干部队伍整体素质不断提升。工会系统持续开展"干部素质提升年"活动，共青团围绕"团干部如何健康成长"开展大讨论，妇联定期组织女干部外出观摩学习，各级群团组织日常培训力度普遍加大。

三是切实转变工作作风，深入开展党的群众路线教育实践活动，自觉践行"三严三实"要求，转作风、重规范、求创新、提效能。工会系统主动调整职工活动形式，增强灵活性、参与度，青年干部建立联系点制度，妇联创新"社会化、品牌化、项目化"工作模式，科协系统完善联系科技工作者制度，侨联深入开展归侨侨眷大走访活动，广大群团干部越来越成为群众信得过、靠得住、离不开的知心人、贴心人。

二 群团工作面临的新形势以及存在的问题

从调查情况客观来看，群团工作虽取得很大成绩，但与当前面临的新形势新任务比，还有进一步改进和提升的空间。

（一）群团组织所面临的新形势、新挑战

随着国际、国内环境不断发展变化，随着社会结构、社会组织形式、社会利益格局深刻变化，以及人们思想活动独立性、选择性、多变性、差异性明显增强，群团工作对象、领域、要求和方式、方法都发生了很大变化，面临着许多新情况、新问题。

一是不断发展变化的国际国内形势给群团工作带来新挑战。从国际看，面对国际敌对势力利用所谓民主、人权、民族、宗教等问题对我国实施西化分化、与我国争夺青年等图谋，统战及群团处在反渗透反颠覆反分裂斗争前沿，在坚持我国政治制度和政党制度，维护社会稳定、国家安全和领土完整等方面责任更加重大；从国内看，正处深化改革关键时期，社会结构深刻变化、利益关系深刻调整，人们思想道德观念也在发生深刻变化，思想波动、观念多元，道德诚信缺失需要及时匡正，法治意识不强需要及时培育，不和谐声音充斥需要及时引领，网络阵地需要及时占领和引领，这些都需要靠群团等发挥组织优势，加强思想引导，凝心聚力促发展。

二是工作对象和领域的不断变化对做好新形势下的群团工作提出了新挑战。从工作对象看，面临着流动越来越加快、群体日益分化的趋势，各组织对所联系群众情况掌握略显滞后。从工作领域看，对象越来越广，涵盖了包括各党派、各团体、各民族、各阶层和各界人士等在内的方方面面，具有空前的广泛性、巨大的包容性、鲜明的多样性和显著的社会性；统战也从政治领域拓展到经济、科技、文化、教育等各个领域，从侧重政治团结拓展到教育、引导、服务各阶层人士及加强民主党派建设等更广领域。如何更好地团结引领各界群众凝心聚力服务威海科学发展，成为迫切需要思考解决的问题。

三是蓬勃发展的群众社会自组织对做好群众工作形成了新挑战。随着我国改革开放深入和社会转型加快，社会组织大量涌现，呈爆发式增长，在一定程度上存在与群团组织"争夺群众、抢占阵地"的矛盾，在某些领域甚至压缩了群团组织的工作空间，削弱了群团组织的影响力和凝聚力。如何积极适应信息化和互联网广泛运用的新趋势，通过拓展网上群团工作领域，推动群团工作手段和工作方式的信息化、现代化；如何在社会思潮多样化的情况下，科学探索运用社会主义核心价值体系引领社会思潮的有效途径和方法，做好"网络一代""新新人类"和不同行业职工群众的思想道德教育工作；如何更好地引导群众自组织朝着健康有序的方向发展，以及如何更好地利用这些群众组织，做好新形势下的维权工作，特别是保护弱势群体的合法权益，为家庭贫困青少年、失足青少年和残疾人等创造良好发展环境；如何有效解决一些地方群团工作基础薄弱、经费不足、阵地缺失、有组织无活动的问题，如何使群团组织的凝聚力、向心力、战斗力不输于这些新生的群众自组织，等等，都需要我们进一步解放思想、更新观念、拓展思路、开阔视野，找出解决问题的新思路、新举措。

（二）群团工作中存在的问题及原因

大致表现在以下三个方面。

其一，思想上主要存在着不愿做、不能做、不好做的思想。不愿做，认为群团工作做的是"虚功"，干的是"软活"，不出政绩、可有可无、多干无益，作用不大；不能做，认为都是"弱势组织""边缘部门""二线单位"，小部门大求人，凡事须伸手，办不了大事，路子越走越窄，空间越来越小；不好做，认为新形势下，群众思想观念、群体分布、职业构成、行为方式和利益诉求发生了巨大变化，理想多元、需求多样，思想工作难开展，广大群众难凝聚，开展工作难发动，以前是"一呼百应"，如今可能是"百呼不应"。

其二，工作方式方法创新与形势发展需要有差距。"四个有待提升"：一是组织建设质量速度和作用发挥有待提升。基层重视程度不够，导致群团等组织建设推进速度较慢，特别是"两新"组织的群团等组织建设等明显滞后，有些单位虽然已经建立了群团等组织，但由于自身"内功"不到位，其作用得不到充分发挥。二是基层干部队伍素质有待提升。有的说得多做得少，抓工作浮光掠影，搞调研蜻蜓点水，服务群众意识不够强；有的思维保守僵化，习惯简单重复、呆板执行、机械模仿，缺乏活力和创新；有的习惯小集体小圈子小领域小时段考虑问题、谋划工作，工作格局不大，工作思路不开阔；有的身兼数职，分身乏术，加之业务不熟、职责不清，在一定程度上影响了群团等工作开展。三是群团等工作宣传力度有待提升。调查显示，73%以上的学生有条件在家里上网，但75%以上的青少年没听说或登录过团属网站，团干部中也仅有57.3%因工作关系时常登录团属网站。四是部门联动联合协作意识有待提升。还没有完全树立"大群团"等意识，导致群团等部门在资源整合程度、加强联动联合、凝心聚力促产业发展上，还有较大程度的提升空间。

其三，外围政策体制存在一定程度制约。譬如，社会组织培育引导和扶持方面的政策还不够明确，各级对发展社会组织虽已有认识，但定位仍不明晰，往往把社会组织当作附属、下级和管理对象，而没有当成助手和伙伴，往往是重管理轻培育，扶持发展、税收减免等方面缺少系统配套政策，导致社会组织难有作为。工会组织管理体系不顺畅，一方面，企业工会组织受重视程度低、工会干部配备不到位，工会作用难发挥。200名职工以上的中央驻威企业、国有、集体及其控股企业和各类改制企业共计122家，未按规定配备工会主席或工会主席未按规定享受待遇的有61家，占到50%，非公建会企业202家，基本都没有专职工会主席或副主席；另一方面，镇街工会干部兼职多、变动频，工会工作难落实；全市5个副县级开发区、74个镇街，只有6名专职工会主席，8名专职工会副主席，10名专职工会干事，合计24名，平均每个镇街0.3名，工会主席兼职率达92%，而且专职工会干部实际上还兼任妇联、统计、宣传、驻村等工作，用在工会工作上精力仍非常有限。据统计，2014年6月~2015年6月，一年内，有31个镇街调换工会主席，占镇街总数40%，许多工会干部尚未熟悉工作就被调换，工作连续性、深入性难以保证，而且基层镇街调整工会干部，不履行必要程序，不与上级工会打招呼，造成协管缺位，影响对基层工会组织有效管理。

三　进一步加强和改进新形势下群团工作的对策建议

做好新形势下的群团工作，必须以贯彻落实习近平总书记重要讲话精神和中央关于加强和改进党的群团工作的意见为指导，引导支持各级群团组织坚定不移地走中国特色社会主义群团道路，进一步解放思想、创新工作思路、健全完善体制机制，全力推动群团工作上档升级。

（一）切实加强组织领导为群团工作提供有力保证

一是健全领导体制和组织制度。进一步强化各级党委领导责任，坚持把群团工作纳入党委工作总体布局，完善党委统一领导、党政齐抓共管、部门各负其责、党员干部带头示范、群团履职尽责的工作格局；健全完善党委研究决定群团工作重大事项制度、党委群团工作联席会议制度；严格落实干部协管制度，各级党委在任免、调动本级有关群团组织领导班子成员时，应按规定事先征求上一级群团组织意见；完善科学发展综合考核体系，落实党委抓群团工作责任，把做群团工作成效作为考核党委领导班子和分管负责同志工作的重要依据，纳入党建工作责任制和述职评议考核体系。

二是完善党建带群建工作机制。各级党委要深入研究和把握党的群团工作规律，转变工作方式和领导方式，增强工作的预见性、针对性和实效性；要把群团工作纳入党的建设工作体系同步规划、同步部署、同步落实，工会、共青团、妇联等群团组织应列席党建工作领导小组有关会议；落实群团组织推优办法，使群团组织推优成为产生入党积极分子的重要方式；重视发展农村、社区妇女入党，逐步提高女党员比例；统筹推进非公有制经济组织、社会组织中的党建和群建工作。

三是强化群团组织党组领导核心作用。群团组织党组要加强对经济社会发展热点难点问题研究，密切关注群众思想工作生活等变化，善于把党的主张和任务转化成群团组织的决议和群众的自觉行动，更好承担起引导群众听党话、跟党走的政治任务。

（二）切实加强团结凝聚为争当全省"走在前列"排头兵当好主力军

一是积极推动稳增长促转型。引导群团组织牢固树立"跳出群团看群团、围绕中心抓群团、抓好群团促发展"理念，围绕增强经济发展内生动力，主动适应经济发展新常态，深入开展各类群众性劳动竞赛，引领群众敬业奉献、岗位建功，为促进经济平稳增长展示新作为；围绕推动产业转型升级，深化"工人先锋号"等创建活动，为提高发展质量效益探索新路径；围绕构建中韩地方经济合作示范区等战略机遇，多领域多渠道多层次加强同海外社会团体、华侨华人以及各国人民间的联系交流，为提升对外交流合作层次水平做出新贡献。

二是积极促进大众创业万众创新。引导群团组织要用好支持群众创新创业的政策措施，健全完善资源聚合、平台整合、力量融合工作机制，塑造群众创新创业品牌，培植经济发展新动能。譬如，通过加强中小企业孵化器、院士专家工作站、科技信息服务站、学会服务站建设，助力企业技术改造和创新；通过深化劳模创新工作室、创客之家等创建，进一步激发群众创业创新热情；通过深化"大学生创业圆梦行动"等，促进和服务大中专学生创业创新。

三是积极投身全面深化改革。积极宣传阐释重点领域深化改革政策，组织引导群众理解、支持、参与和推进改革，主动融入全面深化改革大潮。充分尊重基层首创精神，注重总结提炼推广群众的改革实践和创新经验，动员广大群众为深化改革开放、推动转型发展建言献策。

（三）支持群团组织创新做好服务群众工作

一是构建便捷高效服务体系。健全服务机制，推动服务对象向全体群众覆盖、服务机构向基层单位延伸，服务领域向创业就业、心理疏导、大病救助、法律援助、婚恋交友、居家养老等领域拓展。创新服务方式，鼓励采取项目招聘、购买服务、志愿者招募等方式，吸引社工人才、专家学者、志愿者和社会组织等广泛参与服务群众工作。完善服务载体，实施好"四季服务"等品牌工程，采取"手拉手帮扶"等精准化个性化帮扶形式，为更多困难职工、留守老人妇女儿童、贫困归侨、残疾人等最需要帮助的困难群体送去温暖。

二是依法维护群众合法权益。引导群团组织在积极引导群众识大体顾大局、依法理性表达诉求、自觉维护社会和谐稳定的同时，学会善于运用法治思维和法治方式反映群众利益诉求，注重通过协商、对话等方式协调各方利益，从源头上保障群众权益、维护群众利益。发挥群团组织公职律师、法律工作者、法律志愿者的专业优势，积极参与仲裁和诉讼，为群众提供有效帮助和服务。

三是健全党政主导维权机制。各级党委、人大、政府及有关部门在研究制定涉及群众切身利益的发展规划、政策措施时，让相关群团组织参与调研和论证；重大决策社会稳定风险评估机制，要吸收群团组织参加；各级人大、政府、政协应当联合相关群团组织，定期对涉及群众权益的法律法规执行情况开展执法检查、监察和视察。

（四） 大力支持群团组织参与治理创新

一是大力推进先进文化建设。各级群团组织要充分发挥在理想信念上的教育引导作用，深入开展社会主义核心价值观宣传教育，引导群众确立正确价值取向，坚定中国特色社会主义道路自信、理论自信、制度自信、文化自信；要从所联系群众的实际出发，设计务实管用的载体，深化群众性精神文明创建活动，把社会主义核心价值观转化为生动活泼、特色鲜明、富有成效的群众性实践。深入开展志愿服务活动以及少先队组织教育、自主教育和实践活动，引导青少年养成好思想、好品格、好习惯。深入开展"亲情中华"交流活动，激发海外侨胞爱国爱乡情感。

二是支持依法有序参政议政。重视发挥群团组织在社会主义民主中的作用，拓宽群团组织特别是人民团体政治参与渠道。各级人大代表、政协委员人选的提名推荐，事先要与人民团体沟通协商，落实好有关人选的比例规定和政策要求。各级政府要定期向人民团体通报重要工作部署和相关重大决策，加强决策之前和决策实施之中的协商。各级政协要充分发挥人民团体及其界别委员的作用，组织人民团体参与协商、视察、调研活动，密切各专门委员会和人民团体的联系。积极推动群团组织参与城乡基层群众自治和企事业单位民主管理，引导所联系群众正确行使民主权利，及时反映群众意愿和呼声，推动基层民主健康发展。

三是支持依法参与社会事务管理。各级要进一步创新政府职能转移途径，把适合群团组织承担的社会管理和公共服务职能，按照法定程序转给群团组织；支持群团组织立足自身优势，以适当方式参与政府购买服务。引导群团组织及有关社会组织建立符合公共服务特点的运行机制，确保承接政府职能接得好、能问责，参与政府购买服务严管理、能放心。群团组织要加强对社会组织特别是新型社会组织的政治引领、示范带动和联系服务，接长手臂、形成链条，成为党联系各类社会组织重要渠道。

（五） 积极推动群团组织改革创新发展

一是以解决问题为导向，创新思想观念。围绕切实保持和增强群团组织的政治性、先进性、群众性，从有效解决一些群团组织存在的"机关化、行政化、贵族化、娱乐化"现象入手，定期组织开展有针对性的思想解放活动，破除影响群团组织作用发挥的思想观念和体制机制障碍，推动工作理念由封闭向开放、由单一向融合、由习惯向创新转变提升。积极破除"就群团工作抓群团"的定势思维，确立"跳出群团看群团、围绕中心抓群团"的开放思维；破除"我要群众做什么"的行政化思维，确立"群众需要什么、群团组织就做什么"的创新思维；克服"部门小、人员少、作为难"等畏难发愁情绪，确立"自强不息、拼搏进取、小部门大作为"的新观念。

二是以扩大覆盖为重点，创新组织设置。各级党委要大力支持群团健全组织特别是基层组织，形成更加完善、有效的组织体系；健全完善镇街工会、共青团、妇联等群团组织，探索镇街群团工作推进机制，统筹基层群团资源，合力发挥作用；巩固和加强机关、企事业、园区、学校等群团组织建设，增强吸附和凝聚功能；采取"单独建、联合建、挂靠建"等灵活方式，推进群团组织向非公有制经济组织、社会组织、行业园区、农村合作组织等新兴领域和新生代农民工、自由职业者、新媒体从业人员等新兴群体延伸，改进组织设置、成员发展方式，扩大基层一线组织覆盖面，增强广泛代表性，把更多普通群众中的优秀人物纳入群团组织，配齐配强基层工作力量。

三是以依靠群众为根本，创新工作机制。积极践行以群众为本工作理念，积极探索有效活动形式和途径，开展活动请群众当主角、与群众互动，充分依靠所联系群众推进工作，让更多基层和一线群众参与议事决策；充分发挥群团组织委员会作用，完善代表和委员履职述职制度和直接联系群众、接受群众评议、群团组织事务公开等制度；自觉克服重精英轻草根倾向，牢牢把握好代表谁、联系谁、服务谁的问题，引导各阶层群众关注和参与群团工作，积极探索社会化、联动化运作机制，推动组建群团工作战略联盟，重心下移，工作下沉，更多关注、关心、关爱普通群众，切实提高联系服务群众的能力和水平。

四是以网上阵地为突破，创新模式品牌。高度重视做好网上群众工作，着力推进群团上网工程，加快建网用网占网步伐；创新网上工作形式，丰富网络活动内容，打造"互联网＋"群团工作新模式和网上工作品牌，努力形成网上网下相互促进、有机融合的群团工作新格局；引导群众用好网络媒体，站在网上舆论最前沿和制高点主动发声、及时发声，弘扬主旋律、传递正能量。

五是以提升能力为目标，创新建设管理。各级党委要把群团工作岗位作为提高干部做群众工作能力的重要平台，加强群团组织领导班子和干部队伍建设，努力建设精干高效、充满活力的群团工作队伍。有计划地推进群团干部与党政机关、企事业单位干部跨系统多岗位双向交流，更多为群团干部到艰苦岗位锻炼成才创造条件；打破年龄、身份、学历、政治面貌、专兼职等限制，注重从企业、农村、城乡社区等基层一线培养优秀人才充实群团干部队伍，更多采用兼职、聘用等方式吸引优秀社会人才加入群团工作队伍。充分利用工会专题培训、团校、爱家讲堂和女企业家"成长与发展"论坛、科普百姓课堂等平台，加大基层干部培训学习，全面提升群团干部素质。

（作者单位：中共威海市委办公室）

论新时期共产党员的修养

许三润

少奇同志说："共产党员是要担负历史上空前未有的改造世界的'大任'的，所以更必须注意在革命斗争中锻炼和修养。"我们共产党人，要想担负起空前未有的历史大任，必然会接受空前未有的洗礼和空前未有的考验。在极其残酷的战火洗礼和考验中，无数共产党人用忠诚和热血，让中华民族重拾了尊严，让中国人民站了起来，让党和党员成了时代的旗帜和标杆，从而书写了民族空前的历史，赢得了中国空前的发展。时至今日，我们党仍重任在肩，考验空前。但遗憾的是，少数担负着重要职责的共产党员，在面对利益和诱惑时，却蜕变为饕餮"巨虎"和逐臭"蚊蝇"。纯洁党的队伍，需要严正纲纪，需要完善和加强制度建设，更需要加强党员干部自身修养。笔者在重读刘少奇同志于1939在延安马列学院所作的《论共产党员的修养》一文后，就新时期党员修养，谈几点自己的粗浅认识。

一是要加强"人性"修养。

人之为人，在于人能够凝聚和释放人性的光芒。党内出现的"苍蝇""老虎"，他们的问题不仅表现为党性修养方面的缺失，更让我们看到了他们人性的扭曲。从某种意义上说，他们的所作所为，连合格的人都称不上，怎么能当得起合格党员的称号。

党员要加强人性修养，首先在于党员也有人的一般性。不管是身居要职的领导干部还是普通党员，他们自身既有孟子讲的"良知""良能"和"根于心"的根本善，也有着凡体肉胎的需要和不可避免的"局限性"。人在追求自我发展、自我实现的社会实践中，只有不断补齐人性的"短板"，才能更好地彰显人性之真、人性之善和人性之美，才能获得被他人认可的人格和人品。虽然社会在不断发展进步，但在由人所组织的社会中，高尚的品格永远是个人得以不断前行最好的保证和佑护。反之，有着重大品格缺陷的人，事功之心越强，越会陷入不可救赎的人性泥淖，最终必将会沦为被社会淘汰的卑污砂石。其次，党员干部要加强人性修养，不仅在于人性与党性密切相关，更在于共产党员会面临更多的人性考验。这些年，各级组织在加强党员的党性修养和锻炼上，下了不少功夫，但事实说明我们并没有得到期望的效果。其中一个重要的原因，就是我们没有夯实党性修养的人性基础，只看到了党性的特殊性，忽视了党性修养的一般性。只求"高大上"而不重视"接地气"的党性修养，使得党性教育缺少本应有的根基和依凭。人性相对完善，是成为一名优秀的共产党员的前提。这一点，革命先辈已为我们提供了完美的范例。我党历史上的优秀儿女，都是富有人性光辉之人。正是因为人格的力量，才更加彰显了他们信仰的力量，思想的力量。人民对毛主席始终不减的挚爱，是因为主席的人格光芒和思想光芒日月齐辉。因而，从某种意义上说，人性与党性存在着逻辑上的相关性，我们不能奢望一个连人都做不好的人，能成为党的栋梁和柱石。与此同时，不断发展的社会主义市场经济，既开辟了更为畅通的社会发展通道，也形成了更为严峻的考验人性的"关卡"。只有人性完美的党员干部，才能更好地通过权力、金钱和女色关。再次，加强人性修养，能够更好地践行我党宗旨。全心全意为人民服务，是我党的根本宗旨。为人民服务，你必须了解人民，亲近人民。党性，从某种意义上说，就是人民性，一切以人民至上，并以服务人民作为工作的根本归宿。因此，作为一名共产党员，要想履行好自己的职责，更好地树立起共产党人为民服务的社会形象，就必须善于用人性的方式观察和思考问题，用人性的方式回应群众的期许，更要用人性的方式，处理工作中遇到各种矛盾和问题。这些年暴力执法时见报端，用暴力方式对待群众，既违规违法，也不人性、不人道。对人民群众，连基本的人性都不讲，又怎么可能指望得到人民群众的真心拥护，又怎么可能实现社会和谐与民族复兴。

　　人性修养，是人之为人最基础的修养，也是最重要的修养。没有人性的根本完善，党性修养就会是无源之水，无本之木。少奇同志在《论共产党员的修养》一文中，就已经洞察到了共产党员加强人性修养的重要性，强调对待人民群众要将心比心，要平等地看待他们，无条件地帮助他们，不做"亏心事"，要"慎独"，要自尊自爱。习近平同志也说："各行各业都要有自己的职业良知，心中一点职业良知都没有，甚至连做人的良知都没有，那怎么可能做好工作呢？"做人有良知，应该成为共产党员基本的操守和底线。良知，即善性，具体表现为：在对待有困难的群众和弱势群体时，能油然生发怜贫惜弱的悲悯情怀；在面对不公不法等无良行为时，能显现出不低头不妥协的浩然正气；在面对困难和危险时，能有舍我其谁的个人担当；在利益和诱惑的考验面前，能有永不动摇的个人操守。只有让良知成为心中不灭的"长明灯"，才会生发出人性的温暖和光芒。加强人性修养，从某种意义上说，就是良知葆有和光大的过程，它既体现在待人处事上的谦和周到，更体现在原则问题上的严格坚守；既让他人感到温暖，同时也要让自己无愧无悔。

二是要加强"国性"修养。

梁漱溟的父亲梁济认为，中国的固有文化是中国人的"国性"，并且把其当作是"立国之必要"和"个人生存之根本"。"国性"不张，不仅事关国家的根本，也会直接影响人民的生存。近代以来，中华民族饱受欺凌和磨难，由此而来的是中华民族的"国性"饱受质疑。当我们共产党人以革命的手段为中华民族开启新的征程时，马克思主义的思想光芒曾一度遮蔽了满身尘灰的民族文化的些许余晖。也难怪少奇同志在《论共产党员的修养》一文中，一方面多次引用孔孟语录，一方面又把孔孟先贤当作是不能与马列等量齐观的封建残余。十年"文革"更是集中反映了我们对传统文化认识上的局限，其直接的后果是，当前我们很多共产党员身上，"国性"修养极其孱弱。习近平说：中国传统优秀文化体现着中华民族世世代代在生产生活中形成和传承的世界观、人生观、价值观、审美观等，其中最核心的内容已经成为中华民族最基本的文化基因，是中华民族和中国人民在修齐治平、尊时守位、知常达变、开物成务、建功立业过程中逐渐形成的有别于其他民族的独特标识。

虽然直至今天，关于中国传统文化的争论仍未停息，但就连那些否定中国传统文化最为彻底的国人，他也不能不承认，他的成长得益于母亲文化的滋养，他的身上留有中华文化的基因。尽管中国文化并非尽善尽美，但作为伴随着中华民族走过五千年风雨，并对世界文明做出特殊贡献的中华文化，其所具有的巨大价值毋庸置疑。在新的历史时期，加强共产党员的"国性"修养，首先在于我们共产党人，负有更好地传承和光大中华文化的历史责任。我们是共产党人，同时，我们也是中华民族的子孙，这决定了我们会历史的、必然的成为中华文化的"薪火传人"。我们共产党人扛起马克思的大旗，从根本上说，并不是为了反对中国文化，打倒中国文化，恰恰相反，我们是要为面临巨大历史困境的中华文化注入新的活水，是为了更好地传承中国文化，弘扬中国文化。我们党开创的有中国特色的社会主义实践已经证明，马克思主义与中国文化不仅是并行不悖的，而且是相融相洽、互补互倚的。实现"中国梦"，不仅要让马克思的大旗引领中国的现实发展，更要在马克思主义与中华文化不断激荡、不断交融的过程中，重新高扬中华文化的旗帜，以更好地凝聚中华民族的血脉认同，激活中华文化的正能量，从而让每一个中国人都有美好的精神家园。其次，加强共产党员的"国性"修养，能够更好地促进党性修养。中国文化对于中国人的影响是天然的，它以滴水石穿和无所不在的方式，不断濡染和浸润于我们血脉之中，从而决定了我们立身做人的根本和处世待人的方式，形成了中国人所具有的特殊属性和特殊品格。中国共产党人也不例外，一个优秀共产党员的养成，既得益于马克思理论的浸灌，也得益于中国传统文化浸润。中国文化以先天的伴随，通过日积月累的熏陶，从根本上让每一个中国人，懂得了做人的根本和待人处事的规矩，并进而获得了特殊的"德性"。一些共产党员之所以出现"失德失范"，一个根本的原因，就是在他们的身上不具备传统文化所造就的"德行"。再次，加强"国性"修养，能够更好地推进党的各项工作得以更好地落实。推进中国特色的社会主义建设，必须要深刻认识和把握中国特殊的国情。中国的国情，不仅指中国特殊的经济国情，也包括特殊的文化国情。文化国情决定了中国人特有的思维方式和生活方式，形成了中国社会约定俗成的道德成规和各种社会习俗，并进而影响了社会风气和社会生态。没有对后者的认识，就不可真正了解民心，顺应民意，也不可能有效地开展和推进各项工作。与此同时，当前我们正在大力推进社会主义核心价值观建设，社会主义核心价值观，必然的包括中国文化因素，对中国文化不能熟稔于心，就不可能自觉发挥共产党员应有的带头、示范和促进作用。

在今天的中国，传统文化以其自身无比强大的生命力，正逐渐恢复自己本该有的自信和活力，中国传统文化所具有的价值，也越来越得到全社会的正面肯定。我们欣喜地看到，蒙童在背《三字经》《弟子规》，普通群众把国学当成"心灵鸡汤"，最为可喜的是，以习近平为首的新一代领导集体，常引国学之经、据国学之典，大力倡导广大党员加强传统文化的学习养成。但由于长时期的国性不张，很多中国人，包括有些党员，还缺少学习传统文化的自觉，更谈不上良好的传统文化的学习养成。这在客观上凸显了学习传统文化的迫切，也决定了学习过程的艰难。作为启始，我们的党员，首先要对中国的传统文化抱有"温情和敬意"，不能因自己的无知和偏见，而轻侮先人最宝贵的遗产，而应以充满温情的虔敬之心，做中华文化自豪的守护者，模范的学习生，称职的传承人。其次，我们要正确处理学马列和学国学的关系。在当前，认真学习马列主义经典著作，是共产党员的一项政治任务，而学国学，更多的一种个人行为。这就从客观上让少数党员误以为，学马列与学国学是完全不对等和不相容的两件事。诚然，作为党员，学习马列是义不容辞的责任，只有认真地学好马列主义、毛泽东思想，才能更好地推进有中国特色的社会主义建设，也才能更好地扬弃和弥补中华文化的糟粕。但与此同时，马列主义既有与中国传统文化思想价值上的共通性，同时，全面的国学修养，也能更好地促进对马列经典的学习，一个没有深厚国学修养的人，其对马列的学习，只能流于形式，流于表面。

三是要加强"党性"修养。

伟大的中国共产党，在马克思主义理论的引领下，在95年的革命和建设的历史进程中，取得了民族独立和社会进步的巨大成就，也涌现了一大批极其优秀的共产党员。他们不仅有胸怀祖国，心系人民的崇高理想，同时，作为党的一分子，他们在长期的实践中，能够不断地把党的理论内化于心，外化于行，在任何情况下，都能体现出"最先进的革命者"和"改造社会、改造世界的现代担当者和推动者"。而后者，就是少奇同志所大力倡导的党性修养。

加强党性修养，首先对其重要意义必须认清。1939年的延安，当刘少奇同志，面对一群走过草地，爬过雪山，在血雨腥风中始终保持着对党高度忠诚的共产党员，仍然用振聋发聩的声音和宏大的篇幅，教育他们要加强党性修养。和骨子里都透着对党无限忠诚的革命先辈相比，我们今天的党员，有很多还只能称作是"起码够格"的共产党员，虽说形式上入了党，但在思想和灵魂上，距离一个优秀共产党员的标准，还有着很大的差距和不足。如果任由这种差距存在，随着个人事业的发展，在严峻的考验面前，就有可能危害党的事业和党的声誉。少数党员之所以蜕变成"苍蝇""老虎"，一个很重要的原因，就是他们不知道或者是不屑于知道，党性对于一个共产党员意味着什么。党性修养，不同于单纯意义上的个人修养，绝对不是可有可无，也绝对不可听之任之。作为共产党员，既有遵守党章严守党纪的义务，同时还有不断加强自身党性修养的责任，这种责任，是由我们党的宗旨所决定的，否则，就不能称作是真正的共产党员。其次，只有加强党性修养，才能更好地葆有我党的精神传承。在95年的峥嵘岁月中，我党不仅创造了让世人惊叹的丰功伟绩，同时形成了我党独有的精神传承，它是革命先辈用智慧、鲜血和汗水铸就的"党产"。党性修养的过程，从某种意义上说，就是为了更好地使党的优良传统，得以代代相传并不断发扬光大，通过党内的"薪火"传递，不断给予广大党员正确的思想引导，高尚的精神激励，掌握我党攻坚克难的"法宝"。

　　少奇同志对党员应加强哪些方面的党性修养和如何修养，已给出了标准答案，其范本意义不容怀疑。随着我党所面临的形势、任务的变化，在当前，党性修养要在着眼全面的同时，突出两个重点。一是要做政治上的"明白人"。只有政治上清醒，才有政治上的忠诚，也只有政治上忠诚，才能在大是大非的问题上，牢牢站稳脚跟。脚跟不稳的人，就是斯大林同志所说的"政治上的'庸人'"，在重大的政治考验面前，无疑都会败北。在当前，站稳脚跟，既要在重大政治原则问题上，始终与党中央保持一致，更要在重大利益问题上，始终站在党和人民群众一边。重大利益问题，不仅仅是经济问题，也是政治问题，这些年，因在利益考验面前，站不住脚跟而落马的党员干部不在少数，根本原因就是在重大经济问题上，不讲政治，背离了党和人民群众的利益。二是要提升自身的能力素质。讲党性不是空洞的，讲党性重在做好本职工作。我党自成立至今，从为了争取民族独立再到实现民族复兴，繁难曲折的背后，是一件件具体而细致的工作，需要各级组织和全体党员共同承担，共产党员不仅要有勇于承担的勇气，更有具备"金刚钻"的实力。但在当前，少奇同志所说的"不可雕的'朽木'"式的党员，在我党还有存在，党性修养，就是要尽可能减少一些朽木，多出一些栋梁，这样，伟大的中国梦必将能早日实现。

（作者单位：中共威海市环翠区委党校）

《20 世纪西方大国资本主义国有经济研究》内容提要

　　自起源至今，国有经济已经拥有两千多年的发展历史，其最初的雏形甚至可以追溯到中国西周时期的官办手工业作坊。西周时期，周王朝很重视手工业生产，一些主要的手工业生产部门都有比较显著的进步。周王室和诸侯公室都拥有各种手工业作坊，有众多的具有专门技艺的工匠，这些作坊和工匠都由官府管理，即所谓的"工商食官"。这些官办性质的手工业作坊主要负责为王室贵族制造加工青铜器、陶器、玉器甚至车辆及其配件，以此彰显王室贵族的身份地位和奢华生活。

　　相比之下，国有经济在西方世界的出现则要晚一些，大约起源于古罗马帝国时代政府创办的军需物资生产作坊和金银矿工场，这种情况下的国有经济只是为了满足封建帝王们的特殊需要而将社会上的小生产集中和扩大的一种形式，因此并不能称为现代意义上的国有经济。在随后的十几个世纪里，国有经济在西方发展异常缓慢。中世纪后期，伴随着西方各国的城市开始形成和出现，17~18 世纪西方资本主义工商业不断发展，越来越多的人被城市的繁华生活所吸引，致使城市规模和数量不断扩大，城市基础建设和管理变得越来越重要。为此，西方主要资本主义国家在各大城市通过成立相应的市政公司，来解决供电、供水、公共交通、卫生等城市公共基础设施方面的问题，加强城市的建设和管理，同时也为资本主义工商业的发展奠定了必备的条件。这一时期的市政公司可以视为具有现代意义的西方国有经济最初的雏形。在西方国有经济最初形成的时期里，发展的领域主要集中在城市公共生活设施和生产设施方面，而且发展空间普遍狭窄而缓慢，直到 19 世纪末 20

世纪初，国有经济在西方主要资本主义各国经济中才逐渐开始崭露头角。

19～20 世纪之交，随着资本主义生产社会化的发展，具有现代意义的西方国有经济逐渐兴起，开始经历较为完整的发展历程，本书研究对象的起点便是始自 19 世纪末 20 世纪初的西方资本主义国家的国有经济。所谓西方资本主义国家的国有企业，亦称公营企业、公共企业，通常是由一个国家的中央政府或联邦政府投资或参与控制的企业，也涵盖地方政府参与投资控制的企业。国有企业作为一种生产经营组织形式，兼有营利法人和公益法人的特点：一方面追求国有资产的保值和增值；另一方面，担负着实现国家调节经济的目标、调和国民经济整体发展的作用。本书所要研究的西方国有经济的范围主要包括"由政府部门直接经营的商业企业和政府直接持有或通过其他国有企业间接持有大部分股份的企业。它也包括政府只持有小部分股份，而其余部分的分配受到政府有效控制的企业"。不包括通常从政府一般收入中开支经费的科学、文教、卫生保健等公共部门的活动，同时由于银行、保险等金融企业性质比较特殊，本书研究虽略有涉及，但暂不将其作为研究重点展开研究。

19～20 世纪之交，英、法、德、美等西方主要资本主义国家经济、社会和政治等各方面因素不断发展，彼此纵横交错、相互影响。以老牌资本主义国家为代表的西方资本主义国家国内经济危机频繁爆发，经济自由主义走向衰落；工人阶级力量不断增强，社会劳工运动开始崛起；世界范围内尤其欧洲地区的民族主义以新的形式兴起，在这些因素的共同作用下资本主义各国政府采取了诸多积极干预经济发展的措施。西方主要资本主义国家之间的经济竞争和矛盾最终导致了第一次世界大战的爆发，战争迫使各国政府采取全面管制经济的措施，为西方国有经济的兴起提供了契机。一战结束后，西方各国政府纷纷主动放弃战争期间采取的干预管制经济政策，继续坚持自由主义的市场经济体制，大量的国有企业重新转为私人经营，英、美等国在战后对一战期间本国的国有企业进行了大规模的清理。但是战争时期参战各国所实行的经济计划结构以及采取的一些国有化措施并非彻彻底底地消失了，事实上战争特殊时期的干预计划式经济管理方式对今后西方主要资本主义国家的经济发展产生了深远的影响。随着资本主义国家工业化进程的不断推进，西方主要资本主义各国之间的经济竞争越来越激烈，各国内部的社会矛盾问题逐渐凸显，因此要求国家政府加强其经济调节职能和社会调节职能，如何快速提高本国经济实力成为这一时期资本主义各国政府的首要任务。在国有经济的兴起阶段，西方主要资本主义国家的自由放任主义经济虽然开始走向衰弱，但市场经济的自由竞争原则及其建立起的相应秩序仍然是资本主义经济发展最主要的方式。作为国家干预和调节经济发展的一种手段，国有经济虽然在西方主要资本主义国家由自由竞争向垄断发展的过程中获得了一定程度的发展，但各国国有经济的发展更多地与战争结合在一起，国有经济仅仅作为各国政府在战争特殊时期采取的重要应急措施，战争时期的国有经济发展为各国完成战争任务提供了重要保障。因此可以说，这一时期主要资本主义国家的国有经济虽然与各国国内私有经济的发展相比力量还很弱小，但却完成了历史阶段赋予它的既定任务——促进经济发展和满足战争的需要。更为重要的是，"经济计划化结构"开始引起了各国政府和经济学家们的思考与关注，应该说从"经济计划化"到后来的资本主义国有化运动是一个不断发展而必然出现的过程。

1918年第一次世界大战正式结束，但是在大部分欧洲国家，尤其是法、德等主要参战国战争的噩梦并没有随着战事的结束而迅速消散。一战的爆发使欧洲各国的经济和社会乃至世界范围的经济、政治等都发生了很多变化，一战极大地损耗了各参战国的人力、物力，使各国经济产业结构失衡和生产增长缓慢，工会和工人阶级的数量借机激增，包括美国、日本等国在内的世界经济政治力量对比变动明显。这些变化成为一战非常重要的"遗产"，并对西方资本主义国家经济和社会的发展产生了深远的影响。对于西方国有经济而言，它虽未能在一战后立刻呈现在资本主义国家的燎原之势，甚至逐渐偃旗息鼓。但是，1929～1933年西方主要资本主义国家爆发了有史以来最严重的经济大危机。为了摆脱这次大危机，各国政府采取了不同的改革措施和政策应对危机。美、英、法等西方国家大多通过加强政府对经济干预和社会改良来度过危机，而德国、意大利等国则在国家政府主导下陆续走上了法西斯军国主义道路。1939年，法西斯国家率先发动战争，第二次世界大战爆发。在这次大战中，西方主要资本主义各国陆续卷入其中。为了取得战争的胜利，法西斯主义国家和西方参战各国基本上都实行了战时管制经济，对整个国民经济进行全面控制，国有经济再次作为最有效的战时经济形式出现在战争年代，成为资本主义经济大危机和战争年代的社会产物之一。无论是英、法、美等国，还是德、意、日等法西斯主义国家的国有经济数量都有了明显增加，国有经济在应对经济危机和战争时所发挥的重要作用也越来越受到西方各国政府的重视。

随着德国、日本等法西斯国家先后宣布无条件投降，第二次世界大战终于结束。德、意、日、英、法等主要参战国都遭受了战争造成的巨大损失。

战后西方主要资本主义各国都面临着百废待兴的局面，在这一历史时期，各国政府不约而同地选择积极发展国有经济的路线促进本国经济发展，是有其特殊的历史背景和历史原因的。凯恩斯的国家干预经济理论在西方各国得到充分肯定，为西方主要资本主义各国的国有经济发展提供了理论依据，国有企业在此期间得到了长足的发展。与之前国有经济的发展相比，这一阶段国有经济不仅没有因为战争和危机的结束而被私有化，反而呈现出持续增长的趋势，甚至在英、法等国掀起了数次的国有化浪潮。

西方主要工业国家尤其是欧洲各国的国有经济在二战后大都经历了一段飞速发展的"黄金时代"。在这段黄金时代中，西方主要资本主义国家国有经济的发展呈现与以往时期不同的发展特点。这主要表现在：一是战后西方主要资本主义国家国有经济参与整个国民经济的范围明显扩大，在国民经济中的比重显著增加，国有企业的规模十分巨大；二是西方主要国家国有经济在整个国民经济中的地位逐渐发生转变，由过去的临时性或应急性的经济手段转变成为西方国民经济中的重要组成部分；三是西方主要资本主义国家国有经济的发展与经济计划化体制紧密结合。

在战后西方主要资本主义国家对本国经济干预和调节不断加强的趋势下，各国在战后 50～70 年代大都出现了社会安定、经济持续增长的现象，其中国有经济在整个资本主义国民经济中所发挥的积极作用功不可没。西方主要资本主义国家国有经济的历史作用主要表现在：第一，国有企业是西方主要资本主义国家在市场经济中的利益代表，是国家干预经济的一种手段，发挥着宏观调控和平衡经济发展的作用；第二，国有经济除了在西方各主要资本主义国家承担经济宏观调控的作用以外，还肩负众多的社会目标，包括缓和阶级矛盾、维护国家安全等。

20 世纪 70 年代，西方各国的国有经济在经历了一段快速发展的黄金时期之后，逐渐暴露出诸如效率低、效益差等弊端，政府干预和管制经济的政策受到越来越多的批评和质疑，这些问题开始引起了政府和社会的思考，并最终引发了西方主要资本主义国家国有经济改革的浪潮，也就是通常所说的"私有化运动"。西方各国国有经济的规模和比重逐步下降，国有经济进入了发展历史上的收缩与调整时期，并逐渐形成了西方主要资本主义国家各具特色的国有经济管理模式。与此同时，世界各国的学界与政界中关于国有经济与私有经济的效率之争以及对国有经济历史作用的质疑再次增多，关于西方国有经济未来的发展趋势成为人们热议的焦点。

从马克思主义基本原理展开分析，恩格斯在敏锐观察到 19 世纪 70 年代资本主义各国的国有化趋势之后，得出了"国有化的出现是社会化生产发展的客观需要""国有化的生产力只能是那些不适合任何其他管理的生产力"等重要结论。针对资本主义国有化的发展，恩格斯认为，"无论在任何情况下，无论有或者没有托拉斯，资本主义社会的正式代表——国家终究不得不承担起对生产的领导。这种转化为国家财产的必然性首先表现在大规模的交通机构，即邮政、电报和铁路方面"。历史事实证明，恩格斯关于"国有化是社会化生产发展的客观需要"等结论是完全正确的。

关于西方国有经济的研究只在上个世纪末昙花一现。综合目前关于国有经济的相关研究来看，国内外学者对西方国有经济的研究和论述主要集中在两个方面：一是从经济学的角度分析国有经济的效率效益问题；二是从管理学角度整体分析西方国有经济经营管理模式和私有化改革问题，国内亦有部分学者对西方国有经济发展和改革过程中的某个阶段或者某个国家进行了研究。此外，学界对于西方国有经济的未来仍存很大争议，或认为"它注定会灭亡"；或认为"它必然会代替私有经济"。上述错误倾向割裂了西方国有经济各发展阶段之间的纵向历史传承及它与整个资本主义国家之间的横向关联性。

本书着重以历史政治变迁的视角通过翔实资料对西方国有经济发展变革中的经济、政治和社会等因素进行讨论，分析了西方大国资本主义国有经济的发展变革过程。纵观西方大国国有经济的发展历程，本书在宏观分析各国政府干预主义的历史趋势中逐渐得出一个显要的结论：国有经济的发展变迁毋宁说是一个重要的经济问题，不如说它是一个重要的历史政治问题更为恰当。资本主义国有经济是资本主义大国市场经济发展的无奈选择，更是整个资本主义社会、经济、政治等内部各板块互相影响的内生性产物！

［作者单位：山东大学（威海）］

县级公立医院绩效分配改革的实践与探索

刘建文　刘昌刚　张彩花

当前，山东省县级公立医院改革正全面有序向前推进，医务人员绩效分配管理作为公立医院改革的重要内容，成为决定医院改革成败的关键。我院在改革过程中根据"效率优先，兼顾公平，总量统筹"的原则，摸索出一套将工作量、经济考核、目标管理"三合一比例分配法"，极大地调动了医务人员的工作积极性，拉开了分配档次，维护了广大患者利益，取得了良好的效果，达到了医院、医务人员、患者三方满意的目标。具体操作分四个步骤。

1　确定医院绩效工资占比

为保证医院医护人员在本地区同级医院分配的公平感，要对医院在本地区的经营排序进行综合分析，确定职工年人均绩效工资比例，再进一步计算出全院平均绩效工资额，让全院职工对医院整体绩效工资分配做到心中有数，做到既不能影响医务人员的积极性，保持职工工资、福利等收入的平稳递增，又能确保医院经济总量控制和正结余，更要契合患者总体负担不增加的预期。

公式：绩效工资提取比例＝预计每人年绩效工资总额×全院人数÷预计医院预计全年收入×100%。

2　确定科室绩效工资占比

2.1　按经济考核部分科室绩效提取比例的确定

科室绩效分配要抛开财务核算，不要过多考虑财务结余，公式为：病区经济绩效比例＝科室年计提绩效工资总额÷（预计全年科室收入－支出）×100%。

"收入"指科室按单向计费后的收入。

"支出"指工资、卫生材料、水、电费等变动成本的支出，不包括房屋等固定资产的折旧支出。不把固定资产折旧列入支出的原因是，这部分固定资产折旧列入支出，将会对绩效工资的提取比例产生影响。"全成本核算"不完全适用于全部公立医院的绩效分配，特别是县级医院或镇卫生院，但成本支出必须做到严格控制，避免发生制度冲突，支出的项目安排，要能够充分激发职工和科室的内部挖潜积极性，最大限度减少"不协调成本""摩擦成本"使资源配置得到进一步优化，实现制度改革的"帕累托最优目标"，以更好地提高医院、科室的运行效率。

另外，对新增医疗设备要严把进入论证、审批关，新购置的医疗设备要对其经济效益进行跟踪审计，对利用率低或闲置率高的设备，要与使用科室的支出挂钩，避免造成设备闲置，导致资金浪费。

2.2 按工作量核算绩效工资绩费率的确定

按工作量法进行绩效核算的科室，医院首先要确定每项工作的绩费率，如病区每出院 1 名病人绩费率为 10 元，全院病区护理每实际床日绩费率为 5 元，非手术科室医生每实际床日绩费率为 5 元，外加手术绩效工资等项目的工作量考核。

医技科室不同绩费率的确定，可先确定一个最基本项目的绩费率，其他检查项目的绩费率与此相比较进行换算，例如 B 超检查中做阑尾检查与做心脏检查绩费率有所不同，先要确定阑尾的绩费率，假如做阑尾检查费 30 元、需耗时 10min，绩费率为 1 元，而做心脏检查费 180 元、耗时 40min，由于医技人员技术水平相当，采用耗时来测算绩费率比较稳妥，即做 1 个心脏相当于做 4 个阑尾的工作量，1 例心脏 B 超检查绩费率为 4 元。其他科室医技检查绩费率计算以此类推。

2.3 按目标管理体系核算工作质量得分率

根据县级公立医院综合改革目标管理体系，建立全院 100 分考核目标，将各项考核项目按权重赋与分值，便于量化和执行，直接与经济挂钩，每月反馈、兑现。考核目标体系主要包括：患者满意度、药品和高值医用耗材采购使用、药占比、门诊次均费用、住院次均费用、平均住院日、医保自付比例、临床路径占比、抗菌药物使用合格率、感染率等项目，最终折算成考核得分率,即（100分 一实得分）÷100。

3 科室绩效工资的核算

经济绩效考核比率计算出来后,再根据本月科室工作量和工作质量考核得分率,计算出科室绩效额,公式为:科室绩效额 = ∑（绩费率 × 工作量 × 得分率）。

4 医、护人员绩效工资的分配

4.1 医生的绩效工资分配

医生分门诊及病区两大部分,门诊部分应按门诊诊疗人次、收入院病人人次（48h内出院病人除外）等工作量指标加以考核,按绩费率 × 工作量来计算绩效工资;住院部分可按实际管床日、出院病人数等工作量指标来加以考核,也按绩费率 × 工作量来计算绩效工资。

4.2 医技科室个人绩效工资的分配

像B超、心电图等部分科室,可独立完成检查,并出具检查报告,个人绩效工资可直接用绩费率 × 个人工作量。影像科由于分医师与技师,因此先要核算出医师与技师各自的绩费率,再计算出个人绩效工资,其他医技科室个人绩效工资的核算也是如此类推。

4.3 病区护理绩效工资的分配

病区护理人员可以选定几个有共性的指标来加以考核,如各科本月静脉输液的人次数、更换液体次数等诊疗项目加以考核,计算出绩费率和绩费金额。对不宜量化考核部分,可采用护理时数 × 实际占床来计算出各护理单元的护理时数,然后用（护理绩效工资总额 – 护理按工作量计算的绩效工资额）÷总护理时数 × 各科护理时数,计算出各护理单元的绩效工资。

在进行以上三个岗位绩效工资分配时,还要根据100分考核情况（即个人在工作质量考核中扣分情况）,按权重直接兑现到个人。另外,还需要与医务人员的学科带头人、技术职称、岗位风险系数等挂钩,充分向高技术、高风险岗位倾斜,拉开分配档次。

最后，要确保绩效考核分配准确性和公平性，基础数据必须要准确完整，计算机系统强力支撑必不可少，否则再好得分配理念也是纸上谈兵。

总之，通过以上积极有效的工作，改革半年来，医院门急诊病人同比增长 13.24%，住院病人同比增长 25.76%。医院业务总收入同比增长 35%，医院床位使用率 90% 以上，几近饱和。患者满意度达 99%，职工满意度达 95%，药占比下降 9 个百分点，门诊次均费用下降 5%，住院次均费用下降 4%，平均住院日下降 6.7%，患者医保住院患者自付费用占比下降 3.2%。

（作者单位：荣成市石岛人民医院）

供给侧改革下的威海工业发展思考

丁玉波

今年是"十三五"开局之年，也是供给侧结构性改革的起始之年。新形势下，供给侧改革已成为化解国际经济动荡，克服自身经济运行中脆弱表象，对抗市场变幻不确定性的有力武器。当前，威海工业总量不断扩大，结构调整不断优化，推进工业供给侧结构性改革，已成为进一步塑造经济转型新动力，凝聚深化改革新活力，提高产品竞争力的必然要求，对威海工业经济当前和今后发展至关重要。本文针对当前全市工业生产存在的问题进行简要分析，并为今后发展工业经济、提高经济效益提出一些合理建议。

一 目前威海市的供给体系和结构现状及问题

当前，威海市的供给体系和结构存在以下五个方面的问题，导致了目前经济下行、投资放缓、价格下跌和效益下滑等现象。

1. 威海市的供给体系上具有外向型特征。长期以来，威海市的电子、水产品加工、轮胎等产品严重依赖出口，随着外需的减少，企业出口十分困难，2015 年，出口总量排在前三位的行业均出现下降态势，计算机、通信和其他电子设备制造业出口交货值同比下降 5.4%；农副食品加工业下降 4.9%；橡胶和塑料制品业下降 16.4%。出口产品的滞销，造成部分产能过剩，进而转向内需，这种转化需要经历一个阵痛期，甚至有些产品可能无法转向内需。

2. 消费主要依靠低收入群体。国内消费者将大把钞票花费在出境购物、"海淘"购物上等，充分反映出当前优化要素配置和调整生产结构的必要性和紧迫性，"马桶热现象"从一定程度反映了中等消费群体的更高需求。当前威海市的消费品行业还处于一个走量的阶段，单价低，附加值少。

3. 产业"同质化"的弊端进一步显现。这是过去一个时期部分产业盲目扩张、粗放经营导致的，目前仍有一些企业在重复进行这种简单的产能复制，导致产能过剩，对产业健康发展和市场有序竞争造成的危害也集中浮出水面。

4. 企业生产经营成本提高过快。原材料、人工、土地和金融等成本的快速上升，提高了产品成本，挤压了企业利润空间。一季度，威海市规模以上工业企业主营业务成本同比提高 5.8%，而营业利润只有 3.1%，每百元主营业务收入中的成本高达 86.1 元，每百元主营业务收入中的三项费用为 7.0 元，留给企业的利润寥寥无几。成本的快速提升，削弱了工业经济企业的盈利能力，高成本是供给侧的致命硬伤。

5. 企业转型升级面临较大困难。制约全市工业较快发展的因素，一方面是需求不旺，另一方面在于企业缺乏创新能力、缺乏新的增长引擎。三星电子（山东）数码打印机有限公司由于订单不足，企业主要生产能力发挥只有 80%，盈利状况低于正常水平。在企业经营困难、实现利润偏低的情况下，产业转型升级困难，工业结构优化和调整依然处于阵痛期。

二 供给侧对工业发展的积极变化

随着供给侧改革的逐步深入，预计整个工业体系将会出现"三降三升一改善"的积极变化。

一是生产成本下降，创新能力提升。在人力成本方面，随着养老体系改革，企业承担的缴费额将会下降。部分国家扶持的行业，会享受到相关税收优惠，其他行业也可以通过加速折旧等方式，降低财税成本。财务成本方面，利率市场化有利于资信条件较好的企业获得更低利率的贷款。而随着能源领域的体制改革、现代物流体系的完善，企业生产的能源和物流成本也会相应下降。

创新能力的提升将会在各个行业逐步显现。李克强总理指出，"大众创业、万众创新"和"互联网＋"都是供给侧改革，要放手让企业家创新。过去装备制造业通过创新能力提升，核电、高铁等行业成为国家名片，对其他行业产生了积极示范效应。纺织、服装等传统优势行业，也会成功迈过产业升级的门槛，提升创新能力，维持竞争优势。新材料、新能源汽车、医药等新兴行业，也会涌现一批具有核心竞争力的优势企业。

二是低端产业比重下降，高端产业比重上升。当前我国尽管在 2012 年、2013 年相继超越德国和美国，成为全球最大贸易国，但我国出口商品中两成以上为家具、玩具、纺织品及原料等劳动密集型行业的产品，美德等国这类产品只占1%左右。中国低端产品的国际市场占有率（指的是中国相应类别产品出口占全球同类产品出口比重）约为26%，这一比重将随着机电等产品出口的快速增长而逐步下降，再加上国内传统行业正在经历去产能的过程，一部分低端产业会遵循产业发展规律，向要素成本更低的地区转移，在外贸和内需双向作用下，这些低端产业进入衰退期，在国民经济中的比重会逐步降低。

与此同时，高端产业面临难得的发展机遇。2014年中国中高端产业的国际市场占有率只有15.3%，与世界第二大贸易国美国的差距超过20个百分点，这一差距与中国制造大国的地位极不相符，但也表明了发展空间巨大。《中国制造2025》提出的十大重点领域，均为高端制造业，高端制造业有着广阔的发展空间，必将成为支撑中国经济保持中高速发展的主要动力之一。

三是制造业比重下降，服务业比重上升。近两年来，我国工业增加值增速一直低于GDP增速，主要源于第三产业比重已经超过第二产业，服务业增长对GDP的贡献越来越大。随着后工业社会的到来，制造业将会继续向"微笑曲线"的两端延伸。研发服务、设计服务、售后服务取得的利润将会超过组装制造本身，制造业在国民经济中的比重会下降，服务业的比重则会提升。其中，计算机与信息服务、金融保险服务等现代服务业会得到加速发展，生产性服务业也会蓬勃兴旺，一部分传统制造将向服务型制造转型。传统的"生产——库存——销售"模式将被"个性定制——订单生产——售后增值服务"模式取代；未来则需要按照订单数量排产，有人将此称作"新计划经济"时代来临。

四是营商环境改善。从前面的分析来看，企业的营商环境在"三降三升"过程中会有明显的变化。世界银行每年发布全球各国营商环境评价报告，中国在2005年位列全球第91位，2015年位列第90位，而最新发布的2016年评价报告则上升到84位，去年一年来就上升了6位。这主要是因为世行10个方面的评价指标大部分属于供给侧指标，包括：开办企业、申请开工许可、获得电力、财产登记、获取信贷、投资者保护、税款交纳、跨境贸易、执行合同、解决破产，这里不包括"市场需求"这样重要的需求侧指标。我国在过去一年通过简政放权，放松管制，在供给侧改革方面取得了一定进步，因此实现了排名提升。当然由于各个经济体制度设计的原因，这个排名只能作为参考。从各地区外商直接投资（FDI）数据看，我国多年稳居全球最具外资吸引力的地区第二位，仅次于美国。随着供给侧改革的深入推进，企业的营商环境还会持续改善。

三 威海市供给侧改革的"新面孔"

（一）结构调整取得进展，动能转换再提速

在一系列扩大精准招商、刺激经济增长、加快推进经济结构优化升级等政策推动下，供给侧改革悄然发力，威海工业经济结构调整、动能转换取得进展。

经济总量保持平稳增长。今年一季度全市规模以上工业增加值同比增长8.3%，高出全省平均水平1.6个百分点，居全省第5位，居半岛城市群第3位。在37个工业行业大类中，有31个行业实现增长，25个行业增幅高于全市平均水平。其中，汽车制造业增长20.6%，船舶制造业增长16.5%。全市规模以上工业实现主营业务收入1525.7亿元，同比增长6.1%；实现利润97.4亿元，同比增长3.8%；实现利税139.9亿元，同比增长5.0%，增速分列全省第5位、第7位和第6位。

主要工业产品产量有减有增。尽管工业增加值增速在今年一季度出现波动、特别是前两个月又创新低，但从整个季度主要产品产量看，印染布、化学肥料、水泥、生铁等高耗能产品产量均有不同程度下降，而同时，部分科技含量较高、符合科学发展方向的产品产量所有增长，如新能源汽车增长24倍，光缆增长301.3%，集成电路增长33%。

消费品行业增长良好。威海市统计的12种消费品行业均实现了增长，8种消费品行业增速高于全市平均水平。纺织业同比增长20.3%，对规上工业增长的贡献率达到6.1%；食品制造业同比增长14.0%，对规上工业增长的贡献率达到2.6%；医药制造业同比增长9.3%，对规上工业增长的贡献率达到11.3%。

（二）高新技术产业发展态势良好，创新驱动再换代

一是总量持续扩大。今年一季度，威海市共实现高新技术产业产值598.0亿元，同比增长10.0%，增幅居全省第4位，高出全省平均水平3.3个百分点。二是比重稳步提升。规模以上工业实现高新产值占规模以上工业总产值比重为39.6%，居全省第4位，高出全省平均水平6.4个百分点；比重比年初提高0.7个百分点，居全省第7位。三是三大引擎作用突出。计算机、通

信和其他电子设备制造业拉动高新产值增长 2.7 个百分点，医药制造业拉动高新产值增长 2.5 个百分点，船舶制造业拉动高新产值增长 2.2 个百分点。

（三）产业集群化发展成效显著，产品结构再优化

2015 年底，威海市提出了"3 + 4 + 3"十大产业集群发展规划，明确了目标方向和路径措施，为加快构建"十三五"现代化制造业新体系奠定基础。今年一季度，全市十大行业实现主营业务收入 1108.78 亿元，占全部规模以上工业的 72.7%；实现利润 73.17 亿元，占全部规模以上工业的 75.2%；实现利税 103.58 亿元，占全部规模以上工业的 74.0%。除橡胶和塑料制品业、计算机、通信和其他电子设备制造业外，其他八大行业主营业务收入、利润总额均比上年同期有不同程度提升。其中，医药制造业表现"抢眼"，实现主营业务收入 117.34 亿元，同比增长 23.3%；实现利润 13.41 亿元，同比增长 24.9%；实现利税 19.0 亿元，同比增长 23.3%。威高集团有限公司、山东达因海洋生物制药股份有限公司、山东吉威医疗制品有限公司作为行业重点企业，不断加大产业、产品结构调整，在产业结构上，形成产业集群效应，实现规模化发展、集团化运作、多元化经营；在产品结构上，重点开发高端产品，促进产品升级换代，提高产品附加值，促进经济效益大幅提高。

（四）"互联网 +"方兴未艾，一体化服务再升级

威海市适应"互联网 +"发展的新形势，积极推进产品创新和商业模式创新，大力开展跨境电子商务，加快企业转型升级步伐。目前，全市 30% 规模以上工业企业开展了网上营销，全年网销收入过千万元的企业 20 家，数量比 2014 年翻了一番。

迪尚集团投资 3 亿元打造服装设计创新中心，依托中国服装设计师协会、海外设计分会和中国大中院校相结合的人才资源，把服装设计创意、主辅料供应采购、成衣发布展示、电子商务云服务到终端市场做成一个产业链，形成公共服务平台与市场对接。面料中心按"互联网 +"基因打造最先进的管理使用系统实现物联网与互联网的一体化，为设计、开发提供灵感与素材，为产品提供个性化、快速化、价格亲民化的面料供应。迪尚集团大数据中心的组建，未来可以为千千万万的品牌商、专卖店、买手店，提供"从设计到店铺"的一体化服务。

山东力久特种电机股份有限公司围绕发展战略目标，以信息化作为公司发展的内生要素，公司整个生产过程采用 ERP 系统控制来实现信息化管理；

在技术设计方面，公司投入 20 多万元用于引进 CAXA 二维和三维设计软件，并采用先进的电磁计算程序和有限元分析软件对电机的性能进行理论计算和分析。"互联网＋"思维打造的研发设计、生产制造、经营管理和营销服务体系，为公司提升创新能力、能源资源优化配置，形成可持续发展竞争力提供了有力支撑。

（五）公共创新服务平台建设初具规模，企业创新能力再提升

工信部威海电子信息技术综合研究中心等十大公共平台建设完成，为 800 家企业提供了全方位服务。其中，工信部威海电子信息技术综合研究中心已完成组织机构注册，成为威海市首家部级综合研发机构，建成后将为全市企业特别是电子信息类企业快速发展提供强大技术支撑；"药物研究创新服务平台"引进各类人才 133 人，在研项目 300 多项，已取得国家新药证书 12 个，申请发明专利 22 项，获得授权专利 8 项；物联网行业技术中心已为 400 余家企业开展了咨询、培训、委托开发和设计等服务，有效解决了中小企业设计能力不足、产品竞争力弱、自建研发平台成本高等问题。

同时，企业技术中心建设也实现了新突破，2015 年新增省级企业技术中心 16 家、市级 18 家，总数分别达到 96 家和 94 家，三角集团获批国家级工业设计中心（全省仅有四家企业获批）。公共创新服务平台建设，进一步改善了科技基础条件、增强了企业自主创新能力，为企业发展注入了活力。

四　提升工业供给侧综合效能发展方向

面对经济新常态和供给侧改革，工业企业要主动调整适应，重点在"四化"上下功夫。

一是高端化。高端化直接针对的就是供需错配问题。中国居民消费升级形成的巨大购买力，对高端产品有庞大的需求。而且，供给学派的创始人之一、法国著名经济学家萨伊提出的"萨伊定律"指出，供给不仅仅是为了满足需求，更可以创造需求。智能手机就是典型例证，没人怀疑是苹果公司创造了智能手机的巨大市场，而不是人类对智能手机的渴望成就了苹果公司。实现高端化的路径除了技术创新，企业还应更加注重工业设计，更加注重品牌质量。

二是智能化。智能化是工业化和信息化深度融合的必然结果。工业互联网将是下一代互联网发展的主要领域。无论是德国"工业 4.0"还是《中国

制造 2025》，都指明了这个趋势。未来不能接入工业互联网的工厂和车间，恰如一台没有接入互联网的 PC 机一样，算不上现代化工厂。工业互联网是工业化和信息化深度融合的平台，不仅企业应该接入工业互联网，企业生产的产品也应具备接入功能。只有具备网络通信能力的产品，才可以称得上"智能"。可穿戴设备、可远程控制的家用电器、门窗家具、汽车等智能产品，将会在未来社会大行其道。而"互联网＋"等供给侧政策将为企业的智能化改造提供信息基础设施保障。

三是服务化。服务化是制造业迈向中高端后的发展方向。服务业比重上升，很大程度源于制造业的服务化。设计、总包、定制、服务外包、售后服务等将是制造企业未来获取更高利润的主渠道。从过去看，乔治亚罗创立的意大利设计公司不生产一辆汽车，全球数千万辆车出自该公司设计；耐克、阿迪等大公司靠设计和品牌就占据了多数运动项目鞋服市场的垄断地位。从未来看，部分制造商转为服务商是大势所趋，比如部分汽车生产商将变为汽车租赁商和物流服务商。国务院对于生产性服务业和生活性服务业的发展各发表了一个指导意见，值得企业认真研究，从中寻找商机。

四是绿色化。绿色化是全球产业界公认的趋势和要求。《中国制造 2025》46 次提出"绿色"要求。当绿色理念深入人心，具有天然、环保、绿色标志的产品当然更受欢迎。新兴行业在高端化的同时必须与绿色化同步，而传统行业则必须向绿色化转型。绿色化不仅要求产品要符合环保要求，还需要在生产过程做到清洁生产、循环利用，尽可能减少生产过程中的碳排放。国家近年加大了对企业绿色发展的支持政策，作为供给侧政策的重要方面，企业在绿色化方面的投入应会得到合理的回报。

五 如何具体落实工业供给侧改革

（一）坚持创新驱动发展，提升企业核心竞争力

把创新打造成引领发展的第一动力，占据产业发展制高点，是工业强市的必由之路。要把发展基点放在创新上，塑造更多依靠创新驱动、更多发挥先发优势的引领型发展，在参与产业竞争中争得更多话语权、赢得更大主动权。一是实施产业高端发展行动。围绕三大战略性新兴产业和三大未来产业，制定发布技术创新路线图，瞄准国内领先、国际先进的前沿技术，加强协同攻关，形成创新成果，加快转化应用。围绕打造"3＋4＋3"产业集群，引导

新信息、新医药与医疗器械、新材料及制品三大产业向中高端发展。二是持续推进创新平台建设。大力推进工信部威海电子信息技术综合研究中心建设，进一步提升现有科技孵化器的建设水平。三是实施工业强基工程。制定年度行动计划，推动工业基础能力建设，提升核心基础零部件、关键基础材料、先进基础工艺和产业技术基础发展水平，强化项目跟踪督查，加大政策资金支持力度，加快推进工业强基项目建设，夯实制造业迈向中高端的坚实基础。

（二）推进"互联网＋"工业，推进两化深度融合发展

推动制造业数字化、网络化、智能化，推进生产方式向柔性、智能、精细转变，提升企业互联网应用水平，是建设工业强市的关键环节。一是推进信息化基础建设。深入实施"宽带中国·光网城市"计划，加快宽带网络升级改造和"无线城市"建设，推进光纤到户全面普及，信息基础设施建设加大投入。二是加速两化深度融合。以"两化"融合管理体系贯标为抓手，组织开展企业信息化培训活动，组织企业积极参与国家"两化"融合管理体系贯标试点申报和认证。

（三）积极稳妥化解产能过剩、促进产业结构转型升级

细化行业转型升级指导，对平板玻璃、船舶、造纸、建材等产能相对过剩产业，将强化技术、能耗、环保、安全等标准约束，通过对标和应用差别电价等措施，倒逼企业化解过剩产能和淘汰落后产能；推动产能过剩企业进行兼并重组，整合僵尸企业、亏损企业和低效无效存量资产，促进资源向优势企业集中；鼓励企业退城入园发展，引导低效工业用地"腾笼换鸟"。对食品、装备制造、电子信息这类非产能过剩但结构不合理、产品同质化、低端化的产业，将引导企业以设备更新换代、智能制造、服务型制造和绿色制造为重点，采用新技术、新装备、新工艺和新标准，带动食品、装备制造等传统产业优化升级。

（四）狠抓供给质量效率提升，增强工业发展后劲

着力释放供给端活力，增加有效投资，要突出供给端发力、精准化调节，用新供给激发新需求，是产业强市、工业带动的战略举措。一是突出抓好招商引资。深入开展项目推进，进一步创新招商思路，转变招商模式和方式，注重产业招商、专业招商、网络招商和企业招商。坚持以国家产业政策引领工业投资，积极招引新兴产业和生产性服务业。更加注重海洋食品、新能源

汽车等类重大项目招引和有效投入，提升区域产业集聚度和竞争力。更加注重项目投资质量和效益，设定项目投资强度，亩产税收和集约用地标准等。二是突出抓好重大项目建设。围绕威高集团膨胀发展和医疗器械产业链条延伸拉长，加快推进总投资106.3亿元的15项新医药与医疗器械产业项目建设，集中攻克外周静脉植入中心静脉导管研制等5个关键共性技术，不断提升企业规模和效益。三是突出抓好园区建设。强化园区规划提升，进一步整合、推进区域经济融合发展，引导生产要素向开发区及重点园区倾斜。以临港区新材料（碳纤维）产业园为依托，发挥好山东省碳纤维及复合材料产业发展联盟作用，加快碳纤维及复合材料行业技术中心、轻合金材料及制品公共服务平台的建设和推广应用，年内服务企业50家以上；加快推进总投资58.1亿元的18项新材料及制品产业项目建设。加快特色园区培育，研究制定特色园区认定管理办法，对现有园区产业定位实施动态管理，加快园区专业化、品牌化步伐，着力培育好园区产业特色。

（五）积极开拓多元化市场，精准调控去库存

抢抓国家扩大消费的有利机遇，引导工业企业"线上"与"线下"市场并重、传统与现代营销模式兼顾、军用与民用市场深度融合，全面加大市场开拓力度，帮助企业消除库存压力。一是电商拓市抢占"线上"市场。二是建立合理市场布局，降低市场集中度和分散市场风险。三是开拓农村巨大的消费潜力。

（六）降低企业运营成本，优化工业经济发展环境

切实减轻负担，降低运行成本，增强企业盈利能力，是建设工业强市的迫切需要。一是推进职能转变改革。加快转变政府职能，大力推进简政放权，加快从事前审批向事中、事后监管、服务转变。严格规范中介服务，大力压缩中介服务的时限，规范中介服务收费及服务行为。深化企业信用体系建设，深入开展红黑榜制度，探索联合进行诚信褒奖和失信惩戒工作，引导企业依法经营、诚实守信，加大对恶意逃债行为的打击力度，构建良好诚信经营氛围。二是优化工业经济服务。密切关注宏观经济形势，强化对重点区域、重点行业、重点企业的运行监测，加强对苗头性、倾向性问题的研判。深入开展"三服务"活动，以解决问题为导向，加强企业反映问题的协调与解决，构建常态化长效化工作机制，切实帮助企业和投资者解决实际困难和问题，坚定企业家发展信心。三是加强企业融资服务。积极开展政银企合作，推动

金融产品创新，推进直接债务融资工作，大力推行应收账款质押融资业务，扩大企业担保方式，破解企业融资难、融资贵问题。强化对全市融资性担保公司监管。推进"化圈解链"工作，强化风险预警和防范，维护区域金融稳定。

（作者单位：威海市统计局）

金融关联对中小民营企业融资
便利性的影响

孙　玲

一　中小民营企业融资渠道

近年来，我国中小民营企业的发展在国民经济中的地位日益明显，成为推动国民经济发展不可或缺的力量。中国的民营企业积淀丰厚，在中国经济增长过程中占据重要地位，统计显示，我国中小民营企业总数占全国企业总数的96%，对我国 GDP 的贡献超过50%，其所吸纳的就业人数占社会就业总人口的75%。然而中小民营企业的发展却受到一些约束，由于人们常常将高风险与中小民营企业联系在一起，因此我国中小民营企业发展面临着融资难的问题。

目前，我国中小民营企业的主要融资渠道包括内部融资和外部融资。内部融资是将本企业的储蓄（留存盈利和折旧）转化为投资的过程，可以充分利用企业内部的闲置资源，而且不会导致企业资金所有权、控制权发生变更和转移。可以说内部融资具有融资成本低、效率高的特点。外部融资是另一条重要的融资渠道，主要包括银行贷款、资本市场融资、信用担保融资等。中小民营企业在内部融资所能得到的资金支持极为有限。为了寻求更好的发展，中小民营企业转而依靠外部融资来壮大自己的资金实力。然而中小民营企业在进行外部融资时，困难重重。这主要是因为金融机构与中小民营企业之间信息不对称，不通畅，导致金融机构和中小民营企业之间信用不对称。

由于信用不对称所导致的中小民营企业融资难问题，从根本上反映出我国的金融发展不完善，金融市场上存在金融交易的市场失效。这体现在两个方面：第一，由于信息披露成本随着融资规模的增大而降低，但是中小民营企业的融资规模一般都比较小，这就使得中小民营企业融资成本会较高，这就使得中小民营企业无力在资本市场进行直接融资；第二，创业板市场通常是协助高成长的新兴创新公司特别是高科技企业服务的市场，这些企业具有高新技术和高成长性的特点，但是大多数中小民营企业不具备这种特点，更无力承担在创业板市场上进行融资的融资成本，中小民营企业想通过创业板市场进行融资的可能性也是比较小的。除此之外，中小民营企业通过银行等金融机构来进行间接融资成为它们高度依赖的融资渠道。

信息不对称引起的另一个问题就是道德风险，它主要是发生在签订合约之后。一般而言，信贷市场上的道德风险是指资金短缺者在获得了金融机构提供的资金或者资金盈余以后，从事投资者所不希望的活动。针对信息不对称带来的融资困难的问题，如果中小民营企业能够与金融机构建立紧密的关系，加强银企之间的信息传递，那么信息不对称的问题就可迎刃而解，更能为企业融资提供巨大便利。

二 金融关联对中小民营企业融资便利性的影响

我国正处于经济转型的大环境中，市场经济体制还不健全。人们常常将高风险与中小民营企业联系起来，而将国有企业与低风险，收益稳定相联系，因此，许多金融机构出于安全性考虑，会将大量的金融资源流向被认为具有稳定收益的大型国有企业，一方面银行会将大量的存款贷给国有企业，另一方面，股票市场上的企业中，国有企业也占多数，这就使得中小民营企业很难从正规的金融体系中获得外部融资。面对这样的形势，中小民营企业可以寻求非正式的金融制度，为了解决融资困难，中小民营企业可以通过聘请具有金融背景（银行、信托、基金、证券等）的工作人员担任企业的要职或者担任高层管理人员，建立与金融机构密切的关系网络，形成一种金融关联。通过聘请具有金融工作背景的人员作为公司的高管来建立与金融机构密切的关系会加强银企之间的信息传递，完善信息传递机制，从而影响金融机构的决策。此外，金融关联可以为中小民营企业提供隐形担保机制和声誉，传递给其他金融机构一种信息就是该企业经营稳定，投资该企业面临的风险较小，说明企业具有较好的信用和声誉。金融关联成为中小民营企业与金融机构之间的一个纽带。这在一定程度上可以解决金融机构与中小民营企业之间的信用不对称问题，从而缓解民营企业自己在融资方面的困难，为其中小民营企业带来融资便利。

具体来说，在缓解中小民营企业融资困难方面，中小民营企业与金融机构建立的金融关联可以从以下几个方面产生作用，为企业带来融资便利。

首先，自古以来中国人就是一个注重关系的民族，人们认为广泛的社会网络和人际关系是一个企业取得成功的重要因素，Vanhonacker 和巫景飞等研究发现在中国做企业的西方公司都清楚地知道中国人在生意场上很看重关系。边燕杰和邱海雄研究发现企业并不是孤立存在的个体，而是与经济领域其他成员有着关系。其实，社会关系可以作为企业的一种资本，可以为企业获取稀缺资源。同样中小民营企业为获得融资便利性，解决融资难问题，可以与金融机构建立密切的关系。中小民营企业通过聘请具有金融工作背景的人员来担任公司要职建立金融关联的方式正是中小民营企业获取融资便利性的有效途径。通过金融关系，金融机构可以加强与中小民营企业之间的信息交流，完善信息传递机制，使得中小民营企业的经营活动更加透明，让金融机构更加了解该企业，进而在很大程度上降低了金融机构为中小民营企业提供金融资源的风险。同时，金融机构为了自身的长远利益，并保持自己的竞争优势地位，往往不会将自己知道的关于中小民营企业的经营活动信息公开，反而还会主动保留一些重要信息资源，这样，中小民营企业就可以免于一些不定因素的干扰，而得以更顺利地发展。此外，金融机构与中小民营企业之间的金融关联关系，不仅为企业解决了融资问题，而且也为金融机构争取市场份额提供了可靠的保障。

其次，La Porta 等从信任的视角研究了关系和声誉的重要性。研究发现，在朋友、生意伙伴之间，关系和声誉对于维护他们之间的合作具有重要的作用。孙铮等认为信用和声誉越好的企业，银行越会相信其有能力履行债务合同，这就会使企业与银行之间的交易成本降低。中小民营企业为了缓解融资约束，就会主动去寻找这种声誉。而金融关联就可以为中小民营企业提供一种声誉，传递出一种具有偿还债务能力的信息，同时也向外界传递出该企业具有经济实力的信息，有利于增强相关金融机构为企业提供金融资源的可能。通常情况下，一般情况下关联银行也会独立占有此中小民营企业的所有信息。因此，当中小民营企业处于创业初期时，企业融资成本会有所降低，当中小民营企业形成规模时，金融机构便理所应当地对中小民营企业提高利率。由于银行往往是中小民营企业的资金提供者，拥有一定的市场力量。因此，金融机构通常会利用自己所具有的市场力量在中小民营企业的不同发展时期来调节为企业提供金融资源的成本。M. Rajan Peterson 研究发现即使信用水平较低的企业，随着银行市场力量的增强，他们也能获得贷款。因此，金融关联是为在金融机构和中小民营企业之间形成了一条纽带，有利于解决它们之间的信息不对称进而导致的信用不对称的问题，这有助于中小民营企业获得相关部门的贷款支持，从而为企业获得融资便利。

最后，中小民营企业融资渠道不畅的一个重要原因在于企业缺乏专业的金融人才为企业制定融资方案。通过聘请有金融机构工作背景的人员加入公司的形式引进金融人才，有助于为企业量身打造创新性融资方案，有助于为企业带来融资便利。

三　政策建议

我国中小企业融资难既有中小民营企业自身的原因，又有来自其他方面的原因。所以，为了使中小民营企业的融资约束得到进一步的缓解，也为了能更进一步有效解决融资难题，除了中小民营企业自身要进行努力之外，又需要社会各方面的支持。寻找适合我国中小民营企业融资的渠道。

1. 企业角度

对于中小民营企业来说，树立一个诚信良好的信誉形象显得至关重要，因为它的良好形象在成功融资中将发挥很大作用。因此，作为企业本身，首先要建设企业的诚信文化，树立起诚信企业形象，使企业诚信在社会上扩大影响，并进一步提升自身的企业品牌，从而树立良好信誉形象。与此同时，中小民营企业同样要在企业内部进行信用建设，使企业自身的信用水平得到有效提高。良好的信誉和较高的信用水平能够吸引具有金融工作背景的人员担任公司的高管，并与金融机构建立长期密切的关系网络，形成金融关联。

中小民营企业通过建立与金融机构的密切的金融关联关系，如此，不仅可以使自身与金融机构的信息得到有效沟通，避免出现信息不对称的现象，还可以使银行对企业自身的运转情况以及发展前景有更明确的了解，可以对中小民营企业的信用水平进行准确并且客观的判断，使信贷成功率得到有效提高。不仅如此，还能使金融机构对企业的监督到位，并进一步使道德风险的防范意识得到提高，防止错误投资的发生。

2. 大型金融机构角度

我国的金融体制的缺陷使得中小民营企业不容易获得资金，因此，要使中小民营企业的融资约束问题得到有效缓解，务必积极推动金融体制创新。根据市场经济的运行规律进行分析，银行为了获取更多的利益而看重企业的运行状况，其做法无可厚非，但是，如果能使信贷的审批流程得到创新，特别对于单个企业的经营特点能给予特别关注，对经营者的信用状况以及个人信用程度给予关注，如此，中小民营企业的融资机会将大大增加。

我国金融机构应该更加关注中小民营企业，将注意力向它们转移。伴随着金融市场的发展，资本市场得到不断完善，大型企业的融资方式开始向多元化迈进，对中介性金融机构的依赖程度减弱，这样使得中介性金融机构原来的客户就会慢慢减少，因此会损失中介性金融机构的业务进而损失利润。而中小民营企业却不是这样，它们没有能力去进行直接融资，对于通过中介性金融机构进行融资的欲望比较强。中小民营企业并不等同于高风险、低收益，中小民营企业也并不是都是一样的，这主要是由于金融机构与中小民营企业之间存在信用不对称而产生的一种误解。

大型金融机构可以加强与中小民营企业的信息交流，让自己成为它的主办银行。大型金融机构建立与中小民营企业的金融关联，可以与中小民营企业进行充分的、有效的信息交流，这样就能够有效地降低获取信息的成本，避免逆向选择和道德风险。虽然相对应于大型企业，金融机构对中小民营企业的贷款可能会面临较高的风险。但是，金融机构与中小民营企业通过建立密切的关系，就可以加强与其之间的信息交流加深对企业的了解。出于利益的考虑，金融机构与中小民营企业就会形成一种共生关系。金融机构通过与优质的中小企业建立长期合作关系从而降低交易成本，而对于劣质的中小企业，则加强监督并顺利退出。因此，金融机构通过建立与中小民营企业的密切关系，完善信息传递机制，形成一种长期稳定的合作共生关系提供符合其需要的金融产品和金融服务，相信中小民营企业会有长足的发展，而银行等金融机构也会因此增加新的业务，从而增加利润。随着我国市场经济机制的不断完善，我国的金融市场也不断完善，外资金融机构进入我国金融市场，它虽然很容易与大型企业交往，但是我国的金融机构在与中小民营企业建立密切关系网络上占据绝对优势。

3. 中小金融机构角度

由于信息披露的成本较高，中小民营企业的经营活动信息很少为外界人了解，没有能力进行直接融资，通过金融机构进行间接融资成为外部融资的主要方式。由于大型企业与中小民营企业面临的经营风险不对，贷款时抵押条件也是不同的，此外，金融机构处理贷款的单位成本随着贷款规模的扩大而逐渐减下。所以，金融机构为了尽量规避经营风险，减少交易成本，在贷款过程中就会在对大型企业和中小民营企业进行区别对待，更愿意将金融资源流向大型企业，而不愿意将金融资源流向迫切需要融资的中小民营企业。

但是相对于大型金融机构，中小金融机构更愿意为中小民营企业提供金融资源。一方面，由于中小金融机构规模小，资金少，很难为大型企业提供金融资源，而中小民营企业需要的资金较少；另一方面，中小金融机构更容易建立与中小民营企业的密切关系，在其经营活动信息沟通和获得上具有优势。这是因为：第一，大型金融机构庞大，一般会在地方设立分支机构，但是人员调动比较频繁，这就会使大型金融机构缺乏对中小民营企业的了解；第二，Banerjee 等认为中小金融机构一般是一些地方性银行，主要职能就是为地方中小民营企业提供融资服务。这使中小金融机构对当地的中小民营企业比较熟悉，更容易与企业建立金融关联关系，这种密切的关系不仅可以使金融机构容易获得企业经营信息，更使中小金融机构与中小民营企业之间形成一种共生关系，他们为了共同的利益而相互监督，完善信息传递机制；第三，我们已经知道，金融机构的贷款成本往往是随着贷款规模的扩大而逐渐减少，所以大型金融机构愿意将金融资源流向大型企业，而忽视中小企业，这样就很难在大型金融机构与中小民营企业之间形成长期稳定的合作关系，很难解决金融机构与中小民营企业之间信息不对称、不通畅，进而导致信用不对称的问题。

大力发展和完善中小金融机构已成为解决当前我国中小民营企业融资困难的重要方式。但是，适合于中小民营企业融资需求的金融机构也一定内生于中小民营企业所处的的经济环境之中。美国的关系型贷款的成功之处，就是存在大量的地方性社区银行，而且这些地方性社区银行是完全在中小民营企业所处的经济环境中内生的。因此，艾哲旭认为为了更好地帮助民营银行的发展，中国应该大力支持其发展，引入竞争促进中国金融行业的变革。整体上来看，中国目前适合民营银行成长的经济环境已经具备。一方面，中国的民营企业经过多年的发展，已经累积了巨大的财富，并且已经成为推动中国经济成长的重要力量。另一方面，我国的金融市场经过数年的发展，已经培养了大量的专业的金融人才，并且金融监管的能也已经得到了显著的提高。随着市场经济的不断发展，金融市场的不断完善，民营银行发展拥有更加广阔的空间，金融产品创新成为民营银行确立自己市场地位的重要途径，并增强抵抗风险的能力。民营银行可以通过与中小民营企业建立密切关系，建立金融关联，出于经济利益的考虑，民营银行愿意为中小民营企业提供金融资源。

4. 政府角度

当前，我国政府对银行的放贷利率并没有严格限制范围，对于金融机构而言，实际上有着一定的自主权，金融机构可以对企业进行相应的风险评估，然后给予不同的利率。遗憾的是，由于我国的风险评级制度存在一定缺陷，金融机构对于风险的大小很难做出准确区分，由此，在大企业面前，中小民营企业经常受到不同的对待，在贷款上同样存在一定的难度。为缓解这一系列问题，其一，政府应该出台相应的政策，把存在的差别降到最低限度，使政策能够更好地为中小民营企业服务。比如在制定相关政策时，可以使中小民营企业在进行融资时有法可依，而当其陷入融资纠纷时，能够有法律作为依据，使中小民营企业不用在打官司上花费太多的时间和精力。第二，政府还可以建立信用评级机构，这些信用评级机构一定要做到公平、公正，对所有的企业要持有相同的态度，在进行信用评级时要保持合理，能公正地对企业的鉴定提供相关依据，使企业融资时所需要投入的时间成本得到有效降低。除此之外，政府还可以组建起担保公司，这些担保公司可以为中小民营企业提供相关担保服务，可以以政府信用作为担保，在信用体系比较健全的情况下，可以对中小民营企业进行资金支持，使其得到进一步的发展。

明确政府职责，加大政府扶持力度。政府作为社会公共管理者，首先应改善中小民营企业融资环境，使其融资的渠道能够得到进一步优化。具体可以从以下几个方面来进行：第一，制定出相关的政策，保障中小民营企业的融资；第二，建立起信用评价体系以及担保体系，为中小民营企业提供相关服务；第三，政府加大财力方面的支持，促进中小民营企业的发展。

四　结论

尽管我国中小民营企业在经过 20 多年的艰苦奋斗后，有了可喜的成绩，但是众所周知，在融资方面与大型企业相比，仍面临不同的待遇。对于中小民营企业来说，融资存在的问题以及市场准入方面的限制阻碍了它的发展。2008 年，全球发生了金融危机，这之后世界经济走向衰退。在这样的国际背景之下，中小民营企业原本持有的劳动力成本上的优势也随之消失。在这样严峻的大形势之下，对于中小民营企业来说，要解决融资问题，需要社会各方的支持，建立起相关服务体系，并对金融的生态环境进行改变，使中小民营企业的融资道路能够顺畅，进一步促进中小民营企业的向前发展。

（作者单位：威海职业学院）

试论新时期财政专项资金制度改革

宋　伟

在党的十八届三中全会上，通过了《中共中央关于全面深化改革若干重大问题的决定》，作出"市场在资源配置中起决定性作用"的重大结论。作为调控经济的重要财政手段，专项资金起到了一定的杠杆作用。如何更好实现市场在资源配置中的决定性作用，将产业发展的专项资金直接地介入市场竞争领域，贯彻落实十八大精神，补上短板，是当前横在国内学者面前的一个难题，同时对于深化改革财政也有重大意义。

一　财政专项资金分类

专项资金大体上可分为公共公益事业和产业发展两大类。公共公益事业类的专项资金主要用于维护公益事业、基础设施建设等等。依据支持项目的类型和改革的需要，产业发展类可分为补偿性、支持性两种资金，支持性资金的对象是企业为促进其发展而展开的新项目。而补偿性资金则是由于政府对企业做出强制性要求和一定程度上损害了企业的合法利益，而做出的经济上的补偿。同时要保证企业的合法性，是处于正常运营状态的，企业主动积极对政府提出的策略有高度的配合，比如推进节能和减排等。资金的使用要求和补助对象在具体内容上的不同导致了支持性和补偿性资金补助在本质上的区别。本文重点是对支持性的产业发展资金进行研究探讨。

二　财政专项资金改革的重大意义

1. 财力和权责不匹配

当前我国的财政专项资金在上下级传达时存在的差错。专项资金存在的一个重要原因就是"委托性事权",上级政府委托地方政府事务办理,同时下拨一定的财政专项资金,或由上下级共同承担,这种形式的优点在于可以充分利用地方政府对地方的熟悉性,办事更加有效率。而在实际操作时,面临上级批下的财政专项资金不确定问题,在安排上因为不清楚具体的工作量和规模,因而在资金安排上存在一定的随意性,不足部分由地方政府自行解决。而部分下级政府在利用财政专项资金存在着滥用现象和"这反正是国家拨下来钱"的随意心理,这种情况下,专项资金的浪费就是不可避免的了。

2. 整合财政专项资金存在问题

由于整合财政专项资金是一项创新的举措,因而当前仍然存在着一些问题有待解决。

整合不合理容易存在"形合神离"的现象,整合后,各个部门对于资金安排的权力弱化,而财政管理部门对资金的权力增加,其他部门的员工可能会产生不理解感,甚至反对财政专项资金的整合计划,要对他们做好思想工作,只有各部门通力合作,才能够推动财政专项资金的整合。

在财政专项资金整合之前,上级政府对财政专项资金的目标和用途有明确的规定和要求,下级政府再根据具体要求实行就可以,而在整合之后,财政专项资金的用途和目标变得模糊,上下级的职责也变得模糊不清,会产生上级放手让下级干,而下级不知从何做起,持观望态度。这样财政专项资金的使用进度和使用效率就会受到影响。

3. 财政专项资金的管理能力不够

当前的财政专项资金管理制度仍然存在一定的漏洞和地方政府或相关部门弄虚作假的现象。例如,某建设局局长在长达 4 年内以套取专项资金和虚假支出的手段套取了专项资金近四分之一。这个现象出现的原因有二,一是制度和监管上的漏洞,二是有关政府官员在面对利益的时候没有办法抵抗诱惑,相关部门本身的执行能力不够。

三　财政专项资金改革的策略

坚持以党的十八大精神为指导,落实十八届三中全会对改革财政专项资金提出的战略和部署。以三个步骤、四个方法、三类模式的步调对深化财政专项资金进行推动,进而解决当前的资金制度所存在的问题。

1. "梳理、归类、处理"三步骤

梳理包括了对现有专项资金的情况(支持领域、额度、方式绩效等)有一个全面的掌握，从宏观到微观，从总体到细节都清楚明确。为下一步工作打下坚实基础。

归类可以按照专项资金的本质属性、具体情况（绩效情况、必要性等等）进行细化归类和分析，对相同类别下的专项资金进行细致研究后提出归并、取消或加大投入等的科学的、有依据的意见。

针对分类后的专项资金，以具体情况具体分析为原则，以党和国家的政策为基础，采用不同的方式处理。

2. "减、并、转、加"四方法

"减"指的是精简资金数目和规模。减少不必要的资金投入，比如一些与当前的新形势和新任务不适应的资金，由易到难，从简至繁，先把小型、绩效低、收益小的资金削减了，再逐步推进。同时要尽量减少资金对市场经济的干预。

"并"指的是对一些相同类别下的专项资金，在考虑实用性、现实适应性、绩效水平等等后对一些可以进行合并的、有交叉部分的资金进行合并，这样可以充分利用有限的资金，减少不必要的支出，将核心力量放在重点要支持的对象上。

"转"指对产业发展专项资金的支持方式的改变和创新，借鉴国外成功经验，建立符合我国国情的有利于产业发展的支持方式，可尝试新型的、有偿使用、滚动支持的方式。

"加"指的是在不同地区所面对的不同任务，在坚持党和中央的政策精神的基础下，增加必要的专项资金项目，以支持本地企业经济的发展。

精简专项资金的投入、合并相似专项资金、创新专项资金的支持方式、规范分配使用，这四者之间是相辅相成、相互作用的关系，可以促进市场经济的健康发展。

3. 产业发展专项资金有偿支持三模式

首先，要成立一个专门管理和运行专项资金的公司，实现全过程专业化和市场化运作；其次，在资金的监管环节采用市场机制，引入银行等金融机构来提高资金分配管理的规范性；再次，不同政府层次上采取不同的运作模式，例如，基层政府就可以参照市场机制，有偿的投入。

四　结论

综上所述，深化改革财政专项资金要坚持以党和国家的政策为指导，以具体情况具体分析为原则，以促进企业的健全发展为目标，按照三步骤、三模式、四方法的步伐来逐步推进，要明确改革财政专项资金是不能一蹴而就的，要一步一步脚踏实地地慢慢来。

（作者单位：威海市文登区财政局）

强化城建声像归集　留住城市发展记忆

赵锦竹

近年来，山东省威海荣成市城乡建设档案馆牢固树立"多做打基础、利长远工作"的一流意识，将声像档案工作作为展示自身工作亮点和提升工作成效的着力点，切实加大声像采集编研力度，持续推进"城市记忆"工程，为子孙后代留下了一批珍贵的城市记忆影像，为优化城市形象、推动智慧城市建设、服务荣成经济社会发展做出了积极贡献。

一　以人才及硬件配置为支撑，夯实声像档案工作基础

一方面，甄选肯负责、能力强的青年英才，不断充实声像档案工作团队。针对当前人事编制较为紧缺的状况，荣成市城建档案馆不等不靠，积极克服现实困难，创新人才使用模式，成功引进1名曾在北京从事多年影视传媒工作又急于回乡发展的青年，担任馆声像管理科负责人，全面负责声像档案采集、编研及管理工作。同时，从市城建局调配的工作人员中挑选两名责任心强、有一定基础的青年，经过必要的指导培训后，组建了固定的声像工作团队，坚持常年在外拍摄，使声像档案工作迅速打开了局面。另一方面，积极争取政府加大投入力度，不断完善硬件配备。工欲善其事，必先利其器。近年来，市城建档案馆积极争取市政府及城乡建设局支持，先后投资数十万元，配备了无人航拍机1部、单反数码相机2台、镜头4个，微单相机1部、街景采集 Gopro 相机1部、4K 高清摄像机2部、三脚架2部，以及高配影视后期工作站、高速高容量服务器、3T 移动硬盘等先进设备，有效地解决了"巧妇难为无米之炊"的问题，为声像档案管理工作全面铺开奠定了坚实基础。订制了印有荣成城建档案馆 Logo 的摄影工作服，摄影团队外出时一律着装拍

摄，不仅增强了馆声像工作人员的使命感，也提升了社会对城建档案工作的认同感。完成了声像档案库房的改造，配备声像档案柜 6 组、声像防磁柜 6 组，恒温恒湿箱 1 个，进一步改善了声像档案存储空间和存储安全状况。

二　以落实政策标准为保障，全面提升声像依法治档水平

一是制定完善声像档案管理政策。为了确保声像档案管理工作得以认真贯彻落实，荣成市城建档案馆根据上级发布的城建档案新国标和印发的有关声像工作的通知要求，制订了《荣成市建设工程文件归档整理标准》，经修改完善，目前已是第 3 次印刷。同时，申请以市城乡建设局名义印发了《关于进一步加强建设工程声像档案归集工作的通知》、《关于进一步加强建设工程竣工档案归档管理的通知》等重要文件，使声像档案管理工作有章可循、有规可依。二是主动开展声像培训指导服务。近几年来，市城乡建设档案馆每年都组织对房地产开发商、城建重点工程责任单位、中小学校、工厂企业等不同建设单位进行声像档案管理方面的集中培训，培训内容包括声像设备入门、拍摄技巧、归档方法等多个方面，年开展专题培训 8 次以上、参训 600 人次以上，使建设单位较好地明确了声像档案采集及归档标准。针对学校基建项目较多的实际，我们还主动对接教育部门，面对面与全市中小学校工作人员进行座谈，使其掌握了校舍、塑胶跑道、绿化、围墙建设等建设项目的声像制作标准。在声像档案培训中，我们还采取竣前上门指导、对来馆人员"一对一"培训、网上答疑和电话沟通等种方式，随时解答他们在声像档案方面的困惑，取得了良好效果。三是不断强化声像档案执法检查。为了保证各级关于声像档案管理的政策贯彻落实到位，自去年开始，荣成市城建档案馆在建设项目初期，就向建设单位群发短信通知或下达声像档案归集告知函，敦促其跟踪做好工程项目的原址地貌、基础施工、主体施工等节点声像拍摄工作，目前已下达执法告知函 50 多份；加大声像档案执法检查力度，2016 年已开展声像专项执法检查两次，抽查重点工程建设项目 50 余个，检查结果纳入到建设行业资信评价和荣成市征信系统当中，极大地震慑了不跟踪拍摄声像和拒交声像档案的行为，提高了声像档案归集率。

三　以强化声像归集为基础，加快积累声像"大数据"

一是馆拍和社会力量拍摄同步。依靠馆自身力量，全方位、广视角、大

尺度、多时段自主拍摄，涵盖城市风貌、市政工程、重点区域开发、村庄改造、美丽乡村建设等多方面的内容。在遇到时间紧、任务重、战线长等声像拍摄制作任务时，荣成馆还在以声像管理科工作人员为主体的基础上，协调数家合作单位，共同拍摄城市建设照片、录像以及编研制作声像成果。两年来，拍摄照片逾 2 万张，摄录视频 1000 多分钟，目前全馆累计拍摄声像数据已达 3T。与此同时，我们积极做好建设单位移交建设工程、地下管线工程照片、录像和专题片一体化光盘的接收工作，自 2015 年下半年以来先后接收电子光盘 20 余张，收录照片 1600 多张、视频 200 多分钟。二是地拍海拍航拍同步。受客观条件制约，以前荣成的声像拍摄仅仅停留在地面拍摄，以及借助路灯高架车、周边高层建筑等有利位置进行俯拍等方式。近几年，航拍无人机以其独有的角度、震撼的效果而越来越得到青睐。针对航拍如火如荼的发展态势，荣成馆及时购置了无人航拍机，先后组织对市区、开发区、城际铁路周边、海岸沿线、特色村庄进行了多轮航拍工作，留下了一大批珍贵的航拍资料。我们还结合荣成地处沿海的独特地理位置，积极联系海上执法船只和民用船只，以海上这一独特视角，对荣成市海岸带风貌、陆上建筑群及绿化等情况进行拍摄。近三年来，荣成市城建档案馆先后组织地拍 600 多人次、路灯车辆高机位拍摄 20 余次、航拍 120 余架次、海拍 2 次，积累了一大批有价值的声像素材。三是照片拍摄和音视频摄录同步。不论是馆组织拍摄还是建设单位移交的声像资料，也不论是地拍、海拍还是航拍，荣成市城建档案馆都注重照片、音频及录像采集同步进行，最大程度上保证城市风貌、项目建设声像资料的完整度，维护城市发展的真实面貌。四是现势采集与历史追缴同步。在做好当前声像档案采集的同时，积极开展对英国强租威海卫（1898～1930）、中华人民共和国成立初期、改革开放前等特定历史时期荣成风土人情、特色建筑的老照片、旧影像的收缴工作，由于当时声像设备是稀缺品，只有外国传教士、游客等域外人士留有为数不多的照片和视频，我们通过网上搜集、民间征集、与市档案馆联动共享等方式，积累了少量极其珍贵的照片和声像，极大地丰富了城建档案声像资源库。

四 以智慧声像管理系统为载体，持续推动声像档案信息化进程

一是积极引进先进的声像档案管理系统。通过政府公开招投标的形式，聘请了业内具有丰富经验的城建档案服务商——上海易鲲信息科技公司，为

荣成市城建档案馆量身打造了一套实用性强、功能强大的智慧声像档案管理系统。该系统建成后，实现了与城建档案管理系统高度融合，并提供了 GIS 地图查询、名称模糊查询等多种查询方式，切实解决了照片、录像和音频存储混乱、查找困难的问题，疏解了声像档案管理工作带来的沉重压力，打造成为名副其实的"无纸化"声像管理系统。依托平台系统中 GIS 地图查询功能，启动了老旧建设工程档案现貌照片和录像的采集和著录，进一步提升了档案查询精度和效率。下一步，荣成市还计划采取声像档案网上在线系统报建的办法，加大过程采集，杜绝声像档案遗失现象。二是加快推进馆藏声像档案的数字化工作。自 1989 年建馆以来，荣成城建档案馆就十分注重声像档案的拍摄工作，由于当时条件所限，所形成的照片和录像资料要么以冲洗的照片册、胶片的形式进行存档，要么以软盘、光盘或卡带等介质存储，可以说查找相关声像素材极其困难，如不将其转化成电子档案是难以想象的。为此，自 2015 年以来，我们启动了馆藏录像带的数字化转换工作，目前已完成 103 盘小型录像磁带转换，涉及内容 201 项，形成电子视频 3776 分钟。对历年形成的照片及视频档案，统一保存在 3T 移动硬盘中，放置在音像消磁柜中保存，禁止挪于他用；同时，采用 360 云盘进行备份存档，有效保证了声像电子档案安全。三是做好新采集声像档案的电子化整理工作。对城建档案馆新采集的声像素材，我们均在采集当天及时进行命名、分类，避免声像档案过度积累产生的拍摄时间、地点不清，进而导致无法分类编研的问题。对接收建设单位移交的声像档案，考虑涉及的声像容量巨大，荣成市城建档案馆只要求移交容纳电子照片及视频的光盘，而没有接收冲洗的照片、U 盘、磁带等介质。对接收的每一份光盘，我们馆都及时编号、归类入库，并及时将其中的照片和音视频上传到声像档案管理系统。

五　以强化声像编研为抓手，重点打造一批城乡记忆成果

一是注重与业务工作相结合。制作了《荣成市建设工程档案移交电视教学片》、《地下管线成果利用宣传片》、《教你如何叠工程图纸》等一批声像教学视频，使建设单位进一步明确了城建档案馆业务工作流程；编研制作了一大批重点建设项目节点照片、视频及专题片样片，并将其上传到荣成城建档案馆网站"精彩图片"、"视频集锦"等版块上，为建设单位做好声像归档工作提供了直观的指导服务。二是注重与城市宣传相结合。完成了全市 940 多个村庄照片的拍摄及编研工作，形成电子照片逾万张，并全部冲洗编研成册，

被《大众日报》以《荣成用信息技术记乡愁留乡情——940 个村居容貌定格封存》为题予以宣传报道。编辑制作了《翠瞰荣成—城市航拍纪实》、《荣成鸟瞰电子画册》等多部专题片，并通过荣成市政府及城建局官方微信、网络视频、网站等多种形式进行传播，极大地提升了"自由呼吸、自在荣成"的城市美誉度。编研制作了一批城市主干路交叉口、重点节点区域面貌的全景城市 VR 影像，丰富了城市形象展示载体，收到了意想不到的宣传效果。三是注重与服务发展相结合。在统筹拍摄中，我们注重真实性、艺术性和审美效果，确保声像资料多层次利用，先后为迎接各级现场会刊板制作、规划展览馆布展、市志编纂、公益事业宣传彩页制作等提供了大量照片素材。我们还根据荣成市委、市政府和市住建局的部署，协助拍摄完成了《环境保护荣成行》、《蜊江港一线拟开发区域原貌综合现状》等航拍影像的采集工作，为市委、市政府实施重大工程项目规划提供了第一手直观的素材，专业的拍摄手法和较高的拍摄质量得到了市领导的充分肯定。

声像档案是最能体现直观城建档案工作的载体，是一项功在当今、利在千秋的基础性工作，政府寄予厚望，社会广泛关注。今后，荣成市城乡建设档案馆将继续秉持"对历史负责、为现实服务、替未来着想"的高度责任心，加大声像采集编研力度，积累更多宝贵声像资料，努力将"城市记忆"工程的实施推向崭新阶段，为提升荣成城市内涵、增进文化积淀，更好地服务城市规划建设和管理工作做出更大贡献。

（作者单位：荣成市城建档案馆）

算好"三笔账"扎实开展中医单病种
收费试点工作

刘春雨　张洪平　王晓华

自 2013 年底威海市被确定为山东省中医优势病种收费方式改革试点市以来，威海市物价局高度重视，把中医优势病种收费方式改革试点工作作为深化医改、理顺医疗服务价格形成机制和减轻群众就医负担的重要民生工程，采取有力措施，于 2014 年 4 月起在全省率先开展中医单病种收费试点，今年又将试点病种扩大至 36 个，全部实行按病种收费。

一　广泛调研，精心算好中医单病种收费工作"三笔账"

按病种收费即以病种为计价单位向患者收取费用，有利于促进医疗机构建立合理成本约束机制，规范医疗机构临床诊疗行为，控制医药费用不合理增长，减轻患者负担。中医优势病种收费方式改革试点工作开展以来，为保证政策顺利出台，我们立即组织有关人员深入一线开展调查研究，对按病种收费工作进行充分论证。通过对中医优势病种临床应用和大量样本数据进行分析研究，统筹考虑中、西医疗法比价关系，精心算好成本、价格、效益三笔账。

一是算好成本账，中医治疗方法较西医更具成本优势。从患者住院总费用看，治疗同一病种中医收费水平整体上低于西医，尤其以骨科病种最为典型，患者住院时间较西医节省 20 多天，住院花费只有西医治疗方式的 65%，差距较为明显；从费用构成看，由于中医治疗方法不需要进行全麻和二次手术，节省了大量的一次性耗材和药品，住院费用构成中，耗材和药品费用所占比例较西医治疗方式相比明显偏低。可见，推进中医单病种收费试点、扩大中医医疗技术应用范围，有利于减轻患者负担。

二是算好价格账，灵活高效的定价机制有利于促进中医药事业的发展。作为医改试点城市，威海市中医医疗服务价格改革历来走在全省前列，2004年至2013年，威海市从保护中医、发展中医的角度出发，多次上调了体现中医医务人员技术劳务价值的诊查费、手术费等项目，同时增加三伏灸、中医辨证论治等项目。但从调查情况看，中医骨折疗法使用率并不高，就医患者难以得到实惠，主要原因在于：中医骨折疗法技术含量较高，专业医师培养周期长且成本较高，但现行价格水平下中医治疗方法给医院带来的利润并不大，再加上手术过程中存在 X 线辐射，从业人员基于绩效和健康等因素考虑，选择中医骨折疗法的积极性不高，因此要有效地促进中医药事业的发展，有必要充分发挥价格杠杆的调节作用予以推动。

三是算好效益账，开展中医单病种收费工作有利于实现医院、医保和患者整体利益的最大化。从调查情况看，骨科病种西医疗法的单病例支出较中医多出 1 万~2 万元，主要体现在药品和一次性耗材两项费用，这两项费用实际给医院带来的纯收益很少，给患者和医保资金带来的压力却很大。若采取大幅度提高中医诊疗技术项目价格且保持病种总费用低于西医的价格政策，引导医院选用中医疗法，对医院来讲，总收入可能减少，但由于诊疗技术价格提高且减少了药品和一次性耗材等成本支出，纯收益会增加；对患者而言，住院总费用减少，负担减轻，特别是由于避免了"二次手术"，大大缩短了住院时间，减轻了病痛和误工损失；对医保来说，则有效节省了医保资金；对于医务人员，由于医院纯收入增加，可以采取鼓励医务人员使用中医疗法的措施来调动医务人员的积极性，从而提高中医疗法的使用率，最终实现多方共赢。

通过上述分析，我们认为开展中医优势病种收费方式改革不仅必要而且可行。

二 坚持问题导向，积极推进中医单病种收费试点工作

（一）以骨科病种为突破口，逐步扩大试点病种范围

鉴于威海市中医骨折疗法特色优势明显，临床路径清晰，收费水平较西医差距较大，但临床利用率不高的实际情况，试点工作开展以来，我们将骨科病种作为问题突破口，集中精力，先行先试，2014 年起在全省率先对 7 个骨科病种实行最高收费标准管理。今年，在前期骨科病种收费改革取得一定

成效和经验的基础上，又将试点病种扩大至内科、儿科等其他中医病种，全部实行按病种收费。

（二）依托大数据分析，为制定单病种收费政策提供数据支持

选取文登整骨医院、威海市中医院、荣成市中医院、乳山市中医院、威海市立医院、威海市中心医院等多所医疗机构作为中、西医治疗方式收费调查对象，累计收集近6000个住院样本，对样本数据进行整理，在剔除不合理和不必要等因素后，分别测算出不同治疗方法、不同级别医院、不同病种的平均收费标准，进而开展多维度分析：

一是准确掌握中西医治疗方式下单病种收费差距。据测算，治疗同一病种中医收费水平整体上低于西医，具体差距在几百元到上万元不等。对那些中西医收费总额差距较大的骨科病种，在不超过西医收费水平前提下，适度提高中医收费水平既有必要，也有一定的、可量化的空间；对那些中西医收费总额差距不大的其他病种，则在维持价格总体水平的前提下制定中医单病种具体收费标准。

二是重点分析现行价格下中西医骨折疗法的利润水平。将住院收费总额细分为床位费、诊察费、护理费、检查化验费、药品费和一次性耗材费等项目，对医疗收费开展结构性分析。在充分考虑中西医药品、耗材差价和相应加价率等因素的基础上，计算出威海市中西医骨折疗法单病例纯收入差额为28元。可见，在原有收费标准下，中、西医骨折疗法的利润水平相差无几，这也是医院开展中医疗法积极性不高的症结所在。

三是初步确定不同级别医院收费梯度。从患者住院收费情况看，三级医院单病种收费标准明显高于二级医院，从几百到上千元不等。为准确测算出不同级别医院各病种收费差额，我们严格按照病种临床路径和不同级别医院的医疗服务价格，逐项测算得出不同级别医院的单病种收费标准，适当拉开收费梯度，将二级医院各病种收费标准确定为三级医院标准的95%左右，为分级诊疗提供价格支持。

（三）价格调整兼顾项目和病种收费，充分发挥价格杠杆的调节作用

在制定单病种收费政策过程中，兼顾调整项目价格和制定病种收费标准两个方面，通过提高手术项目价格来提升中医骨科病种整体收费水平。

一是适当上调中医骨折手术费标准。本着"医院纯收入略有增加、患者费用远低于西医疗法"的原则，以中医治疗方式（较西医）节省的药品和一

次性耗材两项费用作为计算基数，将骨折闭合复位经皮穿刺（钉）内固定术标准上调至 3800 元，进一步激发医院及医务人员选择中医疗法的积极性。

二是制定中医优势病种按病种收费标准。按照合理补偿成本、兼顾群众和基本医疗保障承受能力及适度超前的原则，以各病种临床路径为依据，扣除样本中临床路径以外发生的费用，按调整后的医疗服务项目价格核算各病种平均实际费用，进而确定各病种收费标准。考虑到不同级别医院医疗服务价格差异，分别确定各级别医院按病种收费标准。36 个中医优势病种按病种收费标准在 2900 到 21300 元不等，平均只有西医收费水平的 89%，其中手术费上调后的 13 个骨科优势病种单病种收费标准只有西医收费水平的 78%，仍有较大的价格优势，有利于减轻患者负担。

（四）完善配套措施，确保政策平稳实施

一是强化病种服务质量控制。要求各医疗机构以确保医疗质量和合理利用医疗资源为前提，严格按照各病种临床路径的相关规定执行标准化治疗方案。单病种收费实行定额包干制度，医疗机构不得在单病种收费标准外另行收费。患者在治疗过程中病情出现并发症的，医疗机构应立即组织专家进行分析评价，出具结论，并按程序报医疗机构分管领导审批。对需要退出单病种收费管理的，医疗机构要告知患者或患者亲属退出单病种收费管理的理由，其费用按项目收费标准计收。

二是配套跟进医保政策。协调医保、卫生计生部门针对优势病种出台配套措施，截至目前，锁骨骨折等 13 个中医骨科优势病种全部纳入基本医疗保险定额结算范围，在定额结算标准以内的部分，属于职工医疗保险的，个人不负担，由医疗保险统筹基金支付；属于居民医疗保险的，个人负担 40%，统筹基金支付 60%。超过定额结算标准的部分个人均不负担。其他 23 个病种拟近期纳入按病种付费范围。

三 深入落实，改革试点工作取得明显成效

试点工作启动以来，我们对工作开展情况进行进行了密切跟踪，从目前情况看，取得了阶段性成效。

（一）中医优势病种治疗方法使用率明显提高

试点工作开展以来，由于中医治疗方式优势明显，费用水平相对西医较

低，威海市两处三甲中医院的 7 个骨科优势病种诊疗患者例数同比增长了 135.27%，其他病种治疗患者例数也有不同程度的增长，中医疗法使用率明显提高，中医医疗机构的特色优势更为明显。

（二）患者就医负担有所减轻

通过推行中医骨折疗法，大大地减少了"耗材""二次手术"等医疗费用，缩短了住院时间，骨科优势病种平均节省患者住院天数 20 余天，患者费用负担大大减轻，城镇职工医保病人实现了零负担，其他患者实际支出较西医平均节省 11% 以上。以锁骨骨折为例，采用中医闭合穿针技术治疗住院时间为 11 天，病人自治疗开始至完全康复需要 10 个周，住院费用为 13669 元，而采用西医切开钢板内固定治疗住院时间为 19 天，二次住院取内固定住院为 10~14 天，平均住院费用为 21962 元，病人自治疗开始至完全康复至少需要 20 个周。两者相比较可看出，采用中医治疗方式优势明显，患者可减少花费 8293 元，同时住院及康复时间缩短了近一半。

（三）政府医保资金得到了节省

采取中医骨折疗法大幅降低了患者的医疗费用，医保报销额度也随之明显下降。据测算，年可节省医保基金支出约 466 万元。以锁骨骨折为例，采用中医闭合穿针技术治疗总费用为 13669 元，按在职职工医保报销 87.5% 计算，医保负担约 11160 元，患者负担 2509 元（含 800 元的过桥费）；采取西医切开钢板内固定治疗总费用为 21962 元（含 8000 元耗材费），医保负担 17566 元，患者负担 4396 元（含 800 元的过桥费及 20% 的国产高值耗材费），两者相比较可明显看出，采用中医治疗方式医保资金可节省 6406 元。

（四）试点医院实现了平稳发展

试点工作开展以来，提高了就医患者选择中医治疗方式的积极性，医院业务收入稳步增长，尤其是中医优势病种单次医疗收入增长明显，以文登整骨医院、威海市中医院两所三甲中医医院为例，业务收入同比分别增长了 22.69% 和 17.55%，明显高于全市平均水平，中医骨科优势病种单次医疗收入同比增加 1800 元。同时，通过对试点单位进行动态监测，加强诊疗行为监管，合理控制医药费用，各病种病人实际住院费用与前期测算值相差不大，未出现引导医院增加收费的现象。

威海市的单病种收费试点工作取得了"群众切实得到实惠、医保基金负担减轻、医疗机构利润增加、中医优势得到发挥"等多方共赢的效果。改革经验在全国中医药工作会议上交流推广，被新华社等媒体诠释为"中国式医改的中医样本"。

（作者单位：威海市物价局）

威海市道路班车客运价格情况的调研报告

毕兴全　　赵洪刚

　　近年来，随着经济形势的变化，客运市场发展迅速，城乡公交一体化快速推进，市区道路班车客运市场一些深层次矛盾突出，举报投诉呈现多发态势，成为客运市场价格监管的难点。为规范市区道路班车客运价格行为，破解价格矛盾，发挥价格杠杆作用，推动城乡公交一体化，促进道路客运市场健康发展。我们组织调研组对威海市道路客运公司价格执行情况进行了调查研究。

一　威海市道路班车客运市场基本情况

　　班车客运是指营运客车在城乡道路上按照固定的线路、时间、站点、班次运行的一种客运方式，包括直达班车客运、普通班车客运和加班车客运。加班车客运是班车客运的一种补充形式，是在客运班车不能满足需要或者无法正常运营时，临时增加或者调配客车按客运班车的线路、站点运行的方式。

　　道路班车客运主要执行政府指导价，其中农村道路班车客运实行政府定价，在相应二、三、四类客运班线上运营。二类客运班线是指区所在地与县之间的客运班线。三类客运班线是指毗邻县之间的客运班线。四类客运班线是指邻县之间的客运班线或者县境内的客运班线。

（一）班车客运市场主体

　　道路班车客运市场主体由客运公司、车站和承包人组成。威海市客运公司主要包括威海交运集团、荣成运输、文登宏利和乳山客运四家公司；威海、荣成、文登和乳山汽车站隶属威海交运集团，荣成和石岛的社会客运站隶属荣成运输公司；承包人实际上就是众多个体户经营者。

（二）客运公司经营模式

道路班车客运的经营模式主要有四种。

1. 公司化经营。可分为全资公司化经营和专线股份经营。全资公司化经营是指由企业全资购置车辆，自主经营，盈收自享，成本自负，风险自担的经营方式；专线股份经营是指由企业控股51%以上，原经营车主参股49%以下，组成的专线股份经营，其生产、经营、安全等由公司统一管理，股东享受红利分配而不参与单车收益分配，是一种向全资公司化经营的过渡方式，针对管理暂不能到位，且收购难度转化难度较大的客运班线。公司化经营通俗地讲，车辆、人员、班线、保险和费用等全部由公司统一管理经营。

2. 集约化经营。客运公司集约化经营是以效益（社会效益和经济效益）为根本，对经营诸要素（营运线路、营运客车、客运站等）重组整合，实现最小的成本获得最大的投资回报，属于公司化经营的升级版。

3. 承包式经营。客运公司承包式经营是指按合同约定公司购置车辆、承担保险、收取一次性承包金和每月管理费，将班线和车辆在一定期限内承包给个体户经营，俗称为车主。

4. 挂靠式经营。挂靠式经营是指个体户购买车辆、雇用人员、负担全部费用，合同约定一次性线路承包金和"份钱"等事项，挂靠在客运公司名下经营。

上述四种经营模式占威海市道路班车客运市场比例分别约为20%、10%、65%和5%。

（三）道路班车售票方式。

目前，道路班车客运售票方式，一是站售，车站利用网络信息化平台对站内乘客微机售票，不论站内还是途中上车，实行站售的班车不足10%；二是自售，乘客上车后，司乘人员手撕售票，90%以上班车实行自售，班车站外全部实行自售，自售票过程中经常出现有票不要不给、要也无票可给的现象，成为举报投诉的重点。

（四）道路班车票价构成

经过清理整顿规范后，市区班车客运票价由班车运价、旅客站务费、车辆通行费和燃油附加费四部分构成。

班车运价等于客运车型运价乘以旅客计费旅程，客运车型运价是指对不同类型、等级的客运车辆所制定的每位旅客每千米的运输价格,由运输成本、合理利润、税金和2%的旅客身体伤害赔偿责任保障金等构成。

燃油附加费是指各地按照价格管理权限,建立客运价格与成品油价格联动机制,用于补偿成品油价格上涨造成道路客运成本增支的费用。

(五) 客运市场费用种类

班车客运市场费用种类主要有旅客站务费、客运代理费、行包运费、小件寄存费、货物托运费等,前三者执行政府指导价,其他执行市场调节价。

旅客站务费是指客运站具备站级标准规定的设施、设备,为旅客提供候车、休息治安保卫、安全检查、信息等基本客运服务,按每人次在客票内向旅客计收的费用。

客运代理费是指客运站为承运人代办客源组织、售票、检票、发车、运费结算等客运业务,按客运运费的一定比例,向承运人(车主)收取的费用,实际上,多以双方协商确定每月客运代理费。

行包运费是指班车客运经营者向购票旅客因携带行李物品按重量计收的运费。行包计费重量以千克为单位。尾数不足1千克的四舍五入。轻泡行包按3立方分米折合1千克计重量。购票旅客可以免费携带行包10千克,残疾旅客并可以免费携带自用非机动残疾专用车1辆。行包运费按每千克每千米0.002元计收,尾数不足1角的四舍五入。

二 班车客运市场价格存在的问题

通常情况下,绝大多数集约化客运班车、大部分承包式客运班车和多数挂靠式客运班车能够按规定公示阶梯票价、执行价格标准及票价优惠等价格政策,做到价格自律。但是,在节假日、市场竞争、城乡公交一体化等因素作用下,部分道路班车客运价格政策执行不到位,违价行为以四、三、二类客运班线递增现象,存在诸多问题。

(一) 明码标价存在问题

1. 不明码标价。节假日期间,客流量陡然无规律变大,客运公司临时调度,加班客运班车机动运营,时间紧迫,来不及张贴阶梯票价表;少量客运班车阶梯票价表因损毁等因素撕下阶梯票价表,没及时补贴阶梯票价表。

2. 标价不规范。燃油价格联动造成票价调整频繁,票价调整后,没能及时更新阶梯票价表，例如，2012 年燃油价格联动了六次，某客运公司因线路多班车多，部分班车没能及时更新阶梯票价表。少数车主，票价下调后，为方便自售原价票，不更换阶梯票价表。

3. 公示不全面。部分班车阶梯票价表没有公示客车等级，给乘客造成误会。道路班车客运运价（上限），依据客车等级定价，如现行标准：普通级、中级、高一级、高二级、高三级，相应运价分别为：0.11、0.19、0.27、0.29、0.33 元/（人·千米）。从票价构成看，同线路班车因等级不同，形成不同的票价标准，致使部分乘客因返回比前往的客车等级高，造成票价"上涨"的误会。

（二）部分班车擅自涨价

1. 随意涨价。城乡公交一体化的推进，造成部分新公交线路、站点与道路班车客运班线出现重合、叠加，公交车全程 1 元、2 元的票价优势，分流相当多的乘客，影响了班车经营者利益。为此，车主私自上涨票价，维护自身利益。如，"威海－崮山（2.5 元）－泊于（4.5 元）－港西（6.5 元）"二类客运班线，自开通"威海－泊于"1 元公交以来，很多"威海－港西"的乘客坐公交车 1 元到泊于，再换乘班车到港西，"泊于－港西"票价应为 2元，车主实际自售票价 3～4 元不等。

2. 节假涨价。节假日期间，一些道路客运班车，甚至于部分线路上所有班车，参照各自线路票价标准，私下统一价格，擅自集体涨价。如"威海－石岛"二类班线，今年五一节期间，擅自将票价由 20 元上涨到 25 元。

3. 加班涨价。临时加班车，多数没张贴阶梯票价表，始发站至终点站票价标准较清楚，基本上能够执行到位，中途上下车站点间的票价标准难以执行，估价自售或者免票收费，多数价格偏高，变相涨价。

（三）班车优惠政策打折

少数承包、挂靠式经营班线车主，在客流量大时，因交警按人数严禁超载，车主为不减少收益，打折扣执行儿童票价优惠政策。如有的班车对 1.2 米以下不占坐儿童，按儿童占座收取儿童票，甚至按照成人票收取；今年春节期间，四类客运班线"荣成俚岛－龙须岛"一客车收取一名两岁婴儿的儿童票；有的对 1.2～1.5 米儿童按成人票收取。儿童票价优惠政策执行不到位。

（四）一些班车行包收费乱

整体上看，旅客上车时，基本上不依据重量，参照行包件数及体积大小，结合票价，估算收取行包费，费用偏高，变相提高收费标准。其次，一些班车旅客免费携带行包10千克政策执行不到位，尤其节假日期间，车主以行包件数多为由，不计算重量或者体积折算，直接按票价或者参照票价打折收取。行包收费一定程度上存在乱收费现象。

三　道路班车客运价格问题成因分析

1. 客运主体散。道路班车客运市场主体，法律地位上是企业，但是，现行的经营模式，从数量角度看，真正的班车市场主体变成了众多的"个体户"，"多、散、乱"，服务质量低，经营效益差。面对集约化经营的高铁、公交等，竞争中处于弱势。如二级客运班线"威海—荣成"，运行时间1小时左右，时常不准点，票价10元，高铁"威海—荣成"运行时间22分钟，票价12.5元，高铁性价比高，分流相当多乘客。

2. 成本压力大。在激烈的客运市场竞争中，班车客运市场利润空间变小，正常收入下降，客运代理费、站务费、保险费、燃料费等各项支出不减，驾驶员、乘务员的工资不断上涨，人力成本大幅增加，经营成本压力加大，经济效益下滑明显。

3. 利益驱动强。春节、五一、中秋节等节假日期间，客流量大，每班车都能满员运载。在客源充足的情况下，部分班车抓住乘客急于赶时间乘车、关键时候不计较几块钱的心理，受利益驱动，自售票车主擅自涨价，甚至于整条班线串通集体涨价。

4. 法规意识淡。长期以来，道路班车客运由所属客运公司直接管理，其主体多、小、散、弱，缺乏竞争力，另外，多种经营模式并存，经营权转让问题重重，企业难以有效管理，价格主管部门对班车的监管又相对薄弱。因而，许多车主认为，车票自售，明码标价是件无所谓的事，涨不涨价是自己的事，平时赚钱难，遇到赚钱"大好时机"，不赚白不赚。没有认识到明码标价、执行政府指导价是经营者的法定义务，价格法律法规意识淡薄。

5. 定价机制死。道路班车客运价格标准长期不变，缺乏动态灵活性。如客运代理费、站务费等仍然执行2000年前的收费标准。部分政策所致班线客运经营困难，理应及时减免调整其票价各构成部分的有关价格标准。一次定价、一劳永逸的定价机制跟不上班车客运市场形势，不能适应城乡公交一体化发展。如二类班线"威海—初村—界石"班线客车，受新开通的"威海—初村"公交车冲击较大，私自涨价。此种政策因素导致的经营困难，有关客运代理费等理应予以减免。

6. 执法监管难。客运价格监管是个系统工程，道路班车市场价格监管难表现在四方面。一是执法力量薄弱，班车线多、量大，且处于运行中，本来一线价格执法人员就少，如此一来，价格执法力量就显得更加薄弱。二是管理措施单一，价格执法人员无权拦停道路客运班车，缺少现场检查的强硬手段，更多依靠交通部门的配合，造成途中价格执法困难。三是取证处罚困难，部分车主收费不出具票据，价格执法查处时证据不足，另外，还有一些车主在乘客强烈索要车票时，售给乘客其他线路班车车票，车票与车牌号码不一致，相互串票，造成证据不实，价格处罚困难。四是处罚力度不够，长期以来，班车客运的市场行政处罚金额基本都在 1000 元以下，远远小于违价收入，起不到警示震慑作用，车主违价成本低，依然我行我素。

四　道路班车客运问题的对策及建议

（一）取消自售推行站售

当前，道路班车客运车票站售推行困难主要表现在：一是车站没有积极性，班车车票实行站售，车站必须进行信息化网络改造，加大设备投入，扩编工作人员，额外增加车站经营者的运营成本；二是车主不愿意站售，一旦站售，车主被车站要求分担相应增加的部分费用，另外，站售还限制了车主私自涨价等非法获利行为；三是客运公司认为道路班车客运途中上下车，车站外没法实行站售。

针对站售困难问题，从行业主管方面看，交通部门应当从交通客运经营规范化角度，加强管理，要求车站及客运公司实行站售；从价格监管方面看，既然收取了客运代理费，售票就是车站的应尽义务，不能以协商为名，只收费少服务，将客运代理费概念化，涉嫌价格违法，物价部门可据此依法要求站售。至于车站外无法站售难题，从技术方面看，现在已经不是问题，信息化无线联网技术十分成熟，例如，采取手持售票机（如火车上）或车载售票机等方式，与车站联网可解决站售难题。推动道路班车客运取消自售实行站售，根治车票擅自乱涨价难题。

（二）公司化规模化发展

《中华人民共和国道路运输条例》明确规定，国家鼓励道路运输企业实行规模化、集约化经营。为此，建议政府相关部门从财政补贴、税收优惠和价格政策等方面，加大政策扶持力度，切实鼓励客运企业消除挂靠和承包经营模式，推动道路班车客运市场向公司化、规模化、集约化转变，实现规范化运营，降低经营成本，增强价格自律，促进行业健康发展。

（三）着力改进定价机制

适应客运市场形势，转变思想，着力改进客运价格定价机制。一是，在车型客运价格基础上，具备自动语音报站、卫星定位、实时监控系统和空调等优质服务条件和水平的，依照不同条件，适当拉开同线路班车价格差距，实现同质同价、优质优价，促进服务质量、服务水平提升；二是实现价格调整动态化，出现部分"线路"班车政策性运营不利情况时，适时价格调整，化解矛盾，发挥价格杠杆作用，理顺客运市场价格秩序。

（四）搞好宣传教育引导

做好法律法规及明码标价的宣传、教育和引导工作。为取得事半功倍的宣传教育效果，建议联合交通、交警部门、客运公司和车主代表以座谈会等多种形式向客运市场主体宣传、提醒、告诫明码标价、价格法律法规及相关政策，提高客运公司和车主的明码标价、客运价格法律意识。同时，选择价格政策基础相对较好的客运公司和车主，积极培育，树立典型，通过发挥其示范带动作用，引导其他客运公司和车主全面做好客运价格政策工作。

（五）加大严格执法力度

道路班车客运价格是客运市场价格监管的难点，价格主管部门要将道路班车客运价格问题当作整治客运市场价格秩序的重点来抓。联合交通、交警等相关部门制定统一的价格监管方案和实施办法，严格按照《价格法》《道路运输条例》和《明码标价规定》等法律法规及有关政策，依法纠偏，执法树正。特别是旅游旺季和重大节假日期间，对各家客运公司进行巡查，对少数拒不执行价格政策的客运公司，从严从重予以处罚，屡查屡犯、性质、情节恶劣的给予公开曝光处理。违价成本足以起到震慑威慑作用，切实遏制价格违法行为，规范客运市场价格秩序，推动威海市城乡公交一体化发展。

（作者单位：威海市物价局）

集聚优势资源，激发创新活力

——威海市科技企业孵化机构发展情况简述

房　蒙

当前，基于互联网等方式的创业创新蓬勃兴起，各种新产业、新业态、新商业模式不断涌现，线上线下加快融合，生产方式、生活方式、治理方式发生深刻变化。在此情况下，加快发展科技企业孵化器、众创空间等各类企业孵化机构，能够有效拓展创业创新与市场资源、社会需求的对接通道，优化劳动、信息、管理、资本、技术、知识等资源的配置方式，为社会大众广泛平等参与创业创新、共同分享改革红利和发展成果提供更多元的途径和更广阔的空间。

近年来，威海市顺应"互联网＋"时代大融合、大变革趋势，加快实施创新驱动发展战略，制定了多项涉及人才引进、财政扶持、技术转移、备案服务等方面的促进创新平台发展的宏观政策和具体措施，有效推动了各类要素资源优化配置，充分激发了广大人民群众和市场主体的创业创新活力。

一　威海市科技企业孵化机构总体发展情况

（一）政策扶持力度空前，发展环境不断优化

按照党中央、国务院《关于加快众创空间发展服务实体经济转型升级的指导意见》等有关政策措施的安排部署，威海市充分整合各类创新资源，制定实施了《关于扶持科技企业孵化器发展的意见》《威海市科技企业孵化器认定和管理办法》等多项促进创新创业平台发展的政策措施，从资金、土地、资源、金融、平台等多个方面对孵化机构建设给予政策扶持，明确了科技企

业孵化器、众创空间等平台的认定条件、评优标准、认定程序等内容，规范了创新平台的发展方向。

同时，落实资金投放，加大财政支持。充分利用科技孵化器发展专项扶持资金，对符合标准通过认定的孵化器、科技含量高前景好的孵化项目实施专项补助，帮助企业解决实际困难，鼓励孵化平台更好更快地发展。2014 年市级共安排孵化器专项补助资金 1000 万元，带动区市财政投入 1252 万元。全市孵化器共支持企业创业启动资金 7593 万元，引导社会资本投入 7455 万元，带动企业投入 4.67 亿元。

除此之外，威海市还建立了科技企业孵化器网络协同工作平台，整合全市孵化器、在孵企业、毕业企业等信息，纳入科技创新综合服务中心系统，为全市孵化器统筹调度、资源合理配置、信息互通共享提供了便利条件。

（二）机构数量持续增长，筹建层次日渐提高

威海市不断加大科技企业孵化器和众创空间建设力度，通过政策保障、资金扶持、监督引导等多种手段，不断打造好、使用好和发展好各类创新创业服务平台，充分发挥其支撑作用，激活全社会创造活力。

2015 年威海市新建科技企业孵化机构 25 家，总数达 42 家。其中科技企业孵化器 24 家，包含国家级孵化器 4 家；众创空间 18 家，包含国家级备案的 4 家，省级备案的 8 家。2015 年新增孵化面积 55 万平方米，总孵化面积达 106 万平方米；新增在孵企业 476 家，在孵企业总数达 899 家。科技企业孵化机构无论在总体数量，还是在整体水平、孵化能力等多个方面均出现较大的增长和提升。

（三）管理水平不断提高，运营机制日趋完善

目前，威海市创新孵化平台管理机制逐渐成熟，运营管理人员素质不断提高，入孵条件、考核方法、服务内容、退出机制等愈加完善健全，为在孵企业创建了良好的长效发展机制，也促进了孵化机构自身的优化升级。

比如环翠区创新创业孵化器，要求申请企业从事研究、开发的项目或产品应属于国家重点支持的高新技术领域范围，符合威海市重点发展的高新技术产业；属新注册或成立时间不超过 2 年的企业；企业在孵化器孵化的时间一般不超过 3 年。威海经济技术开发区科技创业服务中心要求申请企业为从事高新技术产品开发和生产的科技型企业。其中，物联网、软件及服务外包、船舶设计及研发、生物医药类和具有自主知识产权的高新技术项目可优先入驻。

山东巨蟹云电商孵化器有限公司对入孵企业的退出机制设立了明确的标准：经过两年以上的孵化期（经协商最长不超过五年），年销售总收入达 500 万元以上，且有 100 万元以上的固定资产和自有资金；企业职工在 20 人以上，专业技术人员不少于 50%，组织机构和管理制度健全的企业应视为达到毕业条件，应及时迁出孵化器。在规定期限内不能毕业或迁出的企业，孵化器将减少服务力度或直接解除孵化关系。

（四）优惠措施精准全面，服务模式灵活多样

近年来，威海市科技企业孵化器、众创空间等创新支撑平台为入孵企业提供的优惠扶持政策力度逐渐加大。除去传统的在税费、贷款、基础设施等方面的减免优惠外，扶持措施更强调在人才引进、创业辅导、产权保护、成果转化等方面的引导和服务，从而不断提升入孵企业的自我发展能力，增强发展后劲，实现良性循环。

威海迪沙创业服务中心有限公司是由迪沙药业集团投资建设的海洋生物医药专业孵化器。对于入孵企业，该公司不仅通过三年内减免研发办公房租，免费为创业企业提供法律、财务等创业咨询服务降低企业创业成本，更不断创新服务模式，转变帮扶思维，实现了入孵企业与依托公司的合作共赢。资金方面，设立种子基金开展股权投资，解决科研人员创业初期资金瓶颈；采取鼓励入孵企业以知识产权、科研成果等形式占股 70%，迪沙公司资金入股占股 30% 的形式，分担入孵企业资金风险，激发科研人员创业积极性。人才方面，通过帮助研发人员解决住房、子女入学等问题解除了科研人员创业后顾之忧。研发方面，免费为入孵企业提供研发技术平台和中试车间，入孵企业研发成果优先在迪沙集团公司转化，降低转化风险和成本，并可依托迪沙集团生产线进行产业化生产，尽可能缩短新产品从研制成功到生产销售的时间成本，提高转化效率。营销方面，依托迪沙集团营销团队和线上线下销售渠道，弥补创业研发团队市场开拓短板，迅速拓展研发产品销售市场，并根据产品销售收入按照一定比例进行利益分成。通过不断探索帮扶新模式，提高服务措施的针对性和实效性，威海市科技企业孵化机构与服务对象之间构建了合作共赢、共同发展的良好生态，经济效益、社会效益稳步提高。

（五）立足独特区位优势，架设中韩合作桥梁

2015 年以来，威海市抢抓中韩自贸区地方经济合作示范区的发展机遇，大力推进中韩两国在经贸往来和创新创业方面的互惠合作，充分发挥对韩交

流的桥头堡作用。

由韩国湖西大学投资建设的湖西创业保育公司是威海首个韩资孵化器，主要面向来威海投资的韩国中小企业，为其提供生产经营场所、经营业务指导及相关的科技信息咨询服务。该孵化器于 2014 年被省科技厅认定为省级高新技术创业中心。截至目前，孵化面积达 7000 平方米，入驻韩资企业 10 余家，涉及先进制造业、电子信息等高新技术产业。

位于南海新区的威海蓝色产业孵化器有限公司专门开辟了 2 万平方米的韩国高新技术产业孵化起步专区，承接韩国高端技术、高端产业转移孵化。目前已与韩中文化协会、韩国京畿道高新企业协会、韩国忠清北道中小企业厅等建立了战略合作关系，加大引进优质韩国科技项目力度。还与韩国板桥科技谷达成合作协议，共建中韩高新技术产业孵化器。目前，南海新区正探索蓝色产业孵化器与仁川创业孵化器 Spark Labs 的双向孵化机制，以双边优势资源共同为中韩科技型创业企业在项目孵化、专利保护、科研创新、市场开拓领域保驾护航。同时，依托蓝色创业谷建设中韩中小企业创业基地，大力吸引韩国科技企业及对韩中小企业进驻。如今，已有韩国清潭生物科技、日光医疗科技等 10 多个韩国科技型项目落户该创业基地。

二 目前威海市科技企业孵化机构发展面临的主要问题

（一）优秀人才缺乏阻碍服务能力提升

目前威海市部分孵化机构缺乏高水平的管理和服务人员，一定程度上影响了与在孵企业的对接和各项平台资源的整合，阻碍了创新平台服务能力的提升和未来自身的快速发展。

有科技企业孵化器反映，目前公司管理队伍整体工作能力和水平仍较低，团队成员多数是没有工作经验、刚毕业不久的大学生，且学历层次不高。孵化器没有博士和硕士学历的人才，也缺乏海洋领域专业人才和能够配合研发工作的专业技术人员，直接影响合作研发、技术交易平台建设等后续工作进展。孵化器设立了中日韩海洋高新技术交易中心，旨在汇集三国海洋领域科技成果和专利技术，促进技术交易和技术转移，但是因缺乏技术和沟通协调等方面的专业人才资源，工作开展进度缓慢。

（二）管理制度落实不力影响资源配置效率

目前威海市部分创新支撑平台仍然存在管理制度欠缺、管理方式粗放、制度执行不到位的问题。很多孵化器引进制度比较明确，但是扶持企业的发展措施执行不力。部分孵化器退出机制不健全，浪费了孵化资源，影响了创新效率。

有些孵化器在创建之初，为尽快打响品牌和建立规模优势，全力开展项目引进工作。但多数项目未签署发展协议，多年来尚未对入驻企业进行业绩评估。从目前的情况看，有的项目入驻后，尤其是电商类企业，经营业绩毫无亮点，有的甚至搞线下销售，与科技创新孵化器的牌子严重不符。有的项目入驻后，仅2～3人办公，却占用大量空间，造成了资源的浪费。

（三）硬件设施改善缓慢拖累创新孵化效果

目前威海市部分孵化器机构基础设施仍不完善，入孵企业人员的日常生活和工作环境较为简陋。有的孵化器没有自己的食堂，宿舍面积也较为狭小，难以满足入驻机构在孵化器办公人员的食宿要求，直接影响入孵机构和在孵机构人员数量。部分孵化器只有办公场所，缺少库房仓储，大量产品无处搁置，影响了在孵企业的运营发展。

部分孵化器周边自然环境恶劣。有孵化器反映周围存在较多鱼粉企业，易产生污染，经常有刺鼻异味。来访专家教授、科技人才、投融资机构等反映较差，不愿入驻孵化器，直接影响入孵效果。

（四）融资、宣传力度薄弱制约孵化机构发展步伐

目前孵化器发展建设资金来源单一，对政府的孵化器优惠政策和财政投入依赖性较强，社会投资渠道缺乏，资金到位和投放的时效性、灵活性难以保障，这在很大程度上制约了孵化器的发展。与此同时，民营孵化器在资金和政策上享受的扶持更少，在提供孵化场所、增值服务等方面面临着更大的资金压力。

许多民营孵化器还面领着宣传营销力度较弱的问题。巨蟹云电商孵化器成立之初，许多企业虽然预约签订入孵合同，但最终有很多企业因为不了解巨蟹云孵化器所以没有入驻孵化器，因此希望在政府宣传部门的支持下，吸引更多的主流媒介关注民营孵化器的建设和发展。

三 促进威海市科技企业孵化机构发展的对策建议

（一）优化发展环境，完善扶持政策

加快制定促进创新创业孵化体系建设发展的支持政策，进一步加大对科

技企业孵化体系的建设支持力度；加大人才交流培训平台建设力度，以孵化器协会的形式与教育机构合作，建立孵化器人才培训基地，与高等院校合作在大学科技园共建科技创业培训中心，重点加强对孵化器经营者和管理骨干的培训；加强孵化器品牌建设和宣传推介工作，支持各类创新创业服务机构承办区域性、全国性和国际性创业大赛，通过宣传栏、广告、网络、展会、论坛等多种形式，强化对创新平台的主要工作和成功案例的宣传力度，提高知名度；设立孵化器发展专项资金，支持创客平台等新型孵化器建设，鼓励孵化器自建或合作共建专业化、特色化的公共技术服务平台并给予补助。

（二） 创新管理考核模式，鼓励多元化发展

完善孵化器的管理考核和绩效评价体系，建立"奖优惩劣"的激励和退出机制，实行灵活的人员任用机制；加强监测和评估，建立孵化载体监测评估机制和统计制度，探讨启动创业者满意度测评制度和第三方评估制度；完善孵化载体行业组织服务体系，成立专业化行业协会，充分发挥其在行业指导、政策研究、业务合作等方面的作用；加快发展以企业为主体、投资多元化、实行市场运作、政府扶持的科技创新孵化体系，吸引企业、社会资本、优秀人才创办孵化器，调动和整合各类社会资源进入孵化器建设市场，实现多种管理体制并存，多种形式的创新平台共同发展的良好局面。

（三） 加强资源整合，促进创新平台做大做强

充分发挥已经建立的网络协同工作平台、威海创客联盟等资源信息共享机制，加强平台间的交流、联系及合作，实现平台间的资源共享、人才互补以及技术、资金和产品的优化配置；促进孵化器开展广泛而深入的国内外交流与合作，促进孵化器整体服务水平的提高；支持孵化机构依据自身产业定位，与第三方研发服务机构、平台型企业、解决方案提供商、产业技术联盟等服务机构开展合作，为在孵企业提供技术研发、产品构建、品牌推广、市场运营等多方面的高水平服务。

（作者单位：威海市统计局）

关于推进分级诊疗的几点思考与建议

蒋凤娥

　　分级诊疗是指按照疾病的轻重缓急和治疗的难易程度分级、由不同级别医疗机构承担不同疾病治疗，从而使常见病和多发病在基层医疗机构、疑难病和危重病在大型医疗机构治疗的新型就医模式。分级诊疗是解决医疗资源分布不平衡、缓解老百姓的"看病难看病贵"的有效方式，也是各级医疗机构经过多年探索总结、国家和省大力推广的医改新举措。2015 年，威海成为全省分级诊疗试点市。一年来，在各级政府的积极推动下，分级诊疗工作取得了阶段性成果。但是，在实际推行中，也面临着不少问题和难点，需要引起足够重视，统筹协调，标本兼治，才能实现医院和基层医疗卫生机构"人通、物通、医通"。

一　分级诊疗的基本情况

　　针对城市大医院人满为患、一床难求和基层医疗机构门庭冷清、资源闲置的状况，威海市积极探索，全力构建基层首诊、双向转诊、急慢分治、上下联动的就医格局，逐步形成群众就近就地享受安全有效、方便价廉的基本医疗服务格局。

　　一是政策导向。今年 7 月，市政府出台了推进分级诊疗制度建设实施意见，提出了分级诊疗的总体要求和目标，明确了诊疗服务体系建设、政策导向和保障措施，确立了综合运用医疗、医保、医药、价格等多种手段，加快构建分级诊疗就医格局的具体意见。在医疗方面，重点是通过组建医疗联合体、对口支援和医生多点执业、建立家庭医生签约服务制度，促进优质医疗资源纵向流动，提升基层医疗卫生服务能力；在医保方面，重点是推进支付方式改革，完善双向转诊制度和基本医疗保险门诊慢性病政策，实行差异化的医保支付结算政策；在医药方面，根据基层用药实际，适时调整市级遴选补充药品目录，合理确定基层医疗卫生机构配备使用药品品种和数量，切实做好上下转诊的用药衔接；在价格政策上，实行差异化医疗服务价格，进一步拉开不同等级医疗机构的医疗服务价格梯度，引导患者合理分流就诊。

二是资源下沉。针对村镇医疗资源相对薄弱的实际，先后完成了12处县级医疗卫生机构、52处镇卫生院、29处社区卫生服务机构和1025处村卫生室的规范化建设和标准化改造，新建农村急救站23处，基层医疗卫生条件得到明显改善；针对基层人才不足的实际，启动了百名医师援基层工程，加快推进多种形式的远程医疗系统建设，有效促进了医疗资源的纵向流动。今年5月，威海市立医院率先全面取消门诊成人输液，将这部分病人的诊疗需求下放到社区医院，并在市区中心地带设立了社区门诊，全部医护人员均由市立医院总院各科室统一排班坐诊，开设内科、外科、口腔科、耳鼻喉科、中医理疗科、急诊科等临床科室及药剂、检验、放射、超声、心电图等医技科室，并设有输液室，为社区人口提供三甲医院的同质化诊疗服务，实现小病在基层、大病到医院、康复回社区的合理就医秩序。

三是载体创新。医疗联合体是使医疗机构的人才、技术、设备、信息等资源得以有效利用的一种创新，也是推动城乡医疗卫生改革的一种新取向，其出发点在于发掘各级医疗机构的潜力、改善基层医疗卫生条件、缓解城市医院"看病难""住院难"现状。这方面，威海多年前就进行了探索实践，以市立医院为主体，先后将原职工医院和佛顶山医院整合为市立医院的南院区和西院区，成为紧密型的医联体。目前，市立医院还计划与荣成西霞口医院建立医联体，探索双向转诊等。在县域，县域医联体建设试点工作全面启动，已组建以技术为纽带的医联体19个。

二　实施分级诊疗制度面临的困难

实施分级诊疗制度是一项系统工程，要切实推进实施好，还面临着相当多的困难。

一是群众传统就医观念难纠正。长期以来，由于城乡之间医疗资源分布悬殊，导致许多经济条件好的患者稍有小病都投向大医院，找"大医生"、找"名医"就诊。2012～2015年，威海基层医疗卫生机构住院人次从8.4万下降到6.4万。这种传统的就医格局将影响分级诊疗制度的实施。改变群众这种就医习惯和就医状况，需要相当长的过程和艰苦细致的工作。

二是健康知识宣传不到位。在分级诊疗制度的推行期，从社会到医疗机构再到群众，大家对分级诊疗真正的意义和作用不了解，群众健康知识知晓率较低，对一些普通疾病的认识不足，常见病、多发病到大医院就诊，导致"盲目就医""小题大做"，浪费了人力、财力。

三是基层医疗机构服务能力不高。国家基本药物制度实施后，限制了基层用药数量和品种，造成部分下转病人无药可用。基层综合改革后，镇卫生院编制按当地农业人口的比例核定，造成基层卫生机构全科医生、公共卫生服务和中医药等专业人才严重不足。全市镇卫生院医务人员中本科以上学历的不足30%。

四是相关配套政策不完善。目前，基层与上级医疗机构间尚未实现卫生健康信息共享，分级诊疗患者信息不能通过网络传递，对实行双向转诊造成一定制约性。同时，医疗保险政策、医疗服务价格对市级、县级、基层医疗机构就医报销比例、价格分级没有明显拉大差距，难以引导患者基层看病就医。

三　几点建议

（一）实行分级诊疗必须先强基层

基层医疗机构的硬件设备和医生水平是病人感受最直接、最真切的一部分，也是基层卫生组织发展的重要标志。因此，强基层的关键是医疗设备和人才队伍，健全强有力的服务团队，才能使基层首诊落在实处，才能使上转患者及时诊治，下转患者基层接得住。首先要稳定现有全科医师队伍，发挥其最大主观能动性；其次是要通过全科医师轮岗、定期培训、全科医师规范化培训等形式，不断提升服务能力，并经常性普及常见病、多发病诊疗新进展，满足患者诊疗需求；再次是出台倾斜政策，引导全科医师乐意留在基层服务，并配备相应医疗设备，努力使基层医疗机构变得强大，真正实现"小病在基层，康复回基层，大病转医院"的分级诊疗体系。

（二）实行分级诊疗要转变群众就诊观念

自基层医疗卫生机构全面落实公共卫生服务项目以来，基层医疗卫生机构或多或少偏重公共卫生服务工作，轻视基本医疗工作，医疗工作有削弱之嫌，加之群众经济状况、交通及健康观念更新等多重因素，使部分群众得病后首选二级或以上医院就诊。需要通过医保政策引导；需要二级及以上医院经常性到基层指导并诊疗患者；需要基层医疗机构充实一批"群众信任，技术过硬，留得住"的全科人才；需要电视或网络等媒介向民众广泛宣传各级医院的功能定位、服务内容、服务项目、诊疗病种、专科开展情况、医保医改政策、双向转诊制度、报销制度等相关知识，转变居民就医观念，合理引导群众分级诊疗。

（三）实行分级诊疗要行业"大联合""大协作"

大医院的"瘦身"，基层医疗机构的壮大，涉及利益分成等多方面因素，这需要激发"医疗、医保、医药"等多部门合力，突破体制机制上的痼疾，突破利益固化的藩篱，并结合医联体、对口帮扶、执业医师多点执业等契机，联合发力，共同协力，最大限度发挥现有医疗资源作用，使分级诊疗更加切实可行，更加贴近群众。

（四）实行分级诊疗要调整医保资金支付方向

医保资金要向基层靠拢，才能最大限度保障基金安全和最大效益，应摒弃一味降低报销起伏线、不断提高报销比例的做法，对不同级别医疗机构和不同类别经营性质医疗机构，按照其提供医疗服务情况，科学设置起伏线和报销比例，扩大基层门诊医保报销金额量，从制度上，引导能门诊诊疗的不住院治疗。

（五）实行分级诊疗要有章可循

如果没有强制性的规章制度作保障，各医疗机构会因为经济利益而拒转病人，影响分级诊疗的实现。因此，在推动分级诊疗时，应首先研究制定合理的分级诊疗标准和规范，促进转诊标准规范化、精细化，使各级医疗机构有章可循，避免随意性。卫生行政部门、医疗保险机构、医疗机构应共同制定常见病和多发病的治疗与转诊的参考标准，明确诊治内容、诊治时间、转诊时机等具体指标，提高转诊合理率，最终实现分级诊疗的目标。

（六）实行分级诊疗要加快信息化建设

构建区域卫生信息平台有助于实现区域内医疗卫生信息的高度共享与交换。建立并完善患者就诊信息共享平台，可通过就诊一卡通的方式实现患者信息在各医疗机构之间的共享；同时可考虑建立区域检验中心，实现医疗检验结果的共享。

（作者单位：威海市立医院）

探索一体化建设的崭新路径

——关于新形势下老年大学转型发展的思考

谷立波　薛善峰

随着人口老龄化的加剧以及经济社会的快速发展，老年人生活需求逐步由物质需求向追求新知识、跟上时代步伐、提高生活幸福指数转变，老年大学作为老年教育主阵地，"一座难求"现象越来越突出，老年大学发展面临的瓶颈越来越多。新形势下，老年大学要实现转型发展，必须正确认识发展中存在的问题，并结合实际进行探索创新，科学谋划发展新思路。

一　推进全市老年大学一体化建设势在必行

为加快推进全市老年大学改进创新，转型发展，威海市老年大学组织专门力量深入各区市老年大学进行调研。调研中发现，全市老年大学的发展面临着许多亟须解决的问题，主要表现在四个方面。

（一）老年教育覆盖率低

威海自然环境优美，被誉为最适合人类居住的城市之一。随着基本养老体系、基本医疗保障体系的逐步完善，越来越多的外地人到威海养老，老年人数量不断增长。2015年底，威海市60周岁以上人口64.55万，占总人口的25.34%，比全国高9.3个百分点，比全省高6.3个百分点，人口老龄化程度较高。据统计，全市老年大学共有学员7350人，老年教育覆盖率仅为1.14%，与省内外一些发达地区10%以上的覆盖率相比，威海市老年教育覆盖率过低。

（二） 老年教育供需不平衡

随着经济社会的发展，老年人的生活需求逐步由物质需求向精神需求转变，到老年大学报名的老年人越来越多，呈几何式增长态势。而各区市老年大学建筑面积一般都在 2000~5000 平方米，且处于城区中心黄金地段，改建扩建难度大，新建选址一般都远离城区，不利于老年人入学，因此办学规模有限，难以满足老年人入学需求。

（三） 人才队伍建设滞后

随着老年教育事业的迅速发展，对教学管理人才、教师人才的要求越来越高，老年大学现有人员已不能满足老年大学发展的需要。目前，各区市老年大学普遍只有 2~5 名在编人员，既要承担上级部门安排的各项工作，还要负责教学管理、班级管理、大型活动组织等具体工作，经常因人员搭配不开，无法做到统筹兼顾，工作成效大打折扣。甚至有的老年大学还没有在编人员，主要靠聘用人员进行管理服务。各老年大学基本上没有专职教师，主要依靠聘任教师进行授课。由于教师待遇相对较低、吸引力较小，教师队伍建设滞后，老龄化现象比较突出，年龄最大的教师超过 80 岁。人才队伍建设的相对滞后，已经严重制约了老年大学的发展。

（四） 办学水平参差不齐

各老年大学主要是由各自的老干部工作部门在抓，各自为政、自由发展的现象比较突出，大学之间发展差距较大。有的大学新建了现代化办学场所，有的十几年没有变化；有的大学在规范化管理上形成一套工作体系，有的仅有几项制度；有的大学有教学大纲、统一教材，有的全凭老师经验进行授课；有的大学师资储备充足，有的招聘不到老师；有的大学经常组织外出学习，有的一年不出去一次；等等，造成各老年大学发展不平衡。

为积极解决上述问题，威海市老年大学在深入调研的基础上，结合市委市政府"全域城市化、市域一体化"发展战略，研究提出"推进全市老年大学一体化建设"的发展思路，通过统筹各级老年大学资源，在管理体制和工作机制上改进创新，在教学资源配置效益最大化上谋求突破，在教学管理经验成果上实现共享，在发挥示范带动作用上注重引领，推进全市老年大学建设、教学、管理的标准化、规范化、现代化、一体化发展。

二 推进全市老年大学一体化建设要树立"四大理念"

推进全市老年大学一体化建设，关键要树立创新发展、统筹协调、资源共享、开放办学的理念，将"四大理念"贯穿老年教育发展的各个环节，引领老年教育快速发展的新实践。

（一）树立创新发展的理念

创新是民族和国家发展不竭的动力，老年教育的发展也离不开创新。一体化建设就是要在教学管理、制度建设等方面积极探索，大胆创新。

要创新管理体制和工作机制，把各区市老年大学纳入市老年大学进行一体化管理，纵向之间进行督促指导，横向之间加强沟通与联系。探索建立健全教学管理、教材管理、学员管理、教师考核管理等方面的制度和考核评价体系，促进教学的规范化、教材的统一化、教师的专业化、学员管理的正规化、考核评价的科学化。

要创新课程设置和招生方法，根据专业性质、学员需要与办学条件等因素灵活设置课程，在抓好传统课程的基础上，与时俱进，针对社会经济发展新形势、老年人新需求，不断增强课程丰富度，研究开设具有时代特色、地域特色的课程，更好地满足老年学员的个性化需求。通过网络招生，让学员在网上根据实际需要进行报名，对热门专业实行分期分批入学，解决报名难、报名人数超限或不足导致部分学员无法上课的问题。

（二）树立统筹协调的理念

统筹协调能力的高低和效果的优劣，直接影响到老年大学一体化建设的成败。统筹协调老年大学一体化建设，就是要统筹各类资源，促进协调发展。

要统筹各分校、教学站点协调发展。市老年大学重点抓统筹、示范、引领，分校重点抓规范、提高，教学站点重点抓好基础。各区市老年大学作为市老年大学分校，按照布局合理、规模适当的原则统筹进行规划建设，争取达到最优配置。同时要突出抓好基层老年教育的普及延伸工作，合理布局教学站点，推进网格化管理，方便老同志就近入学，不断扩大老年教育覆盖面。在统筹各分校、教学站点全面发展的基础上，还要结合各自特点突出重点，协调发展，使特点更加突出、特色更加鲜明。办学场所小的可以突出社区教育，主动协调街道、社区等资源，引导社会力量参与配置教学资源、培训教学人员，将闲置的场所整合供老年教育办学使用，进一步拓展老年教育阵地；远程教育基础好的可以利用远程教育网络开展老年教育，加大远程教育站点的建设力度，开发老年远程教育资源库，制作高品质视频课件等等。

要统筹与相关部门的协调配合。协调编制部门对老年大学人员编制进行合理调配，根据实际情况适当增加人员编制。协调人事部门在工作人员聘用等方面给予支持，通过探索与社会人力资源服务公司合作的方式，外聘一些合同制人员补充到相关工作岗位，确保有人管事。协调财政部门在经费上予以保障，对发展老年教育给予资金支持，将老年大学场所建设、日常维护、办学经费等列入年度同级财政预算，同时建立与经济社会发展相适应的增长保障机制，确保老年大学创新发展。协调教育部门在师资建设、教材等方面给予指导帮助，提供专业教育人才协助老年大学进行教师人才库建设、编写教学大纲、教材等等。

（三）树立资源共享的理念

推进老年大学一体化建设最主要的目的之一，就是通过开展合作交流，举办各类活动，推进发展理念、发展经验、教师资源、教材及课件等各类资源的共享，最终实现资源配置最大化。

在办学理念、教学经验上，重点围绕发展方向、教学管理、教学研究、校际交流等内容，有计划、有主题、有成效的开展研讨交流活动，开阔眼界、认清差距、理清思路。通过不定期组织各种类型的专题研讨，邀请名家名师到威海传授先进发展理念。实现发展经验与理念共享，达到共同谋划、共同提高的目的。

在教学资源、师资统筹上，建立师资人才库，开发人才库软件，将所有老年大学教师纳入人才库。建立师资储备库，加强与宣传、教育、文化、体育、卫生等部门的合作，储备一定数量的后备教师。探索建立教师资源统筹安排机制，市老年大学的教师到区市上课，区市的教师到市老年大学上课。拓宽教师选聘渠道，加强同教育部门联系，吸收在职教师加入老年教育行列；委托各专业协会推荐教师；发动学员物色教师；从优秀的学员中挑选教师等等。

在教材规划、教材课件上，积极与各省市优秀老年大学进行交流，争取优质教材、视频课件资源共享；从各分校选调具有丰富教学经验的教师组建专家团，结合教学实际和学生需求编写统一使用的教学大纲和教材，并结合使用情况组织召开教师、学员座谈会，听取意见建议，不断进行调整修改完善，努力将实践经验上升为理论成果并进行共享。

（四）树立开放办学的理念

坚持"开放办学"的宗旨，将老年人的学习活动向社会延伸和开放，是以人为本、深化学习、服务社会的需要。

要坚持用开放的眼光办老年教育，坚持走出去与请进来相结合，通过合作交流，拉高标杆、补齐短板。组织各分校之间观摩学习以及到省内外先进老年大学参观学习；邀请国内老年教育专家学者进行讲座，丰富教学管理理论知识，不断提升办学水平。

要探索"互联网＋"教学模式，通过开展精品课程创建活动，录制一批系列精品课件视频，利用互联网、有线电视网、远程教育网开展网络教学，建设没有围墙的现代化老年大学，让更多的老年人在家就可以学习。

要拓展第二课堂，成立活动小组和活动团队，巩固提高第一课堂教学内容和成果，充分利用七一、国庆等重大节点，组织开展各类主题实践活动，通过文艺会演、书画摄影展、有奖征文、座谈会等活动，带领学员学习、活动，弥补课时不足的缺憾。

要拓宽第三课堂，组织学员参加社会公益活动，融入农村、社区、城市和社会，弘扬先进文化，展示办学成果。通过开展送文化、送科技、送健康、送欢乐等志愿服务活动，服务人民群众，切实提升老年大学的社会影响力。

（作者单位：威海市老年大学）

加快桃威铁路向现代物流业转型
发展的思考

夏海军

青荣城际铁路的开通运营，全面打通了威海与外界在人流方面的交通瓶颈，为威海的长远发展奠定了良好基础。但是，不得不承认，面对客源被大量分流的现实，地方所属的桃威铁路走到了需要做出艰难选择的十字路口，到了需要转变思路、转型发展的关键时刻。从威海的现实需要和长远发展看，桃威铁路的根本出路是加快向现代物流业的转型发展。

一 桃威铁路转型发展现代物流业的必要性

1. 转型发展现代物流业是威海长远发展的需要

现代物流业是适应社会化大生产一种新的组织形式，是经济社会发展到一定阶段的必然产物，其发展水平已成为衡量一个国家和地区综合竞争力的重要标志。随着经济的快速发展，运输业与物流产业的关系已经密不可分，以运输为基础发展现代物流产业已经成为一种新的发展模式。桃威铁路作为威海重要的基础设施，在经济社会发展中有着不可替代的地位和作用，是威海大宗商品进出的重要通道。大力发展铁路现代物流，有利于促进各种交通方式的合理分工，优化物流资源配置，降低全社会物流成本，促进威海物流产业的做大做强。

2. 转型发展现代物流业是适应铁路市场化改革的需要

自 2013 年起，中国铁路总公司为推动铁路货运全面走向市场，全面启动实施了货运组织改革，把大力发展铁路"门到门"全程物流服务作为主要内容之一，构建"门到门"接取送达网络，实行"门到门"全程"一口价"收费，推动铁路货运加快向现代物流转变。在这种市场化改革大潮中，地方铁路的货物运输需要与国铁在货运营销组织管理、运输设施设备配置等方面进行全面衔接，才能使地方所需所出货物能及时安全进出，保障全市产业发展的需要。

3. 转型发展现代物流业是适应运输物流市场变化特点的需要

在经济发展新常态下，随着经济结构的深入调整特别是能源结构的调整，全社会的货物运输需求发生深刻变化，煤炭、钢铁、粮食等大宗物资运输需求将持续下降，高附加值、小批量运输不断增加，运输需求呈现"轻、薄、短、小"的特点；同时，消费市场顾客需求的多样性和个性化也使运输从"少批次、大批量、长周期"转变为"多品种、小批量、多批次、短周期、快流转"，对货物运输在快捷性、机动性、准确性、安全性方面提出更高要求。在这样的背景下，主动适应货运市场出现的新变化，在巩固传统大宗"黑货"运输市场的同时，进一步推动工业机械、电子电器、日用百货等零散"白货"的有序运输，进一步拓展国际国内货物运输通道，既符合桃威铁路长远发展需要，也是提高运输综合效益的必然选择。

二　桃威铁路转型发展现代物流业的前景和优势条件

1. 从发展前景上看，发展现代物流业正处于难得的时机

一是物流需求旺盛。我国物流业发展正处于快速增长期，经济增长对物流的需求越来越大。旺盛的物流需求，为铁路发展现代物流提供了广阔的市场空间。目前，铁道部正在推行一系列的改革措施将不断提高铁路的运行效率，将为铁路物流带来新的发展契机。二是强力政策支持。国家将发展第三方物流和促进传统储运企业向现代物流转变作为加快我国现代物流发展的重要方向和举措，这对铁路物流的发展营造了良好的政策环境。

2. 从优势条件看，桃威铁路发展现代物流业具有得天独厚的优势

一是运输优势。运输是物流的前提，没有运输就没有物流。铁路具有运量大、运价低、全天候、节能环保的运输优势，具有网络四通八达、联运快运发展基础良好的优势，以铁路网进行物流运作，不仅可节约再建成本，而且覆盖面广泛。二是资源优势。经过多年的发展，桃威铁路拥有了一批优质客户资源。一方面，铁路不仅可以提供仓储、包装、装卸搬运、配送等综合服务，而且货运业务深入城镇，与广大企业和用户保持长期密切的业务联系。另一方面，这些企业愿意通过联运手段构建其反应迅速、运行顺畅的供应链体系。特别是集装箱运输业务的开展，以其安全、迅速、方便和经济等特点，

将产、供、运、销系统地联成一体，从根本上改变了货物运输的装、运、卸不协调、运输费用高、速度慢、质量差的落后状态，同时也为装卸作业机械化、自动化、标准化创造了必要条件。另外，铁路还拥有现成可利用的发展铁路物流设施、设备，线路、机车、车辆以及其他相关的设施设备等物流资源，不再需要进行很大投资，只要对闲置的货场设施、装卸机械、仓库等进行优化整合后，可以适应现代物流组织下的日益多样化的货运需求，确保货物运输安全，减少因设施、设备原因造成货损货差。三是信息优势。铁路的全国性大网络在现代化通信、电脑联网设备上具有较强优势，依托全国的路基干网和较完善的信息管理系统，铁路物流业务的可视化系统将得到广泛开发和应用。随着铁路系统信息网络的不断完善、互联网信息共享体系不断形成，供应链企业可以在供应链网络上实现对产品的实时跟踪。可视化技术的应用和系统开发将是铁路运输物流在未来市场竞争中取得优势的一个重要手段。四是成本优势。铁路运输成本较低，运输费用仅为汽车运输费用的几分之一到十几分之一；运输耗油约是汽车运输的二十分之一。五是组织优势。铁路具有严密的调度指挥系统，能够通过优化编组站作业组织、缩短运输路径、合理配载以实现经济作业，还可以通过开发专列、直达产品等，搞好物流各环节运输方式的衔接，在时间上、运输效率上服务客户，为客户降低运营成本创造空间。

三 桃威铁路转型发展现代物流业的几点建议

面对我国铁路企业步入新一轮"市场化"改革的大潮，加快桃威铁路转型发展现代物流业，应坚持统筹规划，将铁路物流纳入全市经济发展大格局，着力解决当前发展面临的突出问题，扎实推动桃威铁路现代物流业科学、健康、持续、快速发展。

（一）大力推动产权制度改革

加快铁路现代物流产业发展，必须着眼于解决铁路企业发展现代物流产业的体制机制性障碍，加快产权制度改革，以产权制度改革促进桃威铁路向现代物流业转型发展。针对目前桃威铁路的地方国有企业本质和政企尚未分开、产权单一的实际状况，加快推进产权制度改革，实行政企分开，并以产权为纽带，吸纳国铁、大型工业企业、港口企业、物流企业、民营企业等参资入股，设立地方控股的现代企业集团。

（二）加快桃威铁路的更新改造

现有桃威铁路技术标准较低，与国铁路网技术标准不匹配；现有技术标准下的列车运行速度较慢，与威海经济社会发展需要不匹配，更与威海对韩经贸往来桥头堡的地位不匹配。针对这个问题，威海市"十三五"规划纲要已明确提出要"推动桃威铁路改造工程"，而且相关部门也开始着手前期的规划研究。电气化铁路是国家铁路改造的主要方向。为此，建议尽快将桃威铁路的电气化改造作为威海基础设施建设的头等大事来抓，加紧规划论证，争取国家和省的支持。针对桃威铁路线路情况和电气化改造投资巨大的实际，建议采取分步实施的办法，按照电气化铁路标准，分步实施桃威铁路曲线半径改造、线路路基加固、无缝钢轨更换、铁路信号和行车系统更新升级等，为全面实现电气化创造条件。

（三）规划建设桃威铁路现代物流园区

铁路物流园区建设在桃威铁路转型发展中具有举足轻重的地位。只有布局好铁路物流园区，才能更好地发挥铁路运量大、运价低、全天候、节能环保的运输优势。当前，铁路物流园的建设，一要搞好前瞻功能设计。在战略定位上，坚持市场经济和可持续发展思维，确定桃威铁路物流园区建设的规模、类型、功能。在布局设计上，必须与国铁物流系统和地方发展规划相适应，与地方经济发展相匹配，与城市产业布局规划相协调。在功能设计上，要融合现代物流服务理念，实现铁路与公路、铁路与水路、公路与水路、航空与公路等多种方式的联合运输。二要充分发挥桃威铁路既有货场的作用。把铁路传统货场打造成现代物流园区是一项战略工程、系统工程、希望工程。针对桃威铁路既有货场设计偏小、设施陈旧、仓储能力不足、装卸搬运设备落后的实际，应在充分调研的基础上，以增加运量、方便客户为出发点，对货源相对集中的站区先行改扩建，特别是要加快推进"十三五"规划纲要确立的桃威铁路文登物流园区建设。

（四）搭建桃威铁路物流信息管理系统平台

现代物流的发展有赖于仓储自动化、物品条形码化和管理自动化等信息管理系统。从目前国内物流发展实践看，建立和完善信息管理系统是抢占物流市场制高点的关键。应充分利用现有条件，对既有铁路信息系统实行改造和升级，推广应用诸如条码技术、射频识别技术、电子订货系统、电子数据交换技术等，建立完善的仓储、运输、配送、订单处理、客户的跟踪反馈和其他环节的控制指挥系统，实现物流信息管理现代化和内部管理网络化。同时通过信息平台，建立完善的营销网络，加强与客户的信息交流，根据市场进行科学决策，最大限度满足客户需求。另外，平台建设应与交通部门的物流运输信息平台对接，实现运输、仓储信息共享。

（五）积极发展物流战略联盟

现代物流具有跨行业、跨部门、跨地区的特点，需要各方优势互补。充分利用桃威铁路的优势，积极探索多方联合合作，结成战略联盟，才能取得多赢的效果。从纵向来看，应延长铁路物流服务链条，探索与航空、公路、海运物流企业合作机制，大力发展纵向战略联盟，搞好多式联运。从横向来看，应着力搞好供应、包装、装卸搬运、运输、储存、配送一体化服务，实现全过程、全方位、综合性的服务。从联盟方式选择上，可鼓励铁路运输企业、仓储企业和加工企业相互持股，实现产权多元化，结成利益共同体。

（六）着力培养专业人才

桃威铁路要转型发展现代物流产业，就必须建设一支专业化的物流人才队伍。应坚持把人力资源作为发展现代物流业的战略资源，科学分析和预测未来物流产业发展对人才的需求，科学制定人才发展规划，着力建设一支技术精湛、管理高超、素质较强、品质较好的现代物流管理人才、技术人才和从业人员，最大限度地满足铁路现代物流产业发展的需要。根据铁路系统目前的用工体制，引进人才可能性不大，自身培养是唯一的渠道，我们应选送一些有工作经验、有工作能力、年龄适中的人员到专业院校进行深造培养，打造物流人才战略，建立有竞争力、有创新思维的物流管理团队，为桃威铁路向现代物流企业发展提供人才保证。

（作者单位：威海市地方铁路管理局）

关于引入高端医疗机构实现医养医美互促共融发展的调研

南海新区工委

医疗健康产业涵盖医疗服务、健康养生、健康美丽等领域，覆盖面广，产业链长。据估算，到 2020 年我国医疗健康产业总规模将超过 8 万亿元。为加快培育发展新动能，尽快形成发展新优势，南海新区认真学习借鉴先进地区经验，创新社会办医模式，积极引进高端医疗机构，大力发展医疗健康产业，实现医疗与养生、医疗与美丽互促共融发展，全力打造国际医疗健康先行区。

一　外地成功经验

（一）广州国际健康产业城：主打"一心四片区"一体化产业新城

健康城位于广州市东北部，紧邻空港经济区及中新知识城，规划用地面积 148 平方公里，是广州市健康产业发展的重要引擎。主打"一心四片区"，即以健康服务综合为核心，健康服务片区、医药制造片区、职业教育片区、健康养生片区为四片区，形成以健康养生保健、高端医疗、生态旅游、休闲度假为主导产业的完整产业链集群。主要呈现三个特点。一是明确职能，促进区域协调。突出健康城作为花都副中心的综合医疗功能和职业教育功能定位，提供完善的医疗服务和教育服务，与周边的空港经济区、中新知识城、帽峰山风景区协调发展。二是错位发展，实现高端引领。重点围绕药品制造、医疗器械、高端医疗、中医药养老养生、健康信息管理及咨询、健康休闲等领域招大引强，近日广药集团生物医药城白云基地正式落地，其旗下的 11 家医药企业携手进驻健康城。三是集群发展,推动产城融合。着力打造以四大主导产业(高端医疗康复、高端养生服务、先进医药制造、医疗器械制造)、六大关联产业(职教培训、金融办公、文化创意、贸易咨询、餐饮酒店、居住生活)为核心的产业集群,形成功能互补、有机整合、产城融合的产业新城。

(二)海南:全力打造医养结合健康旅游岛

主要有以下做法。一是积极先行先试。针对国家赋予博鳌乐城国际医疗旅游先行区的 9 项先行先试优惠政策,逐一制定"细化细则",打造国际一流的医疗旅游标杆和医疗旅游度假天堂。试点政策主要包括:加快医疗器械和药品进口注册审批,申报开展干细胞临床研究等前沿医疗技术研究项目,将境外医师在先行区内执业时间试行放宽至 3 年,允许境外资本在先行区内举办医疗机构,适当降低部分医疗器械和药品的进口关税,支持并指导引入生态、医疗、新能源等相关国际组织等。二是深化审批改革。将环评等系列审批由"项目审批"一次性改为"园区审批",项目落地的大批相关手续不再逐一审批。开展"多规合一"试点,从原来需要 8 个省级部门和 14 个市级部门审批,简化为仅由 4 个省级部门审批。三是探索多元化办医新模式。大力发展健康养生业、商业健康保险、互联网医疗等,创新全国性托管合作,与301 医院、华西医院、同济医院等国内知名机构开展托管等医疗合作,快速提高海南整体医疗服务水平,为医疗健康产业发展打下基础。目前,海南省已形成"五中心、四集群、多点分布"的医疗健康产业空间布局,正大步进入生态岛、旅游岛、健康岛的发展快车道。

(三)韩国:大力发展医疗观光产业

韩国国民十分热衷于对美的追求,这极大地催生了整形美容医疗行业的快速发展,也为医疗观光产业开放发展奠定了基础。主要表现为以下几个特点:一是医疗观光"韩流"热。医疗观光旅游是以整形美容、医疗护理、疾病与健康、康复与修养为主题的旅游服务。近年来,随着越来越多的中国人到韩国做整容手术,韩国政府和一些机构对医疗观光产业越来越重视,尤其是整形美容旅游,将其作为大力推进的新产业。据韩国央行 2014 年 1 月发布的一份数据显示,2013 年 1~11 月份,韩国医疗旅游总收入同比增长 35.3%,达到 1.871 亿美元。2014 年韩国政府将医疗服务和韩流文化结合在一起,推出"医疗韩流旅游商品",力争到 2020 年接待医疗游客 100 万人次。二是政府扶持力度大。医疗观光产业迅速崛起，主要得益于韩国政府的大力扶持。早在1999年，韩国就出台了关于医疗健康的法规，设立了韩国保健振兴院，主要负责培育韩国的医疗保健产业。2005年将医疗保健产业作为继IT业之后推动经济发展的新的增长点，2009年出台了医疗观光法，计划到2020年成为世界第七大医疗保健强国。目前，韩国在心脏病、牙科、整形技术、胃癌、肝癌等方面的治疗技术达到世界一流水平。三是医疗服务"出国门"。2013年，大韩医院协会和未来医疗产业协会共同成立"医院医疗产业输出委员会"，成为韩国专门推动医疗产业发展的政府部门。委员会负责为医院医疗产业拓展海外市场制定相关政策和战略，积极促进海外医疗志愿服务活动，极大地加快了韩国医疗产业国际化进程。

二　南海新区优势条件

南海新区位于山东半岛东端，处于环渤海经济圈的重要节点和东北亚地区开放合作的前沿阵地。近年来，南海新区积极抢抓山东半岛蓝色经济区、中韩自贸区地方经济合作示范区等重大战略机遇，创新发展思路，优化空间布局，将一片盐碱荒滩打造成一座现代化、国际化、生态化的滨海新城。

一是政策优势叠加，兼具内外双向发展的机遇潜力。2011年1月，国务院正式批复《山东半岛蓝色经济区发展规划》，山东半岛蓝色经济区建设正式上升为国家战略。根据《规划》，南海新区被确定为重点建设的三大海洋经济新区之一，成为国家海洋发展战略和区域协调发展战略的重要组成部分，在发展蓝色健康医疗产业方面具备先发优势。2015年6月，中韩自贸协定正式签署，威海与仁川自由经济区被确定为中韩自贸区地方经济合作示范区，双方决定在南海新区建设中韩合作产业园，在中韩合作医疗、美丽美容等领域进行先行先试，随后成功举办中韩美博会等高端国际展会，为南海新区发展国际型健康医疗产业提供了有利契机。同时，南海新区作为中欧城镇化伙伴关系合作城市和国家服务贸易创新发展试点城市的重点建设区域，在智慧城市、服务产业上提供多重政策机遇。

二是滨海环境优越，具备发展医疗健康业优势条件。地处威海市南部，与韩国隔海相望，海洋性气候特征明显，空气清新，四季分明，是最适合人类居住的地方，被联合国人居署授予"中国优秀示范新区"称号。生态环境优美，12公里金色沙滩景色宜人，海水浴场水质清澈，万亩松林负氧离子充足，对多种疾病有着良好的理疗康复效果，是滨海养生度假的黄金地带。引入高端医疗机构，可以与滨海环境优势相结合，创新开发新型医疗旅游服务项目，打造滨海慢病康复基地、滨海健康养老基地等。同时，南海新区与威海市卫生学校保持密切合作关系，该校是教育部命名的国家级重点学校，以护理（含英语护理）专业为依托，瞄准国际护理市场，先后成功向沙特、新加坡、英国劳务输出 200 余人，可为高端合作医疗机构输送护理人才。

三是蓝色产业集聚，为健康产业发展提供强力支撑。大力实施"产业强区、工业带动、突破发展服务业"战略，培育创新主体，搭建服务平台，加快产业集聚，先后有 100 多个投资过亿元的大项目落地，初步形成了龙头拉动、骨干支撑、集群发展的产业发展格局。其中，以汇衍医药、益健医药、蓝海医药等为代表的新型医药产业集群，重点发展健康制药和医疗器械产业，为促进医疗健康产业发展提供配套产业支撑。

四是科技创新活跃，构建产学研用孵一体化平台。全面落实"科技兴区"战略，充分发挥国家级科技企业孵化器和众创空间的集聚优势，以蓝色创业谷为母体，加强自主孵化，着力搭建科技型健康医药企业综合服务平台、科技研发平台、公共检测平台，为入驻的健康医药项目提供"平台支持＋培训辅导＋投资孵化"完整孵化链。加强校地合作、校企合作，建成了北京交通大学威海校区，与美国罗彻斯特理工学院、英国兰卡斯特大学开展合作办学；吸引对接北京高科大学联盟 12 所高校，规划建设北京高科威海科创城，全面提供高等研究院、博士工作站、研发实验室等服务，更多地承担国家及地方重大科技项目攻关，为医疗健康产业发展提供研发支持。积极实施高层次创新人才引进计划和"特聘专家"资助计划，目前已有一批国家千人计划和省级专业人才进驻，为健康产业发展提供智力支撑。

五是城市配套完善，为发展高端医疗服务提供保障。累计投入 200 多亿元，高标准推进基础设施建设，路、水、电、气、暖等"十通一平"基本到位，为医疗健康产业发展提供坚实平台。加快完善公共交通设施，建设了南海客运站，开通了直达威海、文登中心城区的快线公交，实现区内一元公交全覆盖，融入了一体化城市交通圈。设立了南海发展服务中心，对落地项目实行"一站式"服务，简化审批流程，压缩审批时限，减免相关收费，为医疗健康产业项目落地营造了低成本、高效率、零障碍的一流营商环境。休闲文化旅游业态更加丰富，形成了以沙雕节、水上乐园、体育运动等为代表的养生项目载体，进一步优化了发展环境。同时，高档酒店、特色商业街等配套设施的到位，也为发展医疗健康产业奠定了良好基础。

三 实现医养医美互促共融发展的对策建议

基于发展医疗健康产业的优势条件，将充分依托滨海资源与区位优势，大力发展独具特色的滨海医疗健康产业，加快促进旅游、文化、养生、美丽产业与医疗健康产业深度融合，积极打造"蓝色健康新城"。

一是科学规划，强化政策扶持。突出规划引领，根据国家、省、市相关要求，结合区域经济社会发展实际，全面分析医疗服务需求与资源供给情况，修订完善区域医疗机构设置规划，为设置高端医疗机构留出发展空间。强化政策扶持，围绕引进医疗健康机构、发展医疗健康产业，研究出台一揽子扶持政策。实行"开放式"办医，扫清阻碍民办医院发展、束缚医生多点执业等障碍，鼓励社会资本进入医疗市场，鼓励发展提供高端服务和特色服务的民营医疗机构，满足南海新区居民多层次、多样化的医疗卫生需求；创新办医模式，积极探索"南海建设、医院运营"的公私合作办医新模式；加大医疗健康产业中高端人才引进力度，在购房、落户、子女就学等方面给予优惠政策支持；完善行政审批"一站式"快捷服务通道，对涉及医疗健康产业的项目，快速决策、快速审批，提升行政服务效能。

二是精准招商，大力引进名院。加大精准招商力度，围绕"养生南海、美丽南海"的发展定位，按照"服务大众、面向高端、走向国际"的发展要求，把发展医疗健康产业作为战略性新兴产业予以重点扶持，系统引进一批集疗养、康复、医疗、美容等于一体的医疗健康综合体。强化合作共赢，采取与美国、北京等知名医疗卫生机构合作共建的方式，合作共建威海高瓴国际医疗中心，依托美国、北京等高端医疗机构在品牌、技术、人才等方面的强大优势，让南海新区居民在家门口就能享受到高水平的服务。大力促进社会办医，全面放开医疗市场，积极引进有实力的企业、国内外优质医疗资源、社会慈善力量、基金会、商业保险机构等社会力量和境外资本，举办高层次、高水平的综合医院和专科特色医院。积极争取国家重点医学院校在南海新区设置附属医院及临床医学院，深度整合周边医科院校、护士职业学院、健康养生服务等资源，打造全方位滨海高端医养医美服务模式，实现服务机构资源共享、合作共赢。

三是高效运营，推进医养互融。依托滨海环境资源、医疗技术资源、康复疗养资源等优势，深度开发具有自身特色的慢病康复愈养技术与服务，积极探索全新的蓝色健康生活方式，有效解决慢性病康复治疗问题，积累具有较高知名度的慢病康复愈养技术，加快打造全球慢病康复愈养基地。大力提升健康体检机构硬件、软件服务水平，开发具有滨海旅游特色的健康体检服务项目，形成标准化服务，加快打造滨海旅游健康体检服务行业示范基地。

四是打响品牌，促进医美互融。深化对韩开放合作，充分发挥中韩美博会的影响力，加强与国内外专业美丽美容机构的合作，深化与旅游业的融合，加快建设中韩美丽产业合作园，打造高端滨海美丽旅游品牌。抓住仁川医疗旅游观光咨询中心落户威海的有利时机，积极引入国外医疗美容、康复保健、育幼养老、健康养生技术和经验，结合南海新区特色养生资源、旅游资源，发展"医、美、养、游"融合产业模式。争取设立中韩合资合作医疗美容机构，引进韩国优秀医师和先进技术设备，发展美容整形、皮肤外科等美丽产业，形成专科特色医疗品牌，实现与国际高端美丽机构的深度接轨。

关于荣成市"医养结合"养老服务体系
建设的调查与思考

乔俊杰

当前，老龄化速度不断加快，失能、半失能老年人口大幅增加，生活照料需求和健康服务需求叠加的趋势更加明显，迫切需要为老年人提供医疗与养老相结合的服务。近期，荣成市委办公室就"医养结合"养老服务体系建设作了专题调研，总结了荣成市"医养结合"发展情况，分析了存在的困难和问题，提出了一些有针对性的对策建议。

一　荣成市"医养结合"发展现状

截至 2015 年末，荣成市 60 岁以上老年人 18.7 万人，老龄化率达到 28%，超过了全国 16.1%、山东省 19%、威海市 25% 的比例，其中 80 岁以上高龄老人 2.8 万人，失能、半失能老人达 3.37 万人，分别占老年人口的 15%、18%。近年来，荣成市积极应对老龄化趋势，围绕"老有颐养、病有良医"的目标，大力推进医疗与养老融合发展，主要探索了四种"医养结合"模式。

（一）养中有医

养老机构根据服务需求和自身能力开办医疗机构，按照床位数量，分类设置护理院、医务室、巡诊室。比如，万福苑老年公寓建设老年护理院，一期投资 2000 万元，设置床位 230 张，设立内科、中医科等特色科室，达到二级以上医院标准，收住慢性病老人 131 名。市社会福利中心配套设立专业康复机构——荣成中康医院，设置 340 张床位，主要以康复为特色，集康复、治疗、保健、预防等功能于一体。盛泉养老公寓投资 4000 万元建设养老护理院，设置床位 400 张，设立康复理疗、临终关怀等科室，配备医护人员 23 人。

（二）医中有养

医疗卫生机构发挥自身资源优势，通过增设、转型等方式，拓展老年养护、康复、护理、临终关怀服务项目。比如，石岛社区卫生服务中心利用闲置楼房，投资 360 万元建设老年养护院，设置护理床位 50 张。同时，规划在市人民医院、中医院和石岛人民医院开设老年病区，主要收治处于康复期、疗养期和病情稳定期的老年人。

（三）养医签约

26 处基层医疗机构与周边的养老机构签订长期合作协议，医疗机构在养老机构内设置巡诊室，将入住老人纳入健康管理，每周派医护人员进行巡诊，每年开展健康体检服务，对慢性病患者每年提供不少于 4 次的随访服务，对突发疾病开设绿色通道，确保得到及时救治，构建起"小病就地诊治，急危重病人到医院，经医院治疗好转或痊愈送回养老院"的模式。比如，市人民医院在市老年公寓设置医疗诊所，由专职医生坐班就诊，每周例行一次健康查体，小病在诊所内治疗，重病去医院救治。

（四）居家巡诊

推动医疗卫生服务进社区、进家庭，建立全科医师团队家庭签约和乡村医生家庭签约的"双签约服务"模式，为居家养老人员提供定期体检、上门巡诊等服务。比如，荣成市在推进 H 型高血压防控新模式过程中，市镇村三级医疗机构与 2 万多名患者签约，由医生提供定期送药随访和健康查体服务。

二 主要瓶颈问题

"医养结合"作为一种新的养老模式，能够较好破解传统单一机构养老的弊端。但从实践看，医疗与养老融合之路并不好走，面临着诸多的瓶颈和问题。

（一）从养老机构看"医养结合"

主要表现为"三难"。一是执照难办。"医养结合"的医，不是吃药、打针那么简单，应达到一级以上医院的医疗水平。养老机构开办医疗机构门槛过高，申请执业许可证难度大，全市仅有万福苑、盛泉两家养老机构达标，其他大多数不具备医护条件。全市养老机构护理型床位占总床位比重仅为4.8%。二是医生难招。医护人员在养老机构执业，业务范围变窄，工资收入过低，缺乏发展前景和岗位吸引力，造成医护人员不愿到养老机构就业，目前全市养老机构招录医护人员57人，仅占护理人员的10.8%。而现有护理人员素质较低、年龄偏大，1/4左右没有持证上岗，特别是镇街敬老院护理人员中83.5%为"4050"农村妇女，很难为老人提供专业医护服务。三是投资回报难确定。荣成市有养老机构40家、床位9825张，尽管数量不少，但大多规模小、实力弱，床位利用率只有48.9%，再加上微利经营，没有能力再去设置医疗机构或聘请职业医生。以镇街敬老院为例，入住的老年人90%以上为"五保"老人，一年6500元的"五保"集中供养费用很难维持，只能通过压缩成本来保障运转，而"五保"费用中又没有单独列支医疗费用，一旦一个敬老院中有多名老人生病需要治疗，现有费用确实无法保障。

（二）从医疗机构看"医养结合"

主要表现为"三个缺乏"。一是缺乏政策激励。各级政府对养老机构建设运营的投入很大，在建设期，每张床位给予11500元建设补贴；在运营期，根据自理、半自理、完全不能自理的老年人数，给予每人每年900元、1800元、3300元的运营补助。一系列真金白银投向养老机构，而医疗机构却与扶持政策无缘，导致其参与"医养结合"的积极性不高。二是缺乏医疗人员。荣成市公立医疗机构医务人员缺编325人，在自身业务量就很大的情况下，腾出医疗市场去做养老不太现实，即便是到养老机构巡诊，也抽不出医务人员。三是缺乏利益驱动。公立医院虽然突出公益属性，但逐利机制尚未破除，对进入"投入多、利润薄、回报周期长"的养老事业意愿不够强烈，目前仅1家医疗机构设立老年养护院。同时，镇街卫生院与敬老院医养结合签约后除拿药、打针外，提供的是免费医疗服务，没有较大利益回报，导致镇街卫生院履行协议能力不足。

（三）从老年群体看"医养结合"

主要表现为"两个不对等"。一是需求与供给不对等。目前，荣成市入住养老机构的失能、半失能老人1662人，护理型床位不足500张，相对于老年人对医疗护理服务的需求量，"医养结合"的供给量还很少。二是收入与收费不对等。荣成市具备优质医疗资源的养老机构基本上属于中高端养老机构，虽然看病就医方便，但普遍收费高。以市社会福利中心、万福苑养老公寓、盛泉老年公寓等养老机构为例，收费为 1000～1580 元/月，身体半自理或不能自理的，每月加收 1000～2280 元，而去年荣成市农村居民人均可支配收入 17856 元/年，退休企业职工基本工资 24960 元/年，大多数老人承受不起如此高的费用。

（四）从政府部门看"医养结合"

主要表现为"两个不健全"。一是部门联动机制不健全。养老隶属于民政部门管辖，而医疗隶属于卫生计生部门管辖，涉及医疗费用报销事宜又由人社部门主管，往往会出现职责不清、相互掣肘等问题。二是政策保障机制不健全。无论是独立设置医院还是配套设置医务室，面临的都是能否纳入医保定点医疗机构这道门槛。在荣成市养老机构中，失能、半失能和患有慢性病的老人都不同程度地需要康复治疗，但无法享受医保报销待遇，增加了治疗成本。

三 几点对策建议

在应对老龄化过程中，健康是最核心的一个问题。当前，荣成市正在大力创建健康城市，必须按照上级部署、紧扣群众需要，把"医养结合"养老体系建设放在重要位置来抓，着力在构建四个体系上下功夫。

（一）整合资源，构建政策保障体系

将"医养结合"养老服务体系建设纳入经济社会发展"大盘子"，整合多方力量和资源，科学制定发展规划。首先，成立"医养结合"发展议事协调机构，建立部门联动工作机制，打破民政、卫计、人社三线分立状态，解决"养老不医护、治病不养老"的问题。其次，研究出台政策措施，从资金补贴、用地保障、投融资、税收等方面入手，既要扶持养老机构，也要鼓励医疗机构，还要惠及老年群体。最后，降低"医养结合"项目准入门槛，对养老机构设置医疗机构或医疗机构增设养老服务的，卫计、民政部门要按照首接责任制原则，及时根据各自职责办理审批，打造无障碍审批环境。

（二）分类实施，构建协调发展体系

一是适应社会需求，发展中高端养老。发挥生态环境好的优势，加强养老、房地产、旅游与医疗的深度融合，大力发展候鸟式养老、旅游养老等新业态。一方面，引导市内闲置楼盘与各大医院开展合作，吸引外地老年人前

来休闲度假和康复疗养。另一方面，引进专业养老服务机构与北京、济南等大城市的著名医院进行合作，打造高档养老社区。二是严格规范管理，改善"托底"养老。镇街敬老院主要承担农村"五保"集中供养任务，具有社会公益性。要对承包经营主体进行严格考核，与供养经费挂钩，确保供养服务标准不降低；提高农村"五保"集中供养标准，并从中单独列出一部分资金，作为医疗费用；探索实行镇街卫生院托管敬老院，卫生院院长兼任敬老院院长，促进"两院一体"发展。三是强化服务功能，提升居家社区养老。据统计，荣成市每千名老人养老床位42张，也就是说最多4.2%的老年人能够到养老机构享受养老服务，其余95.8%的老年人只能在家里养老。要结合"智慧城市"建设，搭建智能化养老服务平台，为老年人建立健康档案，将平台大数据与基层医疗卫生机构联网，为居家老人配备智能终端，一旦突发疾病，立即通知医护人员，使老年人得到及时救治服务。

（三）引育并举，构建人才支撑体系

一是抓人才流动。鼓励医疗机构的优秀执业医师和护士到养老机构进行轮岗服务，并给予岗位补贴；对职业院校毕业的老年医学、康复、护理和营养等方面的专业人才，进入养老机构就业并签订劳动合同的，给予一次性经济补助。二是抓待遇提升。将社会办医养结合型机构中的医护人员，纳入卫生计生部门统一管理，在职称评定、进修培训等方面，与公办医疗机构享有同等待遇。三是抓职业培训。采取政府购买服务的方式，让一些专业的培训机构和有经验的养老机构合作开展老年护理员培训，提高养老服务队伍的专业化水平。

（四）创新制度，构建医疗保险体系

一是对养老机构内设的医疗机构，符合医保定点条件的依照申请纳入，与社会保险经办机构签订定点服务协议，入住的参保老人按照规定享受相应待遇。二是探索建立老年人长期护理保险制度，对失能、半失能的参保老年人，引导其在定点护理机构接受长期医疗护理，或居家接受相关机构的医疗护理照料，由护理保险基金支付相关费用。三是充分发挥商业保险的风险分担作用，积极引导各保险公司设计开发健康险、意外险等多种形式的险种，为老人提供多样化的"医养结合"保障服务。

（作者单位：中共荣成市委办公室）

荣成市镇街规范化管理的探索与思考

刘玲玲

镇街作为我国最基层的政权组织，是党执政的基础层级，其为人民服务的质量和效率直接关系到党和政府在群众心目中的形象。在全面从严治党的新形势下，加强镇街规范化管理、推进基层善治，是深入推进农村改革创新，壮大县域经济实力，促进经济社会持续健康发展的有力支撑，是县域发展面临的一个现实而紧迫的重要课题。

一　新形势下镇街规范化管理的重要性

镇街是党在农村全部工作和战斗力的基础。镇街干部直接接触和服务于广大农民群众，是组织和带领广大群众脱贫致富、全面建成小康社会的主力军和中坚力量。新形势下加强镇街规范化管理十分必要。

（一）厚植发展基础、夯实政权根基的基本要求

镇街作为我国基层政权组织，处于农村工作第一线，是党与群众、政策与实践之间最重要的结合点。镇街管理在保障党群、干群关系，促进农村经济发展，推动社会全面进步和巩固国家政权等方面处于十分重要的地位。"十三五"时期，农村仍是全面建成小康社会的短板。乡镇是做好"三农"工作、维护农村发展稳定的最前沿阵地，是实现城乡一体化的重要桥梁，是全面建成小康社会的关键和重要突破口。加强镇街规范化管理，实现乡镇政府的高效运转，有利于确保农村稳定、促进经济发展、推进民主政治建设，对全面建成小康社会至关重要。另外，作为整个政权的最基层环节，镇街基层政权建设的好坏关系着整个政权建设的稳定，也直接检验着党的执政能力和执政水平。

（二）贯彻落实全面从严治党、转变机关作风的必然要求

全面从严治党的首要任务和切入点就是改进作风。作风问题关系人心向背、关系党的执政基础，从严治党首先要严在作风上。镇街是党代表人民执掌政权的基层阵地，是党联系群众、服务群众的桥梁、枢纽和窗口，也是作风建设承上启下的关键。镇街作风正不正、实不实、廉不廉，直接影响为民服务的效率和水平，影响人民群众的利益和福祉，影响党和政府的形象和公信力。镇街作风建设具有更加特殊的地位，发挥着更加重要的作用。在全面从严治党的新形势下，必须把镇街规范化管理作为严作风的着力点和突破口，集中力量，重拳整治，推动作风建设常态化、长效化，实现党风、政风根本好转。

（三）践行五大发展理念、应对基层突出矛盾的现实需要

党的十八届五中全会提出了"创新、协调、绿色、开放、共享"的五大发展理念，贯彻这五大发展理念，根本和重点都在基层。因为党的工作最坚实的力量支撑在基层，最突出的矛盾问题也在基层。基层问题解决不好，发展理念难以贯彻到底，党的政策无法落地生根。近年来，荣成农村工作持续向好，经济快速发展，社会秩序稳定。但在大好形势下，某些矛盾依然突出，如贫富差距拉大，基层组织软弱涣散，干部为政不廉……究其原因，最根本的还在于基层管理上存在问题。只有加强规范化管理，主动适应新常态，积极解决新问题，才能真正把发展理念贯彻到底、落实到位。

（四）创新型城市建设的重要保障

当前，县域之间的竞争已经从拼资金、拼土地、拼政策的阶段进入了比环境、比规划、比潜力的阶段。提升机关执行力、加强软环境建设是发展的"生命线"，是发展的"动力源"，决定着县域发展的竞争力和承载力，关乎全局，关乎长远。在转型发展的关键期、创新突破的攻坚期，荣成提出建设创新型城市的战略目标，进一步推进产业转型升级、加快民生事业建设，对镇街执行能力提出了更高要求。加强镇街规范化建设，形成让各级领导干部勇于担当、开拓进取的良好氛围，是创新型城市建设的重要保障。

二　荣成市镇街规范化管理的探索

为加强全面从严治党、转变基层干部作风、重塑镇街干部形象、密切党

群关系，荣成市主动适应新形势、新任务对镇街工作提出的新要求，把加强镇街规范化建设作为创新型城市建设的重要抓手，在持之以恒落实好台账管理、例会调度、督查考核"三位一体"工作机制的基础上，全面推行镇街规范化管理体系，着力提升镇街规范化管理水平。

（一）理顺管理制度，着力形成规范完备务实管用的制度体系

围绕"精细管理、精准考核"目标，对镇街管理制度进行全面规范理顺，形成更加严密有效的制度体系。在制度建设上，结合各镇街实际，建立完善针对性、操作性强，能够涵盖机关管理各个方面的制度体系，整理编写了《镇村规范化管理制度汇编》，内容涵盖机关干部考核办法、镇街机关内部管理制度、业务工作制度、镇街机关干部驻片包村制度、农村规范化管理制度等方方面面，做到凡事有章可循、有据可查。

（二）完善考核办法，着力构建公开民主阳光透明的考核机制

一是合理设置考评内容。围绕机关管理、民主评议、中心工作、风险管控、奖惩五个方面进行考核，科学设定每项考核内容的指标权重，量化考核标准。二是实行全程考核、公开公正透明。通过"日调度、周点评、月考核"的方式，每天纪律情况、每月和年底考核分数量化揭晓后实时公开。改变年终考核重结果轻过程、重感情轻实绩的旧貌，实现考核评估量化、日常化，提高绩效考核的客观性和公平性。三是强化考核结果运用，将考核结果作为评先选优、选拔任用、职称评聘等的基本依据，按照考核得分从高到低确定。

（三）创新管理载体，着力打造实时高效动态开放的管理平台

开发镇街规范化管理云平台，为实施"日调度、周点评、月考核"提供有效运行载体，实现镇街两级情况即时掌控、干部每天工作掌上调度，全面提升镇街规范化管理水平。一是依托镇街规范化管理云平台实现对镇街工作的实时管理和自动管理，使镇街日常管理工作更加快速、便捷，促进各镇街工作提速、服务提质、管理提效。二是开发考评系统，引导镇街干部把功夫用在平时，及时上报工作日志。每月通过在线民主测评，严格按照程序打票，避免以往打票不严肃、乱打票、打废票等问题，考核结果更加真实全面。三是通过后台"大数据"处理，机关管理运行趋势更加明晰，便于上级和领导科学决策、统筹调度工作安排、优化人员岗位配置。

三 对镇街规范化管理的思考

镇街规范化管理涉及方方面面的工作，是一项系统复杂的工程，要完成这项工程，促使管理不断上层次、上水平，不可能一蹴而就、一劳永逸，必须从点滴抓起，通过长期努力，做深入细致的工作。

（一）领导班子以身作则、高度重视

领导班子作为镇街规范化管理的直接责任人和第一受益人，一定要有决心、有力度，真心实意地抓，在各方面给予全力支持和保证。要把规范化管理作为用制度管人管事、调动干部积极性的重要抓手，亲自参与进来、用好考核结果，切记"搞平衡""抹桌子"，让镇街规范化管理体系真正扎下根、结好果。镇街班子成员尤其是党政正职，必须身先士卒，带头学习实践规范化管理，树立用制度管事、按制度办事的意识，让制度"从文件中走出来，从墙上走下来"，落实到干部队伍日常管理上。

（二）加强宣传和舆论引导、更新观念

规范化管理是对传统管理方式的继承、创新和变革，是实施精细计划、精心决策、精化流程、精致运行、精确控制、精准考核的一种科学全面系统的管理方法。要认真组织镇街干部进行学习，尽快提高认识、转变观念、适应发展，让干部对规范化管理认知、认同和接受，不能认为规范化管理就是搞形式、玩花样、一阵风；让干部掌握规范化管理的核心内容和关键要点，掌握规范化管理的流程和考核方式，增强责任心，积极参与到镇街规范化管理当中。

（三）建立健全符合规范化管理要求的制度体系

制度建设是实现镇街规范化管理的根本，要把制度建设贯穿于镇街规范化管理工作的各个方面和各个环节，围绕改革创新、转变职能、从严管理，结合各镇街实际，认真探索研究有效的制度体系，堵塞管理漏洞，解决管理制度不健全问题。对每一岗位的工作性质、工作任务、工作量进行细化，形成制度，建立起人人有事干、事事有人管、事事都干好、样样有考核的制度体系。

（四）加强绩效管理体系建设，完善约束激励机制

绩效管理体系建设是机关管理需要长久探索的课题。现代管理不仅摒弃

了传统的经验管理，而且进入了看得见、摸得着、可量化的新时期。绩效考核是镇街规范化管理的中心，设计制定得合理与否、科学与否，关系到干部人事管理的水平，进而影响到整个镇街规范化管理的水平。首先，将考核内容与干部岗位责任制挂钩，制定科学的考核方案，使考核内容切合实际，易于操作。其次，建立完善的考核机制，提高透明度，考核结果及时公示，提升考核结果的公信力。最后，严格运用考核结果，完善绩效问责制度，真正发挥绩效考核的激励约束作用。

（五）用互联网思维和大数据处理打造"互联网＋管理"的新型管理方式

镇街规范化管理与数据息息相关，在信息技术高速发展的今天，高水平的管理依赖于先进的信息化技术、强劲的数据管理与统计分析能力。信息智能技术可以让管理人员从繁杂的数据采集和统计分析中解放出来，减少人工操作环节，提高管理效率，降低管理成本。通过智能平台对资料信息的全面管理与共享，能适时输出有关数据统计和分析清单，管理者能及时掌控机关管理的运行情况，为领导和管理者提供决策参考和规划依据。顺应全媒体时代发展新趋势，改革传统管理模式，实现工作调度、业务处理、沟通监督、管理过程的电子化、数字化已势在必行。作为一项创新工作，"互联网＋管理"在推行过程中可能会遭到来自某些传统思想和势力的阻力，需要主要领导的强力支持和持之以恒的决心、常抓不懈的努力。

（作者单位：中共荣成市委党校）

关于威海市特色种养业发展情况的
调研报告

李鲁静

特色农业，就是用区域内独特的农业资源开发区域内特有的名特优新产品，并将其转化为特色商品的现代农业。充分发挥当地资源优势，因地制宜发展特色农业，是促进农民持续增收的重要途径，是建设现代农业的重要内容。多年来威海市以政策扶特色，以科技创特色，以规模扬特色，以加工促特色，全市农业开始走上规模化生产、区域化布局、产业化经营的特色之路。

一 特色农业发展现状

（一）传统特色产品升级提档，新特色产品不断涌现

近年来，文登区在巩固水产品、花生、苹果、西洋参等传统特色农业上，加大种子种苗工程实施力度。在对原有品种提纯复壮、升级提档的同时，积极引进特色新品种，蔬菜、瓜果、畜牧养殖等特色新产品发展迅速，已成为农业经济新的增长点。越来越多的农户已经从这些特色农业中获得了实实在在的收益。

畜牧养殖业经营情况。全区奶牛存栏 2.9 万头，奶山羊存栏 3.7 万只，蛋鸡存栏 438.2 万只，肉食鸡出栏 773.5 万只，生猪出栏 49.3 万头，特种毛皮动物存栏 1200 万只。全年实现肉类总产量 5.02 万吨、蛋类总产量 5.78 万吨、奶类总产量 9.94 万吨，生产特种动物毛皮 800 万张，畜牧业总产值达到 34.87 亿元。

渔业养殖业经营情况。全区海参养殖 3.5 万亩，对虾、螃蟹养殖 6 万亩，贝类养殖 8 万亩，鱼类养殖 1.5 万亩，海蜇养殖 0.7 万亩。全年实现海参总产量 4940 吨、贝类总产量 19.5 万吨、对虾和螃蟹类总产量 8025 吨、海蜇产量 2480 吨，渔业总产值达到 40.07 亿元。

（二）特色基地发展迅猛，特色区块初具规模

多年来，文登区以规划为先导，以基地为载体，以布局更优化、特色更鲜明为发展方向，把特色基地建设作为发展特色农业的主抓手和重要举措来抓。目前，以葛家镇、泽头镇、界石镇为主的水果生产带稳步发展，以大水泊、高村镇为主的花生生产方进一步巩固扩大，以宋村镇为主的蔬菜、花卉生产区稳步拓展，以张家产镇为主的中药材区前景看好，以南部沿海乡镇为主的貂、貉、狐狸养殖效益显著。于家口葡萄、勾勾吉蟠桃、沙柳西红柿等特色产业发展迅速。

（三）特色品牌意识增强，产品质量进一步提高

全区已建成三品认证基地 38 万亩、无公害农产品基地 27 个、无公害农产品 50 个、绿色基地 48 个、绿色产品 72 个、有机产品 35 个，有机食品认证数量居全省前茅。目前，全区有农产品标准化示范区 1 个、服务名牌 1 家，其中文登西洋参、文登大花生、文登大樱桃等产品获得国家地理标志。

二 特色农业发展中存在的突出问题

（一）标准化程度不高

全区目前"三品认证"基地只有 38 万亩，仅占农田面积的 45% 左右，并且有些特色产品因质量标准低，无法进入国际市场。

（二）产品加工滞后

文登区常年水果产量 21.12 万吨、花生产量 8.18 万吨，年可产貂皮、狐狸皮、貉皮 1200 多万张，年产西洋参 4000 吨、海参 4940 吨，但相应的加工业龙头企业数量较少、规模不大，致使水果、花生靠销售鲜果、干果为主，西洋参、海参、貂皮等产品以出售原料和初级产品为主，农民过分依赖经销商，分享不到农产品加工增值带来的好处，影响了农民增收，制约了特色产

业的持续快速发展。

（三）组织化程度不高

目前，每个特色产业都成立了专业技术合作社，来提高农民的组织化程度，增强农产品参与市场竞争和抗御风险的能力。从总体情况看，全区特色农业专业合作组织虽有数量但普遍质量不高，农业专业合作社大多规模小、实力弱、带动能力不强、辐射范围不广、内部管理不规范，有些只限于推销种苗、肥料和小范围收购农产品。特色种养殖户大多仍处于分散生产和经营状态，缺乏产前、产中和产后的信息、技术和服务，市场风险加大，已成为特色农业进一步发展的"瓶颈"。

三 发展特色农业的对策和措施

（一）加强质量标准及检测体系建设，提高产品质量

及时收集整理制定涵盖农产品产前、产中、产后的标准体系，加大推广实施力度，指导、督促基地、农户按照先进标准组织生产；加快威海市农产品、畜产品、水产品检测体系，形成市、镇、企三级检测中心相结合的检验检测体系；引导农产品基地及加工企业申报产品质量和环境质量认证，注册名优商标，实施品牌战略，以质量求生存，向质量要效益。

（二）加快加工龙头企业培育，推进产业化经营

通过促使现有特色农产品生产基地和加工龙头企业规模扩大，鼓励引导农产品加工企业或其他工商企业以投资入股组建、引进国内外有资金或有技术的大企业建基地、投资设厂等方式，培育、形成一批生产规模大、专业化程度高、科技创新能力强、具有较强市场竞争力的中药材、裘皮等特色农产品生产基地和加工龙头企业；以"企业连基地，基地带农户"为基础，通过合同契约、股份合作、建立农产品市场风险基金等方式，龙头企业能与基地、农户建立稳定的购销关系，形成利益共享、风险共担的经营机制；以龙头企业的拉动、经营体制的保障，大力推进特色农业产业化经营。

（三）完善营销服务体系，搞活产品流通

加快现代化产地批发市场的建设，进一步提档升级宋村镇蔬菜、天福农

产品、河南水产等批发市场，新建葛家镇胶东农产品批发市场，如水果、花生、中药材、裘皮等一批特色市场，建立特色农产品信息服务平台，加快培育流通企业、营销合作组织、协会及个体营销大户等营销主体，采取连锁经营、网上交易等现代化营销手段和流通方式，搞好特色产品宣传和促销。

（四）强化科技支撑，提升产品竞争力

坚持引进和选育相结合，加快农、畜、渔品种更新，使主导产品不断更新换代，保持特色，保持领先，为特色农业发展提供品种保障。以农产品深加工为重点，加快病害防治，对生产和加工过程中的关键技术开展技术引进、联合攻关、试验推广，为特色农业发展提供技术支撑。建立以政府为龙头、主管单位为中心、镇级为骨干、村级为基础，上挂科研院所，下联基地、农户的新型的农机推广体系，提高科技成果的转化率。加强对从事特色农业生产、加工、销售、服务人员的培训，造就一批适应特色农业发展需要的高素质的劳动者队伍。

（五）加大扶持力度，启动新一轮的特色农产品加工业的发展

认真贯彻《中共中央国务院关于落实发展新理念加快农业现代化实现全面小康目标的若干意见》（2016 年中央 1 号文件），参照其他县市的做法，对达到一定产品标准、规模但加工严重滞后的特色农产品加工业，按照投资额度给予一定的启动资金扶持或政策上的优惠，拉动特色产业加工业的大发展。

（作者单位：中共威海市文登区委党校）

基层审计机关如何推进政策落实跟踪审计

王祖超

重大政策落实跟踪审计是当前审计工作的重点，也是审计服务于国家治理的有效途径。自 2014 年 8 月启动以来，威海市文登区审计局按照审计署的统一部署先后组织了一系列重大审计项目，不仅有力促进了国家重大政策措施的落实，而且拓展了审计视野，锻炼了审计队伍，积累了有益经验，同时也发现了一些问题。本文结合基层审计机关开展政策落实跟踪审计的一些实践经验，从以下方面进行探讨。

一　主要经验

（一）吃透政策是推进重大政策落实审计的前提基础

要确保卓有成效地开展好重大政策落实审计，首先要吃透政策。因此，在开展政策审计前，我们首先要广泛搜集、整理、汇编各级政府出台的相关政策文件，组织参审人员进行学习研讨。同时，通过视频培训、邀请专业人士讲课、上门求教等方式，与相关部门单位就政策落实难点和总体推进情况进行深入座谈交流，吃透政策背景、政策目标、实现路径、主要措施等，为科学编制审计工作方案、设计配套审计情况表格打牢基础。对部分情况复杂、推进难度大的政策落实审计，积极对上沟通协调，科学确定审计范围、方法和重点，并根据实际情况做好方案调整，确保思路对头、有的放矢。

（二）做好组织协调是推进重大政策落实审计的有力保证

一项重大政策往往涉及多个职能部门，单凭审计机关自身难有作为。为此，我们建议区政府成立了以区长为组长、常务区长为副组长，财政、发改、审计等20多个部门负责人参加的领导小组，主要负责全区面上的协调、指导。每个部门再明确一名分管领导和具体负责人员，主要负责具体审计项目的协调指导。审计局本身成立了局长任组长、分管领导任副组长的政策落实跟踪审计领导小组，加强统一领导和统筹谋划，明确牵头科室，细化责任分工。同时，结合每个项目的审计范围和内容，有针对性地对近年来各类财政审计、经济责任审计、专项资金审计等项目进行梳理，把其中涉及政策措施落实审计的内容进行提取和归纳，通过对以往审计结论的借鉴和利用，查找和对比政策执行的延续性，扩大审计覆盖面，丰富审计成果。

（三）运用多种审计方法是推进重大政策落实审计的关键所在

政策落实跟踪审计不同于常规审计，必须多措并举，综合施审。为此，在用好传统的专业技术审计方法的同时，我们根据审计范围、重点和社会关注度的不同，通过实地调研、问卷调查、专家评议、项目"回头看"等方式，进一步提升审计的深度和广度。其中，实地调研主要采取"内外结合"的方式，对内通过到政策执行部门开座谈会、调阅档案、数据统计等方法，收集相关部门的政府文件、会议纪要、内部通知等基础资料，通过面对面交流和基础数据分析、整理、比对，掌握各部门落实重大政策措施的总体情况。对外通过进村入户走访调查，重点对政策落实的社会效益、经济效益、环境效益等做出评价。主要在广场、商场、超市、农村集市等人流密集区发放调查问卷，通过分析汇总了解群众对国家政策的反馈。专家评议则是聘请有关专家先后对饮用水安全工程、环境治理等重点审计项目进行现场评判，通过专业技术手段得出权威结论。项目"回头看"将把已经完成的审计项目的整改情况纳入政府督查范围，定期跟踪督导审计发现问题整改情况和有关政策后续落实情况，形成责任明确、环环相扣、整体推进的审计工作格局。

（四）做好回顾总结是推进重大政策落实审计取得实效的后续保障

高质量、高水平完成政策落实审计，事前的精心准备十分必要，事后的总结提高也必不可少。一方面是做好审计成果的提炼。项目结束后，将所有汇总的信息表格上报给上级部门，并根据上级提出的意见建议进行调整，与周边县市区审计部门沟通交流政策审计的经验，取长补短，形成最终的审计结果报告。同时，加强与被审计单位的沟通协调，促进其及时进行审计整改。

另一方面是及时分析总结经验。由各项目主审人员交流审计过程中遇到的问题、采取的措施、实施的效果等情况，分析总结政策审计工作中的经验和教训，完善审计思路，改进审计方法，以利于做好今后的审计工作。

二 存在的问题

（一）审计人员综合素质不足

目前，审计人员配置较为单一，知识结构难以满足审计新形势新任务的要求。突出表现在以下方面。一是专项审计经验不足。平时对政策理论的关注不够，缺少政策落实审计必需的知识和经验。二是知识结构不合理。基层审计队伍知识结构以会计、审计人才为主体，缺少既懂财会、工程审计技术，又懂经济、法律、管理、环保等跨专业的复合型人才，难以满足政策落实审计的专业知识需要。三是人才培养机制不健全。审计人员培训知识体系不健全，培训不经常、不系统，未能形成长效学习机制，无法为重大政策落实审计提供人才和智力保障。

（二）工作任务重，难以满足专项审计需要

一方面，审计工作任务越来越繁重，今年的经济责任审计项目就有 60 个左右，还有上年积压的项目，总数有 80 多个，比上年增加 40%。政府投资项目审计工作任务也越来越繁重，当地党委政府交办的临时性审计任务增多。另一方面，审计力量严重不足，审计人员需要完成的审计项目持续增加。

（三）评价指标体系不够健全

政策落实专题审计最关键也最难的地方在于评价。当前，在开展政策审计项目时，所引用的评价指标主要分为两类：一是规范性标准，各项重大政策从中央到省再到地方，经过层层分解、细化，政策的背景、目标、实现路径、主要措施等都已经非常清晰，以表格的形式下发到各个基层职能部门，这些规定动作具有强制性，基层政府部门执行过程有据可考，有目标可循，对其评价也能做到量化；二是非强制性标准，由于非强制性标准不统一，约束力和控制力较弱，不易对其进行审计评价，特别是政策落实过程中形成的经济效益、环境效益、社会效益情况，难以做出全面科学合理的评价。

三 对策建议

（一）优化审计人员结构，提高审计人员素质

开展政策落实跟踪审计，审计人才资源是关键因素，必须优化干部队伍结构，着力培养复合型人才。一是各级审计机关要加强对审计人员的教育和培训，健全审计职业教育体系，针对不同职级、岗位和知识结构的人员，实施分层次培训。二是储备相应专业领域的人才，培养和引进既懂审计又懂经济学、法学、财会学、工程管理学、计算机科学、社会科学等方面知识的复合型人才。通过专题集训、系统培训、实践积累等途径，着力提高审计队伍的综合素质和专业胜任能力。

（二）创新工作方式，合理安排审计力量

一方面，基层审计部门在加强自身本领的同时，上级审计部门应为基层提供更多的学习和锻炼的机会，建立审计方法分享平台，帮助基层审计队伍成长；另一方面，联合其他部门，形成监督合力，与政府研究室、督查室建立有效沟通渠道，及时掌握政府工作重点方向，把握好审计重点和切入点。

（三）建立健全政策落实审计评价标准体系

针对区域差别大、部门众多、类型复杂、工作性质各不相同等特点，进一步建立政策落实跟踪审计评价要多设置数量、百分比等定量指标，少设置"是/否"等定性指标，使审计人员易于评价，逐步建立起一套完整、有效、操作性强的审计评价体系。

（四）进一步加强统筹安排，提升跟踪审计的时效性

鉴于重大政策落实审计要求高、任务重、压力大等特点，上级审计机关要加强对基层审计机关的领导和指导。在做好宏观指导的基础上，通过下发审计工作指南和视频培训等形式，给予地方审计机关专业化指导。同时，应兼顾基层审计队伍素质不高、审计力量不足的现状，在年初安排审计任务计划，坚持量力而行，避免出现面面俱到、贪多求全的问题。

（作者单位：威海市文登区财政局）

日藏《玉烛宝典》钞校本论考

——《古逸丛书》底本辨析

朱新林

　　《玉烛宝典》十二卷，隋著作郎杜台卿撰。杜台卿字少山，博陵曲阳县（今河北定县）人，历北齐、北周、隋三朝，事迹具《隋书》本传。"开皇初，被征入朝。台卿尝采《月令》，触类而广之，为书名《玉烛宝典》十二卷。至是奏之，赐绢二百匹。台卿患聋，不堪吏职，请修国史。上许之，拜著作郎。十四年，上表请致仕，敕以本官还第。数载，终于家。有集十五卷，撰《齐记》二十卷，并行于世。"《玉烛宝典》全本久佚，直至清光绪年间，杨守敬在日本发现《玉烛宝典》钞校本十一卷（缺卷九），黎庶昌影刻辑入《古逸丛书》。此后的《丛书集成初编》本、《续修四库全书》本，均源出《古逸丛书》本。

　　但是，人们不难发现，《玉烛宝典》文本存在较多的缺陷，讹误衍脱现象比较严重。当年李慈铭既敏锐地觉察到《玉烛宝典》不可替代的文献价值，又不无遗憾地说"当更取它书为悉心校之，精刻以传"。李慈铭或许说的是《玉烛宝典》引用文献的原始典籍，但《古逸丛书》影刻《玉烛宝典》的底本问题，无疑应该被纳入我们的考察视野之内。日本所藏《玉烛宝典》写本不止一种，杨守敬、黎庶昌选择哪一种作为影刻底本呢？真的是《古逸丛书》本卷前牌记所标识的"影旧钞卷子本《玉烛宝典》"吗？回答是否定的。

一　《玉烛宝典》日本钞校本简述

　　《玉烛宝典》十二卷，是杜台卿以《礼记·月令》、蔡邕《月令章句》为纲，采集大量文献，附以"正说""附说"，缀辑而成的岁时民俗类著作。它上承《礼记·月令》、梁宗懔《荆楚岁时记》，下启杜公瞻《荆楚岁时记注》、宋陈元靓《岁时广记》，反映了先民时令风俗的演变轨迹，对我们认识两汉、魏晋南北朝至隋唐时期的天文、历法、农学、时令等诸多文献具有重要意义，对中国岁时文化的传播和发展产生了重要影响。《隋书·经籍志》、《旧唐书·经籍志》著录于子部杂家类，《新唐书·艺文志》、《宋史·艺文志》则著录于子部农家类。元明间，陶宗仪摘编一卷，辑入《说郛》。嗣后，见于明末陈第《世善堂书目》。"盖自宋初，如存如亡，不甚显于世，故《太平御览》、《事类赋》、《海录碎事》等诸类书所引用亦已少矣。"其残文剩义偶见征引于宋明诸书中，如宋萧赞元《锦绣万花谷》、罗璧《识遗》、赵与峕《宾退录》，明方以智《通雅》、李时珍《本草纲目》等书，其中每书所引少则一条，多不过三条，内容又大多相同，皆辗转引自唐宋类书。清初，朱彝尊曾经搜讨此书，但无果而终。他说："论者遂以《修文殿御览》为古今类书之首，今亦亡之。惟隋著作郎杜台卿所撰《玉烛宝典》十二卷见于连江陈氏《世善堂书目》，予尝入闽访陈后人，已不复可得。"直到清光绪年间，杨守敬在日本发现《玉烛宝典》钞校本十一卷（缺卷九），黎庶昌影刻辑入《古逸丛书》，立即引起国内学者的注意。光绪十二年（1886），李慈铭（1830～1895）在日记中写道："其书先引《月令》，坿以蔡邕《章句》，其后引《逸周书》、《夏小正》、《易纬通卦验》等，及诸经典，而崔寔《四民月令》盖全书具在。其所引诸纬书，可资补辑者亦多。"曾朴（1872～1935）作《补后汉艺文志并考》十卷，其中"刘歆《尔雅注》"条转引《玉烛宝典》所载文献，其卷二"蔡邕《月令章句》"条按语云："日本国卷子本《玉烛宝典》于每月之下，《月令》之后，详载此书，诸搜辑家皆未之见。好古者若能一一辑出，合以《原本玉篇》、慧琳《一切经音义》所引，则中郎此书，虽亡而未亡也。"近人向宗鲁以《玉烛宝典》校《淮南子》，王叔岷以校《庄子》、《列子》，均取得了很好的校勘成果。

日本宽平三年（891年，当唐昭宗大顺二年），朝臣藤原佐世奉敕编《本朝见在书目录》（今通称《日本国见在书目录》），杂家类著录"《玉烛宝典》十二，隋著作郎松台卿撰"（"松"为"杜"之讹）。据笔者所知，日本现有《玉烛宝典》钞校本四种，具体如下。

1. 日本1096～1345年写本，十一卷（缺卷九），卷轴装（六轴）。此即所谓"日本旧钞卷子本"，旧藏于日本旧加贺藩前田侯尊经阁文库。卷五写于嘉保三年（1096），卷六、卷八分别写于贞和四年（1348）、五年（1349）。1943年，东京侯爵前田家育德财团用尊经阁文库藏旧钞卷子本影印行世，即

《尊经阁丛刊》本，后附吉川幸次郎（1904～1980）撰《玉烛宝典解题》。1970 年 12 月，台北艺文印书馆用日本前田家旧钞卷子本影印出版，附林文月所译吉川幸次郎所撰《玉烛宝典解题》，此即《岁时习俗资料汇编》本。

2. 日本图书寮钞本，十一卷（缺卷九），册叶装。为江户时代毛利高翰（1795～1852）命工影钞加贺藩主前田家所藏贞和四年（1348）写本，又称毛利高翰影钞本，现藏于日本国立公文书馆。

3. 森立之、森约之父子钞校本。此本系据毛利高翰影钞本传钞（据森氏跋文，"唯存其字，不存其体耳"，非影钞也），十一卷（缺卷九），凡四册。据森约之题记，自孝明天皇嘉永甲寅（1854）至庆应二年（1866），森氏父子合校完毕。森氏本今藏日本专修大学图书馆，钤"森氏""东京溜池灵南街第六号读杜草堂寺田盛业印记""天下无双""专修大学图书馆之印"诸印记。"东京溜池灵南街第六号读杜草堂寺田盛业印记""天下无双"为日本著名藏书家寺田望南藏书印，由是知森氏本曾经著名藏书家寺田望南（1849～1929）收藏，最后归于专修大学图书馆。

4. 依田利用（1782～1851）《玉烛宝典考证》十一卷（缺卷九），装订四册。此本先钞写《玉烛宝典》正文、旧注（大字），次考证（细字分行，或书于眉端，内容属校雠类）。依田利用初名依田利和，原是江户时代末期毛利高翰命工影钞前田家所藏 11～14 世纪写本《玉烛宝典》的参加者，五名钞校者之一。此本《例言》称卷子本"末卷往往用武后制字，其所流传，唐时本无疑也"，则《考证》所载《玉烛宝典》正文、旧注，当出自前田家藏本（今尊经阁文库本），且与藤原佐世《本朝见在书目录》著录之唐写本一脉相承。依田氏此本，先后经岛田重礼（1838～1895）、岛田翰（1877～1915）父子收藏，1909 年 5 月，入日本东京帝国图书馆（即现在的日本国立国会图书馆），今藏于国会图书馆古籍资料室。

二 《古逸丛书》影刻《玉烛宝典》底本辨析

那么，《古逸丛书》影刻《玉烛宝典》的底本是上述钞校本的哪一种呢？答曰：森立之、森约之父子钞校本也。考森立之《清客笔话》卷一载明治十四年（1881）三月廿九日，杨守敬拜访森立之（"○"表示分隔）。

杨守敬云："贵邦古书为我国所佚者，如《姓解》、《史略》、《玉篇》残本、《玉烛宝典》，皆欲刻之。尤烦先生为校刊，可乎？"（第 521 页）

○杨守敬云："高氏《史略》，再《姓解》、《史略》、《玉烛宝典》等书，如有钞本，弟愿得之。"

《玉烛宝典》（森注：以梜斋校本，出以示之。）

杨守敬云："贵邦所有皆缺一卷乎？"

森立之云："《宝典》原本一卷缺，余所藏本，梜斋旧藏，同人以朱笔校正者也。"

杨守敬云："此似影钞，何以有误字？"

森立之云："原卷则唐人传来旧钞本也，故往往有讹字，其讹字亦一一有所原，不能容易改正。是宋版以前之钞本，可贵重，可贵重。"（以上第522页）

〇森立之云："《玉烛宝典》，世上《宝典》皆以此本为原。"

杨守敬云："守敬不敢夺爱。但古书今日不刻，他日恐又失，故欲借钞刻之耳。先生不欲此书刻乎？小生亦不取此书到家中。即烦先生属写工而钞之上木，可乎？

杨守敬："所有《玉烛宝典》本，祈属工钞之为感。"（以上第523页）

又有杨守敬借条云："借《玉烛宝典》、《仪礼注》钞本，杨惺吾立，辛巳七月初四日。"（第539页）

《清客笔话》是日本学者森立之将自己和杨守敬会面时以笔代言的部分笔谈真迹及名片、短简、留言、借条等有关资料整理、粘贴而成的一部笔谈资料集。根据这一实录性文献，我们可以作出判断：杨守敬与森立之有实质性交往，"欲借钞刻之"，并事先声明"不取此书到家中，即烦先生属写工而钞之上木"，森立之则慨然允借，杨守敬遂得于七月初四日借归，影钞影刻入《古逸丛书》中。森氏父子钞校本今藏日本专修大学图书馆，分装四册，十一卷（缺卷九）。卷三、卷六、卷八、卷十二末有森约之校跋，兹移录（"〇"表示提行）如下：

卷三末跋语云："嘉永甲寅季秋初三日，工校正一过耳。约之。（'约之'下乃森氏花押，亦为'约之'二字。押下一点、一撇，盖即暗喻上文花押乃重'约之'二字也。）〇卷首九叶所与父公对校也云。〇今所书写，粗略颇甚，字损大与原书不同。今不能逐一鳌正，唯存其字，不存其体耳。安政二乙卯夷则之朔又书。椙斋（森氏有"椙逆养真斋"）约之。〇册首五页，我藩友武田小藤太所誊也。庆应丙寅八朔，约之又志。"

卷六末跋语云："安政二乙卯林□晦日午后，与原本校绌了。书写粗略，而字体大与原书异，今不能一一厘正耳。椙斋居士原约之。"

卷八末跋语云："安政三丙辰中春十又七日，初更烛下，校雠一过耳。书写粗略，大与原书字损不同。今不能逐一密正之，得其文，不存其体耳。乡陂居士椒斋森约之。"

卷十二末跋语云："安政三丙辰三月廿三日之夜，烛下与家大人相对坐，卒业于比雠矣。书写粗略杂暴，故字损大与原籍不同。然今不能逐一密正精订，只得其语，不能存其体也。是不得已耳。乡陂椒斋森约之。"

从跋语得知：森立之钞本不是据"原本"、"原书"影钞的，"得其文，不得其体耳"，为一般传钞本。"原本"即底本，应是毛利高翰（1795～1852）影钞加贺藩主前田家藏11～14世纪"旧钞卷子本"（尊经阁文库本）而献与德川氏者，即枫山官库本。考森立之《经籍访古志》卷五著录枫山官库藏贞和四年钞本《玉烛宝典》十二卷："隋著作郎杜台卿撰。缺第九一卷。每册有'贞和四年某月某日校合毕，面山叟记'，五卷末有'嘉保三年六月七日书写并校毕'旧跋。按此书元、明诸家书目不载之，则彼土盏已亡佚耳。此本为佐伯毛利氏献本之一，闻加贺侯家藏卷子本，未见。"究其实，森立之目睹的是枫山官库本，并非"贞和四年钞本"，而是佐伯侯毛利高标的孙子毛利高翰的影钞本，是为森氏传钞底本。森氏所谓"贞和四年钞本"，实为嘉保三年（1096）至贞和四年、五年（1348～1349）的旧钞卷子本，正是《经籍访古志》所谓"闻加贺侯家藏卷子本"。如此说来，当年辑刻《古逸丛书》的杨守敬、黎庶昌有无可能通过森立之的线索，接触到枫山官库本（毛利高翰影钞本），甚至尊经阁文库本（旧钞卷子本）呢？回答是否定的。我们取旧钞卷子本、森立之父子钞校本、《古逸丛书》本三本对校，就字体、字形、行款风貌而言，《古逸丛书》本与森氏父子钞校本几乎完全一致，是杨守敬、黎庶昌影刻的底本实为森氏父子钞校本，其牌记"影旧钞卷子本玉烛宝典"云云，不足为凭也。

1943年，东京侯爵前田家育德财团将其所藏旧钞卷子本影印行世。1970年12月，台北艺文印书馆再次影印，辑入《岁时习俗资料汇编》中。我们以此影印加贺藩主前田家所藏11～14世纪旧钞卷子本与《古逸丛书》本相比堪，两本不仅版面字体风貌迥异，而且文字上亦多有出入。举例如下。

1. 旧钞卷子本《玉烛宝典》（以下简称旧钞卷子本）杜台卿序云："《易·系辞》云：'庖羲氏之天下也，仰则观象于天。'"森氏钞校本旁注："'天'上脱'王'字。"《古逸丛书》本正有"王"字。

2. 旧钞卷子本杜台卿序云："季秋为未岁受朔日。"森氏钞校本"未"旁注"来"字，《古逸丛书》本正作"来"字。

3. 旧钞卷子本杜台卿序云："遂去作《礼记》者，取《吕氏春秋》。"森氏钞校本于"去"字旁注："恐云。"《古逸丛书》本正作"云"。

4. 旧钞卷子本卷一引《礼记·月令》郑玄注曰："自抽軓而出者也。"森氏钞校本于"軓"字下注"軌"字,《古逸丛书》本正作"軌"。

5. 旧钞卷子本卷一引《礼记·月令》孟春"律中大簇"郑玄注云："律,候气之官也。"森氏钞校本于"官"字旁注"管"字,《古逸丛书》本正作"管"。

6. 旧钞卷子本卷一引高诱注云："是月之时,鰹应阳而动。"森氏钞校本于"鰹"字旁注"鲤"字,《古逸丛书》本正作"鲤"。

7. 旧钞卷子本卷一引《礼记·月令》云："大史谒之天子曰:某日春,盛德在木。"森氏钞校本于"日"字旁注曰："恐脱'立'。"《古逸丛书》本正有"立"字。

8. 旧钞卷子本卷一杜台卿引《正历》云："天者,远不可极,望之雾然,以玄为色,其人大无不苞。"森氏钞校本云："立之按:'人'字恐衍。"《古逸丛书》本无"人"字,且为保持行款一致,此字空缺。

9. 旧钞卷子本卷一杜台卿引《礼统》云："运转精神,功郊布陈,其道可珍重谓也。"森氏钞校本于"郊"字旁注曰："恐'效'。"《古逸丛书》本正作"效"。

10. 旧钞卷子本卷一《礼记·月令》云："善相丘陵、险、原隰,土地所宜。"森氏钞校本于"陵"字、"险"间旁注曰："脱'阪'。"《古逸丛书》本有"阪"字。

11. 旧钞卷子本卷一引蔡邕《月令章句》云："鸿鸟来,阳鸟。"杜台卿按语云："今案《尚书·禹贡》曰:'彭蠡既猪,阳鸟居。'"森氏钞校本于"阳鸟"字间旁注曰："恐脱'攸'。"《古逸丛书》本正有"攸"字。

12. 旧钞卷子本卷一引蔡邕《月令章句》云："瑽者,月之所历也。"森氏钞校本的钞手将"瑽"字错钞为"離"字,森氏旁注"離"字,以示更正,《古逸丛书》本沿其误字,作"離"。

13. 旧钞卷子本卷一杜台卿引《释名》云："春,蠢也,蠢动而生也。"森氏钞校本的钞手在钞写时,脱"蠢也"二字,标注其旁,《古逸丛书》本亦将二字标注其旁。

以上《古逸丛书》本与影印旧钞卷子本文字歧异,而与森氏父子钞校本完全一致。因此,从《清客笔话》的实录文献到《玉烛宝典》的版面风貌、字体、字形再到文字异同,我们可以得出结论:杨守敬、黎庶昌影刻《玉烛宝典》的底本,不是尊经阁文库所藏旧钞卷子本,也不是毛利高翰影钞本,而是森立之父子的传钞合校本。《古逸丛书》牌记标识的"影旧钞卷子本玉烛宝典"，与事实不符。我们从《清客笔话》的记录得知，是杨守敬把森氏传钞合校本误认成"影钞"本了。森氏父子传钞的底本是毛利高翰影钞卷子本（即枫山官库本），经森氏父子历时数年的校勘，其文献准确度优于尊经阁文库所藏旧钞卷子本。

三　依田利用《玉烛宝典考证》校勘成果丰硕，《古逸丛书》本失采

当杨守敬与森立之接洽影刻《玉烛宝典》之时，他们不知道，在此之前四十的余年，即1840年，日本学者依田利用（1782～1851）已经完成了《考证》，内容含《玉烛宝典》正文（大字）、旧注（另行大字）、考证（夹行小字，或书于眉端）。依田利用原名依田利和，是江户时代末期参加枫山官库本钞校的五位学者之一，曾目睹前田侯家所藏旧钞卷子本。他的《考证》主体是校勘，所引"古本""足利本"等，多数出自枫山官库和足利学校所藏古本。依田利用在校勘《玉烛宝典》上取得显著成绩。

卷一引《庄子》"连灰其下，百鬼畏之"。《考证》云："旧'百'作'而'，今依《荆楚岁时记》、《初学记》、《白六帖》改。案《庄子》今本无此文，而《御览》引庄周云亦同，此盖或逸文也。"

卷二杜台卿案语"城市尤多斗鸡卵之戏"。《考证》云："旧'卵'上有'鬥'字，《初学记》、《白六帖》、《事类赋》、《荆楚岁时记注》无，今据删去。《倭名钞》作'城市多为斗鸡之戏'。"

卷三引《皇后亲蚕仪注》"皇后躬桑，始得将一条"。《考证》云："《初学记》、《艺文类聚》无'得'字，案得、将字形相近而误重。"

卷四引《礼记·月令》孟夏郑玄注"三分宫去一，以生徵，徵数五十四，属火者，以其徵清事之象也"，《考证》云："《注疏》'徵清'作'微清'，阮元《校勘记》云闽、监、毛本作'微'，此本'微'误'徵'。旧无'也'字，今依注疏本增。"

卷五引《礼记·月令》仲夏郑玄注"昴为天狱，主杀之者"。《考证》云："旧无'天'字，今依《注疏》本增。《注疏》本无'昴'字、'之者'字，《考文》引古本有'昴'字，'杀'下有'之也'二字。《校勘记》引严杰云：'《考文》所云古本多不足据。《开元占经》云：黄帝曰昴，天牢狱也。又云巫咸曰毕为天狱，是昴、毕并为天狱之证，注文必不舍毕而言昴，古本'为'上有'昴'字，非也。'而以此证之隋时本亦有'昴'字。古本与此正

合，则其以为不足据者非是。'之者'当作'也'。"

卷六引《礼记·月令》季夏郑玄注"今月令四为田也"。《考证》云："旧'今'作'令'，'田'作'曰'，今依《注疏》本改。而'今月'至'丘隰水潦'注'戌之气乘错'，出下文'精明'注'宫以之菊'下，今移正。"

卷七引高诱《吕氏春秋》注云："太阳气衰，太阴气发，万物雕伤。"《考证》云："此盖《吕览》注也，而吕注'雕伤'作'肃然'，《淮南》注同此。"

卷八引《礼记·月令》仲秋"日夜分，雷乃始收"。《考证》云："《注疏》本作'雷始收声'，《考文》云'雷'下有'乃'字，足利本同。《校勘记》云：'唐石经"始"作"乃"，王引之云本作"雷乃始收"，《初学记》、《周礼·鞞人》疏可证，《淮南·时则篇》同。'与此正合。"

卷十引《礼记·月令》孟冬郑玄注"日之行，冬北从黑道，闭藏万物，月为之佐时，万物怀任于下，揆然萌芽也"。《考证》云："旧'揆'作'癸'，'芽'下有'之'字，今依《注疏》本改删。《注疏》本'冬'作'东'，《考文》云足利本作'冬'。《校勘记》云：'观上孟春注云"春东从青道"，是其句法一例，诸本疑"冬"为"东"误而改之，谬矣。'"

卷十一杜台卿案语引《诗草木疏》"渔阳、代郡、上党皆饶"。《考证》云："旧'渔阳'作'鳆鱼'，今依《齐民要术》改。本书及《齐民要术》'代郡'作'辽东'。"

卷十二杜台卿案语引董仲舒言"河内人无何而见有人马数千万骑"。《考证》云："旧无'人无何而'四字及'骑'字，今依《御览》、《事类赋》增。"

诸如此类，在书中还有很多，不胜枚举。依田利用的校勘成果，没有被《古逸丛书》本所吸纳，殊为可惜。所以，今天阅读使用《古逸丛书》本《玉烛宝典》的人们，还应对日本学者依田利用《玉烛宝典考证》等钞校本给予适当地关注，以尽可能地减少文本讹误，避免误引误用，避免重复劳动，提高效率。

[作者单位：山东大学（威海）]

墙体广告的困惑与破解

——威海市文登区倾力打造清朗文明城乡环境

谭泉永　林　静

一段时间以来，非法墙体广告遍布城乡，被称为"牛皮癣"，破坏了城乡环境和公共管理秩序。威海市文登区按照"统筹协调、属地负责、突出重点、疏堵结合、深化管理、全民参与"的思路，标本兼治、多管齐下，形成了多渠道、多形式、多层次治理工作格局，全区范围内非法张贴、喷涂、散发小广告现象得到有效控制，市容环境面貌明显改善。

一　市容之困：小广告无孔不入　不是大病却是顽疾

城市"牛皮癣"存在主要是受利益驱动。从广告内容看，主要有二类，一是涉及老百姓日常生活需求的，从农机化肥、家电家具，到电信服务、家政服务等，居民生产生活有需要的，都可以在墙上找到；二是涉嫌违法犯罪信息的，如"办证""快速贷款"等，制假贩假的特别多，诈骗的也不少，信息杂乱。从广告成本看，制作成本低、宣传费用低，印刷一张小广告仅需一两毛钱，花四五十元就可以雇人贴上万张小广告。正规广告发布收费少则近千元多则上万元，涉嫌犯罪的刻章、办证类小广告更不能通过正常渠道发布，但通过小广告能获得巨额非法利益，有些人不惜铤而走险。

非法小广告形式复杂多样，大都附着在建筑物表面，清除困难，清理小广告需要清除设备、涂料、工具、人员。有关机构测算，在主要路段上清理一公里小广告的费用每年大约有1.36万元，北京西城区每年在每平方公里道路面积上投入达20万元，而且反复清理对建筑外立面和市政公用设施损毁严重，小广告之害可谓千夫所指，成为亟待解决的民生诉求。

二 监管之困：隐蔽性强违法成本低 执法成本高

隐蔽性强，违法成本低、执法成本高，是整治城市"牛皮癣"工作面临的两大难题。商家为逃避监管，墙体广告大多未经市场监管部门审核登记备案，而张贴、喷涂人员要么是承揽区域作业的流动团队，要么是专门从事涂贴广告的本地团伙，作业时间大多是在夜间，由于喷贴手法简单隐蔽，当场抓获难度大、取证困难。即使被抓到了，涂贴者都是不带钱、不带身份证，对一切询问都是"不知道"，因为没有强制措施，让执法人员头疼不已，大多只能责令其清干净自己所贴广告，起不到遏制作用；对异地广告商家处罚，需要协调当地监管部门，常常费力不讨好。曾经风行一时的"呼死你"小广告警示系统、暂停违法小广告通信工具号码做法，也因与2012年实施的《行政强制法》相关规定有抵触而被叫停。

目前对小广告的管理，涉及多个政府部门。公安部门负责打击涉及刻章、办证、涉赌、涉黄等犯罪活动的非法小广告的违法行为；城管执法部门负责对非法张贴、喷涂、散发小广告行为实施行政处罚；工商部门负责对非法小广告的广告主、广告经营者和广告发布者进行查处；文化市场行政执法部门对承接印刷非法小广告的企业进行查处。多头管理在一定程度上增加了惩处难度，且单一的经济处罚不足以对商家产生足够震慑和约束。由于户外广告总体基数大、执法力量有限等原因，基层单位监管常常"心有余而力不足"。

三 消存量控增量 打赢群防群治"歼灭战"

在小广告治理上，紧一紧就好些，松一松就反弹，难在持久、难在彻底。2015年，文登区参加威海市创建全国文明城市成功后，小广告一度出现反弹，引起社会普遍关注。无论是对照全国文明城市的标准要求，还是维护多年打造的城乡优美环境、回应人民群众期待，沉渣泛起、斑斑驳驳的小广告都显得格格不入。根治小广告迫在眉睫、势在必行。

主管部门"看好自己的门，守好自己的人"。区委领导主持召开了小广告治理专题会议，印发《关于加强小广告专项治理的通知》，明确了11个职能部门和17个镇办在治理小广告中的责任，部署开展全区小广告集中清理活动。针对散发张贴小广告较多的域内开锁业、房地产开发企业、商超、医疗卫生单位、金融机构，分别由公安、住建、商务、卫生、金融办等主管部门与从业单位签订《不散发张贴小广告保证书》，落实情况纳入年度资信考核管理，实行"一票否决"。执法部门加强日常巡查管理，实行案件线索通报共享、一方查实、多方联合执法，对跨区域的案件及时报请上级主管部门介入查处，形成高压整治态势。组织各镇办将墙体广告整治纳入城乡环卫一体工作范畴，对交通主干道、连村路两侧墙体广告开展拉网式普查，责成广告商家限期 10 天整改完毕，逾期未整改的，由相关主管部门介入罚处、各镇办统一组织清理覆盖。

舆论宣传"立体覆盖"。区属"两台一报"等媒体及"两微一端"新媒体同步跟进，开专栏、报动态、发评论，制作了抵制小广告的公益广告并在电视台《文登新闻》节目后常年播放，连续刊播《关于严禁散发张贴小广告的通知》，曝光了 9 起医疗、房地产、开锁、商超等行业违规广告行为，开展了媒体聚焦重点行业、重点区域治理小广告活动，以高频率、大密度、全方位、常态化的媒体宣传，构建起声势浩大的治理小广告"人人参与、人人喊打"的舆论氛围。

志愿服务"定点清除"。将城区 13 个社区划分成 222 个网格，组织 100 多个部门单位的党员干部、4 万余名在校学生集体认领志愿服务责任区，将清理责任区内小广告纳入每周一次的"志愿服务活动日"、每月一次的"党员社区活动日"、每季度一次的"环境集中整治"、每年一次的"学雷锋志愿服务活动周"服务内容，不定期通报活动开展情况，以重点人群带动家庭、推动社会，集中消解散布各处的小广告，成为专业清除机构的有力补充。

专业队"大包大揽"。为解决城管执法力量有限问题，腾出更多精力干好"主业"，采取政府购买服务的方式，将城区 16 条市政路及两侧小广告清理工作委托给专业保洁公司。公司组织人员每天对街道进行反复巡查，针对不同建筑物墙体和公共设施材料，分别采取刮铲、清洗剂清洗、粉刷、遮盖、打磨等方式清理各类小广告，夜间张贴的小广告在次日上午 8：00 前清除。城管执法部门负责制定清除"牛皮癣"作业计划和考核标准，做好日常检查与不定期抽查，对清理不及时、不彻底的予以扣分，不合格记录累计达到一定次数按违约处理，扣除当月清理费。

张贴栏"网开一面"。对服务类信息广告治理的关键在疏不在堵是文登各级在工作中达成的共识。由此，信息张贴栏进公共场所、进社区、进居民小区、进楼宇部署，信息张贴栏在短时间内在全区 763 个村居变成了实实在在的合法广告阵地；城管执法部门也在重要路段、中心区域设置了 30 多处免费信息张贴栏，加上 8 处市场化运营的电子大屏和媒体广告专栏，形成了布局较为合理的服务信息发布网络，较好地满足了居民招工招租、家政服务、寻人寻物等正当的信息发布需求。

文化墙"美丽对抗"。结合创建文明城市的目标，制定《公益广告设置具体要求》，既从大处着力，制作推出一批冲击力强、大气美观的大型广告，又从小处着眼，设计推出一批贴近群众生活、与周边环境浑然一体的公益广告，仅对309国道等域内干道15处3200多平方米巨幅商业广告就出资20多万元进行了覆盖再造，实现了主干道、商业街、车站、城市社区、广场公园、公交车等13个方面全覆盖。在镇村，深入挖掘村情历史、风情民俗和地域物产的丰富内涵，结合24字核心价值观、中国梦、善行义举四德榜等内容，建设历史文化墙、民俗文化长廊、道德展示榜，用文明向上的宣传占领农村阵地。泽库镇尹家村将村民的拿手面塑、省非物质文化遗产——胶东花饽饽制作成文化展板；张家产镇大官庄村将村民应遵守的基本道德制作成长达50米的文化墙，涌现出小观镇东浪暖村、泽头镇望岛村、高村镇万家村等一批全国文明村、全省乡村文明家园建设示范村和威海市"特色文化村"。

四 启示与思考

1. 宣传部门要勇于担当敢于碰硬

墙体广告的重心正经历着由政治文化宣传向商业推广的巨大转变，既反映出城乡经济所发生的可喜变化，也暴露出基层意识形态阵地意识薄弱的尴尬问题。对于小广告泛滥这个普遍性的管理难题，文登区宣传部门将其作为"抓基层强基础"的重要内容，牵头协调职能部门齐抓共管、强化镇办主体监管责任、挤出专门资金扶持镇办、组织"文化志愿者"帮助绘制文化墙，每一招都抓铁有痕、踏石留印，成为宣传系统"基层工作加强年"活动的有力注脚。

2. 完善有效的分工合作机制

文登区11个职能部门、17个镇办、763个村居，联合织成了一张防控非法广告的"大网"。一方面，坚持"管行业就要全面管"，将商家的广告行为与从业资质考核等挂钩，从源头上约束商家的任性行为；另一方面，分片包干、属地管理，厘清了镇办、村居的责任清单，既强调主体责任落实，又注意引入专业保洁机构、志愿服务等社会力量补充；既有明确的工作部署，又有严格的督察问责，形成了实实在在的齐抓共管合力。

3. 采取疏堵结合有破有立的工作措施

一味简单地依靠执法部门围追堵截，常常会陷入无休止的"你进我退，你退我进"拉锯战。文登区在集中清理非法墙体广告、开展全行业打假治假的同时，推出的"信息张贴栏进公共场所、进社区、进居民小区、进楼宇"活动、道德文化墙 13 个方面全覆盖做法，既破旧又立新，既堵又疏，既因应了商家合理的信息发布需求，又美化了城乡面貌、提升了文化品位，一举数得，值得肯定。

4. 营造持续深入久久为功的舆论氛围

有效避免"政府干社会看"，需要充分发挥媒体导向传播功能，教育群众、动员群众。文登区在治理小广告专项行动中，重视区属媒体的联动跟进，既大张旗鼓，又春雨润物，在全区上下营造了声势浩大的"非法广告，人人喊打"的社会氛围，推动形成了群防群治的工作格局。

（作者单位：中共威海市文登区委宣传部）

"互联网+"背景下精准扶贫产业
发展的研究

——以乳山市为例

丛众华

乳山很多贫困村自然资源很丰富，但因为产品走不出来、人才又回不去而错失发展良机。中共十八届五中全会提出了创新、协调、绿色、开放、共享的发展理念，再加上国家对互联网行业的大力扶持，乳山可以借助"互联网+"的东风，因地制宜整合利用本地资源，把资源优势转变为产业优势，引导贫困人口就地发展电商、生态农业、旅游等新业态，推动群众居家创业、本地就业，实现脱贫致富。本文以乳山市为例，就精准扶贫产业如何借用好互联网之风进行分析研究。

一 乳山市扶贫产业发展现状及其原因分析

（一）乳山市扶贫产业发展现状

乳山市位于山东半岛东南端，东邻文登市，西毗海阳市，北接烟台市牟平区，南濒黄海。早在2014年，该市就启动了扶贫开发精准识别工作，通过实施"组织培训""农户申请""入户调查""民主评议""公示公告""建档立卡"六步工作法，全市共识别贫困村45个，共识别贫困户11074户、贫困人口20230人。近年来，该市以精准识别为基础，以精准帮扶为手段，以精准脱贫为目标，坚持凝聚全社会力量，充分挖掘多方潜能，全面创新包扶机制，加大扶贫投入，推进产业扶贫，扶贫工作取得了显著成效。对低保、五保和无劳动能力人口实行社会保障兜底；对有劳动能力的贫困人员，着眼长远、授人以渔，指导他们选对路子，找准结合点，参与产业项目，逐步脱贫致富。先后安排专项资金对扶贫产业项目进行扶持，重点推广实体企业创办型、股份合作共赢型、产业基地带动型、能人大户领办型等适合本市实际的产业扶贫模式，贫困村道路、用水、供电、广播电视、文化体育、环境卫生等设施得到明显改善。连续开展市直部门包村、第一书记抓党建促脱贫和党员干部结对帮扶贫困户等社会帮扶活动，省定贫困村实现驻村工作队全覆盖。到目前，全市贫困人口减少 13558 人，占比 67%，超额完成了威海下达的脱贫任务。

（二）现有贫困的成因分析

目前，乳山市 14 个镇中贫困村 45 个、贫困户 3327 户、贫困人口 6672 人，贫困成因有如下几种。

一是发展资金不足、土地流转难度大导致扶贫产业规模小、产业趋同严重。目前乳山市贫困村主要是由于一无集体积累，二无村级企业，三无资源优势，四无资金开发，缺乏产业支撑。有的贫困村虽然建立了产业，也是特色不明显、经营规模小，产业附加值不高；有的贫困村产业也有了一定规模，但无发展资金，农民组织化程度低，获得生产贷款难，社会化服务体系不健全，科技创新能力不足等，方圆几十公里没有一家规模加工企业，农民增收缺乏坚实的产业支撑，产业路径单一。农村青壮劳力大多选择外出务工，在家的多为老弱病残，参与人数不足造成产业规模不大，即便想要发展产业，扶持的力度也不大，扶贫产业结构单一。加上乳山市贫困村土地流转难，很多村庄不但空壳村问题突出，而且留居村里者一方面受传统思想影响，农民恋土情结严重，对土地流转政策心存疑虑，怕转出土地后就会没有"依靠"、不"安全"；另一方面土地流转补足金额因区域差别，农民有攀比观望心理，导致土地产业化发展难度大。

二是农民工技能培训和技术支持力度不够导致贫困人口多、贫困面广、贫困程度深。据新一轮扶贫识别结果显示，乳山市贫困总人口 6472 人。其中，文盲或半文盲 1196 人，小学文化程度 3707 人，初中文化程度 1163 人，高中文化程度 216 人，大专文化程度 190 人。初中、高中、大专文化程度的贫困人口大部分为现在校生，小学文化程度也包含很多在校小学生，农村贫困人口多数为初中以下文化水平，文化水平低，身无技艺，子女读书支出大等失血大于输血，贫困面广，精准脱贫难度较大。相当一部分贫困人口是依赖型，"等、靠、要"思想严重，抱着政府不会让人饿死的思想，过一天算一天，思维方式和行为方式落后。也有一部分贫困人口是观望型，守株待兔观念固执，脱贫意识极其薄弱，只盼社会援救、集体分红、国家提高救济标准。还有一部分是盲动型，缺技术、少资金，又好盲动，养猪发病，养鸡发瘟，负债经营，因债返贫。总之，贫困人口中劳动力技能培训和技术支持力度不够，几乎没有懂现代农业专业技术的人员，缺乏自我发展的能力和动力，贫困问题程度深，严重制约其自身发展能力和脱贫致富愿望。

三是基础设施落后导致产业扶贫发展缓慢。乳山市 14 个镇中贫困村 45个，有 10 多个未通水泥路，或通水泥路但路窄坡陡，尽管乳山正在推进农村现代流通网络建设，农村物流体系也在逐步完善，但农村网络基础设施相对薄弱。据统计，乳山拥有计算机的农民家庭比例不足 40％，农村互联网普及率只有 32.5％，还有 65％ 以上的农民没有利用互联网，导致交通物流仍不顺畅。乳山市还有几十个贫困村未解决饮水难问题，仍然是定时供水，饮水困难。另外，大多贫困村地处于偏远山区，人均耕地面积仅有 0.8 亩，且多为旱地，土地贫瘠、生存环境恶劣，大多种植玉米等低产值、低效益的作物，增收十分困难。

四是市场信息不对称，缺乏文化软要素支撑导致有品牌没名牌"信息鸿沟"。贫困村其实物、产、景并不贫乏，只是因为信息闭塞而错失发展良机。从发展水平上看，城乡发展不平衡，信息基础设施差距成为城乡"信息鸿沟"的主要原因。主要表现为三个差异：城乡收入水平的差异、城乡居民文化观念的差异和城乡居民获取信息量的差异。收入水平的差距造成了城乡居民在个人数字化产品拥有方面的巨大差距，这直接导致城乡间存在巨大的"信息鸿沟"。乳山市农村绝大部分干部群众不懂电脑操作，更不知怎么上互联网；有的贫困村互联网技术的应用和服务体系基本上还是空白，网络数据资源的利用效率低，导致有品牌没名牌"信息鸿沟"，信息技术转化为现实生产力的任务异常艰巨。

二 "互联网＋"对精准扶贫产业发展的意义

"扶贫开发贵在精准，重在精准，成败之举在于精准"的精准扶贫方针，要求将有限的扶贫资源瞄准最需要的贫困群体，最大限度地消除政策和资源偏离。互联网分享、远程、快捷的特点，使其在社会资源配置中能够有效发挥优化和集成作用。随着"互联网＋"上升为国家战略，"互联网＋扶贫产业"成为贫困村发展后发赶超的重要抓手。推进"互联网＋扶贫产业"，不仅需要扶贫对象的自发参与，更需要政府有所作为，以充分发挥互联网在贫困地区资源配置中的功能，推动各类资源向困难群众集结，实现脱贫致富。

（一）把贫困群众推向"互联网＋创业"的风口

1. 激活贫困群众"网创"欲求

思想解放，理念与时代合拍，是干事创业的基础，也是脱贫致富的秘诀。借助"互联网＋"的东风，政府找准着力点，可以通过邀请电商专家讲课培训，组织群众代表外出考察，组织本地电商团队座谈，培训本地"领头羊"、信息员，充分利用媒体和各类培训、会议、活动宣讲网上创业知识，介绍区域内外互联网创业成功脱贫典型等手段，激活贫困群众触网的主动性和网创欲求，有效营造"互联网＋扶贫产业"的有利环境，促使其走向"互联网＋创业"的风口，实现增收。

2. 搭建贫困群众"网创"平台

推动贫困群众网上创业，政府要努力搭建两个平台。就物质平台而言，要采取政府主导、企业参与、民间融资的方式，大力改善交通及基础网络设施，统筹支持物流、快递公司分支机构或服务站点入驻乡镇、中心村，广泛推行无线网络覆盖城乡公共场所；大力推动电商安家工程，组建电商创业孵化中心，打造电商聚集区；通过政府购买服务的方式，创建政府主导的电商公共服务平台，培养本地运营商等。就虚拟平台而言，既要大力依托知名电商创建具有区域特色的分支平台，又要引导、支持创业者创建拥有自主知识产权的电商平台。

3. 谋划引导贫困群众"网创"

贫困人口文化知识、技能水平普遍较低，资金积累少，创业动力不足，网络知识易接受，感悟性强，相当比例的贫困人口无法外出务工或从事高强度体力劳动，适合学习掌握新技能。授人以鱼不如授人以渔，扶贫的关键在于扶人、扶智，将"互联网＋"作为政府实施扶贫产业的一项主要内容，精心部署安排。要根据贫困家庭分布现状，在光纤网络入户、电子商务农村服务站点建设时，尽可能地向贫困家庭所在地辐射；要将救助性活动与开发式扶贫相结合，推行"扶持＋孵化＋服务"，对贫困家庭电商创业进行全方位、多角度扶持。通过举办互联网创业大赛、宣传身边的电商脱贫典型等方式，放大"互联网＋精准扶贫产业"示范效应，落实好"互联网＋"等于为扶贫插上翅膀，缩小数字鸿沟、文化鸿沟，提高贫困人口素质，从而解决贫困的根源问题。

（二）"互联网＋产业"为精准扶贫再添新动力

扶贫产业遇到"互联网＋"，以电子商务平台为抓手，通过"引进人才，搭建平台，组织牵头"推进精准扶贫"最后一公里"到村到户到基地，帮助有劳动能力的扶贫对象发展特色优势产业，增强造血功能。

一是引进人才聚智慧，精准扶贫有出路。今年以来，乳山市制定了扶贫产业发展的相关政策，支持大数据产业企业培养引进大数据人才，着力好花红千户将扶贫村打造成为电子商务重点村。二是搭建平台汇数据，脱贫致富迈开步。几年来，乳山已建立运营了金谷之园电子商务产业园、智创电子商务产业基地两个专业电商园区。其中，金谷之园电子商务产业园侧重于农产品经营，重点打造集"特色产业文化展示体验"、"本地名优产品线上销售"和"高校毕业生创业孵化"多种功能于一体的本地电商产业聚集高地；智创电子商务产业基地侧重于海产品经营，突出电商增值高端服务，重点引进电商、软件服务企业，为全市电商发展创造了高端智力支持，并在淘宝特色中国板块开设了"山东馆乳山基地"，针对贫困人口无法外出务工或从事高强度体力劳动，可以通过好品乳山、乳山通、掌上乳山、易货网等平台建设，采取"以销定产"的模式，着力用"互联网＋产业"来推动农业渔业产业化发展，把"农业渔业云大数据＋精准扶贫＋同步小康"作为辐射带动全市贫困村脱贫致富的新路径。三是组织牵头谋发展，引领百姓奔小康。由党组织牵头，采取"党支部＋公司＋合作社＋农户"的运营管理模式，大力推进"农村电子商务"行动，围绕打造电子商务全产业链，狠抓电商平台建设、电商队伍培育、电商产品开发、电商技术支持、电商物流仓储等环节工作，把网络创业作为全民创业的主题主线。通过电子商务村服务中心牵线搭桥，老百姓的土特产和农副产品可以直接网上销售，也可以把群众要的生产生活必需品配送到家，解决基层党组织服务群众"最后一公里"的问题。

（三）"互联网＋农村电商＋产业扶贫"新模式，推进现代产业精准扶贫

实施"互联网＋农村电商＋产业扶贫"新模式，首先，推动扶贫连片开发，加快农村承包土地流转，实现规模化经营，促进贫困村资产溢价，为贫困农村农户创造了财产性收入。其次，产业化引导扶贫跨村发展，引进电子商务带头人，带动广大村民"触网"、开店、脱贫，结合"资金跟着扶贫对象走、扶贫对象跟着能人走、能人跟着产业项目走、产业项目跟着市场走"的

思路，以"公司＋农户""合作社＋农户""农业产业园＋农户"等模式引领当地跨村打造品牌，让当地贫困农户与农业产业化龙头企业、农民专业合作社结成利益共同体，将贫困户入社和销售贫困户农产品作为任务交给合作社，让产业发展有动力和基础，产业扶持有"靶子"，让扶贫对象跟世界连接起来，呈现富带贫、富帮贫，覆盖面越来越宽的好势头。另外，为顺应"互联网＋"发展大势，充分发挥农特产品、海特产品的资源优势，按照"一村一品、一户一策"的要求，围绕特色食品、特色旅游、特色农产品等资源，促成知名电商企业落地建立服务站、帮扶店，培养出本地电商平台，通过举办以"互联网＋电商＋扶贫＋特色＋产销对接"为主题的培育特色网络品牌展销会等方式，打通"网货下乡"与"山货、海货进城"的流通渠道，不仅可以解决当地贫困人口就业，而且能够通过"代买代卖"方式，从根本上改变优质产品"养在深闺人未识"的状况，提高农特产品、海特产品的知晓度和知名度，实现生产、加工、包装、销售"一条龙"的互联网营销体系，带动传统企业转型升级，促进农民增收。乳山市去年通过电商平台实现乳山牡蛎交易23000多单，交易额500多万元。同时，大多数农村贫困人口没有知识和技术，发展观念落后，不会做生意更不要说塑造品牌形象了，实施"新型农业经营主体＋基地＋贫困农户"模式，要以人才为保障，精准扶贫培训学习必须瞄准贫困村，瞄准贫困户，立足本土，以大学生村干部和返乡创业青年为带头人，加大对精准扶贫户的培训学习力度，保障产业发展的人才需求。

（四）整合资源，带动相关产业

"互联网＋"具有较强的包容性，通过互联网整合各方人力财力物力资源，因村因户、分类指导，将其与农业、工业、服务业等三次产业充分融合，发展特色农产品深加工产业和劳动密集型产业，运用"互联网＋"思维，调整产业结构，为贫困地区培育特色产业搞好产前、产中、产后服务，构建有利于消除贫困的组合机制，实现资源优化配置与产业升级。"互联网＋"可以畅通信息渠道，为扶贫对象提供更及时有效的信息，通过创建本地的大数据中心，挖掘被低估的贫困地区产品潜在价值，为精准扶贫提供基本数据分析材料；也可通过推进"互联网众筹扶贫"等，创新信息发布渠道，加强政策宣传力度，对接各方资源，鼓励社会以不同方式为贫困人口就业创业提供相关资助。因此，借助"互联网＋"整合资源的同时带动相关产业的发展，开创区域经济创新发展、协调发展、绿色发展、开放发展、共享发展的新局面。

三 "互联网＋"背景下乳山市精准扶贫 产业发展对策分析

2015年3月5日，李克强总理在政府工作报告中首次提出"互联网＋"行动计划，指出利用通信技术及互联网平台，让互联网与传统行业进行深度融合，创造新的发展常态。基于"互联网＋"这一时代特征，乳山市要按照培育持续竞争优势的要求，走"网络化、特色化、个性化、生态化、适度化、集群化"的"六化"精准扶贫产业发展新路子。

（一）促进扶贫产业与移动互联网的深度融合与发展，构建扶贫产业"互联网＋"平台，实现乳山市精准扶贫产业发展的网络化

网络化指产品研发、产品生产、产品交易和物流配送等环节与互联网的深度融合，构建扶贫产业互联网的智慧协同研发平台、智慧生产平台、智能交易平台和智能物流平台，填平"信息鸿沟"，推动乳山市精准扶贫产业"五位一体"的高端发展模式。实施政府推动，先托后扶再监管战略。

首先，乳山市要立足于信息闭塞、发展基础薄弱的市情，在电子商务发展的初期，政府要像托管婴儿一样精心呵护，耐心地提供服务，全方位提供帮助；中期加强指导，出台扶持政策，培育壮大电商产业；各项工作走向正轨时，政府退居幕后，强化对市场主体的监管，推动电子商务健康持续发展。

其次，乳山市要尊重市场规律，发挥企业主体作用，一方面招商引资，建设淘宝网"特色中国·乳山馆"、阿里巴巴·产业带、电商产业孵化园、农产品交易中心、顺通电商物流园等服务平台；另一方面引导传统企业转型，激活民间资本投资，加快建设网货供应平台、物流中心、产品研发中心和包装仓储中心，通过双轮驱动，不断完善电商发展的链条，唱好电商发展大戏。

另外，要鼓励百姓创业，广泛动员齐参与。通过广泛宣传和开展培训，不断转变广大干部群众的思想观念，各行各业、不同群体积极参与电商发展，大学生村干部、农村返乡青年、未就业大学生、农村"两后生"、农村致富带头人、农产品购销和贩运商、专业大户纷纷开办网店，形成男女老少齐上阵、众人拾柴火焰高的电商创业热潮。

同时，要树立"三商"（网商、供货商、物流商）联动一盘棋思想，提高协会服务质量。建立健全乳山市城乡电商协会，充分发挥组织、协调、服务、监管功能，制定农产品生产标准提升质量，对接市场需求研发网货，规

范网上交易强化自律，促进"三商"形成产业链条，搭建区域行业共享平台，不断完善提升发展水平，努力树立乳山电商的良好形象。

最后，采取微媒营销，培育特色绿色产品品牌。通过开通政务微博、政务微信公众平台、政务网站、商业网站等，培育知名博主和自媒体，形成宣传矩阵。通过挖掘产品特色和文化内涵讲故事、自编微视频等方式，大力宣传良好生态、旅游产品、民俗文化，培育一批乳山市特色绿色产品知名品牌。

（二）提升特色产业的技术含量，促进高端产业发展，实现乳山市精准扶贫产业发展的特色化

特色化指高端产业发展以当地特有资源和传统文化为基础，通过技术含量的提升形成特色产业。发展特色产业，实施产业扶贫是落实精准扶贫和实现贫困群众增收脱贫的关键措施，是扶贫开发的"生命线"。乳山市实现精准扶贫产业发展的特色化，重点要抓好两项工作。

第一，加大农产品的"三品一标"的认证力度。"三品一标"是无公害农产品、绿色食品、有机农产品和农产品地理标志的统称，是政府主导的安全优质农产品公共品牌，是传统农业向现代农业转变的重要标志。乳山市精准扶贫产业要以"三品一标"标准化生产基地建设为突破口，依托优质农产品资源和食品安全优势，持续放大品牌效应，积极引导其他农产品基地开展"三品一标"认证，注册区域品牌，全面提高农产品的知名度和市场竞争力，彻底打破以往"多而小、散而弱"的局面，推行"公司＋专业合作组织＋基地＋农户"的农业生产管理模式，加快培育龙头企业和农经济合作组织。同时，推动产业向产前、产后两端延伸，开展农村土地流转，促进农村土地向种植能人、专业合作组织、龙头企业聚拢，推进农业产业向规模化、标准化、集约化发展。立足"国家出口农产品质量安全示范区""国家现代农业示范区"的优势，将农产品与深厚的养生文化内涵巧妙结合，全面提升农产品品位，开发出乳山食香、乳山食鲜、乳山食甜等一批具有地域特色、适宜健康养生的安全食品，推动农产品上档升级。强化农业标准化生产，建立以"三品一标"生产为主导的农业标准化生产示范园区，辐射带动农业生产标准化生产，把认证产品作为安全优质农产品公共品牌，使农业生产从传统农业向现代农业逐步转变，保证农产品的质量安全和实现精准扶贫产业发展的特色化。去年，该市新增"三品一标"24个，创建的全国绿色食品原料（苹果）标准化生产基地通过农业部验收，乳山樱桃地理标志通过评审，申报获批了3个无公害食品认证、3个绿色食品认证、3个有机食品认证。到2017年争取

打造省级水产品著名商标品牌 1 个，"三品一标"水产品总数达到 45 个，产地认定面积达到全市养殖总面积的 95% 以上。

第二，大力发展特色优势产业。长期以来，乳山市农产品品质优良，特别是"乳山三宝"，有着国家地理标志商标、无公害认证、绿色认证及中国江北最大牡蛎生产区、纬度最高露天茶叶生产基地、胶东优质大姜生产基地等诸多身份，这些称号分量沉甸甸。可由于品牌不响，反倒质优价廉，导致农民收入平平。不单是"乳山三宝"，该市很多农产品在销售中也因品牌不响，缺乏市场竞争优势，只能"随市就市"，一家一户单打独斗，直接导致乳山农产品很难进入大众视野。乳山应实施农业特色战略，瞄准"特色化、融合化、品牌化"的目标，坚持规模经营、标准生产，按照大宗农产品抓精品、特色农产品抓规模的思路，以"打特色牌、走高端路、举效益旗"的谋定之路，着力打造"一镇一业""一村一品"特色产业模式，依托资源丰富的优势，围绕特色农产品，引进果蔬汁、果汁饮料、大姜制品、花生肽、花生蛋白质、蓝莓酒、蓝莓果酱、保健茶、茶饮料、鸡肉粉和着力引进以提取海洋生物活性物质、开发海洋功能性食品和鲜食食品等为重点的精深加工项目，加快培育种植、养殖、精深加工和废弃物处理等产业链条，大力发展特色优势产业、基础设施、休闲农业改善村容村貌，加大推进示范区建设力度，积极构建起现代农业示范体系。

目前，乳山市已不断提升特色产业的技术含量，促进高端产业发展，加快实现精准扶贫产业发展的特色化步伐。打响以"乳山三宝"为代表的优质农产品品牌，走出一条独具特色的现代农业突破发展之路；做大"放心渔业"品牌，加强水产品质量监管能力建设，推行渔业标准化生产，完善产品市场准入、产地准出、质量追溯等制度，确保水产品质量安全。聘请专业机构对乳山牡蛎进行包装，通过开展"乳山三宝"捆绑宣传、"乳山牡蛎"地标产品专题宣传，组织开展"牡蛎品鲜季"等节庆活动，进一步叫响"乳山牡蛎"品牌，打造全国知名的地域品牌，提升海洋渔业的知名度和美誉度；重点培育壮大优质苹果、茶叶、大姜、葡萄等八大特色富民产业，加快其与二、三产业融合，形成"全产业"链条。

（三）实行产业发展的定制化，实施小批量生产制度，实现乳山市精准扶贫产业发展的个性化

个性化指高端产业的生产过程面向客户开放，实行定制化、小批量生产。消费者的消费需求越来越个性化，致使商品生产越来越向具有多样化、个性

化等特点的小批量、定制化发展，不少企业亦有从量制造向定制化生产转型，小批量定制化生产成为行业趋势。因此，乳山市必须从实际出发，紧紧瞄准扶贫对象，贯彻落实精细化扶贫。①在"精"字上做文章。一方面把最困难的最需要帮扶的贫困农民找出来，有针对性地开展帮扶，才能防止扶贫工作在最后一个环节"脱靶"。依据目前财力，乳山市难以做到全面帮扶，只能分期分批地进行有效帮扶，即每年具体"瞄准多少扶贫对象、安排多少帮扶资金、解决多少实际困难"，从而围绕这条主线确定帮扶规模，确保那些最困难的扶贫对象涵盖在其中。另一方面瞄准最困难的地区和最贫困的群体，将扶贫对象识别帮扶的重点放在乳山西北部，"互联网＋扶贫"必须因地制宜，根据扶贫对象的区域分布、生产特点等因素综合考虑来"量身定制"特色化、专业化、接地气的产业，以产扭贫。②在"细"字上下功夫。精细化扶贫面对的是一个一个的贫困家庭，工作细小而繁杂，环节细致而具体，各项工作任务重、标准高、要求严。特别是对扶贫对象要做好三个方面的工作。首先切实找准致贫原因。要在深入调查的基础上，认真梳理归纳各家各户的致贫原因，并将不同成因的贫困家庭分好类、贴好标签，为一家一户制定帮扶方案提供科学依据。其次科学制定帮扶规划。要破解"粗放式"扶贫，关键在于"量身定做"个性化扶贫措施。最后切实做到赏罚分明。一方面要克服畏难情绪，切实树立精细化扶贫理念；另一方面在制定帮扶规划时，应做到"帮扶责任到人、工作联系到人"。③在"帮"字上求突破。帮助扶贫对象提高能力、发展生产、增加收入、稳定脱贫，是精细化扶贫的核心，也是扶贫开发区别于农村低保的关键所在。要按照"扶贫部门引导，职能部门主导，相关部门配套"的原则，进一步加大资源整合力度，切实突破帮扶资金短缺的瓶颈；要一家一户落实帮扶资金；要强化服务管理，确保到户帮扶取得实效。

（四）依托生态优势，生产高端有机产品，实现乳山市精准扶贫产业发展的生态化

生态化指要依托生态优势，生产高端有机产品。"互联网＋扶贫"的前提是"互联网＋产业"，精准产业对扶贫至关重要，没有精准产业支撑就是无根之木，脱贫致富就会受到生态严重破坏。2005年大乳山滨海旅游度假区开发前，景区四野荒芜、植被稀少、泥滩盐碱，生态破坏严重且远离中心城市，既没有开发利用价值，更没有人气。面对极度恶劣的自然环境，乳山市认真总结经验，开展以"绿山、绿路、绿村、绿水"为重点的四绿工程，从改善

生态关系、建设稳定生态体系的理念出发,推进荒山绿化、治污理水、海岸带治理、生物防治等环境改造项目,使原先荒废的盐碱地成为风景优美的旅游区。如今,乳山市扶贫思路是不折不扣贯彻落实党中央、国务院的重大部署,将粗放式扶贫转变为"精准扶贫",变"大水漫灌"为"精准滴灌"。具体转变是变主要依靠外力扶助脱贫为主要依靠内力发展治贫的共识,由"扶贫开发"向"开发扶贫"思路转变,由输血式向造血式转变。生态修复是乳山市精准扶贫的最大挑战之一,乳山市委、市政府对生态资源的非法占用、过度开发等经过反复讨论,积极修复农村生态资源,找准资源优势,发展以本地资源为依托的产业项目,因村制宜、因地制宜,选准扶贫对象的主导产业,确保扶贫方向清,提升贫困村和贫困人口的自我发展能力。生态修复和扶贫必须遵循三个原则:生态效益和经济效益兼收、富民产业与富市产业兼顾、短线产品与长线产品兼有。主导产业的最佳选择必须经过多次调研、论证被认定可同时实现这三个原则。同时,扶贫村结合实际抓好四大创新模式:一是主要以当地自然资源为依托的专业合作社,实施"农村互助合作金融＋精准扶贫"的"合作金融扶持"新模式;二是引导城区、景区周边贫困村,围绕完善城区、景区旅游服务综合配套,发展以农业观光采摘和农家休闲接待为主的"乡村旅游带动"模式;三是引导贫困村依托合作社,发挥乳山市农产品质量安全品牌优势,与大城市固定客户建立农产品直供配送点,保证扶贫项目稳定收益的"产供直销配送"新模式;四是通过改变单纯土地流转、增加租金收入的做法,引导贫困村对边角、旧路沟渠等闲置地块进行整理,增加有效耕地面积,通过土地入股的形式,与合作社或农业龙头企业结成利益共同体,参与企业生产经营,安排贫困户就近打工,增加收益性、工资性收入,实现资源利用最大化和村户共同增收的"土地入股分成"模式。借助互联网,通过产业带动和吸引,降低互联网扶贫准入门槛,实现精准扶贫产业发展的生态化。

(五) 优化资源的合理配置,保持市场竞争力,实现乳山市精准扶贫产业发展的适度化

适度化指产业规模要控制在生态可承载、市场可容纳范围内,以促进资源配置高效率,保持市场竞争力。适度规模经营是农业现代化的重要途径。近年来,发展农业适度规模经营在"三农"理论界已经形成共识,但是具体发展模式、实现路径等仍处于不断探索中,有的地方在实践过程中也遇到一些困难和矛盾。农业适度规模经营的核心是实现各种生产要素的协同效应,

使其发挥各自最大的生产潜力，所以不能盲目追求规模而应注重度的把握。有规模不等于有效率，规模经营也并不一定产生规模经济，如果缺乏必要的自然、经济、社会和技术基础，一味地追求规模很有可能使农业生产的成本超过收益。对于度的理解，有两个层次，一个是定性的概念，衡量规模经营是否"适度"的关键指标是看生产要素的配置是否合理。另一个层次就是定量的分析，要根据投入产出法、计量经济分析等技术经济分析的方法，来测算盈亏风险和适合当地情况的合理规模。目前定量的工作做得还不够，真正要做好规模经营就要以定量为基础并和定性结合起来。农业适度规模经营需要大量懂技术、会管理、善经营的规模经营能人，应着重培养大量懂技术、有市场头脑、有较高文化素质的青壮年农民，实现精准扶贫产业发展的适度化。

（六）深化产业分工，不断完善产业配套，实现乳山市精准扶贫产业发展的集群化

集群化指要深化产业分工，不断完善产业配套。乳山市精准扶贫产业发展集群化的核心就是创新"产业＋平台＋协会"模式。所谓产业，就是贫困地区具有发展潜力的产业；"平台＋协会"则是"统贷平台统一贷款、政府管理平台综合管理、担保平台统一担保、公示平台公示、信用协会相互监督"的"四台一会"制度。这种"产业＋平台＋协会"模式既要保障金融支持农村产业发展，又要最大限度降低金融风险，强化产业项目资金的投放和管理，努力壮大特色和新兴产业。按照"一区多园""园中园"模式，深入实施特色产业振兴规划，采取"合作社＋基地＋农户""公司＋基地＋农户＋市场"等模式加快培育龙头企业和农经济合作组织，以重点企业、重点产业带动园区发展，在"基地即园区、基地即景区"思路带动下，积极打造葡萄酒产业园、伯瑞蓝莓、爱母茶叶等50个集农业生产、工业制造、旅游观光、科普教育、产品销售于一体的新型农业产业化示范基地；"用工业理念谋划农业"的思路突破传统农业束缚，按照"纵向延伸拉长链条，横向融合块状突破"的理念，推动产业特色化、规模化向产前、产后两端延伸，开展农村土地流转，促进农村土地向种植能人、专业合作组织、龙头企业聚拢，引进培育一批"补链型"龙头项目，大力发展一批"复合型"农业园区，着力提升集群发展新格局。目前乳山已形成以福喜公司为龙头的肉鸡产业链，以华隆食品、金果花生为龙头的花生产业链，以吉利食品、银金食品为龙头的大姜产业链，以正华农林、威茗茶叶为龙头的绿茶产业链等；依托"农超对接""农企对

接""社企对接"，深化与国内外大型超市、企业合作，形成产销衔接、农企农超对接的市场流通产业集群，提升产业规模和品牌影响力。如今，乳山已成为中粮集团、沃尔玛等国内外知名贸易商的农产品供应基地，农产品出口60余个国家，年出口额突破2.8亿美元；着力培育壮大安全食品、新材料、新能源、生物科技等高新技术产业集群，推进产业向规模化、标准化、集约化发展。

乳山市在做互联网加法的过程中，收获乘法效应的同时必须认识到，推进"互联网＋扶贫产业"，也会遇到各种难以预计的困难，精准扶贫任务艰巨，需要以更大的勇气和决心、更大的胆略和气势，深入实施，大胆开拓，才能书写"互联网＋精准扶贫产业"的新篇章。

（作者单位：中共乳山市委党校）

《成长最美——走向核心素养的成长教育的探索与实践》内容提要

鞠文玲

一　编写背景

当前我国教育正在进入一个新的时期，即由每个孩子有学上转到上好学、上有质量的学。为此，首先要转变教育观念，从应试教育的泥潭中解放出来，改变人才培养模式，推进素质教育，全面提高学生的综合素质。2015 年中央提出的考试招生制度改革的意见，其目的就是要改变单纯以一次考试成绩评价学生的局面。因此，学校要树立正确的人才观、学生观、教育观，以德育为先，能力为重，习总书记提出了立德树人是教育的根本任务，这与社会主义核心价值观内涵相契合。

作为一所高起点高站位的年轻学校，我们拥有一支精良的师资队伍，在对教育有着深刻思考的前提下，我们提出了"教育应该给予学生怎样的影响?"，在一次次的探索和追问中，我们认为成长教育，是促进师生快乐的需要；成长教育是建设学校文化的需要，文化是"软实力"，是学校持续发展的后劲，我们凝练出自己的文化特征，将学校的办学理念确定为"成长有恒，让每一个生命自由舒展"，提出了"恒"的校训；成长教育是打造学校品质的需要，我们坚信：成长的学生必然是优秀的学生，成长的校园也必然是优质的校园。通过成长教育打造的学校品质才是符合教育思想、真正体现学生主体性、能够代代传承的优秀品质。当成长教育落根于荣成市蜊江小学（以下简称"蜊小"）时，我们寻找成长教育的着力点：从学生到教师，从课程到教学，从师生互助到家校合力……蜊小人探索着教育的每个角落，不断更新着对成长教育的理解：成长教育之实现，在于学生、教师、课程，也在于家校合力。

我们认为：成长之魂在于学生，因为学生发展是一所学校的终极目标；成长之行在于教师，因为一所学校的教育品质来自于名师的培养；成长之根在于课程，李希贵强调"课程是学校最重要的产品，是学校的核心竞争力"，因此作为教育理念的载体，作为实施教育的途径，课程在教育中发挥的作用也愈加重要，故成长教育想要生根发芽，其根本在于成长课程体系的建设，通过构建学科活动课程、实践类课程和研究性学习课程，为成长教育的践行提供木本水源；成长之力在于家校。教育永远不仅仅是学校的事情，家长对于学生的影响远超过学校，因此家校合力才是成长教育的重要推手。因此，成长教育是一种目标、一种理念，更是一种过程。成长需要一代又一代教育者的不断付出，需要有大魄力的变革，更需要潜移默化的影响。成长是所有教育者和被教育者需要共同研究的持久课题。

二　学术价值

近距离、多视角透视一所新建小学锐意改革创新，以人为本，因材施教，给每位师生提供成长的空间和土壤，让每一个生命自由舒展。

1. 解读成长教育内涵，实现以文化人

本书通过对生命成长的方式、特点、影响要素等出发，通过成长教育对生命一生的影响的三个方面来说明"尊重生命自然的差异"、"依托生命自然的潜能"和"发展生命自然的灵性"。成长教育坚持尊重教育发展规律，坚持科学发展观，坚持以人为本，采取工作与研究相结合、研究与实践相结合的思路，以现代学校制度建设、生活化德育、专业化教师队伍建设、最优课程与教学改革、现代学校文化建设为主要内容，稳步、科学、持续地推进成长教育。

2. 以传承经典推进品牌活动，实现立德树人

我们以弘扬和培育社会主义核心价值观为主线，坚持以德润身、以文化人，大力推进校园文化的传承创新，打造美丽成长家园，开展异彩纷呈的校园文化活动，指引学生发现丰富完善自我，在选择中成就自我、放飞思维、规范行为、顺应成长规律，丰富学生的知识结构，促进学生的德、智、体、美、劳等方面的综合成长。在活动中按照"熟知活动内容及目标—有目的的训练—实践操作—检验成果，提升能力"这一路径，并在活动中提高其探究意识、环保意识、公共意识、独立思考意识及合作能力、动手能力、和抗挫能力等各种技能，从而使其感受到成长的乐趣，实现立德树人的目的。

3. 开发校本课程，推动"基于核心素养的成长课程体系"建设

课程是学校育人的主要载体，课程建设要尊重学生的差异，满足学生的多元化发展需求，尽最大可能地个性化实施。为此，本书整体设计，构建三级课程体系，以各学科课程建设为路径，探索国家课程主题单元知识整合、知识点系列整合，进行主题教学模式的尝试，力求做到国家课程求实、地方课程求精、校本课程求活。这些课程的开发、建设和实施，依赖于品牌活动的探索与开发，不仅为开发学生潜能提供了机会，同时也丰富了学生体验的内容和形式，深受学生喜爱，成效明显、影响较大。三级课程的整体推进，丰富了学校活动文化的内涵，给了学生更多体验成功的机会，为学有所长的学生搭建了"展示自我，秀我所能"的平台。

4. 创新家校协同教育模式，构建成长教育共同体

在当前学校教育被社会日益关注的情势下，本书用大量的理论结合实际案例充分说明如何建立幸福的家长观，用案例展现无缝沟通的"蜊小范"的家校协同共育的新模式，以及全能的家委会如何实现家校爱心共为学子成长助力，并利用学校开展的丰富多彩的活动，既实现了教育资源的整合利用，丰富了学校活动形式，提升了活动效果，更使教师在资源的整合、拓展和实施中，深化了思想认同，为开展好家校协同教育奠定了基础。同时，提升了特色学校的内涵品质。在威海市加强化特色学校创建的大背景下，能够为各学校提供经验借鉴。

三　内容编排

《成长最美》以研究者的专业精神，积极地探索着小学教育的规律和本质，是学校在寻求特色发展中的重要坐标，也是教师在追求教育理想过程中的价值体现。将成长最美归结为成长之魂在于学生、成长之行在于教师、成长之根在于课程、成长之力在于家校。抽丝剥茧、层层推进，全方位展示蜊小经过两年的耕耘、两年的积累，所成就的积极向上的成长文化、丰富多彩的学校课程、温馨和谐的人际氛围和以人为本的管理机制。本书于2016年10月和11月两版印刷，共计26万字。全书分为序言、前言、目录及正文四部分。其中正文部分通过"成长文化""成长课程""成长少年""成长教师""成长家长""成长幼儿园"六个章节展示促进教师专业成长的举措和成果，详细记录了蜊小在不断摸索中砥砺前行，蜊小人对成长教育的探索、遵从、敬畏和坚守，从而成就的学校可持续发展之路。下面分章节简要阐述一下相

关内容，内容节选：

第一章　成长文化

一个好的学校文化，首先受惠的必定是创造这种文化的人——教师、学生、员工。我们认为：对"成长教育"的理解，是凝聚全体教师目光与智慧的关键，是聚合家长、社区和社会各种资源的纽带，是形成学校核心文化、团队价值观和教师发展愿景的重要环节。为此，我们主要做了三件事：界定"成长教育"的内涵；确立"成长教育"的追求；打造"成长教育"的特色。

第二章　成长课程

课程是学校育人的主要载体。课程建设要尊重学生的差异，满足学生的多元化发展需求，尽最大可能地个性化实施。为此，我们整体设计，构建三级课程体系，构建各学科课程建设路径，探索国家课程主题单元知识整合、知识点系列整合，进行主题教学模式的尝试，力求做到国家课程求实、地方课程求精、校本课程求活。这些课程的开发、建设和实施，不仅为开发学生潜能提供了机会，同时也丰富了学生体验的内容和形式，深受学生喜爱，成效明显、影响较大。三级课程的整体推进，丰富了学校活动文化的内涵，给了学生更多体验成功的机会，为学有所长的学生搭建了"展示自我，秀我所能"的平台，让我们听到了学生成长的脚步声。

第三章　成长少年

首先，我们结合教育家杜威"教育即生长"的理念，用成为一棵大树所需要的五个条件来解读"成长"——时间、不动、根基、向上长、向阳光。由此我们得出启示：要想得到成长，甚至成功，首先，我们不仅要树立一个正确的目标，并且为目标扎好根基，而且能够坚守信念、不断以乐观向上的态度来充实自己、持之以恒地坚持，只有这样，愿望才有可能变成现实，才有可能成功！

然后我们分别从"四季乐成长，美丽在行动""播种习惯，收获行为""传承美德，少年杨志""领航成长，德育树人""成长花开，璀璨绽放"五个小节来阐释蜊小成长少年在成长活动中的具体外化表现。

对于学校来说，基于未来孩子必备的核心素养而确定的鲜明的培养目标才是课程规划的"主心骨"，也赋予了我们的课程以灵魂和核心。我们在不断地追问、反思与交流中，逐步确立并固化了"培养内修外炼的现代小公民"

这一培养目标。内修外炼，培育有中华文明根基、有现代精神内核的一个个现代小公民。我们把现代小公民解读为这样两个向度。①向度是着眼孩子五十年的终身发展目标：好读书、知礼仪、健身心、远志向。一个孩子到学校里来学习，要有终身好学习、好读书的愿望；这是学校教育的价值和意义所在（学力不等于学历）；孩子读了书就明了理，就可能成为一个知书达礼的现代文明人，成为合格的社会公民；知书达礼是精神的发育，而有一个健康的身体和阳光的心态，才能成为一个完整的人；这样的孩子如果能有远大的志向，那么就会努力创造属于自己的成功之道，过完整而幸福的人生。②一个向度是着力孩子五年的学力发展目标：会倾听、善思考、厚基础、有潜能。就学习而言，学会倾听是一种美德，更是一种学习智慧，在倾听中悦纳他人的思想，有容乃大；善于思考，独立思想，是学习的理想境界；厚实基础，具备一定的学习能力，养成良好的学习习惯，终身受益；发现并逐渐形成自己的优势智能，获得一种学习的自信，具有持久的学习潜力，是学习者最大的幸福。这是小学阶段给予孩子的学力基础。

第四章　成长教师

幸福是我们工作和生活中的体验和追求，教师的幸福是教育过程中的愉悦的美好的情感体验。教师的幸福是一种精神享受。教师的幸福体现在游刃有余的教育教学中，体现在课堂上融洽的教与学的互动中，体现在单位同事的互助互学中，体现在天下桃李的温馨问候中，体现在与家长的良好沟通中……这是唯有教师才能享受到的独有幸福。

教师是幸福的，才能创造出幸福的课堂，教出幸福的学生。据此，荣成市蜊江小学以"教育即促进成长"为教育理解，以"成长"为核心追求，全方位打造"成长式教师"，培育教师"坚持品质"，打造成长教师团队，着力提升教职工群体的师德素养，并重点打造精干的班主任队伍，提升教师职业幸福感，让每位教师都能成为学生教育生涯的"指路人"，学生成长路上的"领航者"。

本章我们从"书香阅读，助力教师阅历成长""创新培训，助力教师专业成长""站点研训，助力教师能力成长"三个角度着力成就成长教师。

第五章　成长家长

学校是社会的小天地，当孩子踏进校门，就开始了社会生活的初体验，而家庭是孩子自出生以来的生活环境，良好的家庭教育是学校教育取得满意效果的前提和基础。由此，家庭和学校在学生的成长发展过程中都承担着重要角色，甚至家庭教育的重要性要超越学校教育，基于这一理解，蜊小的沃土上，有着极为重视家长力量的管理团队，引领着极富热情的活力家长，共同凝聚着属于蜊小师生家长的美丽幸福。

本章中我们从"幸福家长观""沟通蜊小范""全能家委会""爱心共助力"四个小节的内容，阐述蜊小家委会在蜊小的成长教育中所处的地位和举足轻重的作用。

第六章　成长幼儿园

教育是家园的共同责任。家、园是助推孩子成长的双翼，必须同步发展，紧密结合，缺一不可。我们利用多种形式，吸引家长参与幼儿园的活动，采用"同心情相融：了解－沟通－引领；同行爱相伴：开放－合作－分享；同德力相合：信任－互育－圆梦"三步走模式，通过成立家长委员会、举办家长学校、开展"爱·成长"系列亲子活动、举行"酷爸辣妈"志愿者活动等，搭建家园了解、沟通、互育平台，促进每一个孩子全面和谐富有个性的发展。引领路上，我们大手牵小手，快乐同行。

本章中主要从"爱的牵手——谱写家园共育新篇章"、"智的光芒——引领教师专业成长"和"趣的天地——激励幼儿自发成长"三个方面阐述了蜊小幼儿园的发展。

（作者单位：荣成市蜊江小学）

《逐梦·助力·筑成长》内容提要

徐海峰

钱钟书先生说过：好的教育是让孩子多读书，读好书。经历人生、行万里路、开有益卷都是读书的好方式。学校是学生成长的环境，也是学生一生的记忆，这里有学生成长的烦恼，有师生对教育的"等待"与"期待"。校园的状况与状态，决定了学生日常的学习生活状况与状态。泰戈尔说"教育的目的是应当向人类传送生命的气息"。传递生命的气息需要介质，需要抓手，也需要载体，更需要教育的话语权平等释放。把校园文化建设作为特色课程来构建，从而锻造了学校文化之魂，塑造了学校文化精神。

以什么教育理念来引领我们的教育行为？以什么样的教育行为来成就每个学生的本色人生？对传统的回眸，对当下的共鸣，对未来的凝望，根植于学校多年对特色文化的几点思考，"上古无文字，结绳以记事"，绳是最早将人类与文明相连接的纽带，绳的使用使人类产生了连接和联想的思维。绳的"联系、合作、创新、法度"的内涵表达不正是学校规范管理、内涵发展的标杆吗？基于以上认识，山东省威海经济技术开发区蒿泊小学在实施感恩德育课程、中国结绳编综合实践课程、花样跳绳体育课程这三大优势项目的基础上，整合优势资源，凝练文化精神，提出了"绳文化"这一特色化、个性化、校本化的素质教育实践与理念，在倡导"办有灵魂的教育，育有底气的新人"的文化精神中，在追求"感恩·自信·博学·创新"的价值内涵指引下营造人文校园、感恩校园、智慧校园、阳光校园、生命校园，"以校园的每一天成就每个学生的本色人生"。整合教育资源，用人文、感恩、智慧、阳光、生命五个主题词来呈现绳文化特色校园的特征，在小学教育的不同节点和阶段，为师生提供多菜单、模块化的校本课程。

1. 人文校园：

"人文"一词在中国最早见于《易经》"观乎天文以察时变，观乎人文以化成天下"——即人文教化的思想，中国传统文化中的人文精神是中华民族最基本的精神文化之一，它充满了对天人关系、人际关系的探讨和思索，提倡天人合一、人我和谐、仁义平和、厚德载物、自强不息的传统人文精神。人文校园的建设重在体现出"人本理念"，满足学生的多种、多层次的需要。校园文化是学校发展的灵魂和动力，让校园成为鲜活的教育读本，成为"文化浸润，情感体验"的理想教育场所。

营造具有浓郁人文气息的学校，让校园充溢着书卷气、书生气，充盈着感恩情怀。校园的每一面墙壁，每一个角落，每一间教室，都要说话，把凝聚着学校"感恩·自信·博学·创新"文化精神的校徽感恩结拓展到整个校园，让它的文化内涵驻进师生心间，让校园成为鲜活的教育读本，成为"文化浸润，情感体验"的理想教育场所。让校园的每一天，成为师生弘扬爱国精神、尚德精神、自强精神、兼容精神、敬业精神、创新精神、合作精神的每一天。

2. 感恩校园：

英国作家萨克雷说："生活就是一面镜子，你笑，它也笑；你哭，它也哭。"你感恩生活，生活将赐予你灿烂的阳光。构建感恩校园，旨在让校园充满感恩的气息和爱的气息。感恩是一种处世哲学，也是生活中的大智慧。一个智慧的人，不应该为自己没有的斤斤计较，也不应该一味索取和使自己的私欲膨胀。学会感恩，为自己已有的而感恩，感恩生活给你的赠予。学生生活在当下，对传统、现代和未来会有一定的认识和感悟，这些认识和感悟不一定都是深刻的，对社会、家庭、学校发生的日常现象习以为常了，常常忽略了生命的接力在人类历史的长河中需要一代代的链接，感恩是人的社会性的一种体现。人只有在服务社会、对社会做出自己应有的贡献中实现自我人生价值。只有懂得感恩，学生才会有一个积极的人生观，拥有健康的心态。

营造充满感恩气息的学校，让校园洋溢着爱的气息。开设教师四德建设、学生五爱五项责任德育课程，努力在校园创设倾听、宽容、理解、承接、回报、奉献等教育情境。让师生在自己、他人相互尊重中追求生命的意义。校园成为"感恩与爱"教育的理想场所，让学校的每一天，成为师生"感受美好生活，领略人间真爱，用于责任担当"的每一天。

3. 智慧校园：

苏霍姆林斯基曾说："一个人到学校上学，不仅是为了取得一份知识的行囊，而主要是获得聪明。因此我们主要的努力就不应该仅用在记忆上，而应该用在思考上。所以真正的学校应是一个积极思考的王国，必须让学生生活在思考的世界里。"思考的力量，就是智慧，就是驻在心底的正见，是不断产生感悟的能力，是见微知著、把握全局、由此及彼的能力，从经验和事务中领悟大道理的能力。教育的真谛在于启迪人的智慧，解放思想，以人为本，努力实现智慧型管理，从而培养出智慧的学生，而培养出智慧的学生，需要引导学生不断地实践，不断地去接触智慧、判断智慧、思考智慧，从而生成和发展智慧。

营造充满教育智慧的校园，让校园充盈着智慧的气息。每一堂课，每一次活动都能够成为"智慧"的"触发点"。智慧，是思考的力量，是驻在心底的正见，是不断产生感悟的能力。智慧是一个内涵丰富的概念，这个校园师生处处都能感悟到人生的智慧、历史的智慧、民族的智慧。全纳教育，让每个学生都成为"最棒的自己"；合作教育，让学生感受团队的温暖、同行的快乐；网络微课程，让孩子们连线未来，创意无限。校园成为师生"学会选择、明事明理、大胆想象"的理想教育场所。让学校的每一天，成为师生"发现问题、分析问题、解决问题"的每一天。

4. 阳光校园：

阳光的校园是一种具有理想色彩的充满生机的校园，是具有创造精神、具有生命的活力、具有艺术气息的学校，让校园弥漫着创造、运动、艺术的气息。运动是人充满青春与活力，艺术使人充实和完美，体育和艺术是我们儿童的思维和心灵健康发展的基础。陶行知说："要解放学生的头脑，让他们去想；解放学生的眼睛，让他们去看；解放学生的双手和双脚，让他们去实践；解放学生的时间和空间，让他们去发展。"这是闪动创造、艺术火花的教育思想。花样跳绳，解放孩子的手脚，让他们快乐成长，阳光自信；中国结绳编，解放孩子的大脑，让他们弘扬中华文化精粹，感受创新快乐。让学校的每一天，成为师生"品鉴中华文化、感受艺体快乐、提升创造素养"的每一天。

阳光的校园是充满活力的校园，是充满艺术气息的校园，在任何一种文明中，体育、艺术与"教育"一词的含义往往是联系在一起的。体育，为知识之载而为道德之寓者也。艺术使人充实和完美，体育和艺术是我们儿童的思维和心灵健康发展的基础。它们在发展儿童的直觉、推理、想象、技巧和表达交流的过程中，形成丰厚的文化修养。能培养人的直接感知经验，并将抽象的符号体系与具体的经验层联系起来，而不是像其他学科那样分裂。它与其他学科相比，还有一个独异之处，即有助于学生探索、理解、接受和运用模糊性和主观性的事务，并为学习注入激情，这一点尤为重要。我们开展花样跳绳阳光体育活动和中国结绳编艺术活动，不仅能陶冶情操、提高素养，而且有助于开发智力，对于促进学生全面发展具有不可替代的作用。

5. 生命校园：

营造充溢着浓郁生命气息的学校，让学校荡漾着生命气息。我们要让学生在校园里学会爱自己、爱生活、爱自然、爱生命。在校园仅仅提倡"以人为本"是不够的，还要提倡"以生命为本"。

作为教师，我们每天所面对的是一群鲜活的生命个体，是一个个对世界充满新奇感的心灵世界。我们的教育，不仅要对学生的升学考试负责，更要对学生的一声生命质量负责，要为学生的幸福人生奠基。生命校园之理想生活是生命存在的状态，有什么样的生活，才会有什么样的生命质量和价值。生命校园的理念是为了生命主体的自由和幸福锁进行的生命化的教育；应该是真正充满活力的人的教育，是引导人生走向美好和完善的教育。让我们的课堂和校园充满关注生命真谛，以求真务实来彰显求实校风。有什么样的生活，才会有什么样的生命质量和价值，让学校的每一天，成为学生"珍惜生命、热爱生命、提升生命"的每一天。

五种校园是凝结着蒿泊小学全体教职员工智慧和心血的教育实践和教育行为。浸润在五种校园之中，学生的情感体验是丰富多彩的，记忆是难忘的。这本书讲述着构建"绳文化"特色学校的点点滴滴，其中的许多活动案例都是源于师生的原创，我们只是期待集体的智慧能够打开一扇教育的窗户，让教育的艺术气息扑面，让"以绳促德、以绳增智、以绳健体、以绳织美"的教育芬芳缓缓流淌。

（推荐单位：威海经济技术开发区工委宣传部）

"都是我的囚徒"

——论弗拉迪米尔·纳博科夫的僭越叙事

张德霞

引 言

杰拉尔·热奈特将"僭越"定义为"从一个叙述层次到另一个叙述层次的转换","故事外层叙述者或受述者对故事世界任何形式的入侵，……反之也成立……"；黛博拉·玛琳娜则将其定义为"叙述层次间存在的越界"。威廉·内尔斯将僭越划分为内向僭越（intrametalepsis：故事外层叙述者和或受述者进入故事内层）和外向僭越（extrametalepsis：故事内层叙述者或受述者进入故事外层），并进一步界定了回述（analeptic）僭越（进入一个先于自己存在的叙事时空），预述（proleptic）僭越（进入一个晚于自己存在的叙事时空），认识（epistemological）僭越（语言层面上展示对另一故事层的认识）和本体（ontological）僭越（物理意义上真实进入另一故事层）。本文选取了纳博科夫不同时期的四部作品（《威尼斯美妇》，《征募》，《普宁》，以及《王，后，杰克》），在文本细读的基础上，结合以往学者的研究，试图找出纳博科夫僭越技巧演变的特点，勾画其发展脉络，以洞察其独特的叙事技巧与人物创作理念之间的关系。

一 模棱两可： 故事中人物僭越

《威尼斯美妇》是纳博科夫创作于 1924 年的短篇小说，但纳博科夫在有生之年从来没有发表过，直到其子德米特里·纳博科夫将其翻译成英文，在1995 年被收入纳博科夫短篇小说集。

谈到这部短篇时，尼尔·康沃尔指其"缺乏纳博科夫成熟作品中的老练"，不过他同时也提到了其中"绘画与言语描绘的双重特写"和"绘画与社会（画与现实）"两个世界。马克西姆·施瑞尔提及了"纳博科夫对'进入另一个时空'问题的关切"，但他似乎仅仅将其看成一种内向认识僭越，"辛普森在故事中入迷地盯着画像，以此阅读着另外一个世界的文本，不由自主地成了它的一部分"。施瑞尔真正想要强调的是在言语文本框架下对绘画文本的阅读活动，"摆在我们面前的是一个故事，一个言语文本；它是另一文本——经由语言媒介诠释的、他世界的绘画文本——的框架，并由此凸显了一种特殊的阅读模式"。

以下分析将以施瑞尔教授的解读作为出发点，探讨作品中内向本体僭越存在的可能性。首先，施瑞尔提出的"绘画文本"将被看作一种叙事，被嵌入的叙事。其次，论文将进一步探究"纳博科夫诗学的关键元素之一"——"进入另一空间"。

在故事中，纳博科夫一直在精心地引领（或误导）着读者，为柠檬的出场做着铺垫。第一次，辛普森在想象中进入了一个遥远的听觉世界。第二次，画商麦克戈尔与辛普森探讨赏画的经历时，想象自己走进画中。在一个午夜，辛普森从睡梦中惊醒，对画中美人奇特而又不可抗拒的欲望驱使他站到了画前，终是进入了那神秘诱人的世界。他毫不费力地走进画中，享受着美女的微笑，接过她递来的柠檬，想回头看看自己走来的世界。可很不幸，辛普森凝固在了画上，他"变成了画作的一部分，在威尼斯美人身边摆着可笑的姿势，……难以呼吸"，无法逃脱。他以荒谬的形象出现在了画中，同时也从故事世界神秘地消失了。根据貌似无关联的故事碎片，读者隐约能推测到：那天晚上，年轻艺术家弗兰克在《威尼斯美妇》画布上挥毫泼墨，对其进行了改写，将辛普森改写为画作叙事的一部分。后来将画作重新改写，将辛普森从画作叙事中解救出来并送回原来世界的则是麦克戈尔。麦克戈尔开始抹除弗兰克对画作所做的修改，可他突然间意识到了什么：

> 太奇怪了，他想，真是太奇怪了。这不可能——他看着带有油彩的碎片，突然将它们揉成一团，从手边的窗户扔了出去，眉头古怪地紧锁着。他抹了下额头，惊恐地看了上校一眼……然后一反常态匆忙地走出了大厅，进了花园。
>
> 窗下，墙壁与牡丹花丛之间，园丁正站在那里，抓耳挠腮地望着趴在草地上的黑衣人，不知如何是好。

故事中几乎所有的碎片都可以以巧合为线索进行拼贴。布莱恩·博伊德提出，"事实证明，所有都只是讲故事的花招，最后合情合理的解释出现了"。但是辛普森手上那只干燥枯萎了的柠檬，"故事中唯一的谜"，神秘依旧。巴顿·约翰逊强调，"要知道，所有的谜团看上去都有了合理的解释——除了威尼斯美妇篮中那个泄密的柠檬。这着实是双重打击"。

通常，叙述者相信一切都是真实发生的，而读者相信叙述者所说的一切都是真实发生的。因此，辛普森进入画作只应在神话传奇中出现。但是叙述者不止一次地强调自己所讲的只是一个故事："因此，斗转星移，从早餐到晚餐再到早餐，世界就这样运行着，故事也这样进行着。"这种元小说元素明确地表达了故事世界的虚构本质，辛普森仅仅是小说中的人物，一举一动都取决于他的创造者（作者），而不是现实逻辑。弗兰克的画作，麦克戈尔对画作的修改，以及叙述者的总体布局，这一切都淋漓尽致地展现了艺术创作的魔力。在艺术的帮助下，辛普森真实地拜访了画中的世界。辛普森走入画中，完满地展现了内尔斯所谓的"内向本体僭越"：从他所生活的世界走进弗兰克的绘画世界，从故事层僭越到故事内层，并带走了那只干枯的柠檬。

柠檬的来源有了答案，但是读者不能忽视它作为"故事中唯一的谜"的重要性：柠檬是纳博科夫写作手法的奥妙所在，旨在达到模棱两可的状态。柠檬背后隐藏的，很可能就是纳博科夫认为尚不成熟的首次试验的内向本体僭越。

二 叙述者"代理"僭越

在短篇《征募》中，纳博科夫继续探讨文学创作的源泉，但同时也在尝试性的继续"僭越"这一手法。故事中的第一人称叙述者"我"向读者展示了他是如何从"我"的叙述层（故事外层）征募一名刚刚从电车上下来的老人，赋予他历史、内心世界，并且根据他的外形特点赐名为瓦西里·伊万诺维奇。从此，瓦西里成了"我"玩偶世界中的一员，并将在不同的作品中游走。而现实世界中的老人对此一无所知。这类人或物，被纳博科夫征募，并作为他或叙述者的代理，游走于自己创作的虚拟世界。

叙述者在《征募》中征募的不只是瓦西里·伊万诺维奇，同时被征募的还有"我"，"一位拿着一份当地俄文报纸的男士"。接下来，这个"我"坐在了瓦西里身旁，但同时他还是这一切的创造者，是"我"给这个从电车上下来的中年男子起名瓦西里，是"我"假想他刚刚从葬礼回来，是"我"把儿时的一个远亲安娜分配给瓦西里做他的妹妹……这些细节都说明，叙述者已经走进了他的故事层，在故事层讲述自己和瓦西里的故事。但是，故事结尾处，叙述者却说，"我的代理，那位拿着俄罗斯报纸的男士，现在自己一个人坐在长凳上，还移到了瓦西里刚才坐过的树荫下…"。很显然，手拿俄罗斯报纸的"我"是受述者而不是叙述者。施瑞尔在讨论《征募》时指出，"叙述者将自己称为'我的代理人'，从而在文字层面将'叙述者我'和'叙述者代理'分开来"。从这一角度看，"叙述者我"只是故事外层的叙述者，执行的是观察者和叙述者的功能。而"叙述者代理"摇身一变，成为故事层的一个人物，走进了叙述者的故事世界。他们之间已经不仅仅是文字层面的不同，而是身处不同的故事层次。叙述者处于故事外层，而"叙述者代理"从故事外层进入了故事层，与被征募的瓦西里处于同一个叙事层次，一个"前任"，一个"继任"。从故事外层进入到故事层，可称为"内向本体僭越"。

三　隐蔽的叙述者僭越

《普宁》是纳博科夫 1957 年的小说。对普通读者来说，这部作品轻松易读，温柔伤感，读来让人笑中带泪。20 世纪 80 年代之后，随着莱昂娜·托克，博伊德教授和杰纳迪·巴拉布塔罗研究成果的出现，对《普宁》叙事结构与叙述技巧的研究已经越来越深入。下文将在已有研究成果的基础上，对小说叙事方面的几个重要问题进行梳理，以便厘清思路。

叙述者"我"的身份：小说前六章是由一个神秘的，无所不在的全知叙述者"我"叙述，貌似是纳博科夫本人。直到最后一章读者才恍然大悟，原来这个"我"并不是纳博科夫，而是普宁的老相识，与普宁一样同是故事中的虚构人物。前六章中的"我"和最后一章中的"我"为同一人，也是多数学者的共识。

多叙与僭越："我"既然与普宁一样同是故事中人物，其叙述应该是内视角（内聚焦），即"根据人物（知觉和感觉）视点或视角来传递信息"，只能讲述"我"个人的见闻与思考。但是在前六章中，叙述者"我"呈现给读者的远远大于他所知道的，这种叙事方式，叙述者"提供的信息多于应该提供的信息"，被称为"多叙"（Paralepsis）。托克也曾经指出，"叙述者以貌似全知的叙述者出现，却原来是虚构世界中的一员……故事内层叙述者篡夺了全知叙事的特权"。

托克于 1989 年重申了"多叙"这一叙事技巧，进一步指出"叙述者对虚构世界的入侵"这一现象为"僭越"。如果叙事者入侵虚构世界成立，那么叙述者首先要处于故事外层；如果叙述者是以"虚构世界中的一员"进行多叙，那么叙述者本来就属于故事层。在这种情况下，普宁的身份问题就尤为重要。假如前六章中，叙述者确实是以普宁朋友同事的身份跟读者分享普宁的生活趣事，那么叙述者与普宁存在于同一个故事层，叙述者的叙述为"多叙"；假如叙述者笔下的普宁纯粹是虚构，则叙述者存在于普宁故事的外层，作为创作者存在，他出现在普宁故事中，则是故事外叙述者进入到故事层，是"内向本体僭越"。

普宁的身份：托克认为，《普宁》中的叙事"可以分为两个部分：（a）传记传奇……和（b）透露他传奇来源的第一手资料"。基于此，小说前六章中的普宁只是叙述者传记传奇的主人公，一个由叙述者虚构的人物，而最后一章中的普宁是叙述者世界中的真实人物，至少与叙述者本人一样真实。这两个普宁，前者存在于叙述者"我"的故事内层，后者与叙述者存在于作者纳博科夫的故事层，两者有本质的区别。为方便起见，下文中把前六章中的普宁称为普宁 F（fictional），第七章中的普宁为普宁 R（real）。

框架叙事：卡特里奥纳·凯里指出，博科夫曾经给出版社建议的《普宁》封面说明了作者框架叙事的意图。封面中是普宁的肖像画与英文名《普宁》，但是普宁的手中还有一本书，书名是俄文《普宁》，语言的差异或许暗示了此《普宁》非彼《普宁》。两者形成了一个完美的框架结构：处于故事内层的是叙述者虚构的普宁 F 的故事，而普宁 R 与叙述者同处的故事层将其完美的嵌套与其中。处于这一切上层即故事外层的当然是作者纳博科夫，封底上的蝴蝶则是纳博科夫的代理。

在小说结尾，叙述者描写道：

> 我站在原地眼看三辆车在那所摩尔人的住宅和那颗伦巴第白杨树之间的车道上渐渐远去。随后，小轿车大胆地超越前面那辆卡车，终于自由自在，加足马力冲上那条闪闪发光的公路，能看得很清楚那条公路在模糊的晨霭下渐渐窄得向一条金线，远方山峦起伏，景色秀丽，让人说不出那边会有什么奇迹发生。

普宁消失在风景中，成为风景画的一部分，叙述者只能从背后凝望目送普宁，而纳博科夫处在故事外层，怡然自得欣赏自己的画中画。结尾处强烈的画面感为小说的框架叙事提供了完美的注解。

普宁 F 的虚构性，使前六章中叙述者的内向本体僭越成为可能，叙述者虚构出一个普宁，将其当作自己的傀儡，将普宁置于一个个的窘境任意取笑，并时不时以高人一等的形象进入普宁的世界，在虚构的世界里满足自己操控普宁的欲望。但是，小说本身叙事技巧的多变性与叙述者故弄玄虚使得僭越这一手法极具隐蔽性，稍微变换一个角度，整个作品就会呈现出不同的阐释可能。

四　鲜明的作者僭越

《王，后，杰克》俄文版发表于 1928 年，1968 年纳博科夫在亲自做了精心翻译和改动后，发表了英文版。在 1968 年英文版中，纳博科夫和妻子薇拉以极其高调的方式进入了主人公的故事世界，他们的进入通过弗兰兹的视角得以呈现：

> 对他（弗兰兹）来说，他们的出现总是稍纵即逝，就像梦里反复出现的意象，或者是某个乐章的主旋律——一会儿出现在海滩，一会儿在咖啡馆，现在又在闲逛时遇到。那个男的有时候拿着一个捉蝴蝶的网。他身旁那位女士，唇形精致，灰绿色眼睛尽显温柔，而她的未婚夫或丈夫，身材修长，秃顶也看起来那么优雅，除了她对世上一切都弃之如敝屣，正满怀骄傲看着她。

简·格里森指出，"这对幸福的夫妇，……是作者及其妻子。他们的出现，加剧了弗兰兹对自己痛苦处境的认识"。他们的幸福与弗兰兹的进退两难处境形成了鲜明的对照。这对神秘的夫妇好像知道有关弗兰兹的一切，这让他恼怒、尴尬甚至恐惧。朱利安·康纳利在谈及俄、英两个版本时写道，"在谈到德雷尔为海滨之旅做准备时，纳博科夫（在英文版中）加了这么一段意味深长的话：对所有相关的人来说，这次小型的海滨胜地之旅都会是一次愉快的旅行，包括际遇之神"。这个英文版中独有的"际遇之神"当然是指纳博科夫自己。正如热奈特所言，僭越会暗示一种让人不安的可能："认为自己处于故事外层的我们，很可能正处于故事层，而叙述者和受述者——你和我——很可能正是某个叙事的一部分"。

康纳利进一步指出，"在俄文版中，作者出现在故事层中仅仅是暗示，但是在英文版中，作者出现在故事层，是在决定人物命运的关键时刻，而且十分高调"。格里森也指出，纳博科夫夫妇出现在海滨这一场景是"后来加到英文版中的"。两个版本对比可以看出，1928 年之时，纳博科夫对僭越的应用只是暗示，而在 1968 年，他却旗帜鲜明的张扬了这一手法，高调从故事外层进入到人物的故事层，视察他的奴隶王国，实践了叙事上的作者内向本体僭越。

结　语

《威尼斯美妇》、《征募》、《普宁》和《王，后，杰克》这四部作品，各有特色。但从僭越技巧这一角度来细读时，显示出了很强的相关性。从上文分析可以看出，纳博科夫喜欢用内向本体僭越，这一技巧设定了只有处于外层叙事的人物才能越界到故事内层，叙事层次体系相对稳定，保证了处于外层叙述者的安全与权威，也保证了最外层的作者本人不可挑战的造物主地位。文学大家如纳博科夫，即便身为"魔术师"，在僭越手法的使用上也非常谨慎，经历了从实验到成熟的缓慢演变过程，实践本体僭越的主体也从最初的故事中人物，叙述者的代理，隐秘的叙述者到最后的作者本人，最终在处理这一叙事技巧上越来越张扬自信，以造物者的姿态凌驾于他的虚构奴隶王国之上，完美实践了"我作品中的人物都是我的囚徒"的人物创作理念。对人物的绝对掌控也使作者享有了高度的自由，经由僭越这一技巧，纳博科夫实现了现实生活与艺术世界的"同质同构性"，自由穿行于两个世界之间，"超越真实与虚幻之间的界限，进入到真正的自由之中"。

［作者单位：哈尔滨工业大学（威海）］

重铸反馈对英语设问能力发展的作用研究

赵　薇

一　引言

近年来，二语习得领域口语纠正性反馈的研究层出不穷，纠错反馈研究已成为国际二语习得领域 20 个研究热点之一。国外研究发现，纠正性反馈大量用于浸入式教学和偏重意义的课堂教学，包括显性纠正、重铸、澄清请求、元语言反馈、引导和重复等种类，其中重铸反馈备受研究者的关注。自 20 世纪 90 年代以来，研究者陆续开展研究，对重铸这一概念加以界定，并验证其对目标语言结构习得发展的作用。

1. 重铸反馈的理论依据

二语习得互动理论研究认为，语言互动将语言输入（如隐性负反馈）、学习者内在认知机制（尤其是选择性注意）和语言输出三者有机结合，有利于学习者的二语发展。语言交互活动中的纠正性反馈在关注内容的同时，从形式上对错误话语进行重新组织，使学习者"注意"到目标语的正确形式，促使其输出正确的话语并完善意义的表达。而重铸作为一种隐性负反馈，在语言交互活动中针对错误话语形式进行即时反馈，同时提供正面语据和负面语据，给予学习者利用反馈进行修正输出的机会，在不影响语言交流的情况下，提高语言形式的准确性。

心理语言学研究表明，由于工作记忆空间的限制，语言学习者很难同时"注意"到语言形式和意义并进行认知加工。但 Van Patten 指出，若语言输入易于理解，二语学习者则能够有意识地将注意力聚焦到语言形式上。而重铸反馈能使错误语言形式与正确语言形式并列，为学习者提供认知过程中的可理解输入，对工作记忆空间占用较少，可减少学习者在互动过程中的认知加工负担。因此，重铸反馈可使学习者在表达意义的同时，能够注意到语言输入和输出形式上的不对等，从而增强语言形式的显示度，提高学习者对语言形式的注意程度。

2. 重铸反馈的有效性研究

多数实证研究显示，重铸作为隐性负反馈，能对不同语言中多个目标结构的习得产生促进作用。例如，Doughty 和 Varela 将英语过去式作为目标结构，发现重铸对过去式产出的数量和准确性均有显著作用。Han 关注了重铸对学习者语言输出中时态一致性的影响，发现重铸反馈的作用明显，能提高学生对目标结构的意识和自我修正的程度。Saito 和 Lyster 分析了重铸对学生习得英语语音/r/的影响，发现接受重铸后，学生/r/发音的 F3 值从 2600Hz 降到较为清晰的 2300Hz。在国内，刘学惠、朱青发现重铸对学生时态一致性结构的口语输出具有显著的促进效果，张曲、张薇则发现，重铸与澄清请求相结合能明显促进学习者对虚拟语气的习得。

此外，Long 等人比较了重铸和示范反馈对西班牙语目标结构习得的作用，发现重铸组与示范组、控制组针对宾语主题化结构的后测差异并不显著，但在针对副词位置的后测成绩方面，重铸组高于示范组，示范组高于控制组，从而证明了重铸对二语习得能起到一定的促进作用。Leeman 选择了凸显性较低的名词 – 形容词一致结构作为验证目标，结果显示重铸组和正面语据组显著优于控制组，负面语据组未能超过控制组，说明重铸的效果可能源于目标结构的凸显程度，强化了正面语据的作用。

但也有研究发现重铸反馈的作用并不显著。Erlam 和 Loewen 分析了重铸的显性与隐性特征对法语名词 – 形容词一致结构习得的作用，发现显性重铸与隐性重铸均未产生明显效果，其原因可能是浸入式教学环境导致了学生对反馈的注意程度不够。魏冉也发现，重铸能够促进语用习得，但效果不如提示反馈好。总体来看，重铸有效性的研究结论不统一，且国内研究起步晚，数量少，因此还需在我国外语环境中开展更多实证研究检验重铸的有效性。

3. 外语水平与重铸反馈效果

研究发现，重铸的有效性受到学习者语言水平的制约，高水平学生往往比低水平学生更加受益于重铸。一些国外实证研究考察了语言水平对重铸有效性以及学习者"注意"的影响，而国内针对不同水平学生开展的实证研究较少。

Ammar 和 Spada 针对不同语言水平的学生比较了重铸反馈与提示反馈对目标结构 his/her 的有效性，发现高水平组的学生受益于两种反馈类型，但低水平学生更加受益于提示反馈。Perdomo 针对英语的助动词和过去分词的习得，研究反馈对不同语言水平学生的作用，结果显示重铸组在后测中的进步明显优于显性反馈组和控制组，说明重铸有利于目标结构的习得，高水平学生更能从重铸反馈中获益。

另有研究发现，语言水平高低会影响到学生在语言交互活动中能否注意到重铸反馈。Philp 通过即时回忆发现受试学生能注意到超过 60% 的反馈，其中，高、中等水平的学生对重铸反馈的回忆更加准确。Bigelow 等人也发现，读写能力的高低与能否准备回忆起重铸反馈密切相关，在互动过程中对重铸反馈的注意程度，对读写能力较高的学生作用更大。Lin 通过课堂观察发现，语言水平影响了学习者接纳重铸反馈的数量，高水平学生的接纳性输出更多。

4. 重铸反馈对疑问句产出的作用

由于疑问句便于导出，具有层级发展的特征，在习得各阶段均会出现，国外一些研究选择英语疑问句作为目标结构来检验重铸对语言习得发展的作用，多数研究表明，重铸对学习者疑问句层级提升或产出数量具有促进作用。

例如，Mackey 和 Philp 考察了学习者参与任务型交互活动并接受持续重铸反馈后的情况，发现设问能力较弱的学生在接受重铸反馈后，其疑问句水平升级的可能性小于设问能力较强者，低水平者无法通过重铸升到更高层级的设问能力。由此可见，重铸反馈的作用与学生的"已备状态"（readiness）相关，对已备状态好学生能产生明显的促进作用，但对已备状态差的作用不够明显。Mackey、Mackey 和 Oliver 的研究分别针对澳大利亚成人与儿童 ESL 学习者，发现交谈式互动中使用重铸反馈能促进学生疑问句的产出数量和层级提升。Spada 和 Lightbown 也发现重铸可与讲解一起共同促进小学生疑问句的产出能力，学生以逐级递进的方式习得且无越级发展的现象。

此外，Philp 从疑问句习得入手，关注了不同水平学习者对重铸的"注意"情况以及忆起重铸的能力是否受限于学习者的水平，发现语言水平确实能限制学生回忆重铸的准确性，工作记忆和处理偏见会影响学习者识别错误话语与重铸反馈之间的差异。McDonough 检验了重铸反馈与修正后输出对泰国学生疑问句习得的作用，发现重铸可以通过修正后输出对疑问句习得产生间接的促进作用。McDonough 和 Mackey 关注了重铸、学生反应与疑问句习得的关系，发现学生的即时反应虽与疑问句能力的提高无明显关联，但重铸与疑问句能力升级密切相关。

国内研究采用的目标结构主要有一般现在时第三人称单数、时态一致性、英语过去式等，将英语疑问句作为目标结构的研究为数不多，且研究对象仅选取第 4 层级的学习者，缺乏比较不同层级学生疑问句习得的研究。

通过以上文献回顾可以发现，国外有关重铸反馈的研究数量众多，多为实证研究，主要验证了重铸反馈的有效性，关注了重铸效果与学习者语言水平的关系，也探讨了重铸对疑问句产出能力的作用。而国内的重铸研究起步晚，理论探讨和实证研究的数量均不多，针对重铸有效性验证的实证数据不足，缺乏针对不同水平学生英语疑问句习得的研究。鉴于此，本研究以低、中、高水平的中国英语学习者为研究对象，选取英语疑问句为目标结构，采用前测—后测—延时后测的实验设计，检验重铸反馈的有效性，并考察重铸对疑问句习得发展的影响。主要研究问题包括以下三点。

（1）重铸反馈对英语设问能力发展的有效性如何？

（2）重铸反馈能否提高英语疑问句的使用层级？三组学生的情况如何？

（3）重铸反馈后能否影响英语疑问句产出的数量和准确性？三组学生的情况如何？

二　研究方法

1. 研究对象

本次研究有来自山东某重点大学的 15 名大学生参加，他们从自愿参加研究的大学生中选出，母语均为汉语，来自不同的文、理科专业，其中男生 7 名、女生 8 名，年龄 19~23 岁，平均年龄21.1 岁。截至测试时，这些学生已学过 6 年英语，在大学至少学过一年英语，平均年限为 9.07 年。半结构化访谈证实，这些学生已经具备英语疑问句的相关语法知识，主要通过课堂环境学习英语，课下没有使用英语进行日常交流的口语环境。实验开始之前，没有研究对象去过任何英语国家。

由于互动任务均使用英语进行，对学生的设问能力有一定要求，因此选取研究对象时考虑了口语交际能力和英语疑问句发展层级等因素。对学生口语能力的要求是能用英语开展正常的对话和交流，对疑问句发展层级的确定则参照了 McDonough 和 Mackey 的层级划分及其标准（见表 1），在预测的每一项互动任务中，受试能够产出至少两个不同句式问句所在的最高层级即确定为该受试的发展层级。根据这两个标准，无法使用英语正常交流的志愿者未能入选；第1、2级学习者由于无法使用英语进行基本交流未入选；第6级学习者已经处于最高层级，因无法升级而无法确定重铸的有效性，故未入选。最后保留了英语疑问句发展层级第3、4、5级的15名受试，分别作为低、中、高水平组，每组5名。参与互动活动的对话人为一名高校英语教师，实验和测试过程中与受试用英语互动。

表1 英语疑问句习得发展层级

层级	特征	例句
2 级	陈述语序 + 句末升调	Your balloon is yellow? I draw a desk here?
3 级	疑问词/助动词前置	What he is eating? Do your picture have a girl?
4 级	一般疑问句：情态动词提到句首 特殊疑问句：主语与系动词位置交换	Can you see her face? What is in the bag?
5 级	助动词/情态动词置于疑问词后	Where do you want to go? What is he holding?
6 级	取消倒置 否定疑问句 反义疑问句	Can you tell me where the man is? Don't you want to Beijing? It's very busy, doesn't it?

注：问句层级按照语序划分，不按是否合乎语法规范划分；1级问句包含孤立的词或短语，如"Bottle?"、"A dog?"等。表中例句来自本研究数据。

2. 活动任务

本研究采用了信息交换或信息沟类型的任务，主要参照 McDonough、Mackey 和 Philp 等人的研究修改而成。由于双向任务比单向任务容易导出更多意义协商，为减少任务类型对研究结果的影响，实验过程中使用数量相同的单向、双向任务。

在预测、前测、后测和延时后测中，每位受试逐一与对话人用英语完成两种任务：（1）根据提示角色扮演的单向任务；（2）从图片中找不同的双向任务。在实验干预阶段，两种单向任务和两种双向任务交替使用，即每次受试与对话人用英语配合完成四种任务中的一种，每种任务共计使用三次。其中，两种单向任务分别为画图任务和根据提示角色扮演，两种双向任务分别为图片找不同和图片排顺序。通过这些任务考察学习者在自然会话情境中接受重铸反馈后英语疑问句的产出情况。

3. 数据收集

数据收集过程在一间安静的语音实验室进行，分为三轮，每组受试一轮 15 天，共 45 天。为降低实验间隙受试接触英语对研究结果的影响，数据收集选择在暑假集中进行。研究者通过前测、后测和延时后测获得学习者接受重铸反馈前后英语疑问句产出的数据，并对跨度为 45 天的英语会话互动过程全程录像。

数据采集过程中，每位受试均逐一与对话人用英语进行配对语言交互活动。在实验干预阶段，每当受试目标语言结构出现错误时，对话人均给出重铸反馈；在前测、后测以及延时后测的对话中，当受试目标语言结构出现错误时，对话人不提供重铸反馈，仅完成互动会话任务。

具体实施时，前测于每轮第 1 天进行，每位受试与对话人配对完成两个口语互动任务，共约 20 分钟。实验于每轮第 2 ~ 7 天进行，共 12 次任务型语言交互活动，每天两次，每次受试与对话人完成一个口语互动任务，持续大约 10 分钟。如果受试使用目标结构对话时出错，对话人会给出重铸反馈，然后继续完成对话。后测于每轮第 8 天进行，受试与对话人完成两个口语互动任务，共约 20 分钟。延时后测于每轮第 15 天进行，受试与对话人完成两个口语互动任务，共约 20 分钟。延时后测结束后立即进行半结构化访谈，大约 10 分钟（见表 2）。

表 2   数据收集过程与步骤

时间	阶段	互动任务	用时（人/次）
第 1 天	前测	1. 根据提示角色扮演；2. 图片找不同	约 20 分钟
第 2 ~ 7 天	实验	12 次互动干预，各采用以下 4 种任务中的一种： 单向任务：1. 画图画；2. 根据提示角色扮演 双向任务：3. 图片找不同；4. 图片排顺序	约 10 分钟
第 8 天	后测	1. 根据提示角色扮演；2. 图片找不同	约 20 分钟
第 9 ~ 14 天	无语言交互活动		
第 15 天	延时后测	1. 根据提示角色扮演；2. 图片找不同	约 20 分钟
		半结构化访谈	约 10 分钟

4. 数据分析

分析数据时，首先转写了各阶段会话中含有英语疑问句输出的话步，然后依照英语疑问句 6 个发展层级进行编码；参考 Mackey、Philp 以及 McDonough、Mackey 的标准，若受试在后测和延时后测中每次均产出至少两个不同的高一级英语疑问句，则认定为疑问句发展层级得到提高，同时为了更加明晰地呈现受试英语疑问句的产出情况，对正确和错误的疑问句分别进行了统计。

最后，将已编码的语料进行量化分析，使用 SPSS17.0 软件进行描述性统计、配对样本 t 检验等，比较各组前测与两次后测之间高一级英语疑问句产出的差异，以具体呈现受试在目标语言结构方面的习得与发展状况。

三 研究结果

研究结果发现，重铸反馈对不同水平学生的疑问句习得发展各产生不同的作用。从发展层级方面看，中、低水平组的部分受试提高到了高一级发展层级。从产出数量和准确率的变化情况看，低水平组后测值显著高于前测，中等水平组延时后测显著提高，且延时后测与后测也有显著差异；高水平组同级错误率显著降低，且延时后测保持了这种低错误率。

1. 低水平组

实验开始前，低水平组受试处于英语疑问句第 3 发展层级，因此只有当受试在后测和延时后测中每次均产出至少两个不同的 4 级英语疑问句时，才能被确定为疑问句发展层级得到提高。如表 3 所示，两次后测中，低水平组 5 名受试所产出的高一级英语疑问句（正确＋错误）数量明显超出了前测。5 人中有 3 人在后测和延时后测中每次均产出了至少两个不同的 4 级英语疑问句，其中 1 人产出了 1 个 5 级疑问句，这意味着他们的疑问句产出能力的层级得到了提高。

表 3 低水平组高一级英语疑问句的产出情况

		低水平组		
		正确	错误	合计
4 级英语疑问句产出（个）	前测	5（66.7%）	4（33.3%）	9
	后测	16（53.3%）	14（46.7%）	30
	延时后测	11（52.4%）	10（47.6%）	21
		发展层级提高	发展层级未提高	合计
学生人数（人）		3（60.0%）	2（40.0%）	5

配对样本 t 检验结果表明，5 名低水平组受试后测高一级英语疑问句的产出均值显著高于前测（$t = 3.184$；$p = 0.033 < 0.05$）；延时后测均值虽然超过了前测，但统计学意义并不显著（$t = 1.562$；$p = 0.193$）；延时后测与后测相比均值有所降低，统计分析也验证了这种情况，但统计意义不显著（$t = -0.794$；$p = 0.472$）。

2. 中等水平组

实验开始前，中等水平组受试处于英语疑问句第 4 发展层级，因此只有在后测和延时后测中每次均产出至少两个不同的 5 级英语疑问句时，才能被确定为英语疑问句发展层级得到提高。如表 4 所示，后测中，中等水平组的 5 名受试所产出的高一级英语疑问句数量没有较大提高，但延时后测中，高一级英语疑问句数量较前测均有显著提高。5 名学生中有 2 人英语疑问句发展层级有了提高，在后测和延时后测中每次均产出了至少两个不同的 5 级英语疑问句。

表 4 中等水平组高一级英语疑问句的产出

		中等水平组		
		正确	错误	合计
5 级英语疑问句产出（个）	前测	2（40.0%）	3（60.0%）	5
	后测	6（85.7%）	1（14.3%）	7
	延时后测	9（40.9%）	13（59.1%）	22
		发展层级提高	发展层级未提高	合计
受试人数（人）		2（40.0%）	3（60.0%）	5

配对样本 t 检验结果表明，5 名中等水平组受试后测高一级英语疑问句的产出均值与前测相比没有显著差异（$t = 0.431$；$p = 0.688$），然而，延时后测的均值不仅显著高于前测（$t = 3.470$；$p < 0.05$），也显著高于后测（$t = 2.860$；$p < 0.05$）。

3. 高水平组

实验开始前，高水平组处于英语疑问句第 5 发展层级，因此只有当受试在后测和延时后测中每次均产出至少两个不同的 6 级英语疑问句时，才能被确定为英语疑问句发展层级得到提高。如表 5 和表 6 所示，学生的 5 级英语疑问句的产出数量没有明显的提高，两次后测当中 5 名受试均没有产出任何 6

级英语疑问句，疑问句发展层级没有提高，但后测和延时后测 5 级疑问句的准确率均有较大提高，准确率从前测 31.8% 分别上升到后测 100% 和延时后测 90%。

表 5　高水平组高一级英语疑问句的产出

		高水平组		
		正确	错误	合计
6 级英语疑问句产出（个）	前测	0（0.0%）	1（100%）	1
	后测	0（0.0%）	0（0.0%）	0
	延时后测	0（0.0%）	0（0.0%）	0
		发展层级提高	发展层级未提高	合计
受试人数（人）		0（0.0%）	5（100%）	5

表 6　高水平组 5 级英语疑问句的产出

		高水平组		
		正确	错误	合计
5 级英语疑问句产出（个）	前测	7（31.8%）	15（68.2%）	22
	后测	15（100%）	0（0.0%）	15
	延时后测	18（90.0%）	2（10.0%）	20

　　如表 7 所示，配对样本 t 检验结果表明，虽然高水平组学生的 5 级英语疑问句产出的正确率在两次后测中与前测并未显示出显著差异，但错误率明显降低，后测显著低于前测（$t = -4.743$；$p < 0.05$），并且延时后测中保持了这种低错误率（$t = 1.633$；$p < 0.05$）。

表 7　高水平组三次测试 5 级疑问句产出的配对样本 t 检验

	配对情况	配对差异		t 值	自由度	显著性
		平均值	标准差			
高水平组	后测正 - 前测正	1.6000	1.8166	1.969	4	0.120
	延时后测正 - 前测正	2.2000	2.6833	1.833	4	0.141
	延时后测正 - 后测正	0.6000	3.3616	0.399	4	0.710
	后测误 - 前测误	-3.0000	1.4142	-4.743	4	0.009
	延时后测误 - 前测误	-2.6000	1.6733	-3.474	4	0.025
	延时后测误 - 后测误	0.4000	0.5477	1.633	4	0.178

注：正 = 正确英语疑问句，误 = 错误英语疑问句。

四 讨论

1. 英语疑问句发展层级的提高

本研究发现，接受重铸反馈后，中、低水平组有接近或达到半数的受试的英语设问能力得到了提高，但高水平组未能发展到更高层级。这与 Mackey 和 Philp、Ammar 和 Spada 以及 Lin 的研究结果不尽相同。在他们的研究中，高水平学习者往往比低水平学习者更加受益于重铸反馈。

出现这种差异的原因可能与分组标准不同。Lin 研究对受试进行分组的依据是学习者进入大学时二语的整体语言水平，而本研究的分组依据主要依据学生的口语表达能力和英语疑问句的产出层级。处于第 1、2 级的较低水平学习者，因无法使用英语进行基本交流未能入选，低水平组实际上处于英语疑问句发展层级第 3 级，这在一定程度上可能影响了研究结果的可比性。

其次，可能与研究对象及其所处的语言学习环境不同有关。Mackey、Philp 与 Lin 的研究对象为国外二语环境中的大学生英语学习者，Ammar 和 Spada 的研究对象为法语浸入式环境中的小学生英语学习者，这些学习者的共同特征是在二语课堂以外仍然在日常生活中接触英语。而本研究以我国大学生为研究对象，半结构化访谈显示，课堂是学生们接触英语的主要场所，课堂以外很少接触英语，几乎不用英语进行日常口语交流。虽然这些学生中学阶段就已学习并掌握目标结构英语疑问句知识，却并没有真正内化，不能在日常口语交流中熟练使用，没有实现从陈述性知识到程序性知识的转化。实验开始前，中、低水平组受试与高水平组一样，已经具备英语疑问句语法知识，在接受集中重铸反馈后，中、低水平组受试也能够在认知系统中提取相关知识与反馈进行比较，缩短了输入的认知加工过程，因此比国外研究的低水平学习者从重铸中获益更大。

值得注意的是，高水平组未能提高发展层级，原因可能包括以下两个方面。首先，重铸反馈是在会话互动中学习者话语出现错误时才提供，因此无法控制学习者接受反馈的次数。本研究中，语言交互活动中高水平受试产出的错误 6 级英语疑问句数量很少，导致重铸针对 6 级错误疑问句进行反馈的机会不多，高水平学生获得的重铸反馈不足以达到使其真正内化的程度。其次，重铸对不同水平学习者的作用可能因目标结构而不同。Lin 曾发现，尽管重铸对高水平学生习得汉语完成时标记词"了"有效，对低水平学生习得这一结构作用有限，但重铸对高、低水平学生习得汉语量词的效果相差不大，这说明目标结构的复杂程度可能制约着重铸对不同水平学生的作用。

2. 高一级英语疑问句产出的数量和准确性

具体比较三组学习者接受重铸反馈后高一级英语疑问句产出的数量和准确率的变化情况，发现低水平组后测显著高于前测，但延时后测未能保持；中等水平组后测未能显著提高，但延时后测显著提高，且延时后测与后测也有显著差异；高水平组 5 级英语疑问句后测错误率显著低于前测，并且延时后测依然保持这种低错误率。

重铸对低水平组受试的短期效果似乎比长期效果要好，这与 Philp 的研究结论相似。研究还发现，重铸对二语发展的影响有可能延后，对中高级水平学习者尤为如此，这与 McDonough 和 Mackey、陈晓湘、张薇以及杨颖莉、林正军等强调负反馈对二语发展长期有效性的主张基本一致。由于低水平组学习者受到自身中介语水平以及工作记忆的限制，对重铸反馈的输入未能完全吸收进入长时记忆，因此一段时间后输出时无法成功提取。比起低水平学习者，中高级水平学习者对 4、5 级疑问句句式结构的知识掌握较为扎实，能较为灵活地使用疑问句表达自己的意图，会话过程中他们往往注重意义的表达与交流，因此后测中多数学生没有修正其错误输出。虽然并未做出即时修正，但在延时后测中，中级组高一级疑问句产出数量显著提高，高级组同级问句错误率显著降低，表明重铸反馈的输入有利于促进中高级水平学生从语义加工向句法加工的转换，这种影响未必是即时的，有可能延后。

有研究将学习者接纳这种即时反应作为重铸有效性的证据，发现尽管教师提供重铸的数量比其他反馈类型多出很多，学习者接纳的数量却比较低，因此认为重铸反馈的有效性有限。本实验中、高水平学生延时后测数据表明，重铸的短期效果不明显不代表没有长期效果，未来深入探究重铸对二语发展的长期效果对我国外语教学更有参考价值。也可更加深入地研究重铸是否影响学习者对反馈的利用，以及重铸特征与学习者语言水平如何影响重铸的有效性。

五　结语

本文考察重铸反馈对处于不同发展层级的学习者在英语疑问句产出方面的影响。发现重铸对中、低水平组学习者的升级产出较为有效，对低水平组的短期效果似乎比长期效果要好，对中、高级水平学习者来说，重铸对二语发展的影响有延后效应。由此可见，重铸反馈对不同水平学生的疑问句习得均产生作用，能促进学生在疑问句产出方面"逐级递进式"提高，形成"阶梯式习得"的发展模式。

研究结果为我国高校外语教学实践提供了一定启示。教师可以在语言交互活动中提供有效重铸反馈使学习者注意到错误话语和重铸之间的差别，提高英语口头交流能力。同时，由于重铸对不同水平英语学习者的影响不尽相同，且可能具有延时效应，教师提供反馈时应考虑学习者现有语言水平，容忍未做出即时修正的学习者，关注习得的长期效果。

需要指出的是，本研究样本较小，目标结构仅限英语疑问句；未考察越位升级的情况。未来需扩大样本，增加目标结构，考察越位升级情况，还可考察学习者对交互过程中如何利用重铸反馈的情况，以及多因素交叉影响重铸反馈的长效情况。

［作者单位：山东大学（威海）］

英汉翻译课堂上应该教什么?

——山东大学（威海）英汉翻译教学实践报告

薄振杰

一 引言

随着我国对外开放的深化以及经济全球化进程的加快，翻译的信息交流功能愈加彰显，对于高水平应用型翻译人才的需求大幅攀升。为了满足这一需要，我国 2006 年开始设置翻译本科专业学位（BTI）（学位代码：050261），2007 年开始设置翻译硕士专业学位（MTI）（学位代码：580100）。截止到 2015 年，我国共有 196 所高校获准设置翻译本科专业学位，206 所高校获准设置翻译硕士专业学位。无可否认，我国翻译本科专业学位和翻译硕士专业学位的设置，为高水平应用型翻译人才的培养提供了可能和保障。然而，很多获得翻译本科专业学位乃至翻译硕士专业学位的毕业生达不到用人单位的要求，却是一个不争的事实。虽然造成这一事实的原因很多，比如，我国翻译专业人才培养历史较短，人才培养的教育教学体系尚不成熟，学科教育的课程结构及其实施方式还处于一个逐步完善的过程，但教师能教、会教，学生能学、会学才是重中之重。毫无疑问，何谓教师能教？何谓教师会教？何谓学生能学？何谓学生会学？皆为翻译教学研究所不能绕过的重要课题。而且，它们均包含若干子课题。比如"何谓教师会教?"至少包括两个子课题：一是教什么；二是怎么教。由于篇幅所限，本文仅从"教学目标决定教学内容"这一视角出发，基于前人相关研究成果，结合山东大学（威海）英汉翻译教学实践，尝试性回答"英汉翻译课堂上应该教什么?"这一问题，以就教于方家。

二 英汉翻译课堂教学内容

教学目标决定教学内容，教学内容服务于教学目标。翻译教学是一条非常重要的翻译人才培养途径，其主要目标在于培养和发展学习者的翻译能力。为了增强翻译能力对于翻译教学的指导性，张瑞娥基于前人翻译能力研究成果，建构了包括上位范畴、基本范畴和下位范畴的翻译能力构成体系（见表1）。根据这一体系，我们不难推知翻译课堂的教学目标及教学内容（见表2）。

表 1 经过再范畴化的翻译能力构成体系

上位范畴	基本范畴	对应下位范畴
翻译能力	条件性翻译能力	语言能力、文化能力、知识能力
	本体性翻译能力	对翻译本体的认识和理解能力
	实践性翻译能力	发现、分析和解决问题的能力，交际能力，查询、搜集和获取信息的能力，利用相关资源和工具的能力，转换能力，策略能力，职业导向能力等。
	评估性翻译能力	对译文进行评估、反思和总结的能力

表 2 依据再范畴化翻译能力体系的教学目标及内容设置

能力范畴	教学目标	教学内容
条件性翻译能力	条件性翻译能力的培养和发展	双语及相关文化知识 专题知识（法律知识等） 百科知识
本体性翻译能力	本体性翻译能力的培养和发展	翻译常识（翻译史等） 翻译理论 翻译技巧
实践性翻译能力	实践性翻译能力的培养和发展	翻译理论及技巧应用 翻译技术应用 文体翻译 行业实践
评估性翻译能力	评估性翻译能力的培养和发展	译作质量评估

毫无疑问，英汉翻译课堂的教学目标是培养和发展学生的英汉翻译能力。鉴于我国英汉翻译课程课时安排的实际［大多数高校为一个学年72课时。山东大学（威海）仅仅为一个学期32课时］，在英汉翻译课堂上，教师实际所

讲内容显然不能涵盖表 2 所示教学内容的全部。笔者在山东大学（威海）十余年英汉翻译课堂教学实践表明，培养和发展学生条件性、本体性英汉翻译能力的核心教学内容分别是英、汉语语言类型和句法特征，英汉翻译本质、英汉翻译程序、英汉翻译原则。学生只有真正掌握了英、汉语语言类型和句法特征，发展其条件性英汉翻译能力，才有可能洞悉英汉翻译本质、英汉翻译程序，领悟英汉翻译原则，发展其本体性英汉翻译能力。当然，只有真正具备了条件性、本体性英汉翻译能力，才有可能在英汉翻译过程中，遵循英汉翻译原则，较好地解决各种翻译问题，生产出较高质量的汉语译本，发展其实践性英汉翻译能力；才有可能以其遵循的英汉翻译原则为标准，客观评价他人的英汉翻译质量，发展其评估性英汉翻译能力（见表 3）。

表 3　英汉翻译课堂教学目标及教学内容设置

能力范畴	教学目标	核心教学内容
条件性 翻译能力	条件性 翻译能力 培养和发展	英、汉语语言类型 和 句法特征
本体性 翻译能力	本体性 翻译能力 培养和发展	英汉翻译本质 英汉翻译程序 英汉翻译原则
实践性 翻译能力	实践性 翻译能力 培养和发展	指导学生 生产 汉语译本
评估性 翻译能力	评估性 翻译能力 培养和发展	指导学生 评价 汉语译本质量

1. 英、汉语语言类型与句法特征

20 世纪 70 年代，两位西方学者 C. N. Li 和 S. A. Thompson 明确指出，汉语言是话题突出（topic-prominent）的语言类型；英语言是主谓突出（subject-prominent）的语言类型。作为主谓突出的类型语言，英语言是"双轨制"：一轨是以"主 - 谓"结构为框架的句法，一轨是和句子成分有对应关系的名词、动词、形容词等词类划分，一致关系是支撑主谓结构的大梁。英语句子以主谓为纲，以动词为中心控制句子成分格局，词性和句子成分的对应准确、严密，"前呼后拥，递相叠加"、"虽枝丫横生但繁而不乱"（见图 1）。

作为话题突出的语言类型，汉语言既没有主谓上的一致关系，也不强求句

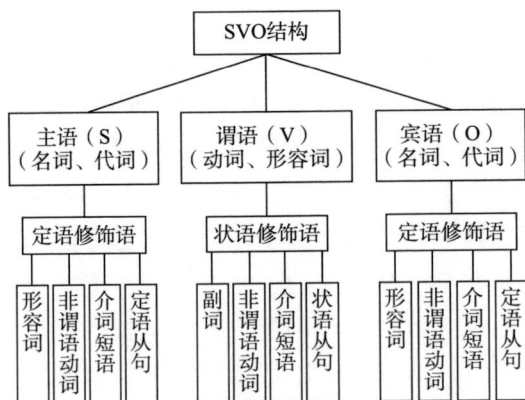

图1　英语主谓句结构

子成分和词性的一一对应。在话题语制约下，各说明语块按照逻辑事理进行铺排，呈竹节式展开，"形散神不散"，整体上呈现"话题语—说明语"（TC）结构（见图2）。此处所谓"神"，就是汉语句子铺排的逻辑事理性。

图2　汉语话题句结构

2. 英汉翻译本质

　　翻译是一种特殊的社会现象。它既依附于社会，又作用于社会。它受社会历史条件制约，并以自己的特殊功能服务社会。纵观中外翻译史不难发现，翻译在推动国家、民族之间的知识传播和文化交流方面，扮演着重要的角色。它大大促进了人类文明的进步。在当代译学界，作为一个重要术语，翻译一词通常具有两种含义：（1）翻译是一种产品；（2）翻译是一个过程。

　　所谓翻译是一种产品，意思是说，翻译是翻译活动的产品，即译语文本。这一含义较为常用。早期翻译学者关注的都是作为产品的翻译。研究方法也大同小异，即从分析译语文本入手，再将译语文本与原语文本相比对，既有历时研究（不同时期的译本比较），也有共时研究（相同时期的译本比较）。

　　所谓翻译是一个过程，意思是说，翻译既可指译者从准备到完成整个翻译活动的程序，亦可指译者进行翻译活动时，其大脑的思维过程。目前，国内外翻译过程研究大致可分为三种类型：（1）纯粹基于个人的经验和体会，描述、总结翻译活动程序;(2)以某一理论为指导,结合个人的经验和体会,建构翻译过程模式;(3)深入开展 TAP(think aloud protocols)翻译过程研究,探求译者的思维模式和规律。

毋容置疑,没有翻译过程,就没有翻译产品。翻译产品自然是翻译过程的产物。鉴于此,本文认为,翻译是一个过程,是一个理解原文、生成译文的过程。具体到英汉翻译,则是一个理解英语原文、生成汉语译文的过程。英、汉两种语言的语言类型和句法特征的不同这一事实表明:具体到句子层级,英汉翻译本质上是一个分析英语主谓句,生成汉语话题句的过程。

3. 英汉翻译程序

根据上文对于英汉翻译本质的认识不难发现,进行英汉翻译,在程序上须分两步走:一是分析英语主谓句,识别话题语、说明语;二是提取话题语,铺排说明语,生成汉语话题句。前者是理解过程,后者是表达过程。英语主谓句的分析和汉语话题句的生成皆可进一步细分为三个步骤(见图3)。

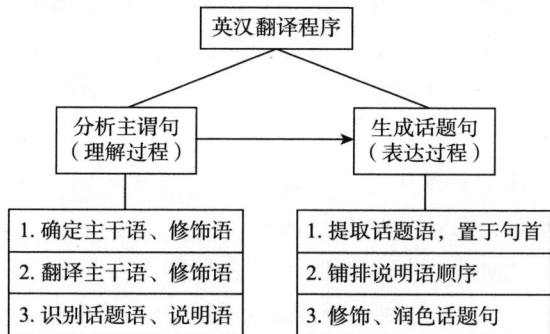

图 3 英汉翻译程序

按照这一程序进行英汉翻译,需要注意以下几个方面。

第一,本文所谓"主干语"是指一个英语句子的主语、谓语、宾语部分;所谓"修饰语"是指一个英语句子的定语、补语、状语等部分。若该英语句子是一个复合句,其从句也属于修饰语部分。

第二,本文所谓"话题语"是指一个汉语句子中,被其他所有语块说明、评论的一个语块;所谓"说明语"则是指一个汉语句子中,说明、评论"话题语"的一个或几个语块。

主语和谓语是一种语法关系,而话题语和说明语则是一种语义关系。汉语句子话题语与英语句子主语并不存在对应关系。汉语句子话题语,既可以是英语句子主语，也可以是英语句子的其他成分，比如定语、状语等。分别将主干语、修饰语转换成汉语的首要目的是：通过识别组成英语句子各个语块的"语义"关系，确定话题语和说明语。

第三，将说明语块置于话题语后，按照逻辑事理铺排。

一般来说，汉语话题句中各说明语块的铺排多遵循以下 10 条规律。

（1）时序律，即按时间顺序铺排。比如：他走到石桌前，把梅花放在桌子上，摸出手帕拂拭了石凳上的灰尘，便坐了下去。

（2）因果律。比如：这几天，督军正忙着给他母亲做寿，也许把这样的小事忘掉了（先因后果）。厂里的人称她为冰冻美人鱼，总觉得这女人身上有股凉气（先果后因）。

（3）并行律。比如：她不需要有什么人在事业上帮助，也不需要仰仗某个男人的权势与能力。

（4）转折律。比如：塘中月色并不均匀，但光与影有着和谐的旋律，犹如梵婀玲上奏着的名曲。

（5）递进律。比如：沙漠里，别说是树，就连小草都很难找到。

（6）条件律。比如：正是有了他的帮助，萍儿才感到生活充满了希望。

（7）诠述律。比如：法院里的人听了直摇头，认为这是一般的家庭纠纷，够不上离婚的条件。

（8）反应律。比如：她听到儿子想追求一个漂亮的女大学生，第一个表示赞成，要儿子想办法把这个姑娘弄到手。

（9）目的律。比如：我们不要吃了，多少剩一点儿给她吧。

（10）比兴律。比如：他逮鸽子了，立即张开双臂，搂着徐丽莎亲了个嘴（"逮鸽子了"是一种比兴说法）。

第四，分析英语主谓句（理解过程）旨在识别话题语、说明语；生成汉语话题句（表达过程）重在修饰、润色话题句。话题句修饰、润色的准绳为本文所提出的英汉翻译原则——"信""达"兼备。

4. 英汉翻译原则

人们在从事翻译活动时，无论是有意识还是无意识，都会遵循一定的翻译原则。中外翻译大师，比如 Alexander Tytler（1747~1814）、严复（1854~1921）、钱钟书（1910~1998）等，所提出的翻译原则影响深远，大大推动了人类翻译事业的发展。基于上文对英汉翻译的本质和程序的认识，并结合对严复"信达雅"、钱钟书"化境"论的认知理解以及实践体会，本文认为，从事英汉翻译活动，译者需要遵循以下三大原则：一是译文语言符合汉语"语文习惯"；二是译文语义"不倍本文"；三是译文语效与原文相同或相似。简言之，"信""达"兼备。具体来说，第一大原则为"达"。用钱先生的话来讲就是译文语言"不因语文习惯的差异而露出生硬牵强的痕迹"。第二、第三大原则两者齐备，方谓"信"。用钱先生的话来讲就是"完全保存原作风味"。请看例1~2。

例1：The image of a sudden wall carrying the man and his car away in an instant is still imprinted（使铭记）on my mind.

译文1：一面突然的墙连人带车顷刻间给带走了的情景，还印在我的脑海里。

译文2：顷刻间，河水像面突然倒塌的墙一般，连人带车给冲走了。这情景还印在我的脑海里。

译文3：顷刻间，滚滚河水像堵突然倒塌的墙一般，连人带车一股脑儿给冲走了。这情景至今还印在我的脑海里。

译文4：顷刻间，河水像面突然倒塌的墙一般，连人带车给冲走了的情景还印在我的脑海里。

例2. Falling wages, reduced benefits and rising job insecurity seem to be increasingly entrenched（确立的，不容易改的）features of the job scene across most of western Europe, the United States and other parts of the developed world.

译文1：工资下降，利益减少，工作越来越不安全似乎是大多数西欧、美国以及其他发达世界地区工作景象日益确立的特征。

译文2：工资下降，福利减少，工作越来越不稳定，这似乎已成为大多数西欧国家、美国和其他发达国家就业市场的突出特征。

译文3：工资下降，福利减少，工作越来越不稳定，这种现象日益突出，现已成为大多数西欧国家、美国和其他发达国家就业市场的典型特征。

译文4：工资下降，福利减少，工作越来越不稳定，似乎是大多数西欧国家、美国和其他发达国家就业市场日益牢固的特征。

依据本文提出的"信""达"兼备原则不难发现，译文若能实现"语效与原文相同或相似"，其语言必须符合译语的"语文习惯"，即"信"者必"达"（比如，例1译文3、例2译文3）。然而，译文语言符合译语"语文习惯"，一则译文语义未必"不倍原文"；二则译文语效未必与原文相同或相似，即"达"者未必"信"（比如，例1译文2、例2译文2）。

倘若将本文提出的"信""达"兼备原则作为翻译标准，译文质量大致可分为三个等级："信""达"兼备者，质量最好（比如，例1译文3、例2译文3）；"达"而不"信"者，质量则次之（比如，例1译文2、例2译文2）；不"达"不"信"者，质量则最差（比如，例1译文1和4、例2译文1和4）。当然，严格说来，与例1译文1相比对，例1译文4质量要好一些；与例2译文1相比对，例2译文4质量要好一些。

三 教学示例：山东大学（威海）英汉翻译课堂教学实践

英汉翻译课程是我国高校英语专业和翻译专业的专业主干课程。在山东大学（威海），该课程是校级精品课程。教学时间仅为1个学期32课时。其教学目标、教学内容、教学模式以及教学课时分配如表4所示。

表4 山东大学（威海）英汉翻译课堂教学目标、内容、模式及课时分配一览

教学目标	核心教学内容	教学模式	教学课时
条件性翻译能力培养	英、汉语语言类型和句法特征	客观主义教学模式	5课时
本体性翻译能力培养	英汉翻译本质英汉翻译程序英汉翻译原则	客观主义教学模式	7课时
实践性翻译能力培养	指导学生生产汉语译本	建构主义教学模式	10课时
评估性翻译能力培养	指导学生评价英汉翻译文本质量	建构主义教学模式	10课时

限于篇幅，本文通过两个英文句子汉译实例，基于上文提出的英汉翻译程序，详细展示如何基于条件性、本体性翻译能力的培养，指导学生生产汉语译本，培养其实践性翻译能力。请看例3、4。

例3：Numerous shoals（浅滩、沙洲）scattered over the 200kms course give rise to many eddies （漩涡），pounding on the mid-stream （中游、河流正中）rocks，and the river roars thunderously.

第一步，分析英语主谓句。

（1）确定主干语、修饰语。

主干语 1：Numerous shoals give rise to many eddies.

主干语 2：the river roars thunderously.

修饰语 1：scattered over the 200kms course.

修饰语 2：pounding on the midstream rocks.

（2）翻译主干语、修饰语。

主干语 1：无数的浅滩产生了许多漩涡。

主干语 2：河水发出雷鸣般的咆哮声。

修饰语 1：散布在两百公里长的河道上。

修饰语 2：击打着河流正中的岩石。

按照原文语序排列主干语、修饰语，可得译文 1。

译文 1：散布在 200 公里河道上的无数的浅滩，产生了许多漩涡，击打着河流正中的岩石。河水发出雷鸣般的咆哮声。

基于本文提出的"信""达"兼备翻译标准，译文 1 显然不"达"不"信"，质量不佳。若要实现"信""达"兼备，首先需要识别话题语、说明语，为汉语话题句的生成，奠定基础。

（3）识别话题语、说明语。

话题语：在两百公里长的河道上。

说明语 1：无数的浅滩产生了许多漩涡。

说明语 2：击打着河流正中的岩石。

说明语 3：河水发出雷鸣般的咆哮声。

说明语 4：散布。

第二步，生成汉语话题句。

（1）提取话题语，置于句首。

（2）按照逻辑事理顺序，铺排说明语。

提取本句话题语、铺排 4 个说明语，可得汉语话题句译文 2。

译文 2：两百公里长的河道上散布着无数的浅滩。浅滩上有很多漩涡。河水击打着礁石，发出了雷鸣般的咆哮声。

基于本文提出的"信""达"兼备翻译标准，译文 2"达"而不"信"。若与译文 1 相比对，质量显然有所提高。若要真正实现"信""达"兼备，必须对译文 2 加以修饰、润色，使其语效与原文相同或相似。

（3）修饰、润色汉语话题句。

依据"信""达"兼备原则，修改汉语话题句译文 2。重点关注译文语效是否与原文相同或相似，可得译文 3。

译文 3：两百公里长的航道上险滩遍布，江流汹涌，回旋激荡，水击礁石，浪花飞溅，声如雷鸣。

基于本文提出的"信""达"兼备翻译标准，译文 3 既"达"且"信"，质量最好。

例 4. Tranquil（安静、平静）lakes reflect rolling hills, lofty（高、高傲）trees, and a perfect sky, in Britain's Lake District, an area that has inspired generations of writers and artists.

第一步，分析英语主谓句。

（1）确定主干语、修饰语。

主干语：Tranquil lakes reflect rolling hills, lofty trees, and a perfect sky.

修饰语 1：in Britain's Lake District.

修饰语 2：an area that has inspired generations of writers and artists.

（2）翻译主干语、修饰语。

主干语 1：平静的湖面倒映着起伏的山峦，高耸的树木，蔚蓝的天空。

修饰语 1：在英国湖区。

修饰语 2：一个激发历代作家和艺术家灵感的地区。

按照原文语序排列主干语、修饰语，可得译文 1。

译文 1：平静的湖面倒映着起伏的山峦，高耸的树木，蔚蓝的天空。在英国湖区，一个激发历代作家和艺术家灵感的地区。

基于本文提出的"信""达"兼备翻译标准，译文 1 显然不"达"不"信"，质量不佳。若要实现"信""达"兼备，首先需要识别话题语、说明语，为汉语话题句的生成，奠定基础。

（3）识别话题语、说明语。

话题语：英国湖区。

说明语1：平静的湖面倒映着起伏的山峦，高耸的树木，蔚蓝的天空。

说明语2：一个激发历代作家和艺术家灵感的地区。

第二步，生成汉语话题句。

（1）提取话题语，置于句首。

（2）按照逻辑事理顺序，铺排说明语。

提取本句话题语、铺排两个说明语，可得汉语话题句译文2。

译文2：英国湖区起伏的山峦，高耸的树木，蔚蓝的天空倒映于平静的湖面，是一个激发历代作家和艺术家灵感的地区。

基于本文提出的"信""达"兼备翻译标准，译文2仍旧不"达"不"信"。若与译文1相比对，质量显然有所提高。若要真正实现"信""达"兼备，在对译文2加以修饰、润色，使其语效与原文相同或相似的同时，还需要在使其语言表达符合汉语"语文习惯"方面下些功夫。

（3）修饰、润色汉语话题句。

依据"信""达"兼备原则，修改译文2，在重点关注其语效是否与原文相同或相似的同时，使其语言表达更加符合汉语"语文习惯"，可得译文3。

译文3：英国湖区湖水平静，山峦起伏，树木林立，群山、绿树、蓝天倒映湖中。千百年来，它一直激发着无数文人墨客的创作灵感。

基于本文提出的"信""达"兼备翻译标准，译文3既"达"且"信"，质量最好。

四 结语

翻译之道乃传意存味之道。译者悟性之好坏左右着其译道之高低。航海需舟，悟道需径。本研究对于英汉翻译课堂教学内容的讨论，是一种将前人理论认识与个人实践探索相结合的研究途径。此种结合性研究，有助于发挥前人理性化认识的作用，削弱"理论与实践脱节"的诟病，缩短翻译学习者和实践者自己摸索的过程，有助于满足社会对高水平应用型翻译人才的需要。当然，本研究对于其他高水平应用型人才的培养也具有一定借鉴作用。对于"何谓教师能教？何谓教师会教？何谓学生能学？何谓学生会学？"这四大课题及其子课题的继续思考及回答，将另文详述。

[作者单位：山东大学（威海）]

国外教学环境下中国留美大学生修辞能力发展状况探究

李 克

一 引言

修辞能力是一个古老的概念。笼统地说，从西方修辞学诞生起，修辞能力便产生了。但何为修辞能力呢？从已有研究看，国内外学界对修辞能力的关注度明显不足。20世纪，Campbell B. G. 认为，每个本族语者都具备语言能力与修辞能力，而后者指的是将语言运用到具体语境的言外之力能力。这种修辞能力的界定略显狭隘。Arthos 认为修辞能力是激发与提高受众关注度的能力。这方面较有影响力的当属 Sproule，他曾两次著书专门讨论了演说修辞能力，其研究主要依据古典修辞学理论体系中亚氏理论，可视作对修辞能力的一次系统性探索。但修辞能力并非仅仅局限于演说修辞能力。国内学者鞠玉梅扩大了修辞能力的辐射力，将修辞能力与思辨能力、创新能力关联，并结合伯克的修辞学思想着重探讨了培养外语专业学生修辞能力的重要性，较具开拓性。谈及修辞能力的概念，主要基于目前国内外语专业学生令人担忧的修辞能力现状的考虑。今天的外语专业还是非常侧重语言能力的训练，而对修辞能力的培养却着力不足。刘亚猛曾指出，中国外语教学要取得真正的突破，非实现从语言到话语，表达到应对，交流到说服，解释到论辩的跨越不可。也就是说，英语教育必须致力于提高学生的修辞能力而不是单纯注重他们的所谓语言能力。同时，我国外语教学应该十分注重各种能力的"配套"，即使用外语进行真正的对外交往、应对时所要求的各种关键的素质和能力，包括对与外语相关的各种语境的知情程度、分析批判能力、跨文化自觉性、修辞互动能力等。实际上，这里的各种能力可视作修辞能力的表现形式。

只有厘清修辞能力的概念，才能在外语教学中有的放矢地进行修辞能力培养。本文将基于美国中西部某知名大学交际/修辞/传播专业的课堂实验，在一年跨度内对中国留学生的修辞能力进行评估，以掌握学生的修辞能力状况，进而为国内外语教学实践提供可行的借鉴意义。

二　理论基础：修辞能力

修辞能力，顾名思义，即运用修辞的能力。因此，要理解修辞能力，就需要对庞杂的修辞概念进行解读。从古典修辞学时期的 Isocrates、Socrates、Plato、Aristotle、Cicero 到新修辞学时期的 Richards、Toulmin、Perelman、Burke 等，这些修辞学家大都明确界定了修辞的概念，但对修辞能力却未直接提及。古典修辞学时期，尤以 Aristotle 的修辞概念影响较大，他将修辞界定为，社会活动中发现可行的劝说手段的能力（faculty）。某种程度上，这个概念蕴含着修辞能力的概念。以 Aristotle 为代表的古典修辞学家主要把以公共演说为轴心的社会事务作为修辞情境，并将修辞发明、布局谋篇、文体、演说与记忆等五艺以及情感、逻辑、修辞人格等作为修辞策略，并将劝说受众作为修辞的目标。因此，从古典修辞学视角出发，修辞能力即修辞者利用修辞五艺及情感、逻辑与修辞人格等修辞策略在以公共演说为轴心的社会事务中劝说受众以解决社会事务的能力。中世纪、文艺复兴时期及 18～19 世纪的修辞学要么具有鲜明的时代特征如中世纪的宗教神学修辞、18～19 世纪的雄辩术与理性科学修辞；要么复苏了古典修辞学，如文艺复兴对西塞罗修辞学思想的复苏。因此，这几个时期的修辞能力不太接地气，代表性不够强。Sproule 也曾论及修辞能力的主要根基在于长达 2500 年的古典修辞学传统与 20 世纪交际领域的社会科学研究。这里的交际领域研究即包含在 20 世纪新修辞学的多元化发展态势中。在此时期，以 Burke 为代表的修辞学家从修辞哲学、人际交往、话语、论辩、戏剧理论等视角探讨了修辞的概念，其中 Burke 的修辞概念影响较大，他认为修辞是运用象征符号按照特定的方向影响或感动受众。总起来讲，新修辞学家不仅把演说、写作，更重要的是把人际交往、话语、论辩活动、象征行为等作为修辞情境，并用范畴化、概念化、象征化、组织化与操作化升级了古典修辞学的五艺，同时将语言、话语、论辩模式、戏剧理论、批评步骤等作为修辞策略，将劝说受众并达成同一作为修辞目标。由此可见，新修辞学的覆盖面明显大于古典修辞学，体现了后现代主义将一切修辞化的特征。因此，这时期的修辞能力体现为，即修辞者（演说者、写作者、交际者、论辩者等）运用修辞策略（范畴化、概念化、象征化、组织化、操作化等修辞五艺、情感、逻辑、修辞人格、交际策略、论辩模式、话语策略、戏剧理论、批评步骤等）对象征行为的参与者进行劝说并达成同一的能力。

依据修辞对象的范围，我们可将修辞能力分为狭义与广义之分。正如Foss 等所说，定义是非常重要的，因为定义可区分关于概念的实例是否"合法"。狭义与广义各有利弊，但这样分类比较科学。依据各个时期修辞能力的内涵，古典修辞学视域下的修辞能力可视作狭义范畴；而新修辞学视域下的修辞能力，范围较广，则属于广义。不论狭义还是广义，修辞能力在古典与新修辞学时期有一些共性，即采用修辞五艺及其升级的修辞策略；演讲与写作的修辞情境；劝说受众的修辞目的。

为了实验的可操作性与真实性，我们将重点考察狭义和广义修辞能力共同涉及的演说修辞能力与写作修辞能力。涉及前者，Sproule 曾指出，修辞能力，尤其是演说修辞能力，主要包含演说者的修辞知识、修辞态度与修辞策略，这是本研究考察演讲修辞能力的要素。涉及后者，鉴于西方修辞传统中修辞与写作之间的紧密关系，这里的写作修辞能力主要指的是国外的修辞写作修辞能力，多现于学术写作中，而非国内外语教学中的英语写作修辞能力。写作者的修辞策略、论辩模式、写作规范性、语言准确性等将是重点关注的要素。

三　研究设计

1. 研究问题

为了深入研究国外教学环境下中国留美大学生修辞能力的状况，本研究设计了如下问题。（1）国外教学环境对中国留美大学生的修辞能力（演说修辞能力、写作修辞能力）发展是否有影响？（2）中国留学生的修辞能力（演说修辞能力、写作修辞能力）具体状况体现在哪些方面？

2. 实验对象

本研究选取美国中西部某知名大学修辞系开设的修辞学导论课程上中国留学生 20 名为实验对象（中国留学生的国内专业有 15 来自外语专业，5 名来自传播专业；该课上中国留学生总共 20 名，美国大学生 16 名），中国留学生来自该美国大学与中国某知名大学合作的国际教育项目，运作机制为 2＋2 性质，即在国内大学就读两年后到美国大学进行后两年的学习，未经过专业的修辞学训练。鉴于同一个项目的关系，该批学生在美国的第一学年均选了同一位教师春季学期与秋季学期的两门课程，这也是本实验开展的一个重要前提。

3. 实验材料

为保证尽可能全面地了解修辞能力状况，笔者将选取演说修辞能力与写作修辞能力两个层面解读中国留学生的修辞能力。首先，在不干扰正常课堂教学秩序并保持学生自然状态的前提下选取实验组学生在秋季学期与春季学期课上做所的课题展示（形式为学生向教师和同学阐述自己的研究对象、研究方法、研究过程、研究意义与研究目的等）为实验材料进行演说修辞能力方面的考察；其次，选取实验组学生的两次期末学术论文（依据对所选课题的展示，撰写长度 20~30 页的学术论文）为实验材料进行写作修辞能力的考察。

4. 实验工具

调查工具主要有两个。第一个工具是演说修辞能力测试量表，用于测试两组学生在演说中体现的修辞能力状况。依据古典修辞学视域下的修辞能力内涵，结合 Sproule 关于演说修辞能力的研究，制定出演说的修辞能力量表，主要对演说者的修辞知识、修辞态度、修辞策略等参数进行考察。第二个工具是写作修辞能力测试量表，用于考察学生的写作修辞能力，依据古典修辞学与新修辞学视域下的修辞能力，制定写作修辞能力量表，主要对写作者的修辞策略、论辩模式、写作规范性、语言准确性等方面进行考察。

5. 实验步骤

实验共分两个阶段：秋季学期期末演说、写作修辞能力前测——春季学期修辞学教学——春季学期期末演说、写作修辞能力后测。在实验组学生进行完第一个秋季学期的课程后，笔者与授课教师对学生的演说与写作修辞能力进行前测，以了解学生的修辞能力现状；正常的修辞学教学贯穿于 2015 年春季学期的 16 周中，笔者观摩了修辞学导论（包括修辞的概念梳理，古典与新修辞学发展史，修辞批评基本原理及重要模式等）教学的过程，体验了授课教师（美国知名修辞学者）的课堂教学过程（第 1~7 周集中讲授修辞学基本原理，8~15 周以小测验、学术思考、小组讨论等方式进行师生互动）；在第一学年末，对实验学生再次进行演说与写作修辞能力评估，以整体考察实验组学生在近一年的学习中修辞能力是否有所提高。两次演说修辞能力评估中，实验组学生均向教师与同学展示本学期自己所选的研究课题内容，时间 5～7 分钟。而两次写作修辞能力评估中，学生向教师提交最终的学术论文（20～30 页），提交最终的学术论文之前，教师会从 8 周起循序渐进地让学生提交关于此课题的研究设计、引言、文献综述、分析部分、结论等。笔者与该课程教师将分别依据演说与写作修辞能力量表对两组学生的演说与写作表现进行评估。

6. 数据分析

演说修辞能力测试量表。采用五点量表对学生的演说修辞能力进行评估。（1）按照学生对修辞知识的三个层面（演说者的意图、演说内容的结构、受众需求）与修辞态度的三个层面（演说热情、与受众的互动、完善主题的愿望）把握的程度将其分为 5 个等级：完全、基本完全、基本、部分、完全不，分别赋以 5、4、3、2、1 分。（2）鉴于修辞五艺的重要性，分别将修辞策略的五个层面再细化。按照学生对修辞发明（材料的效度与真实性）、布局谋篇（引言、分论点、证实、反驳、结语、过渡手段）、文体（多样性、适切性）、记忆（观点的记忆）、演说（发音的清晰性、流利性、音准、非言语手段）的把握的程度将其分为 5 个等级：完全、基本完全、基本、部分、完全不，分别赋以 5、4、3、2、1 分。总分按 100 分计。

写作修辞能力测试量表。采用五点量表对学生的写作修辞能力进行评估。基于写作与演说的差异，按照学生对修辞五艺（修辞发明——材料的效度与真实性；布局谋篇——引言、叙述、分论点、证实、反驳、结语、过渡手段；文体——清晰性、适切性、多样性）、论辩模式、批评步骤（描写、解释与评价）、写作规范性（统一使用 APA 或 Chicago style 格式）、语言准确性（语法、标点、选词）把握的程度将其分为 5 个等级：完全、基本完全、基本、部分、完全不，分别赋以 5、4、3、2、1 分。总分按 100 分计。

四　研究结果

1. 中国留美大学生演说修辞能力发展状况

从本研究获得的数据来看，经过在美国一年的系统学习，中国留学生在演说修辞能力方面整体上取得一定进步。从总分来看，前测成绩为 55.8667，后测成绩为 72.0333，成绩提高了 16.17 分；从标准差来看，前测的 9.84063 大于后测的 7.6264，这说明前测阶段（秋季学期）赴美留学的大学生能力参差不齐，有的本身外语能力较强，能较快适应美国大学教育环境进而发挥自身的优势，而到后测阶段（春季学期），这种个体差距得到了有效改善（见表 1、表 2）。

表 1　实验组学生演说修辞能力前测与后测统计量

	组别	数量	均值	标准差	均值的标准误
演说修辞能力分数	前测	20	55.8667	9.84063	2.54084
	后测	20	72.0333	7.62624	1.96909

表 2　实验组前测与后测的独立样本 T 检验

		方差方程的 Levene 检验		均值方程的 T 检验
		F	Sig.	Sig.（双侧）
演说修辞能力分数	假设方差相等	0.215	0.646	0.000
	假设方差不相等			0.000
演说者的意图	假设方差相等	0.779	0.385	0.040
	假设方差不相等			0.040
演说内容的结构	假设方差相等	1.270	0.269	0.004
	假设方差不相等			0.004
受众需求	假设方差相等	0.562	0.460	0.000
	假设方差不相等			0.000
演说热情	假设方差相等	0.503	0.484	0.001
	假设方差不相等			0.001
与受众的互动	假设方差相等	2.410	0.132	0.000
	假设方差不相等			0.000
完善主题的愿望	假设方差相等	3.620	0.067	0.000
	假设方差不相等			0.000
材料的效度与真实性	假设方差相等	0.043	0.837	0.001
	假设方差不相等			0.001
引言	假设方差相等	0.135	0.716	0.006
	假设方差不相等			0.006
分论点	假设方差相等	1.608	0.215	0.000
	假设方差不相等			0.000

续表

| | | 方差方程的 Levene 检验 | | 均值方程的 T 检验 |
		F	Sig.	Sig.（双侧）
证实	假设方差相等	5.973	0.021	0.000
	假设方差不相等			0.000
反驳	假设方差相等	0.001	0.970	0.000
	假设方差不相等			0.000
结语	假设方差相等	0.098	0.757	0.003
	假设方差不相等			0.003
过渡手段	假设方差相等	0.590	0.449	0.001
	假设方差不相等			0.001
文体的多样性	假设方差相等	2.669	0.114	0.037
	假设方差不相等			0.039
文体的适切性	假设方差相等	0.516	0.478	0.019
	假设方差不相等			0.019
观点的记忆	假设方差相等	5.117	0.032	0.000
	假设方差不相等			0.000
发音的清晰性	假设方差相等	0.007	0.936	0.000
	假设方差不相等			0.000
流利性	假设方差相等	2.132	0.155	0.000
	假设方差不相等			0.000
音准	假设方差相等	1.263	0.271	0.002
	假设方差不相等			0.002
非言语手段	假设方差相等	1.841	0.186	0.000
	假设方差不相等			0.000

　　从独立样本 T 检验来看，演说修辞能力分数的 Sig. 值（0.646）> 0.05，说明两组方差齐性，然后从均值 T 检验结果看，Sig. 值（0.000）< 0.05，说明前测与后测两组成绩存在显著差异，可见在国外教学环境中，实验组学生的修辞能力提高幅度较大。从具体的参数来看，未存在明显差异的有：演说者的意图、引言、文体的适切性、文体的多样性等，说明这些参数是中国留学生本来就掌握的一种能力，可以明确自己的演说意图以及合理运用文体特征。而存在显著差异的有：修辞知识（演说内容的结构、受众需求）、修辞态度（演说热情、与受众的互动、完善主题的愿望）、修辞策略（材料的效度与真

实性、分论点、证实、反驳、结语、过渡手段、观点的记忆、发音的清晰性、流利性、音准、非言语手段）。这些参数即是中国留学生在演说中体现的弱项（比如缺乏受众分析意识与演说热情、组织论述与逻辑思维能力不强、批评能力不强、语言能力发展不足等），也侧面反映了中美大学修辞教育对演说关注程度的差异。实际上，从古至今，中国也具有像古希腊一样悠久的论辩、说服与演说传统，因此，在大学修辞教育中引入演说的修辞学体系，加强演说训练，对提高学生的演说修辞能力至关重要。

2. 中国留学生写作修辞能力发展状况

从横向来看，与演说修辞能力来讲，中国留学生的写作修辞能力不论在前测阶段还是后测阶段都稍高于演说修辞能力，这也反映了中国外语教学长期以来对写作的重视与投入。从纵向来看，实验组学生前测成绩为59.3256，后测为76.4523，提高了17.13分，表明学生在经过一年的国外修辞写作的训练，转换了原有外语写作的理念，较好地达到了国外修辞写作的要求。从后期的访谈中，也了解到学生在秋季学期后更充分意识到了国外修辞写作与国内外语写作的差异，并在春季学期里有意识地按照教师的要求加强了这方面的训练（见表3、表4）。

表3 实验组学生写作修辞能力前测与后测统计量

	组别	数量	均值	标准差	均值的标准误
写作修辞能力分数	前测	20	59.3256	8.8035	2.53074
	后测	20	76.4523	7.2534	1.89609

表4 实验组学生写作修辞能力前测与后测独立样本 T 检验

		方差方程的 Levene 检验		均值方程的 T 检验
		F	Sig.	Sig. （双侧）
写作修辞能力分数	假设方差相等	0.224	0.653	0.000
	假设方差不相等			0.000
材料的效度	假设方差相等	1.611	0.215	0.001
	假设方差不相等			0.001
材料的真实性	假设方差相等	0.251	0.620	0.000
	假设方差不相等			0.000

续表

		方差方程的 Levene 检验		均值方程的 T 检验
		F	Sig.	Sig. （双侧）
引言	假设方差相等	0.551	0.464	0.000
	假设方差不相等			0.000
引言	假设方差相等	0.060	0.808	0.005
	假设方差不相等			0.005
分论点	假设方差相等	1.585	0.218	0.000
	假设方差不相等			0.000
证实	假设方差相等	1.862	0.183	0.000
	假设方差不相等			0.000
反驳	假设方差相等	1.310	0.262	0.000
	假设方差不相等			0.000
结语	假设方差相等	2.502	0.125	0.003
	假设方差不相等			0.003
过渡手段	假设方差相等	7.069	0.013	0.000
	假设方差不相等			0.001
文体的清晰性	假设方差相等	3.273	0.081	0.071
	假设方差不相等			0.073
文体的适切性	假设方差相等	0.198	0.660	0.006
	假设方差不相等			0.005
文体的多样性	假设方差相等	0.000	1.000	0.007
	假设方差不相等			0.006
论辩模式	假设方差相等	0.071	0.792	0.000
	假设方差不相等			0.000
描写	假设方差相等	0.888	0.354	0.007
	假设方差不相等			0.008
解释	假设方差相等	0.362	0.552	0.000
	假设方差不相等			0.000
评价	假设方差相等	8.147	0.008	0.000
	假设方差不相等			0.000
写作规范性	假设方差相等	4.759	0.038	0.000
	假设方差不相等			0.000

		方差方程的 Levene 检验		均值方程的 T 检验
		F	Sig.	Sig.（双侧）
语法	假设方差相等	0.076	0.785	0.000
	假设方差不相等			0.000
标点	假设方差相等	6.267	0.018	0.036
	假设方差不相等			0.039
选词	假设方差相等	3.476	0.073	0.000
	假设方差不相等			0.000

从独立样本 T 检验结果来看，写作修辞能力分数的 Sig. 值（0.653）＞0.05，说明两组方差齐性，然后从均值 T 检验结果看，Sig. 值（0.000）＜0.05，说明前测与后测两组成绩存在显著差异。从具体参数来看，对比前测与后测成绩，材料的效度、材料的真实性、引言、分论点、证实、反驳、结语、过渡手段、论辩模式、解释、评价、写作规范性、语法、选词等方面存在显著差异。这表明，由于国内外语教学缺乏对修辞写作的关注，在前测阶段实验组学生对国外修辞写作模式还处于适应阶段，而经过一学年的学习，大部分学生均可掌握写作模式并进行有效的修辞写作。具体来讲，在修辞发明方面，学生可依据资料占有的效度与真实性原则梳理文献与搜集数据。在布局谋篇方面，学生在分解论点、反驳、过渡手段等方面取得了一定进步，以过渡手段为例，很多学者曾论及中国英语学习者在学术写作中普遍存在对"besides""on the other hand"等过渡手段的过度使用；而在批评能力方面，学生的解释与评价能力也不尽人意，这与中国外语专业学生"思辨能力（批评能力）缺席"的状况吻合。正如黄源深所讲，外语系的学生遇到论争需要说理的时候，写文章需要论述的时候，听讲座需要发问的时候，常常会脑子里一片空白，觉得无话可说；或者朦朦胧胧似有想法，却一片混沌，不知从何说起。而在后测阶段，这一现象得到了有效改善。从论辩模式来看，中国留学生在前测阶段也表现得差强人意，这一点与柴改英的研究结果不谋而合。她曾依据 Toulmin 的论辩模式对英语专业学生的论辩意识与特点进行了实证研究，研究显示，学生的论辩意识不强，论辩力度与深度不够。学生在后测阶段大都提高了这方面的能力。最后，从学术规范及语言能力来看，学生这一学年中也加强了之前缺失的学术规范训练，并在国外环境中提高了语言运用（包括选词、语法等）的准确性。

五 讨论

1. 改善大学修辞教育环境，提高学生的演说修辞能力

西方修辞学理论博大精深，至今影响着西方国家的政治、经济与教育等领域。作为古典修辞学的重要阵地，演说一直在社会生活中扮演着重要角色。从本研究结果看，中国留美大学生的演说修辞能力，尤其在受众需求分析、受众互动、演说热情、布局谋篇、发音、非言语手段等方面还有很大提升空间。因此，可从两个方面提高学生的演说修辞能力。首先，搭建适合广大学生的演说平台。客观地讲，目前国内一些大学均已开设英语演说或公共演说课程，并将其作为外语技能课的重要组成部分，但对演说的重视还需加强。展现学生演说能力的舞台还需进一步搭建。目前影响力比较大的当属"外研社杯""CCTV 杯""外教社杯""21 世纪杯"英语演讲大赛，但参加这些大赛的选手凤毛麟角，广大的专业学生没有得到有效的演讲实践。实际上，可从小入手，确保在英语教学过程中每门课程都尽量提供给学生课程展示的机会。美国诸多传统修辞学阵地的大学，如德克萨斯大学奥斯丁分校、明尼苏达大学、科罗拉多大学修辞系等都开设了 presentation speaking 这门课，教授学生展示及演说的技巧。其次，设置西方修辞学课程，强化修辞教育。虽然有演讲大赛的平台，但外语专业学生的演说修辞能力仍然堪忧，外语专业的学生虽然语言较为流利，但在知识面、反应能力与观点陈述能力等方面则毫无优势。虽然英语教学大纲中有"修辞学"这门课程，但据不完全统计，国内绝大部分高校并没有开设这门课程。因此，有必要在课程体系中加入"西方修辞学""论辩理论与实践"等课程。这些课程的开设不仅在传授西方修辞学知识，更重要在于可以增强学生的修辞意识、演说意识与论辩意识。Sproule 认为，西方修辞学知识对提高演说者的修辞能力至关重要。Crowley 和 Hawhee 也认为，古典修辞学理论，尤其是修辞五艺对当今学生的演说活动很有帮助。在本研究中，中国留学生的演说修辞能力的薄弱环节——受众意识、布局谋篇以及非言语手段等均可在西方修辞学中找到有力的理论支撑。

2. 加强外语教学中修辞写作的分量，提高学生的写作修辞能力

鉴于国内的外语教学环境，提及英语写作就是 200～500 字不等的作文。胡曙中、丛莱庭等、黄任等都曾论及英语修辞写作，但其核心内容还是限于

国内英语写作类型。在西方尤其是美国的大学（比如加州大学伯克利分校、普渡大学、德克萨斯大学奥斯丁分校等），都设有专门的修辞与写作中心或项目。一般来讲，修辞与写作往往密不可分，但写作一般指的是通常意义上的学术写作。从本研究结果来看，学生在前测阶段的表现也说明了其对国外修辞写作模式的不适应（在修辞发明、布局谋篇、论辩模式、批评能力等方面的欠缺），而经过教师一学年的传授与训练，大部分学生的写作修辞能力在后测阶段都有不同程度的提高，这充分证明，修辞写作课程的开设对提高学生的写作能力是大有裨益的。因此，有必要在外语教学中增加修辞与写作的课程，内容融进西方的修辞写作体系，以逐步与国际接轨，真正提高学生的外语能力。其次，改进写作的教学方法。写作教学的方法多样化，但模仿被认为是行之有效的方法。Carolyn 就曾指出记忆与模仿是中国学生修辞写作的内化方式，而西方修辞教育更注重技巧的转换运用，而非简单的模仿。当然，目前高校学生的英语写作主要局限于诸如专四、专八、四六级、雅思、托福等考试，这会在很大程度上限制英语写作教学的改革，因此，应适当结合本身特点，同时将西方修辞写作的修辞发明、布局谋篇、文体、论辩模式、批评路径与写作规范等参数纳入教学大纲，激发学生的批评与创新思维。教学中不能简单以某种固定格式（如专八、雅思写作模式）去规定学生的写作，而是鼓励学生在现有框架下发挥主观能动性，摆脱应试写作的"阴影"，循序渐进地进行西方修辞写作。若能在一个更大的框架下进行写作训练，应付应试写作则并不困难。当然，依据对授课教师的采访，我们了解到，学生的期末学术论文不是一蹴而就的。教师在日常课堂教学中，会严格按照指定的时间表要求学生从学期初就开始着手研究课题计划的制定、研究数据的搜集及整理、论文的写作及"三改"等工作，实践证明，这种循序渐进的写作教学方法对提高学生的写作修辞能力很有帮助。再次，不断完善学生的语言运用和学术规范能力。中国留学生的写作属于一种非母语写作，易出现一些难以避免的语言问题。Leedham 通过语料库方法研究指出，中国英语学习者在学术写作中存在过渡手段、学术用词、代词"we"等方面的语言运用问题。本研究中，学生在前测阶段的语法、选词等方面也表现得不容乐观。另外，鉴于国内外语教学中一般在四年级开设学术论文写作课程，学生比较缺乏学术规范的系统训练，这一点在本研究中可见一斑。因此，有必要尽早、尽可能在外语教学中渗透学术规范训练。

3. 提高学生的修辞能力，培养国际化人才

本研究主要考察了国际化环境下中国留学生演说与写作修辞能力的发展

状况，这些能力是留学生在国外就业或继续读研的重要砝码，也是国外大学生成功就业必备的能力。Campbell 把工作因素作为学习修辞学的三大原因之一，并指出依据华尔街日报对 480 家雇主的调查，修辞能力（说、听、写）是聘任员工的最重要能力。在近期一份关于快速增长的职业报告中，美国劳工部认为修辞能力是 21 世纪各个行业亟须的一种能力；同样在对 1000 个不同行业员工的采访中发现，修辞能力被视作大学毕业生必备的一种基本能力。目前外语专业学生的就业出路很大程度上都跟本专业直接或间接有关，而且随着国际化进程的发展，越来越多的学生在择业时会选择跨国企业；国家也越来越重视国际人文交流，比如 2015 年中美计划在未来 3 年内互派 5 万名留学生到对方国家学习，这为大学生提供较好的国际交流环境。在这种环境下，修辞能力是大学生走向国际化必备的一种能力，这包括上述调查报告中提及的演说与写作修辞能力。当然，除了演说与写作，国际化人才所必备的修辞能力还有更深的内涵。蔡基刚认为，国际化人才一般应具备较强的跨文化沟通能力、独立的国际活动能力等素质。史兴松通过对 810 份驻外商务人员问卷的统计分析，也指出国际化人才培养不仅要提升学生的外语能力，更要发展学生的跨文化交际能力。庄智象等指出，国际化创新人才应具备创新思维能力和分析问题、解决问题的实际能力。基于西方新修辞学视域下的修辞能力，这里的跨文化交际能力、创新思维能力、分析与解决问题的能力都属于修辞能力的范畴。而刘亚猛就曾指出，就在美国与各国留学生和学者直接接触得到的印象，我国学生的外语能力跟欧洲非英语国家的差距不用说，就是跟发展中国家也经常不能不感到汗颜。蔡基刚同样指出，目前我国大学毕业生的英语能力无法适应国家的国际化战略需求，因此，在全球化背景下，培养大学生的修辞能力符合国家长期发展的战略目标。有必要在英语教育中不仅要提高学生的语言能力，更要强化学生的修辞能力，以适应国际化发展需要。

六 结语

在西方修辞学体系里，修辞能力虽然耳熟能详，但学界对其着墨较少。本文基于西方古典修辞学与新修辞学视阈下的修辞能力，重点研究了中国留美大学生的演说与写作修辞能力发展状况。研究表明，在国外教学环境下，中国大学生经过一学年的修辞学学习，其修辞能力取得了一定进步。这也为国内外语教学提供了重要的启示意义，比如改善大学修辞教育环境，增加西方修辞学课程设置，着力培养学生的修辞能力。本研究旨在以点到面，抛砖引玉，引起学界对修辞能力的重视。当然，本研究也存在一定的不尽人意之处，由于研究条件有限，本文仅选取的实验对象相对有限，其代表性还需进一步考证。

[作者单位：山东大学（威海）]

吉川英治《三国志》底本问题考究

——兼考《通俗三国志》的底本问题

武　鹏　高文汉

　　吉川英治（1892～1962），原名英次，日本伟大的历史小说家，被誉为"国民作家""日本大众文学第一人"。他的代表作品《三国志》从 1939 年 8 月开始在日本《中外商业新报》（现《日本经济新闻》）等四家报纸以及中国台湾的《日日新闻》上同时连载，直到 1943 年 9 月连载完毕。即使在抗日战争期间，也并未影响日本读者对三国故事的兴趣与追捧。连载开始不到半年，单行本已陆续由讲谈社出版发行，由此可见三国故事在日本的受欢迎程度。吉川英治之所以要重新创作《三国演义》（下称《演义》）绝不是偶然的，这与他少年时代的成长经历以及后来从事的工作有密切的关系。说起少年时代与三国故事的因缘，他回忆道："回想写作这部作品时的情景，笔者一边奋笔疾书，一边脑海中情不自禁地闪现少年时代狂读久保天随先生的《新译演义三国志》，半夜三更犹猫在灯下不忍释手，被父亲责骂并逼着上床睡觉的情景。"吉川英治三次到访中国。第一次是在抗日战争全面爆发后第二个月，作为每日新闻社的特派员视察了天津、北京等地；翌年再次作为参加汉口战役的随军文人来到中国；第三次是《三国志》连载中的 1942 年，当时他游历了华南等地区。前两次的中国之行感受到的当地的风土人情为之后执笔《三国志》奠定了基础。

　　吉川英治在其《三国志·篇外余录》中对《孔明遗事》等其他史料做了整理归纳，以弥补作品在孔明离世处收笔的唐突，并认为这是"译者的责任，也是良心"。的确，尽管吉川英治在人物形象的描写等方面有独特的补充与诠释，但是，小说的基本人物与故事情节并没有脱离原作，故此他称自己为"译者"。然而就是这名"译者"用自己的"叛逆性翻译"，将这部"三国演义"烙上了浓重的吉川印记，因此被称为"吉川三国志"也就不足为奇了。它的诞生同时标志着日本文学对《演义》由局部借鉴到整体改写的开始。

《演义》是一部鸿篇巨制，要对其进行改写或再创作，必须有可以依据的底本。吉川英治本身不懂汉文，无法直接阅读三国方面的原著，因此只能借助之前的译本进行创作。其实在底本选择的问题上，他曾经说过："原著现存《通俗三国志》和《三国志演义》以及其他数种不同流变版本。笔者没有完全依据这些版本进行简单的直译，而是各取所长，从而形成了自成一格的《三国》。"这里提到的《通俗三国志》即《演义》的日文初译本——江户元禄年间的湖南文山译《通俗三国志》（下称文山译本），而《三国志演义》指的则是1912年出版的久保天随的《新译演义三国志》（下称天随译本）。吉川《三国志》虽已问世六十余载，且有多个文库本出版发行，然而却迟迟未见其中文译本。直至2011年，重庆出版社用了前后两年时间分五卷本将其翻译出版，分别命名为《三国·桃园结义》《三国·龙争虎斗》《三国·孔明出山》《三国·刘备入川》《三国·出师北伐》。吉川英治的长子吉川英明为该书所做的序中写道："而此次在中国出版的《三国》，是以日本江户时代刊行的《通俗三国志》等数种翻译自罗贯中《三国志通俗演义》的作品为底本，加上英治的再创作，并对人物进行了重新塑造，是名副其实的"吉川版'三国演义'"。吉川《三国志》与文山译本关系的密切程度不言而喻。因此，要弄清吉川《三国志》改写所据底本问题，应先对文山译本所据的底本问题有所把握。如此可追根溯源，加深对《演义》在日本传播等问题的理解与认识。

一 《通俗三国志》翻译底本探究

《通俗三国志》是《演义》的日本初译本，译者为京都天龙寺的义彻、月堂兄弟。两人署名湖南文山并于元禄二年至五年（1689～1692年）刊行。这是继满语版的《演义》之后，问世的又一种译本。该译本改变了《演义》章回体的形式，将原有的一百二十回合并成五十卷，加强了故事情节的连续性。同时删去了几乎每回末尾必有的"且听下回分解"的评书套语，将作品由以听为接受方式的说唱故事完全改变成以读为接受方式的阅读小说，真正意义上实现了由说唱故事到读本的转换。《通俗三国志》出版后在日本迅速传播开来。据日本学者分析，这是因为"描写三国时代曹、刘、孙争雄征战的区域，几倍于日本的国土，豪俊并起，猛士如云，这是日本的军记物语望尘莫及的，而书中展现的给日本人以'奇想天来'之感的权谋术数，令读者心惊胆寒，而描写的方法又多夸张之笔，写来笔墨纵横而又融贯缜密，其战况之'壮快雄大'，读者不能不为之'血涌肉跃'，拍案三叹"。

有关这个译本所据的《演义》底本问题，日本学者小川环树先生在其《中国小说史研究》一书中有过相关考证。考证的结果是文山译本依据的底本为《李卓吾先生批评三国志》，具体考证方法是对一个误字使用的分析：京都的蓬左文库所藏李卓吾评本（下称李评本）第九十回中，对南蛮酋长兀突骨的妆容，描述为"头戴日月狼帽"。1893年出版的帝国文库版文山译本将其译成"頭に日月の狼□帽をいただき"。然而，"□"是一个连康熙字典都未收录的汉字，包括毛评本在内的其他版本均为"鬚"字，即"头戴日月狼鬚帽"。据此可以推断，该字为李评本使用的一个误字，而文山译本却如实沿用了这一误字。正是这一点成为判断文山译本所据底本的关键性依据。

李评本是上承夏振宇、周曰校本，下接毛宗岗批评本等版本，是《演义》流传版本中一个较为重要的版本，关于李评本的版本，目前存世的主要有六种。一是建阳吴观明本。此书现藏于日本蓬左文库、静嘉堂文库、北京大学图书馆残本。小川环树考证湖南文山译本所据底本即使用的该版本。二是刘君裕刻图简称"刘君裕本"。现藏于台北"故宫博物院"；三是康熙年间吴郡绿荫堂刊简称"绿荫堂本"。此本现藏于北京市首都图书馆、中国社会科学院文学研究所、日本宫内厅书陵部、京都大学人文科学研究所、南京图书馆、法国国家图书馆。四是清初吴郡黎光楼·植槐堂刊简称"黎光楼本"，此书现藏于中国国家图书馆、北京大学图书馆、上海图书馆、天津图书馆残本、东京都立中央图书馆残本、天理大学图书馆、俄罗斯科学院东方研究所。五是雍正三年苏州三槐堂、三乐斋、三才堂刊简称"三槐堂本"。此书现藏于耶鲁大学。六是宝翰楼刊本。现藏于耶鲁大学、北京师范大学。

笔者未曾见过京都蓬左文库所藏版本，因此，只能将文山译本与手头上的李评本进行比照阅读。读过之后发现，文山译本较李评本并无明显删减或增补的情节，无论是回目标题还是细节描写两者均无太大出入，从而基本认同了小川环树先生的观点。只是在此过程中，发现一个有必要深入探讨的问题。

湖南文山译本第一卷开篇写道：

> 总观国家之兴废，自古至今，治极之时则入乱，乱极之时则归治。此理同阴阳之消长寒暑之往来。故此，仁君则小心翼翼、兢兢业业，须臾莫敢忘焉。尧舜尚且病诸，况庸人乎。

> 汉之高祖，提三尺剑平秦之乱，至哀帝时天下已治二百余年。王莽乱政篡位，更有甚者海宇。之后光武平之，兴后汉之世，至质帝、桓帝时，已有二百年矣。

该段文字总结了历史发展的规律并以史实为例进行说明，可以看作是小说的引子。这在毛评本中有类似的表述：

> 话说天下大势，分久必合，合久必分。周末七国分争，并入于秦；及秦灭之后，楚、汉分事，又并入于汉；汉朝自高祖斩白蛇而起义，一统天下，后来光武中兴，传至献帝，遂分为三国。

然而，李评本开篇却未见如此表述，而是直接进入主题：

> 后汉桓帝崩，灵帝即位，时年十二岁。

据考证，毛评本的成书时间在康熙五年（1665 年）前后，而文山译本刊行于元禄二年至五年（1689～1692 年）。从时间来看，后者存在借鉴前者的可能性。正如小川先生所言："只要是 1689 年之前在中国出版的版本，任何一个都可能成为底本的。"由此，笔者认为可下两方面的结论：（1）《通俗三国志》虽以李评本为底本翻译而成，然而这段开篇文字却非翻译自此；（2）从文山译本与毛评本这段文字的相似性可推测，前者在翻译过程中，一定程度上借鉴了后者或之前有类似开篇表述的版本，同时对《论语》（尧舜尚且病诸，况庸人乎）等汉籍也有一定程度的参考与借鉴。

二　吉川《三国志》改写底本考

明确了文山译本所据《演义》的底本问题后，现在再来探讨、分析一下吉川《三国志》改写所据的底本问题。

如前所述，由于吉川英治不懂汉文，因此他只得借助日译本来完成小说的创作，即他提到的文山译本与天随译本。文山译本底本为李评本，天随译本底本为毛评本。因此，将吉川《三国志》与李评本、毛评本放在一起比照，所据底本问题会更加直观明了。

经过笔者细致比对阅读后发现，见于李评本而未见于毛评本的诸多情节或细节在吉川《三国志》中均有体现，而毛评本所独有的更改或细节在吉川《三国志》中难觅踪迹。以下举几个三部作品对同一情节或细节描写的例子，以表格方式列出，以此分析吉川《三国志》创作时所据的底本问题。

《演义》第七回"孙坚跨江战刘表"中，孙坚拒绝其弟孙静勿起兵伐刘表的建议后有这样一段叙述（见表1）。

表1 《演义》第七回不同表述对比

李评本	毛评本	吉川《三国志》
长子孙策曰："愿随父亲同往。"坚曰："此子自幼英气过人，可随我领兵。权与叔父善保江东。"策上船，前奔樊城。	长子孙策曰："如父亲必欲往，儿愿随行。"坚许之，遂与策登舟，杀奔樊城。	于是，吴夫人的长子孙策，一个十七岁的粉面美少年，快步上前，道："如若父亲执意上阵，一定要把我带上。七个兄弟姐妹中，数我最大。"一筹莫展的孙坚听到长子勇气可嘉的话语，好像得了救一般，心情转好，道："说的好！你从小就在众兄弟中英气出众，也很中用。不枉我如此看你！我明日出发，你可回去准备！"孙坚再次扫视这群孩子和弟弟，交代道："次子孙权，你要跟叔父孙静齐心合力，守好家。"

从该段内容可以看出，李评本的描写较为细致，以父子对话形式呈现，而毛评本以叙述代替对话，表达相对简洁。吉川《三国志》在语言表达和情节叙述上则更接近李评本，并在此基础上进行了更为细致的描写与刻画。

《演义》第八回"司徒王允说貂蝉"中，有关貂蝉的身世，三部作品分别叙述见表2。

表2 《演义》第八回不同表述对比 （1）

李评本	毛评本	吉川《三国志》
其女自幼选入充乐女，允见其聪明，教以歌舞吹弹，一通百达，九流三教，无所不知。颜色倾城，年当二八，允以亲女待之。	其女自幼选入府中，教以歌舞，年方二八，色伎俱佳，允以亲女待之。	她自尚未断奶时起，就不知道生身父母。跟襁褓摇篮一起被卖到市场上去。王允见她幼小，便买来养在家中，教她学艺，像研珍珠一般，把她调教成乐女。乐女，是指被高官豢养在宅邸里，每有宾客就歌舞吹弹，出来陪宴的卑贱女子。

在这段叙述中，李评本相较毛评本最大的不同是对貂蝉乐女身份的强调。吉川《三国志》则仍然选择在李评本的基础之上进行改写。保留对貂蝉乐女身份的叙述，同时为方便日本读者更好地理解小说内容，还特意对乐女身份解释了一番。

再举一例，同样出自第八回"凤仪亭布戏貂蝉"，吕布一早赶到董卓府上

打探貂蝉消息，三部作品分别描述见表3

表3 《演义》第八回不同表述对比（2）

李评本	毛评本	吉川《三国志》
次日午牌未起。吕布在府下打听，绝不闻音耗，径入堂中，寻问诸侍妾。侍妾对曰："夜来太师与新人共寝，至今未起。"	次日，吕布在府中打听，绝不闻音耗。布径入堂中，寻问诸侍妾。侍妾对曰："夜来太师与新人共寝，至今未起。"	并无急事，他却早早来到董卓阁中，问当值家将道："太师醒了吗？"值班家将慵懒地扭头，指着后堂秘园，面无表情地道："还垂着帐子哪。" "噢。" 一种不安向吕布袭来，令他焦躁不已。他却佯装悠闲地仰望日头，道："已是近午时刻，还睡着呢？"

李评本以叙述的方式明确了吕布来董卓府的时间为午时，而毛评本未涉及时间问题。吉川《三国志》则以吕布自言自语的方式将时间表明。这说明即使在具体的时间表述等微小的细节处理上，吉川《三国志》仍然同于李评本。

如上例子文本中可谓多如牛毛，此处不再多做列举。另外，上文中提到，据小川环树先生考证，文山译本（1893年帝国文库本）所据底本为李评本（蓬左文库藏吴观明本）的关键性证据是两个版本对同一误字"□"的使用，而其他版本皆为"鬣"字。笔者翻阅吉川《三国志》（1989年讲谈社文库本）时发现，文中对兀突骨的妆容描写为"白月の狼頭帽をいただき"（头戴白月狼头帽）。原作中的"日月"变成"白月"或许是吉川英治的笔误。考虑到报纸连载的紧迫性，将"日"字误看成"白"字可以理解，但是，对"頭"字的使用则说明吉川《三国志》改写底本是文山译本且极有可能就是帝国文库本。

由此得知，吉川《三国志》在创作时依据了文山译本（李评本）而舍弃了天随译本（毛评本）。如前所言，吉川英治在执笔写作时，会"情不自禁地闪现少年时代狂读久保天随先生的《新译演义三国志》，半夜三更犹猫在灯下不忍释手，被父亲责骂并逼着上床睡觉的情景"。然而，年少时的喜好并未左右他对底本问题的选择。改写《演义》伊始，两种译本或许均摆放在案头之上。经过一番思考后，他最终舍弃天随译本而选择文山译本。究其原因，笔者分析有两点。其一，文山译本成书在前且以日语文语翻译而成，天随译本成书在后，使用的是现代日语，两者相距二百余年。在对历史及文学原貌的反映上，吉川英治认为前者优于后者，更适合做改写小说的底本。其二，选择文山译本"身后"的李评本而舍弃天随译本"身后"的毛评本，是因为毛评本所体现出的强烈的"拥刘抑曹"的思想侧向。换言之，毛评本对曹操过度地贬低与丑化是吉川英治无法容忍的，或许他通过改写《演义》要现实的目的之一就是为再评价曹操或者说为其"平反"。虽然李评本也存在或多或少"拥刘抑曹"的描写，但其程度还是无法与毛评本相提并论。因此，他选择了在曹操问题上相对客观的文山译本即李评本为底本进行改写也就不难理解了。

三　相关研究资料的谬误分析

国内有关《通俗三国志》与吉川《三国志》的研究一直以来并未引起学术界的足够重视，不管是发表的研究论文还是出版的学术著作，数量上寥寥无几。对相关重要问题的研究更是浅尝辄止，未曾深入。因此，难以取得突破性的研究成果。正是由于总体研究的不成熟导致了对相关问题的认识上难免出现偏差或纰漏，底本问题即是如此。

鉴于此，在明确了《通俗三国志》的底本为李评本《演义》以及吉川《三国志》的底本为《通俗三国志》（帝国文库本）的基础上，笔者想对有关研究资料在底本问题上出现的问题进行分析与指正。具体分析四篇论文的相关问题。其中《通俗三国志》与吉川《三国志》各涉及两篇，分别是王丽娜、杜维沫于《明清小说研究》（2006 年第 4 期）上发表的《〈三国演义〉的外文译文》一文；沈伯俊先生于《社会科学研究》（1993 年第 5 期）上发表的《李笠翁批阅三国志简论》一文；王米娜发表在《北方文学》（2013 年 8 月）上的题为"谈吉川英治《三国志》中的刘备形象"一文；谢立群、张永在《北京第二外国语学院学报》（2011 年第 12 期）上发表的《论吉川英治〈三国志〉对〈演义〉中人物形象的塑造》一文。

先分析《通俗三国志》涉及的前两篇文章。

王丽娜、杜维沫的《〈三国演义〉的外文译文》一文开篇写道：

> 《三国演义》的外文译文，有近二十个语种。其中最早的是湖南文山的日译本。这个译本出版于 1689—1692 年（清康熙 28 - 31 年，日本元禄 2 - 5 年），此时毛宗岗评"第一才子书"本已经问世，故各种外文翻译《三国演义》一般都依据毛本。

文中"各种外文翻译《三国演义》一般都依据毛本"的观点显然不正确。如上所言，文山译本的底本为李评本，对毛评本至多是借鉴而谈不上依据。毛评本虽然早于文山译本问世，但真正翻译毛评本的日文译本直至 1912

年才出版发行，即天随译本。

另一篇文章《李笠翁批阅三国志简论》中，沈伯俊先生认为李渔（即李笠翁）评改《演义》的底本为《李卓吾先生批评三国志》，并阐述了五条理由，其中第三条为：

> 李卓吾评本和李渔评本的回目绝大部分相同，仅有 14 处略有不同，几乎都是个别文字的差异。如第 9 回回目上题，李贽评本作"王允授计诛董直"，李渔评本作"王允定计诛董卓"，第 14 回回目下题，李贽评本作"吕布夜月夺徐州"，李渔评本作"吕布月夜夺徐州"；第 37 回回目下题，李贽评本作"玄德风雪请孔明"，李渔评本作"玄德风雪访孔明"。第 113 回回目上题差异稍大一点，李贽评本作"孙琳废吴主孙亮"，李渔评本则作"孙琳废主立孙休"（按："孙琳"应作"孙綝"）总的说来，李渔评本沿袭李贽评本的痕迹非常明显。

然而，笔者在翻阅文山译本时发现：文山译本的回目标题更接近李渔评本，"沈文"所列几处两者均相同，如第 9 回回目上题，李渔评本作"王允定计诛董卓"，文山译本则为"王允計を定めて董卓を誅す"（王允定计诛董卓）；第 24 回回目下题，李渔评本作"吕布月夜夺徐州"，文山译本为"吕布月夜に徐州を奪う"（吕布月夜夺徐州）；第 37 回回目下题，李渔评本作"玄德风雪访孔明"，文山译本为"玄德風雪に孔明を訪う"（玄德风雪访孔明）。此外，"沈文"所言"14 处略有不同"的其他几处，文山译本也多同于李渔评本。如第 47 回回目下题，李评本作"庞统进献连环计"，李渔评本作"庞统诈献连环计"，文山译本为"龐統詐って連環の計を献ず"（庞统诈献连环计）；第 92 回回目上题，李评本作"赵子龙大破魏真"，李渔评本作"赵子龙大破魏兵"，文山译本为"趙雲おおいに魏の兵を破る"（赵云大破魏兵）；第 104 回回目上题，李评本作"孔明秋夜五丈原"，李渔评本作"孔明秋风五丈原"，文山译本为"孔明秋風五丈原"（孔明秋风五丈原）。仅第 113 回回目上题，文山译本异与李渔评本而与李评本相同，为"孙綝废吴主孙亮"。由此可见，文山译本的回目标题与李渔评本更为接近。李渔评本的底本为李评本这一观点已经得到学术界的公认，由于文山译本所据底本也是李评本，因此，李渔评本所据底本极有可能与文山译本的底本相同，即京都蓬左文库藏吴观明本。或者如日本学者中川谕先生在其著《〈三国志演义〉版本研究》一书中指出的：李渔评本的底本为吴观明本与绿荫堂本之间的一个文本。总之，并非

《〈李笠翁批阅三国志〉简论》一文中，沈伯俊先生拿来作比照的李评本。

再来看吉川《三国志》涉及的后两篇文章。

先说王米娜"谈吉川英治《三国志》中的刘备形象"一文。王文通过三点分析吉川《三国志》在塑造刘备形象时与《演义》的不同，其中第三点"立体化的刘备形象"一节中写道：

> 吉川本的三国中刘备离开曹操后，曹操的谋士郭嘉进谏曹操被刘备蒙蔽，于是曹操派许褚带领人马去追赶刘备，刘备用计谋骗过了许褚，称郭嘉、程昱是因向自己索取贿赂未果而进谗言于曹操，许褚碍于关张二人无法下手，于是只得返回许都。而罗贯中的《演义》中刘备仅称："将在外，君命有所不受"，而拒绝回京。这一情节的巧妙改写，使刘备和曹操的形象都发生了微妙变化。《演义》中的曹操多了几分奸猾，而吉川本的刘备则多了几分智谋。吉川英治对三顾茅庐的情节也增加了细节描述。如刘备请诸葛亮出山时说道："在国势危乱、民无宁日之时，连孔子不也混迹于民众之中，周游天下，教化诸国吗？"刘备将诸葛亮与孔子相比，态度至诚，感动了诸葛亮。

然而，上述吉川《三国志》所谓的"改写"在李评本中均能找到。第一处李评本原文为"你回去，替我禀复丞相：有程昱、郭嘉累问我取金帛，不曾相赠，因此于丞相前以谗言谮我，帮令汝来擒吾"。第二处李评本原文为"孔子尚游于诸国，而教化世人"。而且，上述两处细节亦见于文山译本。显然，该文在对比分析刘备形象时，依据的是毛评本而非李评本，并据此得出了"吉川本中的刘备则多了几分智谋"以及"刘备将诸葛亮与孔子相比，态度至诚，感动了诸葛亮"的错误结论。

再来看谢立群、张永"论吉川英治《三国志》对《演义》中人物形象的塑造"一文。

谢文在分析吉川《三国志》中的关羽形象时写道：

> 另外，《演义》原著中提到关羽好读《春秋》，在吉川《三国志》中这一点体现得更加明显。例如，原著第二十六回"袁本初败兵折将 关云长挂印封金"中，张辽奉曹操的命令来试探关羽是否要离开。原著中并未交代关羽此刻正在干什么。而在吉川英治《三国志》的改写中，特别强调张辽拜访时关羽正在看书，而且看的正是《春秋》。并且针对《春

秋》，关羽和张辽之间还引发了一段议论。关羽说自己并不羡慕古人的管仲之交，因为自己和刘备同生共死的关系是管仲和鲍叔牙所无法相比的，并由此表明自己的去意已决。于是在我们面前展现出了一个借古论今、通晓古典的关羽形象。

首先，"谢文"引用第二十六回的回目标题出自毛评本而非李评本。李评本为"云长延津诛文丑　关云长封金挂印"。其次，以上所谓"改写"俨然存在于李评本中：

> 关公正闷中，张辽入贺曰："闻兄在阵上，知玄德音信，特来贺喜。"
> 关公曰："故主未见，何喜之有？"张辽曰："公看《春秋》管、鲍之义，
> 可得闻乎？"……关公曰："昔日之言，安肯负之！文远须达其意，然后
> 禀丞相。"

李评本虽未直言"张辽拜访时关羽正在看书，而且看的正是《春秋》"，但从张辽的问话中不难看出，关羽定是平日《春秋》不离手，且对其中典故了如指掌。因此，说吉川《三国志》与《演义》相比，展现给我们一个"借古论今、通晓古典的关羽形象"的确欠妥。

另外，谢文在论述曹操的风雅形象时写道：

> 吉川英治的《三国志》则在原著的基础上进一步强调了曹操的诗歌
> 文采。例如，原著第五十六回"曹操大宴铜雀台　孔明三气周公瑾"中，
> 铜雀台建成，曹操大会文武，设宴庆贺。当武将们比过武、文官们献过
> 诗之后，曹操也唤左右捧过笔砚，欲作《铜雀台诗》。这时突然有人来
> 报：东吴使者表奏刘备为荆州牧，孙权以妹嫁与刘备，汉上九郡大半已
> 属刘备。曹操闻之手脚慌乱，投笔于地。于是诗也没有写成。但吉川英
> 治改写时于此处加上了两行诗："吾レ高台二独步シテ兮、俯シテ万里ノ山
> 河ヲ観ル"（吾独步高台兮、俯万里而观山河），并将情节改成曹操诗写
> 到一半时才听到刘备占领荆州的报告。这加上的两行诗也就更凸显了曹
> 操的文采。

这段描写包括曹操的两行诗句仍然出自李评本，而并非吉川英治独创。因此，文章得出的"这加上的两行诗也就更凸显了曹操的文采"的结论更是

无从谈起。

结　语

　　综上所述，《通俗三国志》是以李评本为底本，并一定程度上参照了毛评本等版本翻译而成，而吉川《三国志》则以《通俗三国志》且极有可能是帝国文库本为底本创作完成。通过对相关论文资料的指谬与分析，笔者想给研究《通俗三国志》尤其是吉川《三国志》的各位同仁提个醒：吉川《三国志》依据底本为文山译本，而文山译本又是以李评本为底本。因此，在比较研究《演义》与吉川《三国志》的异同等问题时，通常情况下应以李评本为对照版本，而不应选择毛评本或其他版本。否则，以毛评本为对比版本分析吉川《三国志》的文本改写特色，得出的结论往往难以成立以致徒劳无果。

[作者单位：山东大学（威海）]

高校研究生就业能力分析及提升对策研究

马海鹰　杨俊敏　桑　峰

　　研究生的就业问题，关系着毕业生未来的前途，关系着社会文化的进步，关系着现代社会经济的发展和社会的稳定。近些年，本科考研人数逐年递增，同时研究生扩招政策落实，我国研究生毕业生数大幅度上升，但是受到全球经济衰退的影响，我国经济增长明显放缓，社会能够为研究生提供的高层次岗位随之减少，研究生的就业形势也变得越来越严峻。因此，全面了解硕士研究生就业观的现状，具体分析其中存在的问题与原因，要求国家政府、社会、高校、家庭、自身都高度的重视起来，树立可以适应时代发展社会需求的正确全面的就业观念，对于促进研究生就业具有重要意义。

　　就业能力是近年来在国际学界多个领域频繁出现的研究主题，对它的研讨最早起源于英国，之后便在欧洲和美国广泛进行。就业能力具有非常丰富的内涵，与社会、经济、文化的背景相联系。金晓亚对上海地区九所高校已签约准毕业生进行调研，采用概括性模型方法和专家会议法确定就业能力指标，利用 SPSS 对调研结果进行题项分析和探索性因子分析得到可能的因子结构，并采用 LISREL 进行验证性因子分析，最终得到了包括领导与管理能力、解决问题能力、自我发展能力、人际能力和基本技能共 5 大项 30 小项的大学毕业生就业能力图谱。国内外研究表明通过开发就业能力可以有效地促进就业。

　　本文通过对某高校近三年研究生就业能力现状的调查，分析当下研究生就业能力存在的问题和原因，并结合学校经验提出研究生就业能力提升途径，更有针对性地提升研究生就业质量，以期为高校开展研究生就业工作提供可行性参考。这对于缓解研究生的就业压力，促进其充分就业，更好地适应知识经济时代的全新要求等都具有十分重要的现实意义。

一 高校研究生就业能力调查

综合前面文献研究和企业访谈的结果，本文将从分析能力、信息收集能力、创新能力、自主学习能力、问题解决能力、执行能力、情绪管理能力、动手能力、外语能力、专业或业务能力、计算机与互联网应用能力、时间管理能力、组织与协调能力、团队协作能力、口头表达能力、书面表达能力、人际交往能力、领导能力18个维度分析研究生就业能力。在此基础上设计了有关研究生就业能力的调查问卷。问卷采用 Likert 量表形式（度量级别为五级），调研个体根据自身情况对18项就业能力进行评价。本文从 H 高校近三年毕业生中筛选382名研究生作为调研对象，其中2013届研究生108人，2014届研究生113人，2015届研究生161人，分别在其毕业季进行随机调查。根据调研对象的就业能力评估情况运用 SPSS 进行数理统计，结果详见表1，进而从近三年毕业生的宏观样本中分析出研究生就业能力特点。

表1 高校研究生就业能力调查结果

就业能力	N	均值	标准差	标准误	T	下限	上限
专业或业务能力	382	4.03	0.713	0.036	110.528	3.96	4.1
问题解决能力	382	3.92	0.757	0.039	101.145	3.84	4
外语能力	382	3.88	0.737	0.038	103.027	3.81	3.96
分析能力	382	3.86	0.758	0.039	99.387	3.78	3.93
团队协作能力	382	3.86	0.734	0.038	102.724	3.78	3.93
自主学习能力	382	3.83	0.776	0.04	96.559	3.75	3.91
动手能力	382	3.83	0.74	0.038	101.094	3.75	3.9
书面表达能力	382	3.83	0.748	0.038	100.115	3.76	3.91
组织与协调能力	382	3.73	0.798	0.041	91.402	3.65	3.81
领导能力	382	3.7	0.764	0.039	94.629	3.62	3.78
信息收集能力	382	3.67	0.827	0.042	86.761	3.59	3.75
人际交往能力	382	3.64	0.78	0.04	91.23	3.56	3.72
情绪管理能力	382	3.63	0.788	0.04	90.101	3.55	3.71
执行能力	382	3.62	0.8	0.041	88.537	3.54	3.7
计算机与互联网应用能力	382	3.61	0.744	0.038	94.836	3.54	3.68
创新能力	382	3.57	0.793	0.041	88.005	3.49	3.65

续表

就业能力	N	均值	标准差	标准误	T	下限	上限
时间管理能力	382	3.56	0.787	0.04	88.304	3.48	3.64
口头表达能力	382	3.54	0.856	0.044	80.849	3.45	3.63

二 高校研究生就业能力的问题分析

从表1我们可以看出，调研对象的专业或业务能力、问题解决能力处于较高水平，均值达到了4.03、3.92，属于该校研究生的核心就业能力。说明高校在研究生培养过程中比较注重严谨和务实的学风，研究生期间参与课题研究和实验的机会较多，锻炼了比较突出的专业能力及问题解决能力，正好符合当下用人单位企业发展对高等人才的选拔侧重点。国家的经济结构和产业结构调整和升级仍在进行中，从社会人才需求结构来看，很多国有大中型企业已经放慢了人才储备的步伐，甚至有些民营企业停止了校园招聘，社会对人才的需求量同比下降，直接后果就是对人才的选拔标准更加苛刻。研究生只有强化核心就业能力，才能在就业市场中秃脱颖而出。

除此以外，有13项就业能力均值都在3.6～3.9之间，即就业能力维度介于中等水平，这表明研究生的就业能力从整体上来说还不够突出，仍然有很大的提升空间。其中，与学习研究有关的能力如外语能力、分析能力、团队协作能力、自主学习能力、动手能力、书面表达能力普遍高于其他7项，说明研究生过程培养主要依赖于导师和实验室团队，以科研为导向的研究生教育必然导致研究生的就业能力带有明显的实验室特点，也就是说研究生在导师和实验室影响下会重点发展与学科研究有关的就业能力。虽然这些就业能力不是最突出部分，却代表了高校的办学特色和文化，具有强大的遗传性和感染力，研究生导师和高校的培养氛围对就业能力提升起到关键作用。

而组织协调能力、领导能力、信息收集能力、人际交往能力、情绪管理能力、执行能力、计算机互联网应用能力属于就业软实力，这些能力均值处于较低水平，说明高校对软实力的培养重视不够，研究生个体也没有正确认识软实力的作用和影响。就业软实力与个人性格特点有极大关系，再加上研究生期间不重视相关学生活动的锻炼，造成以上就业软实力的缺乏。一些高校对研究生科研活动过于执着追求，往往忽视其他能力的交叉培养，对研究生的就业能力均衡发展产生不利影响。

创新能力、口头表达能力、时间管理能力三项能力均值最低，分别为

3.54、3.56、3.57。这比较符合当下研究生培养的普遍现象，高校重视研究生课题完成进度和文章发表情况，对创新思维和表达方面的培养相对欠缺。研究生作为社会的高层次精英，担负着民族产业发展进步的责任，需要加强创新意识教育，让年轻的研究者敢于尝试新方法新技术，更敢于创造新产品新工艺。高校比较重视本科生就业指导，经常忽视对研究生职业生涯的教育和规划。研究生个体也没有积极寻求就业能力短板的提升，导致研究生面对社会需求变化时提升自身综合素质的能力略显不足。就业指导一直是摆在广大高等教育工作者面前的一大难题。

二 研究生就业能力提升对策

本研究结果显示，高校研究生就业能力结构差异明显，就业能力不均衡会影响研究生整体就业情况。为了实现研究生高质量就业，综合分析研究生就业能力存在问题，本研究提出以下几点提升对策。

1. 把握社会需求标准，提升核心就业能力

随着生源质量的不断提高，研究生就业期望更高。面对国家经济发展战略调整和升级，用人单位也会调整对高等人才的要求，包括数量和录用标准；高校就业部门需要提前考察研究生就业市场的新要求，并及时反馈给在校研究生，制定针对性得核心就业能力提升方案；研究生自身也需要多关注国家经济大环境的变化，多与毕业生和企业在职人员交流，准确定位职业价值，努力提升自己的核心就业能力。

核心就业能力的提升需要高校和研究生共同努力。高校方面需要平衡不同学科之间就业资源，加强校企人才合作交流，扩大就业市场规模，加强重点企业在校内的宣传力度，同时主动向企业推荐研究生的就业优势。通过组织社会实践、企业实习、实习生招聘、举办校企合作论坛等活动，优化学校就业市场资源配置，努力构建就业市场的多元化结构，为各专业研究生提供更加广泛的就业市场平台。研究生方面需要主动分析个人就业能力，找出核心就业能力，比如专业能力和问题解决能力，分析目标单位对人才的新需求，在正式求职之前努力提升核心就业能力，增加求职的成功率。

2. 坚持高校培养特色，发挥导师引导作用

研究生就业能力受到导师素质和实验室环境的影响很大，学习和科研方面的能力较为突出，善于接受新知识新技术，同时又具备钻研吃苦的精神，具备较强的实际操作能力。导师素质和实验室环境带有强烈的高校办学特色，

每个高校有历史积淀的文化氛围，研究生培养过程中必然打上高校文化的烙印。高校的传统优势学科在就业中的作用显著，工科专业优势尤为明显，社会认可度较高，可以充分依托优势学科，拉动高校研究生的整体就业工作。

重视和发挥导师在研究生就业工作中的积极性，将对研究生的就业起到重要作用。首先，导师对学生的就业指导更具有针对性，对自己所带的研究生性格和处事方式、专业水平比较了解，对学习能力和实际工作水平有清晰的定位，对学生今后工作的发展方向提出准确客观的评价，这对研究生的准确定位择业期望值、发展方向都将起到重要作用。其次，导师能根据所研究的领域为学生提供合适的求职单位。由于大部分工科的导师在自己所从事研究的领域都有所成就，与企业单位有着产、学、研全方位的合作，研究生基本都参与导师的课题，使得用人单位充分了解参与项目的研究生的实践动手能力，推荐从事该领域研究的学生去相关单位工作也是用人单位所期望的，这给研究生就业带来了极大的便利。

3. 加大校企合作力度，提升就业软实力

本研究结果表明，组织协调能力、领导能力、信息收集能力、人际交往能力、情绪管理能力、执行能力等就业软实力仍然是研究生的就业软肋，对今后的事业发展也产生限制作用。因此，提升就业软实力是提高研究生就业的必然途径。就业软实力一方面与研究生个体先天形成的性格和习惯有关；同时也与在校期间受到的影响和教育有直接联系。高校在注重教学科研的同时，对研究生的综合素质培养也是重要的环节。就业软实力不像学习某个技术可以一朝一夕速成，往往需要时间的积淀和不断地强化，因此高校需要制定一系列能力培养方案，加上一系列配套活动的锻炼，相信研究生的就业软实力一定会显著提升。

同时高校的校友资源是一种特殊而宝贵的财富，具有丰富性、影响性、可持续性和经济性等特点，对研究生就业、职业生涯发展教育和大学生的成长起到示范和引导作用。一些校友的企业为大学生提供就业和实习岗位，尤其在校企合作中，高层次研究生更容易得到展示能力、表现自我的机会；此外，校友还提供重点行业的发展趋势、就业信息及地方政策。校友资源在高校就业工作中的独特作用表现在校友的社会关系和影响力对促进大学生就业具有无形的推动作用，校友的合理化建议对加快高校专业结构调整和提高人才培养质量具有重要的促进作用。

4. 加强就业指导水平，弥补就业能力短板

宏观角度分析发现，研究生就业能力中总会存在几项明显短板，如创新

能力、语言表达能力、时间管理能力缺乏。这反映了高校在研究生培养过程中存在一些不足之处，导致研究生在这些就业能力维度上欠缺，而社会经济发展对高层次人才提出了新的要求，尤其是在"大众创业、万众创新"的大背景下，国家需要研究生在创新创业方面有更多作为，因此社会对研究生的创新能力提出更高要求。同时语言表达能力和时间管理也是帮助研究生更快适应社会、更能展现价值的必备条件。高校需要高度重视提升就业能力短板，帮助研究生入职后能够快速适应节奏、快速释放价值。

就业指导是一个系统性工程，指导的过程和内容必须全面、具体，并要充分结合研究生的特点。通过开展就业政策及法律宣传，就业形势及择业观指导，个体职业生涯规划咨询，从自我评估、环境分析、机会预测、目标确定、行动方案等环节给研究生提供理论支持和实践指导。高校应该向研究生普及就业指导和生涯规划课程，成立职业生涯指导工作室，研究生就业指导体系更加立体完备。

总之，高校研究生就业工作是教育领域重要的民生工程，2015 年宏观就业形势面临多重压力，研究生就业将迎来新的挑战。本文通过分析某高校近三年研究生就业能力的差异，总结当前研究生就业能力存在的问题，并结合当下国家就业新形势及部分高校经验，提出研究生就业能力提升的一些建议。不同高校都有其独特办学特色，需要结合各高校自身特点摸索研究生就业工作机制。研究生就业能力评价是高校评估重要内容之一，也是培养高质量研究生的重要着力点，更是关系到国家战略实施的人才砝码。高校需要不断优化人才培养结构，创新就业工作方式，帮助研究生实现自身价值和人生目标，为国家的新的经济增长输送强大的人才动力。

[作者单位：哈尔滨工业大学（威海）]

《文登地名志》内容提要

连　疆

地名是个体地理实体的专称，不仅代表地理位置，也代表地理实体的属性。中华人民共和国成立前，域内没有地名管理机构，命名随心所欲，约定俗成。旧时地名多为民间自发起名、改名，口耳相传，虽然不乏社会贤达和官僚士绅命名、更名，好名佳称不少，但也存在一地多名、重名、一名多写、低级庸俗等现象。中华人民共和国成立后，地名纳入政府行政管理范围。中华人民共和国成立初期，地名管理属各级民政部门的职责。"文革"期间，政出多门，管理混乱。1979 年末，始有县地名领导小组和办公室。1980 年，境内开展地名普查，历时 3 年完成。1988 年 2 月，县地名办由县政府办公室成建制划归县民政局管理；12 月，根据国务院颁布的《地名管理条例》和各级政府的规定，市政府印发《文登市地名管理暂行规定》。民政部门有计划组织协调，进行地名标准化管理，公布标准化地名，审定地名命名、更名方案，建立地名档案，设置和管理地名标志，地名管理实现规范化。1990 年又展开补查，全市地名正本清源。

一　文登地名的发展脉络

文登地名历史悠久，源远流长。远在史前，文登就有人类活动。据考古发现，境内有大量新石器时代文化遗址，那时的地名已经出现。文登又是千年古县，历史地名千姿百态、丰富多彩。惜乎历史的局限性和文字典籍的缺失，唐宋以前留下的地名资料极少，许多地名无从查考。地名真正理顺并步入正轨直至党的十一届三中全会后。

（一）有文字记载以来至唐宋时期的早期地名鲜见

殷商时期，胶东半岛形成莱夷部族，文化已经相当发达，境内地名始见于典籍。现境时为嵎夷之地，旸谷之名是文登地名最早的记载，始见于《尚书·尧典》，"分命羲仲宅嵎夷，曰旸谷，寅宾出日，平秩东作，日中星鸟，以殷仲春。"现在史学界公认界石镇境内的旸谷山，就是古旸谷，即羲仲宅嵎夷宾日处。如今旸谷山附近保留有旸里、旸里后、旸里店村名。

秦统一中国后，秦始皇两次东巡，在境内留下文山召士和龙石晒字等许多传说，并产生了文登山、晒字等地名。东汉时境内设昌阳县，县治在今回龙山和昌阳河之间，那时山名昌山，河称昌水。北魏时，市境南部改属观阳县，《魏书·地形志》载东牟郡观阳有牛耳山，即今牛仙顶；有马宾山，今名马山。北齐置文登县，据《太平寰宇记》，文登县因文登山而名。

六度寺始建于隋开皇三年（583年），是境内流传至今并用于村名的最早寺名。唐宋时期，境内人口、政治、经济、文化都有相当规模的发展，地名数量相应增加并传世。唐初，境内置登州，登州之名源于文登，因文登县而名。据《太平寰宇记·文登县》："白鹿山在县北四十里，唐神龙三年白鹿复见，刺史毕元恺入进。"唐时行政区划有白鹿乡，今白鹿山附近以此为名的村有前白鹿、后白鹿、白鹿屯、白鹿店子等。日本高僧圆仁入唐求法巡礼，曾逗留境内，在《入唐求法巡礼行记》中，记录了望海村、桑岛等地名。《太平寰宇记》还载有昌阳汤、五垒山、鸺鹠山等地名。宋代境内佛教和道教盛行，创建了许多寺院道观，如无染寺、莲花院、柘阳寺、甘泉寺、大明院（灵塔庵）、香岩寺、嘉会院（洪教寺）等，对地名的影响普遍而深远。

（二）唐宋以后至中华人民共和国成立前的中期地名开始丰富

金元时期，道教全真派在昆嵛山创立并广泛传播，王重阳及七真人在此修炼布道，创造了圣经山等大量地名，如东华宫、东华洞、朝阳洞、风凉洞、玉皇阁、混元殿、好汉坡等。元代实行都里制，中经明清两朝，直至1924年，文登有管山都、云光都、辛汪都 、甘泉都、迎仙都 、温泉都等6都，都名既有学问又有地域特色，而且沿袭时间较长。

明清两朝，境内社会环境相对安定，明代开始整饬海防，在沿海设置卫所，并实行军屯制度，聚落垦荒，人口激增，许多地名与军事设施和军事活动相关，如营、英、屯、寨、墩等。清代，境内太平，经济发达，文化繁荣，新村落和新地名持续产生，此间"庵"字村名大量出现，"庵"字源于看护山林草场的山庵（茅草房），一般村庄规模较小，是土地兼并加剧致使许多农民成为佃户、土地开发转入山区的结果。境内现有80%多的村庄都在明清两朝形成，大多数地名也由此产生，成为现在村庄名称和自然地理实体名称的主体。

辛亥革命时，文登在胶东为辛亥革命首义，虽然遭到封建复辟势力的反扑而失败，但是革命的火种存续。自古丛氏宗文登，辛亥革命丛氏一门三烈永垂青史，也为尚书丛兰故里添上一抹重彩，北宫原为村名，现改为社区名，这既是文登地名的经典，也是文登历史的永恒。清末民初，新文化涌入，一大批有识之士兴办教育事业，产生许多公办或私立学校名称。

抗战期间，文登是昆嵛山以东的革命中心，打响胶东武装抗日第一枪的天福山起义，不仅使天福山闻名遐迩，连小山村沟于家都家喻户晓，并由此引发一系列新的人文地名。因为战争的需要，抗日民主政府的行政区划常有变化，文东县、文西县及文西行署、昆嵛县、东海专区，生产里和大众里等，都产生于此时。

（三）中华人民共和国成立后的地名逐步定型并走向规范化，人文地名日益增加并不断裂变

新中国一日千里，日新月异，各行各业迅速发展，境内人文地名随着增多、改变。中华人民共和国成立初期至20世纪70年代，农业领先，以粮为纲，兴修水利，水库、水渠、渡槽等农业设施地名大量涌现。后来"农业学大寨、工业学大庆"，新生许多工业企业名称。改革开放后，新生事物如雨后春笋，各行各业齐头并进，对内不断深化改革，对外扩大开放，各种经济成分、经济类型、经济模式花样翻新，名称层出不穷。二、三产业升级，城镇规模扩大、功能增强，市政公用设施，道路、桥梁等交通设施和水电、通信设施以及公园、场馆等文体设施与之配套，路、街、桥、台、站、港、场等名称频频出现。随着城乡一体化的发展，人口越来越向城镇集中，多数城区村改为社区。新设开发区、旧城改造和房地产开发带动了城市化的发展，产生一大批虽然不完善却是事实存在的城市社区和居民小区。房地产商来自四面八方，居民小区名称五花八门，一方面促进地名的多元化，另一方面也造成地名的不确定性。

从古至今，行政区划是人文地名最重要的组成部分，境内最念念不忘和记忆犹新的就是文登县、登州府。同全国一样，中华人民共和国成立后境内经历了区乡制、社队制、乡镇制三个大的不同时期。文登区划范围逐步变化，

总体缩小，面目全非。本志对中华人民共和国成立后境内行政区划地名，1994 年以前时间较长的列条目记述，较短的不列条目。村名在 20 世纪 50 年代末至 80 年代初普遍为生产大队，本志非引用一般不作生产大队记述。行政区划名称分市（县）、乡镇（公社）、村（大队）三级，最高一级是县市，乡镇名称总体是根据驻地村命名；村，有的改为社区，名称首先是约定俗成，然后按照一定规范定名。十一届三中全会后，正本清源，拨乱反正，地方志和地名工作都受到重视并即时启动。1979 年末即成立县地名领导小组和办公室，翌年开始全县地名普查。此后地名命名、更名规范有序。1981 年 7 月，县政府发布《关于重名大队命名、更名的通知》，对境内 64 个大队重名如称河北的村有 5 个，4 个大队如东方红、红卫、新红、向阳为"文革"期间命名、更名，还有历史遗留的格达（隔跶）大队名称有碍民族团结问题进行标准化处理，共有 69 个大队进行命名、更名，达到全县村不重名。此次行动为文登村名规范打下坚固的基础，之后村名基本稳定，更名的只有井南（原名河北）改为河北新村。中华人民共和国成立后村名有增有减有变，除了村改社区外，主要原因是大举修建水库、机场移民造成的，也有大的行政村稳定、小自然村与邻近村庄融合、名称自行消失等原因。近年又出现了强势扩张兼并的现象，如金岭屯、段家疃、吴家庵等小村并入西楼社区，南潘家夼并入河北社区，上述 4 个村名注销。随着现代化和城镇化步伐的加快，规模较小的行政村融入大村正在成为潮流并且势不可挡。因此，作为地名的承载，本志尽可能将小自然村收入，在行政村条目之下单设子目。

二 文登地名的命名特点

文登人民士好经术，朴鲁纯直，既崇尚自然又富于理想，自古就享有文登学的美誉。文登地名将自然与人文有机结合，达到人与自然的和谐统一，有的只此一家，有的互相关联；有的寄情山水，有的表达意愿；有的环境为重，有的以人为本，表现出鲜明的地方特色。地名首先是地标符号，此别于彼。表义虽然为次，但好地名就是雅俗共赏的，叫得响，记得牢，还能给人以遐想。文登地名总体看好，简洁明了，许多不乏学术水平和文学色彩，如南学、麀艮、河清、议城、永福、百寿庄、东浪暖、望仙庄、莲花城、因寺桥、仁和坊、翠峡口等。

文登地处沿海，又属于丘陵地区，自然环境复杂多样。这种得天独厚的地理条件，本身就为地名多姿多彩提供了可能。同时由于人口的迁徙流动，使地名在保持自身特色的同时，也融合吸收了很多外来语词，如港、埠等。古代受封建土地制度和宗法制度的制约，村民多数合族聚居，村名含有姓氏，使用通称村、庄、疃的，有与地形地貌特征结合为名的，有与历史人文特征结合为名的，一般包括三种成分，即姓氏、家（格）字和反映自然或人文特征的词或词组。有的按照这三种成分顺序结构组成地名，如宋家沟、裴家岛、郝家屯、孙家埠、鞠格庄；有的逆序结构组成地名，如沟王家、泊高家、屯宋家、口子李等，这种逆序词地名属于倒装结构地名，所占比重不大，以市境东部居多。村名中的家和格字全部读轻声。村名使用通称最多的是庄，约有136个，凡是前有格字的庄，全部轻声弱化读作.t□□，其余除大、小官庄，都读本音。疃，当地有"南庄北疃"之说，可见其在村名中使用频率之高。称"村"的为数不多，一般历史较长、规模较大，如林村、高村、宋村等。

境内山地和丘陵面积所占比重最大，将近80%，这种地形地貌造成人们赖以生存的场所，往往局限于两山之间、河流沿岸和低缓山坡地带，村庄大都依山傍河，背风向阳。因此，以山、岭、岚、顶、崮、崖、台、觜、硼、坡、沟、河、夼、洼、产、圈、床、口、泊、埠等为名者居多。有的村名与山名相同，如文山、峰山、洪山、架子山、紫金山等，既是山名又是村名，村名显然是山名的假借。埠通阜，指小土丘，完全不用于自然地理实体名称，大量用于村名。境内平原只有20%多，文登称小片平原为泊，地块称泊地，与丘陵的山觜地对应。在农耕社会里，土地是赖以生存的最基本保障，也因此人们对泊这种好地情有独钟，尤其珍视，许多村名冠以泊，一部分是真有泊，而另一部分则是本为坡，后变泊。有的村名标示动植物或特产，如柏果树、杜梨、榛子崖、杏树夼、藤圈、沙柳、波浪（桲栎）后、紫草泊、榆树底、软枣林、鸭子夼、硝滩等。

城区开辟道路始于中华人民共和国成立后，主干道路形成于20世纪70年代，初始全部以境内名山命名，如文山路、峰山路、天福路、米山路、昆嵛路、龙山路、香山路等，富有山城特色。之后虽然也遵循以山命名的原则，但没有持之以恒，逊色许多。20世纪90年代建设经济开发区，开辟道路以开放城市命名，后期也未坚持住。街道命名，有时局部形成小气候也难能可贵，如城西村的4条小街分别命名为阳春街、阳光街、阳普街、阳照街，梁家沟的3条小街分别命名为天时街、地利街、人和街。

市境南部濒临黄海，自古即得渔盐之利，特别自明代设防以来，沿海地区得到很大开发，许多规模较大的村庄都产生于这一时期，如张家埠、长会口、泽库、后岛、前岛、里岛等。此时期，地名体现沿海自然景观和人文景观特点。许多沿海村庄以海、岛、港、滩、口、嘴等命名，也有一些村落以寨、墩、营等海防军事设施和廒等盐业设施命名。改革开放后，许多企业名称与海相连。特别是南海新区成立以后，海洋文化大放异彩，多数道路和居民小区都以海字命名。

村名不仅与自然地理相关的多，与人类活动、建筑设施和人文景观结合的也不少，店、炉、窑、甲、园、集、寺、院、庙、观、寨、屯、铺、道、桥、楼、屋等，都打上了历史的印记。有的村名运用阴阳学，如张皮本为张壁，是朱雀与玄武的结合，演为张皮；麀艮的艮为山，高坎的坎为水，丑家屯的丑为十二生肖牛。也有的用始居者名号命名，如梧桐庵，于树杰字桐庵始居，以字名村；松坡和乐园的始居者分别是刘松坡和杨乐园；王埠庄本为王福庄，始居者名王福。

在地名的约定俗成过程中，相邻或相对的村为区别名称，有时不是采取另取新名的办法，而是在相同的名称前冠以相应的对称词或者方位词作为区别，诸如东、西藕湾，南、北磨山，前、后土埠岭，大、小高坎，上、下埠前等。

命名，特别是行政区划名称，往往打上时代的烙印。抗日战争，文登早于全国一年取胜，1944 年 8 月，文登城刚一解放，昆嵛县政府就以城区为中心范围设文城镇，划分为光明、建国、繁荣、文化、大众、生产、抗战、经建等 8 个里，具有鲜明的政治倾向。1958 年全县成立 14 处基层人民公社，其中 9 个分别命名为红旗、火箭、燎原、先锋、灯塔、明星、巨龙、火炬、卫星，与形势呼应。20 世纪 70 年代兴修水利，大建灌渠、渡槽、涵洞，引用毛泽东诗词命名成为时尚，长缨环山渠、险峰环山渠、新颜地下渠、缚龙地下渠、雄关渡槽、凌云渡槽、壮志渡槽等，是那个斗志昂扬火红年代的印记。

三　文登地名的方言特色

文登方言属于中国北方方言的胶辽官话，既符合汉语普通话的语言规律，又有自身独特鲜明的个性。旧时地名在不断发展变化，有些新地名大量产生，有些旧地名自行消亡。地名在流传使用过程中受社会环境、自然环境和人为因素等影响，发生潜移默化的变化，突出表现为地名自身由于谐音假借所发生的演变。古代地名在产生之初，首先是口耳相传，名不见经传，然后才有文字记载，最后约定俗成，因此往往字随音变，造成一名多写，甚至指鹿为马、以讹传讹，方言谐音造成地名的多样性和复杂化。由于文化不普及，称名者不会书写，记名者不懂方言又不加考证，导致谐音错写，如铺子场演为埠子厂，朝佛顶演为招风顶，没（淹没）岛演为麦岛。峰山无峰，因草木丰茂，名为丰山，讹为现名。有个养马岘更是被乱写一通，有写养马圈、养马涧的，甚至约定俗成为羊马箭，简直风马牛不相及。有些地名谐音结果表现为书写雅化，如村名卧龙，非指卧虎藏龙，而是指地势低洼的地方，方言称"窝窿"，旧时分别写作窝窿、窝落、窝笼、卧落，现全部雅化为卧龙；窠窿则雅化为客岭，宅窠或泽窟分别雅化宅库或泽库。大碑后变成大背后，低湾头也写作底湾头又变成地文头，墨汤后演变为麦瞳后，轱辘屯演为古龙屯，荒庄子演为黄庄子，炉阳演为绿杨，迎佛演为永福，车整倒演为车卧岛。西宋格庄非宋姓立村，本名小刘家，因有官司，祈愿息讼，谐音更为今名；受其影响，邻村大刘家也改为东宋格庄。文石山和汶口因地形地貌似瓮，分别命名瓮石山、瓮口，谐音误写今名，但文和汶都仍读 $u\eta^{33}$。昆嵛山主峰为胶东东部最高峰，峰顶积雪经久不化，远望如戴白冠，故名大白顶，佛家称其为大悲顶，后演变为太白顶，今名泰礴顶。母猪河是老百姓根据河有东西两条干流18条主要支流似老母猪两排奶子命名，有民谣为证，许多旧志书雅为木渚河，而俗名通行，雅称不传。还有将错就错的，小观镇有个村本名蜂窝石，雅为凤窝石，村治印时，误刻成凤口集，也就成了正名；还有莒山镇的大操场也是误刻成大草场而丢失原名。也有的因忌讳而更名，今宋村镇的桑岛村之名在唐代即有记载，土人谐音打诨称丧门岛，因此改为西海庄。侯家镇的张家庄本名草地，土人戏称"操抵鼻儿"，因此改为今称。

地名有其自身的发展规律，或俗或雅，虽然总体趋雅，雅俗共赏，但还是形象具体的有生命力。七里汤曾被元代山东副使王贡易名如意汤，如意抽象，七里具象，具象胜于抽象。泽库镇南海有一小岛，因岛形似瓮得名瓮岛，因岛形亦似牛心，现名牛心岛，土人仍称瓮岛。抱龙河则不同，得名于明朝所建抱龙庵，改革开放后河岸又置抱龙女雕塑，"抱龙"深入人心，深得民意，加上城区范围大变，俗名城南河逐渐淡出。

地名发展还有一个趋势是简化，无论称谓还是书写，基本都由繁到简，如小观镇的北潢洛先简化为北潢又简为北黄。泽库镇的姚家、刘家、周家三村，原来前面都冠以寨东。廒上有刘家、邵家、孙家三村，按方位改为东廒、西廒、北廒。金格有西里、南里、北里三村，称谓上简为金西、金南、金北。大、小套河床省略成大床、小床。生格庄由盛家庄简写而成。

张家产俗简称产里。

文登地名中的方言字、词很多，有些地名用字具有特定的含义，其读音与现代汉语普通话基本相同，但却具有不同的含义。如"泊"指小片平原；"岘"指山口通路；"岚"指山峦，俗称岚子；"夼"指两山之间的山谷或海滩、河滩中的草泽。"湾"指长年积水的大水坑，即池塘；"英"由军营演变而来；"铺"既指急递铺，也指窝铺。"堡"同"铺"，指古驿站，也指烽燧堡。"寨"既指土寨，也指鹿砦。

有些读音独特的地名用字，其含义与现代汉语普通话的释义相同，但读音完全不同，是古音的遗存，其中有的出现文白两读。有的地名在读音中保留古老的不送气擦音，并且根深蒂固，如"产"读 □an^{214}，"床"读 □uaŋ^{35} 等。有的地名古浊音阳平字如"头"、"桥"、"屯"、"台"、"渠"、"硼"、"唐"（唐疃）、"程"、"藤"等，年长者读不送气音，但是已经分化，开始向送气音发展。还有"郝"（郝家屯）读 xuo^{214}，不读 xau^{214}。"邻"（邻家）读 kuei^{33}，不读 k'uai^{53}。"崖"（鹁鸽崖）读 iai^{53}，不读 ia^{53}。"港"（龙门港）读 tsiaŋ^{214}，"望"（望岛）读 maŋ^{53}，"裴"（裴家岛）读 p'i^{35}，"岳"（岳家口）读 ia^{214}并曾写作"哟"，"合"（合板石）读 k'a^{214}，"横"（横口）读 xuŋ^{33}。"大"字，旧读 tuo^{33}，后出现杂糅，如"垛夼"本为"大夼"，谐音将"大"字乱写成"垛"；"大埠店"谐音演为"垛埠店"、"驮埠店"，更进一步变成"道北店"；宋村境内原有山顶似草垛的垛顶山，逆向改成大顶山。此种杂糅造成地名的本义面目全非。地名中的附加成分在称说时都被轻声弱化，如"家"、"格"、"子"等。有的干脆按轻声书写，如村名"郭子"实为"郭家"。轻声被广泛滥用，不仅附加成分，有时连实词也根据语言习惯毫不客气地予以轻声弱化，如"北陡埠"的"埠"、"西藕湾"的"湾"、"麦疃后"的"疃"、"漩夼"的"夼"、"驾山"的"山"等。

地名中还有一些生僻字和土俗字。如"耩"读 ciaŋ^{214}，指低缓的丘陵，与"岗"字同义，是"岗"的俗字，既用于丘陵名称，也用于村名。"蔄"读 man^{33}，既用于地名，也用于姓氏。"埝"读 nian^{33}，实为"碾"，村名本为"碾头"，疑头被碾，因忌讳造"埝"字替代之。"厫"旧读 liau^{53}，现读 au^{53}。仓厫，指储盐之地。"岜"读 p'a^{35}，不读 pa^{35}，旧写"岊"，后写"岜"，石山，现谐音写作"爬山"。旸里，古地名，其中"里"读 li^{214}。"柞栎"读 puo^{33}.lə。栎科，落叶灌木，叶子长椭圆形，俗称柞栎叶，鲜叶可喂蚕；木质坚硬，枝杈俗称柞栎枝，可制农具。境内山峦普遍生长，俗称柞栎岚子，夏至秋放养柞蚕。当地用多年生的老枝制作耢和连枷，一年生的嫩枝制作晾晒熟地瓜干的枝挂。桲椤作为地名，旧时写法乱七八糟，有薄落、不落、不椤、桲椤、菠萝等；现在村名波罗岛、波浪后，山名菠萝崮都是谐音误记的恶果，本义都为桲椤。

（推荐单位：中共威海市文登区委宣传部）

后　记

威海市社会科学优秀成果奖，是威海市政府奖。1997 年，时值威海市成立 10 周年之际，中共威海市委宣传部、威海市人事局、威海市财政局、威海市社会科学界联合会联合报请，经时任市委副书记、市长孙守璞同志亲自过问并批准设立。

自 1997 年设立威海市社会科学优秀成果奖至今，共举行 20 次评选，有接近 1400 项成果获奖。许多成果进入决策，较好地解决了经济社会发展实践中的难题。

2007 年，为庆祝威海市建市 20 周年，我们编辑出版了《威海市社会科学优秀成果获奖作品文库》（第一卷～第十卷）。近 10 年来，威海的哲学社会科学事业，尤其是社科理论研究领域，从人才队伍到研究领域到成果质量水平，都得到了全面的发展。2017 年，威海市成立 30 周年，我们继续组织编辑了本套《威海市社会科学优秀成果获奖作品文库》（第十一卷～第二十卷）。

《威海市社会科学优秀成果获奖作品文库》（第十一卷～第二十卷），汇集了 2008～2017 年获得威海市社会科学优秀成果奖的著作、论文、研究报告，集中反映了近十年威海市哲学社会科学界取得的优秀成果，研究范围涉及经济学、管理学、语言文字学、教育学、文艺理论、外国文学、哲学、政治学、社会学、法学、科学社会主义理论等专业领域以及党的建设、历史文化、社会发展、经济建设、体制改革、马克思主义研究等诸多方面。

受篇幅的限制，编辑过程中，我们删除了成果原文中的"内容提要""关键词""参考文献"以及"尾注""角注""夹注"，加注了作者所在单位。若需详查，读者可与作者直接联系。

编辑过程中，有些文稿中图片的清晰度不够，达不到印刷要求，在不影响原意表达的前提下，一般作删除处理。因时间跨度较长以及各种社会因素变化，有些获奖成果已难以搜集，有些作者提供的资料过于简单或者缺乏研究的深意，也有个别研究因为资料来源不规范和一些认识偏差，没有收录，在此一并说明。

社会科学文献出版社的领导和编辑们，在文库的编辑工作中展现了出色的业务能力、精益求精的工作态度和一切从客户愿望出发的职业道德，成为我们学习的榜样。在此，表示衷心感谢！

编　者
2017 年 9 月

图书在版编目（CIP）数据

威海市社会科学优秀成果获奖作品文库. 第十一卷－
第二十卷／刘昌毅主编. －－ 北京：社会科学文献出版
社，2017.9

ISBN 978 － 7 － 5201 － 1258 － 1

Ⅰ. ①威…　Ⅱ. ①刘…　Ⅲ. ①社会科学－文集　Ⅳ.
①C53

中国版本图书馆 CIP 数据核字（2017）第 202956 号

威海市社会科学优秀成果获奖作品文库（第十一卷~第二十卷）

主　　编／刘昌毅

出 版 人／谢寿光
项目统筹／恽　薇　王婧怡
责任编辑／王婧怡　杨鑫磊　马甜甜 等

出　　版／社会科学文献出版社·经济与管理分社（010）59367226
　　　　　　地址：北京市北三环中路甲 29 号院华龙大厦　邮编：100029
　　　　　　网址：www. ssap. com. cn
发　　行／市场营销中心（010）59367081　59367018
印　　装／三河市东方印刷有限公司

规　　格／开　本：787mm × 1092mm　1/16
　　　　　　印　张：364.5　字　数：6534 千字
版　　次／2017 年 9 月第 1 版　2017 年 9 月第 1 次印刷
书　　号／ISBN 978 － 7 － 5201 － 1258 － 1
定　　价／1680.00 元（全十卷）

本书如有印装质量问题，请与读者服务中心（010 － 59367028）联系